Feichtlbauer/Girkinger/Klose · ZWISCHENRUFE

Feichtlbauer/Girkinger/Klose
(Hrsg.)

ZWISCHENRUFE

Wort ergreifen
Schweigen brechen
Taten setzen
in Kirche und Gesellschaft

Festschrift
zum 60. Geburtstag
von EDUARD PLOIER

VERITAS

WIDMUNG

Diese Festgabe für Eduard Ploier anläßlich seines 60. Geburtstags ist eine Hommage seiner Weggefährten, Kollegen und Freunde. Sie würdigt eine Persönlichkeit, die Integrität, Ehrlichkeit, Leistung und Liebenswürdigkeit gleichermaßen in sich vereint. Aber auch einen engagierten Christen und gesellschaftspolitischen Menschen, dessen „Zwischenrufe" nicht nur „Gewicht" haben in der kirchlichen und politischen Öffentlichkeit, sondern auch Antwort geben im Sinne der Ver-ant-wortung für Menschen und Umwelt. Seine Dienste und Ver-dienste in vielen gesellschaftlichen Bereichen legen Zeugnis ab von einem Wirken, das kompromißlos in den Zielen, aber tolerant in den Wegen und Methoden ist. Kirche und Kommunikation sind sein Leben, als Dienst am Nächsten, als Hinwendung zum „Du". Die Kirche ist jenes Fundament, jener Fels, auf dem der Volksbildner Eduard Ploier seine weltoffenen Gebäude bildet und formt, die auch Bestand haben im Sturm der Zeit.

Die Herausgeber

CIP-Titelaufnahme der Deutschen Bibliothek

Zwischenrufe: Wort ergreifen, Schweigen brechen, Taten setzen in Kirche und Gesellschaft ; Festschrift zum 60. Geburtstag von Eduard Ploier / Feichtlbauer . . . (Hrsg.) - 1. Aufl. - Linz: Veritas, 1990
ISBN 3-85329-803-6
NE: Feichtlbauer, Hubert [Hrsg.]; Ploier, Eduard: Festschrift

Gedruckt in Österreich; 1. Auflage / 1990
Gesamtherstellung: LANDESVERLAG Druck, Linz

ISBN 3-85329-803-6

Inhalt

GELEITWORT

Wenn man irgendwo in Österreich nach jenen Persönlichkeiten fragt, die in den letzten Jahrzehnten die Kirche in unserem Land wesentlich mitgeprägt haben, so fällt stets auch der Name Eduard Ploier. Er steht dabei in einer Reihe mit Kardinal Dr. Franz König, Otto Mauer, Ferdinand Klostermann, Erika Weinzierl, Ignaz Zangerle, Prälat Leopold Ungar und manchen anderen.
Ich freue mich als „Heimatbischof", der Ploier herzlich verbunden ist, und der seinem Rat sowie seiner Aktivität vieles verdankt, die Festschrift zu seinem 60. Geburtstag einzuleiten. Eine große Zahl von Persönlichkeiten aus den verschiedensten Bereichen des kirchlichen, des kulturellen und öffentlichen Lebens legt darin die Bedeutung und die breite Wirksamkeit Ploiers dar.
Diese Festschrift soll Anerkennung und Dank ausdrücken für ein beispielhaftes Leben mit der Kirche und in der Kirche, mit den Menschen unseres Landes und für sie. Wir danken für die engagierte Arbeit in so vielen Bereichen der Kirche und Gesellschaft, vor allem auch für das mutige Glaubens- und Lebenszeugnis.
Das Leben und Wirken Eduard Ploiers ist eng mit der Entwicklung der Kirche in den letzten Jahren und Jahrzehnten verknüpft. Es war zuerst der Aufbruch in der Katholischen Jugend, bei deren Delegiertentagen der begeisterte Redner viele mitreißen konnte. Es war die Zeit des Konzils, das die Verbindung von Gottesdienst und Leben neu betonte, das die Aufgabe des Laien in Kirche und Welt so groß herausstellte und das in so vielen Fragen hoffnungsvolle Impulse und Ausrichtungen gab. Ploier war einer der ersten, die das Konzil in unserem Land aufgriffen, in vielen Runden und Arbeitskreisen, in Schwerpunkten der Katholischen Aktion und ihrer Gliederungen, vor allem in „seiner" Männerbewegung. Er gehörte zum engsten Trägerkreis der Linzer Diözesansynode und des gesamtösterreichischen Synodalen Vorgangs.
Die geistige Heimat Ploiers war und ist — neben seiner bäuerlichen Abstammung, auf die er immer stolz war — die Katholische Aktion. Manches in der Katholischen Landjugend und in der Katholischen Männerbewegung geht jetzt noch auf seine Zeit zurück. Als Präsident der Katholischen Aktion Österreichs hat Ploier dazu beigetragen, daß die Kirche und vor allem die Laien in der Kirche einen neuen gesellschaftlichen Platz bekommen haben. Wenn auch nicht alles einen direkten Erfolg erzielen konnte, wie die eindrucksvolle Unter-

schriftenaktion zum Schutz des Lebens oder das Bemühen um eine stärkere Grundausrichtung der Parteiarbeit in Österreich nach ethischen Werten, so sind doch die Auswirkungen nicht zu übersehen und werden langfristig sicher zum Tragen kommen. Als Präsident der Katholischen Aktion Österreichs hatte Ploier wesentlichen Anteil am guten Gelingen des Katholikentages und Papstbesuches im Jahre 1983.

Untrennbar ist der Name Ploier auch mit der Bildungsarbeit in Österreich, besonders in unserer Diözese, verbunden. Ich denke an die vielen Bildungsaktivitäten der „Puchberger Zwillinge" Wild und Ploier, sowohl im Bildungshaus selbst wie in unzähligen Versammlungen und Veranstaltungen. Auch hier hat bereits vieles reiche Frucht getragen, wenn wir etwa an die Idee der „Maschinenringe" denken, die vom Puchberger Bauernkreis so wirksam vertreten wurde. Von der Bildungsarbeit kam Ploier immer mehr auch in den Medienbereich, wo derzeit das Katholische Zentrum für Massenkommunikation Österreichs, aber auch der Oberösterreichische Landesverlag mit seinen Publikationen Schwerpunkte seiner Arbeit sind. Auch hier hat er „mit kräftiger Hand" vielen Projekten zum Durchbruch verholfen bzw. sie mit Begeisterung mitgetragen. Vor allem müssen hier eine Reihe von Medienverbundprogrammen erwähnt werden.

Schließlich muß noch ein ganz großer Bereich des Einsatzes von Ploier genannt werden, der nicht zuletzt aus seiner Einstellung zur handfesten Hilfe für den Mitmenschen und aus seiner aufgeschlossenen Sicht des Glaubens kommt: Die Hilfe für die ärmsten Gebiete unserer Erde. Entwicklungshilfe ist für ihn ein echtes persönliches Anliegen, für das er sich in vielen Gesprächen und Reisen auch eine große Sachkompetenz erworben hat.

Diese Sachkompetenz in so vielen Gesellschaftsbereichen, die starken persönlichen Fähigkeiten, vor allem die Mächtigkeit des Wortes, aber auch die unerschütterliche Liebe und Treue zur Kirche und zu den Menschen haben beigetragen, daß Ploier Menschen zu großen Aktionen zusammenführen konnte, daß seine Bemühungen um Toleranz und gegenseitige Achtung akzeptiert wurden und daß vieles, was Idee und Traum im kleinen Kreis war, in relativ kurzer Zeit verwirklicht werden konnte. Zu Ploier gehört auch, daß er derzeit in wachsender Sorge und bisweilen mit spürbarer Ungeduld jeder Verhinderung der Verwirklichung des Zweiten Vatikanums begegnet.

Ich möchte deshalb, auch im Namen sehr vieler und nicht zuletzt unserer Diözese, diese Gelegenheit benutzen und versichern, daß wir voll zur Person und zum vielfältigen Werk Ploiers stehen. Ich danke als Bischof von Linz für die Treue zu mir und meinem Vorgänger. Ploiers Wort und Rat haben schon vieles in Bewegung gesetzt und werden es hoffentlich noch lange tun. Sein

Wirken in der Katholischen Aktion, als Geschäftsführender Vorsitzender des Pastoralrates seit dessen Gründung, sein Engagement bei der Diözesansynode und bei der Diözesanversammlung haben mit dazu beigetragen, daß das gesprochene Wort zur Tat wurde, daß die Kirche in unserer Diözese und in unseren Pfarren lebendig geworden und lebendig geblieben ist. Ich möchte den Dank zum Geburtstag Ploiers zusammenfassen im zuversichtlichen Kurzgebet „Vergelt's Gott!".

+ M. Aichern

Bischof von Linz

Prälat Karl Wild

DER MENSCH EDUARD PLOIER

In seiner Laudatio für Eduard Ploier anläßlich der Überreichung des Großen Ehrenzeichens der Republik Österreich hat Prof. Dr. Heinrich Schneider, Wien, von Eduard Ploier gesagt, dieser sei den meisten Menschen, die ihn kennen, als Vorsitzender, Präsident und Funktionsträger bekannt. Das ist die eine Seite Ploiers. Wir wollen versuchen, auch die andere Seite kennenzulernen. Man kann Ploier schwer in eine bestimmte Reihe stellen, weil seine Fähigkeiten sehr vielfältig sind und seine Aktivitäten in sehr viele wichtige Bereiche hineinreichen.

Woher er kommt

Ploier stammt aus einer Bauernfamilie. Sein Elternhaus steht in Oberwart bei Wels. Sein Vater, Bauer mit Leib und Seele, Hobbyjäger, heiter veranlagt. Die Mutter eine fleißige, liebenswürdige, fromme Frau, sechs Kinder sind miteinander in dieser Familie aufgewachsen. Eduard ist der Älteste und ist immer der „Älteste" geblieben; Ersatz für den Vater, wenn dieser fehlte; irgendwo Berater, Beschützer; mit allen Geschwistern heute noch geradezu freundschaftlich verbunden. „Heute mehr als je", (so Ploier). Der Vater ist Österreicher mit Glut und Opferbereitschaft. „Als Schuschnigg 1938 im Rundfunk seinen Wunsch ‚Gott schütze Österreich!' ausspricht, sehe ich Tränen in seinen Augen", (Ploier). Er ist tief betroffen. So ist es kein Wunder, daß er mit den NS-Behörden in Konflikt kommt. Es gibt Verhöre, Verdächtigungen, Hausdurchsuchungen, neun Monate Kerker. Zellenkollege ist Prof. Dr. Ferdinand Klostermann. Für Edi beginnt eine Freundschaft mit Dr. Klostermann, die bis zum Tod Klostermanns dauert. Edi bringt seinem Vater Essen in den Kerker. Der Vater teilt mit Klostermann, mit Pfarrer Michael Mayr und mit dem Aufseher. Für Eduard Ploier ist die NS-Zeit eine gewaltige Wende: Der Vater im Kerker — ohne wirkliche Schuld —, er, Edi, in der damaligen Öffentlichkeit Sohn eines Zuchthäuslers, als Ältester in der Familie Vaterersatz, Ungerechtigkeiten rundherum, Krieg, Bomben auf Wels, Flucht in Luftschutzkellern, schwere Arbeit im landwirtschaftlichen elterlichen Betrieb.
Mut und Hoffnung gibt ihm damals ein Kaplan der Welser Herz-Jesu-Pfarre, der standfeste Westfale P. Rieger, Träger des Eisernen Kreuzes aus dem Ersten Weltkrieg. „P. Rieger war für uns und mit uns da", (Ploier). In der gesamten

Jugend, besonders in dieser Zeit, spielt die Mutter eine große Rolle. Ploier: „Von ihr habe ich gelernt, was Glaube ist, daß es in der Religion so etwas gibt wie absolute Verläßlichkeit. Glaube steht nie in Frage. Sie hat ihr Leben in der Gegenwart Gottes ausgelebt, sie war ein heiterer Mensch, aufgelegt für Anekdoten. In schwierigen Situationen rede ich noch heute mit ihr — lange nach ihrem Sterben. Wie wir sie kannten als Gattin, Mutter, Hausfrau, Nachbarin: demütig, umsichtig, einsichtig, besorgt, geduldig, hilfsbereit und vor allem fromm. Ich zähle sie zu den Heiligen."

Sein Bildungsweg

Der Bildungsweg Ploiers ist wie vieles in seinem Leben ungewöhnlich: Er besucht die Volksschule, übersiedelt nach vier Jahren in die Hauptschule. Die vierte Klasse der Hauptschule hört er mitten im Jahr auf. Es ist Krieg. Nachher wird Edi vollkommen im landwirtschaftlichen Betrieb integriert. Nach dem Krieg ist Zeit für eine Klasse landwirtschaftliche Winterschule. Dort beginnt ein Kontakt, eine Freundschaft mit dem damaligen Präfekten und Berater, dem späteren Kulturhofrat Dr. Karl Pömer; besonders wichtig für Ploiers Entwicklung und seine spätere Tätigkeit ist ein dreimonatiger Aufenthalt in den USA (1953), der ihm von der Diözese ermöglicht wird. Ploier ist damals schon Diözesanführer der Katholischen Landjugend. Dieser dreimonatige Aufenthalt in den USA ist für ihn besonders erlebnisreich und prägend. Der Junge aus dem Bauernhof, nach einer Zeit mühseliger Arbeit, einem einfachen Leben, auf einmal im Quartier in einem Hilton-Hotel, Vertreter Österreichs unter 40 Nationen, Festredner beim US-Erntedankfest. Sein Christentum findet Anerkennung. Und das mit 22 Jahren! Der Katholik ist in den USA sehr interessant, es wird Rücksicht genommen auf den Sonntag, auf den Feiertag. Ein weiterer Schritt in der Ausbildung: Ploier wird von der Diözese ein Jahr freigestellt mit der kontrollierten täglichen Verpflichtung zum Studium unter Aufsicht von Direktor Dr. Josef Gruber. Bereiche des Studiums sind: Religion, Geschichte, Einführung in philosophisches Denken, Staatslehre, Wirtschaft, Geographie, Physik.

Wir, die Ploier kennen, wissen, daß der Prozeß seiner persönlichen Weiterbildung bis heute kein Ende gefunden hat. Es ist eines der Geheimnisse seines Einflusses auf viele Menschen, daß er sich aus verschiedenen Quellen Wissen und Information holt: Aus Büchern — er kann erstaunlich schnell lesen —, im Studium zur Vorbereitung seiner zahlreichen Reden — er bereitet sich sehr gründlich vor —, aus persönlichen Kontakten und Gesprächen mit Menschen, die über Wissen verfügen, aus der Arbeit im ORF, im Landesverlag, im Studium von verschiedenen Zeitungen und wichtigen Aussendungen.

Seine Persönlichkeit

Viele Impulse in der Erwachsenenbildung, in der Katholischen Aktion, im Landesverlag, in der Entwicklungshilfe sind von Ploier ausgegangen. Er hatte viele Möglichkeiten, auf große Gruppen von Menschen Einfluß zu nehmen, da er in vielen Gremien agiert. Er kann zuhören, beurteilen, überlegen, Vorschläge anderer ernst nehmen und auch annehmen. Der wichtigste derartige Platz ist das Bildungsheim Schloß Puchberg. Dort gibt es eine Leitung, die nicht aus einem Mann besteht, sondern aus einem Team: Direktor, Direktor-Stellvertreter, Rektor, Assistent. Jede Tagung und jede größere Aktivität wird in diesem Team besprochen, angenommen oder abgelehnt. Jede Person der Leitung hat ihren ganz bestimmten Bereich und bringt ihre Pläne ein. Alle wichtigen Fragen werden in diesem Kreis zur Diskussion gestellt. So etwas wie einen diktatorischen Führungsstil hat es in Puchberg nie gegeben und gibt es auch heute nicht.

Es gab im Leben Ploiers auch Träume, heiße Wünsche. Einer davon war: Er wollte glühend gern Bauer werden. Dieser heiße Wunsch konnte nicht erfüllt werden. Um Bauer zu werden, braucht man einen Hof. Ganz gestorben ist dieser Wunsch aber nicht. Als Rest dieses Wunsches bleibt eine sehr impulsive Sympathie für die Bauern, für das Landvolk. In Versammlungen, Diskussionen, Streitgesprächen beschäftigt sich Ploier immer wieder mit landwirtschaftlichen und bäuerlichen Fragen und Problemen des Landes. Der Bauern Blut läßt ihm keine Ruhe. Das geht so weit, daß er in seinem kleinen Hausgarten mit Bio-Wirtschaft experimentiert. Das Landvolk, die Landprobleme sind ihm ein großes Anliegen. Seit mehr als 20 Jahren ist er neben seinen vielen sonstigen Beschäftigungen Vorsitzender eines gesamtösterreichischen Landkreises in der Katholischen Aktion.

Ploier ist kein Asket, sondern ein Mann, der nicht blutleer agiert, er liebt die Menschen, die Natur, die Erde, die Berge, seinen Körper, ein gutes Essen, seine Pfeife, einen frisch duftenden Kaffee. Das liebste Gerät in Puchberg ist nicht etwa das Telefon oder der Computer, sondern die Kaffeemaschine. Dort, im Duftbereich der Kaffeemaschine, beginnen viele Kontakte und werden manche Probleme angerührt, gelöst. Wo seine Askese auch nicht reicht, ist sein Körpergewicht. Denn trotz vieler Hungerkuren geistert der Zeiger der Waage rund um die Zahl 100. Aber auf einem Gebiet reicht seine Askese: Ploier jammert nicht. Was immer auch sein mag, jammern hören wir ihn nicht. Er hat vor etwa 20 Jahren mit einem guten Freund, dem das ewige Gejammer mancher Menschen ebenso wie ihm auf die Nerven ging, vereinbart: Ab sofort wollen wir nicht mehr jammern. Wenn er wieder einmal mit einem „Hexenschuß" elend durch die Gänge kommt, hört man ihn dennoch nicht jammern. Vielleicht hört es seine Frau gelegentlich, aber die verrät uns solches nicht. Auch Enttäuschungen in der Erwachsenenbildung, in der Katholischen Aktion, im Landesverlag sind Ploier nicht fremd. Enttäuschungen gibt es ja auch im Leben von Erfolgsmenschen. Eine solche Stunde: Während der Vorbereitung des Katholikentages 1983 gab es auch Pessimismus und Pessimisten. Auch bei Menschen, die gut mit ihm standen. Einmal sagte einer von diesen „Weisen" zu Ploier: „Wie es jetzt ausschaut, glauben ja nur mehr zwei Männer in Österreich, daß der Katholikentag ein Erfolg werden könnte: Der Kardinal König und der Präsident Ploier." Die 300.000 Menschen und die 70.000 Jugendlichen im Stadion vor dem Papst haben den beiden Optimisten recht gegeben. In dieser und in ähnlicher Situation blieb und bleibt Ploier, was er immer war und ist, realistischer Optimist.

Die angeborene „geistige Ausrüstung"

Im Laufe seines Lebens hat Ploier in vielen wichtigen Bereichen mitgemischt und tut es noch heute: in der Kirche, in Apostolatsbewegungen, Jugendbewegung, Männerapostolat, der Erwachsenenbildung, Medienarbeit, Entwicklungshilfe, Wirtschaftsmanagement, Politik, und dazu kommt die Sorge um seine Familie. Und wer ihn kennt, weiß, daß er nichts von dem mit der „linken" Hand macht. Er opfert viel Zeit für Nachdenken, Lesen entsprechender Literatur, Vorbereitung von Reden; viele halbe Nächte. Diese seine Vielseitigkeit verrät eine erstaunlich breite geistige Anlage. Diese Anlage wird eifrig benützt. Ploier ist ein sehr fleißiger „Arbeiter". Und noch eines: Ploier ist aus keinem harten Holz geschnitzt. Nicht selten schleichen sich Tränen in seine Augen.

Wie ihn seine Schwester Pepi erlebte

„Als ältestes Kind von sechs Geschwistern war Edi natürlich unser ‚großer Bruder'. Es bedeutete vieles, ‚großer Bruder' zu sein. Es erfüllte mich immer mit Stolz, neben einer Schwester vier Brüder zu haben. Der Lausbubenstreiche gab es genug in unserer Familie.

Wir sind gemeinsam aufgewachsen, haben eines vom anderen gelernt. Neben viel Gemeinsamkeiten gab es auch viel Verschiedenheit.

Als Ältester machte Edi sich früh in manchen Dingen selbständig. Ich erinnere mich, daß Edi es war, der mich als kleines Mädchen von der Volksschule zur Hauptschule nach Wels begleitete — Hauptschulbesuch war zu der Zeit keine Selbstverständlichkeit.

Sein Organisationstalent war schon in frühester Jugend vorhanden. Aber was war und ist gerade Edi für mich als Bruder? Unsere Kindheit war überschattet von der Not der Kriegszeit. Nach Kriegsende kam die Zeit des Aufbruches und der großen Neuerungen. Edi war damals schon aufgeschlossen für alles, was von außen kam. Somit brachte er manches ins Haus, was für unsere kleineren Geschwister neu war. Seine geistige Heimat fand er schon als Jugendlicher in der Kirche. Zu meiner Freude brachte er manch gutes Buch ins Haus. Unser Elternhaus war immer offen für alle Menschen.

So gingen zu der Zeit auch viele Freunde und Jugendliche bei uns aus und ein. Wir hatten viele Kontakte mit Menschen. Aufgrund seiner natürlichen Begabung wurde Edi bald in die Führungsposition gedrängt. Er braucht oft viel Mut, für seine Meinung einzustehen. Seine Toleranz hat mich in manchen Dingen zum Nachdenken gebracht. Man muß aber auch ehrliche Kritik von ihm annehmen. Auch er mußte früh zur Kenntnis nehmen, daß man, im öffentlichen Leben stehend, selbst vieler Kritik ausgesetzt ist.

Als Erwachsenenbildner hat er guten Umgang mit Menschen. Er ist sehr geprägt von der Liebe zu unserem Elternhaus und zu seiner näheren Heimat überhaupt. Ich habe früh erkannt, daß Edi seine Verwurzelung im ländlichen Lebenskreis nie verleugnen wird. Wenn sie mich fragen, was Edi für mich als Bruder bedeutet, so muß ich sagen: Er ist für mich, neben allen Unzulänglichkeiten, ein Mensch, von dem ich mir Maß an Mut und Gerechtigkeit nehmen kann. Tief im Inneren ist dieser starke Mann aber auch sehr verletzlich, worin wir uns als Geschwister treffen. Sein großes Anliegen sind die ärmsten Menschen in der Dritten Welt. Ihnen zu helfen und beizustehen ist seine große Sorge.

Er lehrte mich eine gewisse Großzügigkeit im Leben. So formte ihn sein reicherfülltes Leben zu dem Menschen, der er heute ist. Es hat sich in all den Jahren, da wir älter wurden, viel gegenseitiges Vertrauen aufgebaut, und in schwierigen Situationen ist eins für das andere da. Je älter wir werden, um so mehr gehen wir unseren gemeinsamen Wurzeln nach. Und wenn es in der großen Familie zu feiern gilt, kommen alle gerne. Und es sind für mich kostbare Stunden, die ich mit meinen Geschwistern verbringen kann. Und so muß ich sagen, daß Edi mir ein guter Bruder ist, auf den ich in vielen Situationen sehr stolz bin."

Wie ihn sein Bruder Heinz erlebte

„Ich beobachtete meinen Bruder schon seit meinem 14. Lebensjahr und versuchte, vieles abzuschauen, wovon aber niemand etwas merkte. Ich denke ins-

besondere an viele Gespräche, die er mit seinen Freunden führte. Bei diesen Gesprächen hörte ich schon immer sehr aufmerksam zu.
Ich dachte mir seinerzeit, ich sei ein ganz einfacher Landarbeiter, und Edi war damals Zentralführer der Katholischen Landjugend. Ich überlegte jedoch, daß Edi ebenfalls bis zum 17. oder 18. Lebensjahr daheim als Landarbeiter gearbeitet hat und für meine damaligen Begriffe relativ rasch Karriere gemacht hat. Er wurde für mich somit *das* Vorbild.
Nachdem unser Vater sehr bald starb und ich den Beruf eines Landarbeiters ausübte, jedoch durch den Strukturwandel in diesem Beruf keine sichere Existenz sah, ging ich zu meinem Bruder Edi und bat ihn, mir bei der Suche nach einer sicheren Existenz behilflich zu sein. Nach einer längeren Unterhaltung hat er den Grundstein für meine berufliche Laufbahn gelegt. Er eröffnete mir den Weg zum Raiffeisen-Sektor.
So wie damals hat mir Edi in vielen anderen Situationen geholfen und gute Tips gegeben.
Ich verfolgte auch aufmerksam seine beruflichen Tätigkeiten. Man kann beobachten, daß er häufig im Rampenlicht steht, und man weiß, daß sich auch viele Leute an seiner Meinung orientieren. Er ist ja doch als aufrechter Katholik in Österreich bekannt.
Er hätte oftmals die Möglichkeit gehabt, in die Politik einzusteigen, hätte dort wahrscheinlich mehr Geld verdient, und hat es immer wieder abgelehnt: Er bleibt dort, wo er gebraucht wird.
Ich weiß nicht, ob ich das in solchen Situationen gekonnt hätte.
Der kleine Bruder Heinz ist stolz auf seinen großen Bruder!"

Seine Frau

Die wichtigste Gestalt unter den Freunden, Mitarbeitern und Helfern für Männer in der Art von Ploier ist seine Frau. Sie braucht, wenn sie ihre Aufgabe erfüllen soll, besondere Qualitäten. Besonders auch aus dem Grund, weil sie eine Menge Aufgaben erfüllen muß, die legitim dem Mann zustünden, die er aber nicht erfüllen kann, weil er allzu oft auswärts festgehalten wird. Frau Ploier hat diese Qualitäten. Sie stammt aus Fulpmes in Tirol — ist aber inzwischen in den Verband der „Oberösterreicher" aufgenommen worden, weil sie so gut zu uns paßt und weil wir sehr froh sind, daß es diese Frau gibt. Sie hat die Erziehung der Kinder zum großen Teil übernommen, hat die Familie zusammengehalten, den Vater in vielen Situationen ersetzt. Um den Vater nicht in ein ganz falsches Licht zu rücken, eine Bemerkung: Ploier versitzt keine Stunden in Gasthäusern. Wenn er daheim ist, ist er daheim und ist für seine Familie da.

Ein besonderes Plus der Ploier-Eltern ist die Tatsache, daß die Kinder ein großes Maß an Freiheit, dem Alter entsprechend, hatten, daß Schwierigkeiten, Meinungsverschiedenheiten nicht durch ein elterliches Diktat gelöst wurden, sondern durch Gespräche. Immer wieder gab es eine echte Familienkonferenz mit dem Vorsitz des Vaters, mit voller Redefreiheit für die Kinder, für die Frau, mit Abstimmungen, in denen die Kinder ebenso Stimmrecht hatten wie Vater und Mutter. Dem Abstimmungsergebnis hat sich auch der Vater gebeugt, vielleicht manchmal knirschend, aber immerhin. Frau Ploier hat noch einige ganz besondere Qualitäten: Die Umgebung ist ihre Heimat geworden. Sie ist seit bald 30 Jahren erfolgreiche Leiterin einer Gruppe der Katholischen Frauenbewegung, in der sich Frauen aus der Umgebung von Puchberg regelmäßig in großer Anzahl treffen. Ihre eigentliche große Leistung dem Mann gegenüber ist die, daß sie nie ein Hindernis für die Aktivitäten ihres Mannes war. Wenn sie auch manchmal mehrere Wochen um ihren Mann gezittert hat, wenn er auf seinen Entwicklungshilfe-Reisen allein bis an das andere Ende der Welt gefahren ist und sich auch in Gefahrengebiete begeben hat, z. B. in Südamerika im Amazonas-Gebiet beim Besuch von P. José Hehenberger. Maria Ploier ist nie ein Hindernis für ihren Mann, sondern ohne Zweifel seine beste Helferin, Kameradin und auch Beraterin.

Die Kinder

Vier Töchter bilden die Kinderschar der Familie Ploier. Den Wunsch nach einem Sohn hat Ploier wohl schon in die Ehe mitgebracht. Nach der Geburt der ältesten Tochter hat er seinen Freunden mitgeteilt: „Das nächste Kind wird Clemens heißen." Diesen Wunsch aber hat er bald begraben mit der glaubwürdigen Begründung: „Die Söhne kommen gleich als Erwachsene, bringen uns also keine Erziehungssorgen." Und siehe da, sie kamen. Und recht passende Schwiegersöhne! Die vier Töchter haben sich in der Obhut der Mutter wohlgefühlt. Für Edi ist die Familie der Ruheplatz, das Heim, das Zuhause, wohin er sich gern begibt, wo er mit dem kleinen Kreis „seiner Lieben" die eigentlichen Feste feiert. Dort herrscht jenes Verhältnis, das durch nichts ersetzt und übertroffen werden kann: Liebe und gegenseitige Achtung.

Ploier und die Kirche

Eigentlich ist Ploier ein Kirchenmann. Glauben erweckten Mutter und Vater, stärkten später einige gute Freunde. Erleben des Kirchenjahres, Glaubensgespräche, Bibel waren immer ein Teil seines persönlichen Lebens. Der Kirche fiel er eigentlich in die Hände: Schon 1945 hält P. Rieger, Herz-Jesu-Pfarre Wels, in der Bauernstube der Ploiers für Jugendliche Glaubensstunden. In dieser Zeit treffen sich Jugendliche der Vorstadtpfarre Wels. Hier beginnt der Kontakt mit den Apostolatsbewegungen der Kirche, im besonderen mit der Katholischen Landjugend. In diesem Umkreis befinden sich Kaplan Peßl, Max Moser, Kaplan Mayr, Kaplan Hirscher, Franz Huber (Diözesanführer der Katholischen Jugend), Hermann Berger, der spätere Diözesanführer der Katholischen Jungschar, später Stadtrat von Wels. 1948 wird Ploier Diözesanverantwortlicher der Katholischen Landjugend, 1949 wird er zum Diözesanführer gewählt. Der 27. Februar 1949 ist ein Wendepunkt: das erste große Erlebnis des Redners Ploier. Er spricht beim Delegiertentag der Katholischen Jugend/Land im Kreuzschwesternsaal in Linz. Der junge Redner kommt an, trifft die Anliegen der Jugendlichen, der Saal explodiert (Bauernbuben stampfen mit den Füßen: Das sind wir!). Ab diesem Tag lebt die Katholische Landjugend der Diözese Linz. 1951 wird Ploier als hauptberuflicher Diözesansekretär der Katholischen Landjugend angestellt.

Der gebrochene Eid

Es gibt auch Rückschläge: Ploier wird zu einer Jugendversammlung in eine Landpfarre eingeladen. Er bereitet sich vor, sagt sich die Rede oftmals vor. In der Versammlung geht er zum Rednerpult, erntet sofort Beifall von Burschen und Mädchen, begrüßt die junge Runde, beginnt seine Rede und bleibt nach einer Viertelstunde hoffnungslos stecken, findet einfach den Faden nicht mehr und gibt auf. Blamiert vor Mädchen und Burschen, verläßt er fluchtartig das Rednerpult. „Querfeldein bin ich heimgelaufen. Ich als Versager, blamiert. Auf diesem Weg heim habe ich einen Eid geschworen: Niemals mehr halte ich eine Rede!" (so Ploier). Diesen Eid hat Ploier inzwischen unzählige Male gebrochen.

Die Reisen Ploiers

Er macht viele große Reisen. Sie sind für ihn beinahe Alltag geworden. Manche Reisen aber bringen auch heute noch das, was ein alter Spruch sagt: „Wem Gott will eine Gunst erweisen, den schickt er in die weite Welt." Einige der wichtigsten Reisen möchte ich hier anführen. 1953 erfolgt die schon erwähnte Reise in die USA. Die Diözese Linz schickt ihn, er möge sich die Jugendarbeit der Landjugend in den USA, die sogenannten 4H-Clubs, ansehen. Ploier ist Verantwortlicher für die Landjugend Österreichs (Zentralführer der Katholischen Jugend/Land Österreich). „Diese Reise war für mich persönlich, für mein Selbstbewußtsein, sehr wichtig. Vor allem erfuhr ich, daß man als Christ bestehen kann", (so Ploier). Es folgen später Reisen nach Holland, Belgien, Frankreich zur Gründung der MICARC, der Internationalen Bauern-

und Landjugendbewegung. Ploier knüpft Kontakte mit mehreren Jugendbewegungen in europäischen Ländern.
1968 wird von Ploier, Hans Bürstmayr und Freunden der „Österreichische Entwicklungsdienst" (ÖED) gegründet. Ploier wird Vorsitzender. Sehr rasch werden die Fragen gestellt: Wie ist eigentlich die Situation der Armen in der Dritten Welt? Was sind die Ursachen von Armut und Hunger? Wie können Armut und Hunger beseitigt werden? Reisen in die betroffenen Länder werden dringend notwendig. Ploier macht diese Anliegen zu seinen Anliegen.
Seine ÖED-Reisen führen ihn in folgende Länder:
Nach Neuguinea, Kongo, Tansania, Simbabwe, Zaire, Brasilien, Bolivien, Ecuador, Honduras, Guatemala, Costa Rica, Nikaragua.
Diese Reisen dienen, wie gesagt, dem Studium der Situation, den Hilfsmöglichkeiten durch Entwicklungshelfer in der Dritten Welt. Sie stellen Kontakte her zu Politikern, Bischöfen, Priestern, auch zu einheimischen aktiven Laien, dienen aber auch der Verbindung der Heimat mit den Entwicklungshelfern. Die Entwicklungshelfer, die jahrelang von der Heimat abwesend sind und im Einsatzgebiet oft ganz allein eine unbezahlbare Arbeit leisten, sind für solche Besuche, die auch der Beratung dienen, sehr dankbar. Diese Reisen, die Ploier fast immer allein macht, verlangen große Mühen und bedeuten nicht selten ganz persönliche Gefahren.
Es muß noch hinzugefügt werden, daß Ploiers Reisen für die besuchten Entwicklungshelfer und Missionare immer auch ein Zeichen dafür sind, daß die Heimat sie nicht vergessen hat.

Aufgaben, die Ploier anvertraut wurden

Eduard Ploier wird 1949 zum ehrenamtlichen Diözesanführer der Katholischen Landjugend der Diözese Linz bestellt. 1952 stellt ihn die Diözese Linz als Diözesansekretär der Katholischen Jugend/Land (KJL) hauptamtlich an. In diesem Jahr wird er auch zum Zentralführer der KJL (Gesamtverantwortung für die Katholische Landjugend Österreichs) bestellt. In diesen Jahren wird ein Slogan und damit eine allgemeine Aufgabe der Landjugend proklamiert: „Baut das neue Dorf." Ploier proklamiert diesen Slogan in ganz Österreich. 1958/59 wird er für ein Jahr freigestellt, in Puchberg „kaserniert" und zum Studium unter Leitung und Kontrolle von Josef Gruber, Direktor des Bildungshauses Schloß Puchberg, verpflichtet.
1959 übersiedelt Ploier zur Katholischen Männerbewegung (KMB) und wird als deren Diözesansekretär angestellt. Die Sorge um die Dritte Welt wird intensiver. Die KMB beginnt die Aktion „Bruder in Not". Ziel dieser Aktion ist: Information weiterer Kreise des Volkes über die Notsituation der Armen

in den Ländern der Dritten Welt, Sammlung von Geldspenden für die Dritte Welt. Die Aktion läuft bis heute. Sie hat von 1959 bis 1990 die Summe von 150 Millionen eingebracht. 1959 wird im Rahmen der Katholischen Aktion Österreichs ein eigener Arbeitskreis (Landkreis der KA) gegründet, der sich um das Landvolk — Menschen, die auf dem Land wohnen — besonders kümmern soll. Ploier wird Vorsitzender und bleibt das bis heute. Dem Landvolk bleibt er immer engstens verbunden. In den kommenden Jahren wächst er intensiver hinein in das organisierte Laienapostolat. Er wird Stellvertretender Vorsitzender der KMB Österreichs, Vizepräsident der Katholischen Aktion Österreichs, stellvertretender Vorsitzender der Diözesansynode der Diözese Linz, geschäftsführender Vorsitzender des Diözesanen Pastoralrates.

Der 1968 von Ploier mit seinem Freund Hans Bürstmayr gegründete Österreichische Entwicklungshelferdienst (ÖED), der es sich zur Aufgabe gestellt hat, junge Menschen entsprechend auszubilden und sie in Entwicklungsländer zu entsenden, wo sie Hilfe zur Selbsthilfe leisten sollen, ist immer noch seine geliebte außerberufliche Last. Der ÖED ist inzwischen eine bedeutende Organisation geworden. Mehr als 1.000 Entwicklungshelfer — junge Männer und Frauen verschiedenster Berufe — haben diesen Dienst je drei bis sechs Jahre geleistet.

So sind im ÖED im Lauf der Zeit etwa 4.500 *Einsatzjahre* geleistet worden. Ploiers Verdienst im ÖED liegt vor allem in der Gründungstätigkeit, im Vorsitz bis heute, in der Motivation, in der Organisation der Ausbildung, im Auftreiben von Geldgebern und in seinen zahlreichen, ausgedehnten ÖED-Reisen. Natürlich haben eine ganze Reihe von Menschen ihre Mitarbeit im ÖED geleistet (bes. das Team im Sekretariat und der Geschäftsführer, Dkfm. Hans Bürstmayr). Ploier ist bis heute einer der Motoren des ÖED. Durch seine Reisen hat er über die Dritte Welt ein ungeheures Wissen gesammelt.

1972 wird Ploier zum Präsidenten der Katholischen Aktion der Diözese Linz, 1976 zum Präsidenten der Katholischen Aktion Österreichs gewählt. Eine besonders arbeitsreiche und wichtige Aufgabe wird Ploier in den Jahren 1974 und 1975 aufgebürdet: durch den Vorsitz zur Einleitung des Volksbegehrens „Aktion Leben".

Von 1974 bis heute ist Ploier Kurator des ORF.

1983 wird er zum Präsidenten des „Österreichischen Katholikentages" gewählt, der den Papstbesuch einschließt. Hier gibt es für Ploier einen kleinen persönlichen Höhepunkt: Er wird am Ende des Katholikentages mit einigen wichtigen Mitarbeitern der Organisation des Katholikentages zu einem Frühstück mit Papst Johannes Paul II. in den Vatikan eingeladen (Kardinal König, Bacher, Marboe, Schaffelhofer).

Ab dem Jahr 1982 begibt sich Ploier intensiv in den Aufgabenbereich des Medienunternehmens Landesverlag. Er führt 1982 die Verhandlungen zur Umgestaltung des Landesverlages in eine Kapitalgesellschaft. Nach der Umwandlung übernimmt er den Vorsitz des Aufsichtsrates der Landesverlags-Ges.m.b.H. und die Herausgeberfunktion des Landesverlags-Wochenzeitungsringes „Rundschau". Hier liegt eine besonders schwere Verantwortung auf seinen Schultern.

Zusammenfassend kann man sagen

Wer Ploier kennt, weiß, daß er keine seiner Aufgaben mit der „linken" Hand macht, sondern mit Engagement, Gewissenhaftigkeit und Fleiß. Was man hier bemerken muß: Das Pensum an Arbeit, die Leistungen Ploiers im kirchlichen und profanen Bereich setzen eine sehr breite geistige Begabung voraus. Außerdem wollen wir nicht verschweigen, daß viele dieser Aufgaben nebenberuflich gemacht werden müssen, denn hauptberuflich ist Ploier Erwachsenenbildner. Er ist zunächst ab 1960 Mitarbeiter, dann Verwalter und ab 1979 Direktor des Bildungshauses Schloß Puchberg. Daß Puchberg gut funktioniert, obwohl der Direktor viele Aufgaben außerhalb des Hauses erfüllt, ist auch darauf zurückzuführen, daß dort ein Team von Menschen am Werk ist, das mit aller Energie, Treue und Tüchtigkeit zum Haus Puchberg und zu seiner Aufgabe steht (Dir.-Stellv. Hilde Prucha, Rektor Ernst Bräuer, Assistentin Johanna Weismann; im Büro: Sieglinde Edtbauer und Regina Schlechtl; im Haus: Frau Heidemann und Team; in der Küche: Ingrid Sadleder und Team; Chef der Technik: Johann Höller), so daß Puchberg auch „rennt", wenn sich der Direktor im „Urwald herumtreibt".
Viele Initiativen Puchbergs werden gemeinsam im Team entwickelt. „Ich bin überzeugt, daß ich dieses Arbeiten im Puchberger Team (Gruber, Prucha, Bräuer, Wild) gelernt habe", (Ploier).

Wendepunkt im Leben Ploiers

Wir haben Eduard Ploier die Frage gestellt: Was waren die Dinge, Ereignisse, Personen, die dich jeweils weitergebracht haben, die deine Entwicklung gefördert haben, die zu Wendepunkten geworden sind?

Ploiers Antwort:
„Ich möchte folgende Dinge und Personen nennen:

- Das Vertrauen vieler Menschen, besonders in der Zeit der Jugendarbeit: Ich war jung und durfte vieles selbst entscheiden; das hat mich gefordert und hat mich verpflichtet.

- Die Möglichkeit der Reise in die USA war ein gewaltiger Vertrauensvorschuß.
- Die Slogans der damaligen Zeit: Kirche ist nicht Haus, nicht Burg, nicht Dom, nicht Bischof, nicht Priester; wir alle sind Kirche. Hier steht Rektor Steiner vor mir!
- Reich Gottes ereignet sich schon hier auf Erden: Dort, wo der Mensch glaubt, hofft und liebt.
- Ein Wendepunkt waren vor allem die Herausforderungen durch die heranwachsenden eigenen Kinder. Ich mußte vieles neu überdenken und vieles korrigieren.
- Ab dem 45. Lebensjahr gelang es mir, das Gespräch mit der Jugend innerhalb und außerhalb der Kirche und der Katholischen Aktion wiederum intensiver in Gang zu bringen. Wiederum stürzten manche meiner Thesen zusammen.
- Sehr getroffen hat mich die Entdeckung der Umwelt als Schöpfung Gottes, die uns nicht zu eigen gegeben ist, sondern uns anvertraut wurde, und dies nur vorübergehend, und die daraus entstehende Verantwortung für die Menschen, besonders für uns Christen."

Wir können Eduard Ploier ohne Zweifel zu den erfolgreichen Österreichern zählen. Sein Weg von Oberwart 36 bis zum Präsidenten des Österreichischen Katholikentages ist ein staunenswerter Weg.

Kirche auf dem Weg in die Zukunft

Kardinal Franz König

DIE KIRCHE AN DER JAHRTAUSENDWENDE

Wohin führt der Weg der Kirche an der Wende zum dritten Jahrtausend? Inmitten der weitreichenden Veränderungen, von denen das letzte Jahrzehnt des 20. Jahrhunderts geprägt ist, stellt sich diese Frage mit neuer Deutlichkeit. Die Antwort wird unterschiedlich akzentuiert sein, je nachdem, ob sie mehr von nüchternem Realismus oder von prophetischer Intuition getragen ist.
Unübersehbar aber stehen drei „Wegweiser" am Pilgerweg der Kirche in das dritte christliche Jahrtausend:

1. Die Orientierung an Jesus Christus.
2. Die Kirche muß Weltkirche sein.
3. Die entscheidende Bedeutung des Zweiten Vatikanischen Konzils für den zukünftigen Weg.

1. Die Orientierung an Jesus Christus

Vielen Christen wird heute bewußt, daß sich die Kirche zunächst selbst immer wieder „evangelisieren" muß, um die einswerdende Welt von heute „evangelisieren" zu können. Für den einzelnen Christen, für die christlichen Gemeinschaften aller Art, für die Kirche als ganzes gilt: Je stärker Jesus Christus und seine Gefolgschaft im Glauben in die Mitte rücken, je mehr das ganze Leben vom „Geist des Herrn" geprägt wird, desto mehr Überzeugungskraft gewinnt die Verkündigung der „Frohen Botschaft".
In dem mißverständlichen Slogan „Christus ja — Kirche nein", der oft als Ausrede gebraucht wird, steckt ein Körnchen bittere Wahrheit. Die Menschen sind offensichtlich fasziniert von der Person des Erlösers, von seinem Tun und seiner Lehre, von seinem Tod und seiner Auferstehung, aber sie entdecken in der Kirche und im Leben der Christen oft nur sehr wenig von dieser Faszination wieder. Es stimmt, daß die Kirche trotz all ihrer Makel und Runzeln der „mystische Leib Christi" ist, das Zeichen für die Anwesenheit Gottes in dieser Welt, etwas wie eine Ikone, die auf das Dargestellte nicht nur hinweist, sondern auch Anteil an der Wirklichkeit des Dargestellten hat. Und doch ist diese Kirche — wie jeder einzelne Christ — ständig zur Bekehrung aufgerufen, zur „Umkehr zum Herrn". Sie ist ständig in Gefahr, Christus gleichsam aus den Augen zu verlieren, auf allzu irdische Sicherheiten zu vertrauen, allzu irdischen Sorgen nachzuhängen.

Die Kirche muß sich auf ihrem Weg ins dritte Jahrtausend noch viel entschiedener am Evangelium orientieren, an der Botschaft Jesu, die eine Botschaft der Befreiung und des Friedens ist. Die Besinnung auf das Fundament der Kirche, auf die Heilige Schrift, auf das „Wort Gottes", hat nichts mit dem Modeschlagwort „Fundamentalismus" zu tun. Im Gegenteil, in einem solchen Sinn müssen die Christen, wenn sie ihren Glauben ernst nehmen, „Fundamentalisten" sein — nicht als engherzige Eiferer, nicht als Re-Aktionäre, sondern als Menschen, die ihre ganze Hoffnung auf Jesus Christus gesetzt haben.

2. Die Kirche muß Weltkirche sein

Die Kirche von morgen muß in noch stärkerem Ausmaß als die Kirche von heute im Bewußtsein wachsen, Weltkirche zu sein. Diese Kirche lebt in einer einswerdenden Welt. Trotz aller Spannungen, trotz aller tiefgreifenden Gegensätze, trotz aller Ausbrüche nationalistischen Hasses, wird die Welt von morgen, die Welt nach dem Jahr 2000, eine große „Ökumene" sein. Schon die rasante technisch-wirtschaftliche Entwicklung bringt es mit sich, daß alle Versuche zur „Abgrenzung" von vornherein als naive Illusionen gelten müssen. In Europa sind Mauern gefallen, die für unüberwindbar galten, „Eiserne Vorhänge" weggezogen worden, lang ehe sie der Rost als Zeichen der Vergänglichkeit aller menschlichen Institutionen zersetzt hatte.
Im Guten wie im Bösen gilt, daß es keine Alternative zur „einen Welt" gibt: die Wolke von Tschernobyl, die keine nationalen Grenzen respektierte, war ein Symbol für die unentrinnbare Verantwortung der ganzen Menschheit für die Bewahrung der Schöpfung, die Sorge um die Umwelt weist ja auf die Schöpfung hin. Und es war ohne Zweifel auch die Kraft der Bilder, wie sie durch die modernen Medien über alle sorgfältig bewachten Grenzen hinweg ausgestrahlt werden, die im Jahr 1989 zu den revolutionären Veränderungen in Mittel- und Osteuropa mit beigetragen hat. Wir leben in einer Welt der Medien, ob wir wollen oder nicht. Die Macht dieser modernen „Kanzeln" dürfen wir nicht ignorieren, sondern ihre Möglichkeiten nützen für unseren Auftrag: „Geht hinaus in die ganze Welt . . ."
Diese neue „Ökumene" stellt für die Kirche eine ungeheure Chance dar. So wie die erste Ausbreitung der Botschaft Christi in der Antike durch die alte „Ökumene" der Mittelmeerwelt begünstigt wurde, so ist die neue, weltumspannende „Ökumene" — die nun tatsächlich „die ganze bewohnte Erde" umfaßt — Voraussetzung dafür, daß wirklich allen Völkern das Evangelium verkündet werden kann.
In dieser neuen Situation ist es notwendiger denn je, daß die Kirche endgültig ihr — trotz aller vergangenen Schönheit doch auch schon vielfach brüchig

gewordenes — europäisches Kleid ablegt, das sie vielfach schon abgelegt hat. Das Ringen um die Einheit des Glaubens inmitten der möglichen Vielfalt der Kulturen ist für die Zukunft der Kirche von entscheidender Bedeutung. Wie weit dieser Prozeß schon fortgeschritten ist, zeigt ein Blick auf die Zusammensetzung der Teilnehmer an den Konzilien, den großen Kirchenversammlungen, die um die Deutung der Zeichen der Zeit für die Ausrichtung der Glaubensverkündigung gerungen haben.

Beim ersten Konzil der Christenheit im Jahr 325 zu Nicäa versammelten sich rund 300 Konzilsväter (unter ihnen freilich — noch Jahrhunderte vor dem Ansturm des Islam — nach heutigem Verständnis viele Afrikaner und Asiaten). Am Ersten Vatikanischen Konzil im 19. Jahrhundert nahmen 769 Konzilsväter teil, 488 von ihnen — oder 70 Prozent — kamen aus Europa. Und auch unter den Bischöfen aus den anderen Kontinenten waren überwiegend in Europa geborene Missionare. Beim Zweiten Vatikanischen Konzil stieg die Zahl der Teilnehmer bis auf 2.400. Aber die europäischen Bischöfe stellten nur mehr 40 Prozent. Aus Nord- und Südamerika kamen beim Ersten Vatikanum 111 Bischöfe, das waren 15 Prozent, beim Zweiten Vatikanum aber waren 956 Oberhirten — oder 40 Prozent — aus dem Doppelkontinent vertreten. Aus Afrika kamen zum Ersten Vatikanischen Konzil nur 14 Bischöfe, beim Zweiten Vatikanischen Konzil waren es 279, immerhin 10 Prozent.

Seit dem Zweiten Vatikanischen Konzil hat sich diese Entwicklung noch verstärkt. Auf der Südhalbkugel — in Lateinamerika, in Afrika, in Südostasien — befindet sich die Kirche trotz aller Probleme und Schwierigkeiten in einer Phase stürmischer Expansion. Die Kirche ist de facto schon Weltkirche, aber das Bewußtsein davon ist noch nicht überall gegeben.

Diese Weltkirche, die auf allen Kontinenten präsent ist, kann nicht mehr ausschließlich durch das vertikale Autoritätsprinzip im Sinn eines zentralen Verwaltungssystems geleitet werden. Diese Kirche braucht „Einheit in der Vielfalt", ein Leitwort, das in vielen Papstansprachen wiederkehrt. Das wollte das Zweite Vatikanum dadurch betonen, daß in der Besinnung auf die altkirchliche Tradition die vertikale Gliederung der Kirchenleitung durch den Primat des Papstes mit der bischöflichen Kollegialität in Einklang gebracht wurde. Für die Zukunft wird es daher vor allem darum gehen, das richtige Verhältnis zwischen möglicher Vielfalt und notwendiger Einheit zu finden. Das geht nicht von heute auf morgen. Ein übertriebener Zentralismus ist in der Kirche ebenso von Übel wie ein kleinkarierter Teilkirchen-Partikularismus, der nicht über den Rand der eigenen Probleme hinauszusehen vermag. Mehr denn je ist es daher in der Kirche notwendig, den großen Atem der historischen Betrachtung, etwas wie „aktive Geduld", wiederzufinden. Die Kirche soll „Zeichen und Ferment der Einheit des Menschengeschlechtes" sein. Sie kann es nur, wenn sie die ausgewogene Balance zwischen Einheit und Vielfalt glaubwürdig vorlebt.

3. Die Bedeutung des Zweiten Vatikanums

Von entscheidender Bedeutung für den Weg der Kirche, für den Weg der Christen in das dritte Jahrtausend ist — noch einmal sei es gesagt — die Besinnung auf das Zweite Vatikanische Konzil. Dieses Konzil hat viele die Kirche in einer neuen Weise sehen und verstehen gelehrt. Es hat das Geheimnis und die Größe der Kirche als „Volk Gottes auf dem Weg durch die Zeit" bewußt gemacht. Wie vieles von dem, was das Konzil wollte, harrt noch der Verwirklichung, der Umsetzung in der geduldigen Kleinarbeit des Alltags. In vielfacher Weise stehen wir daher erst am Anfang der Verwirklichung des Konzils. Es bedarf der „aktiven Geduld", damit der geistige Entwurf dieser Kirchenversammlung im praktischen Leben des Gottesvolkes Gestalt annehmen kann.
Um nur einige Beispiel herauszugreifen: Beim Zweiten Vatikanischen Konzil wurde sichtbar, daß die im 19. Jahrhundert unüberbrückbar scheinende Kluft zwischen Glaube und wissenschaftlich-technischer Kultur nicht andauern muß. Als das Konzil zusammentrat, spielte auch das prophetische Gespür dafür, daß der Fortschrittsoptimismus von einst dem Zusammenbruch nahe war, eine Rolle. So war es für die Kirche um so leichter, die Defensivhaltung des 19. Jahrhunderts zu überwinden und auf die Zukunft zu schauen. Die geistige Orientierung des Konzils war — ohne die wesentlichen Elemente der Tradition geringzuschätzen — nach vorwärts gerichtet. In diesem Geist konnte das Konzil allen die Hand reichen, wie es ein Textabschnitt aus „Gaudium et spes" darlegt, der auch im Hinblick auf die Jahrtausendwende nichts von seiner Aktualität verloren hat: „Betroffen von einer so komplexen Situation, tun sich viele unserer Zeitgenossen schwer, die ewigen Werte recht zu erkennen; sie tun sich schwer mit dem Neuen, das heraufkommt, zu einer richtigen Synthese zu gelangen. So sind sie zwischen Hoffnung und Angst hin- und hergetrieben, durch die Frage nach dem heutigen Lauf der Dinge zutiefst beunruhigt . . . Im Lichte Christi, des Bildes des unsichtbaren Gottes, . . . will das Konzil die Menschen ansprechen, um das Geheimnis des Menschen zu erhellen und dabei auch mitzuwirken, daß für die dringlichen Fragen unserer Zeit eine Lösung gefunden wird."
Diese Kirche, die auf alle zugeht, versteht sich aber auch selbst als geschwisterliches „Volk Gottes", in dem alle durch die Taufe die gleiche Würde haben. Durch die historischen Umstände war der Blick lange Zeit fast ausschließlich auf die Hierarchie, auf die geweihten Priester, allenfalls auf die Ordensleute,

eingeengt. Das Bewußtsein, daß alle Getauften miteinander Kirche sind, daß Amt in der Kirche Dienst bedeutet, war geschwunden.
Das Konzil hat diesem Bewußtsein wieder Bahn gebrochen. Aber haben wir wirklich schon erkannt, daß die „Stunde der Laien" angebrochen ist in der Kirche, daß die Laien eine besondere Berufung im Volk Gottes haben? Steckt nicht noch in uns allen — und bisweilen bei den Laien fast mehr als bei den Priestern — ein Rest von „klerikaler" Mentalität, der die Verantwortung für Weitergabe, Ausformung und Praxis des Glaubens gern den „Spezialisten", den „Fachleuten", überlassen möchte? Als Gegenbild dazu heißt es im Konzilsdokument „Gaudium et spes": „Erstgeborener unter vielen Brüdern, stiftete er (Christus) nach seinem Tod und seiner Auferstehung unter allen, die ihn im Glauben und in der Liebe annehmen, durch das Geschenk seines Geistes eine neue brüderliche Gemeinschaft in seinem Leib, der Kirche, in dem alle untereinander Glieder sind und sich entsprechend der Verschiedenheit der empfangenen Gaben gegenseitig dienen sollen."
Und wie weit ist das Bild des Christen, wie es das Konzil — und auf seiner Grundlage Bischofssynoden und Päpste — gezeichnet haben, schon Selbstverständlichkeit geworden? Ist die Überzeugung, daß der „anonyme Christ" kein ganzer Christ ist, schon tief genug verwurzelt? Vom ersten Tag der Kirche an haben die Christen, haben die Menschen, denen Tod und Auferstehung Christi von zentraler Bedeutung für ihr Dasein waren, in der Öffentlichkeit Zeugnis abgelegt — durch ihr Wort, aber mehr noch durch ihr Leben. Das Christentum ist keine Geheimsekte, keine Versammlung von „Auserwählten und Eingeweihten". Das Katakombendasein ist der Ausnahmefall, nicht die Regel.
So gesehen, kann es auch keinen Rückzug der Christen aus der Politik geben, besonders dann nicht, wenn man jedes Handeln in der Öffentlichkeit als Politik versteht und den Begriff nicht im Sinn kleinlicher parteipolitischer Tagesauseinandersetzungen einengt. Der Christ kann vom Glauben her nicht darauf verzichten, auf die Gesellschaft einzuwirken. Er hat keinen „elfenbeinernen Turm" zur Verfügung, in den er sich vor den Verwicklungen der „bösen Welt" flüchten könnte. Gerade weil der Christ Anwalt zu sein hat, Anwalt der Armen, der Schwachen und derer, die keine (Wähler)stimme haben, kann er sich aber dieser Welt auch nicht gleichförmig machen, in der eben oft nur die Macht zählt. Er lebt in dieser Welt, aber nicht im Geist dieser Welt.
Die Christen können sich auch nicht damit zufriedengeben, immer und überall der „Gesellschaft" — einer mythischen Größe, die schwer faßbar ist — die Verantwortung aufzuhalsen. Sie müssen versuchen, die Bergpredigt ernst zu

nehmen, jenes drängende Wort Jesu: „Was ihr dem geringsten meiner Brüder getan habt, das habt ihr mir getan", das erst echte Geschwisterlichkeit über alle Unterschiede des Alters, der Klasse, der Sprache, der Nation, des Gesundheitszustandes hinweg schafft. Das Programm der „leiblichen und geistigen Werke der Barmherzigkeit" ist kein flammendes Manifest, das Schlagzeilen macht. Es ist mehr eine „Revolution der Stille", die aber an die Wurzel geht, die von jedem einzelnen Umkehr, Besinnung, Selbstüberwindung, Revision seines Lebens verlangt. Freilich: Wer mit diesem Programm ernst macht, wird gar nicht anders können, als diese Grundsätze auch auf die großen drängenden Fragen der Entwicklung im Weltmaßstab anzuwenden, die mit den drei Begriffen „Gerechtigkeit, Frieden und Bewahrung der Schöpfung" umschrieben sind.

Die Christen dürfen die „Zeichen der Zeit" nicht übersehen. Das Heil ist nicht von Strukturveränderungen allein zu erwarten, so notwendig solche Veränderungen etwa im Nord-Süd-Verhältnis sein mögen. Kann es Zufall sein, wenn es etwa in einem Bericht des „Club of Rome" schon vor mehr als 15 Jahren hieß: „Schließlich müssen sogar die grundlegenden menschlichen Werte und Verhaltensweisen der einzelnen Individuen als Teile der Weltgemeinschaft berücksichtigt werden. Gerade sie werden entscheidend dafür sein, auf welche Weise die politischen und wirtschaftlichen Probleme überhaupt lösbar sind." Bevor also auch im Weltmaßstab Problemlösungen angegangen werden können, kommt es auf die Umkehr, auf das *neue Denken des einzelnen* an. Jeder muß bei sich selbst beginnen: mit der Erforschung des Gewissens, der Kritik des eigenen Verhaltens. Er muß die gesellschaftliche Bedingtheit seines Handelns auf ihr natürliches Maß zurückschrauben, Abschied von Ausflüchten nehmen und sich den uralten, aber für jede Generation brennend aktuellen Fragen stellen: Wer bin ich? Woher komme ich? Wohin gehe ich?

Wer dann die Entscheidung für Christus fällt und sein Christsein ernst nimmt, wird schon durch sein Sosein die Gesellschaft beeinflussen. Die Vitalität und Sprengkraft des gelebten Christentums hat sich noch immer erwiesen, sie erweist sich auch heute, sie wird sich auch in der Kirche der Jahrtausendwende erweisen.

Eine neue Generation sucht inmitten einer Zeit, die vielfach die innere Orientierung verloren hat, die Leid und Tod ausklammern möchte und die negative Sensation liebt, nach christlicher Authentizität. Mit ihr suchen viele Ältere, denen der Genuß des Augenblicks nicht die Sicht auf den weiteren Horizont verstellt hat. Die Inspiration des Zweiten Vatikanischen Konzils ist für diese suchenden Menschen und Christen mehr denn je von ausschlaggebender Bedeutung, weil sie ein Bild von Kirchesein vermittelt, das — ohne sich an die

Welt zu verlieren — eine solide Basis für den Weg ins dritte christliche Jahrtausend darstellt.
Auf diesem Hintergrund ist es möglich, in großer Gelassenheit und in einem tiefen Vertrauen auf die spürbare Führung des Geistes Gottes in der Kirche auf die Jahrtausendwende zuzugehen.

Ernst Bräuer

KRITIK IN DER KIRCHE

Hat Kritik, Widerspruch und Dissens in einer Institution, die sich als Ort der Wahrheit und des Friedens versteht, überhaupt einen legitimen Platz? Sind Konflikte und Parteiungen in der Kirche ein Zeichen von Vitalität oder nur Ausdruck des Abfalls? Und hat Kritik „von unten" in einer Institution, die sich auf eine Herkunft von „oben" beruft, überhaupt eine Chance?
Diese grundsätzlichen Fragen lassen sich am einfachsten beantworten mit einem Verweis auf den Ursprung und die Geschichte der Kirche.

1. Kritik und Widerspruch gibt es in der Kirche, seit es die Kirche gibt
Streit und Konflikt gehören zur sozialen Gestalt der Kirche. Die Einheit der Kirche war nie ein Besitz, sie mußte immer wieder erstritten werden.
Die Kirche ist aus einem Konflikt entstanden. Aus dem Konflikt Jesu mit den Repräsentanten der Synagoge. Die Proklamation eines vorbehaltlos menschenfreundlichen Gottes und seine scharfe Kritik an einem veräußerlichten, gesetzlichen Verständnis der Religion brachten Jesus ans Kreuz. Seine Botschaft und seine Lebenspraxis aber wurden zum Fundament und zum bleibenden Maßstab für das „neue Volk Gottes", die Kirche. Die Auseinandersetzung zwischen „Judenchristen" und „Heidenchristen" in der jungen Kirche zeigen, wie sehr das alte Verständnis vom Volk Gottes wirksam blieb. Petrus sympathisierte mit jenen Christen, die sich eine Zugehörigkeit zur Kirche Jesu Christi nicht ohne vorherige Unterwerfung unter das jüdische Gesetz vorstellen konnten. Es bedurfte eines Paulus, der Petrus ins „Angesicht widersprach" (Gal 2,11). Durch seinen entschiedenen Widerspruch hat Paulus dem christlichen Glauben die Tür geöffnet zu allen Völkern und allen Kulturen.
In der späteren Kirchengeschichte waren es Einzelpersonen oder ganze Bewegungen, die „opportun oder nicht opportun" (1 Tim 4,2) für die ursprüngliche Wahrheit des Evangeliums kritisch auch gegen Träger der kirchlichen Autorität auftraten. Phasen stürmischer innerkirchlicher Konflikte waren in der Regel die Folgen eines tiefgreifenden wirtschaftlichen und sozialen Wandels. Die Geschichte zeigt, daß die Inhaber der amtlichen Autorität in solchen Phasen dazu neigen, die christliche Tradition einzig in der Restauration der früheren Verhältnisse wiederzufinden. Ein Beispiel aus der jüngsten Kirchengeschichte ist der sogenannte „Modernismusstreit" am Beginn unseres

Jahrhunderts. Es ging dabei um die Reaktion der Kirche auf die Veränderungen durch die Aufklärung und die Französische Revolution. Erst im Zweiten Vatikanischen Konzil kam die Kritik derer kirchenoffiziell zum Tragen, die im Namen des Evangeliums einem Abkapseln gegenüber dem neuzeitlichen Bewußtsein widersprochen hatten. Gut 50 Jahre waren sie unter der pauschalen Verdächtigung des Modernismus kirchenamtlich bekämpft und nicht selten auch diszipliniert worden.

Wahrheit wird jeweils neu gewonnen

2. Kritik und Widerspruch in der Kirche sind nicht nur ein Phänomen der faktischen Kirchengeschichte, sondern gehören konstitutiv zur Kirche
Weil die Kirche von ihrer Ursprungssituation her in der Person Jesu Christi, seiner Lehre und Lebenspraxis, einen Richter (Kritäs) hat, muß sie sich in jeder geschichtlichen Situation an diesem Ursprung selbstkritisch „ausrichten" und auch „richten" lassen. Das gilt für den einzelnen Christen, gilt aber auch für die Kirche als ganzes. Ein Blick in das Neue Testament zeigt, daß die Wahrheit des Evangeliums nicht einseitig durch eine kirchliche Autorität einfach diktiert wird, sondern daß sie jeweils neu im Streit der Meinungen und im Konflikt der Interessen gewonnen wird. Die Erfahrung der Kirchengeschichte ist: Der Geist Christi „sendet" nicht nur über die amtlichen Kanäle, sondern „er weht, wo er will".

Die traditionelle Unterscheidung einer lehrenden und einer hörenden Kirche kann deshalb nicht bedeuten, daß die Amtsträger nicht auf die Laien zu hören brauchten und daß die Laien nichts zu sagen hätten. Vielmehr stehen beide — im Interesse der Sache, um die es geht — in einer fruchtbaren Spannung zueinander. Diese Grundsituation findet ihre Entsprechung in der für die Kirche konstitutiven Spannung von Amt und Charisma, von Priester und Prophet. Die besondere Aufgabe des Amtes besteht in der Sorge um die Einheit der Kirche und um die Kontinuität der Tradition. Das Amt hat wohl eine bewahrende Funktion, steht aber in der Gefahr, einen faktischen Zustand als für alle Zeiten und Regionen gültige Ausdrucksform des Evangeliums festzuhalten.

Um der Lebendigkeit und Aktualität der Kirche willen braucht das Amt die Kritik und auch den Widerspruch von prophetischen Einzelpersonen oder organisierten Gruppen. Deshalb ist Kritik in der Kirche nicht nur ein Recht, sondern in besonderen Situationen auch eine Pflicht.
Seit den Zeiten der Urkirche gilt „die brüderliche Zurechtweisung" als eine

wichtige Form der Liebe in der Kirche. Gemeint ist damit die Pflicht, daß sich Christen gegenseitig „vor Schaden und Irrtum warnen". Diese Pflicht — und damit auch das Recht — gilt auch für Untergebene gegenüber ihren Oberen. Das Zweite Vatikanum hat in der Konstitution über die Kirche diese Tradition ausdrücklich aufgenommen, wenn es in Artikel 37 über die Rechte und Pflichten der Laien heißt: „. . . entsprechend dem Wissen, der Zuständigkeit und hervorragenden Stellung, die sie einnehmen, haben sie die Möglichkeit, bisweilen auch die Pflicht, ihre Meinung in dem, was das Wohl der Kirche angeht, zu erklären. Gegebenenfalls soll das durch die dazu von der Kirche festgesetzten Einrichtungen geschehen, immer in Wahrhaftigkeit, Mut und Klugheit, mit Ehrfurcht und Liebe gegenüber denen, die auf Grund ihres geweihten Amtes die Stellung Christi vertreten." Im folgenden Text werden dann „die Hirten" aufgefordert, sie sollen die Vorhaben, Eingaben, Wünsche, die die Laien vorlegen, aufmerksam in Christus in Erwägung ziehen. Die gerechte Freiheit, die allen im irdischen, bürgerlichen Bereich zusteht, sollen die Hirten sorgfältig anerkennen.

3. Diese Sätze aus dem letzten Konzil lassen keinen Zweifel, daß Kritik in der Kirche Heimatrecht hat, daß aber die Frage ansteht, unter welchen strukturellen und organisatorischen Voraussetzungen Kritik innerhalb der Kirche überhaupt eine Chance und *eine erneuernde und nicht bloß polarisierende Wirkung haben kann.*

Offensichtlich ist das nur möglich unter der Voraussetzung, daß innerhalb der Kirche ein echter Dialog geführt wird. Eine echte und produktive Kommunikation gibt es aber nur dann, wenn möglichst alle Gesprächspartner auch die Möglichkeit einer strukturell verankerten Mitentscheidung haben. Zentralistische Strukturen, die vorrangig auf der Beziehung von Autorität und Gehorsam beruhen, machen den Dialog illusionär und produzieren offene Verweigerung, Protest und im schlimmsten Fall stille Emigration und Verbitterung.
Eine zentralistisch verfaßte Kirche hat auf Kritik und Dissens vor allem mit Erweisen der Macht und mit Disziplinierungsmaßnahmen reagiert. Eine Kirche, die sich bewußt ist, daß auch die Wahrheit des Evangeliums in den „Spiegeln der Geschichte" bleibt, müßte mit Kritik und Widerspruch anders verfahren. Wenn die Kirche erbaut ist auf dem Fundament der Apostel *und* der Propheten, dann sind in Kritik und Widerspruch nicht lästige Randerscheinungen zu sehen, sondern mögliche Zeichen des Geistes, die zum Zentrum der Kirche gehören. Aus diesem Grund braucht es aber Verfahrensweisen und Strukturen, die einen echten Dialog auf allen Ebenen der Kirche ermöglichen.

Demokratisierung kirchlicher Strukturen

4. In diesem Zusammenhang stellt sich die Frage nach der Möglichkeit einer *Demokratisierung der kirchlichen Strukturen und Verfahrensweisen.* Ein Thema, das immer dann aktuell wird, wenn es innerkirchliche Kritik gibt an den Entscheidungen und Aussagen kirchlicher Amtsträger. Deshalb die Frage: Sind demokratische Verfahrensweisen mit einem hierarchischen Verständnis der Kirche unvereinbar?

Das seit dem Konzil von Trient vorherrschende Kirchenverständnis war charakterisiert durch eine einseitige Identifikation von Kirche und Hierarchie: Die geweihten Amtsträger sind die Subjekte der Kirche, die Laien gehören der Kirche als Objekte an. Die Subjekte — zugespitzt in einem monarchistisch verstandenen Papsttum — lehren und entscheiden. Die Objekte hören, glauben und gehorchen. Ihr aktiver Beitrag zum Leben der Kirche besteht im Gebet für sie, im Erfüllen von Helferdiensten, zu denen sie durch die Geweihten herangezogen werden.

Das Zweite Vatikanum versteht — in Rückbesinnung auf den Ursprung der Kirche — alle Getauften als Glaubenssubjekte. Ein Kernpunkt der Theologie des Volkes Gottes ist im zweiten Kapitel der Kirchenkonstitution „Lumen gentium" formuliert: Die Hierarchie ist auch Volk, und die Laien sind auch Kirche. Beide zusammen sind das neue Volk Gottes, konstituiert durch Christus.

Der Laie hat seine Stellung nicht durch die Teilnahme an den Ämtern der Hierarchie, sondern durch die Teilhabe an den Ämtern Christi selbst. Dadurch ist vor allen hierarchischen Unterschieden eine „wahre Gleichheit" aller Mitglieder des Volkes Gottes behauptet. Biblisch wird diese Gleichheit mit dem für das Christentum zentralen Begriff der „Brüderlichkeit" bezeichnet. Eine „Brüderlichkeit", die aber nur eine moralische Devise — meist als Appell für die andern — bleibt, aber nicht zu neuen Formen auch in den Ordnungen und Sozialbezügen der Kirche selbst führt, ist zutiefst zweideutig.

Versteht man unter Demokratie in erster Linie nicht eine rechtlich fixierte statische Ordnung, sondern einen dynamischen Prozeß, dessen Ziel es ist, jedem Menschen ein seiner Würde entsprechendes Leben unter den jeweiligen geschichtlichen Bedingungen zu ermöglichen, dann wird man zweifellos ein Nahverhältnis zwischen den neuzeitlichen demokratischen Denk- und Gesellschaftsformen und dem Geist des Evangeliums feststellen. Deshalb ist es um der Glaubwürdigkeit und Effizienz der Kirche willen in unserer Gesellschaft dringend notwendig, die Kirche zu demokratisieren. In einem Heft der renommierten theologischen Zeitschrift „Concilium" aus dem Jahre 1970 stellt Karl Lehmann, der heutige Bischof von Mainz, fest: „Soweit die Kirche im Kontext der modernen demokratischen Welt lebt, ist freilich eine größtmögliche Demokratisierung ihrer Struktur notwendig, ohne daß sie allerdings theologisch einen fundamentalen Strukturwandel oder einen radikalen Identitätsverlust erleiden darf. Darin liegt das Problem der Demokratisierung der Kirche bzw. in der Kirche."

Das Problem und damit die Blockierung für eine „Demokratisierung der Kirche" liegt offensichtlich in der Frage: Wie verträgt sich das Verständnis der Kirche als einer „Hierarchie" mit der Praxis von „Demokratie"?

Das Problem ist unlösbar, versteht man unter der hierarchischen Struktur der Kirche eine von Jesus Christus selbst installierte Organisationsform, bestehend aus Papst, Bischöfen und Priestern, über die er von oben nach unten seinen Geist vermittelt. Ein solches Verständnis von Hierarchie vermischt eine theologische Aussage mit einer soziologischen Wirklichkeit und sakralisiert damit eine bestimmte geschichtliche Herrschaftsform der Über- und Unterordnung, die im Neuen Testament für die Gemeinde Jesu Christi sogar als untauglich bezeichnet wird: „Ihr aber sollt euch nicht Meister nennen lassen. Einer ist euer Meister, ihr alle aber seid Brüder." (Mt 23,8)

Kein unlösbarer Widerspruch

Mit „Hierarchie" meint die Theologie nicht die Organisationsform als solche, sondern den „sakralen Ursprung" der Kirche. Die Kirche ist „von oben", das heißt göttlichen Ursprungs. Das „Haupt" der Kirche ist nicht der Papst, sondern ist Jesus Christus. Die geweihten Amtsträger in der Kirche repräsentieren diesen „heiligen Ursprung" (= Hierarchie), wobei diese Ämter von Anfang an nicht als Herrschaft, sondern nach dem Selbstverständnis Jesu als Dienst verstanden werden. Die Aufgabe der Amtsträger ist es, dafür zu sorgen, daß in der Kirche niemand anderer als der Geist Jesu Christi „herrscht". In dieser Aufgabe des Amtes besteht der „hierarchische Charakter". Weil der Geist Jesu Christi theologisch-symbolisch „von oben" kommt, ist damit nicht gesagt, daß er auch soziologisch-organisatorisch nur „von oben nach unten" vermittelt wird. Ein solcher Kurzschluß wird zur Ideologisierung einer monarchistischen Organisationsform der Kirche und erklärt die patriarchalische Bevormundung des sog. Volkes. Man bedenke aber: Jesus selbst, der theologisch „von oben" stammt, kommt soziologisch „von unten". Das bleibende Ärgernis für die Aristokraten jeglicher Spielart!

Versteht man den Begriff „Hierarchie" als theologische Aussage über den bleibenden und normativen Ursprung der Kirche und nicht als göttliche Legitimation einer Herrschaftsform, dann besteht zwischen Hierarchie und Demokratisierung kein unlösbarer Widerspruch.

Aus dem bisher Gesagten wird aber wohl auch deutlich, daß der Begriff „Demokratie" in bezug auf die Kirche problematisch ist, wenn man ihn im Sinn von „Volksherrschaft" oder „Volkssouveränität" versteht. „Herr", „Souverän", der Kirche ist ja auch nicht das Volk Gottes, sondern Jesus Christus, an den sich das Volk in freier Entscheidung gebunden hat. Versteht man unter Demokratisierung aber einen Prozeß, der es möglichst allen Beteiligten gewährleistet, an den Entscheidungen, die sie selbst betreffen, mitzuwirken, dann ist dieser Begriff sehr wohl auch auf die Kirche übertragbar. Wenn der ganzen Gemeinschaft der Gläubigen die Fortführung des Werkes Christi übertragen ist, dann ist es nur konsequent, wenn möglichst alle Mitglieder bei den für das Leben der Kirche wichtigen Vorgängen — z. B. bei der Auswahl ihrer Amtsträger — beteiligt sind.
Das Zweite Vatikanum hat das Volk Gottes wieder als Glaubenssubjekt hervorgehoben, hat aber die gegenüber Schrift und Tradition höchst einseitige Struktur der katholischen Papstkirche in keinem Punkt zurückgenommen. Eine tatsächliche Demokratisierung in der Kirche wird es nur geben, wenn möglichst viele aus dem „Volk" ihr Subjektsein, das ihnen nicht von den Amtsträgern, sondern von Christus selbst gegeben ist, in Freimut wahrnehmen. Eine entsprechende Organisationsform, in der das ganze Volk Gottes als Glaubenssubjekt zum Tragen kommt, wäre vielleicht am ehesten im *Modell einer konziliar verfaßten Kirche* (d. h. die Einheit realisiert sich durch die Repräsentanz der Ortskirchen auf regionaler und universaler Ebene) zu finden. Geklärt müßte allerdings werden, wie ein solches Kirchenmodell mit dem katholischen Konzilsverständnis und der Interpretation des Petrusdienstes zu vereinen ist. Die Hauptaufgabe der Kirchenleitungen wäre es, Widersprüche in Gesprächsbeiträge zu überführen, Kommunikation und Begegnung zu fördern. Der Petrusdienst hätte dafür zu sorgen, daß die ganze Kirche vielfältig und begegnungsfähig bleibt. Freilich wäre auch in einer solchen Kirche das Problem des Widerspruchs, vor allem die Frage nach der Grenze des christlich legitimen Widerspruchs nicht gelöst. Aber es ließe sich unverzerrter das Prinzip anwenden: Widerspruch verliert erst dort sein Recht, wo er sich dem innerkirchlichen Gespräch nicht mehr stellen will und die gemeinsamen Grundlagen des Glaubens und der Nachfolge explizit verläßt. Dann wäre in der Tat der Punkt gegeben, an dem Kirchenleitungen das Recht haben, das Band der Gemeinschaft für getrennt zu erklären (Mt 7,20).

Spiritualität des Widerspruchs

5. Der Inhalt der Kritik ist freilich nicht zu trennen vom Vorgang der Kritik und von der Integrität der Kritiker. Unfähigkeit zur Zustimmung ist etwas

anderes als heilsame Prophetie. Und Hochmut oder bloße Rechthaberei verträgt sich schlecht mit produktiver Kritik. Aus all diesen Gründen bedarf es einer *Spiritualität des Widerspruchs.*

Eine solche Spiritualität muß von dem Bewußtsein getragen sein, daß wir die Wahrheit des Glaubens nie endgültig besitzen. Sie muß in jeder Epoche neu aus seiner überlieferten Form gesucht werden. Dieser Vorbehalt gilt für die Bewahrer des Herkömmlichen, aber auch für die Verfechter des Neuen.

Als einzelne Elemente einer solchen Spiritualität des Widerspruchs wären zu nennen:

- Kritiker stehen (wie Amtsträger) in der Gefahr der Isolation, die sie erleiden und zugleich provozieren. Dieser Gefahr kann nur durch ein geduldiges „In-Kontakt-Bleiben" begegnet werden.
- Kritiker stehen (wie Amtsträger) in der Gefahr des Mißtrauens, das sie wachrufen, wenn sie kritisieren. Negative Erfahrungen führen leicht zu Verbitterung und unsachgemäßer Kritik aus persönlichen Ressentiments. Deshalb bedarf es auf beiden Seiten der Bereitschaft zur Vergebung und zum Neubeginn.
- Kritiker stehen (wie Amtsträger) in der Gefahr der Intoleranz gegenüber denen, gegen die sie ankämpfen. Deshalb ist Wachheit erfordert gegenüber der Tendenz der Selbstgerechtigkeit und Rechthaberei. Produktive Kritik ist nicht möglich ohne Selbstkritik.

Ferdinand Reisinger

ANGLEICHUNG KOMMT VOR GLEICHHEIT

(oder: Über das, was der Gleichheit zwischen Klerikern und Laien im Wege steht . . .)

Für Edi Ploier,
- *eine österreichische Personifikation des engagierten nachkonziliären Laien,*
- *den Mann mit viel politischem Gespür und Gerechtigkeitssinn,*
- *als Dank für viele gelebte Hoffnungszeichen*
- *und als Einladung zum gemeinsamen, geduldigen, theologischen Nachdenken über etwas, das eigentlich nicht so sein sollte, wie es, leider Gottes, immer noch ist . . .*

Jede(r) von uns hat ein Gespür für Gleiches und Ungleiches; und aufs erste gesehen wollen wir alle *mehr Gleichheit*. Wir reagieren betroffen bis sauer, wenn wir zu spüren bekommen, daß es „Gleiche und Gleichere" gibt. Ungleichbehandlungen tun fürs erste weh, bisweilen sehr empfindlich . . . Mitten in solchen Erfahrungen stehen wir zur Zeit in und mit unserer Kirche. Vielen ist es unerträglich, daß über die Gleichheit unter Christen so viel die Rede ist, daß aber in der Praxis nichts am status quo geändert wird. Die folgenden Überlegungen möchten in dieses noch nicht ausreichend reflektierte Problemfeld vordringen — eher in der Absicht, den jetzigen Zustand zu verstehen, als ihn „im Vorbeigehen" ändern zu wollen. Die *widerspenstigen Elemente* und Tendenzen sind zu gravierend, als daß man sie im Ho-ruck-Verfahren beseitigen könnte!

Die Denkschritte sind die folgenden:
- Themenaufriß — Anmerkungen zur derzeitigen Behandlung des Themas.
- Die Rolle von Religion(en) in der Gleichheitsfrage.
- Zum Status quaestionis im Thema „Laien/Klerus": Ausweis der bestehenden Spannungen anhand von Texten des Zweiten Vatikanums, des CIC[2] und des „Instrumentum laboris" der Römischen Bischofssynode 1987.
- Was „gleichen" in der Bibel bedeuten könnte (Anmerkungen eines exegetischen Laien).
- Resümee zur These „Angleichung kommt vor Gleichheit".

1. Themenaufriß — Anmerkungen zur derzeitigen Behandlung des Themas

Würde man dieser Tage ambitionierte Christen kurzweg fragen: „Wollt ihr die volle, totale Gleichheit aller Christen ...?" — Es würde einhellig widerhallen: „Ist doch ganz klar: Ja!" Aber was soll die Frage? Es scheint doch aussichtslos, dies zu erreichen! Ist nicht die Frage schon voller (mehr oder weniger klerikalem) Zynismus? Das Thema leidet aber keinen Zynismus (mehr)! Es gibt brennende Anfragen, es gibt zu viele Unterscheidungen, die wehtun; z. B.: betreffs der Rolle von Frauen und Männern in der Kirche; zwischen Armen und Reichen in der einen Christenheit; und jene zwischen Laien und Klerikern. So vieles steht unerledigt in Sackgassen (z. B. die leidige Frage um Ministrantinnen). Nicht nur viel*es* (an Themen), viel*e* (Menschen) sind marginalisiert, d. h. ausgegliedert, wenig bis gar nicht gelitten, weil anders, ungleich etc . . . Nur einige seien genannt: wiederverheiratete Geschiedene, verheiratete Priester, Homosexuelle, Kirchenbeitragsunwillige etc . . . Sie fragen: Wie kommen wir dazu, ungleich behandelt zu werden? Bin ich nicht genau so . . .? (Warum) habe ich nicht die *gleichen Rechte . . .?* Schaut man in die Kirchengeschichte, so ist die Tatsache auffällig: Die Kirche hat es nicht ganz leicht, „Gleichheit" zu einem ernsthaften Thema, zu einem Leitthema zu machen . . . Ein erster Befund: Religiöse Einrichtungen sind — wie kaum etwas anderes — *gleichheitsresistent*.

Viele meinen, das müsse so sein; manche meinen, da könne man gar nichts machen . . . Viele denken ganz konträr; endlich müsse da etwas geschehen! . . . Soll man alle bestehenden (Un-)Gleichheiten als gottgegeben, ja gottgewollt akzeptieren? Aber schon das Urteil über dieses Thema fällt ungleich aus; gerade auch in unserer Kirche denken die Leute darüber ganz und gar nicht gleich! Warum ist das so . . .?

Die Frage nach Gleichheit und Ungleichheit ist nicht nur eine Kirchenfrage; (anderwärts wird sie freilich z. Zt. weniger emotionell aufgeheizt behandelt). Die Kirche hat angesichts von Gleichheit und Ungleichheit ihrer Mitglieder etliche *importierte Probleme*; und sie hat nicht wenige *„hausgemachte"*. Die Kirche partizipiert an bestehenden Ungleichheiten von Menschen; (viele meinen, die Kirche tauge nur zum Sanktionieren dieser Zustände); sie partizipiert natürlich auch an der jeweiligen Behandlung der Themen; (man will ja keineswegs mehr „von gestern sein", insbesondere angesichts des Themas „Emanzipation"). Ich stelle mir aber die Frage, ob die *Gleichheitseuphorie* in manchen kirchlichen Kreisen nicht eine recht von außen hereingetragene, eine importierte ist; natürlich ist der Frustrationsstau ob der Verdrängung etlicher

Themen (z. B. Frau in der Kirche) mehr als verständlich; bisweilen scheint mir allerdings, wir seien so etwas wie *Nachgeborene einer Egalitätsideologie*, die anderwärts schon etliche Zeit überwunden ist.
Ginge es uns freilich (zuerst oder nur) um eine Angleichung an die Schemata dieser Welt, die eben jetzt en vogue sind, dann träfe uns auch die Infragestellung durch Röm 12,2 zu Recht: „Macht euch nicht gleichförmig . . ."
Das Klima der Behandlung der Gleichheitsfrage in der Kirche ist eigenartig ambivalent; einerseits stehen die Zeichen auf Aufbruch (was von einer gewissen Seite her sogleich als revolutionäre Absicht mißdeutet wird); andererseits gibt es allenthalben einen ziemlichen Gleichklang im „bürgerlichen Paradox": Der „Bürger" (mit seinem Eigennutz) denkt zuerst an sich selber — und möchte dabei das gleiche haben und sein, was die anderen haben und sind . . . ! Wenn man ehrlich genug ist, wird man eingestehen müssen: „Allen das gleiche" — das kann die wahre Perspektive nicht sein; und mit Christa Meves kann man zu Recht fragen: „Macht Gleichheit glücklich?" Ungleichheit ist nicht eo ipso schlecht; Vielfalt ist gut, oft besser. Aber — bei Gott —: Nicht jede Ungleichheit ist und tut gut. Gibt es angesichts der Richtigkeit beider Teile dieser Wahrheit eine brauchbare Antwort? Kennt jemand eine Chance, diesen gordischen Knoten zu lösen . . .?
Wir dürfen, ja sollen uns daran freuen, daß es (uns als) Männer und Frauen gibt; eine totale Gleichschaltung wäre uns sicher nicht recht. Aber Degradierungen, Hintansetzungen, Benachteiligungen, Mißachtungen — die sind wohl nicht im Sinn des Erfinders von Unterschieden, also des Schöpfers . . . Unterschiede: ja — aber keine Abwertung; Differenzierungen: ja — aber keine Trennung; auch: Ungleichheit: ja — aber keine Verungleichungen. Vielmehr: Angleichung — aber wohin . . .?

2. Die Rolle der Religion(en) in der Gleichheitsfrage

Manche (Gläubige) leben der Utopie, es müsse doch ganz leicht sein, Unterschiede unter den Menschen — vor allem in der Kirche — zu beheben; und doch will dies nicht gelingen. Setzt man mit seinen Hoffnungen zu wenig tief an? Woher kommt das sich so widersetzende Unterscheidungs- und Unterschiede-machen-Bedürfnis? Müßten sich nicht die Menschen allesamt ein Stück wohler fühlen, wenn sie in einem ausgewogeneren Zustand von Gleichheit wären . . .? Waren wir nicht alle schon auf Enttäuschung programmiert, wenn wir an das dachten, was die Bischofssynode über die Sendung der Laien in der Kirche (1987) zuwege bringen könnte? Vielleicht haben jene recht, die meinen, es hätte davor eine Synode über Priestertum, Amt und Weihe geben sollen; erst dann wäre auch eine Laiensynode „erfolgversprechend(er)" gewe-

sen. Damit kommen wir zu jenem Bereich, den man unter dem Gesichtspunkt *„Rolle der Religion(en) in der Gleichheitsfrage"* anschauen kann.
Es ist keinesweg unumstritten, ob unter „allgemeiner Religiosität" (Wilhelm Zauner), respektive Religion allenthalben dasselbe verstanden wird. In dem einen aber scheinen sich die Konzepte von Religion(en) zu treffen: daß für sie und in ihnen das Festhalten an und von Unterschieden unter den Mitgliedern (ziemlich) konstitutiv ist. Religion geht — als Bindung des/der Menschen an (einen) Gott — vom Unterschied ziemlich ungleicher Teile aus: Gott ist Gott — und die Menschen sind Menschen; eine konstitutive Ungleichheit. Die Ausfaltung des religiösen Konzepts schreibt weitere Ungleichheiten fest: Die Vermittlung mit dem „Anderen", dem Unvergleichlichen, schafft unverrechenbare Angebote, Beziehungen, ja Einrichtungen; solche Religiosität bringt eine ganze Menge hervor, unter anderem den Klerus, et cetera, et reliqua . . . „Religion" lebt damit (um nicht zu sagen davon), daß es zumindest „Gleiche und Gleichere" gibt (vgl. Auserwählungsbewußtsein, Gnadentheologie, Prädestination etc.). Natürlich stellt sich uns hier sogleich die Frage: *Ist* (auch unser) *Christentum* (im gemeinten Sinn) *Religion?* Ist das im christlichen Konzept nicht gerade ganz anders? Wir kommen mit einer bejahenden Antwort auf diese Frage — so meine ich — zumeist allzu schnell daher! (Jedenfalls sollen wir einkalkulieren, daß wir kaum etwas dagegen haben, unser schulisches Angebot als „Religionsunterricht" zu deklarieren). Der jesuanische Impuls ist gewiß nicht einfach als (nur) religiös (im gängigen Sinn) zu vereinnahmen. Es läßt sich aber andererseits auch nicht legitim, d. h. ohne gefährliche Verkürzung behaupten, daß Jesus total mit Religion bzw. Religiosität gebrochen habe.
Man wird wohl behaupten dürfen:

- Jesu Impuls zielt auf eine (grundsätzliche) Erlösung *durch* Religion;
- Jesu Impuls geht aber auch auf eine Erlösung *der* Religion(en).
- (Dies bedeutet aber nicht im Sinn gängiger Religionskritik eine Erlösung *von* der Religion).

Im Detail bedeutet dies: Religion ist, funktional gesehen, eine Existenzstütze, die lebensdienlich, lebensbehilflich ist — solange sie nicht in einem lebensbehindernden und -bedrohenden Mißbrauch in ihr Gegenteil pervertiert. Genau in dieser Schere entscheidet und vollzieht sich das Schicksal Jesu; seine Einstellung war keineswegs religionsfeindlich; sein Relativieren von herrschender Religiosität (z. B. Mt 12,8ff) weist die Notwendigkeit aus, auch die jeweilige Religiosität zu erlösen!
Daraus ergibt sich als Konsequenz: Christentum und Kirche(n) sind im ganzen Gang ihrer Geschichte eingetaucht (gewesen) in religiöse Vorstellungs-, Denk-

und Verhaltensschemata; Christentum stand immer auch unter religiösem „Erwartungsdruck", spielte — nicht immer in gleicher (gleich intensiver) Weise — eine dezidiert religiöse Rolle. Die Erlösungsbedürftigkeit auch der Religion ist dabei nicht immer entsprechend deutlich bewußt gewesen und zum Tragen gekommen. Umgekehrt gilt freilich auch: In Aufbruchsphasen der Kirche(n) — und man darf hier gewiß auch an unsere Konzils- und Nachkonzilszeit denken — wird die Verschränktheit von christlichem Impuls und Religiosität allzu leicht mißachtet; wo Kirche sich aber nicht mehr als (auch) religiös versteht, kommt sie in eine Krise; vor allem ist die Erwartung des „Volkes", der „Leute", an Kirche(n) auf die religiösen Funktionen und „Dienstleistungen" gerichtet. Wenn solche Erwartungen geringgeschätzt werden, sollte man sich dann über entsprechende Reaktionen nicht wundern, nämlich daß

- entweder die Leute anderswo eine Befriedigung ihrer religiösen Bedürfnisse suchen (und sei es auch bei noch so abstrusen „Agenturen");
- oder daß jene, die in der Kirche verbleiben, die sich aber über längere Zeit als frustriert empfinden (mußten), dann mit aller Macht und „libido dominandi" (Herrschaftsgelüst) auf ihr Recht, und nicht selten auch „an die Spitze" drängen. In einer solchen Entwicklung scheinen wir derzeit zu stehen.

Religiosität in diesem Sinn ist keinesfalls als eine defizitäre oder mindere Form von Wirklichkeitsbewältigung zu klassifizieren, schon gar nicht automatisch als eine „krankhafte"; sie ist vielmehr eine menschliche, eine verständliche; religiös geäußerte Wünsche und Hoffnungen sind ja immer auch ein Ausweis existentiell erfahrener Bedürfnisse. Man dürfte sich darum nicht besserwisserisch oder leichtfertig über die echten religiösen Anliegen der „Leute" hinwegsetzen. Religiosität ist eine zu sublime Macht, als daß sie es sich bieten ließe, geringgeschätzt zu werden! Mißachtung der Religiosität in der Kirche und durch die Kirche kann nur zu einer Selbstverständniskrise in ihren eigenen Reihen führen . . .! Das Resümee dieses Überlegungsganges: Kirche ist — weil nun keinesfalls eine homogene Gruppe Total-gleich-Glaubender — immer eine Mischung, ein Konglomerat; hier gibt es natürlich verschiedene, d. h. von unterschiedlichen Interessen (Standpunkten) motivierte Denk- und Vorstellungsweisen, die nicht (mehr oder weniger brutal) auf ein einheitliches Schema nivelliert, hingebogen, angeglichen werden können.

Dies heißt auch: Solange Kirche auch etwas vom (erlösungsbedürftigen) religiösen Duktus an sich hat, wird sie auch die Elemente der religiösen Unterscheidung und Ungleichheit in ihren Reihen haben (also unter anderem auch das übliche klerikale Element für notwendig erachten). Diese Tatsache muß eine Fortentwicklung nicht notwendig behindern. Das Problem der Kirche ist es nicht (bzw. nicht sosehr), daß es Priestertum, Hierarchie etc. gibt; die Frage ist allein die, ob sie es in einem erlösten Sinn sieht, versteht, interpretiert, transformiert, lebt und „aufheben" kann in eine neue Weise von „Priesterschaft" . . . Kirche kann und darf sich nicht aus der Frage der Religiosität in ihrer Mitte davonstehlen. Mir scheint, daß wir derzeit entsprechende Aspekte zu leichtfertig abtun. Noch einmal muß betont werden: Religiosität ist etwas zuhöchst Sensibles; sie ist damit auch eine subtile (bisweilen dann freilich auch irrationale und unkontrollierbare) Macht. Die Väter des Zweiten Vatikanums hatten für diesen Aspekt gewiß mehr Gespür als viele unter uns; in „Gaudium et spes " Nr. 11 heißt es (und es ist symptomatisch, daß dieser Passus kaum zitiert wird): Es wird sich zeigen, „daß das Volk Gottes und die Menschheit, der es eingefügt ist, in gegenseitigem Dienst stehen, und daß die Sendung der Kirche sich als *eine religiöse und gerade dadurch höchst humane erweist"*.

3. Zum Diskussionsstand in der Frage „Laien/Klerus"

(Aufweis der bestehenden Spannungen anhand von Texten des Zweiten Vatikanums, des CIC[2] (1983) und des „Instrumentum laboris" der Römischen Bischofssynode 1987)

Es gibt u. a. die schon erwähnten Spannungen aufgrund der Ungleichheiten; viele sind bedrückend und bedauerlich. Das Bedauern allein aber ist nicht hinreichende Begründung und nicht ausreichender Anlaß für Veränderungen. Die Spannungen, die so unauflösbar scheinen, entspringen nicht allein der Willkür von Mächtigen; sie sind eingefräst in Denkmuster, und sie sind damit auch festgeschrieben. Dies mag man wiederum bedauern; die eklatanten *Widersprüche* zeigen die Naht- bzw. Bruchstellen der Denksysteme; ich meine darum sogar, daß es gut ist, daß diese Spannungen sogar in kirchlichen Texten aufscheinen, daß sie nicht einfach (theoretisch) vom Tisch gewischt sind, sondern diagnostizierbar sind.
Untersuchen wir unsere Sache: Wer immer im „Konzilskompendium" liest, spürt: Auch kirchenamtliche Texte sind nicht aus einem Guß; sie sind zumeist — und gerade an neuralgischen Punkten — ein Konglomerat unterschiedlicher Denk- und Glaubensströmungen. Das läßt sich besonders deutlich zeigen anhand jener Passagen, die von der Gleichheit bzw. Ungleichheit unter den Gläubigen handeln. Eine kurze Analyse dieser Passagen sei hier unternommen. Vorweg dies: Das Kirchenrecht von 1917 ging von einer prinzipiellen Ungleichheit unter den Gläubigen aus (hier Klerus — da Laien).
Nicht so das Vatikanum II (bes. „Lumen gentium" [LG]); nicht so auch der neue Codex (1983).

Hier zeigt sich eine fundamental andere Ekklesiologie (die man wohl etwas zu euphorisch fast als des Rätsels Lösung ausgibt), nämlich die *Communio-Theologie.* LG (32, vgl. GS 29) redet ganz unumgänglich von einer allen gemeinsamen, wahren Gleichheit:

So „waltet unter allen wahre Gleichheit in der allen Gläubigen gemeinsamen Würde und Tätigkeit am Aufbau des Leibes Christi". Das Kirchenrecht übernimmt dies in seiner Sprache: Can 208 von CIC[2]: „Unter allen Gläubigen besteht, und zwar auf Grund ihrer Wiedergeburt in Christus, eine wahre Gleichheit in ihrer Würde und Tätigkeit, kraft der alle je nach ihrer eigenen Sendung am Aufbau des Leibes Christi mitwirken."

Diese fundamentale *Basisgleichheit* (Kanonisten nennen sie sogar schon eine „wirkliche" Gleichheit) ist gewiß keine totale; sie ist offen für die jeweils eigene Entfaltung. Das, was hier festgeschrieben ist, wird sporadisch auch noch expliziert, z. B. unter dem Terminus „allgemeines Priestertum".

Soweit so (mehr oder weniger) gut. Das Problem stellt sich auf einer anderen Ebene, nämlich dort, wo über Priestertum und Amt bzw. Weihe und „Potestas" (Amtsgewalt) gehandelt wird. Die markanteste Passage dazu lautet in LG 10: „Das allgemeine Priestertum der Gläubigen aber und das Priestertum des Dienstes, das heißt das hierarchische Priestertum, unterscheiden sich . . . dem Wesen und nicht dem Grade nach . . ."

Der Gleichheit und prinzipiellen Gemeinsamkeit scheint hier ein gegensätzliches Argument entgegenzustehen; zumindest scheint es eine „beträchtliche Ungereimtheit" zu geben; der Kanonist Helmuth Pree formulierte dies einmal so: „Es ist eine Gleichheit und doch keine." Dieses Dilemma bringt aber genau das zum Vorschein, was im Vorausgehenden thematisiert wurde: Zwei disparate Erklärungsschemata treffen hier aufeinander. Ein fundamental-menschlich(-auch-religiöses), und ein ausgewiesen-speziell-religiöses. Ein kurzer Exkurs zu diesen Texten scheint vonnöten zu sein. Man kann die Textgeschichte dieses Konzilspassus (vgl. LThK, Suppl.I) anschauen und findet sogleich bestätigt, wie umstritten diese Konzilsaussagen waren. Man rettete sich für die Endfassung auf eine Formulierung Papst Pius' XII. (zu LG 10 vgl. Fußnote 16!). Wer dort, bei Pius XII., näher recherchiert, wird in seiner Vermutung bestätigt. Dort ist einerseits die Absicht spürbar, eine Über- und Unterordnung zu überwinden („kein Unterschied dem Grade nach"); was aber bringt die Unterscheidung in „dem Wesen nach"? Durch das wesentliche Anderssein wird das Priestertum in eine unvergleichbare Ebene gehoben; es ist — gerade weil religiös begründet — in eine fundamentale Ungleichheit gehoben, mehr, als wenn es rein pragmatisch (arbeitsteilig) in eine Hierarchie genommen wäre („Wir brauchen Amtsträger"). Bei Pius XII. (speziell in der

Liturgieenzyklika „Mediator Dei") geht es in der Begründung darauf hinaus, daß der Priester deswegen und dann ein anderer ist, wenn er „in persona Christi" handelt; (darin eingeschlossen ist dann freilich die Frage, wie Priestersein zu begründen ist, wenn dieser nicht „in persona Christi", d. h. „sakramental" handelt).

Es ist aufschlußreich, was bei Pius XII. im Kontext zum Priestersein ausgesagt ist: „Es gilt festzuhalten: Das allen Christgläubigen gemeinsame Priestertum — das in sich gleicherweise tief und geheimnisvoll ist — unterscheidet sich nicht nur im Grad, sondern im Wesen vom Priestertum im eigentlichen und wahren Sinn des Wortes . . ." (Firmiter tenendum est, commune hoc omnium christifidelium, altum utique et arcanum, 'sacerdotium' non gradu tantum, sed etiam essentia differre a sacerdotio proprie vereque dicto . . .)

Das sacerdotium in Anführungszeichen, das „sacerdotium proprie vereque dictum" ist sehr wohl wieder auf Christus rückbezogen, es wird aber verstanden als eines, das die „ausdrücklich religiösen Dinge, die Verkündigung der Glaubenswahrheiten zu besorgen, die Frömmigkeitsübungen zu regeln, die kirchlichen Sakramente zu administrieren, die liturgischen Funktionen zu gestalten" hat. Eindeutig hebt also die Kirchenlehre (auch in LG und CIC[2]) das Priestertum in die religiöse Sphäre. Interessant dazu ist auch, daß das zweite Vorbereitungspapier zur Bischofssynode 1987 (das sogenannte „Instrumentum laboris") zwar sehr darum bemüht ist, Eigenstand, Berufung und Sendung der Laien zu unterstreichen, daß aber das Unterscheidende ganz markant unterstrichen ist:

„Dieses (sc. das gemeinsame Priestertum) unterscheidet sich wesentlich vom Amtspriestertum, dem die sacra potestas (heilige Amtsgewalt) eigen ist" (Nr. 25). Fast wie ein Keulenschlag wirkt dann das Argument, mit dem doch die Suprematie des hierarchischen Amts unterstrichen ist: „Kein Charisma dispensiert von der Unterwerfung unter die Hirten der Kirche" (Nr. 30). Die Kirche schlägt sich — so wird man sagen müssen — einigermaßen ehrlich mit verschiedenen Begründungsschemata herum; (sie sucht — heidnisch-religiös gesagt — einen gangbaren Weg zwischen Scylla und Charybdis). Aber reicht das aus? Gibt es eine Vermittlung? Oder müssen die Laien ob eines solchen Befundes enttäuscht resignieren . . .? Wie kommt man weiter? Das Thema soll und darf — weder da noch dort, weder unter Laien noch unter Klerikern — in einer spät- bis spießbürgerlichen Mentalität behandelt werden, in der man sich in Habenskategorien gegenseitig aufrechnet, was man will („warum dürfen und haben wir nicht . . .", bzw. „warum und was wollen die . . ."). Denn in allen Christen sollte (und könnte) ein anderes Verständnis von Kirche-Sein und -Leben wirksam sein: Wenn weniger das Ungleich-Gegen-

überstehen als vielmehr ein gemeinsames In-der-Kirche-Stehen zum Zug käme. Sehr bedeutsam (und leider viel zu konsequent übersehen) ist eine Schlußpassage aus „Gaudium et spes" (92): „Das (sc. der Dialog mit der Welt) verlangt von uns, daß wir vor allem in der Kirche selbst, bei Anerkennung aller rechtmäßigen Verschiedenheit, gegenseitige Hochachtung, Ehrfurcht und Eintracht pflegen, um ein immer fruchtbareres Gespräch zwischen allen in Gang zu bringen, die das eine Volk Gottes bilden, Geistliche und Laien. Stärker ist, was eint die Gläubigen, als was sie trennt. Es gelte im Notwendigen Einheit, im Zweifel Freiheit, in allem die Liebe."
Einer der Experten in „Laientheologie", Leo Karrer, schließt seinen Artikel über Laien/Klerus im „Neuen Handbuch theologischer Grundbegriffe" mit der Hoffnung, das Verhältnis Laien/Klerus möge dahin kommen, daß es *spielt;* und „es wird dann spielen, wenn es zweitrangig bleibt, weil es geprägt und getragen ist von der gemeinsamen Sorge für die eine Kirche, die sich um die Menschen und ihre Welt sorgt" (2/374). Eine entscheidende Erlösung der Welt wird freilich erst dann möglich werden, wenn wir auch an die Erlösung der jeweiligen mehr oder weniger „religiösen" Vorstellungs- und Glaubensschemata, damit auch der Kirche, damit auch des jeweiligen Systems (von unterschiedlichen, rivalisierenden Interessensformationen) glauben können. Das kann nicht geschehen durch eine handstreichartige Erledigung und Abschaffung religiöser Angebote, Organe, Institutionen etc., sondern durch deren Erlösung in einer anderen, einer „neuen Religiosität", nach dem Vorbild *Jesu.* Dann wird es wohl die vermeintliche Notwendigkeit der Unterscheidung in einander ausschließende kirchliche Stände nicht mehr brauchen; dann bleibt es eigentlich auch irrelevant, ob Unterschiede da sind, wenn und weil sie nicht mehr belastend sind. Ich hoffe, daß wir es dann nicht mehr nothaben werden, im jetzigen Maß und (Eigen-)Interesse zu *ver-gleichen.* Es könnten Zeiten kommen, in denen bestehende Unterschiede nicht mehr wehtun, weil man sich in der Andersheit (ohne Zynismus) respektiert, ja als Ergänzung und Bereicherung annimmt und mag.
Ein Zwischenresümee: Erzwungene Angleichung durch Abschaffung (anscheinend) notwendiger Differenzierungen führt in eine Gleichheit, die letztlich öd, ja tödlich wird; wenn wir als Unerlöste Gleichmacherei betreiben (wollen), münden wir in der letzten Gleichheit, deren Herr der große Gleichmacher ist, nämlich der Tod . . . Dahin soll Kirche jedoch nicht tendieren. Wie kommen wir dann aber zur notwendigen Angleichung und zur Überwindung himmelschreiender Ungleichheiten? Was aber könnte die anvisierte Erlöstheit, „erlöste Religiosität", heißen? Wie wäre so eine schmerzhafte Ungleichheiten „aufhebende" Erlösung denk- und erreichbar . . .?

4. Was „gleichen" in der Bibel heißen könnte
(Notizen eines exegetischen Laien)

Was beim Einsehen der Bibelhandbücher und Wortkonkordanzen sogleich auffallen mag, ist (für mich wenigstens) überraschend genug: In der Bibel ist kaum die Rede von Gleichheit als solcher; vielmehr wird immer wieder von den bestehenden Ungleichheiten geredet, also ausgegangen; (vgl. auch die Antithesenreihe der Bergpredigt). Nicht der Status der Gleichheit der Menschen scheint primär anvisiert zu sein; vielmehr geht es um einen *Prozeß einer Angleichung.* Und das Ziel von Angleichung ist nicht ein im Gang der Geschichte willkürlich postulierter Fixpunkt („von da an sind [endlich] alle [einander] gleich"); das Neue Testament hat und zeigt ein anderes — höchst notwendiges! — tertium comparationis, auf das man hinleben soll; es geht um das Gleich-werden, Gleichförmigwerden, um ein Gleichgesinntsein mit einem lebendigen Bezugspunkt, nämlich JESUS CHRISTUS. Wenn und weil der Gedanke von Gleichheit unter uns Christen-Menschen überhaupt in Betracht kommt und zur Diskussion steht, dann offensichtlich nur auf diesem (Um-)Weg.

Gewiß gilt Gal 3: „Es gibt (dann) keinen Unterschied mehr, nicht zwischen Juden und Griechen, nicht zwischen Freien und Unfreien, nicht zwischen Mann und Frau . . ." Die offene Frage ist allerdings: Was bedeutet dieses „Dann"? „Gleichheit — dann"; das ist eine Wahrheit, die es — Gott sei Dank — *konstitutiv* gibt; das „Dann" ist aber (leider!) immer auch noch *konsekutiv* zu deuten; es ist eine fundamentale Wahrheit, die im Prozeß der Angleichung erst wirklich wahr werden muß! In der Bibel ist gewiß auch die Rede davon, daß es „bei Gott kein Ansehen der Person" gibt; ist da aber das eigene Ansehen gemeint, oder das, das von anderen her gilt? (Ich zweifle daran, daß sich die Übersetzer dieser Passage die Freiheit nehmen dürfen, einfach zu schließen: „Denn bei Gott sind alle gleich"). Gewiß ist das Beispiel Jesu in der Gleichbehandlung der Menschen provokant; aber darf man kurzweg sagen: „Er hat alle ganz gleich behandelt"? Gerade das tat er nicht! War es für ihn wirklich einerlei, ob er es mit einem Mann oder einer Frau zu tun hatte? Auch die verschiedene Behandlung der Leute durch Jesus ist eminent provokant (vgl. Mt 20,1ff., Die Arbeiter im Weinberg). Freilich gilt von ihm auch, daß er alle bei Menschen üblichen und gültigen Maßstäbe immer wieder in Frage gestellt und relativiert hat. Solches Verhalten ist in einem etablierten System allerdings nicht ungefährlich. *Jesus* handelt sich damit einen Vorwurf ein, der auch mit Gleichheit zu tun hat, allerdings auf ganz anderer Ebene: „Was machst du aus dir selber? Willst du dich selber Gott gleichsetzen? . . ." Die Versuchungsge-

schichte zeigt freilich unübersehbar, daß Jesus diesen Weg nicht zu gehen gedachte; denn dieser Weg führt zur „Selbstverungleichung" mit den Menschen, zur Asozialität; und übrig bliebe eine tote Selbst-Identität.
Der wichtigste biblische Aspekt zum Thema Gleichheit/Angleichung kommt freilich von einer anderen Seite her: Das markant Andere ist die *Angleichung Gottes an die Menschen.* Ich meine sagen zu können (und zu dürfen), daß dies der Kern im Suchen nach dem „gleichen" in der Bibel ist. Ich hoffe, mir dabei keine Sünde des „theologischen Anthropomorphismus" zuschulden kommen zu lassen. Vielleicht wird damit die These „Wir müssen Gott Gott sein lassen" ein wenig in Frage gestellt; aber ich höre eigentlich nur in Demut auf das, was die Bibel als „Selbsteröffnung Gottes auf uns Menschen hin" uns zusagt. Der zentrale Text in diesem Zusammenhang ist natürlich Phil 2. Paulus beginnt mit der Bitte: „Macht meine Freude dadurch vollkommen, daß ihr eines Sinnes seid, einander in Liebe verbunden, einmütig und einträchtig." In Vers 5 kommt dann die Begründung, die transzendentale Möglichkeitsbedingung für solches Denken und Glauben: das Beispiel Jesu, das göttliche Beispiel in *Jesus:* „Er war Gott gleich, hielt aber nicht daran fest, Gott gleich zu sein". . . „und er wurde den Menschen gleich".
Das ist der Anfang des Prozesses der echten Angleichung. Jesu Leben als ganzes ist die Manifestation solcher „Selbstentwichtigung Gottes" (Fulbert Steffensky), ist Ausweis für Gottes Haltung, daß der „Deus semper maior" (Gott als der stets Größere) von sich aus (auch) der „Deus semper minor" (Gott als der stets Kleinere) werden wollte. Für Gott selber ist es nicht mehr allein bestimmend, daß er sich vom Menschen unterscheidet, daß es den „unendlichen Unterschied" geben muß. Trinität denken dürfen und an Trinität glauben können heißt: Gott selbst bindet sich an die Menschen, er separiert sich nicht aus Prinzip; er ist damit auch nicht allein mehr ein Gott für die Menschen, er ist ein Gott *bei* und *mit* den Menschen, er ist der „vermenschte Gott" (zit. aus einer Barockpredigt). Das hat natürlich Folgen! Menschen, die dies erfahren und die sich in Denken und Wollen davon beeindrucken lassen, können im Gedächtnis an ihn nicht anders als gleichgesinnt sein. Die noch bestehenden Unterschiede werden als verschiedene Gnadengaben gesehen (z. B. 1 Kor 12,4); sie werden in diesem einen Geist nicht als Belastung, sondern als Bereicherung und Reichtum empfunden. Der Prozeß der Angleichung ist in Gang gekommen; und das heißt: Auf der Basis des Nicht-schon-ganz-gleich-Seins geschieht über das Ähnlichwerden und Gleichgesinntsein mit dem Herrn das Christus-gleichförmig-Sein. Das ist das singuläre Angleichungsprogramm der Christen „in Christus". Das bedingt — nicht direkt, vielmehr indirekt — auch Chancen des Ausgleichs untereinander, wie sie sehr wohl auch in der Bibel

angesprochen sind: 2 Kor 8,13f.: „Es geht um einen Ausgleich. Im Augenblick soll euer Überfluß ihrem Mangel abhelfen, damit auch ihr Überfluß einmal eurem Mangel abhilft. So soll ein Ausgleich entstehen." Die Tatsache, daß Unterschiede jetzt nicht mehr (so wie früher) zählen (vgl. Gal 3), entspringt nicht einem toten Gleichheitsprinzip oder -grundsatz, sie entspringt einer anderen Tatsache: Gal 3,27: ὅσοι γὰρ είς Χριστὸν ἐβαπτίδητε Χριστὸν ένεδύσασε. Denn ihr alle, die ihr auf Christus getauft seid, habt Christus (als Gewand) angezogen."

Weil und wenn wir auf Christus hin getauft sind, zählt nicht mehr irgendeine „Vereinsmitgliedschaft mit gleichem Statut"; das Sich-als-gleich-erkennen-Können mit ihm, Christus (1 Joh 3,2), schafft einen anderen „hermeneutischen Standpunkt". Anders als im Zustand des neidisch-geizigen Vergleichens wird hier das Gleichseinkönnen und Sich-als-gleich-empfinden-Können zur Basis der communio. Lebenkönnen als gleicherweise Gleiche und zugleich Ungleiche ist der Zustand der Seligkeit, weil die(se) Unterschiede „nichts mehr zu sagen haben" (so übersetzt die „Gute Nachricht" wohl ganz sachgerecht den entsprechenden Vers in Gal 3). Der Wendepunkt im Gleichheitsstreben wie im Ungleichheitsdilemma unserer Kirchen(mitglieder) kommt uns entgegen in dem „nicht üblichen, sondern anderen *Gott*", in dem, der sich als der Vater Jesu Christi ausweist. An diesem Punkt erweist sich die „religionsgeschichtliche Lebensleistung Jesu" (Eugen Biser); mit diesem Gott kommt ein anderes (auch religiöses!) Denken zur Welt. Religion ist in diesem Sinn nicht mehr die (notwendige) Rückbindung des/der Menschen an einen starken Gott; solche religio ist primär die (freiwillige) Rückbindung Gottes an uns Menschen; diese Tatsache bringt andere Religiosität auf diese Welt, verwandelt diese Welt. Alles weitere Geschehen ist Ausfluß dieser Inkarnation, ist „Angleichung".

Damit ist freilich auch die Frage der Notwendigkeit von traditionell religiösem Priestertum etc. gewaltig, ja radikal relativiert, jedenfalls auf eine andere Ebene gehoben; Zeichen dieser Wahrheit kennt das NT zuhauf, z. B. in der Theologie des einen und einzigen Mittlers und Priesters Jesus Christus (Hebr) bzw. in der Bezeichnung aller Gläubigen als eingetaucht in diese neue Priesterschaft. Für die Kirche, wie sie allerdings unterdessen, in unserem Unterwegssein denkt und lebt (und in Anspruch genommen wird), ist die Auseinandersetzung mit dem Bedürfnis nach Unterschieden, z. B. in einen priesterlichen und einen laikalen Stand, noch nicht ad acta zu legen. Kirche ist immer noch das Ineinander von erlöstem und unerlöstem Element. In ihr ist zwar fundamental auch die Spannung Priesterschaft/Laienschaft aufgehoben; insofern stimmt die Formulierung, die Wilhelm Zauner gebraucht: „Die ganze Kirche ist Priester"; und man kann sich zu Recht auf Kirchenväter berufen, die in der

Taufe und Firmung schon ein Element von Priesterweihe sahen. Aber es gibt eben auch noch (und nicht nur in den jeweils anderen!) die Reste des „alten Menschen" . . . *„Deus in religione sua perficit homines"* (Gott vervollkommnet sich die Menschen auf seine Art von Religionsbildung) — so fand ich es in einem Kommentar zur Augustinusregel aus dem Jahr 1721. Versteht man Absicht und „religionsgeschichtliche Lebensleistung Jesu" so, dann ist die Gleichheits-/Ungleichheitsfrage nicht von außen her, sondern von innen aus aufgerollt. Es ist die Entmachtung des Dämons, der Unterscheidungen und Unterschiede als Benachteiligung hervorbringen, befürworten und zementieren möchte (und damit auch zu den Sünden des Vergleichenmüssens, zu Neid und Geiz [selbst in religiöser Absicht] verführt!). Weil aber *Gott* so wirkt, wie *Jesus* es zeigt(e), sind die Ihm-gleichförmig-Gewordenen und -stets-mehr-Werdenden (d. h. Heilig-Werdenden) dazu animiert, „ein Gleiches zu tun". Drehscheibe dieses (auch religiös, aber nicht mehr nur „natürlich" oder „allgemein" religiös verstandenen) Lebensprogramms ist Gottes Gegenwart in Jesus Christus; (eine Theologie der Heiligkeit und gerade auch eine Mariologie ließen sich hier m. E. ohne große Probleme entfalten). Über den Angleichungsimpuls in Jesus gibt es eine präzise Zusammenfassung, nämlich in Eph 2,14—18: „Er ist unser Friede . . . In seiner Person hat er die Feindschaft getötet . . . Er vereinigte die getrennten Teile; er riß die trennende Wand der Feindschaft nieder ... er wollte die zwei in seiner Person zu dem einen neuen Menschen machen . . . Er stiftete Frieden und versöhnte die beiden durch das Kreuz mit Gott in dem einen Leib."

Was uns also weiterhin bewegen muß, ist dies: daß die beiden (ὅἱ ἀμφότεροι) „in dem einen Geist Zugang zum Vater haben" (Eph 2,18). Und das Ziel sollte sein „die eine Wohnung Gottes" (Eph 2,22) für alle. Das ist die wahre Communio, die „neue Priesterschaft der Dankbarkeit" (Eucharistie).
Für jetzt aber gilt (leider noch) dies: Die Kirche sieht immer noch recht uns Menschen — wie wir im jetzigen status viae sind — gleich. Wie aber könnte eine Kirche aussehen, die (mehr) dem sich offenbarenden, versöhnenden lieben Gott gleichschaut . . .!?!

5. Resümee zur These: „Angleichung kommt vor Gleichheit"

1) Eine gefährliche (terrestrisch-irdische) Deutung: Der „Welt" angeglichen: Eine billige, allzu menschlich-irdische Angleichung (aneinander) führt zu lähmender, tödlicher Gleichheit; eine nur noch an der Welt und ihren Angeboten und Wünschen orientierte Angleichung der (bzw. in der) Kirche fördert nicht die Humanität, sondern schwächt und zerstört sie nicht selten.

2) Konstruktive (viatorische) Deutung: Der Bibel gemäß bedeutet Angleichung nicht ein Gleichrichten aller nach einem festgesetzten (mehr oder weniger kirchlichen und religiösen) Standpunkt und Maßstab. Angleichung im Sinn der Bibel ist das Gleichförmigwerden und das Gleichgesinntsein mit einem lebendigen Ziel, mit Jesus, dem Christus. Diese Art von Angleichung steht nicht unter Erfolgsdruck, ermöglicht aber die schrittweise Änderung der Verhältnisse in Richtung auf einen Ausgleich von himmelschreienden Ungleichheiten und Ungerechtigkeiten.
3) Erlösende (inkarnatorisch-trinitarische) Deutung: Die Botschaft Jesu enthält den erlösenden Impuls, der aus der „Angleichung Gottes" an die Welt resultiert. Die Angleichung Gottes an die Menschen erschüttert die Götter und Götzen (auch aller Religion[en]). Diese Bewegung Gottes zum Menschen und mit den Menschen befreit von der Ungleichheitsstabilisierung, befreit zur Gleichheit im einen und gemeinsamen Geist, der Unterschiede akzeptieren läßt, bevor sie in humane Unterschiede und Ungleichheiten überführt werden, an denen man nicht mehr leiden muß, an denen man sich vielmehr freuen kann.
4) Die darin liegende Zuversicht: Solche Angleichung „kommt", sie „kommt vor", sie kommt „vor". Sie ist eine zuvorkommende, die die Menschen animiert zu einem anderen „religiösen" Leben. Jesu Handeln setzt(e) die gängigen religiösen Tendenzen nicht von vornherein außer Kraft (auch nicht das „Priestertum"). Ihm ging/geht es aber um eine „Humanisierung des Klerikalen" (nicht die Menschen sind für die Priester da, sondern die Priester für die Menschen; vgl. Mk 2,27). Ermöglichungsgrund für die Fortsetzung dieses Impulses ist ein *Glaube an eine neue, erlöste Religiosität*, die bei Gott selbst ihren Ausgang nahm bzw. nimmt.
Inbegriff des Resümees: „Deus in religione sua perficit homines" — Gott will sich die/uns Menschen auf *seine* Art vervollkommnen!

Wilhelm Zauner

LEBENDIGE PFARRGEMEINDE

Vor einigen Jahren, (1978), wurde Reiner Kunze aus der DDR ausgewiesen. Er ist ein Schriftsteller, der der Kirche fernsteht. Aus dieser Ferne heraus beschreibt er einmal ein Pfarrhaus, wie er es in der Situation seines Heimatlandes in Erinnerung hat:

> Wer da bedrängt ist
> findet mauern,
> ein dach
> und muß nicht beten.

Nur ein Dichter kann so kurz und klar eine Antwort auf die schwierige Frage in Worte fassen, was eine lebendige Pfarrgemeinde ist, was sie tun soll und was sie für die Menschen unserer Zeit bedeutet. Das von Reiner Kunze beschriebene Pfarrhaus ist das Bild einer lebendigen Pfarrgemeinde. Ich werde daher meine Überlegungen nach diesen drei Elementen gliedern: man findet Mauern, ein Dach, und muß nicht beten.

Gemeinde in Israel

500 Jahre vor Christus wurde die Stadt Jerusalem mitsamt dem Tempel zerstört. Das Volk Israel wurde nach Babylon verschleppt und mußte dort Sklavenarbeit leisten. Es war nicht nur politisch und wirtschaftlich, sondern auch in seiner religiösen Praxis am Ende. Der Tempel war nicht nur ein wunderbares, repräsentatives Bauwerk. Er war das Zentrum des religiösen Lebens, die einzige Opferstätte Israels. Dort waren die Priester und versahen ihren Dienst nach einer streng geregelten Ordnung. In Babylon war es unmöglich, eine neue Kultstätte zu bauen und das Volk zu versammeln.

Doch der Glaube Israels lebte weiter: Unser Gott ist nicht wie die Götter der Heiden für einzelne Länder und Bereiche zuständig. Unser Gott geht mit uns. Er ist uns überall, wo wir sind, gleich nahe. — Davon erzählen die Eltern ihren Kindern. Sie erzählen von den weiten Wegen, die ihr Volk schon gegangen ist, von der Wanderung des Abraham im Glauben, daß Gott ihn und seine Großfamilie in ein Land führen wird, in dem er wohnen kann. Sie erzählen von der großen Not des Volkes, als es in Ägypten Sklavenarbeit leisten mußte wie jetzt in Babylon. Sie erzählen ihren Kindern, daß Gott sein Volk zwar nicht vor

aller Not bewahrt, daß er es aber auch in keiner Not im Stich gelassen hat. So setzten sich die Familien abends in ihren Zelten zusammen und feierten die Stationen des Weges, die Gott sein Volk geführt hat: die Befreiung aus Ägypten, den Durchzug durchs Rote Meer, die Speisung durch das Manna in der Wüste, die Erscheinung Gottes auf dem Berg Sinai, den Einzug in das Land, das Gott ihnen gelobt hatte. Indem so der Glaube erzählt und gefeiert wurde, wurde die große Hoffnung Israels weitergegeben: Gott verläßt uns nicht. Er bleibt mit uns auf dem Weg. Diese Hoffnung hat das Volk fähig gemacht, die schwere Zeit durchzustehen. Sie hat sich ausgewirkt in gegenseitiger Hilfe und Ermutigung, im konkreten Dienst aneinander.
Das war die Geburtsstunde der Gemeinde. Israel begreift, daß es zu seinem religiösen Leben nicht unbedingt eines Tempels, eines großen organisatorischen Apparats und komplizierter Riten bedarf. Der Glaube lebt und wird weitergegeben, wo das Handeln Gottes an seinem Volk erzählt und gefeiert wird und wo sich dieser Glaube im Verhalten der Menschen zueinander auswirkt. Damit zeichnen sich bereits die Grundvorgänge der Gemeinde ab: Verkündigung des Wortes Gottes, Feier des Glaubens im Gottesdienst, Dienst aneinander. In diesen Vorgängen hat sich aber auch ereignet, was Reiner Kunze nennt: Wer da bedrängt ist, findet Mauern. Das Volk, das schutzlos und ausgesetzt in der Fremde leben mußte, fand tiefer zueinander und fühlte sich geborgen beieinander, beschützt von der starken Hand Gottes. Das bedeutet auch das Wort „Gemeinde", lat. communio: Was von einer gemeinsamen Mauer umgeben und durch sie geschützt ist. In einer religiösen Gemeinde ist das nicht eine Mauer, die man selbst errichtet, sondern die Gott gebaut hat.

Die christliche Gemeinde

Die Kirche konnte nur als Gemeinde beginnen. Es war wegen der Feindschaft durch die Staatsmacht, die *Jesus* zum Tod verurteilt hatte, aber auch wegen der Feindschaft durch die religiösen Behörden Israels unmöglich, ein Haus zu bauen, sich dort öffentlich zu versammeln und Gottesdienst zu feiern. Abgesehen von dieser praktischen Unmöglichkeit bestand aber auch gar kein Bedürfnis, eigene Kultstätten zu errichten, in denen sich die Christen in ihrem Glauben und als Glaubensgemeinschaft darstellen. *Paulus* schrieb: „Ihr selbst seid der Tempel Gottes" (vgl. 1 Kor 3,17), und ein Kirchenvater aus dem 2. Jahrhundert sagte: „Wir Christen brauchen keine Tempel. Unser Gott wohnt dort, wo wir uns im Glauben an ihn versammeln."
Der Glaube an die Auferstehung Jesu Christi konnte überall erzählt werden. Die Feier der Eucharistie war an keinen Kultort gebunden. „Sie brachen in den Häusern das Brot", heißt es in der Apostelgeschichte. Die Aufnahme in die

Kirche durch die Taufe konnte überall geschehen. „Hier ist Wasser; was hindert, daß ich getauft werde?", fragt ein Hofbeamter des Königs von Äthiopien den Diakon Philippus, und dieser tauft ihn (Apg 8,38). Wichtig war den Christen vor allem, daß sich der Glaube im Leben auswirkt: „Da ihr mit Christus auferstanden seid, so lebt denn als Auferstandene" (vgl. Röm 6,4). Das neue Leben zeigt sich unter anderem ganz konkret in der Sorge um die Armen, in der Lebensgemeinschaft und in der Bereitschaft zum Teilen. „Sie hatten alles gemeinsam", heißt es summarisch in der Apostelgeschichte.
So fanden die Christen in der frühen Zeit der Geschichte unserer Kirche in der Gemeinde eine schützende Mauer, ein Stück Geborgenheit beieinander in der gefährlichen Zeit der Verfolgungen. Aber auch viele andere fanden bei ihnen Schutz und begriffen schnell, daß die Christen nicht nur einander helfen, sondern allen, die Hilfe brauchen. Die Kirche brauchte keinen aufwendigen organisatorischen Apparat und keine besonderen Pläne für die Ausbreitung des Christentums. Es hatte den Charakter einer Bewegung, also einer spontanen Ideengemeinschaft. Das Christentum breitete sich mit unglaublicher Schnelligkeit aus, vor allem durch Händler und Soldaten. Längst bevor Petrus und Paulus die Stadt Rom betraten, gab es dort eine blühende christliche Gemeinde. Wir kennen die Macht und die Dynamik solcher Bewegungen aus unserer Zeit; man denke etwa an die Friedensbewegung, die Antiatomkraftbewegung, die Ökologiebewegung. Wir sind gegenwärtig Zeugen mächtiger Bewegungen in den Oststaaten. Auf einmal gehen dort in einem Staat, der 40 Jahre lang durch einen gewaltigen Polizeiapparat die Bevölkerung fest im Griff hatte, Hunderttausende Menschen auf die Straße. Wer hat sie zusammengerufen, wer hat sie organisiert, wer ist ihr Präsident, wo haben sie ihre Organisationen, ihr Büro? Sie brauchen das alles nicht, sie brauchen nur ein Minimum davon. Was sie trägt und bewegt ist die gemeinsame Überzeugung: Die Zeit ist reif, es muß sich etwas ändern. Nur so ist es zu erklären, daß sich die frühe Kirche so rasch ausgebreitet hat. Viele wache Menschen, die die Entwicklungen verfolgt hatten, wußten einfach: Die Zeit ist reif. Es muß etwas Neues kommen. Und sie nahmen die Botschaft vom neuen Leben in Christus an.

Die Pfarre

Im 4. Jahrhundert kam es zu einer entscheidenden Wende. Der römische Kaiser Konstantin sah ein, daß es nicht möglich war, die Christen auszurotten. Es galt das Wort Origenes': „Überall, wo wir sind, sind wir nur wenige; aber wir sammeln uns aus allen Völkern und Nationen der Erde." Das Christentum war in allen Städten des römischen Weltreiches verbreitet. In dieser Lage entschloß sich der Kaiser, sich der Christen zur Verwaltung des

Reiches zu bedienen. Die Bischöfe wurden zu kaiserlichen Beamten aufgewertet, und der Staat subventionierte großzügig die Kirche. Kaiserliche Architekten bauten kostbare Kirchen, und einflußreiche Posten wurden vor allem an Christen vergeben. Als dann im Jahre 380 unter Kaiser Theodosius das Christentum sogar zur Staatsreligion erklärt wurde, stieg die Zahl der Taufbewerber sprunghaft an. Erstmals konnte sich die Kirche auf dem Land ungehindert ausbreiten und bedurfte nicht mehr der Anonymität der Stadt. Gutsherren erkannten ihre Chance und taten es dem Staat gleich: Sie benützten die Hilfsbischöfe und Priester, die jetzt von der Kirche auf das Land gesandt wurden, zur Verwaltung ihrer Güter, als Landwirtschaftslehrer, als Vermittler einer Dorfkultur. Bereitwillig bauten sie Kirchen auf ihrem eigenen Grund und stellten dort Pfarrer an. Die Kirche gab ihnen das Recht zum Taufunterricht und zur Taufe sowie zur Feier der Sonntagsmesse — und die Pfarre war erfunden.

Bis heute gehören die Feier der Taufe und der Sonntagsmesse zu den Grundvorgängen der Pfarre. Es gehören dazu der Pfarrer und eine genau bezeichnete Pfarrgemeinde, die durch den Wohnort bestimmt ist. Es gehören bestimmte Einrichtungen wie Kirche und Pfarrhaus sowie bestimmte Rechte dazu, die der Bischof verleiht.

Damit ist die Zeit der Gemeinde vorbei und die Zeit der Pfarre hat begonnen. Die Gemeinde wäre nicht mehr imstande gewesen, die große Zahl der Taufbewerber ins kirchliche Leben einzuführen und einzugliedern. Wenn sich früher einzelne der Kirche zuwandten und sich taufen ließen, wurden sie durch bloßen Anschluß an das Leben einer Gemeinde in das kirchliche Leben eingeführt. Die große Zahl der Taufbewerber überflutete jedoch geradezu die kleinen Gemeinden und überforderte sie. Es mußte eine Institution geschaffen werden, die in der Lage war, auch eine große Zahl von Taufbewerbern wenigstens notdürftig ins kirchliche Leben einzuführen.

Durch das Eindringen der Kirche in den germanischen Raum wurden ganze Volksstämme Christen, die erst nachträglich ins kirchliche Leben und in die christliche Lehre eingeführt werden konnten. Dafür wäre das alte Modell Gemeinde nicht mehr geeignet gewesen. Die germanische Gesellschaft ist agrarisch. Die Macht ist an den Grundbesitz gebunden. Die Grundherren fühlten sich für das gesamte Leben ihrer Leute verantwortlich, auch für deren Religion. Die germanische Rechtspraxis wird auf die Kirche übertragen: Der Pfarrbann verweist alle Gläubigen innerhalb eines Seelsorgesprengels an ihren zuständigen Seelsorger. Als materielle Grundlage für die Seelsorge dient die Pfründe. Weil der Seelsorger die Pfründe zur Nutznießung erhalten hat, hat er als Gegenleistung dafür Seelsorge zu betreiben.

An die Stelle der altkirchlichen Gemeindefrömmigkeit tritt nun der Pfarrbetrieb. Aus der Situation der Zeit heraus bildet sich eine „Versorgungskirche": Die Institution Kirche muß dafür sorgen, daß ihre Mitglieder unterrichtet werden und Lebenshilfe erhalten. Die Glaubensverkündigung wird durch die Moralpredigt abgelöst, da die Seelsorger auch die Aufgabe hatten, das Verhalten der Bevölkerung als Arbeitskräfte und Staatsbürger zu steuern. Rechtliche Fragen werden wichtig.
Die Mauer des Pfarrhauses, von dem Reiner Kunze spricht, wurde nun zu einer Wand aus Steinen und Mörtel, zur Pfarrgrenze, innerhalb derer man versorgt und geschützt ist. Wer dort wohnte, der hatte viele Möglichkeiten im religiösen, kulturellen und wirtschaftlichen, ja auch im politischen Bereich. Aber auch die Armen und Kranken fanden immer eine Zuflucht innerhalb dieser Mauer: Die Pfarre half mit Nahrungsmitteln und Kleidung, mit Unterkünften, mit Pflegediensten. Bis heute wissen die Bettler, daß man am besten zunächst im Pfarrhaus anklopft. Ich meine, daß dies unseren Pfarrhäusern durchaus zur Ehre gereicht und hoffe, daß sich dieses Vertrauen auch bald auf die Häuser der Pfarrgemeinderäte ausdehnt.

Die Wiederentdeckung der Gemeinde durch die Reformation

Die Reformbestrebungen Martin Luthers im 16. Jahrhundert und sein Bruch mit Rom wirkten sich selbstverständlich auch auf die Sozialform der Kirche aus. Luther anerkannte durchaus die vielen Leistungen der Pfarre. Er vertrat jedoch die Auffassung, daß sie gerade das Wichtigste nicht mehr zu leisten vermochte, nämlich die Vermittlung des Glaubens. Seine Ideen setzten sich in Form einer Bewegung durch. Seine Anhänger sammelten sich in Gemeinden. Sie lasen die Bibel und feierten das Abendmahl. Indem sie einander brüderlich beistanden, erlebten sie die Gemeinde als schützende Mauer auch gegen alle, die die neue Bewegung nicht aufkommen lassen wollten.

Das Konzil von Trient

Hat Luther ganz auf die Gemeinde gesetzt, so setzte nun das Konzil von Trient ganz auf die Pfarre. Es wurde angeordnet, daß jede Diözese lückenlos in Pfarren einzuteilen sei. Man wünschte, daß eine Pfarre so klein sei, daß der Pfarrer alle seine Pfarrangehörigen persönlich kennen kann, das sind etwa 1000 Personen. Wenn auch diese Vorstellungen nicht überall realisiert wurden, so wurde doch die kirchliche Organisation stark verbessert.
Die Pfarre spielte bei der Durchsetzung der Gegenreformation eine große Rolle. In Österreich förderten die Habsburger die Pfarre in besonderer Weise.

Die Diözesen St. Pölten und Linz verdanken u. a. ihre Gründung einem Streit zwischen dem Bischof von Passau und dem Kaiser über die Pfarreinteilung und über die Errichtung neuer, kleinerer Pfarren. Sofort nach der Errichtung dieser Diözesen wurden daher viele neue Pfarren gegründet, die man nach dem Namen ihres kaiserlichen Gründers eben josephinische Pfarren nennt. Eine besondere Bewährungsprobe bestand die Pfarre in der Zeit des Nationalsozialismus. Nachdem alle kirchlichen Vereine aufgelöst wurden, konzentrierte sich das kirchliche Leben auf die Pfarre und fand dort eine schützende Mauer. Manche, die durch das Regime verfolgt wurden, fanden in der Pfarre Zuflucht.

Aber auch nach dem Krieg hat sich die Pfarre sehr bewährt. Sie stand in so hohem Ansehen, daß die Besatzungsmächte ihre Hilfsgüter über die Pfarre und die Pfarrcaritas verteilten. Das kirchliche Leben, das sich nun in Freiheit entfalten konnte, wurde vor allem an die Pfarre gebunden, z. B. die Katholische Aktion. Sie sollte dafür sorgen, daß die Pfarre auch eine missionarische Ausstrahlung hat und sich nicht im „Pfarrbetrieb" erschöpft.

Wer da bedrängt ist, findet ein Dach

In der Sprache des Dichters meint das Dach die Bedeckung, die Kleidung, das Brot, die Grundbedürfnisse des Menschen. Wie steht es damit heute? Die Pfarre bietet sicher auch heute noch schützende Mauern. Doch findet man dort noch Brot? Gelingt es noch, durch die Pfarre den Menschen jene Dienste zu erweisen, die sie eben heute brauchen? Gelingt es auch noch, über die Pfarre zu vermitteln, daß der Mensch nicht vom Brot allein lebt, sondern von jedem Wort, das aus dem Munde Gottes kommt? Und gelingt es noch, deutlich zu machen, daß wir in der Eucharistie das „Brot für das Leben der Welt" haben und die Kommunion zur Kommunikation mit Christus und den Mitchristen führen soll? Können wir noch durch diese Vorgänge dazu beitragen, daß es den Menschen besser gelingt, Beziehungen aufzubauen und in Treue durchzuhalten, in der Ehe, in Freundschaften, in der Gemeinde und Kirche? Es ist zunächst ein signifikanter Generationsbruch in der Beteiligung am kirchlichen Leben zu verzeichnen. Das gemeinsame Dach für die Generationen ist oft beschädigt oder abgetragen. Die aktiven Mitglieder der Gemeinde — vor allem in der Stadt — gehören meist der älteren Generation an. Die Jugendlichen geraten in eine immer größere Distanz zur Kirche.

Es verbreitet sich eine Mentalität der distanzierten Kirchlichkeit. Die Kirchenbindung wird noch beibehalten, der Geltungsbereich von Kirche wird jedoch auf Grenzsituationen des Lebens eingeschränkt. Wenn Menschen in eine Krise geraten, wird die Kirche noch für wichtig gehalten. Dann soll sie tröstend, helfend und begleitend einstehen. Doch ihren Alltag möchten sich viele von der Kirche nicht stören lassen. Sie möchten sich von ihr keine Vorschriften geben lassen, insbesondere im moralischen Bereich. Man hat von der Kirche insgesamt eine gute Meinung, aber es ist die Frage, inwieweit von ihr eine lebensprägende Kraft ausgeht.

Dazu kommt die Tatsache, daß die Weitergabe des Glaubens an die nachfolgende Generation tiefgreifend gefährdet, wenn nicht unterbrochen ist. Viele Kinder, viele Heranwachsende kommen kaum mehr mit dem aktiv gelebten Glauben in Berührung. Wenn man Umfragen glaubt, dann stößt man eher auf Zurückhaltung, ja auf Ablehnung, wenn die Meinung geäußert wird, man müsse Religion und christlichen Glauben mitgeben als unentbehrlich für ein gelingendes Leben. Manche wünschen für ihre Kinder zwar eine religiöse Erziehung, erklären aber freimütig, daß sie als Eltern sich daran nicht beteiligen können, weil sie sich in diesem Bereich gar nicht auskennen. Sie erwarten die religiöse Erziehung ihrer Kinder von der Institution Kirche, wie sie das Erlernen eines Musikinstruments von einer Musikschule oder die sportliche Leistung von einem Sportverein erwarten.

Unter dem Eindruck dieser Situation sagen nun manche, die Zeit der Pfarre sei vorbei. Der Glaube könne heute nicht mehr durch eine Institution weitergegeben werden, sondern nur durch Menschen, die überzeugend nach dem Glauben leben und zugleich in Lebensgemeinschaft mit ihnen stehen. So hat schon vor Jahren Kardinal König gesagt: „Die Kirche der Zukunft wird leben in lebendigen Gemeinden."

Der Wiener Pastoraltheologe Ferdinand Klostermann hat 1974 ein zweibändiges Werk veröffentlicht, das den Titel trägt „Gemeinde — Kirche der Zukunft". Im Jahre 1979 veröffentlichte er ein Buch mit dem Titel: „Wie wird unsere Pfarrei eine Gemeinde?"

Die Diskussion hat sich inzwischen so zugespitzt, daß Karl Rahner noch kurz vor seinem Tod die Frage stellte, ob die Kirche gut beraten sei, wenn sie an einem lückenlosen Netz von Pfarren festhalte. Einzelne Theologen sind heute der Meinung, es müßten lebendige Gemeinden nach dem Vorbild der frühen Kirche oder auch nach dem Vorbild der Basisgemeinden in Lateinamerika gebildet werden. „Das größte Hindernis für die Gemeindebildung ist jedoch die Pfarre", schreibt der Münsteraner Theologe Hermann Steinkamp. In dieser überhitzten und etwas überspitzten Diskussion empfiehlt sich das katholische „Und": Also Pfarre und Gemeinde, wie es ja der Titel dieser Überlegungen sagt: Lebendige Pfarrgemeinde.

Bei uns denkt niemand im Ernst daran, die Pfarren abzuschaffen. Es wäre auch unsinnig, wenn man bedenkt, daß heute — wie erwähnt — wichtigste Dinge des Lebens einfach als Leistung einer Institution erwartet werden. Es ist sicher nicht ideal, wenn Eltern ihre Kinder religiös „erziehen lassen" wollen, anstatt sie selbst religiös zu erziehen und mit ihnen zusammen ein christliches Leben zu führen. Aber was sollen sie wirklich tun, wenn sie selbst dazu nicht imstande sind? Ist es nicht schon etwas, wenn sie den Glauben und das kirchliche Leben als einen Wert ansehen, den sie wenigstens für ihre Kinder haben möchten? Die Kirche braucht für solche Fälle, die sich mehren, institutionelle Hilfen wie Religionsunterricht und Pfarre. — Es ist gewiß nicht ideal, wenn Katholiken die Kirche nur in Krisensituationen aufsuchen; es ist aber dennoch erfreulich, wenn sie wenigstens dann zu ihr kommen. Wann immer sie die Kirche suchen, ist sie in der Pfarre am leichtesten zu finden, und das stellt einen großen Wert dar.

Es ist jedoch kein Zweifel, daß eine Pfarre, in der nur Gottesdienste gehalten werden und ein bestimmter Pfarrbetrieb abläuft, nur wenig Chancen hat, den Glauben und eine Kirchenbindung zu vermitteln. Der Bielefelder Soziologe Franz Xaver Kaufmann hat eine Reihe von sozialen Bedingungen genannt, unter denen der Glaube am ehesten gelebt und weitergegeben werden kann:

1. Der Glaube muß über konkrete Personen erfahrbar werden. Er muß abgeschaut werden können von Menschen, die nach dem Glauben leben und bereit sind, über ihren Glauben Auskunft zu geben. Das persönliche Glaubenszeugnis ist durch kein Buch und keinen Katechismus zu ersetzen — auch nicht durch einen schön gefeierten Gottesdienst.

2. Wichtig sind darüber hinaus gelebte Beziehungsnetze, Begegnungen mit Gruppen und Gemeinschaften, in denen der Glaube gemeinsam zu leben versucht wird, in denen auch um Fragen des Glaubens gerungen wird.

3. Es ist hilfreich, wenn der Glaube in einer Vielfalt von Ausdrucksformen erlebt werden kann. Das ermutigt, eigene Formen der persönlichen Aneignung zu suchen. Der Soziologe widerspricht also der Vorstellung, das kirchliche Leben müsse möglichst uniform gestaltet werden. Je vielfältiger die Frömmigkeitsformen und auch die Organisationsformen in der Kirche sind, desto eher kann der einzelne eine Form finden, in der er sich am kirchlichen Leben beteiligen kann.

Geht man von diesen drei soziologischen Bedingungen aus, so kann man verstehen, warum gerade heute die lebendige Gemeinde eine solche Bedeutung gewinnt. Früher waren diese drei Bedingungen in anderer Weise gewährleistet, etwa in der Familie, in der Großfamilie, in den Strukturen eines verbandlich organisierten Katholizismus. Heute fehlt ein Beziehungsfeld zwischen der Kleinstgruppe und der großen gesellschaftlichen Institution. Wenn es nur mehr die Familie und die Institution gibt, stirbt auf dem weiten Weg von der Kleinstgruppe zur Institution das ab, was in der Familie gesät wird. Die Pfarre als solche kann nur einen äußeren Rahmen bilden. Sie kann aber ihre Aufgabe nur erfüllen, wenn sich in diesem Rahmen ein vielfältiges Netz kleiner Gruppen bildet, die so etwas wie Gemeinde Jesu sein wollen. Nur das ist eine lebendige Pfarrgemeinde, und nicht etwa eine Pfarre, in der „viel los ist", also ein großer Betrieb ist. Hier ist vor allem die Aufgabe der Katholischen Aktion anzusetzen, in der Gruppenbildung. Das kann kein Pfarrgemeinderat leisten. Auf die Frage, was wir heute tun sollen, damit man in unseren Gemeinden ein „Dach findet", könnte man von den Basisgemeinden der Dritten Welt einiges lernen, nämlich

a) biblisch werden:
Wir Katholiken in Europa haben immer noch große Mühe im Umgang mit der Bibel. Wir kennen uns da nicht so recht aus und haben noch immer nicht gelernt, gern in der Bibel zu lesen und für unser Leben etwas daraus zu gewinnen. Wenn wir einmal begriffen haben, daß die Bibel Gottes helfendes, liebendes und wirkendes Wort an uns ist, dann müßten wir die Schande von uns nehmen, daß wir dieses Wort so wenig kennen und daß es uns so wenig bewegt.

b) solidarisch werden:
Von den Basisgemeinden kann man lernen: Christliches Leben besteht vor allem darin, sich selbstlos in den Dienst der Mitmenschen zu stellen. Christen fragen nicht, wer ihr Nächster ist und für welche Not sie zuständig sind. Sie wissen sich berufen, sich zum Nächsten dessen zu machen, der keinen Nächsten hat. Indem sie der konkreten menschlichen Not nicht ausweichen, engagieren sie sich leidenschaftlich dafür, daß die Menschen ein menschenwürdiges Leben führen können.

Diese Art von Solidarität ist nun wirklich nicht die Stärke des Österreichers. Er mischt sich nicht gerne in Angelegenheiten, bei denen man unter Umständen in Konflikte gerät, und erwartet in Notfällen eine Hilfe von der Institution. Hier müßte wohl ein längerer Lernprozeß einsetzen. Er hat bereits begonnen, denn es gibt eine Reihe von Initiativgruppen, die sich etwa gegen die weitere Zerstörung der Schöpfung zur Wehr setzen, die sich leidenschaftlich an den Debatten um den Sozialhirtenbrief beteiligen, die sich um die Belange der Ausländer kümmern u. dgl. m.

Der Jesuit Alfred Delp hat in Erwartung seiner Hinrichtung 1944 geradezu prophetisch geschrieben: „Das Schicksal der Kirchen wird in der kommenden Zeit nicht von dem abhängen, was ihre Prälaten und führenden Instanzen an Klugheit, Gescheitheit, politischen Fähigkeiten usw. aufbringen. Es wird ankommen auf die Rückkehr der Kirche in die Diakonie, in den Dienst, den die Not der Menschheit bestimmt, nicht unser Geschmack." Damit hat Delp aber auch die rechte Ordnung der gemeindlichen Grundfunktionen in Erinnerung gebracht: Die Gemeinde muß tun, was Jesus getan hat (Diakonie); dazu muß sie wissen, was Jesus gesagt hat und sein Wort weitersagen (Verkündigung); schließlich soll sie feiern, was sie glaubt, und darf in ihren Sakramenten ihren Herrn handelnd gegenwärtig wissen (Liturgie). — Die Sorge um ein gemeinsames Dach für alle Menschen ist also der Grundauftrag Jesu; sie wird seine letzte Frage als Richter sein: „Was ihr meinen Brüdern, den Geringsten, getan habt, das habt ihr mir getan" (Mt 25,40).

c) Gemeinde werden:
Gemeinde ist nicht eine vorgegebene Größe, sondern der Ort, wo das, was Umkehr und Nachfolge Jesu bedeutet, gemeinsam erlernt und eingeübt wird. Nicht Sympathie und soziale Verbundenheit sind es, die die Menschen zu einer Gemeinde verbinden, auch nicht das Verhaftetsein in einer bestimmten Tradition und Kultur, sondern die Liebe Jesu Christi, die allen gilt und keinen ausschließt. Lebendige Gemeinden entstehen dort, wo Menschen sich angesichts eigener und fremder Not vom Evangelium auf ihre eigene Verantwortung stoßen lassen und zu einer Weggemeinschaft zusammenfinden. Eine lebendige Gemeinde wird von Menschen gebildet, die wissen, daß man Christ nicht *sein,* sondern nur ein Leben lang *werden* kann. Und das nicht als das private Unternehmen eines einzelnen, sondern in der Überzeugung, daß einer den anderen braucht, um sich in das Christentum einzuüben. Das „Brot", das man in der Gemeinde findet, muß immer neu gebacken werden; das Dach, das sie bietet, muß immer neu gedeckt und verbreitert werden.

Man muß nicht beten

Reiner Kunze hatte sein Pfarrhaus so in Erinnerung: „Wer da bedrängt ist, findet Mauern, ein Dach und muß nicht beten." Was soll das letzte davon heißen? Kunze sagt nicht, daß in einem Pfarrhaus nicht gebetet werden muß, sondern daß man darin nicht zum Mitbeten genötigt wird. Eine Pfarrgemeinde ohne Gebet und Gottesdienst ist undenkbar. Eine Gemeinde braucht einen Kern, der weiß, woher das Leben der Gemeinde kommt: Nicht von unseren Aktivitäten, von der Zahl der Veranstaltungen, von dem ganzen Betrieb, den wir

entfalten. Jesus hat am letzten Tag des Laubhüttenfestes, anläßlich der feierlichen Wasserspende, ausgerufen: „Wer dürstet, der komme zu mir und trinke." Wasser ist ein Bild des Lebens. Jesus sagt also: Euer Leben und eure Lebendigkeit kommen von mir. Das wissen und das glauben wir.
Weniger in unser Bewußtsein gedrungen ist der nächste, aufregende, geradezu unglaubliche Satz: „Wer an mich glaubt, aus dem werden — wie die Schrift sagt — Ströme lebenspendenden Wassers fließen" (Joh 7,38). Ähnlich hat er es auch der Frau am Jakobsbrunnen gesagt: „Das Wasser, das ich einem gebe, wird in ihm zu einer Quelle, die sprudelt und ewiges Leben spendet" (Joh 4,14). Dieses großartige Wort Jesu erschließt uns die Tiefe und Bedeutung der Taufe: Wir werden nicht nur durch das Wasser gereinigt von der Sünde — sondern es wird uns eine Quelle eingepflanzt, aus der das Wasser fließt, das Jesus spendet, sein Leben, seine Freundschaft und Gnade. Dieses Wort Jesu deckt auch die tiefste Würde des Laien in der Kirche auf: Er trägt in sich nicht nur ewiges Leben, sondern eine Quelle ewigen Lebens.
Das ist also das Grunddokument für eine lebendige Gemeinde: Menschen, die aus der Taufe leben, finden zusammen und werden füreinander zu Quellen göttlichen Lebens. Hier ist Wasser für jeden, der danach dürstet. — Und wenn er nicht danach dürstet? Reiner Kunze schätzt es, daß man ihn dennoch einläßt in die schützenden Mauern und unter das bergende Dach, ohne daß er an die Quellen geht: „Man muß nicht beten."
Über diesen Hinweis kann man gar nicht genug nachdenken. Kirche wird und wächst durch Einladung und viel Geduld. Eine Pfarrgemeinde muß viele Stufen des Glaubens und viele Formen der Beteiligung am kirchlichen Leben zulassen. Eine Gemeinde wird erst lebendig, wenn sie auch Menschen zuläßt, die sich nur teilweise mit ihr identifizieren. „Ich bin der Pfarre, in der ich wohne, sehr dankbar, daß ich mich im Jugendheim aufhalten und sogar beim Theater mitspielen durfte, wo doch jeder wußte, daß ich nicht getauft bin", sagte mir einmal ein Student. Er ist bis heute nicht getauft, aber er ist seiner Pfarre dankbar, daß er nicht „beten mußte", um dort ein Dach zu finden, unter dem auch er Platz hatte. Wenn Gott ein Leben lang auf uns warten kann, dann müssen auch wir die Geduld haben, aufeinander warten zu können.
Vielleicht ist der wichtigste Abschnitt des Kirchenjahres heute der Advent: Warten lernen in einer Zeit, die vor allem *haben* will: alles, direkt und jetzt gleich. Das reicht von der Wirtschaft bis zur Begegnung der Geschlechter. Wer nicht sofort liefern kann, verliert seine Kunden; wer nicht alle Wünsche erfüllt, wird fallengelassen. In manchem Büro findet man den Spruch: „Unmögliches wird sofort erledigt; Wunder dauern etwas länger." Selbst hier weiß man also: Das Wunder entzieht sich einer „sofortigen Erledigung". Auf

Wunder muß man warten. Der „Erfolg", auf den unsere Arbeit in der Gemeinde letztlich abzielt, kann nicht durch Fleiß allein oder durch methodische Tricks erreicht werden. Wir können nur Holz sammeln; der Funke, der es zum Brennen bringt, wird nicht von uns erzeugt (vgl. 1 Kg 18,23—39). Es ist schon viel getan, wenn wir das jeweils Notwendige, das Alltägliche und Normale tun — in der Familie, im beruflichen Leben, in der christlichen Gemeinde. Das Ankommen Gottes aber können wir nicht erzwingen. Es bleibt immer ein Wunder, auf das wir nur in Geduld und Treue warten können. Es bleibt auch ein Wunder der Gnade Gottes, wenn sich ein Mensch dem Ankommen Gottes öffnet. Es ist das Ereignis seiner Gnade, wenn ein Mensch sagen kann: Ich bin einer lebendigen Pfarrgemeinde begegnet. Ich fand Mauern, ein Dach — und lernte beten.

Alois Kraxner

EVANGELISIERUNG IN DER WELT VON HEUTE

Evangelisierung — schon ein Anliegen in der vorkonziliaren Zeit

Zehn Jahre nach Abschluß des Zweiten Vatikanums veröffentlichte Papst Paul VI. das Apostolische Schreiben „Evangelii nuntiandi". In diesem Schreiben wird festgestellt, daß sich das Anliegen des Zweiten Vatikanischen Konzils in einem Wort zusammenfassen lasse: „Die Kirche des zwanzigsten Jahrhunderts besser zu befähigen, das Evangelium der Menschheit des zwanzigsten Jahrhunderts zu verkünden" (Nr. 2).

Was hier gesagt wird, ist nicht bloß eine spätere, nicht voll zutreffende Interpretation, sondern entspricht der Grundintention des Zweiten Vatikanums vom Anfang an, das sich primär als ein „pastorales" Konzil verstand. Die Frage einer neuen Evangelisierung Europas ist nicht erst eine Frage der letzten Jahre. Sie wurde schon in den dreißiger und vierziger Jahren dieses Jahrhunderts mit Eindringlichkeit gestellt. So bezeichnete Josef Pieper schon 1936 Deutschland als ein „Missionsland" und erregte bereits 1943 das Buch von Abbé Godin „France pays de mission?" großes Aufsehen. Und schon 1952 stellte Erzbischof Jäger in der Bundesrepublik Deutschland folgende Diagnose: „Unser Volk gilt statistisch als ein christliches Volk, weil 95 % sich noch zu den beiden großen Konfessionen bekennen. Aber ich sage nicht zu viel, wenn ich behaupte, daß 70 % dieser sogenannten Christen im Letzten und Tiefsten vollkommen indifferent sind und in ihrem Denken, in ihrer Stellungnahme, in ihrem Tun und Lassen durchaus vom marxistischen und liberalistischen Geist geformt und geprägt sind. Und sie merken es nicht einmal, ihr Glaube ist bereits so schwach, ihre Verbindung mit Gott eine so theoretische Angelegenheit, daß man den Widerspruch zwischen Glauben und Leben gar nicht mehr empfindet."[1])

Dieses Erkennen der „Entchristlichung der Massen hinter der christlichen Fassade", wie es Viktor Schurr ausdrückt, führt in der Nachkriegszeit zu vielen sehr eindrucksvollen missionarischen Initiativen.

Unter anderen nennt Viktor Schurr: Die Katholische Arbeiterjugend, gegründet von Josef Cardijin, die in der Nachkriegszeit in vielen Ländern ungemein vital wirkt; die Arbeiterpriester in Frankreich; die ähnlich engagierten Versuche einer neuen Landseelsorge in Frankreich; die verschiedensten Initiativen

der Katholischen Aktion in den einzelnen Ländern; die Legio Mariens; die Kleinen Brüder und Schwestern von Charles de Foucauld; die Versuche einer Milieuseelsorge und von Gebietsmissionen.
Mit großer Phantasie und bewunderungswürdigem Engagement wurde versucht, das Evangelium in einer veränderten und — wie viele auch meinten — entchristlichten Welt neu zu verkünden.
Zu den praktischen missionarischen Initiativen in dieser Zeit kamen auch die Versuche sehr namhafter Theologen aus allen Fachbereichen, mit der Zeit ins Gespräch zu kommen. Stellvertretend für viele seien genannt: Henry de Lubac, Karl Rahner, Teilhard de Chardin, Y. Congar, E. Schillebeeckx, Bernhard Häring, Pius Parsch, Andreas Jungmann, J. Danielou, H. Schlier, R. Schnackenburg, Ferdinand Klostermann, H. U. v. Balthasar, M. D. Chenu. — Diese Theologen griffen die Fragestellungen und Einwände des heutigen Menschen bezüglich des christlichen Glaubens auf und bemühten sich um eine für den heutigen Menschen überzeugende Antwort.
So gesehen war die Zeit nach dem Zweiten Weltkrieg zumindest im deutsch-französischen Raum auch eine Zeit missionarischen Aufbruchs. Freilich zeigten sich auch schon damals immer stärker die Schwierigkeiten, auf die die Bemühungen um eine neue Evangelisierung stoßen. Das Schicksal und die Krise der Arbeiterpriester in Frankreich war nur ein Symptom für viel umfassendere Probleme der Kirche in ihrem Verhältnis zur modernen Welt und zum heutigen Menschen.
Der spätere Papst Johannes XXIII. hat als Nuntius in Paris und als Partriarch von Venedig die pastoralen und theologischen Entwicklungen zweifellos mitverfolgt. Es war auch ihm schon vor dem Konzil ein fundamentales Anliegen, „die Kirche des zwanzigsten Jahrhunderts besser zu befähigen, das Evangelium der Menschheit des zwanzigsten Jahrhunderts zu verkünden". Daß er dieses Anliegen auch mit dem Konzil verband, beweist allein die Eröffnungsrede.
Papst Johannes XXIII. lehnt in dieser Rede trotz all der Schwierigkeiten, die er selbst in Frankreich miterlebte, eine negative Bewertung der Situation ab. Er teilt nicht die Meinung der Untergangspropheten:
„Sie meinen nämlich, in den heutigen Verhältnissen der menschlichen Gesellschaft nur Untergang und Unheil zu erkennen. Sie reden unablässig davon, daß unsere Zeit im Vergleich zur Vergangenheit dauernd zum Schlechteren abgeglitten sei . . . Wir sind völlig anderer Meinung als diese Unglückspropheten, die immer das Unheil voraussehen, als ob die Welt vor dem Untergang stünde.
In der gegenwärtigen Entwicklung der menschlichen Ereignisse, durch welche die Menschheit in eine neue Ordnung einzutreten scheint, muß man viel eher

einen verborgenen Plan der göttlichen Vorsehung anerkennen. Dieser verfolgt mit dem Ablauf der Zeiten, durch die Werke der Menschen und meistens über ihre Erwartungen hinaus sein eigenes Ziel, und alles, auch die entgegengesetzten menschlichen Interessen, lenkt er weise zum Heil der Kirche."

Nachdem Papst Johannes XXIII. seine positive und hoffnungsvolle Sicht der Entwicklungen dargelegt hat, nennt er als Hauptaufgabe des Konzils „das heilige Überlieferungsgut (Depositum) der christlichen Lehre mit wirksameren Methoden zu bewahren und zu erklären".

Das Konzil soll nach dem Willen des Papstes „die katholische Lehre unvermindert und ohne Entstellung überliefern . . . auch wenn dieses Erbe nicht allen genehm ist". Aber es soll diesen kostbaren Schatz nicht nur bewahren, „sondern wir wollen jetzt freudig und furchtlos an das Werk gehen, das unsere Zeit fordert, und den Weg fortsetzen, den die Kirche seit zwanzig Jahrhunderten geht . . . Diese sichere und beständige Lehre, der gläubig zu gehorchen ist, muß so erforscht und ausgelegt werden, wie unsere Zeit es verlangt".

Als grundlegendes Motiv für alle Bemühungen der Kirche um die Bewahrung und Ausbreitung der Wahrheit nennt der Papst die Tatsache, „daß nach Gottes Heilsplan, ‚der alle Menschen retten und zur Erkenntnis der Wahrheit gelangen lassen will' (1 Tim 2,4), die Menschen nur mit Hilfe der ungeschmälerten Offenbarung zur absoluten und sicheren Einheit der Herzen gelangen können, mit der ein wahrer Frieden und das ewige Heil verbunden sind".

Seit dieser Rede am 11. Oktober 1962 haben Kirche und Welt eine rasante Entwicklung durchlebt. Trotzdem sind die hier genannten Anliegen heute die gleichen. Manche haben sich verschärft. Die Analysen der religiösen Situation sind besorgniserregend, und der Ruf nach einer neuen Evangelisierung, vor allem in Europa, hat sich verstärkt.

Vor allem Papst Johannes Paul II. greift dieses Anliegen in seinen Ansprachen und Lehräußerungen immer wieder auf. Ein diesbezüglich dringender Appell findet sich im Apostolischen Schreiben über die Berufung und Sendung der Laien. „Ganze Länder und Nationen, in denen früher Religion und christliches Leben blühten und lebendige, glaubende Gemeinschaften zu schaffen vermochten, machen nun harte Proben durch und werden zuweilen durch die fortschreitende Verbreitung des Indifferentismus, Säkularismus und Atheismus entscheidend geprägt. Es geht dabei vor allem um die Länder der sogenannten Ersten Welt, in der der Wohlstand und der Konsumismus, wenn auch von Situationen furchtbarer Armut und Not begleitet, dazu inspirieren, so zu leben, ‚als ob es Gott nicht gäbe' . . . Die Kirche erkennt und erlebt die augenblickliche Dringlichkeit einer neuen Evangelisierung . . ." (Nr. 34, 35).

Wir haben seit dem Konzil viele neue Erfahrungen gemacht. Es ist sinnvoll, auf dem Hintergrund dieser Erfahrungen die Texte des Konzils neu zu lesen und zu studieren, speziell auch in bezug auf das Anliegen der Evangelisierung.

Wie kann die Kirche in der Welt von heute ihren Auftrag erfüllen?

Das zentrale Anliegen des Zweiten Vatikanums war nicht unmittelbar und direkt die Evangelisierung. Es war umfassender. Es betraf die Kirche als Ganzes: Wie kann die Kirche als Ganzes in der gegenwärtigen Welt ihren Auftrag erfüllen; und dies sowohl in den westlichen, industrialisierten und weitgehend säkularisierten Ländern wie auch in den Ländern der sogenannten Dritten Welt. Wobei der zweite Aspekt erst im Laufe des Konzils immer größeres Gewicht bekam.

Warum war diese Frage nach der „Kirche in der Welt von heute" so brisant? Im Hintergrund stehen vor allem zwei Erfahrungen.

Erstens die Erfahrung, daß sich die gesamte Welt in einer rasanten Entwicklung befindet. Diese Entwicklung wird in den Texten des Konzils oft angesprochen. Als ein Beispiel folgender Text aus der Konstitution, „Die Kirche in der Welt von heute": „Der Gang der Geschichte selbst erfährt eine so rasche Beschleunigung, daß die einzelnen ihm schon kaum mehr zu folgen vermögen. Das Schicksal des Menschengeschlechtes wird eines und ist schon nicht mehr aufgespalten in verschiedene geschichtliche Abläufe. So vollzieht das Menschengeschlecht einen Übergang von einem mehr statischen Begriff der Ordnung der Dinge zu einem mehr dynamischen, die Entwicklung betonenden. Die Folge davon ist eine neue, denkbar große Komplexität der Probleme, die nach neuen Analysen und Synthesen sucht" (Kirche/Welt Nr. 5).

Die zweite Erfahrung, die in den Texten des Konzils viel seltener erwähnt wird, betrifft die großen Schwierigkeiten, auf die die Kirche in der modernen Welt stößt. Die Schlußmahnung des Dekretes über den Dienst und das Leben der Priester spricht davon: „Die Freuden des priesterlichen Lebens vor Augen, kann diese Heilige Synode auch an den Schwierigkeiten nicht vorübergehen, unter denen in den heutigen Zeitumständen die Priester leiden. Sie weiß, wie sehr sich die wirtschaftlichen und sozialen Verhältnisse und sogar die Sitten der Menschen in einer Wandlung befinden, wie sehr die Ordnung der Werte in der Einschätzung der Menschen sich ändert. Von da her haben die Priester und bisweilen sogar die Gläubigen in der heutigen Welt das Empfinden, als gehörten sie nicht mehr zu ihr, und fragen sich angstvoll, wie sie mit ihr auf geeignete Weise, im Handeln und in der Sprache noch Gemeinschaft haben können" (Nr. 22). Nach diesen Worten stehen die Christen oft hilflos vor dem Wandel in der modernen Welt; sie fühlen sich ausgeschlossen und sind nicht

fähig, in geeigneter Weise mit dieser Welt in Kontakt zu treten. Sie finden nicht die richtigen Worte und auch nicht das richtige Handeln.
Auch wenn das Zweite Vatikanum als ein großer Aufbruch erlebt wird, so steht hinter diesem Konzil auch eine große Sorge.
Umstritten sind nicht bestimmte christliche Wahrheiten, wie dies bei anderen Konzilen der Fall war. Die zentrale Frage ist vielmehr, wie der Glaube als ganzes in der gegenwärtigen Welt vermittelt werden kann und wie die Kirche den Herausforderungen einer sich im Umbruch befindlichen Welt zu entsprechen vermag. Denn eine Kirche, von der keine lebensgestaltende Kraft mehr ausgeht, ist wie ein Licht, das die Welt nicht erleuchtet, wie eine Stadt am Berg, die niemand beachtet, wie ein Sauerteig, der den Teig nicht durchsäuert.

Das Evangelium ist auch heute gültig

Diese Überzeugung hat Johannes XXIII. in der Eröffnungsrede des Konzils deutlich ausgesprochen: „Das 21. Ökumenische Konzil will die katholische Lehre rein und ohne Entstellung überliefern, so wie sie trotz Schwierigkeiten und Kontroversen gleichsam ein gemeinsames Erbe der Menschheit geworden ist."
Das Konzil hält auch in der Konfrontation oder — besser gesagt — in der Begegnung mit der modernen Welt und den nichtchristlichen Religionen und Weltanschauungen an der Einzigartigkeit des christlichen Glaubens fest und ist zutiefst vom Auftrag überzeugt, das Evangelium zu verbreiten. Es ist überzeugt — um es ganz schlicht zu sagen: Der einzelne Mensch, die einzelnen Völker, die Menschheit brauchen Jesus Christus. Zur Illustration einige Texte; diese Texte zeigen auch, warum wir selbst Christen sein sollen und was uns bewegen kann, diesen Glauben auch anderen zu vermitteln:

In Jesus Christus erkennt der Mensch seine eigentliche Berufung

„In Wirklichkeit leuchtet nur im Geheimnis des menschgewordenen Wortes das Geheimnis des Menschen wahrhaft auf. Denn Adam, der erste Mensch, war Vorbild des Zukünftigen, nämlich Christi des Herrn. Christus, der neue Adam, offenbart eben in der Offenbarung des Geheimnisses des Vaters und seiner Liebe dem Menschen den Menschen selbst vollständig und erschließt ihm seine hohe Berufung" (Kirche/Welt Nr. 22).
„Eben dadurch, daß die Kirche Christus verkündet, offenbart sie zugleich dem Menschen die ursprüngliche Wahrheit dessen, was um ihn ist und worin seine Berufung liegt, Christus ist ja Ursprung und Urbild jener erneuerten, durch brüderliche Liebe, Wahrhaftigkeit und Friedensgeist gekennzeichneten Menschheit, nach der alle verlangen" (Miss. Nr. 8, vgl. Offb. Nr. 2, 6 u. 8).

Der Mensch kann sich nicht aus eigener Kraft erlösen

„Niemand wird durch sich selbst und aus eigener Kraft von der Sünde erlöst und über sich hinausgehoben, niemand vollends von seiner Schwachheit, Einsamkeit oder Knechtschaft freigemacht, vielmehr brauchen alle Christus als Beispiel, Befreier, Heilbringer, Lebendigmacher. In der Tat war das Evangelium in der Geschichte der Menschen, auch der profanen, ein Ferment der Freiheit und des Fortschritts und bietet sich immerfort als Ferment der Brüderlichkeit, der Einheit und des Friedens dar. Nicht ohne Grund wird Christus von den Gläubigen gefeiert als die ‚Erwartung der Völker und ihr Heiland'" (Miss. Nr. 8).

„Der Grund dieser missionarischen Tätigkeit ergibt sich aus dem Plan Gottes, der ‚will, daß alle Menschen heil werden und zur Erkenntnis der Wahrheit gelangen. Denn es ist nur ein Gott und nur ein Mittler zwischen Gott und den Menschen, der Mensch Jesus Christus, der sich selbst als Lösegeld für alle hingegeben hat' (1 Tim 2, 4-5), ‚und in keinem anderen ist Heil'" (Apg 4, 12), (Miss. Nr. 7).

Christus als Ursprung und Ziel der Geschichte

„Gottes Wort, durch das alles geschaffen ist, ist selbst Fleisch geworden, um im vollkommenen Menschsein alle zu retten und das All zusammenzufassen. Der Herr ist das Ziel der menschlichen Geschichte, dem das Sterben der Geschichte und der Zivilisation gilt, der Mittelpunkt der Menschheit, aller Herzen Freude und Erfüllung ihrer Sehnsucht. Ihn hat der Vater von den Toten auferweckt, erhöht und zu seiner Rechten gesetzt, ihn hat er zum Richter der Lebendigen und Toten bestellt. Von seinem Geist belebt und geeint, schreiten wir der Vollendung der menschlichen Geschichte entgegen, die mit dem Plan seiner Liebe zusammenfällt: ‚Alles in Christus zu erneuern, was im Himmel und auf Erden ist'" (Eph 1, 10), (Kirche/Welt Nr. 45, vgl. Miss Nr. 1).

Ziel der Evangelisierung

„In dieser Sendung setzt die Kirche die Sendung Christi selbst fort, der den Armen die frohe Botschaft zu bringen gesandt war, und entfaltet sie durch die Geschichte hindurch" (Miss. Nr. 5, vgl. Kirche Nr. 17).

Das Missionsdekret nennt als Ziel: Menschen „zum Glauben, zur Freiheit und zum Frieden Christi zu führen. So soll ihnen der freie und sichere Weg zur vollen Teilhabe am Christusgeheimnis eröffnet werden" (Nr. 5).

Diese Texte sprechen für sich selbst. Sie zeigen, daß der Kern des christlichen Glaubens Jesus Christus ist.

Aber warum wird diese Botschaft von vielen Menschen nicht erkannt und oft nicht angenommen? Warum stößt die Kirche in ihrer Arbeit auf solche

Schwierigkeiten? Warum gibt es diese Distanz zwischen Glauben und Leben, Kirche und Welt?
Wo liegen die Ursachen? Liegen sie beim Menschen, der nicht bereit ist, das Evangelium anzunehmen? Liegen sie in der gegenwärtigen Welt, die den Menschen vom Glauben entfremdet? Liegen Sie an der Kirche selbst, die nicht imstande ist, in glaubwürdiger Weise den Menschen heute das Evangelium zu bringen?

Standortbestimmung: Wo steht die Kirche in der gegenwärtigen Welt?

Das gesamte Konzil steht unter dem Eindruck, daß die Menschheit sich gegenwärtig in einer gewaltigen Entwicklung befindet. Gerade in einer solchen Situation ist es sinnvoll, den Standort der Kirche und des Christentums zu überdenken und zu klären.

Was ist für diese Standortbestimmung des Konzils typisch?
a) Das Konzil hält an der Einzigartigkeit des Christentums fest. „So bekennt sich die Heilige Synode zuerst dazu, daß Gott selbst dem Menschengeschlecht Kenntnis gegeben hat von dem Weg, auf dem die Menschen ihm dienen sollen und so in Christus erlöst und selig werden können. Wir glauben, daß diese einzige wahre Religion ihre konkrete Existenzform hat in der katholischen und apostolischen Kirche, die von dem Herrn Jesus den Auftrag erhalten hat, sie überall auszubreiten und zu allen Menschen zu bringen . . . Alle Menschen sind ihrerseits verpflichtet, die Wahrheit, besonders in dem, was Gott und seine Kirche angeht, zu suchen und die erkannte Wahrheit zu ergreifen und zu bewahren" (Rel. Fr. Nr. 1).
b) Das Konzil anerkennt die Religionsfreiheit. „Das Vatikanische Konzil erklärt, daß die menschliche Person das Recht auf Religionsfreiheit hat. Diese Freiheit besteht darin, daß alle Menschen von jedem Zwang frei sein müssen, sowohl von seiten einzelner wie von Gruppen in der Gesellschaft wie von jeglicher menschlicher Gewalt, und zwar in der Weise, daß in religiösen Dingen niemals jemand gezwungen wird, gegen sein Gewissen zu handeln, und nicht daran gehindert wird, privat und öffentlich, als Einzelner und in Verbindung mit anderen nach seinem Gewissen zu handeln, innerhalb der gebührenden Grenzen" (Rel. Fr. Nr. 2).
c) Das Konzil anerkennt die positiven Werte in den nichtchristlichen Religionen und Weltanschauungen. Es anerkennt in einem eindrucksvollen Text, daß Christen und Nichtchristen letztlich dieselben Fragen bewegen (Vgl. Nichtchr. Nr. 1).

Das Konzil anerkennt auch alles, was in diesen Religionen wahr und heilig ist. „Überall werden von ihr (der katholischen Kirche) jene Handlungs- und Lebensweisen, jene Vorschriften und Lehren aufrichtig ernstgenommen, die, wenngleich sie von dem, was sie selber für wahr hält und lehrt, in vielem abweichen, doch nicht selten einen Strahl jener Wahrheit widerspiegeln, die alle Menschen erleuchtet" (ebd. Nr. 2).
Aus der Anerkennung der Religionsfreiheit und der Respektierung des Guten und Wahren auch außerhalb der Kirche ergeben sich Konsequenzen für das Verhalten der Christen zu den Andersdenkenden und Andersgläubigen. Die oben angeführten Grundsätze ermöglichen Toleranz ohne Gleichgültigkeit und Beliebigkeit in der Wahrheitsfrage; sie machen den Dialog sinnvoll, jeder kann vom anderen etwas lernen; und sie ermöglichen auch ein Zusammenwirken in gemeinsamen Anliegen; z. B. im Kampf um die Menschenrechte und gegen „jede Diskriminierung eines Menschen, jeden Gewaltakt gegen ihn um seiner Rasse oder Farbe, seines Standes oder seiner Religion willen, weil das dem Geist Christi widerspricht" (Nichtchr. Nr. 5); sie machen die Evangelisierung nicht überflüssig.
Freilich ist diese Haltung, die hier vom Christen gefordert wird, spannungsreich und schwer durchzuhalten; wie dies auch die nachkonziliare Zeit bestätigt.

Die Kirche erneuern

Hindernisse ausräumen, die in Zuständen und Verhaltensweisen innerhalb der Kirche selbst ihre Ursache haben

Das Konzil ist selbstkritisch. Die Kirche kann sich auch selbst im Weg stehen. Es gibt Traditionen, Verhaltensweisen, die vielleicht in vergangenen Zeiten hilfreich waren, die aber durch die Veränderung der Zeitverhältnisse für das christliche Leben und die Weitergabe des Evangeliums wirkungslos, wenn nicht gar hinderlich geworden sind. So fordert z. B. das Konzil von den Orden „die Anpassung an die veränderten Zeitverhältnisse . . . Die Institute sollen bei ihren Mitgliedern für eine angemessene Kenntnis der menschlichen Lebensverhältnisse und der Zeitumstände sowie der Erfordernisse der Kirche sorgen, damit diese in klugem, vom Glauben erleuchteten Urteil über die heutige Welt mit lebendigem, apostolischem Eifer den Menschen wirksamer helfen können" (Ord. Nr. 1).
„Die dem Wechsel unterworfenen Einrichtungen den Notwendigkeiten unseres Zeitalters anzupassen", war auch ein wichtiger Beweggrund für die Liturgiereform (vgl. Lit. Nr. 1).
Ein wesentliches Hindernis für die Wirksamkeit der Kirche ist die Schuld, die

die Kirche im Laufe der Geschichte auf sich geladen hat und die sie auch heute noch auf sich lädt. Diese Schuld wird zum besonderen Ärgernis und Hindernis für die Evangelisierung, wenn sie nicht eingestanden wird.
Es war ein besonderes Kennzeichen des Konzils, gegen jegliche Form des Triumphalismus anzukämpfen und die Schuld auch einzugestehen, die das Antlitz Christi verdunkelt. Diesbezüglich gab es bewegende Szenen innerhalb des Konzils. Diese Bereitschaft, demütig zur eigenen Schuld zu stehen, findet sich auch in den Texten des Konzils. So bekennt das Konzil, daß auch die Christen mitverantwortlich sind für das Entstehen des Atheismus. „Denn der Atheismus ist, genau betrachtet, nichts Ursprüngliches, sondern entsteht vielmehr aus verschiedenen Ursachen, zu denen auch die kritische Reaktion gegen die Religionen, und zwar in einigen Gegenden vor allem gegen die christliche Religion, zählt. Deshalb können an dieser Entstehung des Atheismus die Gläubigen einen nicht kleinen Anteil haben, insofern man sagen muß, daß sie durch die Vernachlässigung der Glaubenserziehung, durch falsche Erklärung der Lehre oder auch durch die Mängel ihres religiösen, sittlichen und sozialen Lebens das echte Antlitz Gottes und der Religion eher verhüllen als offenbaren" (Kirche/Welt G. SP. Nr. 19).
Wenn die Kirche tatsächlich vorhandene Schuld demütig und wahrhaftig eingesteht, auch die Schuld der Hierarchie, so ist dies für Außenstehende eine Hilfe, den Weg zum Glauben zu finden.

Das Aggiornamento

Das Aggiornamento ist als eine naive Anpassung und Angleichung an die Welt in den Augen mancher in Mißkredit gekommen. Trotzdem drückt dieses Wort ein Grundanliegen des Konzils aus. Das Ziel des Aggiornamento ist nicht so sehr Anpassung, sondern „Verheutigung"; Ziel ist die Übersetzung des christlichen Glaubens und der christlichen Lebenspraxis in die Sprache und Lebensweise des heutigen Menschen.
Papst Johannes XXIII. spricht dieses Anliegen in der Eröffnungsrede an, wenn er sagt: „Damit diese Lehre (die christliche) die vielfältigen Bereiche des menschlichen Lebens erreicht, sowohl den einzelnen wie die Familien und das soziale Leben, ist es vor allem nötig, daß die Kirche ihre Aufmerksamkeit nicht von dem Schatz der Wahrheit abwendet, den sie von den Vätern ererbt hat. Sodann muß sie auch der Gegenwart Rechnung tragen, die neue Umweltbedingungen und neue Lebensverhältnisse geschaffen und dem katholischen Apostolat neue Wege eröffnet hat."
Das gesamte Konzil in all seinen Dokumenten ist der Versuch eines solchen Aggiornamento.

Die Kirche soll glaubwürdig darstellen und verwirklichen, was sie ist und sein soll

Die Kirche wird um so fähiger, das Evangelium weiterzugeben, je besser es der Kirche als Ganzes, in ihren Gemeinschaften und Gliedern gelingt, aus der Kraft des Evangeliums zu leben.

Im Bestreben nach dem Aggiornamento — der Verheutigung, sucht das Konzil nach einer Sichtweise der Kirche, die ihrem Wesen entspricht und zugleich den Bedürfnissen der Gegenwart gerecht wird; und in der auch der Auftrag der Kirche heute deutlich wird.

Dies trifft besonders zu in Definitionen der Kirche in Lumen Gentium. „Die Kirche ist nämlich in Christus gleichsam das Sakrament, d. h. Zeichen und Werkzeug für die innerste Vereinigung mit Gott wie für die Vereinigung der ganzen Menschheit unter sich" (Kirche Nr. 1). Das Konzil weist auch gleich selbst auf die Aktualität dieser Sichtweise der Kirche hin. „Die Bedingungen der gegenwärtigen Zeit geben dieser Aufgabe der Kirche eine besondere Dringlichkeit, geht es doch darum, daß alle Menschen, die heute durch vielfältige soziale, technische und kulturelle Bande einander immer enger verbunden werden, auch ihre volle Einheit in Christus erlangen" (Kirche Nr. 1).

In die gleiche Richtung weist auch die Bezeichnung der Kirche als „Zeichen und Förderin allumfassenden Friedens" (L. G. Nr. 13). Eine Kirche, die in Christus tatsächlich in all ihren Lebensäußerungen ein Zeichen und Werkzeug für die Einheit des Menschen mit Gott und der Menschen untereinander ist, eine solche Kirche erfüllt ihren ureigenen Auftrag und ist heute ungemein aktuell. Sie wird auch fähig zur Evangelisierung.

Eine zweite Sichtweise der Kirche, der das Konzil den Vorrang gibt, ist die Sicht der Kirche als Volk Gottes. „So hat Christus sich aus Juden und Heiden ein Volk berufen, das nicht dem Fleische nach, sondern im Geiste zur Einheit zusammenwachsen und das neue Gottesvolk bilden sollte . . . So ist dieses messianische Volk, obwohl es in Wirklichkeit nicht alle Menschen umfängt und gar oft als kleine Herde erscheint, für das ganze Menschengeschlecht die unzerstörbare Keimzelle der Einheit, der Hoffnung und des Heils. Von Christus zur Gemeinschaft des Lebens, der Liebe und der Wahrheit bestellt, wird es von ihm auch als Werkzeug der Erlösung angenommen und als Licht der Welt und Salz der Erde (vgl. Mt 5, 13-16) in alle Welt gesandt" (Kirche Nr. 9).

Alle drei Grundfunktionen: Verkündigung, Liturgie und Diakonie sollen dazu dienen, eine Kirche, wie sie in diesem Text beschrieben wird, zu verwirklichen.

Ein drittes Beispiel: Das Konzil bezeichnet die Kirche auch als „den anfanghaften Keim des Reiches Gottes" (Kirche Nr. 5). Die Kirche soll Zeichen und

Werkzeug sein für das Reich Gottes, das in dieser Welt schon anbricht. Was ist dieses Reich? Es ist „das Reich der Wahrheit und des Lebens, das Reich der Heiligkeit und der Gnade, das Reich der Gerechtigkeit, der Liebe und des Friedens . . . So soll die Welt vom Geist Christi erfüllt werden und in Gerechtigkeit, Liebe und Frieden ihr Ziel wirksamer erreichen" (Kirche Nr. 36).
Zusammenfassend: Eine Kirche, die glaubwürdig zu verwirklichen sucht, was sie von ihrem Wesen her ist, wird auch fähig, das Evangelium an Nichtglaubende weiterzugeben.

Die geistige Erneuerung aller Glieder der Kirche

Eine Kirche, die das darstellen und verwirklichen soll, was in obigen drei Sichtweisen der Kirche gesagt wurde, braucht die Mitwirkung all ihrer Glieder. Deswegen wendet sich das Konzil nicht zufällig in drei eigenen Dekreten an die Priester, Laien und Ordensleute. So will das Dekret über Dienst und Leben der Priester diese „in ihrem Dienst in seelsorglich und menschlich so tiefgreifend veränderten Verhältnissen wirksamer unterstützten und ihrem Leben besser Sorge tragen" (Nr. 1), das Dekret über das Apostolat der Laien „dem apostolischen Wirken des Volkes Gottes mehr Gewicht verleihen" (Nr. 1), und das Dekret über die zeitgemäße Erneuerung der Orden will mithelfen, „daß der vorzügliche Wert des durch die Verpflichtung auf die evangelischen Räte geweihten Lebens und dessen notwendige Aufgabe der Kirche in der gegenwärtigen Zeit zu größerem Nutzen gereiche" (Nr. 1).
Das Konzil betont die Berufung all ihrer Glieder zur Heiligkeit, es fördert die geistliche Erneuerung um ihrer selbst willen, vor allem aber auch, um alle Christen fähiger zu machen zum Apostolat.

Den Zugang zum Wort Gottes und zur Liturgie neu erschließen

Die Mitte des christlichen Glaubens ist Jesus; und zwar nicht als der vergangene, sondern als der gegenwärtig wirksame. „Um dieses große Werk zu verwirklichen, ist Christus seiner Kirche immerdar gegenwärtig, besonders in den liturgischen Handlungen. Gegenwärtig ist er im Opfer der Messe sowohl in der Person dessen, der den priesterlichen Dienst vollzieht . . . wie vor allem in den eucharistischen Gestalten. Gegenwärtig ist er mit seiner Kraft in den Sakramenten, so daß, wenn einer tauft, Christus selber tauft. Gegenwärtig ist er in seinem Wort, da er selbst spricht, wenn die heiligen Schriften in der Kirche gelesen werden. Gegenwärtig ist er schließlich, wenn die Kirche betet und singt, er, der versprochen hat: ‚Wo zwei oder drei in meinem Namen versammelt sind, da bin ich mitten unter ihnen' (Mt 18, 20)" (Lit. Nr. 7).
Durch das Wort Gottes und durch das Sakrament entsteht eine lebendige Verbundenheit mit Jesus Christus, die den Menschen verwandelt und zu seiner

eigentlichen Berufung führt. „So werden die Menschen durch die Taufe in das Pascha-Mysterium Christi eingefügt. Mit Christus gestorben, werden sie mit ihm begraben und mit ihm auferweckt. Sie empfangen den Geist der Kindschaft, ‚in dem wir Abba, Vater, rufen' (Röm 8, 15) und werden so zu wahren Anbetern, wie der Vater sie sucht" (Lit. Nr. 6).
Die große Bedeutung des Wortes Gottes und der Liturgie wurde schon in der vorkonziliaren Zeit in der Bibelbewegung und in der liturgischen Bewegung neu entdeckt. Das Konzil hat diese Bestrebungen aufgegriffen. Es wollte in eigenen Konstitutionen, in der Dogmatischen Konstitution über die göttliche Offenbarung und in der Konstitution über die heilige Liturgie diese beiden wichtigen Quellen christlichen Lebens besser zugänglich machen. Das Konzil wollte damit nicht nur das kirchliche Leben erneuern, sondern zugleich auch die Kirche besser befähigen, das Evangelium den Menschen von heute zu bringen (Vgl. Offb. Nr. 1, Lit. Nr. 1 u. 2).
Eine Kirche, die evangelisieren will, braucht selbst die lebendige Verbundenheit mit Jesus Christus und muß selbst aus den Quellen des Glaubens leben und dafür Sorge tragen, daß diese Quellen dem heutigen Menschen zugänglich werden.

Den Lebenswert des Glaubens herausarbeiten

Ein großes Hindernis für die Evangelisierung ist die oft anzutreffende Spaltung zwischen Glauben und Leben, so daß die Bedeutung des Glaubens für das konkrete Leben schwer einsichtig und erfahrbar ist. Das Konzil versucht, diese Spaltung zwischen Glauben und Leben zu überwinden. Es tut dies vor allem in der Pastoralkonstitution über die Kirche in der Welt von heute.
Es drückt als erstes die enge Verbundenheit der Kirche mit der ganzen Menschheitsfamilie aus: „Freude und Hoffnung, Bedrängnis und Trauer der Menschen von heute, besonders der Armen und Bedrängten aller Art, sind zugleich auch Freude und Hoffnung, Trauer und Bedrängnis der Jünger Christi. Und es gibt nichts wahrhaft Menschliches, das nicht in ihrem Herzen Widerhall fände" (Kirche/Welt Nr. 1). Weiters betont es, ähnlich wie Papst Johannes XXIII. in seiner Eröffnungsrede, die ganzheitliche Sicht des christlichen Glaubens. Es geht nicht nur um die Seele und um das Jenseits. „Es geht um die Rettung der menschlichen Person, es geht um den rechten Aufbau der Gesellschaft. Der Mensch also, der eine und ganze Mensch mit Leib und Seele, Herz und Gewissen, Vernunft und Willen steht im Mittelpunkt unserer Erörterung" (ebd Nr. 3).
Welche Bedeutung der Glaube im Leben der Menschen haben kann, wird am besten im vierten Kapitel dieser Konstitution ausgeführt. Es trägt den Titel:

„Die Aufgabe der Kirche in der Welt von heute", und faßt wichtige Perspektiven des ganzen Konzils zusammen.

Ich möchte aus diesem Kapitel drei Abschnitte hervorheben:

a) Die Hilfe, welche die Kirche den einzelnen Menschen leisten möchte. In diesem Teil wird die gegenwärtige Tendenz „zur volleren Entwicklung der Persönlichkeit und der gesteigerten Entdeckung und Behauptung der Menschenrechte" (Nr. 41) aufgegriffen und das christliche Menschenbild dargestellt. Der zentrale Satz lautet: „Wer Christus, dem vollkommenen Menschen, folgt, wird auch selbst mehr Mensch" (Nr. 41).
b) Die Hilfe, welche die Kirche der menschlichen Gemeinschaft bringen möchte. Auch dazu ein wichtiges Zitat: „Die Kirche anerkennt weiterhin, was an Gutem im heutigen gesellschaftlichen Dynamismus vorhanden ist: besonders die Entwicklung hin zur Einheit, den Prozeß einer gesunden Sozialisation und der bürgerlichen und wirtschaftlichen Vergesellschaftung. Die Förderung der Einheit gehört nämlich zum innersten Wesen der Kirche, da sie ‚in Christus gleichsam das Sakrament, d. h. Zeichen und Werkzeug für die innerste Vereinigung mit Gott wie für die Einheit der ganzen Menschheit' ist" (Nr. 42).
c) Die Hilfe, womit die Kirche durch die Christen das menschliche Schaffen unterstützen möchte. In diesem Abschnitt finden wir den oft zitierten Satz: „Diese Spaltung zwischen dem Glauben, den man bekennt, und dem täglichen Leben vieler ist zu den größten Verirrungen unserer Zeit zu rechnen. Hüten wir uns davor, berufliche und soziale Tätigkeit hier und religiöses Leben dort verkehrterweise zueinander in Gegensatz zu bringen. Ein Christ, der seine irdischen Pflichten vernachlässigt, versäumt damit seine Pflichten gegenüber dem Nächsten, ja gegen Gott selbst, und bringt sein ewiges Heil in Gefahr" (Nr. 43).
Mit diesen Aussagen will aber das Konzil in keiner Weise den Integralismus fördern, als ob die Kirche für alle Bereiche des menschlichen Lebens zuständig sei. Es unterscheidet zwischen dem Kommen des Reiches Gottes und dem Aufbau der menschlichen Gesellschaft, zwischen Schöpfungs- und Heilsgeschichte und anerkennt auch die Autonomie der Sachbereiche. Es versucht aber auch wieder, diese verschiedenen Bereiche einander zuzuordnen, weil der Mensch beiden Ordnungen angehört und die gesamte menschliche Geschichte nur ein gemeinsames Ziel haben kann: „Christus — Anfang und Ende" (Nr. 45).
Die angeführten fünf Punkte lassen erkennen, daß das Zweite Vatikanum eine Erneuerung der Kirche anstrebt, und daß diese Erneuerung vor allem ange-

strebt wird, um sie fähiger zu machen, den heutigen Menschen das Evangelium zu verkünden.
Das Ziel ist klar: Die Kirche ist wesentlich missionarisch. Sagt das Konzil auch etwas über die Wege der Evangelisierung?

Wege der Evangelisierung

Das Konzil gibt keine konkreten Anweisungen, wie Evangelisierung heute zu geschehen hat. Aber es setzt doch Akzente, die von großer Bedeutung sind.

Dem Beispiel Jesu folgen

Jesus ist nicht nur der zentrale Inhalt der Evangelisierung. Das Beispiel Jesu ist auch die Norm für die Art und Weise der Evangelisierung. Die Kirche und damit alle Christen sollen denselben Weg gehen, den Jesus gegangen ist.
„In dieser Sendung setzt die Kirche die Sendung Christi selbst fort, der den Armen Frohe Botschaft zu bringen gesandt war . . . Deshalb muß sie unter der Führung des Geistes Christi denselben Weg gehen, den Christus gegangen ist, nämlich den Weg der Armut, des Dienens, des Gehorsams und des Selbstaufopferns bis zum Tode hin, aus dem er dann durch seine Auferstehung als Sieger hervorging" (Miss. Nr. 5).
Ähnliches lesen wir in der Konstitution über die Kirche. „Wie aber Christus das Werk der Erlösung in Armut und Verfolgung vollzogen hat, so ist auch die Kirche gerufen, den gleichen Weg einzuschlagen, um die Heilsfrucht den Menschen mitzuteilen. Christus Jesus hat, ‚obwohl er doch in Gottesgestalt war, sich selbst erniedrigt und Knechtsgestalt angenommen' (Phil 2, 6); um unseretwillen ist er arm geworden, obgleich er doch reich war' (2 Kor 8, 9). Desgleichen ist die Kirche, auch wenn sie zur Erfüllung ihrer Sendung menschlicher Mittel bedarf, nicht aufgerichtet, um irdische Herrlichkeit zu suchen, sondern um Demut und Selbstverzicht auch durch ihr Beispiel auszubreiten. Christus wurde vom Vater gesandt, ‚den Armen Frohe Botschaft zu bringen, zu heilen, die bedrückten Herzens sind' (Lk 4,18), ‚zu suchen und heil zu machen, was verloren war' (Lk 19, 10). In ähnlicher Weise umgibt die Kirche alle mit ihrer Liebe, die von menschlicher Schwachheit angefochten sind, ja, in den Armen und Leidenden erkennt sie das Bild dessen, der sie gegründet hat und selbst ein Armer und Leidender war. Sie müht sich, deren Not zu erleichtern, und möchte in ihnen Christus dienen" (Nr. 8).
Der Weg Jesu ist maßgebend für den Weg der Kirche und aller Christen. Das ist ein ungemein wichtiges Prinzip für den Weg der Evangelisierung: Die Christen sollen sich in ihrem Bemühen um Evangelisierung immer wieder neu orientieren an der Art und Weise Jesu, der gekommen ist, nicht zu herrschen,

sondern zu dienen, um den Armen und Bedrängten aller Art eine Frohe Botschaft zu bringen. Dies gilt selbstverständlich auch für die Weitergabe des Glaubens innerhalb der Kirche selbst.

Das Gute, Wahre und Schöne, das unter den Nichtchristen angetroffen wird, achten — die Zeichen der Zeit erkennen

a) Alles Gute unter den „Heiden" erkennen und anerkennen. Dieses Prinzip, das keineswegs immer der Tradition der kirchlichen Praxis entspricht, kehrt in den Texten des Konzils wiederholt wieder. Es gilt nicht nur im Hinblick auf die nichtchristlichen Religionen, sondern auch im Blick auf die oft entchristlichte moderne Welt. Dabei ist das Konzil diesbezüglich keineswegs naiv und unkritisch. Zur Illustration zwei Texte:
„Nichts von alledem, was in diesen Religionen wahr und heilig ist, wird von der katholischen Kirche verworfen" (Nichtchr. Nr. 2).
Das Gute und Wahre ist aber überall auch mit Bösem und Irrtümern vermengt. Es soll durch Jesus Christus geläutert und vollendet werden (Vgl. Miss. Nr. 9; Kirche Nr. 16).
Das Hauptmotiv, warum das Konzil den ehrfurchtsvollen Umgang mit Andersglaubenden und auch Nichtglaubenden fordert, ist der Glaube an das verborgene Wirken Gottes unter allen Menschen. Die Evangelisierung darf damit rechnen und kann daran anknüpfen.
b) Auf die Zeichen der Zeit achten. Dieser Imperativ bezieht sich auf jegliche Tätigkeit der Kirche und der Christen. Der Hintergrund ist auch hier wieder der Glaube an das verborgene Wirken Gottes in geschichtlichen Ereignissen und menschlichen Handlungen.
„Das Volk Gottes bemüht sich, im Glauben daran, daß es vom Geist des Herrn geführt wird, der den Erdkreis erfüllt, in den Ereignissen, Erfordernissen und Wünschen, an denen es zusammen mit den übrigen Menschen unserer Zeit teilnimmt, zu unterscheiden, was darin wahre Zeichen der Gegenwart oder des Ratschlusses Gottes sind. Der Glaube erhellt nämlich alles mit einem neuen Licht und bekundet die Absicht Gottes über die volle Berufung des Menschen, und daher richtet er den Geist auf die voll menschlichen Lösungen" (Kirche/Welt Nr. 11).
Das Konzil ist aber nicht unkritisch. „Das Konzil beabsichtigt, vor allem jene Werte, die heute besonders geschätzt werden, unter diesem Licht zu beurteilen und auf ihre göttliche Quelle zu beziehen. Diese Werte sind nämlich sehr gut, insofern sie aus dem Geist des Menschen, der ihm von Gott gegeben ist, hervorgehen. Infolge der Korruption des Menschenherzens aber werden sie nicht

selten von der gebotenen Ordnung abgebogen und bedürfen der Läuterung" (ebd. Nr. 11; vgl. Nr. 4).
Auch hier wieder ein wichtiges Prinzip: Darauf achten, was die Menschen schätzen; es auf die göttliche Quelle beziehen, und darum wissen, daß vieles verborgen ist und der Läuterung bedarf.
c) Die Spuren des Christlichen entdecken. Das Christentum hat eine Wirkungsgeschichte, die weit über den kirchlichen Raum hinausgeht. Es gibt viele Spuren des echt Christlichen, selbst in antikirchlichen Bereichen. Die Evangelisierung in den einst geschlossen christlichen Ländern wird diese Spuren der Wirkungsgeschichte des Christentums zu beachten haben. Sie sind Anknüpfungspunkte für eine Neuevangelisierung.

Verzicht auf jegliche Form von Zwang, Gewalt und Kunstgriffen

Diesen Verzicht auf jegliche Form von Zwang, Gewalt und Kunstgriffen auch bei der Aufgabe der Evangelisierung fordert das Konzil besonders in der Erklärung über die Religionsfreiheit. Das Konzil begründet diesen Verzicht mit dem Hinweis auf die Handlungsweise Christi und der Apostel. Es ist ein sehr langer und ausgezeichneter Text, der in seiner Ganzheit meditiert werden soll. Hier nur einige Auszüge:
„Gott ruft die Menschen zu Seinem Dienst im Geiste und in der Wahrheit, und sie werden deshalb durch diesen Ruf im Gewissen verpflichtet, aber nicht gezwungen. Denn er nimmt Rücksicht auf die Würde der von ihm geschaffenen menschlichen Person, die nach eigener Entscheidung in Freiheit leben soll. Dies aber ist in seiner höchsten Form in Christus Jesus erschienen, in dem Gott sich selbst und seine Wege vollkommen kundgetan hat. Denn Christus, der unser Meister und Herr ist und zugleich sanft und demütig von Herzen, hat seine Jünger in Geduld für sich zu gewinnen versucht und eingeladen. Die Wunder, mit denen er seine Predigt unterstützte und bekräftigte, sollten den Glauben hervorrufen und bestätigen, aber nicht einen Zwang auf sie ausüben . . . Er lehnte es ab, ein politischer Messias zu sein, der äußere Machtmittel anwendet . . . Er hat der Wahrheit Zeugnis gegeben, und dennoch wollte er sie denen, die ihr widersprachen, nicht mit Gewalt aufdrängen. Sein Reich wird ja nicht mit dem Schwert beschützt, sondern im Bezeugen und Hören der Wahrheit gefestigt, und es wächst in der Kraft der Liebe, in der Christus, am Kreuz erhöht, die Menschen an sich zieht . . .
Belehrt durch das Wort und das Beispiel Christi, sind die Apostel den gleichen Weg gegangen" (RelFr. Nr. 11).
Das Konzil verniedlicht nicht die Pflicht des Menschen, die Wahrheit zu suchen und sie auch anzunehmen, wo sie erkannt worden ist. Es verharmlost

auch nicht „die ernste Pflicht, die von Christus empfangene Wahrheit . . . in Treue zu verkünden" (ebd. Nr. 14), aber es fordert unbedingten Verzicht auf Zwang, äußere Machtmittel und Kunstgriffe. Der Hauptbeweggrund dafür ist das Beispiel Gottes selbst, das in Christus sichtbar geworden ist. Wenn Gott die Freiheit und Würde des Menschen respektiert, dann muß dies auch der Mensch, vor allem der Christ.
Außerdem weiß niemand, ob der jeweilige Hörer in der gegebenen Situation die Gnade hat, das Evangelium anzunehmen.

Dieser Verzicht auf Zwang und Manipulation wird durch drei Dinge ermöglicht und erleichtert:

- durch das Vertrauen auf die Kraft des Wortes Gottes und die Macht der Liebe,
- durch die Freiheit von einem Erfolgszwang,
- durch die Hoffnung auf die grundsätzliche Heilsmöglichkeit auch jener Menschen, die das Evangelium nicht kennen. „Wer nämlich das Evangelium Christi und seine Kirche ohne Schuld nicht kennt, Gott aber aus ehrlichem Herzen sucht, unter dem Einfluß der Gnade seinen im Anruf des Gewissens erkannten Willen in der Tat zu erfüllen trachtet, kann das ewige Heil erlangen" (Kirche Nr. 16, vgl. Miss. Nr. 7).

Wir dürfen auch hoffen, daß nicht jeder, der die Kirche in ihrer konkreten Erscheinungsform ablehnt, damit auch Gott und Christus ablehnt. Diese Hoffnung vermittelt eine gewisse Gelassenheit.

Evangelisierung durch das Zeugnis des Lebens und des Wortes

Die Evangelisierung geschieht vor allem durch Zeugnis; durch das Zeugnis des Lebens und des Wortes, wobei beide Formen des Zeugnisses untrennbar miteinander verbunden sind.
„Alle Christgläubigen, wo immer sie leben, müssen durch das Beispiel ihres Lebens und durch das Zeugnis des Wortes den neuen Menschen, den sie durch die Taufe angezogen haben, und die Kraft des Heiligen Geistes, der sie durch die Firmung gestärkt hat, so offenbaren, daß die anderen Menschen ihre guten Werke sehen, den Vater preisen (vgl. Mt 5, 16) und an ihnen den wahren Sinn des menschlichen Lebens und das alle umfassende Band menschlicher Gemeinschaft vollkommener wahrnehmen können" (Miss. Nr. 11).
Dieses Zeugnis des Lebens muß zuerst und vor allem ein Zeugnis der Liebe sein.
„Die Gegenwart der Christen in den menschlichen Gemeinschaften muß von jener Liebe beseelt sein, mit der Gott uns geliebt hat, der will, daß wir einan-

der mit derselben Liebe begegnen (Joh 4, 11). Die christliche Liebe erstreckt sich auf alle, ohne Unterschied von Rasse, sozialer Stufe oder Religion; sie erwartet nicht Gewinn oder Dankbarkeit; denn wie Gott sich uns mit ungeschuldeter Liebe zugewandt hat, so sind auch die Gläubigen in ihrer Liebe auf den Menschen selbst bedacht und lieben ihn mit der gleichen Zuwendung, mit der Gott den Menschen gesucht hat" (Miss. Nr. 12).

Auffallend ist auch in anderen Texten des Konzils die Betonung des Zeugnisses der Liebe. Dadurch bekommt die Diakonie, und durch die Diakonie auch das Apostolat der Laien, eine besondere Bedeutung für die Evangelisierung. Durch das Zeugnis der Liebe wird das Wort, das Liebe und Wahrheit betrifft, glaubwürdig. Wo Menschen die gelebte Liebe erfahren, werden sie für das Wort des Evangeliums hellhörig.

Diese starke Betonung der Diakonie darf nicht mißverstanden werden als ein rein horizontales Christentum, das die Verbindung des Menschen zu Gott vernachlässigt. „Sie (die Jünger Christi) suchen ja nicht den rein materiellen Fortschritt und Wohlstand der Menschen, sondern ihre Würde und ihre brüderliche Gemeinschaft, indem sie religiöse und sittliche Wahrheiten vermitteln, die Christus mit seinem eigenen Licht erhellt hat; auf diese Weise öffnen sie langsam einen volleren Zugang zu Gott . . ." (Miss. Nr. 13).

Der Mangel einer glaubwürdigen Diakonie ist eine wesentliche Ursache, warum die Arbeiterschaft in vielen Ländern dem Glauben entfremdet wurde. So ist auch das Gegenteil, das Zeugnis der Liebe, nicht nur der persönlichen, sondern auch der gesellschaftlich wirksamen, ein Weg zum Glauben.

Aber dadurch wird das Zeugnis des Wortes nicht überflüssig. Das Wort war von zentraler Bedeutung im Leben Jesu und ist dies auch bei Weitergabe des Glaubens heute.

„Überall wo Gott eine Tür für das Wort auftut, das Geheimnis Christi zu verkünden, da muß allen Menschen mit Freimut und Festigkeit der lebendige Gott verkündet werden, und den er zum Heil aller gesandt hat, Jesus Christus, auf daß die Nicht-Christen glaubend, mit einem Herzen, das ihnen der Heilige Geist geöffnet hat, sich frei zum Herrn bekehren und ihm aufrichtig anhangen, da er als der Weg, die Wahrheit und das Leben all ihr geistliches Sehnen erfüllt, ja es unendlich überragt" (Miss. Nr. 13; Schrifthinweise siehe im Originaltext).

Das Konzil verweist auch darauf, daß diese Hinführung zum Glauben und die Bekehrung zu Jesus nur nach und nach geschehen können. Es gibt diesbezüglich keine konkreten Anweisungen, es spricht von der Notwendigkeit des Katechumenates. Das Katechumenat gewinnt auch bei uns eine immer größere Bedeutung.

Träger der Evangelisierung sind alle Christen, auch die Laien. „So obliegt allen Laien die erhabene Last, dafür zu wirken, daß der göttliche Heilsratschluß mehr und mehr alle Menschen aller Zeiten und überall auf der Erde erreiche. Es soll daher auch ihnen in jeder Hinsicht der Weg offenstehen, nach ihren Kräften und entsprechend den Zeitbedürfnissen am Heilwirken der Kirche voll teilzunehmen" (Kirche Nr. 33; vgl. Miss. Nr. 21).
Das Apostolat der Laien zu stärken, war eines der fundamentalen Anliegen des Konzils.

Aufbau von christlichen Gemeinden und Gemeinschaften

Christliche Gemeinden und Gemeinschaften sind aus einem zweifachen Grund wichtig für die Evangelisierung. Sie sind einerseits die Träger der Evangelisierung, und sie sind andererseits der Ort, wo Menschen nach und nach in den christlichen Glauben hineinwachsen können. Im Dekret über die Missionstätigkeit heißt es:
„Als Mitarbeiter Gottes sollen die Missionare solche Gemeinden von Gläubigen erwecken, die würdig der Berufung, die sie empfangen haben, die Ämter, die Gott ihnen anvertraut hat, ausüben, das priesterliche, das prophetische und das königliche Amt. Auf diese Weise wird die Gemeinde zum Zeichen der Gegenwart Gottes in der Welt" (Miss. Nr. 15).

Zur Kenntnis nehmen, daß nicht zu jeder Zeit jede Form von Evangelisierung möglich ist

Die Kirche weiß aus Erfahrung, daß die Ziele der Evangelisierung oft auch unter größten Anstrengungen nicht erreicht werden können. Das Konzil nimmt diese Tatsache realistisch zur Kenntnis.
„Außerdem sind die Verhältnisse manchmal von der Art, daß für bestimmte Zeit die Möglichkeit fehlt, die Botschaft des Evangeliums direkt und sofort vorzulegen. Dann können und müssen die Missionare geduldig, klug und zugleich mit großem Vertrauen wenigstens Zeugnis ablegen für die Liebe und Güte Christi und so dem Herrn die Wege bereiten und ihn in gewissem Sinn gegenwärtig werden lassen" (Miss. Nr. 6). Diese Anweisung gilt zweifellos nicht nur für die Missionsgebiete, sondern auch für die Evangelisierung in unseren einst geschlossen christlichen Ländern.

Notwendigkeit der Inkulteration

Das Konzil anerkennt dankbar, daß die Kirche nicht immer die Gebende, sondern auch die Empfangende ist. Die Reichtümer, die in den verschiedenen menschlichen Kulturen liegen, sind auch der Kirche zunutze. „Von Beginn

ihrer Geschichte hat sie gelernt, die Botschaft Christi mit Hilfe von Begriff und Sprache der verschiedenen Völker auszudrücken, wie sie auch versucht hat, diese Botschaft mit der Weisheit der Philosophen zu durchleuchten: zu dem Zweck nämlich, um das Evangelium sowohl zum Verständnis aller wie auch den Anforderungen der Gebildeten, soweit billig, anzupassen. Diese so abgestimmte Verkündigung des geoffenbarten Wortes muß Gesetz aller Evangelisation bleiben" (G. Sp. Nr. 44).
Inkulteration ist nicht neu. Es hat sie schon immer gegeben. Und sie ist auch heute nötig. Das Konzil betont dies bezüglich der jungen Kirchen (Kirche/Welt Nr. 44, vgl. Miss. Nr. 22).
Die Inkulteration betrifft aber nicht nur die jungen Kirchen, sondern auch das Verhältnis der Kirche zur modernen Welt. Sie ist weitgehend dasselbe wie das Aggiornamento — die Verheutigung —, die Übersetzung der Botschaft Jesu in die Sprache und Lebensweise des heutigen Menschen. Das ist nur möglich durch einen lebendigen und anspruchsvollen Dialog, durch das ständige Gespräch mit der Zeit. Dieses Gespräch können nur Christen führen, die auch zur Unterscheidung der Geister fähig sind.
Das Zweite Vatikanum wollte tatsächlich die Kirche des 20. Jahrhunderts besser befähigen, der Menschheit des 20. Jahrhunderts das Evangelium zu verkünden. Ist dies gelungen? Mit dieser Frage hat sich auch die Bischofssynode 1985, 20 Jahre nach dem Konzil, befaßt. Ich möchte diese Frage nicht beantworten, sondern stehenlassen und auf das Schlußdokument dieser Synode verweisen. Aber eines ist klar: Der Aufruf zur Neu-Evangelisierung und das Zweite Vatikanum können nicht redlich gegeneinander ausgespielt werden. Im Gegenteil: Evangelisierung war ein Grundanliegen dieses Konzils, und seine Texte sind eine Fundgrube für alle, die sich um eine Neu-Evangelisierung bemühen. Sie sind auch für uns heute wegweisend.

Abkürzungen der Dokumente des Zweiten Vatikanums:

Lit.	=	Konstitution über die heilige Liturgie
KommM.	=	Dekret über die sozialen Kommunikationsmittel
Kirche	=	Dogmatische Konstitution über die Kirche
Nota	=	Bekanntmachung und erläuternde Vorbemerkung
Ostk.	=	Dekret über die katholischen Ostkirchen
Oek.	=	Dekret über den Ökumenismus
Bisch.	=	Dekret über die Hirtenaufgabe der Bischöfe in der Kirche
PrAusb.	=	Dekret über die Ausbildung der Priester

Ord.	= Dekret über die zeitgemäße Erneuerung des Ordenslebens
Erz.	= Erklärung über die christliche Erziehung
Nichtchr.	= Erklärung über das Verhältnis der Kirche zu den nichtchristlichen Religionen
Offb.	= Dogmatische Konstitution über die göttliche Offenbarung
Laiensp.	= Dekret über das Apostolat der Laien
Kirche/Welt	= Pastoralkonstitution über die Kirche in der Welt von heute
Priest.	= Dekret über Dienst und Leben der Priester
Miss.	= Dekret über die Missionstätigkeit der Kirche
RelFr.	= Erklärung über die Religionsfreiheit

Anmerkung

1) Schurr, Viktor, Seelsorge in einer neuen Welt, Salzburg, 1957, S 13.

Alfred Klose

ZUR VERANTWORTUNGSETHIK DES KATHOLISCHEN VERBANDSFUNKTIONÄRS

Österreich hat ein vielschichtiges katholisches Verbändewesen: Wie kaum in einem anderen Staat steht geschichtlich Gewordenes neben neuen Vereins- und Verbandsbildungen, gibt es neben der Katholischen Aktion, ihren Gliederungen und Werken, eine größere Zahl in eine weitere Vergangenheit zurückreichender Organisationen, aber auch Neubildungen besonders im Bereich charismatischer und anderer Vereinigungen. So hat unser Land auch eine große Zahl von katholischen Verbandsfunktionären, überwiegend ehrenamtliche, aber auch eine insgesamt beachtlich hohe Zahl von kirchlichen Angestellten, die vor allem im Bereich der Katholischen Aktion tätig sind. Viele dieser Angestellten nehmen aber neben ihrem Beruf auch ehrenamtliche Funktionen in katholischen Organisationen wahr: *Eduard Ploier,* dem diese Festschrift gewidmet ist, kann wohl als der bekannteste Funktionär dieser Art angesehen werden — ein Mann von besonderem Engagement, aber auch von jenem Geist, wie ihn die Kirche und ihre Organisationen bzw. die Verbände, die sich als katholische bezeichnen, besonders dringend brauchen.

Zielsetzungen, aber auch Beziehungen zur katholischen Kirche in rechtlicher und organisatorischer Hinsicht sind bei den einzelnen katholischen Organisationen sehr unterschiedlich. Die Katholische Aktion mit ihren Gliederungen und Werken untersteht der kirchlichen Hierarchie, die charismatischen Organisationen haben zum Teil besonders enge Bindungen an die Kirche. Dem stehen vereinsrechtlich unabhängige Organisationen gegenüber wie etwa die Verbindungen des Österreichischen Cartellverbandes (CV) und zahlreiche andere in der Arbeitsgemeinschaft katholischer Verbände (AKV) zusammengeschlossene Organisationen.

Für unsere Überlegungen kommt es gewiß nicht auf diese organisatorischen und rechtlichen Differenzierungen an, sondern auf das, was alle diese katholischen Vereinigungen und ihre Funktionäre verbindet: Das Ziel, durch ihre Arbeit die Kirche in ihrer Position in der Gesellschaft zu stärken und letztlich auch einen Beitrag zum Apostolat zu erbringen, zur Evangelisierung der Gesellschaft.

In der Konstituierenden Sitzung des Wiener Diözesanforums, in der Vertreter sehr vieler katholischer Verbände als Delegierte zu finden sind, hat Kardinal Erzbischof Dr. Hans Hermann Groer auf diese Aufgaben der Evangelisierung besonders nachdrücklich verwiesen. Im Katholischen Laienrat Österreichs und einer Reihe ähnlicher Teilorganisationen der einzelnen Diözesen wurde der Versuch unternommen, diese vielfältigen Vereinigungen zusammenzufassen. Auch ohne solche Versuche ergibt sich aus der Natur der Sache, daß katholische Organisationen schon dem Namen nach auf das Ganze hin geordnet sind, daß ihre Funktionäre eine ethisch relevante Verpflichtung zur Kooperation haben.

Beitrag zur Demokratisierung der Gesellschaft

Die Fülle der Verbandsbildungen im Bereich der Katholischen Kirche und ihrem „Vorfeld" verweist auch auf die Chance, damit einen Beitrag zur Demokratisierung der Gesellschaft zu leisten. Gewiß stehen hier die verschiedenen beratenden Organe, beginnend von der Ebene der Pfarrgemeinde bis zu den Pastoralräten der Diözese, im Vordergrund; aber auch die Verbände leisten mit ihren überwiegend demokratischen Strukturen einen wichtigen Beitrag: Im Regelfall sind ihre Funktionäre demokratisch gewählt, ergeben sich auch darüber hinaus immer wieder demokratisch motivierte Entscheidungsvorgänge. Auch dort, wo die Bischöfe die Wahl von Funktionären bestätigen müssen, kommt es eher nur selten zu einer Ablehnung demokratisch bestellter Verbandsorgane. Freilich sind Konfliktsituationen in Großorganisationen oder auch manchen kleineren Vereinigungen nie ganz auszuschließen, sie stellen aber keineswegs die Regel, sondern vielmehr die seltene Ausnahme dar.
Die katholischen Organisationen stellen aber immer wieder auch Persönlichkeiten für politische Funktionen; sie stellen so gesehen wichtige Vorfelder für die politische Funktionärsbildung dar. Vor allem gilt dies auch für die regionalen Politikbereiche wie Gemeinden und Länder, durchaus aber auch für die Bundesebene, wie einzelne Mitglieder der Bundesregierung, die aus der Katholischen Aktion oder dem CV kamen, beweisen. Auf jeden Fall bieten manche katholische Organisationen die Chance, daß Persönlichkeiten, die später politische Funktionen übernehmen, sich jene Kenntnisse erwerben, die sie zur Ausübung politischer Aufgaben brauchen.
Der zunehmende Prozeß der Verbandsbildungen zeigt sich nahezu in allen Bereichen der Gesellschaft: Die katholischen Organisationen stellen aber insofern hohe Anforderungen, als ihre idealistische Grundeinstellung ein besonderes Anforderungsprofil für ihre Funktionäre bedeutet.

Das katholische Christentum als altruistisches System

Das Christentum als Religion der Nächstenliebe ist auch bei seinen Verbandsbildungen von diesem Leitprinzip bestimmt: Dies bedeutet, daß alle katholi-

schen Verbände und Vereinigungen nicht einen Selbstzweck darstellen, sondern, soweit sie sich als katholisch bezeichnen, auf das Ganze der Kirche hin geordnet sind. Dies bedeutet keineswegs für alle diese Organisationen eine rechtlich-organisatorische Bindung an die Weisungen der Bischöfe, aber doch eine Beachtung des kirchlichen Lehramtes, vor allem eine Hinordnung auf die Grundaufgaben der Kirche in der Gesellschaft, die Evangelisierung, aber auch für den Dienst am Nächsten in der Gesellschaft. Freilich haben nun die katholischen Verbände unterschiedliche Aufgaben in dieser Gesellschaft: Eine mehr auf karitative Aufgaben hingeordnete Organisation wird sich einem weiteren Kreis von Menschen öffnen als eine katholische Studentenverbindung, die dem Zweck nach auf eine kleinere Zahl von Mitgliedern abgestellt ist.
Eine gewisse Gemeinwohlfunktion kommt aber jeder katholischen Organisation und damit ihren Funktionären zu. Dazu kommen jene Aufgaben, die sich aus der Katholischen Soziallehre ergeben, deren richtungsweisende Grundaussagen allen katholischen Vereinigungen und ihren Funktionären maßgebend sein müssen. So zwingt das Grundprinzip der sozialen Liebe zur Orientierung am Nächsten, dies konkret je nach der Aufgabenstellung der einzelnen Verbände. Das Subsidiaritätsprinzip wiederum bedeutet, daß katholische Verbände immer eine gewisse Eigenständigkeit haben müssen, dies in der Besorgung ihrer Aufgaben, auch wenn sie ihren Bischöfen unterstellt sind. Das Solidaritätsprinzip verweist den einzelnen katholischen Verbandsfunktionär nicht nur auf die Notwendigkeit, die Interessen seiner Vereinigung vor die persönlichen zu stellen, sondern auch auf jene breite Solidarität, die allen Katholiken gemeinsam ist, die immer dazu zwingt, das Gesamtinteresse der Kirche auch vor die Sonderinteressen der organisierten Gruppen zu stellen. Die radikale Aussage der Enzyklika Redemptor hominis über die Einzigartigkeit der einzelmenschlichen Existenz verweist den katholischen Funktionär immer wieder auf die Tatsache, daß auch seine persönliche Aufgabe in Kirche und Gesellschaft eine unvertretbare ist, die — wenn er sie nicht erfüllt — eben nicht getan wird.

Sozialkritik und Mitwirkung an der öffentlichen Meinungsbildung

Die katholischen Organisationen stehen in der Gesellschaft und wirken daher an der Bildung der öffentlichen Meinung maßgebend mit. Ihre Funktionäre werden daher in besonderer Weise verpflichtet sein, Sozialkritik zu üben, Mißstände in der Gesellschaft aufzuzeigen und mutig für die Interessen der benachteiligten Schichten und Personen einzutreten. Es gilt aber nicht nur, Fehlentwicklungen aufzuzeigen: Zur Sozialkritik gehört, wie Johannes Messner immer wieder gesagt hat, auch das Aufzeigen und Erarbeiten konstruktiver Verbesserungsvorschläge. Die Erneuerung des politischen Systems und seiner Teilbereiche, etwa der sozialen Sicherungssysteme wie der Sozialversicherung, ist eine politische Daueraufgabe. Es geht auch darum, in die komplizierten Informations- und Aufklärungsprozesse der modernen Gesellschaft einzugreifen und daher auch die Medienarbeit zu kennen und daran mitzuwirken, eine Aufgabe, die sich nicht jedem Funktionär stellt, aber doch sehr vielen.

Eduard Ploier hat diese Aufgabe in zahlreichen Gremien immer wieder bewältigt. Eine gewisse Nähe zur Sozialkritik und Öffentlichkeitsarbeit sollte aber doch bei den meisten Funktionären der katholischen Verbände gegeben sein; sie müssen sich zumindest immer wieder informieren, über all das, was in der Öffentlichkeit und im politischen Leben geschieht, gewiß in besonderer Weise auch über das Wirken dieser unserer Kirche in der Öffentlichkeit. Valentin Zsifkovits, nicht nur als Professor der Sozialethik bekannt geworden, sondern durch seine Mitwirkung am Entstehen des Sozialhirtenbriefes einer breiteren Öffentlichkeit, hat darauf verwiesen, daß die wichtigste Kontrolle der Medien von der kritisch prüfenden Vernunft der Nachrichtenempfänger ausgehen müsse.[1]) Hier ergeben sich für die katholischen Funktionäre vielfältige Möglichkeiten.

Die Sozialkritik der katholischen Verbände und ihrer Funktionäre wird sich an den wesentlichen Grundwerten orientieren, die auch weitgehend ihre Zielsetzungen bestimmen. So hat sich die Katholische Männerbewegung Österreichs — ebenso wie zahlreiche anderer Organisationen — immer wieder um die Herausstellung jener Grundwerte bemüht, wie sie die Katholische Soziallehre herausgearbeitet hat; dazu gehört neben den oben erwähnten Ordnungsprinzipien der Gesellschaft vor allem das Freiheitsprinzip: In Polen wurde deutlich, welche gewaltigen Veränderungen von einem katholisch orientierten Verband wie der unabhängigen Gewerkschaftsbewegung „Solidarität" ausgehen können, wenn sie dieses Freiheitsprinzip besonders hervorkehrt. Das Bekenntnis zum eigenverantwortlichen Menschen ist mehr oder minder für alle katholischen Organisationen maßgebend: Daraus wird der katholische Funktionär seine besonders hohe persönliche Verantwortung ableiten können.

Die Auseinandersetzung um das Grundsatzpapier des Sozialhirtenbriefes 1990 hat wieder deutlich gemacht, wie sehr soziales Engagement von Kirche und katholischen Organisationen in breiten Schichten der Bevölkerung erwartet wird. Daraus müssen die katholischen Funktionäre gewiß auch ihre eigene Mitverantwortung für eine sozialpolitisch motivierte Gesamtpolitik erkennen. Die Kirche und ihre Organisationen leisten enorm viel im sozialen

Bereich. Irene Dyk sagt, daß man gerade bei der Diskussion um den Sozialhirtenbrief ein berechtigtes Selbstbewußtsein der Kirche und der Katholiken vermißt habe, was soziale Aktivitäten betrifft.[2])

Hineinwirken in die politische Kultur

Die katholische Kirche, das katholische Christentum, wirkt heute über die vielen Verbände und Vereinigungen in die politische Kultur vieler Länder der Erde: Im Leitdokument des Zukunftsausschusses des Pastoralrates der Erzdiözese Wien wird darauf hingewiesen, daß die Kirche in Österreich ihr eigenes Verhältnis zur Politik auf eine neue Basis stellen müßte: Indem sie stärker aus den Quellen des Glaubens schöpfe, werde sie auch leichter die Politik in unserer Gesellschaft mitgestalten können.[3]) Der große Philosoph Karl Jaspers hat sich immer wieder bemüht, einem vordringenden Nihilismus in weiten Bereichen der Gesellschaft entgegenzutreten; dabei ist ihm die entscheidende Rolle der Religion besonders bewußt geworden. In einer düsteren Vision einer — für ihn denkmöglichen — Zukunft sagt er, daß mit einer Preisgabe und einem Vergessen der Religion auch das eigentliche Philosophieren aufhören würde. Es würde eine gedankenlose, ihrer selbst nicht mehr bewußte Verzweiflung entstehen, ein bloßes Augenblicksleben, ein Nihilismus und darin ein chaotischer Aberglaube. Es würde auf die Dauer auch die Wissenschaft versinken. Die Grundfrage des Menschen, was er sei, würde nicht mehr gestellt werden.[4])

Trotz aller Fehlentwicklungen in der Gesellschaft müssen katholische Christen und besonders Persönlichkeiten, die wie die katholischen Verbandsfunktionäre Verantwortung tragen, optimistisch eingestellt sein, freilich ohne die Gefahren zu verkennen, die in unserer Zeit, in der Gegenwartsgesellschaft, drohen. Auch so gesehen geht es immer darum, das Unvertretbare in der Aufgabe des einzelnen Funktionärs zu sehen und herauszustellen.

Die Jugend — auch unseres Landes — ist vielfach von starker Skepsis in der Beurteilung des politischen Systems gekennzeichnet. Ein gewisser moralischer Verfall, Vergehen und fragwürdige Verhaltensweisen einzelner politischer Funktionäre, hat zu solchen Grundeinstellungen junger Menschen sehr beigetragen. Ein junger Politiker, Karl Wilfing, spricht von der Gefahr, daß Politiker zu „Antivorbildern" werden.[5]) Um so mehr gilt es, aus den katholischen Organisationen geeignete jüngere Persönlichkeiten zu einem Engagement in der Politik zu veranlassen.

Wir müssen dabei immer auch die besondere Situation unseres Landes vor Augen haben: Der große Wandlungsprozeß, der im Osten vor sich gegangen ist, bringt für uns ganz besondere Aufgaben und Verpflichtungen mit sich. In einer Tagung des Katholischen Akademikerbundes in St. Georgen am Längssee mit Teilnehmern aus Slowenien, Kroatien, Norditalien, Ungarn und Österreich wurde nachdrücklich darauf verwiesen, daß offene Grenzen in Mitteleuropa eine besondere Notwendigkeit in unserer Zeit seien.[6]) Dann könnten auch aus den demokratischen Ländern Mitteleuropas wichtige Impulse in die Oststaaten dringen, die heute um eine Neubestimmung ihrer politischen Struktur ringen. Funktionierende Demokratie sei in unserer Zeit noch selten: Diese These bei der genannten Tagung muß immer wieder als Herausforderung an katholische Funktionäre verstanden werden. Wir müssen auch unsere Verpflichtungen deutlicher sehen, nicht nur die politische Kultur des eigenen Landes positiv zu beeinflussen, sondern auch die der Nachbarstaaten im Osten bzw. Südosten unseres Landes.

So stellen sich dem katholischen Verbandsfunktionär in Österreich eine Fülle von Aufgaben, die es berechtigt erscheinen lassen, von einer spezifischen Verantwortungsethik dieses katholischen Funktionsträgers zu sprechen. Vieles davon gilt freilich auch für jeden anderen katholischen Christen und sein immer wieder gefordertes Engagement in Kirche und Gesellschaft. Wir werden aber dennoch vom katholischen Verbandsfunktionär eine besondere Aufgeschlossenheit gegenüber der Gesellschaft, der Aufgabe einer ständigen Reform weiter Sozial- und Politikbereiche erwarten müssen. Dabei ist es gewiß nicht entscheidend, in welcher Organisation ein katholischer Verbandsfunktionär tätig ist: Nur in der Form seines Engagements, nicht in seinem wesentlichen Inhalt werden sich die Funktionäre der Katholischen Aktion, ihrer vielen Gliederungen und Werke von den Verbandsfunktionären der freien Vereinigungen und der charismatischen Gruppierungen unterscheiden. Die wesentlichen Grundziele sind immer ähnlich, weitgehend gleichartig. Vor allem aber geht es immer um ein waches Bewußtsein der Gefahren, die unserer Gesellschaft drohen. Der Grundsatz, daß sich die Kirche immer erneuern müsse, gilt noch mehr für das politische System: Sonst kommt es zur Erstarrung, zu Vermachtungsprozessen und Fehlentwicklungen immer neuer Art.

Anmerkungen

[1]) Zsifkovits Valentin, Art. Massenmedien, in: Hörmann Karl (Hrsg.): Lexikon der christlichen Moral, Innsbruck u. a. 1976, Sp. 1011 ff.

[2]) Dyk Irene, Sozialhirtenbrief: Pro und contra, in: Polit. Perspektiven, Wien 3/1989, S. 11.

[3]) Hoffnungsworte für Hoffnungsorte — Leitdokument des Zukunftsausschusses des Pastoralrates der Erzdiözese Wien, Wien 1989, S. 16.

[4]) Jaspers Karl, Was ist Philosophie? München 1980, S. 341.

[5]) Wilfing Karl, Politiker als Antivorbilder? in: NÖ-Journal, Wien, Okt. 1989 (Nr. 78), S. 5.

[6]) Kath-Press 16. 10. 1989, S. 1f.

Walter Schaffelhofer

ENGAGEMENT DER LAIEN NACH DEM ZWEITEN VATIKANUM

Die Ausgangslage

Nicht nur für viele Theologen und kirchliche Bewegungen und Strömungen (als Beispiel seien nur die liturgische und die Bibelbewegung genannt) war das Zweite Vatikanische Konzil die Erfüllung langgehegter Hoffnungen, sondern auch für Generationen von Laien. Zunächst für jene, die teils schon vor der Machtergreifung Hitlers eine neue Zeit gespürt und dafür gearbeitet hatten, daß die Kirche einen neuen Aufbruch wagen müsse, nicht nur in vielen theologischen Disziplinen, sondern vor allem im Umgang mit dem Menschen; daß sie heraus muß aus der Parteipolitik, daß sie vielfach politisch bedingte Gräben überwinden müsse, kurz für all jene, die sich vom Anfang des Krieges an schon Sorgen machten um das Nachher, aber auch für jene Generation, die den Krieg teils noch als Jugendliche oder junge Erwachsene erlebt hatten, die dann den Neubeginn als Pfarrjugend, als Jugend der Kirche erlebt hatten, zunächst in Unterdrückung und im Widerstand, und die dann den Aufbruch in einer ganz neuen Weise als Miteinander von Priestern und Laien empfanden.

Für sie alle brachte das Konzil eine neue Begründung des Miteinander-Kirche-Seins. Leitbild war nicht mehr — um ein Wort aus der Geschichte der Katholischen Aktion zu verwenden — die acies bene ordinata (die wohlgeordnete Schlachtreihe) oder der verlängerte Arm der Hierarchie, sondern das Bild vom Volk Gottes, das miteinander unterwegs ist. Gerade dieses Bild hat die Konzilstexte sehr stark geprägt, auch wenn es heute wieder etwas in den Hintergrund gedrängt wird, aber auch andere Bilder wie das der Communio, das auch die Bischofssynode 20 Jahre nach dem Konzil und das nachsynodale apostolische Schreiben „Christifideles Laici" über die Berufung und Sendung der Laien in Kirche und Welt von 1988 verwendeten, trafen das neue Verhältnis besser. Zuerst nur langsam, aber dann immer deutlicher kam den kirchlich engagierten Laien zu Bewußtsein, daß sie ihr Apostolat aufgrund von Taufe und Firmung ausübten, daß wohl eine besondere Beauftragung hinzutreten konnte, aber daß jeder Christ schon von sich aus als volles Glied der Kirche an ihrem Leben und an ihrem Missionsauftrag teilhat. Das schuf ein neues Selbstbewußtsein, ein neues Zueinander von Priestern und Laien, und das

nicht nur in der Theorie, sondern vor allem in der praktischen Zusammenarbeit. Das galt auch für das neue Selbstverständnis verschiedener Gruppierungen, die sich nicht mehr als ein Gegenüber von Priestern (die führten oder präsidierten, jedenfalls den Ton angaben) und Laien (die ausführten) verstanden, sondern Priester und Laien gemeinsam lebten dieses neue Kirchenbild. Andere hatten ihrerseits Schwierigkeiten mit dem neuen Kirchenbild — eine Wurzel vielleicht mancher Spannungen, die wir derzeit zu ertragen haben.
Nun kann man für Österreich sagen, daß das Konzil zwar mit diesem Selbstverständnis und den sich daraus ergebenden Folgerungen für viele nichts grundsätzlich Neues gebracht hat, sondern dies eher eine Bestätigung schon vorhandener Entwicklungen war. Aber doch wurde zumindest für eine breite Öffentlichkeit dies erst nach dem Konzil deutlich sichtbar, und wesentliche Konsequenzen zeigten sich erst in der Folge: für die Mitarbeit und Ausübung von Diensten in der Kirche und entsprechend dem Gesetz der kommunizierenden Gefäße für ein neues Verständnis von „Weltdienst", also für das Wirken in den verschiedenen Sachbereichen und Milieus der Gesellschaft.
Eine wesentliche Erfahrung der Konzilszeit war, daß sich viele engagierte Christen Sorgen um die ganze Kirche zu machen begannen. Es war nicht mehr so, daß man die Theologie und wohl auch weithin die Pastoral den Priestern überließ und die Laien sich für die Welt zuständig fühlten. Das Bewußtsein war vorherrschend, daß gleichsam alle alles anging; so wie die Konzilsväter mit ihren Beratern um die Öffnung der Kirche zur Welt rangen, um die richtige Sensibilität für die „Freuden und Hoffnungen, Sorgen und Nöte der Menschen", und dabei Ausflüge in durchaus weltliche Gefilde machten, so dachten Laien in gleich ernster Weise mit bei den Grundfragen des Glaubens, des Aufbaues der Kirche, bei den verschiedenen Diensten in der Kirche. Nicht nur die breite Berichterstattung über das Konzil und entsprechende Bildungsarbeit, auch in Sachfragen und nicht nur über personelle Spekulationen, hatten ihre Früchte getragen. Auch die stets steigende Zahl ausgebildeter Laientheologen, der Einsatz von Laien in Positionen, die früher ausschließlich oder fast nur von Priestern besetzt waren, hatten ihre Auswirkungen (in Caritasarbeit, kirchlicher Pressearbeit, Schule, Finanzverwaltung, Bildungsarbeit, allgemeiner kirchlicher Verwaltung). Früchte getragen haben aber auch die Bemühungen der Arbeit der Katholischen Jugend in den Jahren nach dem Krieg, die Jugend tiefer in die Heilige Schrift einzuführen und über den Glauben zu reflektieren. Denken wir auch an die Blüte der Aktivistenrunden nach der Methode Cardijn. Früchte getragen haben aber auch die vielfältigen Bemühungen um Vertiefung im theologischen Denken, theologische Kurse für Laien, Kurse und Veranstaltungen der Bildungshäuser, die in ihren Program-

men ein ständiges Spiegelbild der Entwicklung der spirituellen Strömungen waren und wurden.

Die Synoden und ihre Auswirkungen

In dieser Aufbruchsstimmung trafen die Laien, soweit sie das Konzil aktiv mitverfolgt hatten, auf ihre Bischöfe, die Priester und Theologen, die in vergleichbarer Aufbruchsstimmung vom Konzil heimkamen und nun voll Eifer darangingen, die vom Konzil beschlossenen und vom Papst bestätigten Erkenntnisse auf die Ebene ihrer Länder und Diözesen umzusetzen. Die nächsten zehn Jahre nach dem Konzil waren gekennzeichnet von den Diözesansynoden und vom Österreichischen Synodalen Vorgang. Hier trafen nun mehrere Komponenten aufeinander: Die schon erwähnte Grundstimmung, alle seien in der Kirche für alles mitverantwortlich und daher berufen, miteinander über alles zu beraten (soweit es nicht als unveränderliches Gut der Glaubens- und Sittenlehre Abstimmungsvorgängen entzogen war); das neue Miteinander von Bischöfen, Priestern und Laien (hatten sich doch auch während des Konzils die Laien mit den Bischöfen in ihrem gelegentlichen Widerstand gegen bremsende Kurienkreise solidarisch gezeigt) und die Möglichkeit, viele Sacherkenntnisse, die in den Jahrzehnten zuvor in Katholikentagen, diözesanen Studienveranstaltungen, pastoralen Arbeitskreisen gewonnen worden waren, nun in die Weichenstellungen für Diözesen und Kirche Österreichs unmittelbar einzubringen. Fürwahr eine große Attraktion, hier mit vollem Engagement mitzutun. Damit ergab sich aber für die Laien eine gewichtige Akzentverschiebung.

Doch vorher noch eine Bemerkung am Rande: In die Zeit bald nach Konzilsende und die Anfänge der postkonziliaren synodalen Bewegung fiel das Jahr 1968. Über die Auswirkungen des Jahres 1968 im gesellschaftlichen und politischen Bereich ist viel reflektiert worden. Im kirchlichen Bereich hatte es unmittelbare Auswirkungen ohne Zweifel im Bereich der Studenten, vor allem im Leben der Katholischen Hochschulgemeinden. Über die Auswirkungen für die generelle Grundstimmung im kirchlichen Bereich müßte noch mehr nachgedacht werden. Ich glaube, daß eine nicht unwesentliche Auswirkung dieses Umbruchsjahres darin zu finden ist, daß mit dieser Ära (die äußerlich mit den Synoden zusammenfiel) ein Bruch im weltlichen Engagement vieler von der Kirche vorrangig geprägter Laien zu sehen ist. Erstmals hat eine ganze Generation, die früher traditionellerweise im Alter zwischen 25 und 35 Jahren aus dem kirchlichen in das politische Engagement wechselte (nach Abschluß von Führungstätigkeiten im Bereich der Katholischen Jugend oder eventuellen Sekretärsdiensten bei den Erwachsenenorganisationen) es nicht mehr attraktiv gefunden, sich im politischen Leben unmittelbar zu engagieren. (Selbstverständlich mit Ausnahmen, diese Ausnahmen waren am ausgeprägtesten in der Steiermark). Für die nächste Führungsgeneration der Katholischen Jugend, inzwischen aber auch aus den Verbänden und erst recht aus den neugewachsenen apostolischen Gruppierungen, trifft diese Beobachtung in noch massiverer Weise zu. Das führte notwendigerweise zu einer Ausdünnung des Nachwuchses aus dem kirchlichen Bereich, namentlich dort, wo diese Verbindung früher sehr deutlich festzustellen war, in der Politik. Sind nicht hier die Ursachen für manche später zutage getretenen Reibungsflächen zu sehen: Für das Auseinanderklaffen der Kirchenbilder von Generationen in der Politik der letzten 20 Jahre, für die Vorwürfe von vielen, die in dieser Zeit in der Politik eine wichtige Rolle spielten, an die Kirche, sie kümmere sich zu wenig um die öffentlichen Aufgaben, sie nehme zu wenig Stellung; konkret auch für die Vorwürfe der ÖVP, die Kirche wolle immer nur, daß ihr die Partei die Kastanien aus dem Feuer hole, sonst aber lasse sie die Partei oft im Stich. Es war, wie gesagt, durchaus attraktiv geworden für Laien, ihr Hauptengagement im kirchlichen Bereich zu entfalten. Man konnte an wichtigen Beschlüssen mitwirken, trug die Pastoral mit und sah das auch als eine unumkehrbare Entwicklung, nicht zuletzt auch wegen des zunehmend spürbar werdenden Priestermangels, der den Einsatz der Laien auch von der Aufrechterhaltung des „Betriebes" her erforderlich machte.

Der vorläufige Endpunkt und Höhepunkt dieser Entwicklung ist das, was manche durchaus wohlwollend, andere bestürzt die Gremialisierung der Kirche nennen und was in den gegenwärtigen innerkirchlichen Spannungen mehr oder weniger ein (oft allerdings unausgesprochener) Stein des Anstoßes ist. Die Synoden, der Österreichische Synodale Vorgang fanden ihren Abschluß, der Großteil der für diese kirchlichen Großereignisse gewählten und ernannten Delegierten ging zurück in seine angestammten Tätigkeiten, aber die Gremien blieben und mit ihnen ein guter Teil „synodal" gestimmter Laien und vor allem: Die Gremien erfaßten die Pfarrebene. Damit wurde das, was sich nach dem Konzil auf diözesaner und nationaler Ebene entwickelt hatte, auf die unterste organisatorische Ebene des kirchlichen Lebens, die Pfarrgemeinde, transponiert und löste annähernd die gleichen Effekte aus. Es wurde eine wichtige Sorge der Christen, wie sie sich in den Gemeinden einrichteten. (Ich versuche hier lediglich Entwicklungen, wie sie sich mir darstellen, zu beschreiben, ohne sie zu bewerten). Führungsaufgaben auf Pfarrebene, in diözesanen Gremien, in Organisationen (Katholische Aktion, aber auch andere) übernahmen zunehmend Personen, die schon durch die nachkonziliare Entwicklung geprägt waren — ein Ansatzpunkt für späteren Konfliktstoff mit einem neu zutage tretenden anderen Kirchenverständnis in den letzten Jahren. Dieser Konfliktstoff entstand nicht nur aus dem unmittelbaren Kirchenverständnis, sondern natürlich aus dem konkreten Handeln, wenn Laien in Fragen der Liturgie, der Verkündigung, der praktischen Seelsorge mitredeten; unvorstellbar für viele, die die konziliare Aufbruchsstimmung nicht mitvollzogen hatten oder nicht mitvollziehen wollten, ein echtes Ärgernis für manche in Klerus und Laienschaft.

Es gab mehrere Versuche seit dem Konzil, die oben beschriebenen Spannungen durch Zusammenkünfte, die dem gemeinsamen Wieder-Zueinanderfinden dienen sollten, zu überwinden. Dies war schon Aufgabe der Diözesansynoden auf regionaler Ebene. Tatsächlich kann man auch sagen, daß dort, wo sich Vertreter gegensätzlicher Standpunkte aufeinander eingelassen hatten, ein Zueinander erfolgte. Die Schwierigkeiten haben sich dort erhalten, wo einzelne oder Gruppen sich aus dem synodalen Prozeß ausgeklinkt haben und wo ein Gespräch einfach nicht zustande kam, Beispiele dafür lassen sich für einige Diözesen beibringen. Der Österreichische Synodale Vorgang hatte auf diesem Sektor weniger zu leisten. Er fand in zu geringer zeitlicher Nähe zu den Diözesansynoden statt. Wohl aber kam diese Funktion wieder dem Katholikentag 1983 zu, namentlich dem Delegiertentag in Salzburg im Frühjahr 1983. Die „Perspektiven unserer Hoffnung" sprachen schon ziemlich genau jene Problemfelder an, die auch heute durch unterschiedliche Standpunkte in der österreichischen Kirche gekennzeichnet sind. Leider dienen diese Fragen oft auch zur Demonstration oder zum Absprechen der Rechtgläubigkeit. So hatte der Delegiertentag zum Katholikentag zweifelsohne eine Ventilfunktion, wenngleich er sich nicht darin erschöpfte. Aber er schaufelte den Katholikentag selbst von innerkirchlichen Kontroversen frei. Er bildete eine gemeinsame Plattform, die übrigens auch erst mit den Bischöfen in einigen wichtigen Punkten erarbeitet werden mußte, und sicherte dem Fest mit dem Papst im Herbst 1983 eine solide Basis. Der Katholikentag konnte daher der österreichischen und der Weltöffentlichkeit eine frohe, feiernde, in sich gefestigte Kirche demonstrieren. Die in den letzten drei Jahren deutlicher sichtbar gewordenen „Sprünge im Lack" dürfen nicht dazu verleiten, frühere Anstrengungen als nutzlos einzuschätzen. Sie zeigen vielmehr, daß solche Vorgänge des Miteinander-Redens, Aufeinander-Zugehens, Miteinander an einer Sache-Arbeitens, auf breiter Basis in nicht zu großen Abständen immer wieder in Gang gebracht werden müssen. Es ist wieder höchste Zeit. Die allerersten Erfahrungen mit dem Diözesanforum in der Erzdiözese Wien dürfen als Schritt in die richtige Richtung gedeutet werden. Schließlich haben auch Dauereinrichtungen wie der Österreichische Laienrat oder entsprechende Laienforen auf diözesaner Ebene die Funktion, Spannungen zwischen den Organisationen abzubauen und untereinander für Verständnis zu werben. Wir alle wissen aus dem täglichen Leben, daß allein das bessere Kennen des anderen, die persönliche Gesprächssituation, viele Kontroversen überflüssig macht.

Verändertes Engagement der Laien

Ein Wort noch zum Verhältnis zur Hierarchie: Es kann wohl ohne Versuch, etwas zu beschönigen oder jemanden zu vereinnahmen, gesagt werden, daß in all den Jahren eines gewachsenen Selbstbewußtseins vieler Laien ein stets vertrauensvolles Verhältnis zur Hierarchie herrschte. Das war wohl auch durch eine kluge Führung und ein ebensolches vertrauensvolles Verhältnis von seiten der Hierarchie mitbegründet; das heißt nicht, daß schon jede Aktivität der Laien mit einem Blankoscheck ausgestattet wurde, aber es bestand und besteht doch wohl weiter die grundsätzliche Bereitschaft einander anzunehmen und das Bemühen zu zeigen, das gemeinsam Erarbeitete nach „außen" und „oben" zu vertreten.

Wer den Gedankengängen bis hierher gefolgt ist, muß sich wohl die Frage stellen, haben die Laien, oder genauer gesagt jene, von deren postkonziliarem Engagement hier die Rede ist, also die „Welt" verlassen? Mitnichten!

Es hat sich allerdings ein neues Verhältnis von Kirchenengagement und Weltengagement entwickelt. Im Vordergrund stand nicht mehr der verlängerte Arm der Hierarchie, das unmittelbare Umsetzen kirchlicher Interessen in der Politik im weitesten Sinn, sondern eher das, was das Konzil und spätere Dokumente als Aufgabe der Laien anführen: Welterfahrung in die Kirche einzubringen und als Glieder der Kirche gewonnene Erkenntnisse im gesellschaftlichen und politischen Leben umzusetzen. Das geschieht aber mehr und mehr durch gelebte Haltungen, durch Beispielgeben, durch Hinterfragen politischer Zielsetzungen und weniger durch das Entwickeln eigener Modelle oder durch das Bekämpfen bzw. Durchsetzen konkreter politischer Forderungen.

In letzterer Hinsicht hat es natürlich auch eine Entwicklung gegeben. Bald nach dem Konzil wurde die Katholische Kirche in Österreich, vor allem in den ersten Jahren der Alleinregierung der Sozialistischen Partei Österreichs mit einer großen Zahl von Reformen konfrontiert. Als Beispiele seien hier nur Strafrechts- und Familienrechtsreform genannt, die wie Hurrikans oder Springfluten gegen bestehende Dämme anbrandeten und sie auch da und dort durchbrachen (steigende Zahlen bei Abtreibungen und Ehescheidungen). Aber nach einer Phase massiver Gegenwehr, deren spektakulärste Maßnahme wohl das Volksbegehren zum Schutz des menschlichen Lebens war, setzten sich bei vielen neue Erkenntnisse durch. Wohl sollten bestehende Stützen

erhalten werden und nichts, was der Bewußtseinsbildung dient, durfte leichtfertig aufgegeben werden. Darum gab es auch massiven Widerstand gegen eine Verwässerung des Zielparagraphen des Jugendwohlfahrtsgesetzes in den letzten drei Jahren. Aber wesentlicher als der Kampf für einzelne Maßnahmen wurde das Bemühen um die grundsätzlichen Entwicklungen im Bewußtsein der Bevölkerung. Das aber hat zur Konsequenz, daß — manchmal zu Recht, manchmal zu Unrecht tatsächlich nicht das Besetzen bestimmter politischer Positionen im Vordergrund steht.
Wenigstens zwei neue Grundlinien lassen sich erkennen: Die Entwicklung und Förderung des Bewußtseins für neue (alte) Werte und das Eintreten für jene Lebensbereiche, die in der traditionellen Wertskala unserer Gesellschaft zu kurz kommen oder noch gar nicht richtig entdeckt worden sind. Vielleicht kommt als drittes noch hinzu, daß sich ein erweiterter Politikbegriff durchgesetzt hat: Nicht nur als politischer Mandatar auf einer der Ebenen unseres Staates kann man politisch wirken, sondern in jedem Lebensbereich, in dem man, in welchem Maß auch immer, Einfluß auf sachpolitische Entscheidungen nehmen kann.
Nun darf man nicht kurzschlüssig annehmen, daß die hier skizzierten Verhaltensweisen radikal andere ersetzt haben. Im Gegenteil: Viele sehen gerade in der Erfüllung ihrer Funktionen in Parteien, Gewerkschaften, Genossenschaften, Berufsverbänden einen wesentlichen Ausdruck ihres apostolischen Wirkens, und das zu Recht. Es darf nur nicht übersehen werden, daß neue Verhaltensweisen ergänzend und mit steigender Tendenz hinzugetreten sind.
Wenn wir die zwei Grundlinien laienapostolischen Wirkens noch näher betrachten, so lassen sich wohl auch noch Indizien gewinnen, immerhin wurde schon lange nicht mehr so radikal nach den Werten der Wahrheit (für viele noch greifbarer als Wahrhaftigkeit), der Gerechtigkeit, des umfassenden Friedens, der Offenheit, der Barmherzigkeit, der Treue, der Standhaftigkeit, der Ehrlichkeit gefragt. Das konnte und kann derzeit auch in der Kirche zu Konflikten führen, wenn die radikalen Fragen nach diesen Werten mit nach der traditionellen Lehre der Kirche objektiv als Recht oder Unrecht zu bewertenden Sachverhalten in Widerstreit geraten.
Diese grundsätzlichen Werte sind für viele Laien auch der Maßstab, mit dem sie das Verhalten der politischen Parteien und ihrer verantwortlichen Funktionäre messen, wobei diese Maßstäbe auch geeignet sind, traditionell erwartete Verhaltensweisen durcheinanderzubringen.
In den Augen derer, die diesen Meßeinheiten für politisches Verhalten eine höhere Bedeutung zubilligen als der Erfüllung objektiver Kriterien, gewinnt natürlich die Frage, welche Partei der Kirche in welcher Frage näher steht, eine

neue Dimension. Politik zu beurteilen wird schwieriger. Die Option der Kirche für eine bestimmte Politik muß immer wieder neu durchdacht werden. Dies gilt natürlich auch für jene Lebensbereiche, die in der traditionellen Werteskala bisher noch nicht vorgekommen sind oder noch keinen klaren Stellenwert zugeordnet erhalten haben. Als Beispiele seien hier nur genannt: der wirklich umfassende Schutz des menschlichen Lebens und der menschlichen Würde (Abtreibung, künstliche Befruchtung und sich daraus ergebende Probleme, ein menschenwürdiges Sterben . . .), Fragen der Ökologie und des Umweltschutzes, Entwicklungshilfe und -partnerschaft, die neue soziale Frage (Sozialhirtenbrief der österreichischen Bischöfe), Fragen der Friedenspolitik, Erziehungsfragen (Schulpolitik), Energiefragen (einschließlich der friedlichen Nutzung der Atomenergie), Umgang mit unserer Vergangenheit und anderes mehr.

Wenn auch hier nicht der Ort ist, die Inhalte dieser Engagements darzulegen — dies ist anderen Beiträgen in diesem Buch vorbehalten —, so sollen sie nicht gering geachtet werden, sie sind doch ein deutliches Zeichen dafür, daß der in „Christifideles Laici" ausgesprochene Wunsch, die Laien mögen ihre Sendung in der Welt wahrnehmen, durchaus mit vorhandenem fruchtbarem Boden rechnen kann.

Was heute vielleicht abgeht, ist das organisierte Wahrnehmen christlichen Apostolates in jenen Bereichen, die weder durch pfarrliche Aktivitäten noch durch überpfarrliche kirchliche Institutionen erreicht werden. Es geht schlicht um jenes Feld, das man früher kategoriales Apostolat nannte: Menschen dort zu erreichen, wo sie durch ihre berufliche Tätigkeit, ihre schichtenspezifische Zugehörigkeit oder ihre sonstigen Interessen stehen. In erfolgreichen Zeiten hat es die Kirche stets verstanden, neuen Gegebenheiten durch neuen Initiativen gerecht zu werden. Der rasche gesellschaftliche Wandel schafft neue Herausforderungen.

Einige Akzente des Engagements der Laien in Österreich nach dem Zweiten Vatikanischen Konzil sollten in den vorangegangenen Überlegungen dargestellt werden. Die letzten drei Jahre kirchlicher Wirklichkeit in Österreich haben Fragen aufgeworfen, ob diese Akzente gesamtkirchlich Akzeptanz finden, so zum Beispiel die Verlagerung des Engagements von Laien in den kirchlichen Raum, die Bereitschaft, innerkirchliche Entscheidungen mittragen, aber auch mitentscheiden zu wollen, die inhaltliche Verlagerung von Aktivitäten im gesellschaftlichen und politischen Raum.

Die Jahre des Konzils und nach dem Konzil haben gelehrt: Mit Solidarität und wechselseitigem Vertrauen ist ein Maximum an Engagement erreichbar, mit vertrauensbildenden Maßnahmen kann ein hohes Maß auch an Verständnis

für schwer verstehbares Verhalten erzielt werden, durch persönliche, offene Begegnung läßt sich auch über menschliche Eigenheiten hinweg ein Verstehen der Position des anderen erreichen.
Die Generation von Laien, denen ihre Mündigkeit durch das Zweite Vatikanum so deutlich zugesprochen wurde und die dies in einem Prozeß in sich aufgenommen haben, wird wohl schwer bis gar nicht auf frühere Verstehensstufen reduziert werden können. Noch mehr gilt dies für jene, die erst nach 1965 in das Vollalter ihres Christseins eingetreten sind. Man sollte sie alle ernst nehmen und darauf vertrauen, daß sie das Wohl der Kirche so ernsthaft wollen, wie dies wohl ernsthafte Christen durch 2000 Jahre hindurch wollten.

Zukunftsperspektiven für Politik und Gesellschaft

Alois Mock

ÖSTERREICHS ROLLE IN DER WELTPOLITIK

Mit der Befreiung und gleichzeitig vierfachen Besetzung im Jahre 1945 begann für Österreich ein neuer politischer Weg. Aus den Erfahrungen der dreißiger Jahre hatte man gelernt, daß nur ein breiter innenpolitischer Konsens das Überleben unseres Landes sicherstellt. Bis 1955, der ersten Phase unserer neuen Außenpolitik, ging es zunächst um die Erringung der Unabhängigkeit und Souveränität. Um zum Staatsvertrag zu gelangen, mußten die damals primär verantwortlichen Politiker wie Leopold Figl, Julius Raab und Karl Gruber nicht nur Zähigkeit und Augenmaß beweisen, sondern auch ein hohes Maß an diplomatischer Phantasie entwickeln, wozu in erster Linie der Vorschlag einer Neutralitätserklärung zählte.

Unser früher Beitritt zur OEEC (Organisation für Europäische Wirtschaftliche Zusammenarbeit) bestätigte gleichzeitig unser Interesse, möglichst umfassend am Werk der europäischen Einigung teilzunehmen. Das noch von vier Mächten besetzte Österreich war also schon in den vierziger Jahren bestrebt, sich einen festen Platz unter den westeuropäischen Demokratien zu sichern. Die große Popularität des Gedankens der europäischen Einheit im österreichischen Volk hat es den Politikern erleichtert, diesen Integrationskurs mit allem Nachdruck zu verfolgen.

Am 26. Oktober 1955 beschloß der Nationalrat das Bundesverfassungsgesetz über die immerwährende Neutralität Österreichs. Damit stellte er ein für allemal klar, daß Österreich an keinen Militärallianzen teilzunehmen beabsichtigt, keine fremden Truppen und keine fremden Militärstützpunkte auf seinem Territorium dulden und bestrebt sein wird, seine Sicherheit und territoriale Unversehrtheit mit eigenen Kräften zu schützen. Diese Neutralität ist seither zu einem wesentlichen Bestandteil der Friedensordnung in Europa geworden und stellt den spezifischen Beitrag unseres Landes zur Erhaltung von Frieden und Sicherheit auf unserem Kontinent dar.

Neue Phase der österreichischen Außenpolitik

Dank dieser Neutralität sowie durch seinen sofortigen Beitritt zu den Vereinten Nationen und seiner kurz darauf erfolgten Aufnahme in den Europarat hat Österreich einen neuen und relativ breiten Spielraum in den internationalen Beziehungen gewonnen. Während Österreich in den zwanziger und dreißiger

Jahren mehr oder weniger das Objekt der Politik anderer Mächte war, ist es ihm auf der Grundlage dieser neuen Situation und mit Hilfe seines besonderen Status gelungen, sein Schicksal weitestgehend selbst zu bestimmen und damit wiederum zum eigenständigen Subjekt der internationalen Politik zu werden. Unser Engagement zugunsten des europäischen Einigungsprozesses kam zunächst dadurch zum Ausdruck, daß Österreich an der Gründung der Europäischen Freihandelsassoziation (EFTA) mitwirkte und im Verlauf der sechziger Jahre versuchte, ein Verhältnis besonderer Art zu den Europäischen Gemeinschaften herzustellen. Diese Versuche fanden 1972 mit dem Abschluß eines Freihandelsvertrages ihren vorläufigen Höhepunkt. Leider trat die europäische Dimension unserer Außenpolitik während der verbleibenden siebziger Jahre und auch noch zu Beginn der achtziger Jahre stark in den Hintergrund.

Seit dem Amtsantritt der Regierung der großen Koalition im Jänner 1987 zählt die Integrationspolitik wieder zu einer der echten außenpolitischen Prioritäten. Mit der Überreichung unseres Aufnahmeantrags in Brüssel am 17. Juli 1989 hat eine neue Phase der österreichischen Außenpolitik begonnen. Mit diesem Antrag hat Österreich auch die im Römer-Vertrag enthaltene, an alle demokratischen Staaten Europas gerichtete Einladung angenommen, voll und ganz am Werk der europäischen Integration teilzunehmen.

Neue Aufgaben für das neutrale Österreich

Das immerwährend neutrale Österreich hat in den letzten Jahrzehnten sowohl spezifische regionale Aufgaben übernommen als auch verschiedene Funktionen auf globaler Ebene erfüllt.

Zu den regionalen Aufgaben gehört vor allem die Förderung des Entspannungsprozesses in Europa. Österreich hat sich im Rahmen der Konferenz für Sicherheit und Zusammenarbeit in Europa besonders dafür eingesetzt, daß an die Stelle der Konfrontation die Kooperation der Menschen tritt, daß ein immer dichter werdendes Netz kooperativer Beziehungen dazu beiträgt, daß Konflikte nicht mehr, wie in der Vergangenheit, mit militärischen Mitteln ausgetragen werden. Die spezifische Ost-West-Funktion Österreichs kam in der Vergangenheit auch in mehreren Begegnungen von Spitzenrepräsentanten der beiden Supermächte in Österreich zum Ausdruck. Außerdem liefen in Wien über viele Jahre hinweg Abrüstungsgespräche betreffend den ausgewogenen Abbau der Militärpotentiale der beiden Allianzen (MBFR).

Der vorläufig letzte Höhepunkt des österreichischen Engagements im Rahmen der Ost-West-Beziehungen waren verschiedene Vermittlungsbemühungen anläßlich des Wiener KSZE-Folgetreffens, das im Jänner 1989 zu Ende gegangen ist. Diese Konferenz erzielte, nicht zuletzt dank der Veränderungen in den Beziehungen zwischen den beiden Supermächten, eine neue Qualität der Ost-West-Beziehungen. Dies schlug sich u. a. darin nieder, daß die Menschenrechte nicht mehr als interne Angelegenheiten der Staaten angesehen werden, sondern der Kontrolle durch alle KSZE-Staaten unterliegen. Im Zuge eines Beschwerde- und Überwachungsverfahrens ist es jetzt möglich, andere Staaten bei Verletzungen der Menschenrechte zur Verantwortung zu ziehen.

Ein weiteres positives Ergebnis der Wiener Konferenz ist die Einberufung zweier militärischer Folgetreffen; das eine befaßt sich mit vertrauensbildenden Maßnahmen zwischen allen 35 KSZE-Staaten; das andere zielt auf den Abbau der konventionellen Rüstung in den beiden Allianzen, ein Ziel, dem man schon im Jahr 1990 sehr nahe kommen könnte.

Auf globaler Ebene hat sich Österreich vor allem im Rahmen der Vereinten Nationen engagiert. Es hat nicht nur in der Person des heutigen Bundespräsidenten zehn Jahre hindurch den Generalsekretär dieser Organisation gestellt, sondern nimmt seit 1960 mit Soldaten des Bundesheeres auch aktiv an den friedenserhaltenden Operationen der Vereinten Nationen teil. Es war daher für Österreich ein Anlaß für besondere Freude, als im Jahr 1988 den UNO-Einheiten für ihre Einsätze in den Krisenregionen dieser Welt der Friedensnobelpreis verliehen worden ist.

Österreich war auch bemüht, bei zahlreichen Sachfragen auf weltweiter Ebene im Interesse der gesamten Staatengemeinschaft tätig zu werden. So hat Österreich etwa in der Person des Univ.-Prof. Dr. Felix Ermacora den Sonderberichterstatter der Vereinten Nationen für die Menschenrechtssituation in Afghanistan gestellt. Dadurch, daß österreichische Diplomaten den Vorsitz in mehreren Umweltschutzkonferenzen innehatten, hat unser Land auch einen wichtigen Beitrag zur Verrechtlichung des Umweltschutzes auf zwischenstaatlicher Ebene geleistet. Die Tatsache, daß Österreich bedeutende internationale Organisationen in Wien beherbergt und ihnen hier optimale Arbeitsbedingungen bietet, ist ebenfalls ein Beitrag zur positiven Entwicklung der internationalen Beziehungen.

Zur globalen Verantwortung zählt schließlich auch unser Eintreten für eine offene Welthandelsordnung und unser Engagement zugunsten der Ärmsten der Armen in den Entwicklungsländern. An die Stelle entwicklungspolitischer Rhetorik ist in den allerletzten Jahren die Steigerung unserer konkreten Hilfsleistungen getreten. Dies war vor allem deshalb möglich, weil sich ein breiter innenpolitischer Konsens zugunsten dieses Anliegens gebildet hatte. An dieser Stelle soll der unermüdliche Einsatz aller jener Österreicher gewürdigt werden, die sich wie *Eduard Ploier* neben ihren beruflichen Verpflichtungen dieser großen humanitären Aufgabe widmen.

Neues Denken setzt sich durch

Betrachten wir Europa an der Schwelle der neunziger Jahre, so werden wir Zeugen eines schrittweisen Zerfalls des „realen Sozialismus". In mehreren Staaten Osteuropas hat sich endlich die Erkenntnis durchgesetzt, daß das System der Kommandowirtschaft völlig versagt hat und nicht einmal mehr in der Lage ist, die einfachsten menschlichen Bedürfnisse zu befriedigen. Diese Negativbilanz im Bereich der Wirtschaft hat in Verbindung mit den immer höherwerdenden Rüstungskosten auch zu einem Umdenken der kommunistischen Staaten im Bereich der Abrüstung geführt. Die meisten spektakulären Vorschläge harren allerdings noch der Ausführung, wenn auch mit dem INF-Vertrag ein ganz wesentlicher politischer Durchbruch gelungen ist.
Ein weiteres Beispiel dieses „neuen Denkens" waren der Abzug der sowjetischen Truppen aus Afghanistan sowie beträchtliche Fortschritte bei der Lösung mehrerer Regionalkonflikte wie jener in Namibia. Hand in Hand mit der Erkenntnis, daß nur tiefgreifende wirtschaftliche Reformen in der Lage sind, den Menschen ein Minimum an Lebensstandard zu gewährleisten, geht der tief in den meisten Völkern sitzende Wunsch nach mehr Freiheit, nach mehr Offenheit, nach mehr Menschenwürde. Dazu kommt schließlich die Einsicht, daß sich eine post-industrielle Gesellschaft im 21. Jahrhundert nur dann bewähren wird, wenn sich in ihr dynamische und kreative Menschen voll entfalten können. Die Staaten Osteuropas haben sich sowohl von ideologischen Zwängen als auch machtpolitischer Bevormundung voll emanzipiert, in einem Tempo und in einer Art, die man so nicht zu erhoffen wagte.
In dieser Situation kann man zu Recht von positiven Perspektiven in Richtung auf ein sich integrierendes Gesamteuropa sprechen, für das in der Sowjetunion der Begriff vom „Gemeinsamen Haus Europa" geprägt worden ist. Damit dieses Haus Wirklichkeit wird, müssen die exzessiven Rüstungspotentiale der beiden Militärallianzen noch radikal verringert werden; nur dann ist die für eine ost-westliche „Wohngemeinschaft" unerläßliche Vertrauensbasis im Ansatz geschaffen. Damit diese Perspektive Wirklichkeit wird, müssen weiters die Volkswirtschaften zusammenwachsen oder sich zumindest einander annähern. Das bedeutet, daß die Volkswirtschaften Osteuropas schrittweise an den Standard im westlichen Teil des Kontinents herangeführt werden, was wiederum eine großzügige Hilfe des Westens voraussetzt.
Abgesehen von der unmittelbaren Nothilfe, etwa bei der Versorgung mit Lebensmitteln, soll es sich hier um „Hilfe zur Selbsthilfe" handeln. Außerdem

müssen die Menschen in Europa über alle Grenzen hinweg ungehindert miteinander kommunizieren können; sie müssen ohne politische Beschränkungen reisen dürfen. Eine weitere wichtige Voraussetzung für das Zusammenwachsen der Gesellschaften wäre, daß die Menschenrechtspraxis in den Oststaaten schrittweise an den in der Europäischen Menschenrechtskonvention festgelegten Standard herangeführt wird.
Nach mehr als siebzig Jahren Kommunismus zeigte sich, daß sich das Streben nach individueller Freiheit nicht unterdrücken läßt. Auch die Wahrheit, ob es nun um den *Hitler-Stalin-Pakt* oder die Katyn-Morde geht, ließ sich nicht auf Dauer verdrängen.
Der politische Wandel in den Oststaaten muß Hand in Hand mit dem Umbau der wirtschaftlichen Strukturen gehen. Bleibt die Verbesserung des Lebensstandards aus, wird die daraus folgende Enttäuschung auch die Hoffnungen auf politische Erneuerung ersticken. Weder die Wirtschaftstheorie noch die politische Theorie vermögen Anleitungen dafür zu geben, wie man aus einer zentral-verwalteten Wirtschaft eine Marktwirtschaft macht und wie man auf friedliche Weise den Weg von der Diktatur des Proletariats zu pluralistischer Demokratie rasch zurücklegt. Trotz dieser Ungewißheiten haben sich einige Staaten Osteuropas in Bewegung gesetzt — auf einer Straße, die noch viele Schlaglöcher und Hindernisse aufweist, auf einer Straße, auf der sie nur mit der Unterstützung der wohlhabenden Nationen des Westens in einer Weise fortschreiten werden, die den Menschen in diesen Ländern zum Vorteil gereicht.

Herausforderungen in der Zukunft

Österreich sieht sich heute einer doppelten Herausforderung gegenüber:
Auf der einen Seite muß es sich mit allen Kräften um die Aufnahme in die Europäischen Gemeinschaften bemühen, um nicht von der sich beschleunigenden Dynamik des Binnenmarktes abgekoppelt zu werden. Österreich hat am 17. Juli 1989 bei den Europäischen Gemeinschaften den Antrag auf Aufnahme gestellt. Damit nimmt Österreich das moralisch-politische Recht in Anspruch, so wie die anderen demokratischen Staaten Europas, am Werk der europäischen Integration voll teilzunehmen und gleichberechtigt an den Entscheidungen über unsere wirtschaftliche Zukunft mitzuwirken. Dieser Antrag wurde im vollen Bewußtsein jener Pflichten gestellt, die auf Österreich im Falle einer Mitgliedschaft zukommen und die Österreich auch zu übernehmen bereit ist. Dabei bleibt aber außer Streit gestellt, daß die Bewahrung der immerwährenden Neutralität unseres Landes gerade im Hinblick auf deren gesamteuropäische Funktion unverändert ein Fixpunkt unserer Außenpolitik

bleibt, ebenso wie die Treue zu unseren sonstigen völkerrechtlichen Verpflichtungen.

Auf der anderen Seite darf Österreich seine wichtige Funktion zwischen Ost und West nicht vernachlässigen. Die Teilung Europas, eine Folge des anfangs erwähnten Zweiten Weltkriegs, beginnt ihre Schärfe zu verlieren und ist vielleicht überhaupt im Begriff, überwunden zu werden. Diese Entwicklung ist geeignet, die Rolle Österreichs zwischen den beiden Militärblöcken zu stärken, nämlich den in Gang kommenden Dialog zu stützen und zu fördern.

Unsere Außenpolitik ruht auf zwei Säulen: der Integrationspolitik, die sowohl auf der hohen demokratischen Reife unseres Landes wie auch auf seiner engen Verflechtung mit der Wirtschaft der EG-Staaten aufbaut; die Politik gegenüber unseren Nachbarn in Osteuropa gründet sich auf unsere besondere Vertrautheit mit den Völkern dieses Raumes, die auf eine jahrhundertealte Erfahrung zurückgeht und in einer ganz besonderen Dialogfähigkeit ihren konkreten Ausdruck findet.

Zu dieser Nachbarschaftspolitik zählten sowohl das Projekt einer gemeinsamen Weltausstellung Budapest-Wien als auch die nachdrücklichen Bemühungen Österreichs zur Schaffung eines EFTA-Industrie-Entwicklungsfonds für Jugoslawien, der diesem Land bei der Durchführung seiner Wirtschaftsreformen helfen soll. Zur Nachbarschaftspolitik gehört selbstverständlich auch unser Bemühen um eine Verstärkung der kulturellen Zusammenarbeit, weshalb Österreich bestrebt ist, die mit Auslandskulturpolitik befaßten Dienststellen in Osteuropa zu vermehren und zu verstärken.

Österreich wird die ihm aus Geschichte, Geographie und Kultur zugewachsene Rolle in der Weltpolitik nur dann spielen können, wenn die Menschen in diesem Land ihre Weltoffenheit bewahren, der Versuchung, sich in einer kleinen, heilen Welt abzuschotten, widerstehen. Außenpolitik ist nicht die Privatdisziplin von Diplomaten, sie ist vielmehr eine Aufgabe für die Volksvertretung, ebenso wie eine Herausforderung für jeden einzelnen Bürger. Außenpolitik sollte weltweit gelebte Demokratie sein; wir sind von diesem Ziel noch weit entfernt; es ist aber nicht unerreichbar. Wir müssen den Weg nur fortsetzen.

Josef Riegler

DER ÖKOSOZIALE WEG

„Kehrtwende zur Zukunft" ist der Titel eines Buches von Hartmut Krieckbaum, in dem sich der strategische Unternehmensplaner auf das Feld der Umweltethik begibt. Darin plädiert er für eine „Neubesinnung über die Verantwortung für die Zukunft", die um so notwendiger ist, weil wir als „Bewohner eines Planeten mit endlichen Ressourcen" umdenken, besser: neu-denken, müssen. Dies ist deshalb unerläßlich, weil „unser Verhältnis zur Natur . . . in Unordnung geraten ist". In radikaler Weise fordert der Autor deshalb ein grundlegendes „Umdenken". Die Ziele dieses Umdenkens habe ich für die österreichische Politik mit dem Begriff der „Ökosozialen Marktwirtschaft" eindeutig beschrieben. Inzwischen ist dieser Begriff zum Allgemeingut in der politischen Diskussion geworden. Er drückt aus, daß wir

- aufbauend auf der Dynamik des Systems der Marktwirtschaft,
- die sozialen Herausforderungen weitgehend bewältigt haben und nun — neben der Bewältigung der „Neuen sozialen Frage"
- die ökologische Orientierung im Denken und Handeln verankern müssen.

Eine neue Aufgabe also, die sich allen Verantwortlichen, ob in Politik oder Wirtschaft, drängend stellt. Wobei die Umweltpolitik inzwischen auch im breiten Bewußtsein der Bevölkerung einen herausgehobenen Stellenwert einnimmt. Nicht mehr die Arbeitsplatzfragen sind die Sorge Nummer eins, sondern die Sorgen um die Erhaltung der Umwelt. Und im weitesten Sinne daher auch die Sorgen um den Schutz des Lebens in all seinen Formen. In der „Wiener Erklärung", die anläßlich meiner Wahl zum Bundesparteiobmann als neue Marschroute für die inhaltliche Arbeit der ÖVP festgelegt wurde, trägt daher das zentrale Kapitel die Überschrift: „Das Leben und seine Grundlagen schützen." Dies verstehe ich auch als Auftrag einer sich an christlichen Grundwerten orientierenden Partei, die uns anvertraute Schöpfung zu bewahren. Lange genug wurde die Umwelt als unerschöpfliches Reservoir angesehen, um den ökonomischen Fortschritt ungezügelt zu steigern.

Neues Ordnungsmodell

Inzwischen hat ein Umdenken eingesetzt, das von der Erkenntnis der Endlichkeit der Ressourcen sowie der Überbelastung der Natur getragen ist. Mit einem Umdenken ist es jedoch nicht getan. Es braucht einen grundlegenden

Einstellungswandel, der die Sanierung und Erhaltung unserer Umwelt zum gleichrangigen Ziel des Wirtschaftens macht: Mit einer neuen Leitvorstellung, die Ökonomie und Ökologie nicht als Interessensgegensätze begreift, sondern als aneinandergekoppelte, gleichrangige Ziele einer humanen Gesellschaftsentwicklung.

Dabei handelt es sich um ein neues Ordnungsmodell, das die Soziale Marktwirtschaft nicht ablösen, sondern qualitativ erweitern und ergänzen will. So kann die Marktwirtschaft ihrer zweifachen Verantwortung,

- einerseits für den sozialen Ausgleich und
- andererseits für die Erhaltung unserer Lebensgrundlagen,

gerecht werden; beides zu erreichen, ist der perspektivische Inhalt des erforderlichen Umdenkens.

„Ökosoziale Marktwirtschaft" ist eine neue ganzheitliche Konzeption, die Konkretes wie Kontroversielles enthält. Konkretes, das auf den Umbau der industriellen Wirtschaftsbedingungen setzt; Kontroversielles, das auf die Setzung neuer Prioritäten zielt.

Wenn wir im Zeitraffer die historische Entwicklung betrachten, waren zunächst dem extremen Liberalismus als Pendelbewegung die marxistisch-kollektivistische Theorie und als anderer ordnungspolitischer Ansatz die Christliche Soziallehre gegenübergestanden. In den vierziger und fünfziger Jahren gelang es, von der wissenschaftlichen Konzeption und von der politischen Praxis her eine Symbiose herbeizuführen und durchzusetzen, nämlich die heute allgemein gültig gewordene Soziale Marktwirtschaft als konstruktive Konfliktbewältigung zwischen den Gegenpolen Arbeit und Kapital, Arbeitgeber und Arbeitnehmer. In Österreich gibt es die konkrete Ausformung dieser Sozialen Marktwirtschaft im charakteristischen System der Sozialpartnerschaft.

Man kann vom wirtschaftswissenschaftlichen Ansatz sagen, daß zum magischen Fünfeck Wirtschaftswachstum, Stabilität, Gleichgewicht, Vollbeschäftigung, gerechte Einkommensverteilung, also zu diesen fünf klassischen Zielen der Wirtschaftspolitik, ein *sechstes Ziel* einzufügen ist, nämlich jenes des Umweltschutzes, der Erhaltung unseres Lebensraumes.

Dieses Modell einer neuen Ordnungskonzeption läßt sich nicht von heute auf morgen verordnen und schon gar nicht umsetzen. Vielmehr handelt es sich um einen geistigen Prozeß mit vielfältigen Veränderungen in Wirtschaft und Politik, Veränderungen, denen ein Neues Denken zugrunde liegt, das am treffendsten mit der Formulierung: „Laßt den Markt die Umwelt schützen" bezeichnet wird. Genau darum geht es. Ob diese weitreichende Strategie der Veränderung als Vision bezeichnet wird, wie wir es in der ÖVP tun, oder mit anderen Worten, die den Umbau markieren, ist nicht so entscheidend wie die Inhalte, die dahinterstehen. Sie bedeuten die konkrete Aussicht, mit jenen selbstgeschaffenen Bedrohungen fertigzuwerden, die unsere Lebensgrundlagen gefährden.

Die Umwelt und die natürlichen Produktionsgrundlagen — Boden, Wasser und Luft — wurden bisher zu wenig als Produktionsfaktoren bewertet und anerkannt. Die Rechnung dafür wird uns in letzter Zeit in immer drastischerer Form präsentiert:

- Die in den hochentwickelten Industrieländern besonders intensiv genutzten Böden haben die Grenzen ihrer Belastbarkeit erreicht; das Grundwasser ist gefährdet.
- Manche Seen sind übersäuert, Wälder sterben, an vielen Stränden in Europa und in Übersee herrscht Badeverbot, Ölteppiche verseuchen ganze Küsten, und hochgiftige Abfälle befinden sich als tickende Zeitbomben im Boden und in den Weltmeeren.
- In vielen Regionen werden die sauerstoffspendenden Tropenwälder zerstört; die uns schützende Ozonschicht ist löcherig; die Anreicherung der Atmosphäre mit Co_2 führt zu ihrer Aufheizung.

Nun werden in unserem derzeitigen Wirtschaftssystem die positiven externen Effekte, die Auswirkung auf die Gesamtheit, nicht „belohnt" und die negativen externen Effekte nicht „bestraft". Es ist daher verständlich, daß nur die internen, die unmittelbaren Effekte wirtschaftlicher Tätigkeit bedacht werden, daß also die Auswirkungen auf die Umwelt bisher weitgehend unberücksichtigt blieben. Gerade an diesem Punkt setzt die Idee der Ökosozialen Marktwirtschaft an: Wir wollen die langfristigen wirtschaftspolitischen Rahmenbedingungen so gestalten, daß die Dynamik der Marktwirtschaft auch für die Schonung der Natur und die Sicherung der Lebensgrundlagen mobilisiert wird.

Das Wesentliche an der Vision und am Konzept der Ökosozialen Marktwirtschaft liegt daher darin, drei Ziele als gleichwertig und gleichrangig anzuerkennen und zu verfolgen; diese sind:

- wirtschaftliche Leistungsfähigkeit,
- ökologische Verantwortung,
- soziale Solidarität.

Vom Grundkonzept der Ökosozialen Marktwirtschaft ausgehend, ist es sinnvoll und notwendig, nun die Konsequenzen daraus zu diskutieren, also die Fragen zu beantworten,

- welche Produktionsfaktoren steuerlich ent- oder belastet werden sollen,

- welche neuen ordnungspolitischen Ziele bei der nächsten Steuerreform anzustreben sind,
- welcher Produktionsweise und welchen Technologien der Vorzug gegeben wird,
- welche Energieträger unser Wirtschaftssytem bevorzugt,
- wie die Rahmenbedingungen für unsere Wirtschaft insgesamt weiterentwickelt werden müssen.

In einem Katalog lassen sich „Die 10 Prinzipien der Ökosozialen Marktwirtschaft" plakativ zusammenfassen. Wobei sich die Philosophie der Ökosozialen Marktwirtschaft gut in folgendem Gedanken darstellen läßt: Lassen wir den Markt die Umwelt schützen, machen wir Umweltschutz zu einem attraktiven Produkt!

Ziele der Ökosozialen Marktwirtschaft:

1. Umweltkosten müssen erkennbar und wirksam sein:
Die klare Zuordnung von Umweltkosten und neue Kostensignale — wie etwa durch Pfandsysteme — müssen zu einem umweltgerechteren wirtschaftlicheren Verhalten von Konsumenten und Produzenten führen. Umweltmaßnahmen müssen langfristig angelegt und in ihren Auswirkungen für Produzenten und Konsumenten berechenbar sein.

2. Der Konsument muß wissen, was er kauft:
Wir brauchen präzise und zuverlässige Deklarationen, um die Kaufentscheidungen auf umweltgerechtes Konsumverhalten und die Produktionsentscheidungen auf umweltgerechte Produktionsverfahren hin zu orientieren.

3. Umweltqualität muß selbst zum wertvollen Produkt werden:
Dazu bedarf es einerseits einer Bewußtseinsentwicklung, die umweltbewußten Betrieben und Produkten auch psychologische Marktvorteile gibt, dazu könnte andererseits die Einführung von Umwelt-Zertifikaten beitragen, wobei die Ordnungsfunktion sich darauf beschränkt, den Gesamtpegel der Belastungen schrittweise zu reduzieren.

4. Umwelt-Bildung ist Grundlage für besseren Umweltschutz:
Dies bezieht sich nicht nur auf Umweltbewußtsein als allgemeines Bildungsziel, sondern auch auf die Ausbildung von Umweltspezialisten und die Schaffung neuer Berufsbilder, vom Energiesparen bis zur Luftreinhaltung. Eine wesentliche Rolle hat hier die ökologische Vorbildfunktion des Staates, aber auch die Umwelterziehung in Schule und Familie.

5. Neue Technologien müssen im Dienst der Umwelt stehen:
Qualitatives Wachstum macht den Umweltschutz finanzierbar, qualitative Innovation bringt umweltfreundliche Verfahren und Produkte. Daher sind

Investitionen für Wissenschaft und Forschung auch wichtige Investitionen für eine bessere Umweltqualität.

6. Förderungen soll es nur für Zukunftsinvestitionen geben:
Förderungen durch die öffentliche Hand sind nur für großflächige und besonders kostenintensive Umstellungen — etwa zur Bewältigung der Abfallfragen und der Transitproblematik — zu gewähren, sie sollten zeitlich befristet und mit technologischen Innovationen gekoppelt werden. Trägheit und Ideenlosigkeit dürfen nicht durch staatliche Förderungen begünstigt sein.

7. Das Steuersystem muß den Umweltschutz attraktiv machen:
Vorrangige Ziele der nächsten Steuerreform sind nicht nur eine weitere Senkung der Gesamtbelastung und eine Vereinfachung des Steuersystems, sondern auch die schrittweise Umorientierung zu einem ökologisch ausgerichteten Steuersystem, für das die weitere Entstaatlichung neuen Handlungsspielraum schaffen muß.

8. Verbote müssen sich auf das Notwendige beschränken:
Selbstverständlich bedarf es auch weiterhin im Einzelfall der Grenzwerte, der Verbote, der Gebote und einer effizienten Kontrolle. Was es aber auch aus Kostengründen und Effizienzgründen zu verhindern gilt, ist ein Ausufern von Vorschriften, Bürokratie und Kontrolle anstelle einer intensiven Nutzung marktwirtschaftlicher Instrumente, die — bei entsprechender Wirksamkeit — stets vor allen anderen Maßnahmen den Vorrang haben müssen.

9. Umweltschutz muß eine internationale Aufgabe werden:
Einerseits sind Umweltprobleme oft grenzüberschreitend, andererseits können Umwelttechnologien nur durch internationales Zusammenwirken von wirtschaftlichem und wissenschaftlichem Know-how entwickelt und eingesetzt werden. Wo dies möglich ist, soll Österreich dabei eine Vorreiterrolle einnehmen, um seiner Vorbildfunktion gerecht zu werden und gleichzeitig Chancen für die Wirtschaft zu nützen.

10. Umweltschutz verlangt solidarisches Handeln:
Beim Umweltschutz geht es nicht um gruppenegoistische Standpunkte gegen etwas — von neuen Bahnhöfen bis zu neuen Deponien —, sondern um gemeinsame Lösungen und Solidarität mit den betroffenen Menschen und mit den kommenden Generationen, also um eine neue ökosoziale Partnerschaft. Umstellungsmaßnahmen — etwa kostspielige Investitionen oder ökologisch ausgerichtete Abgaben — dürfen nicht zu einseitigen oder asozialen Belastungen führen. Umweltleistungen, wie etwa im Bereich der Land- und Forstwirtschaft, sind zu honorieren. Nachteile, die durch eine nicht selbst verschuldete Umweltbelastung für einzelne Wirtschaftstreibende und Berufsgruppen ent-

stehen, müssen durch die Allgemeinheit abgegolten werden, wenn der Verursacher nicht mehr greifbar ist.
Diese 10 Prinzipien der Ökosozialen Marktwirtschaft sind der logische Rahmen für die Weiterentwicklung der Sozialen Marktwirtschaft, der es gelungen ist, den Konflikt zwischen Arbeit und Kapital in konstruktiver Weise aufzuarbeiten.
Die Lösung der Umweltprobleme wird jedenfalls um so leichter fallen, je besser sich die österreichische Wirtschaft im technischen Wandel behaupten kann, je fortgeschrittener die Technologien sind, deren sie sich bedient, und je erfolgreicher es ihr gelingt, ihre Produktivität zu steigern. Gerade die technische Konkurrenzfähigkeit unserer Wirtschaft erhöht den Spielraum für Kurskorrekturen in Richtung Ökologie.
In der Umsetzung wird es darum gehen, das vielfältige Instrumentarium der Ökosozialen Marktwirtschaft je nach Eignung zur Problemlösung und nach dem Grad der Marktwirtschaftlichkeit einzusetzen. Zweifellos wird auch allen Mitbürgern viel konkreter und direkter bewußt gemacht werden müssen, daß „der Staat", „die Politik", Umweltprobleme nur zum geringeren Teil lösen können und daß es vielmehr an der Einsicht und an der Verhaltensweise des einzelnen liegen wird.
Vor knapp 20 Jahren warnte der Club of Rome — mit beachtlicher öffentlicher Resonanz und langsam einsetzender politischer Wirkung — vor den selbstzerstörerischen Folgen des exponentiellen Wachstums. Keine Generation später sind die Auswirkungen des Immer-Mehr zu drängenden Problemen nicht der Zukunft, sondern der Gegenwart geworden. Es ist kein Horrorgemälde, wenn heute die ökologische Katastrophe als Menetekel der Industriegesellschaft erscheint und wenn die Möglichkeit der endgültigen Zerstörung unserer Lebensgrundlagen als akute Gefahr gegeben scheint. Die zeitlichen Dimensionen der Bedrohung sind eng geworden . . .
Beim Weltwirtschaftsgipfel 1989, der anläßlich der prunkvollen Revolutions-Gedenkfeiern im Juli in Paris stattfand, stellten die Staats- und Regierungschefs der sieben wichtigsten Industriestaaten die „dringende Notwendigkeit" in den Vordergrund, „die Umwelt für künftige Generationen zu erhalten". Weltweit müsse es darum gehen, das aus dem Lot geratene ökologische Gleichgewicht wieder besser zu sichern. Es ist also global wie national zu einem Anliegen geworden, unter Wahrung der wirtschaftlichen Leistungskraft der Länder, die ökologische Herausforderung anzunehmen — und konstruktiv zu bestehen.
Die Erkenntnis der Gefährdung hat sich allgemein durchgesetzt, ebenso wie die Einsicht, daß das überlassene Natur-Kapital, die Schöpfung, unwieder-

bringlich aufgebraucht wird. Als verantwortlicher Politiker darf man jedoch nicht bei der Beschreibung von Sachverhalten stehenbleiben oder sich gar mit der Skizzierung krisenhafter Zukunftsszenarien zufriedengeben. Auf dieser Ebene tummeln sich die Kulturpessimisten und Fortschritts-Ängstler.

Verantwortung des Politikers

Die „Ethik der Verantwortung", die Hans Jonas in seinen Büchern einfordert, muß angesichts der selbstgeschaffenen Risiken der Wohlstandsgesellschaft gerade vom Politiker eingebracht werden. Noch dazu von einem, der sich — wie ich — in seinem politischen Handeln an den Grundwerten des christlichen Welt- und Menschenverständnisses orientiert. In einem solchen Denken haben nicht nur quantitative Größen ihren Platz, sondern vor allem qualitative. Oder anders ausgedrückt: Eine Politik, die aus dem christlichen Glauben schöpft, muß immer auch Antworten auf die Warum-Frage und damit auf die Sinnfrage zumindest versuchen. Es geht eben nicht nur um das Haben-Wollen, wie es Erich Fromm ausdrückte, sondern ganz wesentlich um das Sein-Müssen.

Wenn gegenwärtig vom Umdenken gesprochen wird, vom Umbau der Industriegesellschaft, so ist damit die zentrale Frage nach dem Ziel politischen Handelns gestellt. Dieses Ziel liegt in einer polit-ökonomischen Ordnung, die

1. die Marktkräfte kreativ nutzt,
2. die soziale Stabilität fördert und
3. das ökologische Gleichgewicht wieder sichert.

Im Begriff der „Ökosozialen Marktwirtschaft" sind diese Dimensionen gebündelt, über denen als perspektivische Dimension die Zukunftsfähigkeit unserer Wirtschafts- und Lebensweise sowohl regional wie national und global steht. Die sozialen Bedrängnisse der Nachkriegszeit haben zur Ausprägung der Sozialen Marktwirtschaft geführt; die ökologische Not der Gegenwart muß zur Verwirklichung des „ökosozialen" Ordnungsmodells führen. Auf diesem Weg zu einer neuen Ordnung werden sich die Wirkkräfte der Wachstumsgesellschaft mit Bestandskräften einer natürlichen Umwelt in einer auf das Humanum ausgerichteten Gesellschaft versöhnen.

Josef Pühringer

UMWELTFRAGEN ALS GESELLSCHAFTS-POLITISCHE HERAUSFORDERUNG

Unsere Welt im Wandel

Am Ende dieses ausgehenden Jahrhunderts befinden wir uns inmitten eines tiefgreifenden, globalen Wandels. Dieser Wandel ist vielschichtig, und seine Facetten berühren jeden Lebensbereich — die Oualität unserer Umwelt, unsere Lebensweise und Gesundheit, unsere sozialen Beziehungen, unsere Wirtschaft, unsere Kultur und Politik.

Waren es früher eher sektorale Probleme, wie Ernährung, Versorgung mit lebensnotwendigen Gütern und seit dem Industriezeitalter die Frage der sozialen Sicherheit, die die Menschheit beschäftigten, so sind die Probleme von heute komplex und allgegenwärtig: Etwa die Existenzbedrohung der Menschheit durch einen Kernwaffenkrieg oder durch den Betrieb der Atomkraftwerke. Während aber angesichts der weltweiten Abrüstungsbemühungen und der verringerten energetischen Nutzung der Kernkraft die atomare Bedrohung geringer wird, erwächst für die Menschheit eine neue Gefahr aus ihrem Verhalten gegen die Natur.

Der ungebremste Hang des konsumorientierten Menschen zum vermehrten Werteschaffen bescherte uns vielschichtige und weitreichende Probleme, deren Auswirkungen zunehmend sichtbarer werden.

Am Anfang der ökologischen Betrachtungsweise standen die fortschreitende Luftverschmutzung und die damit verbundenen Auswirkungen auf die Gesundheit von Menschen, Tieren und Pflanzen. Unsere Gesundheit ist in einem noch weitgehend unerforschten Ausmaß durch die Belastung von Luft, Wasser, Boden und Nahrungsmitteln bedroht. Die hohe Korrelation zwischen dem Zustand unserer natürlichen Umwelt und bestimmten Krankheiten wird immer offenkundiger. Während in den Entwicklungsländern viele Menschen durch Unterernährung und Infektionskrankheiten sterben, erkranken die Menschen in den Industriestaaten an Überernährung und leiden an „Zivilisationskrankheiten", Gefäß- und Herzkrankheiten, Krebs und Schlaganfällen.

Das Waldsterben dokumentierte schon vor Jahren die vom Menschen verursachte Schadstoffbelastung der Atmosphäre sehr anschaulich. Die dünne Gashülle, die das Leben auf unserem Planeten erst ermöglicht, muß heute

durch die Verfeuerung fossiler Energieträger ein Mehrfaches an Kohlendioxid, Stickoxiden, Kohlenwasserstoffen und Methan aufnehmen als vor drei Jahrzehnten.
Dieser traurige Rekord wird sicherlich noch durch das Wachstum der Bevölkerung und der Wirtschaft in den Ländern der Dritten Welt gebrochen werden. Schon die dortige Angleichung des Pro-Kopf-Energieverbrauches auf den derzeitigen Weltdurchschnitt würde den Energiebedarf in den Entwicklungsländern versiebenfachen und die Klimabombe noch verschärfen. Die entwickelte Welt muß sich nicht nur vor sich selbst, sondern auch vor den „Ökokonflikten" mit den Schwellen- und Entwicklungsländern fürchten. Der sowjetische Physiker Roald Sagdejew mutmaßt sogar, daß in 20 Jahren die entwickelte Welt eine ökologische Geisel der Dritten Welt werden könnte.
In welcher Form die Atmosphäre darauf reagiert, darüber streiten noch die Gelehrten. Viele von ihnen sind sich jedoch darüber einig, daß es im Laufe von Generationen zu weitreichenden Klimaveränderungen kommen wird. Die Treibhaus- und die Ozonproblematik geben derzeit schon ein unübersehbares Signal. Zum Waldsterben könnte sich, wenn nicht weitreichende Veränderungen in unserem gesellschaftlichen und wirtschaftlichen Verhalten Platz greifen, noch ein Boden- und Wassersterben gesellen. Damit hätte sich die Menschheit jeder Existenzgrundlage beraubt.
Man kann nur hoffen, daß sich der Begründer des Club of Rome, Aurelio Peccei, irrt, wenn er die prosperierenden Nationen im Fall einer Umweltkatastrophe mit einem „Exodus der Unglückseligen" konfrontiert sieht. Zur wachsenden Anzahl politischer und wirtschaftlicher Flüchtlinge — trotz der Demokratisierungsbestrebungen in den osteuropäischen Ländern kämen künftig noch Öko-Asylanten aus unwirtlich gewordenen Weltgegenden, in die sie nicht mehr zurückkehren können.

Auch Politiker fordern Lösung der Probleme

Die weltweite Sorge über das Wirken des Menschen in seiner Umwelt ist kaum zwei Jahrzehnte alt. Wurden die ökologische Bewußtseinsbildung und die Änderungsbereitschaft in unserer Verhaltensweise in der Umweltschutzsteinzeit primär von Intellektuellen und kritischen Denkern getragen — etwa vom Club of Rome mit seinem 1972 erschienenen Werk „Grenzen des Wachstums" —, so haben sich heute weitverzweigte Koalitionen diesem Ziel verschrieben. Die Lösung der Umweltprobleme wird heute nicht nur von der breiten Bevölkerung gefordert, sondern wurde auch von Politikern zur Handlungsmaxime erklärt.

Angesichts der globalen Umweltkrise beschäftigen sich damit heute schon Politiker, die nicht als Umweltpolitiker einzustufen sind. Die Präsidenten der Supermächte USA und UdSSR behandeln, neben den traditionellen Themen der militärischen Abrüstung, neuerdings auch ökologische Themen. Die Erhaltung unseres Lebensraumes Erde bestimmt die Denk- und Handlungsweise aller politischen Gremien und sozialen Einheiten. Mit der breitangelegten Befassung aller am gesellschaftlichen Prozeß beteiligten Personen wird die Dimensionalität der Umweltkrise sichtbar. Nach Fritjof Capra[1]) ist unsere Umweltkrise eine Gesellschaftskrise, da das über ein halbes Jahrtausend lang bewährte kopernikanische Weltbild, von Descartes, Newton und Darwin ausformuliert, als Erklärungsmodell und Handlungsmaxime nicht mehr ausreicht. Seiner Meinung nach kann die Menschheit nur dann weiterleben, wenn sie von Grund auf anders lebt. Das erfordert zuerst ein anderes Denken, eine andere „Wahrnehmung" der Welt. Viele Denker unserer Zeit stimmen mit ihm überein, wenn er meint, daß anstelle von quantitativem Messen, qualitatives Werten zu treten habe. Der Umweltkrise ist mit den Naturwissenschaften allein nicht beizukommen, da sie sich nach Prof. Gerhard Bruckmann von den Problemen früherer Zeiten mindestens in dreifacher Hinsicht unterscheidet: Erstens nahm die Geschwindigkeit der Veränderungen stark zu. Zweitens ist die Menschheit heute mit Problemen konfrontiert, für die uns jegliche historische Erfahrung fehlt. Drittens aber sind alle diese Probleme so untereinander verflochten, daß eine sektorale Behandlung mit den Mitteln der klassischen, technokratischen, in Einzeldisziplinen aufgespaltenen Wissenschaft die Gesamtproblematik eher erhöhen als verringern dürfte.[2])
Diese Problematiken machen leicht verständlich, daß neben den klassischen Naturwissenschaften auch den Geisteswissenschaften und den Sozialwissenschaften eine Problemlösungskompetenz einzuräumen ist und ohne oder gar gegen das Individuum Umweltprobleme nicht beseitigt werden können.

Höherer Einklang mit der Natur

In der Wissenschaft herrscht ziemliche Übereinstimmung, daß das Leben auf der Erde vor über dreieinhalb Milliarden Jahren entstanden ist. So alt sind die Überreste primitiver Einzeller, die im südlichen Afrika gefunden wurden. Die Wissenschaft ist weiters der Meinung, daß es seit mehr als zwei Milliarden Jahren grüne Pflanzen gibt und sich vor rund 400 Millionen Jahren ein höheres Leben auf dem Land entwickelt hat. In diesen Zeiträumen entwickelten sich in der Biosphäre Millionen von Ökosystemen und mehrere hundert Millionen Tier- und Pflanzenarten heraus.

Vor etwa 150 Jahren hat sich der Mensch von der bisherigen Versorgungsform getrennt und sich der „Vorzüge" der industriellen Wirtschaft bedient. Die Zeit, in der die Massenproduktion von Gütern das Gesicht der Erde veränderte, beträgt etwa ein Dreiundzwanzigmillionstel des Alters des Lebens auf der Erde. Diese Zahlenrelation überfordert das menschliche Vorstellungsvermögen und bedarf eines Vergleiches:
Legt man das mit 3,5 Milliarden Jahren angegebene Alter der Erde auf eine Weglänge von 3.500 Kilometern um (für jedes Jahr ein Millimeter), was etwa der Entfernung Wien — Bagdad entspricht, so begänne das Industriezeitalter erst 150 Millimeter oder 15 Zentimeter vor dem Ende des Wegabschnittes (also vor dem „Stadttor Bagdads"). Bedenkt man ferner, daß das breitangelegte Wirtschaftswachstum mit seiner Umweltbelastung erst nach dem Zweiten Weltkrieg so „richtig" eingesetzt hat, würde dieser Zeitabschnitt nicht einmal fünf Zentimeter zurückreichen. Nur diesen kurzen Weg- bzw. Zeitabschnitt benötigte der Mensch, um die Natur und sich selbst an den Rand seiner Existenz führen.

Biosphäre in Bedrängnis

In vielen Bereichen ist die Biosphäre durch den Menschen in ernste Bedrängnis geraten. Dabei beginnen die Wissenschaftler erst seit kurzer Zeit, die fragile, dünne Lufthülle um die Oberfläche der Erde, die für jedes Leben erforderlich ist, zu verstehen. Forscher des Umwelt- und Prognoseinstitutes (UPI) in Heidelberg sammelten alle über das „System Biosphäre" bekannten Daten und entwickelten so ein Computermodell, das unter anderem die Stoff- und Energieflüsse in der Natur simulieren kann.[3)]
Die Ergebnisse zeigen auf, welche Leistungen die Biosphäre seit der Entstehung der ersten Lebewesen erbracht hat und erbringt.
Etwa 10^{20} Tonnen Biomasse hat das Leben auf der Erde bisher (als Trockensubstanz gewertet) produziert, eine Zahl, die ausgeschrieben eine Eins mit 20 Nullen ergibt. Die Menge aller vom Menschen bisher industriell erzeugten Güter beträgt dagegen weniger als ein Milliardstel davon.
Auch die Energieflüsse in der Biosphäre stellen den vom Menschen verursachten Energieumsatz in den Schatten. Zur Herstellung der Biomasse und zur Aufrechterhaltung des Lebens fing die Biosphäre bisher etwa 6×10^{19} Tonnen Steinkohleeinheiten Sonnenenergie ein. Das ist 200 Millionen Mal mehr als der gesamte bisherige Energieverbrauch der Menschheit.
Kohlenstoff als Hauptrohstoff der Biomasse-Produktion hat, nach Angaben der Wissenschaftler in Heidelberg, bisher schon rund 600mal den natürlichen Kreislauf als Rohstoff, Biomasse und Abbauprodukt durchlaufen und immer

wieder als Ausgangsmaterial im Produktionsprozeß für neue Lebenszyklen geführt. Dort, wo ein Teil der organischen Substanz aus diesem Kreislaufprozeß herausfiel und in natürlichen Abfalldeponien abgelagert wurde, entstanden fruchtbare Lehmböden.
Völlig unterschiedlich verhalten sich dazu die Produktionsprozesse in der von Menschen gestalteten Welt. Wir haben eindimensionale Produktions- und Lebensweisen geschaffen, die den Grundprinzipien der Naturkreisläufe widersprechen und deren Abfallprodukte nicht immer in problemfreier Form entsorgt werden können.
Zum Atmen „verbrauchte" das Leben bisher rund 10^{20} Tonnen Sauerstoff, ermittelten die deutschen Umweltprognostiker weiters. Wegen der begrenzten Verfügbarkeit bedeutet dies, daß der gesamte Sauerstoff der Atmosphäre, einschließlich des in den Ozeanen gelösten Gases, bisher schon rund 60mal von der „Fabrik Leben" benutzt, in Biomasse eingebaut, wieder ausgeatmet und erneut verwendet wurde. Der Hauptbestandteil der Luft, der Stickstoff, soll dabei sogar schon 200.000mal ein- und ausgeatmet worden sein.
Im Industrie- und Energieumwandlungsprozeß genügt es oft, daß die Luft ein einziges Mal genutzt wird, um aus reiner Atemluft lebensfeindliche und giftige Abgase zu machen.
Ein ähnlich beeindruckendes Bild liefern uns die Heidelberger Forschungsergebnisse über das Medium Wasser. Auch dieses Medium wurde schon tausendemal von Lebewesen aufgenommen, in deren Organismus als Pflanzensaft oder Blut umgewälzt und wieder als Wasserdampf oder Urin ausgeschieden. Trotzdem ist natürliches Wasser auch heute noch genauso sauber und rein wie vor Milliarden Jahren. Wird das Wasser dagegen nur einmal zur Papierherstellung oder in der chemischen Industrie als Lösungsmittel verwendet, ist es als Lebensspender ungeeignet.
Angesichts der großen Leistungen der Biosphäre erhebt sich die Frage, ob die Systemeigenschaften der Natur zu Prinzipien für unsere Wirtschaft und Zivilisation erhebbar sind?
Die Natur gilt in vielfacher Hinsicht als Lehrmeister des Menschen. Alle Gesetzmäßigkeiten können jedoch nicht für uns Vorbild sein. So überleben in der Natur langfristig nur jene Gene, die ihren Trägern die höchste Fortpflanzungs- und Überlebenswahrscheinlichkeit sichern. Diese einseitige Selektion ist zwar gut für das Fortbestehen der jeweiligen Art. Sie ist aber auch für die Entwicklung von Egoismus, Aggression und Grausamkeit gegen Artfremde oder Konkurrenten verantwortlich — Eigenschaften, die aus Relikten unserer biologischen Entwicklung stammen und in der Naturanschauung des Sozialdarwinismus neu ausgeformt wurden. Die Bevorzugung des konkurrie-

renden gegenüber dem kooperativen Verhalten ist eine der Haupterscheinungen in unserer Gesellschaft. Wettbewerb gilt als Antriebskraft der Wirtschaft. Diese Form der Gesetzmäßigkeit der Natur kann nicht Vorbild für den Menschen sein. In den meisten anderen Fällen ist ein höherer Einklang mit der Natur jedoch dringend angeraten.

Umweltethik — eine sittliche Verpflichtung

In jeder ökologischen Diskussion der Gegenwart wird die Forderung nach einem umweltgerechten Verhalten des Menschen laut. Im Zusammenhang damit wird auch die Frage nach der Verantwortung wieder neu gestellt. Einer Verantwortung, die aufgrund der jüngsten gesellschaftspolitischen Entwicklungen zu oft dem Staat überantwortet wurde und nunmehr eine neue Renaissance zu erleben scheint.

Die neue Verantwortung gegenüber unserer Umwelt, die nur von einem sich selbst als frei erachtenden Wesen erwartet werden kann, hat die christlichen und konservativen Weltanschauungsbilder wieder in den Mittelpunkt unserer Gesellschaftspolitik gestellt. Der bedrohliche Zustand unserer Erde hat den Menschen wieder nach überlebensfähigen Ideologien suchen lassen und die untrennbare Verbindung zwischen Freiheit und Verantwortung aufgezeigt. Welche gesellschaftspolitische Entwicklung zu erwarten ist, wenn die Gesellschaft nur die Freiheit fordert und die Übernahme der Verantwortung verweigert, haben die Ereignisse der '68er-Bewegung gezeigt. Heute wollen die Menschen wieder einmal *für* etwas sein und haben genug von einer Anti-Weltanschauung, einem Nihilismus. Für diese alte/neue Weltanschauung wird vielfach der Terminus Neo-Konservatismus verwendet, obwohl sie mit dem Strukturkonservatismus alter Prägung wenig gemeinsam hat. Die augenfälligste Verbindung der umweltorientierten Weltanschauung mit dem klassischen Konservatismus ist die der Verantwortung für Mensch und Natur. Um dieser Verantwortung zum Durchbruch zu verhelfen, bedarf es nach Prof. Bruckmann weder einer „neuen Ethik" noch eines „neuen Menschen", denn diese neue Weltanschauung ist im Begriff des Konservatismus, der Wertvolles bewahren will (conservare), bereits vorgezeichnet und findet sich teilweise auch im Solidaritätsbegriff des Sozialismus.[2])

Noch klarer kommt die Verantwortung des Menschen im Christentum zum Ausdruck, auch wenn der biblische Schöpfungsauftrag: „Seid fruchtbar und mehret euch und füllet die Erde und macht sie euch untertan und herrscht über die Fische im Meer und über die Vögel unter dem Himmel und über das Vieh und über alles Getier, das auf Erden kriecht!" (Gen 1, 28), vielfach falsch interpretiert wurde und so als scheinbarer Widerspruch angesehen wird.

Zunächst soll der Schöpfungsauftrag als Fruchtbarkeitssegen gesehen und nicht mit einem Gebot verwechselt werden. Der Inhalt dieses Segens ist erfüllt, wenn der Mensch als „Statthalter Gottes" die Schöpfung bewahrt, pflegt und sie nach verantwortlichen Möglichkeiten nutzbar macht. Alles, was der Mensch in dieser Schöpfung tut, hat er als Ebenbild Gottes vor dem Schöpfer zu verantworten.[3])

Vor dem 16. Jahrhundert wurde in Europa der wissenschaftliche Rahmen einer noch organischen Weltsicht von zwei Autoritäten geschaffen — von Aristoteles und der Kirche. Im 13. Jahrhundert verknüpfte Thomas von Aquin das umfassende aristotelische System der Natur mit christlicher Theologie und Ethik und schuf dadurch einen gedanklichen Rahmen, der während des gesamten Mittelalters niemals in Frage gestellt wurde. Die mittelalterliche Wissenschaft beruhte, im Gegensatz zur heutigen, auf Vernunft und Glauben zugleich, und ihr Hauptziel war eher, die Bedeutung und Funktion der Dinge zu verstehen, als sie zu beherrschen.

Die Interpretation des Schöpfungsauftrages durch die frühe Kirche beschritt, angesichts der mythologischen Vergöttlichung des Kosmos durch die Griechen und dessen Verurteilung durch die Gnosis, einen anderen Weg, der in der antiken Welt befreiend gewirkt haben muß.[4])

Der abendländische Mensch begann, angesichts der höchst unbefriedigenden wirtschaftlichen und medizinischen Versorgung infolge Krieg und Seuchen, seit der Renaissance sein Heil in der Vernunft und in einer neuen Weltbeherrschung zu suchen. Die mittelalterliche Vorstellung von einem organischen und spirituellen Universum wurde durch das Bild von der Welt als Maschine ersetzt. Diese Entwicklung ergab sich aus den revolutionären Erkenntnissen in der Physik und Astronomie, die in den großen Leistungen eines Kopernikus, Kepler, Galilei und Newton ihren Höhepunkt fanden. Besonders die vom englischen Staatsmann und Philosophen Francis Bacon vertretene mathematische Naturbeschreibung und die vom französischen Mathematiker und Philosophen René Descartes ersonnene analytische Denkmethode — dargestellt in seinem berühmtesten Buch: „Abhandlung über die Methode" — haben nicht nur das Weltbild im 17. Jahrhundert gestaltet, sondern auch alle Zweige der modernen Wissenschaft beeinflußt. Die Nützlichkeit der kartesianischen Denkmethode für unsere Zeit ist jedoch nur dann gegeben, wenn man sich ihrer Grenzen bewußt ist. Daß die Menschheit die kartesianische Anschauung als absolute Wahrheit und ihre Methodik als einzigen Weg zur Erkenntnis akzeptierte, hat eine wichtige Rolle in der Entwicklung gespielt, die uns in unser gegenwärtiges kulturelles Ungleichgewicht geführt hat.

Mit den neugewonnenen Erkenntnissen der Naturwissenschaften wurde das Verhältnis des Menschen zur Umwelt aus dem jüdisch-christlichen Begründungszusammenhang herausgelöst und die Rolle der Natur ausschließlich nach ihrer Verwertbarkeit beurteilt.
Nicht zu Unrecht fordert der Moraltheologe Virt nicht nur eine Reform der Gesellschaft, sondern auch der Kirche. Seiner Meinung nach müsse sie gründlich umdenken und eine vorrangige Option für die verantwortliche Pflege der Umwelt treffen, analog der Option, die die lateinamerikanische Kirche für die Armen getroffen hat. Der in Unkenntnis der geschichtlichen Ereignisse allgemein geäußerte Vorwurf, daß das Christentum durch den biblischen Schöpfungsauftrag und seine Verkündigung Schuld an der gegenwärtigen Umweltkrise sei, ist in dieser Form nicht zu halten. Vielmehr ist es eine Unterlassung der Kirche, daß sie im Zuge der Säkularisierung die christliche Weltanschauung nicht ökologischer gestaltet hat.

Kirche als Anwalt des Umweltschutzes

Mittlerweile ist sich die Kirche von heute ihrer hohen Verantwortung für den Erhalt des Lebens und der Natur bewußt und ist zum Anwalt des Umweltschutzes geworden. Papst Johannes Paul II. hat in seiner Botschaft zum Weltfriedenstag, der am 1. Jänner 1990 unter dem Motto „Friede mit Gott dem Schöpfer, Friede mit der ganzen Schöpfung" stand, seine Sorge über die zunehmende Umweltzerstörung zum Ausdruck gebracht. Seiner Auffassung nach ist die ökologische Krise eine moralische Krise der heutigen Gesellschaft, wo wirtschaftliche Interessen in den Vordergrund gestellt werden. Für ihn umfaßt das christliche Gebot „Du sollst nicht töten" nicht nur das Leben anderer Menschen, einschließlich des ungeborenen, sondern auch das natürliche Leben. Mit seinem eindringlichen Aufruf: „Tötet nicht, indem ihr auf vielfache Weise eine natürliche Umwelt zerstört", ruft er die Inhalte einer christlichen Umweltethik sehr eindringlich wieder in Erinnerung. In ähnlicher Weise appelliert der Wiener Weihbischof Florian Kuntner an alle Christen, sich für den Umweltschutz einzusetzen.
Die ethischen Grundsätze, wonach jedes Geschöpf — und somit auch unsere gesamte Umwelt — auf seine Weise Gegenstand unserer sittlichen Verantwortung sein soll, müssen mehr als bisher bewußt gemacht werden. Diese Aufgabe kann der Mensch auch eigennützig sehen, denn er ist nicht nur Träger, sondern auch Subjekt dieser Verantwortung. In diesem Sinne wird der Terminus Umwelt gelegentlich in seiner Richtigkeit in Frage gestellt, da der Mensch auch ein Teil der Natur ist.

Wenn heute allerorts mehr Umweltverantwortung als bisher gefordert wird, denken die meisten, dies sei eine Aufgabe des Staates, der Wissenschaft, der Wirtschaft und der Religion. Der einzelne verweigert oft die Übernahme der Verantwortung mit der Begründung, daß die Auswirkungen seines Verhaltens nicht erheblich seien. Diese Begründung darf als Schutzerklärung für das persönliche Versagen, umweltgerechter zu leben, aufgefaßt werden. Vielmehr soll sie zum Abbau der erlebten Unbehaglichkeit, die durch die unterschiedliche Einstellungs- und Verhaltensbereitschaft zum Thema Umweltschutz gegeben ist, dienen. Diese Begründung wird aber auch in quantitativer Hinsicht als Schutzerklärung entlarvt. Würde nämlich im Gegensatz dazu jeder einzelne Konsument sein Kaufverhalten nach ökologischen Gesichtspunkten ausrichten, so könnten mit dieser aggregierten Nachfrage die Produktion und unser Konsumverhalten revolutionär verändert werden. Damit sich Sittlichkeit und Verantwortung auf breitester Ebene entfalten können, müssen sie zuerst bei den kleinsten sozialen Einheiten, dem Individuum und der Familie, Eingang finden. Sozialpsychologisch gesehen, hat nicht die Gesellschaft ein Gewissen, sondern jeder einzelne Mensch. Daher haben wir auch selbst die Verantwortung zu tragen.

Der einzelne und auch die Familie sind auf der Suche und bei der Beurteilung umweltadäquater Lebensstile vielfach überfordert. In Koalition mit Gleichgesinnten können sie Überzeugung und Kraft für einen umweltverträglichen Lebensweg gewinnen, der nicht selten mit Hindernissen gepflastert ist. Während der Staat nur gesellschaftspolitische Rahmenbedingungen vorgeben kann, hat die Kirche großen Einfluß auf die Gewissensbildung. Sie ist aufgerufen, ihr jahrhundertelang bewährtes Bildungssystem in den Dienst der Umweltpolitik zu stellen. Die Verkündigung und Einübung ökologisch geforderter Tugenden kann, wie früher in sozialen Belangen, einen beachtlichen Einfluß auf die Gesellschaft ausüben. Hier bietet sich für die Kirche eine „Neuauslegung" des biblischen Schöpfungsauftrages „dominium terrae" an, der auch als Solidaritätsauftrag einer Wiederverlautbarung bedarf. Angesichts der höchst unterschiedlichen Werthaltungen, hat die Kirche im Umweltdialog der Gesellschaft ihren Dienst auch zur Versöhnung anzubieten.

Wenn der Moraltheologe Virt meint, daß sich die Gesellschaft von der Kirche eine Anwaltschaft für die Schwächsten und Gefährdetsten erwartet, dann bedeutet dies aber auch, daß sie der bedrohten Schöpfung ihre Stimme leihen soll.[4]) Diesem Auftrag entsprachen der Rat der Evangelischen Kirche in Deutschland und die Deutsche Bischofskonferenz in der gemeinsamen Erklärung: „Wir Christen sollten uns angesichts der heute anstehenden Überlebensfragen von Menschheit und Welt und der bitteren Erfahrungen aus der Zeit des Dritten Reiches daran erinnern, daß auch verlegenes Schweigen und unschlüssiges Handeln schuldig machen könne."

Neue Politik für ein Jahrzehnt der Entscheidung

Österreich durchlebte, eingebettet in das Wirkungsgefüge der westlichen Welt, in den Nachkriegsjahren große Veränderungen. Unser Land hat nicht nur seine eigene Identität wiedergefunden, sondern auch eine hohe demokratische Reife erlangt, die weltweit Anerkennung findet. Auf der Grundlage der sozialen Marktwirtschaft haben wir die großen wirtschaftlichen und sozialen Probleme in der Vergangenheit eindrucksvoll bewältigt. Unsere bisherige Gesellschaftspolitik wurde inhaltlich fast gänzlich von den wohlstandsbestimmenden Parametern der Wirtschaftspolitik bestimmt und war in erster Linie auf die Beseitigung von Mangel ausgerichtet, wobei zweifelsohne jedes „Mehr" gleichzeitig ein „Besser" war. Heute stehen wir, angeregt durch die besorgniserregenden Auswirkungen unseres Wirtschaftslebens auf unsere Umwelt und den dadurch geforderten Wertewandel, an der Wende von einer Versorgungswirtschaft zur Entsorgungswirtschaft. Die Nationalökonomen werden zunehmend aufgefordert, unsere Wohlstandsmessung nicht mehr ausschließlich nach quantitativen und monetären Kriterien vorzunehmen, sondern die negativen, externen Effekte mitzuberechnen. Es ist höchst an der Zeit, daß Schäden an der menschlichen Gesundheit oder an der Natur in unserer Sozialproduktrechnung Berücksichtigung finden und unser Wohlstand auch nach qualitativen Merkmalen beurteilt wird. Mit dieser Neudefinition des Wohlstandes könnten wir uns auch von der irrigen Auffassung befreien, daß eine Erhöhung des Einkommens bzw. des Wohlstandes nur über ein Umsatzwachstum zu erreichen ist.

Mit dem Plan der „ökosozialen Marktwirtschaft" wird erstmals der Versuch unternommen, diesen neuen Kenntnissen und Ansprüchen für eine verantwortungsvolle Zukunft Rechnung zu tragen. Dabei wird die Notwendigkeit einer Steuer für den Verbrauch von endlichen und umweltbelastenden Umweltmedien verstärkt vorzutragen sein. Für eine weitreichende Akzeptanz der „Öko-Steuer" wäre der Einführungszeitpunkt und das Ausmaß so zu wählen, daß diese fiskalischen Einnahmen zu keiner zusätzlichen Belastung führen, sondern andere Steuern in gleicher Höhe substituiert werden. Hohe Übereinstimmung besteht darin, daß bei gebührender Berücksichtigung dieser Umweltkosten der vielzitierte Gegensatz zwischen Ökonomie und Ökologie nicht aufrechtzuhalten ist. Für Prof. Bruckmann ist Ökologie Ökonomie in weiterer Sicht.[2])

Die politisch Verantwortlichen in unserem Land sind aufgefordert, nach „neuen" Wegen für eine zukunftsorientierte Umwelt- und Gesellschaftspolitik selbst dann Ausschau zu halten, wenn ihre Vorschläge nicht immer auf ungeteilte Zustimmung stoßen. Die Politik von heute ist, trotz erhöhter Transparenz und Medienberichterstattung, wegen der Komplexität der Probleme für den einzelnen nicht mehr so verständlich, so begreiflich wie früher, wodurch sich vielfach eine tiefgreifende Kluft zwischen politischer Arbeit und Anerkennung durch die Bevölkerung auftut. Aber nicht der Wähler versteht die Politik und damit seine Volksvertreter nicht mehr, auch der Politiker des alten Schlages versteht oftmals den Wähler nicht mehr. Viele Entscheidungsträger sind ratlos, weil in unserem Land große Projekte in Frage gestellt und ihre Realisierung verhindert werden. Gewiß, wir stehen auch heute — 22 Jahre nach der Studentenrevolte — noch einer teilweise organisierten Anzahl von Aktivisten gegenüber, deren vorrangiges Ziel es ist, Kritik und Protest um der Kritik und des Protestes willen vorzutragen. Diese Nein-Sager um jeden Preis sollen uns aber nicht das Verständnis für jene kritischen Stimmen nehmen, denen die Politik unseres Landes wirklich ein Anliegen ist, und die auch bereit sind, das Allgemeinwohl vor persönliche Interessen zu stellen. Die Politiker des neuen Schlages haben längst erkannt, daß der Wähler mündiger geworden ist und am Entscheidungsprozeß — der zunehmend dialektische Formen annimmt — aktiver als bisher teilhaben will, ohne daß er sie aus der politischen Verantwortung entläßt.
Um die große, gesellschaftspolitische Herausforderung in Umweltfragen bewältigen zu können, brauchen wir nicht in allen Fällen neue Wege. Was wir brauchen, ist eine ehrliche Bereitschaft und ein ungebrochener Mut zu diesem neuen Stil der Entscheidungsfindung. Denn eines ist uns spätestens seit den großen politischen Umwälzungen in den osteuropäischen Ländern bewußt geworden, eine Politik, die langfristige Zielsetzungen zum Inhalt hat, geht nicht ohne den Bürger und schon gar nicht gegen den Bürger, sondern nur gemeinsam mit ihm.

Nationale Koalition zum Wohle der Natur

Schließen wir am „Vorabend" eines neuen Jahrtausends eine nationale Koalition zum Wohle der Natur und damit auch des Menschen! Nehmen wir, so wie seit Beginn der Neuzeit feststellbar, das letzte Jahrzehnt in diesem Jahrhundert zum Anlaß, einen schöpferischen Zeitabschnitt einzuleiten![5]) 1492 entdeckte Christoph Kolumbus im Westen der Erde eine „neue Welt". In den neunziger Jahren des folgenden Jahrhunderts verknüpfte Galileo Galilei seine

wissenschaftlichen Experimente mit der mathematischen Sprache zu den Naturgesetzen. Deshalb gilt er auch als Vater der modernen Wissenschaft. Ebenfalls zwischen 1590 und 1610 schrieb Cervantes seinen „Don Quichote", den ersten modernen Roman, und Shakespeare verfaßte die meisten seiner Dramen.
1687 veröffentlichte Isaac Newton seine „Mathematischen Grundlagen der Naturwissenschaft" und schuf damit das Fundament für die Naturwissenschaften. 1789 stürmten die Pariser die Bastille und leiteten damit das Ende des Feudalismus und den Beginn der auf Menschenrecht pochenden Volksherrschaft ein. Die letzte Dekade des 19. Jahrhunderts war geprägt von großen, industriellen Fortschrittshoffnungen. Diese Zeit wurde aber auch von den revolutionären Forschungsergebnissen eines Einstein und eines Freud geprägt. Wird auch diesmal das Ende des Jahrhunderts, das zugleich das Ende eines ganzen Jahrtausends ist, eine Zeitspanne erhöhter Kreativität und beginnender Veränderungen in historischer Form werden?[5])
Der Zukunftsforscher Robert Jungk vertritt die Auffassung, daß der „Fin de siecle-Effekt" ein massenpsychologisches Phänomen ist, auf das sensible und begabte Menschen mit verstärkter geistiger oder politischer Tätigkeit reagieren.
In solchen Tagen geht nicht nur etwas zu Ende, sondern es fängt auch etwas Neues an. Mit einer ausführlichen Retrospektive will der Mensch Bilanz ziehen über Visionen im neuen Zeitabschnitt. Oft bemerken die Historiker erst viel später, wie lange eine gesellschaftsrelevante Veränderung sich schon vorbereitete. Revolutionen sind nicht Ergebnisse von Zufällen und Augenblicken. Auch wenn der schöpferische Zeitabschnitt vor dem Beginn eines neuen Jahrhunderts rational nicht erklärbar ist, er wird auf vielfältige Weise dokumentiert und vielleicht auch diesmal die Menschheit zu großen Leistungen inspirieren. Angesichts der revolutionären, und bis vor einigen Monaten von kaum jemand für möglich gehaltenen, politischen Veränderungen in den sozialistischen Ländern Osteuropas im Jahr 1989 scheint sich diese irrationale Regel zu bestätigen. Möglicherweise treten wir in eine Periode ungeahnter Möglichkeiten.
Nehmen wir uns ein Beispiel an den ungeheuren Leistungen der osteuropäischen Völker, die sie auf der Suche nach politischer Freiheit unter Beweis stellten. Stellen wir, die wir nicht mit der Herstellung demokratischer Verhältnisse beschäftigt sind, unsere Kraft in den Dienst des Umweltschutzes. Unsere Nachkommen könnten mit Genugtuung feststellen, daß wir die gesellschaftspolitische Herausforderung für den Erhalt unserer Umwelt erfolgreich angenommen haben.

Anmerkungen

[1]) Vgl. Fritjof Capra, Wendezeit. Bausteine für ein neues Weltbild. Bern. München. Wien 1982
[2]) Vgl. Gerhard Bruckmann, Megatrends für Österreich — Wege in die Zukunft. Wien 1988
[3]) Vgl. Dieter Teufel, Vom Leben überleben lernen. In: Natur. München. Januar 1990
[4]) Vgl. Günter Virt, Umwelt — eine Gewissensfrage? Analyse, Vision — Folgerungen. In: Für ein Lebensrecht der Schöpfung. Analysen, Visionen und Strategien zur Bewältigung der Umweltkrise. Hrsg. im Auftrag der Kommission Justitia et Pax: D. M. Bauer und G. Virt. Salzburg 1987
[5]) Vgl. Robert Jungk, Das Jahrzehnt der Entscheidung für unsere Welt. In: Natur. München, Januar 1990

Heinrich Neisser

FÖDERALISMUS ALS ZUKUNFTSAUFGABE

Zum Stil der Diskussion

Die Auseinandersetzung um den österreichischen Föderalismus war seit jeher durch ein eigenartiges Spannungsverhältnis geprägt. Auf der einen Seite nahm man für die gewünschte Entwicklung die Maßstäbe aus einem idealtypischen und modellhaften Bild bundesstaatlicher Systeme, auf der anderen Seite mußte man stets eine Wirklichkeit akzeptieren, die erheblich von diesen Vorstellungen abwich und die die Föderalismusdiskussion zu einem Dauerbrenner machte. Die Ursache für diese Schere zwischen Anspruch und Wirklichkeit reicht zumindestens bis zur Entstehung der republikanischen Verfassungsordnung im Jahr 1920 zurück. Der damals zwischen Zentralisten — sie waren in der Sozialdemokratischen Partei dominant — und Föderalisten — sie machten die Hauptströmung bei den Christlichsozialen aus — ausgehandelte Kompromiß enthielt zwar die Bundesstaatlichkeit als Baugesetz der Bundesverfassung, dessen Umsetzung in den Strukturen dieses Grundgesetzes blieb jedoch unvollkommen und mangelhaft. Die bundesstaatliche Substanz blieb jedenfalls eindeutig hinter dem zurück, was in der Schweiz schon vorher Standard war und was im Jahre 1919 durch die Weimarer Verfassung für Deutschland verankert wurde.

Alle Versuche einer Revision dieses Zustandes, die in der Ersten Republik diskutiert wurden, blieben erfolglos. Die Zentralisierung bei der Besorgung der Staatsaufgaben schritt weiter voran; die Idee, den Bundesrat durch einen Länder- und Ständerat zu ersetzen und dadurch das Sprachrohr der Länder aufzuwerten, wurde im Jahr 1929 in die Verfassung aufgenommen, sie blieb aber unerfülltes Programm. Die politische Labilität der Ersten Republik ließ eine bedeutendere Korrektur des „hinkenden" Bundesstaates nicht zu. Jedoch auch in der Zweiten Republik brauchte es lange Zeit, bis der Föderalismusdiskussion einzelne und erste Erfolge beschieden waren.

Um den Stellenwert der heutigen Diskussion verstehen zu können, muß man sich stets bewußt sein, daß der Weg zu mehr Bundesstaat ein historischer Aufholprozeß ist. Wobei man beachten muß, daß die Entwicklung der föderalistischen Strukturen nicht nur im normativ-konstitutionellen Bereich voranschreitet, sondern auch die Entstehung realer politischer Rahmenbedingungen

das Bild des österreichischen Bundesstaates prägt. Man kann mit gutem Grund feststellen, daß die österreichischen Bundesländer trotz eines institutionellen Defizites im Verfassungsgefüge unseres Staates ein bedeutender Machtfaktor im politischen System sind.
Die Balance zwischen dem Bund und den Bundesländern offenbart sich in einer Machtverteilung auf den verschiedensten Ebenen, sie ist das Ergebnis eines permanenten dialektischen Prozesses. Es wäre allerdings falsch, in diesem Zusammenhang die österreichischen Bundesländer als einen homogenen Block mit gleichgerichteten Interessen anzusehen. Der gemeinsame Nenner ist oft sehr schmal. Die unterschiedliche Interessenslage ist durch viele Faktoren begründet. Der Unterschied zwischen dem Westen und Osten unserer Republik ist weitreichend. Dies gilt vor allem für die wirtschaftlichen Gegebenheiten. Dazu kommt die parteipolitische Dominanz, die sich auf die politische Interessenslage auswirkt. Trotz einer wachsenden Eigenständigkeit der Parteiorganisationen in den Ländern engt die allgemeine parteipolitische Linie deren Beweglichkeit zum Teil erheblich ein. Die Bewegung, die der österreichische Wähler in den letzten Jahren in die Parteienlandschaft gebracht hat, wird hier allerdings mittelfristig zu Auflockerungsprozessen führen, die auch die Klammer der Bundesparteien etwas lösen wird.
Vor diesem realpolitischen Hintergrund wird die Diskussion über den Föderalismus eher schematisch und ritualisiert geführt. Sie ist meist eine Auseinandersetzung über die Organisation des Bundesstaates, also seine rechtlichen Strukturen und Rahmenbedingungen, weniger über neue politische Strategien des österreichischen Föderalismus. In der wissenschaftlichen Debatte bedeutet dies eine Dominanz der Juristen, die in der Bundesstaatsreform zumindestens in den wichtigen Anliegen eine Rechtsreform sehen. Die Soziologen und Politikwissenschaftler haben bisher diesem Themenbereich ein marginales Interesse gewidmet. In der politischen Praxis spielt sich die Weiterentwicklung des Föderalismus in eher punktuellen Änderungsstrategien ab. Die von den österreichischen Bundesländern seit Jahren in den politischen Verhandlungsprozeß eingebrachten Forderungen und Vorstellungen, die in den sogenannten „Forderungsprogrammen" artikuliert werden, lassen eine grundsätzliche Perspektive ebenso vermissen wie die vom Bund bezogenen Positionen. Die konkreten Ergebnisse sind daher meist das Resultat eines Abtauschprozesses, eines Interessenkompromisses, der an den Strukturen nur wenig ändert.
Diese Situation hat in der jüngsten Vergangenheit auch noch durch ein Stärkerwerden der Gemeinden zusätzliche Akzente erhalten. Das Selbstbewußtsein dieser dritten Ebene des Föderalismus hat zugenommen und die Rolle der Kommunen als Dialogpartner in der Diskussion gestärkt. Die wesentlichen

aktuellen Probleme der Gegenwart, wie etwa die Europäische Integration, können nur unter Einbeziehung der Interessenvertretungen der Gemeinden behandelt werden.

In Anbetracht der großen Herausforderungen, denen sich der österreichische Föderalismus am Beginn des letzten Jahrzehnts dieses Jahrhunderts gegenübersieht, ist eine Besinnung auf fundamentale Reformen zweckmäßig. Die laufende EG-Debatte mag hiefür ein Katalysator sein, sie sollte aber nicht das einzige Stimulans bleiben. Was not tut, ist eine umfassende politische Konzeption, die von allen Betroffenen — dem Bund, den Ländern und Gemeinden — erarbeitet werden müßte.

Die Föderalismuspolitik der Zweiten Republik

Die Rolle der Bundesländer bei der Wiedererstehung Österreichs im Jahr 1945 war unbestrittenermaßen von historischer Bedeutung. Dies wurde und wird auch allgemein anerkannt. Karl Renner selbst sprach „von der Begründung unserer Republik durch den Zusammenschluß der Länder". Dieser staatspolitische Beitrag fand jedoch in der Föderalismuspolitik der Zweiten Republik in weiterer Folge keine besondere Resonanz. Die Besetzung Österreichs durch die alliierten Mächte führte zu einer ständigen politischen Labilität, die für föderalistische Reformen kaum das geeignete Klima war. Dazu kam, daß die bis 1966 regierende große Koalition die Tendenz zum Zentralismus eher noch verstärkte. Fußach war ein drastisches Ereignis, das das Unbehagen über diese Entwicklung zum Ausdruck brachte. Engagierte Föderalisten meinten, daß der Föderalismus in Österreich von Niederlage zu Niederlage schleiche. Die Wende kam Ende der sechziger bzw. Anfang der siebziger Jahre. Eine zunehmende Solidarität der Bundesländer führte zu einer stärkeren Dynamik in deren Verhältnis zum Bund.

In den schon erwähnten „Forderungsprogrammen" konkretisierten die Länder — vertreten durch die Landeshauptmänner — ihre Wünsche und Vorstellungen. Damit wurde eine operative Basis für langjährige Verhandlungen geschaffen. Das Ergebnis schlug sich in Bundesverfassungsnovellen nieder, die in einzelnen Bereichen zu einer Stärkung der Bundesländer führten. Der kooperative Bundesstaat erhielt eine neue Facette durch die Möglichkeit, zwischen Bund und Ländern eigene Vereinbarungen — eine Art von Kooperationsverträgen — abzuschließen. Der Bundesrat wurde dadurch aufgewertet, daß Kompetenzverschiebungen zwischen Bund und Ländern nur mit seiner ausdrücklichen Zustimmung erfolgen können. Und schließlich wurde mit Anfang 1989 den Ländern eine gewisse außenpolitische Autonomie dadurch eingeräumt, daß sie nunmehr in den Angelegenheiten ihres Wirkungskreises mit Nachbarländern oder Regionen angrenzender Staaten internationale Verträge abschließen können. In einer Zeit, wo der grenzüberschreitende Regionalismus rasant an Bedeutung zunimmt, besitzt dieses Instrument besondere Aktualität.

Alle diese Schritte werden von manchen als Zeichen eines „Frühlingserwachens“ des österreichischen Föderalismus gedeutet. Für Euphorie besteht allerdings wenig Grund. Die erwähnten Fortschritte sind das Ergebnis eines mühevollen Ringens, das vor allem die notwendigen Strukturreformen unberührt ließ. Zu diesen zählen im besonderen eine Neugestaltung der Aufgabenverteilung und eine substantielle Änderung der finanziellen Beziehungen zwischen Bund und Ländern. Daß man diese Reformziele in Zukunft nicht außer acht lassen wird können, wird aufgrund der internationalen, vor allem der weiteren europäischen Entwicklungen nötig sein. Eine Modernisierung des Staates verlangt nicht nur Anpassungen, sondern die Schaffung von Ausgleichsmechanismen im föderalistischen System, und zwar in politischer, wirtschaftlicher und finanzieller Hinsicht.

Neue Dimensionen der Entwicklung

Bereits am Beginn meiner Ausführungen habe ich auf die historisch begründete Situation hingewiesen, in der sich der österreichische Föderalismus auch heute noch befindet. Der daraus resultierende Nachholbedarf ist jedoch wenig geeignet, den modernen und zukunftsorientierten Herausforderungen gerecht zu werden. Diese rechtfertigen föderalistische Konzepte weniger durch die Anknüpfung an Regionen, die durch ihre kulturelle und sozioökonomische Eigenart gleichsam als natürliche Gebilde bestehen, als vielmehr durch die Erkenntnis, daß eine Philosophie der Dezentralisierung das einzige Mittel ist, um die Entstehung von bürokratischen Großräumen und technokratischen Machtsystemen zu verhindern.

In der europäischen Diskussion der letzten Jahre werden daher Föderalismus und Regionalismus zunehmend Begriffe, die mit der Gewährleistung der regionalen Autonomie in verstärktem Maße individuelle Freiheit in Gemeinschaft sichern sollen, wobei festzuhalten ist, daß eine Gleichsetzung beider Termini, nämlich Föderalismus und Regionalismus, eine Verfälschung des Föderalismusgedankens wäre. Zweifellos braucht der Föderalismus ein gewisses Maß an Tradition, um sich als Strukturprinzip staatlicher Ordnung zu bewähren. In dieser Hinsicht könnte ein immer stärker werdender Regionalismus in den, von der historischen Entwicklung her gesehen, eher zentralistischen europäischen Ländern eine Art Vorstufe zu einem zukünftigen Föderalismus sein.

Für den österreichischen Föderalismus ist jedoch die Ausgangslage eine andere. Sein Dilemma besteht darin, daß er einerseits in seiner realen Konzeption erhebliche Defizite aufweist, andererseits aber durch neue, zentralistische Tendenzen, die sich vor allem aus der Entwicklung in den Europäischen Gemeinschaften ergeben, in seiner Wirksamkeit bedroht erscheint. Unter diesen beiden Prämissen ist es notwendig, eine grundsätzliche Reform des Föderalismus zu planen und in Angriff zu nehmen. Sie müßte drei allgemeine Ziele verwirklichen:

1. Die Glieder der bundesstaatlichen Struktur müssen bei der Besorgung ihrer Aufgaben weitgehende Autonomie besitzen. Da sich der moderne Bundesstaat als Trias von Bund, Ländern und Gemeinden versteht, muß auf allen Ebenen diese Autonomie gewährleistet sein.
2. Für die Verteilung der Aufgaben ist auch weiterhin das für den Föderalismus klassisch gewordene Subsidiaritätsprinzip maßgebend. Das bedeutet eine sachgerechte Machtverteilung nach oben und unten in einer Form, die das Eingreifen übergeordneter Instanzen erst dann ermöglicht, wenn die Dimension der zu lösenden Probleme tatsächlich die Kapazität und Kompetenzen der autonomen Gliedorganisationen zu sprengen droht. Eine prinzipielle Neuaufteilung der Aufgaben zwischen den drei genannten Ebenen müßte diese Subsidiarität anhand der neuesten Entwicklungen und Notwendigkeiten untersuchen und dementsprechend ein modernes Modell für die Dezentralisierung von Staatsaufgaben erarbeiten.
3. Neue Organisationsformen der Kooperation und Koordination zwischen den bundesstaatlichen Ebenen werden notwendig werden. Dabei kann an bestehende Einrichtungen angeknüpft werden. Die seit langem geführte Diskussion über die Aufwertung des Bundesrates, d. h. ein verstärktes Mitspracherecht der zweiten Kammer im Gesetzgebungsverfahren des Bundes zur Wahrung der Länderinteressen, muß zu einem Ergebnis gebracht werden. Die Gleichwertigkeit der Bundesländer im bundesstaatlichen System verlangt dabei eine zahlenmäßig gleiche Vertretung aller Länder in dieser gesetzgebenden Körperschaft.

Die organisatorischen Überlegungen sollten aber noch weiter gehen. In der politischen Wirklichkeit ist das Zentrum der Repräsentanz der Bundesländer die sog. Landeshauptmänner-Konferenz. Sie ist nirgends rechtlich verankert, spielt aber in der österreichischen Föderalismuspolitik eine dominante Rolle. Kaum zur Geltung kommen die Länderparlamente, die Landtage. Ihre Rolle im föderalistischen Prozeß ist eher bescheiden. Für die Gemeinden und Städte bestehen Repräsentativorgane im Österreichischen Gemeindebund und im Österreichischen Städtebund. Auch diese sind ihrer juristischen Natur nach

Vereine, sie haben allerdings seit 1. Jänner 1989 ein verfassungsrechtlich verankertes Recht der Interessenvertretung ihrer Mitglieder.
Ansonsten gibt es für einige Bereiche politisch vereinbarte Koordinationseinrichtungen zwischen Bund und Ländern, wie beispielsweise die Österreichische Raumordnungskonferenz. Eine gesetzliche Plattform wurde in jüngster Zeit für die vorbereitende EG-Diskussion in Form des EG-Rates geschaffen. Ein umfassendes Diskussionsforum für die Belange des Föderalismus fehlt. Ohne einem Kommissionsfetischismus zu huldigen, schiene es mir doch überlegenswert, eine gesamtösterreichische Plattform zu schaffen, in der sowohl kurzfristige und aktuelle Probleme, aber ebenso längerfristige Perspektiven und Entwicklungsmöglichkeiten des österreichischen Föderalismus diskutiert werden können. Seit dem Jahr 1974 besteht die Möglichkeit, gemäß Art. 15a der österreichischen Bundesverfassung rechtlich verbindliche Verträge zwischen Bund und Ländern abzuschließen. Die Schaffung einer „Föderalismuskonferenz" durch eine derartige Vereinbarung würde eine solche Institution zu einer rechtlich verankerten, ständigen Kommunikationsebene machen, die der Weiterentwicklung der föderalistischen Strukturen neue Impulse geben könnte.

Der „Nervus rerum" des Bundesstaates

Das Finanzwesen im Bundesstaat ist durch die „verbundene Finanzwirtschaft" geprägt. Die finanzielle Autonomie der einzelnen Teile ist in ein System der Teilung der Einnahmen und der Ausgaben eingegliedert, durch das eine weitgehende Einheitlichkeit in der Finanzplanung und in der budgetären Vorsorge garantiert werden soll. Die Aufteilung der Mittel erfolgt nach bestimmten, in der Finanzverfassung festgelegten Grundsätzen, der konkrete Verteilungsmechanismus erfolgt im Finanzausgleich, einem in bestimmten Zeitabständen errungenen Kompromiß zwischen den Partnern. Vom Konzept her gesehen, zeigt sich in der Regelung der finanziellen Beziehungen die zentralistische Schwergewichtigkeit. Die Abgabenhoheit liegt im wesentlichen beim Bund, Länder und Gemeinden partizipieren am Abgabenertrag nach dem im Finanzausgleich festgeschriebenen Verteilungsschlüssel.
Angesichts dieser Sachlage ist es geradezu selbstverständlich, daß die Bundesländer in ihren Forderungsprogrammen auf eine Erweiterung ihrer finanziellen Autonomie drängten, interessanterweise war aber dieser Teil des Forderungspaketes nie ein Teil der konkreten politischen Verhandlungen. Dies liegt vor allem darin, daß eine grundsätzliche Diskussion über die Aufgabenverteilung bisher vermieden wurde. In Zukunft kann allerdings eine sinnvolle Weiterentwicklung des Föderalismus nur stattfinden, wenn dieses heiße Eisen

angegriffen wird. Eine Reform in der Aufgabenverteilung bedingt auch Änderungen in der Ausgaben- und Einnahmenverteilung. Ziel muß auch hier eine Stärkung der Autonomie im Bereich der Länder und Gemeinden sein. Die eigene Abgabenhoheit ist ein Wesensmerkmal der Gliedstaatlichkeit im Bundesstaat. Sie würde obendrein die Transparenz zwischen Aufgabenerfüllung und Finanzierbarkeit für den Bürger und Steuerzahler erhöhen.

Eine verstärkte Föderalisierung der Finanzordnung bewirkt einen sichtbar werdenden Zusammenhang zwischen Aufgabenverantwortung und Finanzierungsverantwortung und verstärkt dadurch die demokratische Dimension der Finanzordnung. Der Bürger, der zu seinem Bundesland oder seiner Gemeinde ohnehin in einem besonderen Naheverhältnis steht, würde dadurch Voraussetzungen und Konsequenzen besser erkennen und beurteilen können.

Die europäische Herausforderung

Die europäischen Annäherungsbestrebungen — und hier besonders die Europäische Wirtschaftsgemeinschaft — werden den Föderalismus vor neue Herausforderungen stellen. In den bisherigen Diskussionen wurde immer wieder die Befürchtung artikuliert, daß gerade die europäische Integration zu einem Substanzverlust des Föderalismus führen wird. Derartige Äußerungen finden sich vor allem in den Debatten in der Bundesrepublik Deutschland, dem einzigen Mitgliedstaat der EG mit einer ausgeprägten, historisch gewachsenen bundesstaatlichen Struktur. Daß aber auch innerhalb der EG Mitgliedstaaten den Weg zum Föderalismus beschreiten, beweist Belgien, das durch eine Verfassungsreform föderalistische Ordnungsstrukturen zur Lösung der Volksgruppenrivalität geschaffen hat. Das Königreich wurde in einen Bundesstaat mit drei relativ eigenständigen Regionen umgewandelt, die vor allem eine weitgehende finanzielle Eigenständigkeit besitzen.

Die europäische Zukunft scheint allerdings weniger in einem ausgeprägten Föderalismus als in einem zunehmenden Regionalismus zu liegen. Guy Heraud, einer der bedeutendsten Ethnikwissenschaftler Europas, tritt seit langem für ein Europa der Regionen ein und sieht darin den besten Weg, die Grenzen der Nationalstaaten zu überwinden und auf grenzüberschreitende politische Strategien hinzuwirken, die die Existenz der kulturell gewachsenen, kleinen Einheiten aufrechterhalten.

Tatsächlich scheint der Gesichtspunkt der grenzüberschreitenden Regionalpolitik vor allem auch für Österreich von zukunftsweisender Bedeutung zu sein, und zwar sowohl in Richtung Westen als auch in Richtung Osten. Die Arbeitsgemeinschaften Alp und Alpen-Adria besitzen hier eine essentielle

Funktion. Sie tragen seit Jahren dazu bei, das Verständnis für den grenzüberschreitenden Regionalismus zu wecken und zu verstärken.
Tendenzen innerhalb der Europäischen Gemeinschaften zu einem stärkerwerdenden Zentralismus sind nicht von der Hand zu weisen. Im EWG-Vertrag sind mit dem Rat und der Kommission in Brüssel zentrale Organe geschaffen worden, denen eine nicht unerhebliche Steuerungsfunktion gegenüber den Mitgliedstaaten eingeräumt ist. Deutlich wird das an den Beispielen der Wirtschaftsförderung, aber auch im Subventionssystem und im Vergabewesen. Um so mehr wird es notwendig sein, im Rahmen einer europäischen Föderalismus-Politik sich des spezifischen Potentials der Regionen bewußt zu werden. Ansätze hiefür sind in konkreten einzelnen Programmen enthalten, die der Rat der Regionen Europas, beispielsweise für den Austausch jugendlicher Berufsanfänger sowie in einem gemeinsamen Planungs- und Forschungszentrum für einen innovativen Einsatz der Technologien, entwickelt hat.
Wie die Zukunft des Föderalismus in Europa, vor allem im Hinblick auch auf die durch die EG bedingten Veränderungen, ausschauen wird, kann nur ungenau vorausgesagt werden. Auch in dieser Hinsicht wird sich in den kommenden Jahren noch viel ändern. Der derzeitige Präsident der Kommission, der Franzose Jacques Delors, hat bei einem Treffen mit den Ministerpräsidenten der Bundesrepublik Deutschland im Mai des Jahres 1988 drei Feststellungen getroffen, die mir von grundsätzlicher Bedeutung zu sein scheinen. Er unterstrich zunächst, daß man innerhalb der EG von dem Dualismus zwischen Ländern und Gemeinschaft (das bedeutet gleich die Zentrale) wegkommen sollte. Die Idee des Dualismus, daß es nämlich zwei verschiedene und gegenläufige Strömungen gäbe, sei durch die Idee der Komplementarität zu ersetzen, dies bedeute, daß gemeinsam mitgestaltet und mitbestimmt werden soll. Er hat aber zweitens auch eine Garantie ausgesprochen, als er ausdrücklich meinte, daß die Gemeinschaft die Eigenstaatlichkeit der deutschen Bundesländer respektiere und in keiner Weise die Absicht habe, den Bundesländern Kompetenzen wegzunehmen.
Und er hat schließlich, drittens, unterstrichen, daß man auf die Lernfähigkeit und die Lernbereitschaft der Gemeinschaft vertrauen solle. Die Gemeinschaft habe ein vitales Interesse am Fortbestand des deutschen föderativen Systems und werde dieses System nicht in Frage stellen.
Das, was Delors für den deutschen Föderalismus betont hat, kann man mit gutem Grund auch als Maxime für künftige Mitglieder der Europäischen Gemeinschaften annehmen, die in ihrer innerstaatlichen Struktur föderalistisch geprägt sind. Ich meine sogar, daß es in Zukunft zu einer größeren Sensibilität für föderalistische Probleme auch bei den Zentralorganen in Brüssel

kommen wird. Bundesstaaten innerhalb der EG können in weiterer Zukunft eine Leitbildfunktion für die Föderalisierung und Regionalisierung besitzen. Der Föderalismus muß keineswegs zu einer Verlangsamung der Verdichtung im europäischen Prozeß führen, er kann vielmehr Motor für den Einigungsprozeß sein.

Dieser Beitrag wird zu einem Zeitpunkt geschrieben, als im Osten Europas sich von Tag zu Tag enorme und völlig unerwartete Veränderungen ergeben. Wie die Entwicklungen wirklich weitergehen werden, ist heute ungewiß. Es scheint mir jedoch die Anmerkung notwendig zu sein, daß letztlich auch die europäische Föderalismuspolitik nicht nur von den Determinanten im westlichen Teil dieses Kontinents bestimmt wird, sondern daß auch eine weitere Entwicklung in Osteuropa ganz Entscheidendes zum Entstehen eines neuen europäischen Föderalismus und Regionalismus beitragen kann.

Norbert Leser

KIRCHE UND POLITISCHE PARTEIEN

Da die Kirche ihrer Stiftung und ihrem Wesen nach eine übernatürliche Anstalt ist, deren Funktion darin besteht, die Menschen auf ihrer irdischen Wanderschaft zu begleiten und in das kommende Gottesreich, dessen Anbeginn und Verheißung sie selbst ist, zu geleiten, kann und darf sie sich mit keiner anderen Institution, die ihrem Wesen und Auftrag nach nur säkulare Aufgaben erfüllt, identifizieren. Sie muß aber dessenungeachtet eine Beziehung zu den ihr Wirken umrahmenden Institutionen herstellen, sich um ein geordnetes Verhältnis zu den irdischen Einrichtungen bemühen. Darüber hinaus ist es der Auftrag der Kirche, sich mit ihrer Botschaft an alle Menschen zu wenden und möglichst niemanden auszuschließen. Auch aus diesem Grunde ist die Kirche gezwungen, den bestehenden Organisationen des menschlichen Zusammenlebens Beachtung zu schenken und sich mit ihnen zu arrangieren, sind es doch die der Kirche anvertrauten Menschen, die nicht nur in ihr, sondern auch in anderen Institutionen leben und wirken, Institutionen, die der Kirche an Rang nachstehen, an gesellschaftlicher Nähe und Ingerenz ihr aber vielfach überlegen sind. Die Kirche muß ihrem Grundverständnis und dem Wortsinn ihres Namens nach für alle da sein und daher Menschen wie Institutionen ansprechen und sie nicht links bzw. rechts liegenlassen.

In besonderer Weise ist es der Kirche aufgegeben, eine richtige Positionsbestimmung gegenüber dem Staat zu finden, der als societas perfecta gleich ihr eine direkte Beauftragung von oben hat, um den Menschen Schutz und Sicherheit zu gewähren. Wenn der Auftrag der Kirche auch von höherer Art und Ordnung ist, weil er darin besteht, die Menschen und die Menschheit zum Heil zu führen, so hat der Staat doch die nicht minder wichtige Aufgabe, die äußeren Bedingungen für das Überleben und Wohlergehen der Menschen zu schaffen. In gewissem Sinne ist die Tätigkeit des Staates sogar eine vorrangige, da er durch die Aufrechterhaltung der Ordnung auch die Voraussetzung für die Wirksamkeit der Kirche schafft, die außerstande ist, ihre eigene Sicherheit und Ungestörtheit zu garantieren, sondern vielmehr darauf angewiesen ist, die Hilfe und den Arm des Staates in Anspruch zu nehmen.

Das Verhältnis zwischen Kirche und Staat, das im idealtypischen Modell und in der historischen Ausprägung zwischen den Extremen großer Nähe in Form des Staatskirchentums oder des Kirchenstaatstums und großer Ferne in Form von vollständiger Trennung, ja feindseliger Bekämpfung schwankt, ist sowohl für die Kirche als auch für den Staat, nicht zuletzt aber auch für die in beiden Sphären angesiedelten Menschen von großer Bedeutung. So klar uns heute das Ideal der freien Kirche im freien Staat zu sein scheint, es hat mannigfacher historischer Kämpfe und Irrtümer bedurft, um zu einer beide Teile zufriedenstellenden Lösung zu gelangen. Und auch in den Ländern, in denen eine ideale Form der Kooperation inmitten der notwendigen Distanz erreicht ist, gibt es Trübungen und Schwierigkeiten, hängt es immer wieder von den Menschen und der neuen Generation, die heranwächst und nachrückt, ab, ob der prinzipiell erreichte Standard aufrechterhalten wird oder Rückschläge und Rückschritte eintreten. Alles Menschenwerk ist, auch wenn es sich auf göttliche Dinge bezieht, widerruflich und provisorisch, daher bedarf es immer wieder zusätzlicher Anstrengungen, das Erkämpfte zu erhalten und die Errungenschaften zu bewahren. Ohne guten Willen auf beiden Seiten können auch gültige Verträge und Konkordate ihre Bedeutung verlieren, ja zu einer papierenen Fassade werden. So hat das Konkordat, das der Vatikan mit Hitler schloß und das für die Kirche den Zweck des Schutzes ihrer Einrichtungen und Tätigkeiten hatte, leider zwar den von den Nazis angestrebten Zweck erreicht, Hitler international salonfähig zu machen, aber nicht den, die Kirche und die Katholiken vor Bevormundung und Verfolgung zu schützen. Auch in Österreich haben die Vorleistungen der Kirche an die neuen Machthaber 1938 nicht zu den erhofften Gegenleistungen geführt, stand doch auf der anderen Seite ein Partner, dem jede Fairneß und jeder Respekt vor der Sendung der Kirche fehlte, der sich sogar selbst anmaßte, Religion und Kirche durch eine neuheidnische Ideologie zu ersetzen und überflüssig zu machen.

Der demokratische Staat wird durch politische Parteien, die seine Organe besetzen und seine Inhalte bestimmen, konstituiert. Ein Einparteiensystem, so bequem es vom Standpunkt der Machtausübung auch sein mag und so gelegen es der Kirche da und dort auch kommen mag, ist ein Widerspruch in sich, der immer neue Widersprüche aus sich gebiert. Es gehört daher zum Wesen eines Staates, der die Demokratie nicht bloß als Fassade benützt, sondern als Baugesetz versteht, daß er mehrere Parteien zuläßt und fördert. Denn ohne das Wirken von Parteien, die sich um das Vertrauen der Wähler bewerben und verschiedene Programme vertreten, können die Inhalte und Vorstellungen, die der Staat zu verwirklichen und umzusetzen hat, nicht ermittelt, sondern höchstens dekretiert werden. Freilich bedeutet die Tatsache, daß politische Parteien ihre Vertreter in die Organe des Staates entsenden und vor allem die Regierung bilden, keineswegs, daß der Staat nichts anderes ist als die Summe der Parteien und ihrer Einflüsse. So unentbehrlich und legitim das Wirken der

Parteien auch ist, um das Funktionieren der Staatlichkeit zu ermöglichen, so sehr ist auf der anderen Seite die Andersartigkeit und Einzigartigkeit des Staates zu betonen, der ohne die Parteien nicht auskommen kann, sie aber auch überragt und transzendiert. Die Parteien sind es, die die Anliegen der Mitglieder der Gesellschaft und der Gruppen, die diese bilden, an den Staat herantragen und in den Staat überführen. Insofern nehmen sie eine häufig als Transmissionsriemen umschriebene Mittlerfunktion zwischen Gesellschaft und Staat ein, verbleiben aber, auch wo sie in den Staat hineinragen und hineinwirken, grundsätzlich im gesellschaftlichen Vorraum der staatlichen Macht und Hoheit, die sich auch über die Parteien zu erheben und von ihren Ansprüchen loszulösen hat, wo diese die Ausübung der hoheitlichen und schiedsrichterlichen Funktion erschweren und dem Staat zumuten, sich in den Dienst von Sonderinteressen zu stellen, statt seines Amtes als Wahrer allgemeiner Belange zu walten. So erfordert es der Grundsatz der Gleichheit vor dem Gesetz, den der Staat einzuhalten und zu verbürgen hat, daß die Zugehörigkeit zu einer Partei weder ein Vor- noch ein Nachteil sein darf, daß die Gerechtigkeit in der unterschiedslosen Anwendung allgemeiner staatlicher Normen besteht.

Kirche: Nicht auf eine Partei konzentrieren

So wenig sich der Staat mit einer Partei identifizieren darf, wo mehrere bestehen, und so wenig es ratsam erscheint, das Modell einer einzigen Staatspartei zu praktizieren, so wenig sollte sich auch die Kirche in Systemen, in denen mehrere Parteien existieren, mit einer bestimmten identifizieren und ihre Geschicke auf Gedeih und Verderb mit einer solchen verbinden. So bequem und verständlich es im Einzelfall sein mag, eine bestimmte Partei zu bevorzugen oder gar mit dem Monopol der Vertretung kirchlicher Interessen auszustatten, so falsch ist es im Hinblick auf die eigentliche Aufgabe der Kirche, die im paulinischen Sinne allen alles werden sollte, dazu aber außerstande ist, wenn sie zu einer bestimmten Partei ein exklusives Naheverhältnis hat. Freilich hängt es nicht allein von der Kirche, sondern auch von den Parteien ab, in welcher Beziehung die Kirche zu ihnen steht. Insofern hat Kardinal König den ihm fälschlich oft zugeschriebenen Standpunkt der Äquidistanz mit Recht zurückgewiesen, weil es nicht allein von der Kirche abhängt, in welcher Nähe oder Ferne sie sich gegenüber den einzelnen Parteien befindet. Dort, wo die Parteien der Kirche gleich freundlich oder respektvoll gegenüberstehen, ist freilich die Äquidistanz durchaus am Platz. Erst die volle Äquidistanz würde den Katholiken auch die volle Freiheit einräumen, sich in alle Parteien zu begeben und dort zu wirken, ohne ein Opfer an Substanz bringen zu müssen. Es ist die Aufgabe der Kirche, sittliche Prinzipien zu verkündigen, die nicht nur für die individuelle Moral des einzelnen, sondern auch für das Gemeinwesen und das Gemeinwohl, dem dieses zu dienen hat, Auswirkungen hat. Es ist aber nicht Sache der Kirche, selbst die Gebrauchsanweisung für die Verwirklichung der Grundsätze, die sie verkündet, zu liefern und bestimmte gesellschaftliche Lösungen von vorneherein positiv zu sanktionieren oder negativ auszuschließen.

Wo die Kirche dies, wenn auch aus echter Sorge um das Wohl der Menschen, getan hat oder tut, überschreitet sie ihre Kompetenz und beschneidet die Freiheit der Gläubigen, deren gutes Recht es ist, nach ihrem Gewissen zu entscheiden und den Pluralismus, den das Zweite Vatikanum im Raum des Politischen als legitim postulierte, zu betätigen. Klerikalismus im negativen Sinne des Wortes liegt nicht nur dort vor, wo Priester politische Funktionen bekleiden und kirchlich autorisierte Parteien auftreten, sondern auch dort, wo kirchliche Einflußmöglichkeiten und Druckmittel eingesetzt werden, um einer bestimmten Partei und einer bestimmten Lösung zu einem Erfolg zu verhelfen, den sie ohne diese Nachhilfe nicht erzielen könnte. Eine solche direkte Einflußnahme ist eine Grenzüberschreitung der Funktionen der Kirche, eine Beschneidung der gesellschaftlichen und individuellen Autonomie, aber auch eine wettbewerbsverzerrende Maßnahme, die den Geist der Fairneß vermissen läßt. Freilich gibt es Fragen, zu denen die Kirche nicht schweigen darf, ohne ihrem Auftrag untreu zu werden. Welche Fragen dies aber im einzelnen sind, steht nicht von vornherein fest. Oft wurden von der Kirche überholte historische Bastionen in der Überzeugung, daß höchste Güter und letzte Werte auf dem Spiele stehen, verteidigt. Es stellte sich nicht selten heraus, daß man angeblich unaufgebbare Rechte und Privilegien sehr wohl verschmerzen kann. Umgekehrt hat sich oft herausgestellt, daß die Kirche zu Angelegenheiten, die sehr wohl ihre moralische Kompetenz berühren und erfordern, aus Opportunismus oder Feigheit geschwiegen hat. So ist es unbestreitbar, daß die Kirche als solche im Dritten Reich bei weitem nicht alle Möglichkeiten ausgeschöpft hat, um ein unchristliches, ja unmenschliches System herauszufordern und in seine Schranken zu weisen.

Aus diesen Gründen sollte die Kirche Vorsicht walten lassen, welche Frage sie zu Grundsatzfragen erster Ordnung erklärt und für welche Interessen sie bereit ist, auf die Barrikaden zu steigen bzw. ihre Gläubigen auf diese zu kommandieren. Im Zweifel sollte man sich immer für die Freiheit entscheiden und das Notwendige, in dessen Bannkreis die Einheit die Freiheit überwiegt oder aufhebt, auch wirklich auf das Notwendige beschränken und nicht auf vorletzte Ansprüche und Wahrheiten ausdehnen. Wenn die Kirche, als Amtskirche und Hierarchie verstanden, die Pflicht zum Gehorsam auch in Fragen, die keine letzten sind, über die Freiheit stellt, läuft sie Gefahr, dem Klerikalismus zu erliegen und muß sich den Vorwurf gefallen lassen, Fragen, die in den Bereich autonomer Gewissensentscheidung der Gläubigen fallen, an sich zu reißen, ohne in diesem Bereich wirkliche Unfehlbarkeit und Irrtumslosigkeit zu besitzen und unter Beweis stellen zu können.

Fallbeispiel Österreich

Diese allgemeinen und abstrakten Ausführungen bedürfen im Hinblick auf die österreichische Situation einer Spezifizierung. Zugleich ist das Beispiel Österreichs ein Fallbeispiel dafür, daß in jedem Land besondere Verhältnisse herrschen, die die idealtypische Norm der freien Kirche im freien Staat verzerren und behindern bzw. erst auf historischen Umwegen zustande kommen lassen.

Das Verhältnis der Kirche zum Staat war im alten Österreich jahrhundertelang durch die Einheit bzw. das Naheverhältnis von Thron und Altar, von habsburgischem Kaiserhaus und kirchlicher Hierarchie, geprägt. Im letzten Drittel des 19. Jahrhunderts kamen die modernen Massenparteien und politischen Lager auf, die sich trotz aller Stürme der Zeiten und aller Umbrüche der Weltgeschichte bis auf den heutigen Tag in erstaunlicher Kontinuität erhalten haben, wenn auch gerade in der letzten Zeit Transformationsprozesse und das Entstehen neuer Bewegungen zu verzeichnen sind. Die katholische Kirche befand sich in den sechziger Jahren des vergangenen Jahrhunderts im Abwehrkampf gegen den Liberalismus, der die kirchlichen Rechte beschnitt und das 1855 geschlossene Konkordat nach der Unfehlbarkeitserklärung des Papstes 1870 aufhob. Das Herrscherhaus, obwohl eng mit der Kirche verbunden, bot der Kirche keinen ausreichenden Schutz gegen die damals bekämpften liberalen Tendenzen, sondern beugte sich dem Zug der Zeit und stellte sich dem Siegeszug der Demokratie und des liberalen Rechtsstaates, der damals kirchlicherseits noch nicht als Wohltat, sondern eher als Bedrohung empfunden wurde, nicht in den Weg. Die Kirche mußte sich also auch nach politisch-gesellschaftlichen Verbündeten umsehen und fand diese in den achtziger und neunziger Jahren in der Christlichsozialen Partei und in den christlichsozialen Organisationen. Obwohl ursprünglich vom Hof und der kirchlichen Hierarchie Österreichs als radikale Neuerer abgelehnt, erwarben sich die Christlichsozialen, vor allem durch die Person und Ausstrahlung *Dr. Karl Luegers,* der zum Führer und Symbol des katholischen Aufbruches der kleinbürgerlichen Massen, besonders in Wien, wurde, doch das Vertrauen Roms und in weiterer Folge auch des österreichischen Episkopats. Die Christlichsoziale Partei wurde zum Hort des politischen Katholizismus, ja zum verlängerten Arm der Kirche, die nach der Defensivposition in der liberalen Ära mit Hilfe der Christlichsozialen zur Offensive überging. So lehnte sich die Kirche, wo sie nur konnte, an die Christlichsoziale Partei an, wie sich diese umgekehrt der Hilfe der Kirche bediente, die von den Kanzeln, aber auch in Hirtenbriefen, Partei für diese Partei ergriff. Die Kehrseite dieses Anlehnungsprozesses, der einer Verschmelzung kirchlicher mit parteipolitischen Interessen nahekam, war natürlich, daß die Kirche jene Parteien, die ihr kulturpolitisches Programm ablehnten, ja die sich in einem permanenten Kulturkampf gegen kirchliche Ansprüche, vor allem in Fragen der Schule und der Ehe, befanden, ihrerseits ablehnte und mit geistlichen und weltlichen Mitteln bekämpfte. Dies galt vor allem für die Sozialdemokratie, die parallel zu den Christlichsozialen als Massenpartei der industriellen Arbeiterschaft entstanden war und die im kulturellen Bereich das Erbe des aufklärerischen Liberalismis übernommen hatte und es unter marxistisch-sozialistischen Vorzeichen weitertrug. Aber auch die groß- und alldeutschen Parteien und Gruppen standen der Kirche neutral bis feindlich gegenüber und berührten sich in dieser Hinsicht mit der laizistischen Sozialdemokratie.

Dieser Prozeß der Polarisierung der politischen und geistigen Kräfte setzte sich auch nach dem Zusammenbruch des alten Österreich fort, ja erfuhr unter den Bedingungen der Ersten Republik eine Akzentuierung und Dramatisierung. Die Kirche fühlte sich nach dem Wegfall der monarchischen Autorität einer mächtigen Stütze beraubt, und es war psychologisch verständlich, daß sie nach einem Ersatz für die verlorengegangene Absicherung Ausschau hielt und diese in der Christlichsozialen Partei fand, die der Kirche schon bisher nahegestanden war, nun aber erst recht und in vollem Umfang kirchliche Interessenvertreterin und Machtträgerin wurde. Diese enge Verbindung kam schon allein dadurch zum Ausdruck, daß katholische Priester und Prälaten hohe und höchste politische Funktionen bekleideten und die Katholiken zur Loyalität gegenüber dieser Partei, die den Alleinvertretungsanspruch des Katholischen beanspruchte und genoß, aufriefen. Symbol und Mittelpunkt dieser politischen Bindung und Verbindung war *Dr. Ignaz Seipel,* der *der* Mann der Kirche war und das volle Vertrauen Roms hatte, im politischen Leben mehr als ein Jahrzehnt als Bundeskanzler und spiritus rector der Christlichsozialen fungierte. Es ist sehr schwer, nachträglich und gültig zu bestimmen, was bzw. wer Ursache und was bzw. wer Wirkung waren: Jedenfalls bot die politische Landschaft der Ersten Republik das Bild einer fast vollkommenen Polarisierung, in dem die Kirche nicht als Integrationsfaktor der auseinanderstrebenden politischen Kräfte, sondern als Speerspitze und geistliches Haupt der bürgerlichen Lager in Erscheinung trat und dabei auch in Kauf nahm, daß ein Teil dieses Bürgerblockes, nämlich Großdeutsche und Landbund, antiklerikal, aber immerhin antisozialistisch war. Die Sozialdemokratie war in den Augen Seipels und des von ihm dominierten politischen Katholizismus der eigentliche Feind, ja eine massa damnata, die man bekämpfen und vom Staat fernhalten müsse.

Leider tat auch die Soziademokratie viel dazu, um dieses Klischee zu rechtfertigen: Der Verbalradikalismus des Austromarxismus täuschte Freund wie Feind über die Harmlosigkeit dieser Bewegung hinweg, die trotz ihrer radikalen Sprache, die zur Einschüchterung ihrer Gegner und zur Ermutigung ihrer Anhänger diente, im Grunde genommen ein vernünftiges und gemäßigtes Programm der sozialen Reform vertrat, das vor allem im „Roten Wien" historische Gestalt annahm. Der Sozialdemokratie war nicht bewußt, in welch hohem Maße die eigene Programmatik säkularisiertes Christentum war und der christlichen Vorlage einiges verdankte, die Kirche wiederum erblickte in der Sozialdemokratie nur die fremde geistige Welt und die Bedrohung ihrer Ansprüche, ohne zu erkennen, wieviel guter Wille und anonymes Christentum im Wirken der Sozialdemokratie vorhanden waren. Was die Stärke der Sozialdemokratie nach innen ausmachte, nämlich ihr Charakter als begeisternde Ersatzreligion der Massen, war nach außen und im Verhältnis zur Kirche ihre Schwäche, die die Abwehr der Gegenkräfte auf den Plan rief. In gegenseitiger Verblendung und Verkennung leisteten sich Christlichsoziale und Sozialdemokraten den selbstmörderischen Luxus einer Entzweiung, und es bedurfte offenbar erst des Nationalsozialismus und der Auslöschung Österreichs, um den wahren gemeinsamen Feind zu erkennen und die verschüttete Gemeinsamkeit zwischen den großen politischen Lagern zu entdecken. Diese Gemeinsamkeit kam erst nach furchtbaren historischen Umwegen und nach der Abbüßung zerstörerischer Irrtümer zum Tragen. Erst nach dem Zusammenbruch des Dritten Reiches fanden in der Zweiten Republik jene Kräfte, die vordem ihr Heil im Gegeneinander gesucht hatten, zueinander.

Die Kirche hatte schon vor dem Bürgerkrieg, der Österreich 1934 zerriß, bevor es 1938 verschlungen wurde, Konsequenzen aus einer Politik gezogen, die für die Kirche, obwohl von Männern der Kirche und des Glaubens in bester Absicht betrieben, in der Bilanz nicht positiv war. Die enge Verflechtung von Kirche und Staat, von Kirche und Partei, die in der Person Seipels ihren Gipfel erreichte, führte nicht zu der von Seipel gewünschten „Seelensanierung", sondern förderte den Prozeß der Entfremdung Hunderttausender von der Kirche. Es waren nicht zuletzt pastorale Erwägungen, die die Kirche schon 1933 bewogen, die Priester aus dem öffentlichen Leben zurückzuziehen und die Politik aus klerikaler Bevormundung zu entlassen.

Diese Haltung wurde in der Zweiten Republik beibehalten, ja ausgedehnt. Die Kirche hielt nicht nur an der Maxime, daß Priester nicht gleichzeitig politische Funktionen bekleiden sollen, fest, sondern befleißigte sich zunehmend einer darüber hinausgehenden parteipolitischen Neutralität. Sie vermied es hinfort, durch Hirtenbriefe oder andere offizielle Äußerungen in Wahlkämpfe und andere Auseinandersetzungen einzugreifen. Am Mariazeller Katholikentag 1952 kam dieses neue Selbstverständnis der Kirche zum Ausdruck und fand ihre gleichsam programmatische Besiegelung.
Auch die politischen Parteien haben das Ihre dazu beigetragen, um es nicht zur Wiederholung der polarisierten Situation der Ersten Republik kommen zu lassen. Die ÖVP erleichterte die Loslösung vom alten Klerikalismus und politischen Katholizismus schon allein dadurch, daß sie, aus der Not der historischen Kompromittierung der Christlichsozialen mit dem autoritären Ständestaat eine Tugend machend, aber auch aus besserer Einsicht, auf das Hohe C im Parteinamen verzichtete und sich nicht mehr als klerikale Interessenpartei verstand, obwohl das Naheverhältnis der Führungsgarnitur dieser Partei zur Kirche nach wie vor gegeben war und auch der überwiegende Teil der praktizierenden Katholiken in der ÖVP zu Hause war und ist. Doch auch der Hauptgegner von gestern und vorgestern, die SPÖ, hatte einen historischen Lernprozeß durchgemacht und bemühte sich um eine Entkrampfung des historisch belasteten Verhältnisses zur Kirche. Die SPÖ kehrte nicht mehr zur Forcierung des alten Freidenkertums, das jeder Verständigung mit der Kirche im Wege gestanden war, zurück, sondern bemühte sich um programmatische und praktische Neutralität, ja zeigte sich vielen kirchlichen Forderungen, die sie in der Vergangenheit strikt abgelehnt hatte, so der Subventionierung kirchlicher Privatschulen, aufgeschlossen. Besonders *Bruno Kreisky*, obwohl selbst deklarierter Agnostiker, machte sich als Außenminister, aber auch in seinen späteren Funktionen als Parteiobmann und Bundeskanzler, um eine Versöhnung mit der Kirche verdient. Jedenfalls haben sich die Rahmenbedingungen des Wirkens der Kirche in der Ära *Kreisky* nicht verschlechtert, wenn auch die gegen den Willen der Kirche und der ÖVP beschlossene Fristenlösung das auf neue und freundlichere Grundlagen gestellte Verhältnis zwischen Kirche und SPÖ einer ernsten Belastungsprobe unterwarf.
Trotzdem kann man sagen, daß die großen politischen Parteien der Kirche und die Kirche den politischen Parteien heute ganz anders und wesentlich freier gegenüberstehen als es in der Ersten Republik der Fall war. Ob Äquidistanz oder nuancierte Distanziertheit bzw. Nähe: Das politische und kirchliche Leben ist nicht mehr von jenen unheilvollen Prozessen geprägt und umla-

gert, die zum Untergang der Ersten Republik beitrugen. Freilich ist die eingetretene Annäherung und Entemotionalisierung vielfach um den Preis einer allgemeinen Gleichgültigkeit erkauft worden; die Gefahren, die den Parteien wie der Kirche heute drohen und sie in ihrer Substanz gefährden, kommen nicht mehr von außen und manifestieren sich nicht mehr überwiegend in den Konfrontationen zwischen den geistigen und politischen Mächten, sondern kommen von einer internen Polarisierung herauf, die noch dazu im Gegensatz zur Vergangenheit mit einer inneren Auslaugung und Ausblutung einhergeht.

Fritz Csoklich

DIE FREIHEIT BEIM WORT GENOMMEN

Wer über die gesellschaftspolitischen Herausforderungen in Österreich nachdenkt, kann dies nicht ohne Beeinflußung durch die prägenden kollektiven Stimmungen der Gegenwart tun. Über die kollektiven Stimmungen der jeweiligen Gegenwart schrieb Egon Friedell in seiner „Kulturgeschichte der Neuzeit" die bedenkenswerten Sätze: „Jedes Zeitalter hat einen bestimmten Fundus an Befürchtungen, Träumen, Gedanken, Leidenschaften, Irrtümern, Tugenden. Jede Zeit hat ihren charakteristischen Stoffwechsel, ihre besondere Blutzirkulation, ihr spezifisches Lebenstempo, ja sogar ihre individuellen Sinne: Eine Optik, Akustik, Neurotik, die nur ihr angehört. Die Geschichte der verschiedenen Arten des Sehens ist die Geschichte der Welt. Die Wirklichkeit ist immer und überall gleich — nämlich unbekannt. Sie beeinflußt aber stets andere Sinnesnerven, Netzhäute, Hirnlappen, Trommelfelle. Dieses Bild von der Welt wandelt sich mit fast jeder Generation."

Unser aller Erinnerung bestätigt diese Diagnose, denn allein seit 1945 erlebten wir rasch hintereinander Zeiten mit diametral entgegengesetzter Optik, Akustik und Neurotik:

- Da war zunächst der Optimismus der unmittelbaren Nachkriegszeit mit dem unbedingten Willen zum Wiederaufbau, mit der Hoffnung auf eine gerechtere Weltordnung ohne Krieg, mit der Entschlossenheit, eine Wiederholung des Krieges nicht zuzulassen.
- Es folgte der Beginn des Kalten Krieges, und die Spätphase des Stalinismus mit seinen schaurigen Schauprozessen. Im Nu wuchs überall eine schier grenzenlose Angst vor der Zukunft, vor einer totalen, vielleicht sogar mondialen Diktatur, wie sie u. a. George Orwell in „1984" beschrieben hat.
- Als nach Stalins Tod die Entspannung zwischen den Weltmächten zögernd einsetzte, da keimte wieder Optimismus, der bald in Euphorie umschlug, als ein beispielloser materieller Aufschwung einsetzte. Drei Namen kennzeichneten den Höhepunkt dieser Ära: John F. Kennedy, der die Jugend Amerikas zu neuen Grenzen rief, Papst Johannes XXIII., der den dynamischen Prozeß der kirchlichen Erneuerung einleitete und mit der Einberufung des Konzils hochgesteckte Hoffnungen weckte, sowie Nikita Chruschtschow, der einen Kommunismus mit menschlicherem Antlitz versprach. Junge Entwicklungshelfer gingen voll Idealismus daran, auch in der Dritten Welt den Hunger und das

Elend zu besiegen, die ersten Flüge zum Mond wurden zur Apotheose einer fortschrittsgläubigen Menschheit. Der Rationalismus triumphierte in einer zweiten Aufklärung, die „Macher" hatten das Sagen, ihnen traute man zu, auch die schwierigsten Probleme der Menschheit zu lösen.

• Der radikale Gegenschlag, der auch noch in unserer Gegenwart spürbar ist, setzte mit dem Vietnam-Krieg ein. Es kam zur weltweiten Rebellion der Studenten, die alle Grenzen übersprang, und die den Glauben an die technokratische „Machbarkeit" der Welt als Irrglauben entlarvte. Die einen flüchteten sich nun nach innen — in den Zen-Buddhismus, in den Krischna-Kult, zu den Hippies, in den Drogenkonsum. Die anderen glaubten, die Welt nur mit Gewalt, mit Terror zur Umkehr zwingen zu können. Die Rebellion der Studenten brach schließlich zusammen, hinterließ aber grundlegende Änderungen im allgemeinen Bewußtsein: Das Mißtrauen gegen die naturwissenschaftlich-rational geprägte Welt, das durch die düsteren Visionen des Club of Rome und durch den Ölschock eine nachhaltige Bestätigung erfuhr; die Abneigung gegen alle Institutionen; die Skepsis gegen „die da oben"; ein neues Umwelt-Bewußtsein, das Technik und Industrie wieder auf ein menschliches Maß bringen will; ein verbreiteter, bald auch überbordender Irrationalismus, der sich bis in die Peripherien des Hexen- und Teufelsglaubens verlor.

• Das Jahr 1989 wurde schließlich zu einem Schicksalsjahr besonderer Art: In einem Land nach dem anderen erhob sich in Ostmitteleuropa das Volk gegen seine Bedrücker. Der Aufstand begann in Polen, ermutigt durch den polnischen Papst, der die personale Würde jedes Menschen und die kulturelle Tradition seines Volkes als zentralen Punkt seiner Botschaft verkündet hatte. Die Revolution setzte sich fort in Ungarn, dann sprang der Funke auf die DDR über, die Bulgaren erhoben sich, die Tschechen und Slowaken schüttelten die Fremdherrschaft ab, bis sogar das geschundene Rumänien rebellierte. Damit hat Osteuropa seine Fesseln gesprengt, die Ideologie des Kommunismus scheint am Ende zu sein, das rote Imperium zerbricht, sogar in Moskau regt sich der Aufruhr. Die von den „großen Drei" in Jalta befohlene Zwangsordnung für Europa ist zerbrochen, alte Nationalismen erheben ihr Haupt, die Vereinigung der beiden deutschen Staaten scheint nicht mehr aufzuhalten zu sein.

Besondere Herausforderung für Österreich

Für Österreich stellen alle diese Ereignisse in ihrer ganzen Widersprüchlichkeit eine besondere Herausforderung dar. Denn wir Österreicher haben am eigenen Leib und am Schicksal unserer Nachbarn vor unserer Haustür gespürt, was der große kroatische Dichter Miroslav Krleza so beschrieb: „Neben dem klassischen westeuropäischen museal-grandiosen, historisch-pathetischen Europa lebt noch ein zweites, das bescheidene, in die Ecke gedrängte, seit Jahrhunderten immer wieder unterworfene periphere Europa der östlichen und südöstlichen europäischen Völker. Dies sind die Völker im Baltikum, im Donau- und Karpatenraum und auf dem Balkan, denen es bestimmt ist, nicht innerhalb der europäischen Mauern zu leben, sondern antemural, eine Art Glacis bildend gegen die osmanische und mongolische Gefahr und gegen alle anderen Bedrohungen militärischer und politischer Art. In europäischer Sicht ist das Schicksal dieser Völker zwischen Baltikum, Karpaten, Adria und Balkan mit dem westeuropäischen Triumph der nationalen Waffen und Geister nicht zu vergleichen, denn die osteuropäischen Randvölker gehören jener Zivilisation zu, der es nicht vergönnt war, sich nach europäischem Standard zu entwickeln, weil stärkere Mächte ihnen jegliches Recht auf materielle und moralische Existenz bestritten haben."

Jetzt sind alle diese Mauern im weiten osteuropäischen Raum im Begriff zu fallen. Zum ersten Mal seit Jahrzehnten wird auch den Völkern im Osten des Kontinents die Chance geöffnet, an der Entwicklung des Westens voll teilzunehmen. Österreich als ein Land, das fest und unverdrossen im Westen Europas verankert ist, aber ebenso fest und unverbindlich seine Kontakte in den Osten des Kontinents aufrechterhält und pflegt, hat in dieser Stunde eine ganz besondere Aufgabe: Es muß im Westen auf den Osten aufmerksam machen und muß im Osten Kontakte zum Westen herstellen, die durch die lange kommunistische Zwangsherrschaft unterbrochen worden sind.

Das ist ja die außergewöhnliche Chance Österreichs durch die Ereignisse des letzten Jahres: Daß es vom Rand Westeuropas in die Mitte, in das Herz Europas gerückt ist. Prophetisch schrieb der ungarische Historiker György Konrad schon vor einigen Jahren: „Wenn zwischen den Grenzfestungen Kriege geführt werden, geht die Mitte zugrunde. Europa liegt in der Mitte. Budapest, Wien, Prag, Krakau, Berlin liegen in der Mitte . . ."

Von niemandem vorausgesehen, haben die Kriege zwischen den Grenzfestungen im fernen Amerika und im fernen Rußland ein Ende gefunden. Europa zeigt sich wieder wesentlich als Mitte. Und Österreich ist aufgerufen, diese seine Verantwortung neu zu erkennen. Ein Frühling der Hoffnungen bricht somit bei aller möglichen Gefährdung für unser kleines Land an, wenn es nur seine Möglichkeiten erkennt und seine Chancen zu nützen versteht.

Die Voraussetzung dafür ist freilich, daß wir uns in unserem kleinen Österreich nicht in einem kleinkarierten internen Schlagabtausch erschöpfen. Daß wir in einem Wald von Wahlterminen und Problemchen nicht die Bäume der Zukunft übersehen.

Leitgedanken der Zukunft: Freiheit und Frieden

Die Dimensionen dieser Zukunft werden vor allem von zwei großen Leitgedanken bestimmt: vom Pathos der Freiheit und vom Motto des Friedens. Das sind die kollektiven Stimmungen unserer Zeit, die zu einer Synthese einander widersprechender geistiger Bewegungen der letzten Jahrzehnte führen könnten. Zehntausende junger Leute, vor allem in osteuropäischen Ländern, haben diese Entwicklungen beharrlich und jeder Unterdrückung zum Trotz vorbereitet. Sie haben sich zu dem Willen bekannt, Schwerter in Pflugscharen umzuschmieden, und mußten dafür jahrelang Schikanen und Sanktionen aller Art hinnehmen. Jetzt hat dieser Funke die traditionellen Grenzen zwischen West und Ost übersprungen, und auch wir in Österreich dürfen uns dieser Herausforderung nicht verschließen.

Das bedeutet praktisch, daß auch wir Österreicher unser eigenes politisches System prüfen müssen, ob es dem Freiheitsbegriff des auslaufenden zweiten Jahrtausends noch entspricht. Die Tyrannen und Gewaltherrscher im Osten sind vom Volk gestürzt worden. Wer stürzt die Provinz-Tyrannen bei uns, die kleinen Gewalthaber, die in Parteien, in öffentlichen Institutionen, auch in so manchen Betrieben und Familien ihr Regime nach wie vor aufrechterhalten? Die Wut der Massen hat im Osten so mächtige Parteien wie die SED und selbst die KPdSU von ihrem Podest heruntergeholt. Was geschieht nun mit den oft aufreizenden Formen der Parteiherrschaft bei uns in Österreich, wann wird endlich dem Diktat des Parteibuches in österreichischen Ministerien, Kammern, Lehrerzimmern und verstaatlichten Unternehmen ein Ende bereitet? Der Neo-Kolonialismus der Sowjetunion konnte durch den Aufstand vieler Nationalitäten, aber auch durch die individuelle Rebellion zahlloser Sowjetbürger fürs erste gestoppt werden. Wann wird es bei uns in Österreich möglich sein, den Neo-Kolonialismus der hiesigen politischen Parteien zum Verschwinden zu bringen, die durch Verfilzungen und Verflechtungen aller Art immer neue Posten, Wohnbaugenossenschaften oder Sportvereine unter ihr Kommando gebracht haben, und die allzulang nicht bemerkten, wie sehr sie durch diese Politik sich selbst und der Demokratie geschadet haben.

Die Revolution im Osten hat alle Grenzen der Vergangenheit, die zum Teil schwer befestigt waren und unverrückbar schienen, binnen kürzester Zeit überwunden. Wer aber überwindet die Grenzen innerhalb unseres demokratischen Österreichs, die nicht weniger unverrückbar scheinen, die Grenzen zwischen Unternehmern und Arbeitnehmern, zwischen Rot, Schwarz und Blau, zwischen denen, die Arbeit haben, und jenen, die als Arbeitslose, Obdachlose oder Sozialhilfeempfänger in das soziale „Out" geraten sind?

Die Parole der Freiheit, die im Osten zum Einsturz übermächtiger Parteistrukturen führte, wird bei uns im Westen auf unsere Verhältnisse umformuliert werden müssen. Denn es sind nicht nur verkrustete Parteistrukturen, die uns heute im Westen bedrohen. Bei uns in Österreich ist es vor allem das Übermaß an Bürokratie, das die Demokratie oft genug zu einem Zerrbild werden läßt. Diese Bürokratie verhindert in weiten Bereichen ein effektives westliches Wirtschaftssystem zwischen Bodensee und Neusiedlersee, und der Bürokratismus hat sich längst schon in zahllose österreichische Gehirne eingeschlichen: Persönliche Initiative und Einfallsreichtum sind da wenig gefragt, Zivilcourage wird nicht gefördert, Rückversichern zählt zur täglichen Gewohnheit, und vor allem: Die „Obrigkeit" hat immer recht. Damit wird auch bei uns in Österreich endlich aufgeräumt werden müssen.

Das Pathos der Freiheit muß aber auch jene unbegründeten, zum Teil völlig ungerechtfertigten Vorrechte kleiner oder größerer Gruppen beseitigen, die sich bei uns in Österreich in ganzen Bereichen eingenistet haben. Mit einer rechtverstandenen Freiheit ist es unvereinbar, wenn Menschen, die nebeneinander die gleiche Arbeit leisten, ganz verschieden bezahlt werden, weil sie Mann oder Frau sind, und wenn sie nach einem langen Arbeitsleben mit völlig verschiedenen Pensionen in den Ruhestand treten, weil sich eben die verschiedenen Teile unseres Pensionssystems völlig auseinanderentwickelt haben.

Der Aufbruch im Osten wird uns im Westen eine neue Zusammenschau abnötigen. Wir werden Theorie und Praxis, Rationalität und Emotionalität, Weltzugewandtheit und Weltdistanziertheit, Engagement und Meditation wieder zusammenbringen müssen. Darin könnte eine Chance liegen, die unfruchtbar gewordenen Grabenkriege von gestern und vorgestern, auch innerkirchlicher Art, in einer neuen Dimension zu überwinden, und auf die uns gestellten Herausforderungen der Gesellschaft wenigstens ansatzweise einige brauchbare Antworten zu geben. Ein konsequentes Bekenntnis zum Umweltschutz wird in diesem Kontext mit einer sozial gezähmten westlichen Leistungs- und Produktionsgesellschaft in Einklang gebracht werden müssen.

Die kollektiven Stimmungen in Ost und West laufen auf Freiheit und Frieden hinaus. Und gerade der Begriff Freiheit wird nicht nur in Ungarn oder in der DDR, in der Tschechoslowakei oder in der Sowjetunion, sondern auch in Österreich und anderen westlichen Ländern beim Wort genommen.

Heinrich Schneider

ANMERKUNGEN ZUM PROBLEM DER POLITISCHEN KULTUR

1

Der Einladung der Herausgeber, für diese Festschrift einen Beitrag zum Thema „Politische Kultur" zur Verfügung zu stellen, kommt der Verfasser mit großer Freude nach. Der Jubilar ist jemand, dem viele Zeitgenossen Dank schulden, auch der Autor dieses Beitrags. Im Laufe der Jahre gemeinsamer Bemühungen um so manche Angelegenheiten des kirchlichen und des öffentlichen Bereichs hat es immer wieder Situationen und Denkanstöße gegeben, die das Nachdenken über Fragen der Politischen Kultur provoziert haben. Gleich, ob es darum ging, in welcher Form und in welchem Stil Christen ihre Mitverantwortung für die Entwicklung des Gemeinwesens wahrnehmen sollten, oder darum, in welche Richtung sich die politische Bildung in Österreich entwickelt oder entwickeln sollte. Oder um die Frage, wie inmitten gesellschaftspolitischer Auseinandersetzungen Gemeinsamkeiten zwischen den Streitparteien bewahrt werden könnten, ohne daß dies zum Verlust der Sensibilität für grundsätzliche Überzeugungen führt. Die Anlässe und Themen waren vielfältig: die Konfrontation zwischen Älteren und Jüngeren, zwischen Anhängern der Landesverteidigung und Friedensaktivisten, Diskussionen über das Verhältnis von Kirche, politischen Parteien und Gesellschaft und anderes mehr. Immer wieder ergab das Miteinanderreden, das gemeinsame Nachsinnen, daß man sich im Menschlichen wie im Sachlichen gleich gut verstand, sich ähnliche Sorgen machte.

Vielleicht wäre es angebracht, über solche Vorgänge des Nachdenkens und Diskutierens ein Resümee zu ziehen und in Verbindung damit einige persönliche Einschätzungen zu Eigentümlichkeiten der österreichischen politischen Kultur vorzulegen.

Als Theoretiker, als Politikwissenschaftler, hat der Autor dieses Beitrages aber auch in der gemeinsamen Arbeit mit dem Jubilar nicht selten das Engagement im Zeichen der Überlegung abgebremst, daß man doch, bevor man Urteile fällt, Entscheidungen trifft, Aktionen in die Wege leitet, lieber einmal mehr als einmal zu wenig überlegen soll, in welchem umfassenderen, vielleicht auch komplizierten Zusammenhang das jeweilige Problem, das jeweilige Vorhaben steht. Das hat den Freunden manchmal vielleicht das Miteinander nicht gerade bequem gemacht. Aber sie haben es akzeptiert. So möchte der Autor dieser seiner Rolle auch diesmal nicht untreu werden und deshalb einige prinzipielle Anmerkungen zu dem Problemkomplex festhalten, dessen Erörterung die Herausgeber der Festschrift ihm nahegelegt haben.

So soll in den folgenden Abschnitten eher eine Reihe von „Vorüberlegungen" zur Analyse und Charakterisierung der Politischen Kultur Österreichs entwickelt werden:

- Als nächstes wird die gängige österreichische Verwendung des Begriffs knapp vergegenwärtigt (Abschnitt 2).
- Dann wird dargestellt, in welchem Sinn die Politikwissenschaft gelernt hat, sich mit der Erforschung „Politischer Kultur" in den letzten Jahrzehnten zu befassen (Abschnitt 3).
- Daraufhin wird erläutert, in welcher Weise in den letzten Jahren diese „traditionelle", vor allem in den USA entwickelte Politische Kulturforschung in Frage gestellt worden ist und welche weiterführenden Perspektiven sich aufgrund dieser Infragestellung und der dadurch provozierten Revision erschließen (Abschnitt 4).
- Von da aus werden dann einige Fragen und Hinweise im Hinblick auf die Politische Kultur Österreichs zur Sprache gebracht (Abschnitt 5).
- Am Ende wird versucht, dies alles in den geschichtlichen Kontext des Nachdenkens über Politik einzuordnen (Abschnitt 6).

Dem Autor des Beitrags lag natürlich noch vieles auf der Zunge, was nicht zur Sprache kommen konnte. Umgekehrt bleiben viele Dinge, deren Behandlung man vielleicht erwartet hat, unerörtert. Sollte die Diskussion über das Thema dennoch durch diese Überlegungen vorangetrieben werden, wäre das schön. Noch schöner wäre es, würde der Jubilar, dem diese Festschrift gewidmet ist, aus der Lektüre entnehmen, wie wichtig und hilfreich dem Autor viele Gespräche und Auseinandersetzungen gewesen sind, die es in vergangenen Jahren gegeben hat, und wie sehr ihn die Themen und Thesen dieser Gespräche auch weiterhin beschäftigt und angeregt haben.

Daß die Überschrift von „Anmerkungen" zum „Problem" der Politischen Kultur spricht, wird hoffentlich nicht mißverstanden: Es können nicht durchdachte und validierte Ergebnisse umfassender Forschungen vorgelegt werden, sondern — vorerst — Andeutungen über Denkanstöße, die der Autor sich selbst gegeben hat, nachdem er vom Jubilar und einigen anderen Gesprächspartnern auf das Thema gestoßen wurde. Aber hoffentlich ist noch nicht aller Tage Abend . . .

2

„Politische Kultur" gehört in Österreich seit einiger Zeit zu den gängigen Modeformeln. Meist wird sie „e contrario" oder „ad contrarium" verwendet, nämlich in Verbindung mit Klagen oder Anklagen angesichts vordringender oder gar herrschender politischer Unkultur.

Das ist jedoch nicht nur hierzulande so. Auch in der Bundesrepublik Deutschland hat man den „fast ausschließlich . . . polemisch-normativen Gebrauch" des Begriffs in der öffentlichen Auseinandersetzung wahrgenommen — „. . . sei es, daß man einen Mangel an politischer Kultur konstatiert, sei es, daß man Absichten und Handlungen des politischen Gegners vorwirft, Schaden für die Politische Kultur des Landes hervorzurufen."[1])

Dabei können die Akzente verschieden gesetzt sein. Manchen Beobachtern und Kommentatoren erscheint es als politischer Kulturverfall, wenn mit zunehmender Häufigkeit Massenmedien über strafrechtlich relevante Vorwürfe gegenüber Politikern berichten. Schon das kann jedoch unterschiedlich eingeschätzt werden: Man kann etwa daraus Hinweise auf einen moralischen Niedergang der „politischen Klasse" ableiten und in diesem Sinn eine „Krise der Politischen Kultur" diagnostizieren; Politische Kultur wird dann im Sinne von politischem Ethos (genau genommen: als Ausdruck der Moral, möglicherweise sogar einer erwartbaren moralischen Vorbildlichkeit der Politiker) verstanden. Andere werden hingegen eine „Tendenz zur Skandalisierung" als Ausdruck politischer Unkultur betrachten: Nicht tatsächlich strafwürdiges Verhalten von Politikern steht dann im Fokus der Aufmerksamkeit, sondern die Tendenz, entsprechende Vorwürfe als Mittel des politischen Vertrauenswettbewerbs, des Kampfs um Sympathie und um das eigene Prestige über den Umweg einer Diffamierung des politischen Gegners einzusetzen, oder auch einfach als emotional „anreißendes" Anmutungsargument im massenmedialen Wettbewerb um Aufmerksamkeit und um Publikumsinteresse.[2])

Politische Kultur gilt aber nach weitverbreiteter Auffassung nicht erst dort als in Frage gestellt, wo es sich um offenkundige Rechtsbrüche handelt. Oft wird an so etwas wie „politischen Stil" — oder an Stilbrüche und Stillosigkeiten — gedacht, etwa im Umgang mit Konkurrenten, mit Gegnern, mit „Betroffenen" oder mit der Öffentlichkeit.[3]) Auch da muß man mit dem Urteil vorsichtig sein. Was ist wichtig? Gute Manieren sind weder ein hinreichender Ausweis guter Gesinnung noch gar eine Garantie für richtige Problemlösungen. Wenn man der anderen Seite „schlechten Stil" vorwirft, ist das zunächst einmal ein Indiz dafür, daß ein Thema oder ein Argument aufs Tapet gebracht wurde, das einen selbst in Verlegenheit bringt; man ist unangenehm berührt. Eher angebracht ist die Bezugnahme auf „politischen Stil", nämlich eine Betrachtung der Politik unter „stilistischen Gesichtspunkten", dort, wo es ästhetische Bezüge gibt; daß solche in der Geschichte eigentlich immer eine Rolle gespielt haben, vergißt allenfalls jemand, der die Politik als rein zweckrationale Veranstaltung versteht, ein Technokrat — obschon man sagen kann, daß es auch einen „Stil der reinen Sachlichkeit" gibt. Daß es in ihr nie nur um „Herstellung", sondern auch um „Darstellung" von Entscheidungen geht, hat nicht erst Niklas Luhmann erkannt.[4]) Ebenso, daß der politische Lebens- und Verhaltensstil nicht bloß eine belanglose Äußerlichkeit ist, sondern Grundorientierungen der gesellschaftlichen Existenz zum Ausdruck bringt.[5]) Ein sarkastischer Kritiker der „Unkultur", die er „unserem Corpus politicum" zuschreibt, meinte vor einigen Jahren: „Vielleicht waren Politiker zu allen Zeiten eine negative Auslese, aber noch nie waren sie so häßlich angezogen, wohnten in so häßlichen Villen, hatten so banale Ansichten . . ."[6])

Trotzdem gewinnt man, etwa aus dem Versuch, den gemeinsamen Nenner von Politikerreden, Zeitungskommentaren und anderen Bekundungen des gängigen österreichischen Umgangs mit dem Begriff „Politische Kultur" zu finden, eher den Eindruck, es handle sich nicht einfach um Angelegenheiten der ästhetischen Stimmigkeit, gar „Schönheit", aber auch nicht einfach um störende Diskrepanzen zwischen Wirklichkeit und Erscheinung, obschon dies alles aus dem Problemfeld nicht ausgeblendet wird. Andererseits scheint es eine fragwürdige Einengung oder Zuspitzung zu sein, „Politische Kulturkritik" mit Hinweisen auf rechtswidriges Handeln, auf „Skandalisierungs"-Vorgänge oder auf Räsonnements hierüber gleichzusetzen. Die Aufmerksamkeit richtet sich eher auf ein breiteres Feld von „Fehlentwicklungen im politischen System unseres Landes", nicht nur auf „Formen der politischen Auseinandersetzung" einerseits, „Fälle von Korruption" andererseits.[7]) Was aber hierbei den spezifischen Kulturbezug ausmacht, läßt sich selten aus direkten Umschreibungen ableiten, eher aus je konkreten Sachverhaltshinweisen, die mit dem Ausdruck der Sorge und der Mißbilligung verbunden werden. Defizite der Politischen Kultur findet man vorzugsweise in Unzulänglichkeiten politischer Gesittung[8]), in Verhaltensweisen, die dem „Geist" der Demokratie und des freiheitlichen Rechtsstaates widersprechen, ohne schon Rechtsbrüche darzustellen. Insofern gibt es durchaus einen Zusammenhang zwischen Politischer Kultur und politischer Moral, wenngleich die Kriterien für das Richtige eben auch im Blick auf spezifische Sachzusammenhänge des politischen Lebens aufgespürt werden. Es geht denen, die sich über die Politische Kultur Gedanken machen, wohl auch „um die äußeren Umgangsformen im öffentlichen Leben", aber doch vor allem „um die innere Einstellung und die von ihr

bestimmten Verhaltensweisen der im Bereich der Politik Wirkenden sowohl in den politischen Institutionen, in die sie hineingestellt sind, als auch gegenüber diesen", zumal in einem freiheitlichen Rechtsstaat die gesetzlichen Vorschriften niemals „die Verhaltensweisen so eindeutig festlegen" können, „daß alle Umgehungs- und Ausweichmöglichkeiten ausgeschaltet sind".[9]) Da es aber in der Politik nicht ohne Kampf und Konflikt abgeht, und dies besonders in der Demokratie, ist stets die Möglichkeit gegeben, „daß die Institutionen, die empfindliche Gebilde sind, im Auseinandersetzungsprozeß zwar nicht im Sinne eines eindeutigen Rechtsbruchs verletzt, wohl aber durch institutionsfremdes oder gar institutionswidriges Verhalten eingebeult, umgebogen oder verschoben werden". In dieser Perspektive zeigt sich ein Defizit an Politischer Kultur vor allem als „laxe innere Einstellung zu den Institutionen", als „deren unpflegliche Behandlung und mangelnde Respektierung"[10]), aber auch als Geringschätzung derjenigen Prinzipien und sinngebenden Ideen, die gleichsam hinter den Institutionen stehen und deren Sinngehalt sozusagen in Form von Institutionen strukturell auskristallisiert ist.[11])
Ist dies gemeint, so versteht es sich von selbst, daß Erörterungen über die Politische Kultur in aller Regel engagiert unternommen werden, nicht etwa „wertneutral", und daß in der Mehrzahl der Wortmeldungen „Politische Kulturkritik" angeboten wird, wenngleich eine erhebliche Spannweite zwischen milderen und härteren Urteilen verzeichnet werden kann. Längst nicht alle Kommentatoren sprechen so wie manche von einer schlichtweg zu konstatierenden „Verkommenheit" der österreichischen Politik.[12]) Daß umgekehrt alles in Ordnung sei, wird kaum behauptet; kann wohl auch von niemandem erwartet werden.

3

Daß der Ausdruck „Politische Kultur" auch durchaus anders verwendet werden kann, wissen die Adepten der Politikwissenschaft, aber auch die Soziologen. In ihrer Fachdiskussion wird der Begriff, seitdem ihn Gabriel A. Almond als Terminus technicus eingeführt hat, also seit rund 35 Jahren, in der Regel im Zusammenhang von Forschungen gebraucht, die sich dem Anspruch objektiver Wissenschaft unterstellen; „Werturteilen" will man sich dabei eher enthalten, obschon Wertungen und Werthaltungen im Gegenstandsbereich der Politischen Kulturforschung eine zentrale Rolle spielen. Inzwischen ist „Politische Kultur" zu einem Gegenstand und zu einem Arbeitsfeld geworden, das in keinem ernst zu nehmenden Fachwörterbuch unbehandelt bleibt und mit dem sich jeder Student der Disziplin befaßt, wenn auch die ursprünglichen Ansätze inzwischen auf z. T. heftige Kritik gestoßen sind. Worum es in der Politikwissenschaft geht, wenn dort „Politische Kultur“ thematisiert wird, sollte doch wenigstens mit knappen Andeutungen dargelegt werden.[1]) Der zuletzt in Stanford (Kalifornien) lehrende amerikanische Politikwissenschaftler Gabriel A. Almond führte das Konzept um die Mitte der fünfziger Jahre in das politikwissenschaftliche Begriffsrepertoire ein, und zwar in der Absicht, im Rahmen eines behavioristischen Wissenschaftsprogramms die — wie man seither immer wieder formuliert hat — „subjektive Dimension“ des politischen Lebens so zu analysieren, daß sich daraus Erklärungen für die Funktionsweise unterschiedlicher politischer Systeme ergeben.[2]) Der „behavioural approach“, der verhaltensbezogene Forschungsansatz, war zu dieser Zeit in der amerikanischen „Political Science“ dominant. Seine Vertreter waren darauf aus, politische Realität unter Ausblendung normativer, philosophischer, geistesgeschichtlicher, juridischer oder sonstwie der geisteswissenschaftlichen oder historischen Tradition verhafteter Fragestellungen und Methoden zu „erklären“, so wie die Realität der nichtmenschlichen Welt von den Naturwissenschaften erklärt wird. „Intuition“ und „Spekulation“ sollten zugunsten exakter und objektiver, eben wissenschaftlicher Erkenntnis überwunden werden, so wie das eine am naturwissenschaftlichen Erkenntnisgewinnungsmodell orientierte Erforschung des menschlichen Verhaltens schon unternommen hatte. Den unmittelbaren Anstoß zu diesem Vorhaben bildete die Beschäftigung mit der Frage nach den Bedingungen des Gedeihens demokratischer Herrschaftsordnungen. Offenbar genügte es nicht, in irgendeinem Land rechtsstaatlich-demokratische Verfassungsnormen einzuführen und auf staatsbürgerliche Vernunft zu setzen, wie das gängige Theorien liberaler Provenienz nahelegten: Das Verhalten entsprach nicht den Vorstellungen rationaler Interessenverfolgung. Aber auch marxistische Vorstellungen von der Prägung des politischen Handelns durch die Klassenlage erwiesen sich als irrig; andere Orientierungen und Motivkräfte mußten wirksam sein. So jedenfalls stellte Almond die Sache einige Jahrzehnte später dar: Der sozusagen erwartungswidrige Zusammenbruch der Demokratie von Weimar habe die neue Fragestellung provoziert.[3]) Tatsächlich setzte sich der Forschungsansatz auch aufgrund des Interesses an Bedingungen der Möglichkeit demokratischer Regime in der nun zur Selbständigkeit kommenden Dritten Welt durch. Es war klar, daß hierbei historische Traditionen, sozialstrukturelle Bedingungen und kulturelle Prägungen des Verhaltens wichtige Faktoren sein mußten.[4]) Gerade die Andersartigkeit kultureller, gesellschaftlicher und politisch-institutioneller ebenso wie ökonomischer Voraussetzungen ließ es ratsam erscheinen, auf Versuche intuitiven Verstehens und auf die Zugrundelegung westlicher Vorstellungen und Standards zugunsten möglichst „objektiver“ Zugriffe zu verzichten — angesichts der Gefahr, andernfalls im Horizont des je eigenen Vorverständnisses zu einer subjektiv verfälschten Sicht zu gelangen. Eben dies legte die Ausrichtung auf beobachtbares und sozusagen ohne die Zuhilfenahme von sinnbezogenen Vorverständnissen beschreibbares Verhalten — den „behavioural approach" — nahe. Dazu kam, daß gerade zu dieser Zeit Forschungstechniken entwickelt worden waren, mit deren Hilfe es möglich schien, in großem Stil psychologische und sozial-kulturelle Einflüsse auf die Politik, insbesondere auf das politisch relevante Verhalten verschiedener Bevölkerungen und Bevölkerungsgruppen, zu untersuchen.[5]) Man sah die Chance, Fragestellungen und Kategorien, die schon in der herkömmlichen Tradition politischer Philosophien und Theorien entwickelt worden waren, etwa die nach „Nationalcharakteren", nach den Bedingungen und Faktoren der Loyalität zu politischen Systemen, nach der Anpassung oder nach der Inkompatibilität von Weltanschauungen, Lebenshaltungen, Sozialisationsformen einerseits und politischen Ordnungsformen andererseits empirisch anzugehen, über die Sphäre plausibler Vermutungen hinaus zum Gegenstand verläßlicher und überprüfter Erklärungsaussagen zu machen, die dann auch entsprechende Prognosen und den Entwurf gesellschaftspolitischer Strategien ermöglichen würden.

Die Grundthesen des Ansatzes ließen sich folgendermaßen bestimmen:

„1. Politische Kultur bezieht sich auf das Muster subjektiver Orientierungen gegenüber Politik innerhalb einer ganzen Nation oder ihrer Teilgruppen.

2. Politische Kultur hat kognitive, affektive und evaluative Bestandteile. Sie schließt Kenntnisse und Meinungen über politische Realität, Gefühle über Politik und politische Werthaltungen ein.

3. Der Inhalt von Politischer Kultur ist das Ergebnis von Kindheitssozialisation, Erziehung, Medieneinfluß und Erfahrungen im Erwachsenenleben mit den Leistungen von Regierung, Gesellschaft und Wirtschaft.

4. Politische Kultur beeinflußt die Struktur von Regierung und Politik und ihre Leistungen, schränkt sie ein, aber determiniert sie sicherlich nicht völlig. Die Kausalpfeile zwischen Kultur, Struktur und Regierungsleistungen weisen in beide Richtungen."[6])

Hierbei erscheint „Politische Kultur" als eine Dimension oder als ein Aspekt von „Kultur" schlichtweg. Nämlich als derjenige Aspekt (oder anders formuliert: diejenige Teilmenge von kulturellen Sachverhalten), dessen Relevanz für das politische System wissenschaftlich festgestellt werden kann. Die Voraussetzung für diese Betrachtungsweise hat Almond in seinem grundlegenden Aufsatz wie folgt formuliert: „Every political system is embedded in a particular pattern of orientation to political actions"[7]) — jedes politische System ist in ein eigentümliches Gefüge von politischen Handlungsorientierungen eingebettet; das heißt: Es operiert in einer kulturellen Umwelt — oder besser: Die Umwelt, in der es sich befindet und mit der es in Wechselwirkung steht, weist auch eine kulturelle Dimension auf, und diese darf nicht vernachlässigt werden, wenn man Politik analysieren und erklären will.

Soll klar werden, was mit diesen Aussagen gemeint ist und welche Folgerungen sich daraus für das Verständnis der Sache und für den Gehalt und die Tragweite der daraus entwickelten Forschungsansätze sowie für deren Ertrag ergeben, dann sind einige zusätzliche Erläuterungen und Explikationen erforderlich. Insbesondere im Hinblick auf die dabei verwendete Konzeption des politischen Systems — mit der spezifische Erkenntnisperspektiven verknüpft sind — und im Hinblick auf die zugrundeliegenden Vorstellungen über die wissenschaftliche Erfaßbarkeit von „Kultur".

Wie angedeutet, erwuchs die hier dargestellte Perspektive Politischer Kulturforschung im Rahmen eines bestimmten Komplexes sozial- und politikwissenschaftlicher Grundauffassungen.[8]) Maßgeblich war das Bestreben, Analysen kultureller Sachverhalte im Hinblick auf ihre die Politik beeinflussende, mitgestaltende Funktion in das herrschende Paradigma wissenschaftlicher Politikerklärung einzubringen. Das hieß einerseits: Diese Sachverhalte mußten „umgearbeitet" werden — nämlich so, daß sie für ein behavioristisches Realitätsverständnis faßbar werden konnten.[9]) Andererseits aber mußte man sie derart konzipieren, daß sie an das Interpretations- und Erklärungsschema des „politischen Systems" anschließbar, nämlich als Variable im politikwissenschaftlichen Systemmodell fungibel wurden.[10])

Dem ersten Erfordernis wurde dergestalt entsprochen, daß man „subjektive" Sachverhalte als Dispositionen künftigen, manifest beobachtbaren Verhaltens begriff; „Verhalten" seinerseits wird im behaviouralistischen Paradigma[11]) als Adaptierung eines bedürftigen Systems an eine Umgebung, d. h nach dem Modell der Reaktion eines Organismus auf einen Stimulus, gedeutet; „subjektive Daten" werden zu potentiellen Einflußgrößen beobachtbaren Verhaltens umfunktioniert, und nur insoweit dies möglich ist, wird ihnen Relevanz zuerkannt.

Geht es derart um die Analyse menschlichen Verhaltens, korrekter gesprochen: um das Verhalten individueller Akteure, dann ist aus dem Universum möglichen und beobachtbaren Verhaltens im Hinblick auf die Ankoppelung an die politische Systemforschung wiederum nur solches Verhalten relevant, das als „Input" in das politische System fungiert und insofern das zu untersuchende Verhalten des politischen Systems selbst beeinflußt; auch auf dieser Analyse-Ebene wird mithin eine Art Stimulus > Interne Verarbeitung >

Response-Modell zugrunde gelegt (wobei die Outputs wiederum in der Systemumwelt zur Auslösung neuer Inputs führen, was den ganzen Ansatz für die Möglichkeit erschließt, kybernetische Rückkoppelungsvorstellungen zu verwerten). Die Charakterisierung des politischen Systems geschieht durch die Angabe seiner Funktion: der autoritativen Wertezuweisung.[12]) „Inputs" sind insbesondere die in den politischen Prozeß hinein artikulierten Ansprüche („demands"), sozusagen manifest werdende Interessen, sowie als Gegenstück dazu „Unterstützungsleistungen" („supports"), seien sie materieller Art (Steuerzahlungen, Dienstleistungen) oder Akte der Loyalitätsbekundung, die die Aufrechterhaltung des Systems und sein Wirken erleichtern (wozu nicht zuletzt die systemkonforme Stimmabgabe bei Wahlen zählt). Die „Outputs" lassen sich unterschiedlich klassifizieren, etwa anhand der klassischen Unterscheidung von Staatsfunktionen (Normsetzung, Normdurchführung, Normkontrolle), oder durch die Gegenüberstellung von Belastungsentscheidungen („extraction"), Gütervergabeentscheidungen („distribution") und Regulierung („regulation"). Die „Kultur" wird in diesem Kontext als ein Inbegriff von Bestimmungsfaktoren für das Gesamtprofil der „Inputs" begriffen, nämlich als Zusammenhang von Variablen, d. h. als das eine bestimmte Gesellschaft jeweils charakterisierende Spektrum mehr oder weniger stark artikulierter Interessen bzw. mehr oder weniger intensiv in Erscheinung tretender Supports.

Aufs erste mag dies die Frage nahelegen, inwiefern hier überhaupt ein Zusammenhang mit dem herkömmlichen Verständnis von „Kultur" besteht. Zur Beantwortung sei zunächst daran erinnert, daß „culture" im Angelsächsischen ein weitaus weniger wertgetönter Ausdruck ist als „Kultur" im Deutschen, wo meist die Bezugnahme auf „höhere Güter" mitgemeint ist. Sodann aber konnte die amerikanische Politikwissenschaft bei der Erarbeitung ihrer Konzeption von Politischer Kultur auf ein Begriffsgefüge zurückgreifen, das den Anschluß an eine damals herrschende und bis heute einflußreiche sozialwissenschaftliche Kulturtheorie ermöglichte, nämlich auf die Theorie von Talcott Parsons.[13])

Parsons zielt darauf ab, eine Theorie des Handelns zu entwickeln, die weder dem „materialistischen" noch dem „idealistischen" Kurzschluß verfällt. Idealistisch-kurzschlüssig wäre eine Auffassung, derzufolge menschliches Handeln einfachhin die Realisierung geistiger Sinngehalte wäre, unter Ausblendung der Wirksamkeit z. B. materieller Bedingungen und Interessen sowie von Machtverhältnissen und Konfliktkonstellationen. Gesellschaftliche Realität könnte man dann geradewegs „verstehend" begreifen; erklärungsbedürftige Kausalverhältnisse (aufgrund und im Rahmen naturwüchsiger oder machtmäßig bedingter Mechanismen und Wirkungskonstellationen) wären irrelevant oder aufgehoben. Materialistisch-kurzschlüssig wäre eine Auffassung, die menschliches Handeln schlichtweg als Verhalten begreifen wollte, das von äußeren Bedingungen und allenfalls von deren Sedimentierung im Verhaltensorganismus bestimmt und daher kausal erklärbar wäre, unter Ausblendung der Relevanz geistiger Sinngehalte. Es versteht sich, daß Parsons die behavioristische Theorie der Politik ebenso wie eine Erklärung des Politischen, die alles auf die Wirksamkeit von Zwang und Gehorsamsdressur setzt (als typisch erwähnt er in diesem Zusammenhang immer wieder die Doktrin von Thomas Hobbes), in diesem Sinn für unzulänglich hält. Der Mensch ist für ihn nicht nur ein lernfähiges, zur erfolgreichen Bedürfnisbefriedigung konditionierbares und in dieser Perspektive zur Verhaltensoptimierung entwickelbares Wesen, sondern zugleich ein Kulturwesen. Es lebt nicht nur in einer Umgebung von Bedürfnisbefriedigungschancen (und sozusagen gegensinnig die jeweilige Lebenslage „negativ" mitprägenden Gefährdungen, Kostspieligkeiten), sondern in einer „Sinnwelt", die allerdings die Mitglieder einer Gesellschaft miteinander teilen.[14]) Nur dadurch wird Interaktion verläßlich, d. h. Gesellschaft selbsterhaltungsfähig — und folglich soziales Handeln möglich, weil man ja imstande sein muß, sich in der Mitwelt zu orientieren, d. h. Erwartungen aufzubauen, wie sie nur in einer sinnhaft geordneten Wirklichkeit stabilisiert werden können.

Die Sinnwelt ist dabei eine Art Kosmos von symbolischen Bedeutungen, die zugleich der Wirklichkeit sozusagen ein Relevanzprofil geben, in welches freilich auch die „konditional" faßbaren Bedürfnisse mit eingehen.[15]) Diese soziologische Sicht hat übrigens ein Analogon in jener philosophisch-kulturanthropologischen, die Erich Rothacker als den „Satz der Bedeutsamkeit" formuliert hat: „Nur was mich angeht, was mir ‚etwas' ist, d. h. bedeutet, was mein Interesse weckt, was mein Sein berührt, was mir beachtenswert, dann merkenswert, schließlich der weiteren Schritte sprachlicher und gedanklicher Aneignung wert erscheint, wissens-wert-und wissens-würdig, das findet überhaupt Eingang über diese erste und elementarste Schwelle in meine Welt"[16]); aber die Kriterien für das Bedeutsame und Wissenswürdige werden durch die Kultur einer Gesellschaft vermittelt. Max Weber hat dies in spezieller Bezugnahme auf „Kulturwissenschaften" wie folgt hervorgehoben: „Ohne Wertideen des Forschers gäbe es kein Prinzip der Stoffauswahl . . . Und die Werte . . . werden die Auffassung einer ganzen Epoche bestimmen, d. h. entscheidend zu sein vermögen nicht nur für das, was als ‚wertvoll', sondern auch für das, was als bedeutsam und bedeutungslos, als ‚wichtig' und ‚unwichtig' an den Erscheinungen gilt."[17]) Denn „die empirische Wirklichkeit ist für uns ‚Kultur',

weil und sofern wir sie mit Wertideen in Beziehung setzen, sie umfaßt diejenigen Bestandteile der Wirklichkeit, welche durch jene Beziehung für uns bedeutsam werden, und nur diese . . ."[18])
Parsons geht von der Unterscheidung, aber doch auch von der Analogie zwischen der Realitätsrekonstruktion des Wissenschaftlers und der Realitätserfahrung des Menschen in seiner Lebenswelt aus.[19])
Dies heißt aber: Parsons überträgt die Begrifflichkeit, mit der Max Weber die Relevanzgesichtspunkte der Kultur für die wissenschaftliche Analyse zu fassen suchte, auf die Theorie des Handelns: Sinngehalte, Bedeutsamkeitsprofile und damit die Konstitutionsstrukturen für die Kulturwelt werden als „Werte" rubriziert. Weber selbst wurde zur Verwendung dieser Begrifflichkeit nach herrschender Meinung durch den Einfluß der neukantianischen Wertphilosophie gebracht, derzufolge das Verhältnis von Realität und Wertideensphäre als „Beurteilungsverhältnis — im Blick auf Bedürfnis und Lust" zu begreifen sei, so daß die Wertanalyse in der Gestalt einer „Axiologie", einer Schätzungslehre, philosophisch entwickelt werden müsse.[20]) Damit aber wird der Bereich der Werte sozusagen in einen ökonomischen Horizont gebracht. Max Weber hat sich offenbar gegen diese „Umfunktionierung" von sinngebenden Leitprinzipien, Vorstellungen, Symbolkonfigurationen usw. bewußt oder unbewußt gewehrt, wie die Verwendung des Ausdrucks „Wertideen" andeutet. Zugleich vertrat er aber die These von der mangelnden „Wahrheitsfähigkeit" von „Wertüberzeugungen" und Kulturideen, von ihrer letztendlichen Subjektivität und Relativität (d. h. ihrer allenfalls relativen, kulturspezifischen Intersubjektivität) — eben dies veranlaßte ihn angesichts der von seinen erkenntnisphilosophischen Gewährsleuten vertretenen Alternative zwischen „Tatsachen" und „Werturteilen" die Wert-Terminologie zu übernehmen. Dies hatte übrigens für die Politische Theorie tiefgreifende Folgen.[21])
Daß in der Soziologie der Bereich der kulturellen Sinngehalte sozusagen auf die Begriffsebene der „Werte" transponiert wurde, war jedoch besonders konsequenzenreich, weil eben dadurch die Entwicklung des amerikanischen Paradigmas der Politischen Kultur (bzw. ihrer Erforschung im Zusammenhang mit dem politischen Systemvergleich) erleichtert, wenn nicht überhaupt ermöglicht wurde. Dies wurde durch Parsons selbst in die Wege geleitet. Seine Handlungstheorie insistiert auf der „phänomenologischen Handlungssubjektivität"[22]); in dieser Subjektivität kommt der Geist des Akteurs zur Geltung, und die subjektive Relevanz der Situationsgehalte.[23]) Aber worin besteht die hierdurch charakterisierte Unterscheidung des Handelns vom konditionierten Verhalten? Parsons unterscheidet das ökonomisch-adaptive Entscheidungshandeln vom Verhalten eines biologischen Organismus mit dem Hinweis dar-

auf, daß die Situation hierbei vom Akteur durchschaut und eine an Optimalitätskriterien orientierte Wahl getroffen wird.[24]) Doch bleibt ein solches Konzept des Handelns noch „positivistisch". „Voluntaristisch" wird Handeln dann verstanden, wenn unterstellt wird, daß es darüber hinaus von „Werten" und „Normen" mitbestimmt wird, und eben damit von „kulturellen Strukturmustern". „Werte" nämlich determinieren die Wahl zwischen Zwecken, „Normen" die Wahl zwischen Mitteln, und damit wird das Feld möglicher, d. h. zugleich erwartbarer und zulässiger Handlungen eingegrenzt, die Tendenz zur zweckrationalen Optimierung des Handelns wird eingeengt.[25]) Normenkonfigurationen kristallisieren die Wertgefüge in operative Erwartbarkeitsmuster aus, sie gerinnen ihrerseits zu Rollen und Rollenkonfigurationen (womit der Anschluß an einen etablierten Grundbegriff der Soziologie gesichert ist). Sinnweltstrukturen und -gehalte werden somit als wert- und normbildende Faktoren genommen, die die Zweckrationalität eingrenzend, kontrollierend überformen.[26])

Eine solche Funktion der „Überformung" wirkt sich dahingehend aus, daß rein zweckrational erwartbaren Ziel- und Mittelwahlen sozusagen die Legitimität genommen, d. h. Handlungsorientierungen umgelenkt und in diesem Sinn eben so modifiziert werden, daß nun kulturspezifische „Präferenzen" maßgeblich sind. Mit anderen Worten: Die Interpretation kultureller Sinnorientierungen als „Werte" bringt sie in den Horizont von Präferenzordnungen, macht sie zu Instanzen der Vorzugswahl[27]) — sie lassen sich auf eine Skala des relativen Motivationsgewichts projizieren. Damit machen sie sich gewissermaßen nicht mehr in einer die Verhaltensanalyse transzendierenden oder gar aufsprengenden Weise geltend, sondern nur noch als Faktoren der Verhaltenserklärung selbst. Dies heißt also: Die Reduktion von kulturellen Sinnverhalten zu „Werten" funktioniert diese zu „Kräften" um, die die Neigung zu bestimmten Verhaltensweisen mehr oder weniger — womöglich quantifizierbar — verstärken oder abschwächen. Damit steht der Einbringung dieser „Faktoren" in das behaviouralistische Paradigma nichts mehr im Wege: Kulturgehalte werden als Determinationsfaktoren des Handelns genommen, und dieses läßt sich nun auch als (komplex verursachtes) Verhalten begreifen; „Kultur" ist eine Steuerungsgröße, die die Chance des Auftretens bestimmter Verhaltensweisen vergrößert oder vermindert, also als Inbegriff von „Attitüden" szientistisch erfaßt und mithin z. B. auch statistischer Auswertung zugeführt werden kann. Unter dem Gesichtspunkt der politischen Systemforschung erscheint somit auch das Kulturwesen Mensch als ein Bündel von funktional relevanten Umweltvariablen. Während „Werte" tatsächlich als wissenschaftliche Transformationsmittel zur „Umfunktionierung" von Sinnbezügen in Verhaltensdispositionen fungieren, werden sie von Sozialwissenschaftlern, die sich dieser instrumentell-konstruktiven Funktion des Wertbegriffs nicht bewußt sind, sprachlich so behandelt, wie wenn sie wirkliche, sinngebende — orientierende oder moralisch wirksame — Wirklichkeitsgrößen wären; sie werden als „Instanzen" bezeichnet, die „konstitutiv" für den „Bereich der Kultur und der Institutionen" seien, „innerhalb derer Individuen handeln"; es wird behauptet, sie würden eine „Selektionsleistung . . . erbringen", und im Akte der Anerkennung würden sie „ihre reale Existenz gewinnen".[28])

Zu welchen merkwürdigen Darlegungen diese Reifizierung des Präferenzindikators „Wert" führen kann, sei schließlich an einem Zitat gezeigt, das einem recht bekannten politisch-soziologischen Buch eines Parsonianers entnommen ist:
„Werte sind sowohl Erklärungen einer sozialen Situation (ob die Erklärung kausal oder mythisch ist, tut nichts zur Sache) als auch Maßstäbe eines Handelns, das geeignet ist, eine gewünschte (hoch bewertete) Auflösung oder Bewältigung der Situation herbeizuführen. Sie erklären zum Beispiel, warum ein kastenloser Hindu (ein ‚Unberührbarer') die verachteten Arbeiten verrichten muß, die ihm in der indischen Arbeitsteilung zugewiesen sind (er hat in einer früheren Inkarnation ein Verbrechen begangen); und sie sagen ihm auf abstrakte Weise, wie er sich in seiner jetzigen Stellung verhalten soll (sein Los hinnehmen) und sich damit den Weg zu einem besseren Status in einer späteren Inkarnation bereiten . . ."[29])

Tatsächlich „sagen" natürlich Werte („Bevorzugungsgesichtspunkte") gar nichts, sie sind auch als solche „grundsätzlich indiskutabel"[30]), und erst recht geben sie keine Erklärungen im Sinne von Antworten auf die Frage, „warum" jemand eine bestimmte Handlungsweise für sinnvoll hält. Was der zitierte Autor ihnen zuschreibt, ist vielmehr der Inhalt von „Sinnwelten", der bei deren Umfunktionierung zu „Werten" absichtlich ausgeblendet wird. Nur wer die Vorstellungen, die in der hinduistischen Gesellschaft über den Sinn des menschlichen Lebens, über die Abfolge von Inkarnationen, über die Auswirkungen bestimmter Handlungsweisen auf das eigene Schicksal nach dem Tode, über die Voraussetzungen und Konsequenzen des Kastensystems usw. sich oder anderen verständlich machen kann, ist imstande, das zu „erklären", was hier angeblich „Werte", wie wenn sie Texte oder gar sprachfähige Wesen wären, „sagen".

Die an die behaviouralistische Theorie der politischen Systeme und des politischen Verhaltens angekoppelte Politische Kulturforschung versucht also, ohne „Hermeneutik", ohne alle traditionell von den Geisteswissenschaften verwendeten Methoden vorzugehen und sich zugleich auch moralischer Urteile zu enthalten.

Das bedeutet keineswegs, ihre Fragestellungen und Ergebnisse seien für das Verständnis der Politik selbst irrelevant. Um dies zu belegen, sollen doch wenigstens mit stichwortartigen Andeutungen einige der Themen und Thesen dieser Forschungsrichtung vorgestellt werden (die in der Sicht des Begründers Gabriel A. Almond wichtigsten wurden schon erwähnt).[31])

- Obschon „Politische Kultur" unter Bezugnahme auf das politische System und seine Funktionsweise untersucht wird, muß man beides auseinanderhalten: Der Begriff deutet nicht auf die institutionalisierten oder informellen Strukturen des politischen Entscheidungsprozesses; es geht also nicht eigentlich um Staatsorgane, politische Parteien, Interessenverbände oder Cliquen und Seilschaften; ebensowenig geht es um den Ablauf des Entscheidungsprozesses selbst, etwa darum, wer in bezug auf wen Macht oder Einfluß ausübt, wer für wen seine Stimme abgibt, usw., sondern eher darum, wie die Mitglieder eines Gemeinwesens darauf reagieren, was sie als politische Realität wahrnehmen, und wie sie das, was sie unmittelbar wahrnehmen, interpretieren. „Politische Kultur" betrifft also eher das Gefüge der „beliefes", der Anschauungen und Überzeugungen, die sich auf politische Institutionen und Abläufe beziehen.[32])

Gleichwohl steht Politische Kultur in Relation zu den Abläufen, zu Einflußvorgängen, zu Wahlentscheidungen: Sie prägt all diese Phänomene mit und ist also z. B. auch von Bedeutung dafür, wie die Staatsorgane ihre Aufgaben erfüllen.[33]) Die konkrete Wirklichkeit des politischen Lebens — auch die Art, wie z. B. die Regierung eines Staates auf Situationen unterschiedlicher Art, auf neue Herausforderungen etwa, reagiert, wird von den Gegebenheiten der politischen Kultur mitbestimmt. Diese aber lassen sich nicht auf nicht-kulturelle, z. B. ökonomische Verhältnisse, auf die jeweilige Machtverteilung, auf die verfassungsrechtlichen Arrangements zur Kanalisierung des politischen Entscheidungsprozesses zurückführen, obschon es Wechselwirkungen zwischen den ökonomischen, den politisch-institutionellen (und vielleicht auch anderen) sowie den kulturellen Konstellationen der jeweiligen gesellschaftlichen Realität gibt.

- Die „Politische Kultur" einer Gesellschaft ist ein Aspekt oder eine Dimension ihrer Kultur überhaupt. Die Analyse der Politischen Kultur sollte daher soweit wie möglich durch die Untersuchung der Gesamtkultur einer Gesellschaft angereichert und vertieft werden.
- Eine der wichtigsten Funktionen der Politischen Kultur ist es, den partei- und gruppenübergreifenden Zusammenhang zu fördern und zur Integration

des gesellschaftlichen und politischen Lebens beizutragen. Dies geschieht dadurch, daß die Gemeinsamkeit der Vorstellungen und Werthaltungen gegenseitige Verständlichkeit und Verständigungsmöglichkeit stiftet und verstärkt.[34])

• Auf einer Skala von traditionellen (vormodernen) bis hochdifferenzierten, modernen industrie- und informationsgesättigten Gesellschaften lassen sich verschiedene „Typen" Politischer Kultur festmachen, die jeweils eine gewisse Wahlverwandtschaft zu politischen Regimetypen unterschiedlicher Modernität aufweisen. Bestimmte „Entwicklungsstufen" der Modernität politischer Ordnung bedürfen, um sich gedeihlich entfalten zu können, eines entsprechenden Entwicklungs- und Modernitätsgrades der Politischen Kultur der jeweiligen Gesellschaft.[35])

• Was die „Gegebenheiten" der Politischen Kultur selbst betrifft, also in der Terminologie der dargestellten, in den USA entwickelten Politischen Kulturforschung die „Wertorientierungen" und „Wertmuster", so läßt sich eine deutliche Schichtung feststellen: Es gibt sozusagen „weichere" und „starrere", leichter veränderliche und sich nur langsam wandelnde, Beeinflussungsvorgängen gegenüber eher unzugängliche Schichten. In dieser Hinsicht hat sich eine Skalierung weitgehend durchgesetzt, derzufolge „Meinungen" am wenigsten tief „verankert", „Werte" dagegen fundamental und relativ veränderungsfest sind — „Einstellungen" liegen dazwischen. Milton Rokeach bezeichnet also eher flüchtige Dispositionen zu Stellungnahmen gegenüber tagesaktuellen Themen als „Meinungen"; „Einstellungen" („attitudes") sind beispielsweise Dispositionen zu positivem Verhalten gegenüber einer politischen Partei, der jemand während eines längeren Lebensabschnitts nahesteht und die er (oder sie) wählt; „Werte" hingegen sind eher zentral im Persönlichkeitssystem verankert und unmittelbarer an den Motivhaushalt angekoppelt. Dabei kann es sich um „terminal" oder „instrumental values" — in sich selbst oder als Mittel zu Selbstwerten verhaltensbestimmende Werte — handeln. Allerdings sind die „Terminalwerte" ihrerseits noch zentraler als die instrumentellen.[36])

• Die Feststellung relativ stabiler und relativ veränderlicher Orientierungen und Verhaltensdispositionen legt es nahe, auch auf der Makroebene, im Hinblick auf die in ganzen Gesellschaften oder in Subkulturen herrschenden Wertmuster, nach Wandlungsvorgängen zu fragen. Dazu hat es eine ganze Reihe interessanter Untersuchungen gegeben. Während beispielsweise für die USA bis in die sechziger Jahre generell sehr positive Haltungen gegenüber dem politischen System zu verzeichnen waren, gab es seither einen merklichen, bis in die achtziger Jahre anhaltenden Vertrauensverlust sowohl in bezug auf die Institutionen wie in bezug auf die Eliten; Effektivität und Integrität wurden zunehmend skeptischer beurteilt; in der Reagan-Ära dagegen kam es zu einer Wende auch in den Werthaltungen der Bevölkerung gegenüber der Politik.[37]) Umgekehrt erschien der politische Kulturwandel in der Bundesrepublik Deutschland — von der herkömmlich dominanten, unpolitischen und Untertanen-Kultur zu einer partizipationsgeneigten, den Erfordernissen einer lebendigen Demokratie entsprechenden Einstellung — als überaus bemerkenswert, während andererseits die kommunistischen Regime mit ihren Anstrengungen, einen den sozialistischen Verhaltensmaximen entsprechenden „neuen Menschen" heranzubilden, bemerkenswert geringe Erfolge verzeichneten.[38])

• Bei alledem hat es sich als nützlich erwiesen, die Werthaltungen[39]) gegenüber verschiedenen Phänomenen und Komponenten der politischen Realität zu differenzieren; das entsprechende Begriffsfeld differenziert zunächst mehrere Schichten im Blick auf die konkrete Gestalt des politischen Gemeinwesens[40]), nämlich

○ die jeweiligen Entscheidungsträger („authorities"),

○ die Herrschaftsordnung, also die politische Verfassung („regime"), sowie

○ die durch eine Verfassung in politische Form gebrachte, durch die Amtsträger repräsentierte Gemeinschaft („community", „nation").[41])

Sodann werden auch im Hinblick auf die Dynamik des politischen Lebens wieder mehrere Dimensionen unterschieden[42]), und zwar im Hinblick auf die verschiedenen an der politischen Auseinandersetzung beteiligten Akteure, zum Beispiel

○ auf die gesamtgesellschaftlich oder in bestimmten gesellschaftlichen Bereichen feststellbaren Aktivitätsdispositionen überhaupt, insbesondere unter Bezugnahme auf die früher erwähnten Typen der Bezugnahme auf Politik („parochial", „subject", „participant"),

○ auf die jeweiligen Selbst- und Fremdeinschätzungen dieser Akteure (was z. B. die Frage einschließt, ob man sich gegenseitig in einem Klassen- oder in einem ethnischen oder in einem Weltanschauungsgegensatz stehend einschätzt), sowie im Blick darauf, wie stark man sich selbst mit einer der „Parteien" innerhalb eines solchen Konflikts identifiziert.

Schließlich gibt es auch noch eine Dimension der Werthaltungen gegenüber der „Politik" im Sinne von „policy", nämlich gegenüber den tatsächlich getroffenen Entscheidungen und ihren Auswirkungen auf das Leben, d. h. gegenüber den „Outputs" des politischen Systems:

○ Werden sie den „Grundwerten" und den konkreten (innenpolitischen) Erwartungen gerecht — m. a. W.: Sorgt der Staat, sorgen die politischen Verantwortungsträger auf befriedigende Weise für die Erhaltung (oder Ausweitung) der Freiheit, für die Förderung der sozialen Gerechtigkeit beziehungsweise: für die Befriedigung konkreter allgemeiner (heute etwa: Umweltschutz) und gruppenspezifischer Interessen?

○ Wird die Politik den von außen kommenden, internationalen Herausforderungen gerecht?[43])

• Dieses Raster hat der empirischen Forschung eine ganze Reihe von konkreteren Fragestellungen nahegelegt, von denen wiederum nur einige besonders interessante namhaft gemacht werden sollen:[44])

○ Eine wichtige Kulturvariable läßt sich an Hand einer Skala von „Vertrauen" und „Mißtrauen" messen: Glauben die Mitglieder eines Gemeinwesens, daß man seinen Mitmenschen generell oder nur besonders Nahestehenden vertrauen kann? Sind Fremde, Angehörige anderer Weltanschauungen, ethnischer Gruppen, Klassen oder sonstiger Subkulturen von vornherein „verdächtig", gar potentielle Feinde? Vertraut man den staatlichen Institutionen mehr oder weniger als den Mitmenschen? Gelten Politiker als vertrauenswürdig oder nicht?

(Für ein demokratisches Gemeinwesen hält man offenbar eher eine „moderate" Haltung zwischen mangelndem und übertriebenem Vertrauen in die Politik für wünschenswert: Uneingeschränktes Vertrauen verführt zu politischer Apathie, man unterstellt, daß die Obrigkeit ohnehin optimal für das Gemeinwohl oder für die eigenen Interessen der jeweiligen Bürgergruppe sorgt. Uneingeschränktes Mißtrauen bedeutet mangelnde Legitimität.)

○ Eine weitere Variable betrifft die Loyalität gegenüber dem Ganzen der „Nation"[45]) im Gegensatz zu jener gegenüber partikularen Anliegen oder Gruppen, also etwa gegenüber einer engeren ethnischen oder religiösen Gemeinschaft, einer Klasse, einer politisch konstituierten Region — wie das z. B. in föderalistisch gegliederten Gemeinwesen gegeben sein kann —: Ist das Gemeinwesen, was die kulturelle Prägung seiner Mitglieder betrifft, eher homogen oder eher gespalten?

○ Wie steht es um die Einstellungen gegenüber demokratischen oder liberalen „Grundwerten" wie Gleichheit gegenüber Hierarchie oder Freiheit gegenüber der Vorliebe für Konformität, u. U. auch erzwungene?

○ Welche Einschätzungen sind aufweisbar, was den politischen Entscheidungsprozeß, seine Träger und seine Resultate betrifft?

Selbstverständlich gibt es dabei Zusammenhänge und Wechselwirkungen: Eine negative „Wertschätzung" politischer Entscheidungsresultate („Outputs") kann zu einer negativen Einschätzung der Entscheidungsträger führen — d. h. zu einer Disposition zugunsten von Verhaltensweisen, die auf einen Wechsel der Regierenden ausgerichtet sind (Abwahl, u. U. Protestverhalten . . .). Eine negative Einschätzung des Entscheidungsprozesses als solchen, also der

Mechanismen der „Verfassungswirklichkeit", kann Unzufriedenheit mit dem Regime induzieren, und wenn beides zusammenkommt, kann daraus eine Legitimitätskrise erwachsen. Umgekehrt kann eine positive Wahrnehmung von politischen Problemlösungsleistungen der Regierung (den Entscheidungsträgern) und u. U. sogar dem „Regime" sozusagen ein Vertrauenskapital bringen.

Für all dies ist es allerdings eine Voraussetzung, daß man überhaupt unterstellt, die Politik könne Probleme lösen, sie sei imstande, für die Gesellschaft lebenswichtige und die Lebensqualität bestimmende Entscheidungen zustande zu bringen — eine Einschätzung der Politik, die anscheinend in Verbindung mit fundamentalen Lebens- und Wirklichkeitsverständnissen steht.[46])

Gerade die letztgenannte Fragestellung läßt deutlich werden, daß Politische Kultur sich nicht ohne kurzschlüssige Verengungen auf Konstellationen von „Wertpräferenzen" projizieren läßt, sondern der Vergegenwärtigung von, wenn man das so ausdrücken darf, „weltanschaulichen" Positionen bedarf. Dies ist allerdings im Hinblick auf ein Thema besonders einleuchtend in „Erscheinung" getreten, das eigentlich die politikwissenschaftliche Kulturforschung brennend interessieren muß, tatsächlich aber in erster Linie von Soziologen thematisiert wurde: der sogenannte „Wertwandel", der in den letzten Jahrzehnten in vielen Gesellschaften beobachtet wurde.

Besonders anregend hat innerhalb der entsprechenden Diskussion die von Ronald Inglehart präsentierte These gewirkt, eine „materialistische" Werthaltung, wie sie bislang in westlichen Gesellschaften maßgeblich gewesen sei, werde von einer „postmaterialistischen" zwar nicht abgelöst, aber in ihrer Dominanz eingegrenzt.[47]) Während in der bisherigen Geschichte der Moderne materieller Mangel das Hauptproblem des Zusammenlebens gewesen sei, gebe es nunmehr Gesellschaften mit außergewöhnlichem Massenwohlstand und mit früher ungewöhnlicher Lebenssicherheit. Dies führe dazu, daß Menschen, deren grundlegende Werthaltungen unter solch neuartigen Bedingungen ihre Prägung erfahren, andere Wertprioritäten ausbilden: Anstelle der „materialistischen Werte", nämlich zureichende Güterversorgung und öffentliche Sicherheit (institutionalisiert in einer wohlstandssichernden Wirtschaft und in einer effizienten Polizei sowie im Militär), würden „postmaterialistische Werte" höheren Rang haben: etwa humane Zuträglichkeit, interpersonale gegenseitige Anerkennung, Solidarität, Zärtlichkeit, aber auch politische Mitbestimmung, Redefreiheit, also vor allem nichtmaterielle Dimensionen von Lebensqualität. Die Zuordnung dieser Haltungen zu bestimmten Trägern ist einsichtig: Nach Inglehart stieg die Wahrscheinlichkeit postmaterialistischer Haltungen mit der Wohlstandslage, mit dem Bildungsgrad, sie sank mit dem Lebensalter.[48]) Kaum sind „postmaterialistische" Werthaltungen mit einer bejahten Zugehörigkeit etwa zu Polizei, Militär, leistungsorientiertem Wirtschaftsmanagement und ähnlichen gesellschaftlichen Positionen verknüpft, umgekehrt liegen Affinitäten zu Anliegen der Friedensbewegung nahe; unter dem Gesichtspunkt der inhaltlichen Sinnausrichtung der Lebenswelt mußte man einen hohen Grad postmaterialistischer Orientierung im Bereich „soziokultureller" Berufswelten erwarten („Humandienstleistungen", Erziehungswesen, Sozialarbeiter und von diesen Betreute, Studenten, „Sinnproduzenten" und „Sinnvermittler"), aber im Horizont traditioneller Geschlechterrollenverteilung liegt es nahe, daß auch Frauen eine Affinität zu postmaterialistischen Werthaltungen haben.[49]) — Mit anderen Worten: Nicht nur Friedens- und Solidaritätsbewegungen, sondern auch Frauenbewegungen lassen sich den im Zeichen postmaterialistischer Orientierungen agierenden „Neuen Sozialen Bewegungen" zuordnen. Schließlich gehören dazu auch Menschen, die — aus welchen Gründen immer — an Identitäts- und Integrationsproblemen leiden und daher entprechende Bedürfnisse entwickeln und artikulieren.[50])

Mit dem Stichwort „Neue Soziale Bewegungen" ist angesprochen, unter welchem Etikett das in Rede stehende Phänomen gerade auch für die Politik bedeutsam ist und daher zum vorrangigen Thema politischer Kulturforschung werden konnte.[51]) Allerdings ist aber gerade im Blick darauf sichtbar geworden, daß die für die behaviouralistische Orientierung der in den fünfziger Jahren in den USA konzipierten „Political Culture"-Forschung typische Projektion der inhaltlichen Spezifika — also der Strukturen und Gehalte von „Sinnwelten" — in die dimensional eingeengte Sphäre der „Werte" problematisch ist: Man wurde gewahr, daß sich die Analyse der neuen, die herkömmliche politische Kultur in Frage stellenden Orientierungen in besonderer Weise gegen die adäquate Erfassung anhand des Begriffsschemas der Werthaltungen sperrte[52]), daß es sich um eine Konkurrenz von Wirklichkeitsverständnissen handelte, die nicht ohne Erkenntnisverlust als Konkurrenz von (bloßen) „Wertmustern" charakterisierbar war. Dies ließ sich mit Hilfe der Formel vom „Paradigmenwandel" begrifflich fassen: Das bisher bestimmende „Politische Paradigma" (als „allgemeinste Sichtweise dessen, was primär als Gegenstand und Aufgabe von Politik gilt", und was als „Interpretationsmuster" im allgemeinen unangefochten im Hintergrund gängiger politischer Auseinandersetzungen steht) werde im Namen eines neuen in Frage gestellt. Das bisher dominante stehe im Horizont der Begriffe „Knappheit", „Herrschaft" und „Verteilung"[53]), und seine „Vernunft" sei die des Maximierungskalküls.[54]) Dem gegenüber stehe das Denken und Wollen der „postmaterialistisch" Orientierten und der Träger der „Neuen Sozialen Bewegungen" im Zeichen eines „Paradigmas der Lebensweise". Die Ausrichtung solcher Bewegungen an den Grenzen und an der Kritik des Wachstums, an der Abneigung gegenüber Großtechnologie und Bürokratie, an der „unsolidarischen" Grundhaltung gesellschaftlicher Kräfte und Instanzen gegenüber ihren Kontrahenten sowie der herrschenden menschlichen Handlungsorganisation gegenüber der Natur habe hier ihren Grund. Wenn man zudem bemerkte, daß die so ausgelösten Konflikte ihrerseits „auf die kulturelle Ebene" getragen würden (im Unterschied von der herkömmlich „politisch" genannten[55]), und daß es daher in der Sache liegende Schwierigkeiten gibt, die eigentlichen Anliegen der Träger in gängige politische Sprache zu bringen und so zu artikulieren, daß sie überhaupt adäquat in das politische System eingebracht werden können[56]), dann zeigt sich: Es scheint auch in der politischen Realität selbst Schwierigkeiten der Geltendmachung von Wunsch- und Willens-Inhalten zu geben, die sich als Schwierigkeiten der Verständlichmachung darstellen, weil die Übersetzung in die „Systemsprache" Kurzschlüsse bedeutet: Politische Interessen werden im Rahmen des Systemmodells als „demands" begriffen, die auf Wertezuteilungsentscheidungen abzielen. Dabei wird deutlich, daß die im Rahmen des gängigen System-„Paradigmas" der Politikanalyse entwickelte Art der Wahrnehmung und Bearbeitung von Gegebenheiten der Politischen Kultur kategorial dem neuzeitlich dominanten „Knappheits-Herrschafts-Verteilungs"-Paradigma adäquat und sozusagen in seinem Horizont konzeptualisiert worden war, wohingegen sich die Probleme einer Politisierung des „Paradigmas der Lebensweise" damit weit schwieriger fassen ließen. Es war nicht erstaunlich, daß angesichts dessen das inzwischen schon fast „klassisch" erscheinende Konzept der Politischen Kultur und ihrer Erforschung in Frage gestellt wurde.[57]) Und dies, obschon dieses Konzept zugleich auch die Möglichkeit eröffnete, „Gesellschaftspolitik" unter dem Gesichtspunkt systemischer Erfordernisse so zu begreifen, daß sie „Wertvorstellungen" als „steuerbar" in den politisch-strategischen Kontext einbezieht, was eben dadurch gerechtfertigt erscheint, daß sie als „nicht wahrheitsfähig" (Habermas) und fungibel angesehen werden.[58]) Aber vielleicht kann man hier anstelle von „obschon" auch sagen: „eben weil".

4

Inzwischen hat sich eine Opposition gegen das während der letzten Jahrzehnte maßgebliche Konzept von „Politischer Kultur" formiert, in der Überzeugung, daß damit Wesentliches aus dem Blickfeld ausgeblendet wird. Die Einwände wurden nicht nur ausgelöst durch die Phänomene des sog. Wertwandels und der Neuen Sozialen Bewegungen. Einerseits zog die Reduktion der Politik auf Verteilungsauseinandersetzungen um „Werte" den Vorwurf auf sich, daß damit immer schon der Horizont des Ökonomischen gewählt und eine Bannung des Menschlichen in das „Reich der Notwendigkeit" ausgesprochen, d. h. aber eine kurzschlüssige Interpretation der menschlichen Wirklichkeit zugrunde gelegt worden sei.[1]) Andererseits ist in der sozial- und politikwissenschaftlichen Befassung mit dem Phänomen- und Problembereich „Kultur" nachdrücklich die szientistische Engführung kritisiert worden, d. h. die Reduktion des Gehaltes von Sinnwelten auf quantifizierbare und in behaviouralistische Kategorisierungen transformierbare Variablen. Man hat dafür plädiert, bei der Beschreibung und Analyse der Politischen Kultur „Vorstellungen" (nicht „Einstellungen") in den Blick zu nehmen, wie sie „als das mit spezifischem Sinn gefüllte ideelle Design eines Kollektivs für sein politisches Leben" begriffen werden können; so „eklektisch, unartikuliert, widersprüchlich" diese Vorstellungslandschaft auch sei, sie bilde dennoch eine Art „kollektiver Theorie des Politischen", in der sich eine spezifische Sicht von Grundproblemen sowie von „Antworten" und „Lösungen" als sinnhafte Stellungnahmen zu Krisenerfahrungen bekunde; deswegen seien die grundlegenden Fragen der „Politischen Theorie" übrigens auch Leitgedanken, heuristische Anregungen, für die politische Kulturforschung.[2]) Einen völligen Bruch mit der "klassischen" Sichtweise bedeutet das freilich nicht. Das „pattern of orientation to political actions" muß von Haus aus nicht als Projektion auf Präferenzgrößen und Verhaltensdispositionen gefaßt werden; das „system of empirical beliefs, expressive symbols, and values which defines the situation in which political action takes place"[3]) schließt Formen und Inhalte der „Sinnwelt", die sich dieser Projektion entziehen, im Grunde nicht aus, und so ist „Politische Kultur" auf einer Primärebene ihrer Gegebenheit auch von den Begründern ihrer system- und verhaltensorientierten Erforschung durchaus nicht nur in Form von „Wertmustern" begriffen worden: „. . . The traditions of a society, the spirit of its public institutions, the passions and the collective reasoning of its citizenry, and the style and operating codes of its leaders are not just random products of historical experience but fit together as a meaningful whole and constitute an intelligible web of relations" (Lucian W. Pye).[4]) Das wird erst durch bestimmte Methoden der Erhebung und Verarbeitung von „Daten" unter den Gesichtspunkten der Verhaltens- und Systemrelevanz ausgefüllt.

Aber eben dagegen erheben nicht nur politikwissenschaftliche Kritiker des Szientismus Bedenken, sondern auch Vertreter der Kultursoziologie, die auf die hermeneutische Dimension ihrer Disziplin nicht verzichten wollen; werde nämlich der Mensch „in Daten, Faktoren, Merkmale, Indikatoren, Kategorien, Verhaltensmuster" aufgelöst, zu einem „Produkt" von prägenden Faktoren gemacht[5]), wobei umgekehrt auch „die Wirklichkeit, in die wir uns handelnd hineingestellt finden", auf „einige allgemeine Variablen und Regelmäßigkeiten" reduziert wird[6]), dann werde er „als handelndes Wesen zugunsten von Gesellschaftsprozessen abgeschafft".[7]) Dies habe, was immer eine solche Erkenntnisstrategie an Resultaten erbringe, zum Beispiel an sozialtechnisch nutzbaren Steuerungsperspektiven, fatale Konsequenzen: „Unser Denken und Handeln modelt sich stets nach dem Bild, das wir uns von der Wirklichkeit, hier also von Mensch, Gesellschaft und Geschichte, machen."[8]) Das ist im hier besprochenen Zusammenhang vor allem deshalb folgenreich, weil heutzutage Wissenschaft, und zwar gerade empirische, zur maßgebenden Bildungsmacht geworden ist, die Sozialwissenschaft (angesichts sozialkundlicher Bildungsaufgaben und Unterrichtsfächer) nicht ausgeschlossen. „Unsere Bildung als Mensch verlangt, daß uns der Mensch vorgeführt wird in seinem konkreten Handeln, das sinnhaft aus seinen Werten und Bedeutungen entspringt."[9]) Deswegen dürften sich die Sozialwissenschaften nicht nur an der Gewinnung von „Regelwissen" orientieren, selbst wenn das heute auch in den Geisteswissenschaften Usus geworden sei.

Konsequente Szientisten werden daran keinen Gefallen finden und derlei Positionen als altmodisch und rückschrittlich betrachten: „Geisteswissenschaftliche" Orientierungen gelten ihnen als längst überholt: Die „Erhebung der Umgangssprache zur Forschungssprache" sei naiv, beruhe auf mangelnder Klärung der Beziehungen zwischen dem „Objektbereich" und der Ebene wissenschaftlicher Aussagen, nämlich auf ontologischen Kurzschlüssen: „Müssen die Begriffe, in denen subjektive Daten analysiert werden, selbst subjektiv sein?"[10]) Tatsächlich ist es, wie neuerdings gezeigt wurde, möglich, einen bestimmten Typ von menschlichen Handlungen, in die nach herkömmlicher Sicht eindeutig „ein geistiges Moment eingeht"[11]), in eine behaviouralistisch angelegte Theorie zur Erklärung menschlichen Verhaltens einzuholen, nämlich bei der Rekonstruktion und kritischen Modifikation zum Beispiel der „Ökonomischen Theorie der Demokratie" ohne die Unterstellung von Rationalitätsmaximen auszukommen.[12]) Aber offenbar ist nicht alles menschliche Handeln, und namentlich auch nicht alles politisch relevante, diesem Typ des maximierungsorientierten, Chancen kalkulierenden — mit Jürgen Habermas zu sprechen: „strategischen" — Handelns zuordenbar. Es gibt Handlungen, die nicht ohne Symbolverstehen begriffen werden können, weil ihr subjektiv vermeinter „Sinn . . . allein in Zusammenhängen von Symbolen gegeben" ist, weswegen „die sprachliche Kommunikation und nicht die kommunikationsfreie Beobachtung" erst die der wissenschaftlichen Bearbeitung zuzuführenden „Daten" vermitteln kann.[13]) Die Reduktion der Sinngehalte zu Werten, d. h. zu Maßgrößen im Rahmen eines Maximierungskalküls, erleichtert die Gewinnung von Meßgrößen für die Chance bestimmter Verhaltensvollzüge. Aber nicht selten bedürfen „Werte" der Interpretation im Horizont der Sinnwelten, aus denen man sie abstrahiert hat, wenn man Handeln begreifen will.[14]) Die relevante Welt möglicher Handlungen ist die ihrer Sinngebungen, sie ist „festgelegt durch die Struktur der Sprache, in der sich das Selbstverständnis und die Weltauffassung einer sozialen Gruppe artikuliert".[15])

Das hat man im übrigen auch innerhalb der sozialwissenschaftlichen „Wertforschung" erkannt und in Konsequenzen umgesetzt: Es hat sich als fruchtbar erwiesen, die Reduktion von Sinnweltstrukturen zu „Werten" wieder rückgängig zu machen und so zu verfahren, wie es dann erst viel später für die Analyse der Politischen Kultur vorgeschlagen wurde: Wurde erst in den späteren achtziger Jahren dafür plädiert, der Politischen Kulturforschung klassische politiktheoretische Grundfragen heuristisch zugrunde zu legen (Karl Rohe)[16]), so haben Soziologen schon in den frühen sechziger Jahren zur Erforschung der Kulturorientierungen von Gesellschaften versucht, herrschende Grundvorstellungen von der menschlichen Daseinsverfassung im Kontext der Natur, der Gesellschaft und der Geschichte zu ermitteln, also gewissermaßen „philosophische" Grundpositionen als heuristische Leitperspektiven zu nehmen.[17]) Wenn das freilich als „Übersetzung von Werten in Fragen zu Lebensproblemen" bezeichnet wird, dann kommt darin eine nahezu groteske Umkehrung zum Ausdruck.[18])

Es kommt also nicht von ungefähr, daß es Bemühungen gibt, Politische Kultur im Blick auf das Wirklichkeitsverständnis zu begreifen, d. h. als „eine gleichsam vermittelnde symbolische Welt in jeder politisch organisierten Gesellschaft, welche die Vielheit der individuellen Psychen in das Ganze des politischen Lebens einbindet" und ihren Teilhabern hilft, „Erfahrung zu ordnen und zu erhellen"[19]), so daß „eine empiriegeleitete Betrachtung der soziokulturellen Konstitutionsprobleme gesellschaftlicher Ordnung die zentralen Gehalte der politischen Kultur" in den Blick zu nehmen und „mit der hermeneutischen Vergegenwärtigung der im Selbstverständnis der Gesellschaft gegebenen Symbol- und Bewußtseinsstrukturen zu beginnen hat", da „in den für die Strukturverhältnisse des sinnhaften Aufbaus der sozialen Welt konstitutiven geistigen Formen, den gemeinsamen Ideen- und Bewußtseinswelten, das formgebende Prinzip einer politischen Kultur auszumachen" ist.[20])

Seitdem Alfred Schütz den „sinnhaften Aufbau der sozialen Welt" thematisiert hat[21]), ist im Zuge der Entwicklung der phänomenologischen Analyse der

Sinnwelt, nicht zuletzt unter dem Einfluß der „Lebenswelt"-Konzeption von Edmund Husserl, aber auch der Wissenssoziologie eine Fülle von Bemühungen unternommen worden, dieses Forschungsfeld zu bestellen und fruchtbar zu machen.[22]) Auch für die Theorie der Konstitution politischen Gemeinlebens (d. h. der Herausbildung politisch einheitsstiftender Sinnwelten und ihres Zusammenhangs mit der Sozialstruktur und mit den Spezifitäten politischer Ordnung) sind aus dieser Richtung wichtige Beiträge in die Diskussion gekommen.[23]) Die Brücke zum „gewöhnlichen" Handeln in der Lebenswelt ebenso wie zur Anthropologie des Symbols und zur Theorie des symbolischen Bewußtseins kann unter Einbeziehung neuerer Forschungsrichtungen, die sich eben hiermit befassen, geschlagen werden, nämlich des „Symbolischen Interaktionismus" einerseits, der sog. „Ethnomethodologie" andererseits.[24]) Und schließlich sollte nicht außer acht gelassen werden, daß auch die von Haus aus szientistisch angelegte Kommunikations- und Kognitionswissenschaft („Cognitive Science") neue Ausgriffe in Richtung auf eine Theorie der Bedeutung unternommen hat[25]), die auch in den Horizont der herkömmlichen Semiotik hinein-, möglicherweise darüber hinausreichen[26]); es könnte sein, daß die Konfrontation der verschiedenen Ansätze neue forschungsstrategische Möglichkeiten erschließt.

Allerdings sind diese Möglichkeiten bislang kaum angemessen wahrgenommen worden, wenigstens nicht im Bereich der heimischen Politikwissenschaft. So ist es auch derzeit nicht möglich, Analysenergebnisse vorzulegen, die auf der Grundlage derartiger Überlegungen und Ansätze erarbeitet worden wären. Im folgenden wird daher nur auf einige Fragen und Themen hingewiesen, die im Hinblick auf eine Neuorientierung der politischen Kulturforschung naheliegen. Die Gegenstände selbst sind keineswegs originell, sondern eher geläufig, sei es in der gesellschaftlichen Auseinandersetzung selbst, sei es im Rahmen wissenschaftlicher Erörtungen. Wenn sie hier angesprochen werden, dann eben zur Profilierung und Anreicherung des Untersuchungsfeldes der Politischen Kulturforschung.

- Nicht nur Einstellungsmuster, sondern auch Sinnwelten und Vorstellungsfelder sind in einer Gesellschaft keineswegs gleichmäßig verbreitet. In jeder Gesellschaft gibt es die „Gleichzeitigkeit des Ungleichzeitigen", das Miteinander, Nebeneinander und Gegeneinander von unterschiedlichen Traditionen des Selbstverständnisses und von neuen Deutungsangeboten. Dabei kann eine mehr oder weniger starke Abschottung von Subkulturen stattfinden, vor allem, wenn die Ausprägung der jeweiligen Selbst- und Fremdverständnisse auf der Basis „materieller", sozialer und anderer Identitäts- und Abgrenzungsmerkmale stattgefunden hat und aufrechterhalten wird, etwa in ausgeprägten

Klassengesellschaften, in Gesellschaften, in denen konfessionelle u.ä. Gegensätze mit sozialen Disparitäten verknüpft sind (Nordirland ist ein prägnantes Beispiel), aber besonders natürlich in ethnisch gespaltenen Gesellschaften, wieder vor allem wenn die Subgruppen von unterschiedlichen religiösen oder weltanschaulichen Orientierungen geprägt sind (Jugoslawien, Zypern u. v. a. Beispiele bieten sich an).

Das bedeutet natürlich eine Herausforderung für die Politik und insbesondere für diejenigen, die in diesen Gesellschaften mit der „Verwaltung", der Weiterentwicklung und der Verbreitung der in einer Gesellschaft gehegten Ideen, Wirklichkeitsverständnisse und Betrachtungsweisen befaßt sind, seien es Geistliche, Informations- und Propagandafunktionäre des jeweiligen politischen Herrschaftsapparats, Ideologiebeauftragte von Parteien oder anderen organisierten Gruppen, oder Literaten, Journalisten, Künstler und generell Intellektuelle. Wenn überhaupt Kräfte existieren, denen die Aufrechterhaltung der Einheit der betreffenden Gesellschaft ein Anliegen ist — und dazu gehören natürlich in erster Linie die Angehörigen der zentralen politischen Elite —, dann müssen diese darum bemüht sein, daß es zu einer Abschwächung der „Klüfte" zwischen den verschiedenen Sinnwelten kommt, wenn möglich zu einer „Integration", so daß es mindestens einige grundlegende Vorstellungen und Einschätzungen gibt, die den verschiedenen Wirklichkeitsdeutungen, und zwar gerade auch in ihrer politischen Dimension, gemeinsam sind. In modernen, „pluralistischen" Gemeinwesen ist das Problem vor einiger Zeit unter dem Titel „Grundwertediskussion" erörtert worden.[27]) Theoretiker der pluralistischen Demokratie haben betont, daß auch in einem freiheitlichen System, in dem geistige und gesellschaftliche Kräfte um die Macht ringen, die Anerkennung eines Gefüges grundlegender Sinngebungen und normativer Standards unerläßlich sei, auch hier müsse es neben einem „kontroversen" Sektor von Überzeugungen und Wertmaßstäben auch einen grundlegenden „nicht-kontroversen" geben, der auch nicht zur Disposition der öffentlichen Meinungskämpfe gestellt werden dürfe.[28]) Wie labil eine politische Ordnung ist, wenn die „herrschende" Wirklichkeitsdeutung von den Herrschenden verordnet, propagiert und zum Inhalt auch noch so angestrengter Indoktrinationsaktivitäten gemacht wird, aber nicht wirklich das Wirklichkeitsbild der Gesellschaft bestimmt, ist beispielsweise in Osteuropa in jüngster Zeit überwältigend deutlich geworden.

Gleichwohl handelt es sich nicht um ein Problem, das erst „modernen", freiheitlichen und aufgeklärten Epochen geläufig wäre. Schon in den alten Hochkulturen, vor allem insofern sie auf einer Zusammenfassung unterschiedlicher Gesellschafts- und Kulturkörper beruhten — das ägyptische Beispiel der Vereinigung der unterägyptischen Pflanzer- und der oberägyptischen Hirten-Kulturen unter der zweieinigen Herrschaft des Pharao ist besonders instruktiv —, gab es die Notwendigkeit, die „Sinnwelten" der Reichsteile miteinander kompatibel zu machen, zu verknüpfen, zu integrieren: die Aufgabe der Schöpfer der verschiedenen Reichstheologien, etwa der von Heliopolis, von Hermopolis, von Memphis, an deren Abfolge man nicht nur das je unterschiedliche Kräfteverhältnis der zusammengefügten Subkulturen wahrnehmen kann, sondern auch die wachsende Fähigkeit, die Komposition der verschiedenen sinngebenden Vorstellungen auf einem dem wachsenden Grad geistiger Bedürfnisdifferenzierung entsprechenden Niveau zu entwerfen und zu entwickeln — vom gleichsam narrativen Polytheismus früher politischer Mythologien (Osirislegende) über „geläuterte" onto-theologische Systembildungen bis zu relativ hochentwickelten, gleichsam in die Nähe der Prinzipienphilosophie reichenden Konstruktionen Politischer Theologie.[29])

Erst die Moderne hat übrigens nach geläufiger Auffassung nicht mehr das Bedürfnis, die grundlegenden und maßgebenden Bestände der politischen Sinnwelt in Gestalt Politischer Theologien zu formulieren und zu vergegenwärtigen. Aber gerade in der neueren kategorialen Analyse der Politischen Kultur ist man daraufgekommen, daß es dafür sozusagen ein funktionales Äquivalent gibt — und jüngst ist es, einem inzwischen in den USA gängigen Sprachgebrauch folgend, auch im deutschen Sprachbereich üblich geworden, dafür den Ausdruck „Zivilreligion" zu verwenden.[30])

Damit wird auf die These Bezug genommen, daß sich „im Symbolgefüge ein identitätsstiftendes Ordnungszentrum ausmachen" läßt, in dem sich das „verpflichtende Element einer Letztbegründung" sammelt und das den inhaltlichen Kern von Legitimitätsüberzeugungen bildet.[31])

Dabei handelt es sich um „diejenigen Symbole, symbolischen Handlungen, rituellen und freien Bekundungen, Normen und freien Gewohnheiten . . ., durch die innerhalb des politischen Systems öffentlich ein Sinnbezug zu prinzipiell nicht disponiblen Voraussetzungen seiner eigenen Existenz hergestellt wird und durch die darüber hinaus der Grund bekannt und anerkannt wird, der uns normativ festlegen läßt, was prinzipiell menschlicher Dispositionsfreiheit entzogen sein soll".[32]) Manchem mag das als eine restaurative Vorstellung von vorgestern erscheinen, angesichts der Einsicht in den Zusammenhang von Überzeugungsfreiheit und politischer Freiheit, und im Hinblick auf die „relativistischen" Voraussetzungen modernen Demokratieverständnisses.[33]) Hier liegen in der Tat gesellschafts- und politiktheoretische Probleme: Den Inhabern der politischen Entscheidungsverantwortung ist die Manipulation der sinngebenden Überzeugungen der Bürger eigentlich verwehrt — oder

sollte es sein; zumindest ist dies eine gängige These von Theoretikern der freiheitlichen Demokratie. Der ihr entsprechende Staat „lebt von Voraussetzungen, die er selbst nicht garantieren kann".[34]) Aber die Frage nach diesen ist eine, der sich gerade auch die Politische Kulturforschung stellen muß.
Dies könnte das Mißverständnis hervorrufen, als ginge es dabei um den Versuch, „Politische Ideengeschichte" — und allenfalls noch die Darstellung und Analyse politischer Gegenwartsideologien — neu aufzuputzen und aufzuwerten. Aber die Rede ist nicht von der Vergegenwärtigung von „Klassikern des politischen Denkens", philosophischen Vorläufern moderner Gesellschaftstheorie oder ähnlichem.
Deren Gedankengebäude können — ebenso wie inhaltliche Elemente von Parteiprogrammen, oder beispielsweise auch von Konzilstexten oder Hirtenworten aus dem kirchlichen Bereich — in die maßgebende politische Sinnwelt, in den Komplex des „politischen Lebenswissens" eingehen, das für die Politische Kultur konstitutiv ist, und auch in jeweils näher zu klärendem Konnex mit dem legitimierenden Kernbestand der „Zivilreligion"[35]) stehen. Von Deckungsgleichheit beider Gegenstandsfelder auszugehen, wäre aber eine Verwechslung. Dies drückt sich übrigens nicht zuletzt darin aus, daß man — sofern es sich nicht gerade um literarische oder gar wissenschaftliche Trägerkreise handelt — gar nicht in erster Linie an geschriebene Texte denken sollte, wenn man sich die entsprechenden Sinngehalte vermittels ihrer objektiven Ausformungen vergegenwärtigen will. Aus gutem Grund spricht Hermann Lübbe von Symbolen und symbolischen Handlungen, von rituellen und anderen Gebarungen und von gelebten Normen.[36]) Deswegen ist es für eine zulängliche Betrachtung und Analyse dieser zentralen Dimension der Politischen Kultur unumgänglich, die öffentliche, sichtbare und hörbare Selbstdarstellung der Repräsentanten der politischen Realität in den Blick zu nehmen. Dazu gehören die Sakralhandlungen altertümlicher oder auch mittelalterlicher Herrschaft — z. B. die Krönungsordines — ebenso wie die repräsentativen Feste sogenannter primitiver Stämme oder auch barocker Fürsten oder Parteitagsinszenierungen, Aufmärsche und Kundgebungen politischer Bewegungen (1. Mai als Feiertag der Arbeiterklasse!) sowie Veranstaltungen anläßlich nationaler Gedenktage.[37]) Einzuschließen ist ferner nahezu der Gesamtbereich der Kunst, insbesondere soweit sie „öffentlichen" Charakter hat, was für viele Kulturen keineswegs nur für die Architektur und das „große" Drama gilt.[38]) Nicht zuletzt ist aber auch die sinnfällige Gestaltung des Rahmens und der Struktur politischer Handlungszusammenhänge selbst eine Objektivierung von Sinngehalten der Zivilreligion oder der politischen Kultur überhaupt.[39]) Alle diese Gegenstände und Gegenstandsfelder lassen „geronnene

Sinngebungen" zur Erscheinung kommen, die dazu beitragen, politische Situationen und Aufgaben zu definieren — und dies hat, zufolge der wissenssoziologischen Grundeinsicht von William I. Thomas, realitätsprägenden Charakter: Menschen handeln so, wie es der Definition entspricht, die sie ihrer Lebenslage geben oder die ihnen von ihrer Umwelt effektiv nahegelegt wird.[40])

• Doch auch damit ist erst ein Schritt in die Richtung getan, die zu einer erneuerten Politischen Kulturforschung zu führen hätte. Die Vergegenwärtigung und Interpretation repräsentativer Auskristallisierungen zivilreligiöser und Legitimitätsgehalte darstellender Symbole läßt ja erst deutlich werden, welche Sinnwelt den Teilhabern an einer Politischen Kultur „von Herrschafts wegen" angesonnen und zugemutet und wofür sozusagen „die Einwilligung aller Rechtlichen" vorausgesetzt oder gefordert wird.[41]) Es handelt sich gleichsam um das „Zielgebot", die Optimalnorm der Bewußtseinsverfassung — zu fragen ist jedoch vor allem nach der entsprechenden „Verfassungswirklichkeit". Es ist mehr als plausibel, eine deutliche Diskrepanz zwischen den entsprechenden „Soll"- und „Ist-Zuständen" anzunehmen, und zwar aufgrund einer ganzen Reihe von Umständen: Erstens ist anzunehmen, daß die Kerngehalte der herrschenden (oder von den Herrschenden verordneten) „Zivilreligion" nur bei einem Teil der dem jeweiligen Gemeinwesen angehörigen Amtsträger, Bürger oder Untertanen das politische Bewußtsein ungebrochen und mit voller Prägnanz prägen. Wenn es sich, etwa in einem „pluralistischen" Gemeinwesen, um einen mehr oder weniger mühsam erarbeiteten „gemeinsamen Nenner" aus verschiedenen Wirklichkeitsverständnissen und Aufgabendefinitionen handelt, wird auch dieser aller Wahrscheinlichkeit nach im politischen Lebenswissen der jeweiligen Trägergruppen sozusagen in verschiedener Perspektive und in unterschiedlicher Akzentuierung präsent sein. Sofern es in einer politisch verfaßten Gesellschaft Freiheit zur Artikulation und zur politischen Vertretung unterschiedlicher Interessen und Überzeugungen gibt, wird es nicht ausbleiben, daß auch Alternativen zur jeweils betriebenen Politik entwickelt werden — und daß in der Auseinandersetzung zwischen jenen, die diese vertreten, und den Regierenden mehr oder weniger konsistente und umfassende Begründungen und Rechtfertigungen in die öffentliche Auseinandersetzung eingebracht werden. Häufig werden diese sich innerhalb des Horizonts der gemeinsamen Sinndeutung der politischen Wirklichkeit und ihrer verfaßten Ordnung halten — aber es ist auch möglich, daß radikale Alternativen hierzu in Erscheinung treten, die dann für das herrschende Paradigma eine Konkurrenz werden —, die früher erwähnten Tendenzen zu einem „Paradigmenwandel" sollten in diesem Zusammenhang bedacht werden. Brisant wird das Gegenüber gegensätzlicher Ausprägungen der politischen Sinnwelt, wenn die grundlegenden Deutungen einander derart inkommensurabel werden, daß es kaum mehr eine gemeinsame Verständigungsbasis gibt.[42])

Dies alles bezieht sich auf Differenzierungen, Inhomogenitäten und eventuell Antagonismen zwischen unterschiedlichen politischen Wirklichkeitsdeutungen.[43]) Eine andere, für die Analyse der Politischen Kultur nicht weniger bedeutsame Vermutung zugunsten einer Diskrepanz zwischen „Norm" und „Wirklichkeit" der politischen Bewußtseinsverfassung betrifft die Lage und sozusagen das Gewicht beziehungsweise die Zentralität politischer Inhalte und Strukturen im Gesamtzusammenhang des „Lebenswissens" einer Gesellschaft, gesellschaftlicher Gruppen und kultureller Subsysteme, namentlich aber auch einzelner Mitglieder. Anfang der dreißiger Jahre formulierte der Soziologe Richard F. Behrendt als Auftakt einer Studie zum Thema „Politischer Aktivismus" den Satz: „Der normale Mensch aller normalen Zeiten ist der unpolitische Mensch."[44]) Seitdem Karl Mannheim die These von der „Fundamentaldemokratisierung" als Konsequenz der Modernität vorgetragen hat[45]), kann man bezweifeln, ob die seit der Herausbildung der Hochkultur für Jahrtausende maßgeblichen Kriterien der „Normalität" nicht revidiert werden müssen, so daß der vormoderne, „parochiale" Typ politischer Kultur vielleicht sogar irgendwann aussterben wird, jedenfalls aber nicht mehr dominant ist.[46]) Trotzdem wäre es ganz abwegig, zu unterstellen, daß in modernen Gesellschaften das politische Lebenswissen des Normalbürgers so beschaffen wäre, wie Ideologen oder Vertreter der Politischen Pädagogik sich das wünschen. Nur eine Minderheit ist „politisiert", in dem Sinn, daß politische Anliegen und Sinnzusammenhänge im Lebens- und Wissenshaushalt die bestimmende Rolle spielen und gleichsam auf alle denkbaren anderen Relevanzbereiche und Themenfelder der Lebensführung ausstrahlen.[47]) Das ist übrigens — trotz der Fundamentaldemokratisierung oder auch Fundamentalpolitisierung[48]) — gerade auch in modernen Gesellschaften nicht anders zu erwarten, mindestens in freiheitlich verfaßten: Da wird nämlich ununterbrochen von Sachwaltern und Propagandisten ganz verschiedener Anliegen um Aufmerksamkeit geworben, von kommerziellen Werbeagenturen im Dienste von Marketingabteilungen von Industrien, von Massenmedien für alle möglichen (politischen, kulturellen, „sozialen" . . .) Informations- und Unterhaltungsthemen, von Anhängern verschiedenster Weltanschauungen und Lebensrezepten, etwa Sekten, New Age-Bewegungen u. dgl. mehr, um nur einige zeitgenössische Stichworte zu nennen, für ihre jeweilige Sache. Es ist keineswegs ausgemacht, daß da die Politik überhaupt eine Chance hat, dominante Positionen im Wissenshaushalt zu besetzen. Doch selbst wenn dies der Fall sein sollte, ist es immer noch eine Frage für sich, in welcher Orientierung und in welchem Aggregatzustand dann „politisches Wissen" vorkommt und welche Funktionen im psychischen und geistigen Leben es erfüllt[49]); ist „Politik" ein bevorzugtes Gebiet imaginativer Unterhaltung (im Sinne von Neil Postman); oder ein Gebiet eigener Aktivität im Sinne, sagen wir, eines Freizeithobbys; oder ein Sinnbereich, in dem sozusagen das eigene Seelenheil gesucht wird, was allerdings auch wieder recht Verschiedenes bedeuten kann: Sei es, daß sehr persönliche Probleme der Lebensbewältigung zugunsten „politischen Engagements" verdrängt, zu politischen Aktivitätsmotiven sublimiert oder geradewegs in die Politik projiziert werden, die dadurch zur existenzrechtfertigenden Lebensmacht für jemanden wird; sei es, daß ein im genuinen Sinn moralischer Antrieb zum Handeln für Anliegen konkreter Mitmenschen oder für eine „Sache" wirksam ist . . . und mit all dem sind jeweils nur einige von vielen Möglichkeiten der Stellungnahme zur Politik und zum Sinnorientierungspotential politischer Angelegenheiten angedeutet. Eine wieder andere Frage wäre jene nach der tatsächlichen Funktion herrschender „Civil Religion"-Gehalte in Gesellschaften, in denen es keine Offenheit für die Auseinandersetzung um unterschiedliche Sinnwelten oder Akzentsetzungen innerhalb einer halbwegs kohärenten Wirklichkeitsdeutung gibt; die politische Bewußtseinslage in „totalitär" verfaßten gesellschaftlich-politischen Systemen wäre ein entsprechender Analysegegenstand. Dabei gälte es nicht nur zu prüfen, ob und inwieweit das Lebenswissen der in derartigen Systemen lebenden Menschen von der herrschenden, mit Öffentlichkeitsmonopol ausgestatteten Ideologie imprägniert war. Die dramatischen Ereignisse des Jahres 1989 in verschiedenen osteuropäischen Staaten lassen vermuten, daß die entsprechende Imprägnierung nicht sehr tief ging und daß das tatsächliche Wirklichkeitsbild großer Teile der Bevölkerung sich vom öffentlich verbreiteten merklich unterschieden haben dürfte. Aber auch wofern die offizielle Ideologie tatsächlich das Bewußtsein der Menschen — auch der Angehörigen von Eliten, selbst politischen — durchdrungen hat, wäre es immer noch eine andere Frage, nach verschiedenen Bedeutungsdimensionen zu fragen — etwa danach, ob der Marxismus-Leninismus schlichtweg die Apperzeptions- und Beschreibungssprache für Politik zur Verfügung gestellt hat (sofern man nämlich keine andere solche zur Verfügung hatte), oder ob er darüber hinaus auch, im Sinne des Prinzips der „Einheit von Theorie und Praxis", handlungsorientierend und -motivierend wirksam war u. dgl. m.[50])

Derartiges zu untersuchen ist eine schwierige Sache. Üblicherweise gelten Wissensbestände als Mithilfe von „Meinungsbefragungen" der Erkundung zugänglich. Die Problematik wird indessen erst dann deutlich, wenn man sich nicht mehr damit zufrieden gibt, „Wertpräferenzen" und Anhaltspunkte für Verhaltensbereitschaften zu erkunden, wie dies sowohl in der kommerziellen wie in der politikbezogenen „Umfrageforschung" üblich ist. Es ist relativ leicht, Aufschluß über Parteipräferenzen zu erhalten, ebenso auch Aussagen über die Einschätzung der Wirtschaftsentwicklung in absehbarer Zukunft (wird es uns besser oder schlechter gehen?) zu bekommen oder die relative Bekanntheit oder die Sympathiewerte von Politikern oder auch von politischen Schlagworten zu testen. Aber tatsächlich bedeutet die entsprechende Befragung einen „Denkanstoß", der etwas auslöst, was hinsichtlich seiner Signifikanz für das „Lebenswissen" des Befragten zunächst nichts weniger als klar ist, selbst wenn man Mißverständnisse der Frage oder der Antwort, „Juxantworten" u. dgl.m., vermeidet. Wie wichtig ist das anhand einer Liste als relativ „wichtigstes" bezeichnete Anliegen für den Befragten tatsächlich, also im Vergleich zu Wissensbeständen und Gefühls- oder Interessenobjekten ganz anderer Art, die in der Umfrage überhaupt nicht thematisiert wurden? Löst die Frage die Darlegung eines gespeicherten Resultates sorgsamen Nachdenkens (womöglich gar intensiven Studierens) aus, oder wirkt sie als Impuls, irgendeine halbwegs passende, aufs erste in den Sinn kommende Antwort zu geben, oder gar als Auslöser für irgendeine irgendwie in verbale Form gebrachte Anmutungsreaktion? Oder regt sie zu einem Prozeß der Problemvergewisserung an, derart, daß sie, nach einiger Zeit nochmals gestellt, ganz andere Antworten provozieren würde? Und inwieweit repräsentiert sie, die Antwort, personkernzentrale, existentiell bedeutsame Gehalte der Sinnwelt oder nur periphere? Kurz, nicht nur die „Theorie" des politischen Bewußtseins, sondern auch „Empirie" stellt Aufgaben, die noch längst nicht befriedigend gelöst sind, was der Politischen Kulturforschung beträchtliche Hindernisse bietet.

• Die zuletzt angestellten Erwägungen verweisen auf das Problem des Verhältnisses von Sinnwelt und sprachlicher Vergegenwärtigung und Objektivierung: im Fachjargon gesprochen, die Frage nach dem Verhältnis von „cognitive map" (Wissenslandkarte) und „semantic network" (Symbol- bzw. Begriffsnetz). Dabei gilt es zu bedenken, daß sowohl die Sinnwelt selbst wie auch das Begriffsnetz mehr oder weniger differenziert sein können, und daß erst in einer voll alphabetisierten Zivilisation die schriftliche Fassung des Wirklichkeitsverständnisses ihre volle Auswirkung zeitigen kann, obschon auch in modernen Gesellschaften nonverbale Symbole keineswegs bedeutungslos oder unwichtig werden, schon gar nicht angesichts zunehmender Verbreitung audiovisueller Medien.

Trotzdem ist der Themenkomplex „Sprache und Politik“ ein Aufgabenfeld der Politischen Kulturforschung, das besonderer Aufmerksamkeit und Pflege bedarf.[51]) Grundlegende kategoriale Einsichten sind längst bekannt: „Politische Praxis . . . geschieht stets in von den an ihr beteiligten Menschen schon vorgängig intersubjektiv gedeuteten . . . konkreten Kontexten“, und erst „durch die Sprache erhält die politische Praxis den Kontext, in dem sie allein vollziehbar und von dem her sie allein verstehbar ist“.[52])
Politische Praxis geschieht, gerade in ihrem ordnungsstiftenden und -erhaltenden Kern, in Institutionen; diese sind „Regelsysteme kommunikativer Art, als durch- und ausgebildete Ensembles von sprachlich vermittelten, intersubjektiv geltenden Regeln . . ., die politische Praxis bestimmen und die ihrerseits wieder von konkreten, ebenfalls durch sprachliche Vermittlung zur intersubjektiven Geltung gelangten Ordnungskonzeptionen abhängig sind“.[53]) Andererseits ist die Sprache selbst die prototypische Institutionalisierung und Auskristallisierung von Sinn[54]), und vermöge seiner Sprachbefähigung ist, wie schon Aristoteles erkannt hat, der Mensch das zur politischen Existenz befähigte Lebewesen: Die Sprache ermöglicht die Verständigung über das Nützliche („Sympheron“) und das normativ Rechte („Dikaion“) ebenso wie über beider Gegenteil und damit überhaupt die Möglichkeit, sich über die Sinnwelt zu verständigen und also eine gemeinsame Lebensperspektive zu artikulieren, was „politische“ Existenz, nämlich das Miteinander in Freiheit, Gleichheit und Solidarität, im Unterschied zu despotisch fixierter kollektiver Lebensfristung ermöglicht.[55])
Von hier aus legt sich eine Vielzahl von Problemen und Aufgaben für die Politische Kulturforschung nahe — etwa die Bedeutungsanalyse „politischer Leitworte“ im Hinblick auf ihre Funktion, das Verständnis der politischen Wirklichkeit zu erschließen und damit auch zur Strukturierung des Handlungsfeldes beizutragen.[56]) Dabei muß man freilich mehrere Ebenen und Dimensionen der Beziehungsstruktur zwischen Sprache, Wirklichkeitsbild und Handlungsfeld unterscheiden: Politische Begriffe empfangen ihren spezifischen Sinn in aller Regel in Auseinandersetzungen sowohl um die Deutung von Erfahrungen wie um die Macht von Gruppen und Kräften; viele von ihnen „tragen die Narben politischer Kämpfe“[57]), obschon sie oft auch Sinngehalte aus ganz anderen Denkbereichen enthalten können als denen der aktuellen Verwendung.[58]) Tatsächlich sind aber „Aussagen politischer Rede“ nicht erst dort handlungsbezogen, wo sie ausdrücklich der Beeinflussung von Menschen als Subjekten erwünschter oder unerwünschter politischer Handlungen dienen, also „perlokutionären“ Charakter haben, sondern auch da, wo sie dem Anschein nach nur Tatsachen verlautbaren; „ihr Verständnis erfordert

nicht Lektüre als Texte im Kontext von Texten, sondern im Kontext von Handlungen."[59]) Das ist, im Hinblick auf den früher erwähnten „Satz der Bedeutsamkeit" (Erich Rothacker), nichts weniger als erstaunlich, aber im Zusammenhang der Politischen Kulturforschung ergibt sich eben daraus die Relevanz entsprechender Analysen.

Umgekehrt heißt dies freilich, daß auch der „politische" Umgang mit der Sprache, die Politik der Sprachregelung, der Durchsetzung von Ausdrücken und Bedeutungen, ein Thema der Politischen Kulturforschung ist; es gibt eine der Untersuchung zugängliche, nach kritischer Betrachtung rufende „Kultur der Sprachpolitik": Wie wird auf diesem Feld interagiert, welche Formen und Weisen der Auseinandersetzung, des Bemühens um Verständigung oder der Verfolgung und Unterdrückung werden verwendet? Inwiefern wird eine Sondersprache entwickelt und benützt, um Menschen oder Gruppen ein- oder auszugrenzen, Anderssprechende einzuschüchtern, sie in der Auseinandersetzung zu entmachten u. dgl. m.?[60])

Und wieder anders kommt die Sprache in den Blick der Politischen Kulturforschung, wenn man bedenkt, daß es auch Möglichkeiten der Manipulation des politischen Bewußtseins derart gibt, daß „Sprache statt Politik" geboten werden kann[61]): Durch die Darbietung rhetorischer Auseinandersetzungen wird von den Entscheidungen, die die mächtigen Akteure fällen, abgelenkt: „Wirklichkeiten werden ‚erzeugt', um die Hand frei zu haben für das, worum es wirklich geht."[62]) Abermals ein Phänomen anderer Art liegt dort vor, wo auffälliges oder vielsagendes Schweigen beobachtet werden kann, wo also Tabus die „Kehrseite der Politischen Kultur" sozusagen indirekt bewußt machen.[63])

• Die zuletzt erwogenen Sachverhalte lassen deutlich werden, daß Sinnwelten wie Semantiken und überhaupt Institutionen, obschon und indem sie Sinngehalte und Sinnperspektiven vergegenständlichen und ihnen damit zu Wirklichkeit verhelfen, doch auch Sinnpotentiale und Lebenschancen einschränken. Seit Benjamin Lee Whorf ist es eine häufig diskutierte These, daß die Sprache uns bestimmte kulturspezifische Auffassungsweisen der Realität eröffnet und zugleich auferlegt.[64]) Dadurch werden Alternativen ausgeschlossen. Eben damit werden aber auch Chancen der Artikulation von Bedürfnissen und Wünschen reguliert. Das heißt: Wirklichkeitsdeutungen, Sinnwelten und semantische Felder regulieren Denken und Handeln und üben, wie man das heute im Anschluß an einen von Johann Galtung eingeführten, nicht unproblematischen Sprachgebrauch zu formulieren pflegt, „strukturelle Gewalt" aus[65]), was freilich in aller Regel erst jemandem deutlich wird, der die betreffende Sinnwelt gleichsam von außen betrachtet, jeden-

falls nicht vollständig in seinem Denken und Handeln von ihr in Anspruch genommen ist.
Dies bedeutet: So sehr die Politische Kulturforschung reduktionistische Einengungen, die durch ihre Ankoppelung an behavioristische und systemtheoretische politikwissenschaftliche Paradigmen veranlaßt waren, überwinden und in diesem Zusammenhang auch die hermeneutische Dimension der Politikanalyse wiedergewinnen muß — was ja gerade im Blick auf den Problemkomplex „Politik und Sprache" deutlich geworden ist —, so verfehlt wäre es, sich dabei einem vordergründigen „Idealismus" anheimzugeben, also zu verdrängen, daß Institutionen immer zugleich Möglichkeiten eröffnen und versperren. Man kann sie als Strukturen unpersönlicher Machtausübung betrachten,[66]) als geronnene Waffenstillstände im Machtkampf gewissermaßen. Was dies bedeutet, wird freilich erst dann klar, wenn mitbedacht wird, daß Sprache als konkreter Zusammenhang geläufiger Redeweisen nicht dasselbe ist wie jene Wirklichkeit, von der man sagen kann: „Die Sprache . . . ist uns voraus . . . So ist sie nicht etwas Verfügbares und kann auch nicht als Instrument begriffen werden", vielmehr müsse man mit Martin Heidegger sagen: „Wir sprechen nicht nur in der Sprache, wir sprechen aus ihr."[67]) Es gibt eben doch, wie angedeutet, Sprachpolitik und mithin „Herrschaft durch Sinngebung" (Helmut Schelsky).[68]) Wird dies ernstgenommen, dann werden Sinnwelten jederzeit nicht nur gelebt und „konsumiert", sondern auch produziert, und es gibt dabei je spezifische Produktionsverhältnisse, d. h. unterschiedliche Chancen, an der Machtausübung durch die Einflußnahme auf Sinnweltstrukturen und -gehalte teilzunehmen. Insofern erweist sich das Verhältnis von Sinn und Macht als von Grund auf dialektisch[69]) — und diese Dialektik darf auch bei der konzeptionellen Anlage Politischer Kulturforschung nicht verdrängt werden. Die Einbeziehung der „geisteswissenschaftlichen" Dimension schließt die ideologiekritische keineswegs aus.[70])

• Wenn bedacht wird, daß auch das Wirklichkeitsbild, das Menschen miteinander verbindet und Gemeinschaft ermöglicht, nicht unverfügbar vorgegeben ist, sondern im Prozeß der Interaktion und der Sinnvergegenwärtigung immer wieder neu hervorgebracht wird, muß die Politische Kulturforschung auch der damit verknüpften Dynamik Rechnung tragen. Symbolwelten unterliegen dem historischen Prozeß, denn „Symbolbildung ist kein anonymes Ereignis, sondern imaginative Bewältigung erfahrener Wirklichkeit durch das konkrete Bewußtsein handelnder Personen".[71]) Auch in dieser Dimension menschlicher und geschichtlicher Realität gibt es die Unterscheidung zwischen relativ überdauernden und relativ wandelbaren Beständen[72]); von der „Gleichzeitigkeit des Ungleichzeitigen" war bereits die Rede. Und wie es im „Lebenswissen" von Menschen zentrale und periphere Sinnbereiche gibt, mit „wichtigen" und „weniger wichtigen" Erfahrungen, Einsichten und Anliegen, wird man auch in der Sinnwelt einer Gemeinschaft maßgebende und weniger maßgebende Sphären und Bestände vermuten dürfen; eben dies ist in der These von der Unverfügbarkeit der Zivilreligion mitgemeint. Doch auch hier ist vor Absolutsetzungen zu warnen, mögen philosophische und soziologische Denktraditionen die Vorstellung nahelegen, daß sozusagen der objektive Geist dem subjektiven schlichtweg überlegen und vorgegeben sei[73]), so darf das nicht einfach zu einer Auffassung führen, die die Kreativität der menschlichen Einbildungskraft verdrängt. Zwar wäre es ein philosophischer Kurzschluß, davon auszugehen, daß die Menschen die Schöpfer ihrer Welt seien, und sozusagen alle „Verhältnisse" der Eigenproduktion entstammen würden.[74]) Indessen wird es gut sein, bei der Erarbeitung eines kategorialen Bezugsfeldes der Politischen Kulturforschung die schöpferischen Möglichkeiten der Imagination ernst zu nehmen.[75])

Gerade die zuletzt angestellten Überlegungen legen übrigens noch einen weiteren Schluß nahe: So wie in den Sozialwissenschaften allemal Empirie eines theoretischen Vorentwurfs bedarf, wird auch eine Politische Kulturforschung, die nicht hinter ihren eigenen Möglichkeiten zurückbleiben will, auf Orientierungshilfen durch eine Theorie (oder Prä-Theorie) der Politischen Kultur angewiesen sein. Eine solche wird, wenn sie die kategoriale Erschließung und Strukturierung des Phänomen- und des Problemfeldes reflektiert unternehmen will, nicht ohne eine Philosophie der menschlichen Daseinsweise und der Politik auskommen, und zwar nicht, um das Blickfeld einzuengen, sondern umgekehrt: um es auszuweiten, zu vertiefen und zu differenzieren. Vielleicht hat man es sich in der Auseinandersetzung mit der Sache, so interessant und ertragreich sie auch gewesen sein mag, bislang doch etwas zu leicht gemacht.[76])

5

Die Politische Kultur Österreichs ist Gegenstand zahlreicher und unterschiedlicher Charakterisierungen und Analysen geworden, die hier keineswegs aufgezählt, geschweige denn interpretiert oder beurteilt werden können.[1]) Einige charakteristische Merkmale wurden nahezu sprichwörtlich: die Konkordanzneigung, verknüpft mit der Tradition der Sozialpartnerschaft und mit der Prägung der Nachkriegspolitik durch die Große Koalition.[2]) Dabei hindert die „amicabilis compositio" der gesellschaftlichen und politischen Machtträger diese durchaus nicht daran, in der Öffentlichkeit spektakuläre Auseinandersetzungen zu führen — sei es, um die Ausgangsposition für die nächsten Wahlen oder das eigene Image in der Öffentlichkeit zu verbessern, sei es, um Aufmerksamkeit auf bestimmte Themen und Probleme zu lenken, so daß man von kritischer Beobachtung anderer Politikbereiche und Vorgänge entlastet ist.[3]) Allerdings funktioniert dies nicht zuletzt deshalb, weil das österreichische Publikum bereit ist, sich solchen Inszenierungen zuzuwenden, daran u. U. sogar relativ aktiv Anteil zu nehmen, und weil dabei die Massenmedien eine Chance sehen, ihre eigene Position im Spiel zu profilieren.[4])

Ein weiteres Merkmal der „Nation der Hofräte" ist der ausgeprägte Etatismus: die Orientierung am Staat, von dem man seit den Tagen des aufgeklärten Absolutismus die Lösung auch solcher Probleme erwartet, die anderswo die Gesellschaft selbst in die Hand nimmt und bewältigt.[5]) Von daher ist das öffentliche Leben relativ stark von der Bürokratie und einem ihrer Eigenart entsprechenden Stil der Problembehandlung bestimmt. Andererseits ist das Österreich der Zweiten Republik ein Parteienstaat par excellence; zu seinen Merkmalen gehört nicht nur, daß die Parteien selbst und mit Hilfe von Vorfeldorganisationen und nahestehenden Vereinigungen die Gesellschaft traditionell stärker durchdringen als in jedem anderen westlich-demokratischen Land, wobei ein weit entwickeltes Patronage- und Daseinschancenvermittlungssystem eine wichtige Rolle spielt.[6]) Vielmehr ist auch die Penetration der Staatsbürokratie durch die Parteien ein geläufiger Sachverhalt, seitdem das Proporzregime der Nachkriegszeit eine Aufteilung der verschiedenen Machtbereiche zwischen den regierenden „Lagern" durchführte.[7]) Allerdings zeigen neuere Untersuchungen, daß dieses in sich stark integrierte System politischer Machtausübung seit den letzten Jahren Herausforderungen ausgesetzt ist, die möglicherweise zu strukturellen Veränderungen führen, was auch Auswirkungen auf die Politische Kultur haben dürfte; aus diesem Grund wäre die Beobachtung und Analyse entsprechender Veränderungen von großem Interesse.

Im folgenden werden allerdings nicht Hypothesen über solche Veränderungen unterbreitet[8]), sondern es wird auf einige Thesen und Themenfelder hingewiesen, die die gängigen Vorstellungen von der herrschenden Politischen Kultur in Österreich anreichern und vertiefen könnten — im Blick auf die allerdings ebenfalls nach Veränderungstendenzen Ausschau gehalten werden sollte.

• Die Differenz zwischen „Herstellung" und „Darstellung" der Politik[9]), die Neigung, politische Vorgänge zu inszenieren oder als Inszenierungen zu betrachten, die Deutung repräsentativ-institutionalisierter Auseinandersetzungen und Interaktionen als „Rituale" ist nichts Österreich-Spezifisches.[10]) Wohl aber sind diese Phänomene in Österreich einerseits allem Anschein nach besonders ausgeprägt, andererseits sind Beobachter für die entsprechende Mehrdimensionalität besonders sensibel.[11]) Es ist schon öfters darauf hingewiesen worden, daß es sich da um eine Art traditionell vermittelter Wahlverwandtschaft zwischen dem österreichischen Wirklichkeitsverständnis und dem des Barock handeln dürfte. Hermann Broch hat einmal vermerkt, das österreichische Ancien régime sei ein Gebilde gewesen, das „sich auf den Traum stützen mußte, um real zu sein".[12]) Ein anderer hellsichtiger Geist meinte, in Österreich habe „bis zu einem gewissen Grade die Dynastie den Staat als solchen vertreten, was ganz dem Gefühle des Volkes, dessen Sinn für das Anschauliche, entsprochen hat. Damit war auch die Beziehung der Politik zum Spiel, Schauspiel, gesichert. Und daraus konnte die Redensart . . . kommen, daß die Kaiser das Volk durch das Theater von der Politik ablenken wollten".[13]) Andererseits wurde auch die öffentliche Präsentation politischer Sinngehalte selbst zum Politikum: der Aufzug der Arbeiterbewegung am 1. Mai als Gegenveranstaltung zum Fronleichnamsumgang, der erst das Bündnis von Thron und Altar manifestierte, sodann aber als „Christlich-Soziale Heerschau" verstanden wurde.[14]) Ein Kenner der österreichischen Geistesgeschichte meint, dem Umgangsstil attestieren zu können: „Jeder Vorgang bestand zu einem Gutteil aus Theaterspiel; jeder Beteiligte wußte, bis zu welchem Grad er die Herzlichkeit des anderen als List zu werten hatte"[15]), und über die Politik meinte kein Geringerer als Arthur Schnitzler: Hier wie nirgends anderswo gebe es wüsten Streit ohne Spur von Haß . . . Zwischen politischen Gegnern entwickelten sich lächerliche persönliche Sympathien; Parteifreunde hingegen beschimpften, verleumdeten, verrieten einander . . .[16]) Über die Tragweite solcher Aussagen und über den Grad, in dem entsprechende Sichtweisen und Verhaltensweisen durch andere Haltungen und Kräfte konterkariert wurden, wird man diskutieren müssen. Jedenfalls aber legt sich der Schluß nahe, daß die kulturelle Tradition Österreichs sehr eigentümliche Züge des Wirklichkeitsverständnisses enthält, die der oberflächlichen Beobachtung nicht aufs erste einsichtig werden, aber gerade deshalb mindestens heuristisch bei der Erforschung und Beschreibung der österreichischen politischen Kultur mitbedacht werden sollten.

• Es liegt nahe, entsprechende Doppelbödigkeiten und Differenzen auch dort zu vermuten, wo sich die zentralen Symbole und Gehalte der politischen Identitätsstiftung zeigen, also im Zusammenhang mit der Frage nach einer österreichischen „Zivilreligion". Hier stößt man allerdings auf höchst bedenkenswerte Phänomene.

Das traditionelle Bündnis von Thron und Altar hatte die Opposition gegen das Ancien régime eine antiklerikale Position einnehmen lassen. Die Position der katholischen Kirche, in der Ersten Republik in den Antagonismus der politischen Lager einbezogen, wurde nach 1945 neu bestimmt, und insbesondere in der Ära von Kardinal Franz König bemühte sich die Hierarchie, die Kirche zu einer nicht mehr polarisierenden, sondern integrierenden Kraft werden zu lassen.[17]) Immerhin gehört die Ansprache des Vorsitzenden der Bischofskonferenz — neben denen des Bundespräsidenten und des Regierungschefs — zu den drei repräsentativen Reden zur Standortbestimmung und zur Besinnung, die das Fernsehen jedes Jahr in der Zeit des Weihnachtsfests und des Jahreswechsels überträgt. Es sind ja auch weit mehr als 80 Prozent der Österreicher römisch-katholisch. Andererseits gilt die geistige und politische Landschaft Österreichs als „pluralistisch", und damit ist auch das katholische Christentum eine ideelle Größe unter mehreren.[18]) Wenngleich die ÖVP gelegentlich betont hat, sie verstehe sich nicht als „Kirchenpartei", während die SPÖ und die FPÖ die antiklerikalen Haltungen ihrer Stamm-„Lager" zurückgenommen haben, sich zuweilen ausdrücklich um christliche Anhänger bemühen, ist es fraglich, ob man in Österreich von einer christlich imprägnierten Zivilreligion etwa in dem Sinn sprechen kann, wie das für die USA gilt.[19])

Vielmehr ist der vor allem von den beiden Großparteien und dann auch von der FPÖ akzeptierte identitätsstiftende Symbolismus in erster Linie die Artikulation der Sinngehalte des demokratischen Verfassungsstaates, was nach den Erfahrungen mit der Hitler-Herrschaft (1938—1945) nicht wunder nimmt: Rechtsstaatliche Demokratie wurde als Kontrastgestalt zum nationalsozialistischen totalitären Führerregime verstanden und bejaht, obschon in der Zeit der Ersten Republik sowohl die Rechten wie die Linken diesem Regimetypus und den zugrunde liegenden Ordnungsideen Vorbehalte entgegenbrachten. Aber auch dabei fallen einige Eigentümlichkeiten auf: Einerseits wird der Formalgehalt der konstitutionellen Demokratie betont. Das war freilich erst recht zur Zeit der Ersten Republik der Fall, als man sozusagen den Rechtspositivismus eigens für Österreich hätte erfinden müssen, wäre er nicht bereits entwickelt gewesen: Die ideologischen Unvereinbarkeiten zwischen den „Lagern" — und also auch z. B. zwischen ihren Exponenten in der Verfassungsgerichtsbarkeit — waren so markant, daß es sozusagen der Tabuierung aller hinter oder über dem positiven Recht liegenden Sinngebungen bedurfte, wenn ein sachlicher Diskurs zustande kommen sollte. Dies prägt bis heute die politische Rechtskultur, ungeachtet der inzwischen erreichten Kommunikationsfähigkeit zwischen den Vertretern der großen „Weltanschauungen". Andererseits findet auch hier das eigentümliche Phänomen einer Differenz von Realität und Darstellung, die Doppelbödigkeit von Sein und Erscheinung, wovon oben die Rede war, einen vergleichbaren Niederschlag: Man ist es gewöhnt, mit einer Diskrepanz zwischen Verfassungsnorm und Verfassungswirklichkeit zu leben; oft wird in diesem Zusammenhang beispielsweise auf das Spannungsverhältnis zwischen dem Prinzip des freien Abgeordnetenmandats einerseits, dem „Klubzwang" andererseits verwiesen. Umgekehrt jedoch ist es üblich, den an sich durchaus systemgerechten Funktionszusammenhang des parlamentarischen Regierungssystems dadurch zu problematisieren, daß man ihn am Maßstab doktrinärer Konstruktionen beurteilt, die ihm gar nicht ohne weiteres angemessen sind, was dann zuweilen zu fast künstlichem Echauffement führt, zu Auseinandersetzungen um Scheinprobleme.[20]) Dennoch — oder vielleicht auch deswegen? — hat es Bemühungen gegeben, einen gemeinsamen Nenner der politischen Sinngehalte der tragenden politischen Kräfte auch in nichtjuristischer Sprache und auf der Ebene „hinter" den tragenden Verfassungsprinzipien zu artikulieren; dabei trat einerseits der Begriff der Demokratie in den Mittelpunkt, insbesondere in der Periode der Hochkonjunktur der Idee der „Demokratisierung"[21]); auch wenn die „Demokratisierung aller Lebensbereiche" inzwischen als Idee einiges von ihrer Faszinationskraft eingebüßt hat, ist es dennoch so, daß in Österreich „Demokratie" als Sprachsymbol die Bezeichnung für alles Erstrebenswerte und Richtige geblieben ist und sozusagen mit dem Politisch-Guten oder mit dem Humanen schlichtweg gleichgesetzt wird: Setzt man vor die Bezeichnung irgendeiner Institution oder eines Anliegens das Adjektiv „demokratisch", so bringt man die Intention zum Ausdruck, die betreffende Sache optimieren zu wollen.[22])

Es gibt indessen noch eine weitere Formel, in der sich — wie es scheint — der Sinngehalt der Zivilreligion des Gemeinwesens auskristallisieren soll, in Anlehnung an ähnliche Redeweisen in der Bundesrepublik: das Wort von den „Grundwerten".[23])

Allerdings konvergierte das Aufkommen dieses Sprachgebrauchs in Österreich damit, daß hier ohnehin der Wert-Begriff — und zwar schon seit langem — eine stabile Hochkonjunktur genießt: Man spricht von „wertorientierter Politik", wenn Grundsatztreue im Gegensatz zu Opportunismus gemeint ist; „Werte" sollen geschützt oder verteidigt werden (gleich ob es dabei um Rechtsgüter oder um Gewissensüberzeugungen oder um Strukturprinzipien der politischen Ordnung geht oder vielleicht auch um Privilegien . . .).[24]) Daß dieser Sprachgebrauch in den Sozialwissenschaften weitgehend unreflektiert herrscht, hat seine Gründe: Er erlaubte, wie früher ausgeführt, die Transformation von Sinngehalten in das szientistische, insbesondere das behaviouralistische Forschungsparadigma. Es wäre verständlich, wenn in einer Epoche

„wissenschaftlicher Zivilisation" (wie das seinerzeit Helmut Schelsky genannt hat) die entsprechende reduktionistische Sichtweise auch in die Sprachwelt der Politik Eingang finden würde; einerseits ist sozialwissenschaftliche Politikberatung üblich geworden (wenn auch nicht gerade besonders ausgiebig in Österreich), und daraufhin ist es nicht ungewöhnlich, wenn der Sprachgebrauch sozusagen abfärbt, zumal wenn wissenschaftliche Terminologie den Eindruck von sachlicher Kompetenz erweckt; andererseits ist sozialwissenschaftlicher Jargon zunehmend in die Zeitungs-, wenn nicht gar in die Alltagssprache eingedrungen. Die Gewohnheit, Prinzipien-, Sinnorientierungs- und Überzeugungsprobleme zu „Wertproblemen" bzw. zu Wertungsangelegenheiten umzudeuten, ist jedoch älter. In der Zwischenkriegszeit hatte die sog. „Wertethik" Konjunktur, insbesondere im deutschen Sprachbereich; die zugrundeliegende „Wertphilosophie" kam erst in der zweiten Hälfte des vorigen Jahrhunderts auf (bei Hermann Lotze, und sodann bei den neukantianischen Philosophen). Gerade in Österreich ereignete sich dann etwas sehr Eigenartiges: Eine einflußreiche Philosophenschule übernahm das Begriffsfeld der einheimischen Nationalökonomie und ihrer Wertlehre.[25]) Man hat später weitgehend die Herkunft dieser Terminologie vergessen und kaum darauf geachtet, daß das prinzipielle „Denken in Werten" da auftritt, wo die Frage nach praktischen Wahrheiten, nach der Objektivität von Sinnorientierungen und nach unverfügbaren Normen radikal und systematisch verneint wird, nämlich bei Thomas Hobbes: Hannah Arendt hat dazu bemerkt: „Die uns so bekannte Transformierung der Güter und Tugenden der traditionellen Philosophie in Werte . . . tritt uns hier zum ersten Mal entgegen. Aber bei Hobbes ist die Tatsache, daß es Werte nur als Austauschwerte geben kann, noch durch keinen idealistischen Nebel verhüllt . . . Indem er die Tugend und sogar den Menschen selber als Wert bestimmte, wollte er gerade feststellen, daß nichts existierte, außer dem, was in der Gesellschaft gegen etwas anderes austauschbar ist . . . Diese Austauschbarkeit hat mit dem Preis . . . insofern . . . zu tun, als jedes zu einem Wert gewordene Gut oder jede in einen Wert transformierte Tugend ihren Preis hat, nämlich dasjenige, wofür ihr Besitzer bereit wäre, sie einzutauschen . . . Die Vergesellschaftung der Güter, der Tugenden und schließlich der Menschen, die sich darin beweist, daß alles zum Wert wird . . ., führt automatisch zu einem radikalen Relativismus . . ."[26]) Kant hat später, in der „Grundlegung zur Metaphysik der Sitten", mit Pathos betont, daß der Mensch eben keinen Preis hat, sondern eine Würde. Heute freilich ist es üblich, praxisrelevanten Wahrheitsfragen dadurch auszuweichen, daß man die Antworten, wie schon Hobbes das tat, zu bloßen „Meinungen" umdeutet, die entsprechenden Überzeugungen zu sogenannten „Wertvorstellungen", deren Anerkennung positiv, deren Ablehnung negativ „bewertet" wird, wodurch ihr „Geltungswert" mit anderen Vorteilen und Nachteilen kommensurabel wird. Gewissensüberzeugungen werden etwa als „Wertpräferenzen" behandelt und eben dadurch vermarktbar, weil man sie zu „ideellen Interessen" umfunktioniert, die dann gegenüber anderen Interessen, etwa materiellen, aufgewogen und ausgetauscht werden können. Da läßt sich dann fragen: „Was ist mir das wert?", oder behaupten: „Das kauf' ich Dir nicht ab . . ."[27]) Dies wurde hier so ausführlich erläutert, weil die Herrschaft des Denkens und Redens in Werten so unbefragt akzeptiert wird, daß man sich zumeist der kategorialen Entscheidungen, die damit verbunden sind, nicht bewußt ist, obschon eben dies ein Charakteristikum auch der österreichischen Politischen Kultur zu sein scheint. Man möchte vermuten, daß die Reduktion von praktischen Wahrheits- zu Wertfragen eine spezifische, wenngleich möglicherweise gar nicht bewußt entwickelte und planmäßig durchgeführte Strategie der Bewältigung des Problems darstellt, daß es in Österreich — mit seinem Nebeneinander und Gegeneinander geistiger und politischer Lager[28]) — besonders schwierig war, auf einer Ebene „hinter" oder „über" den formalen Regeln des gesellschaftlichen Verkehrs und der politischen Entscheidungsproduktion ein Corpus „gemeinsamer Wahrheiten" zu artikulieren, das die Funktion einer Zivilreligion hätte übernehmen können. Die Umdeutung von Wahrheitsüberzeugungen — etwa solchen einer christlichen Theologie und Sozialphilosophie oder auch einer materialistischen Gesellschaftstheorie, beziehungsweise einer nationalistischen Kulturideologie oder auch einer humanistischen Fortschrittsauffassung — zu „Wertvorstellungen" im erläuterten Sinn erleichtert den Entschluß zum Miteinander, nicht nur zur Toleranz. Vor allem „objektive" Betrachter, die nicht im Dienste einer der Weltanschauungen urteilen und agieren wollen, tun sich leichter, wenn sie sozusagen die Inkompatibilität der Wahrheitsansprüche auf diese Weise beiseite schieben und die „Geltungswerte" der zu „Wertvorstellungen" gewordenen Sinngehalte als kommensurabel betrachten können. Dies traf natürlich vor allem für Philosophen, aber auch für Juristen zu. Daß die Politiker selbst sich schließlich dazu bringen ließen, die mit dieser terminologischen Umfunktionierung verbundene inhaltliche zu übernehmen, ist eine Pointe besonderer Art, die ihr Gegenstück darin hat, daß z. B. die „christliche Weltanschauung" im Rahmen von Veranstaltungen zur politischen Bildung gerade auch im Bereich einer auf christlichen Traditionen aufbauenden Partei als „Ideologie" dargestellt wurde.

• Mit diesen Vorgängen dürfte noch ein anderes Spezifikum der österreichischen Politischen Kultur zusammenhängen, das sich jedoch als besondere Ausprägung eines für moderne Gesellschaften generell charakteristischen

Phänomens darstellt. Moderne Gesellschaften erweisen sich in zunehmendem Maße als gestaltbar und zugleich, aufgrund zunehmender Komplexität und Differenzierung, als stabilisierungs- und steuerungsbedürftig. Man hat dies einmal, eine bekannte These von Karl Marx variierend, in die Worte gefaßt: Früher konnte man die gesellschaftlichen Verhältnisse nur verschieden interpretieren — heute ist es möglich, sie zu verändern (Christian Graf von Krockow). Freilich: Unterläßt man bewußte Steuerung, dann bleibt nicht etwa die bestehende Ordnung aufrecht; auch die Bewahrung erfordert Steuerungsentscheidungen und ihre Umsetzung. Im übrigen tauchen auch immer wieder neue gesellschaftliche Probleme auf, die bewältigt werden müssen. Der Umfang und das Ausmaß des Steuerungsbedarfs scheint zuzunehmen. Andererseits sind das Repertoire und das Reservoir der Steuerungsmittel begrenzt. Nach geläufigen Vorstellungen der Theorie des Gesellschaftssystems gibt es eine begrenzte Anzahl von Grundvorgängen sozialer Kontrolle mit je dazugehörigen Medien der Interaktion: das Angebot von Vorteilen — also das Nehmen des betreffenden Individuums oder Kollektivs bei Nutzenerwartungen; die Drohung mit Nachteilen, etwa mit der Ausübung von Zwang; die Beeinflussung, also den Einsatz persönlicher Autorität oder Suggestionskraft und den Appell an das Pflichtbewußtsein, die Berufung auf Sollensgebote.[29]) Die spezifischen „Medien" oder sozusagen Steuerungswährungen heißen Geld, Macht (nämlich im Sinn der Zwangsausübungschance), Überredungs- oder Beeindruckungsfähigkeit und Gewissensmahnung (im Fachjargon spricht man von utilitären, coerciven, persuasiven und Commitment-Steuerungsmitteln). Nun wird in zivilisierten Gesellschaften Zwangsgewalt zunehmend verpönt: Terror gilt schlechterdings als verabscheuungswürdig, ebenso Folter, und Polizeieinsätze mit physischer Zwangsanwendung lösen zumindest Unbehagen aus; meist sind sie Anzeichen und Ursachen von Autoritätsverlust. Andererseits sind Gewissensüberzeugungen und moralische Einstellungen in pluralistischen Gesellschaften weithin zur „Privatsache" geworden.[30]) Moralische „Wertvorstellungen" und Rechtsgebote sind zweierlei, zumal Moral vielerorts als ideologische Rechtfertigung handfester Interessenlagen gilt oder gar nur als Instrument im gesellschaftlichen Machtwettbewerb. Seitdem Karl Marx, Friedrich Nietzsche und Sigmund Freud auf die Interessen- und Triebhintergründe moralischer Bewußtseinshaltungen und Normengefüge hingewiesen haben, sind entsprechende „Entlarvungs"-Thesen populär geworden. Dies relativiert aber die Verbindlichkeit und Glaubwürdigkeit der entsprechenden Normen und ihrer ideellen Rechtfertigungen. Das Resultat ist, daß die gesellschaftlich notwendige Steuerung — auch und vor allem die Politik — zunehmend auf „utilitäre" und „persuasive" Steuerungsmittel angewiesen ist. Subventionen oder andere Anreize wirken „sanfter" als Gebote oder Drohungen, sind auch effektiver als moralische Appelle. Der nutzenkalkulierende und beeindruckbare Adressat läßt sich lenken, ohne sich vergewaltigt zu fühlen. Die Konsequenz einer entsprechenden Entwicklung wäre eine Gesellschaft, die durch „panem et circenses" („Brot und Spiele") reguliert wird, durch die Vorteilsgewährung und -versagung sowie durch mediale Manipulation. Demgemäß ist in der empirischen Politiktheorie auch die „Neue Politische Ökonomie" populär geworden, die politisches Handeln nach dem Modell des vorteilskalkulierenden, aber manipulierbaren „homo oeconomicus" begreiflich macht. Damit wird aber ökonomisches und politisches Handeln den gleichen Kategorien unterworfen — und die Grenzen zwischen der Orientierung am Geschäftserfolg (wenn man will: am Profit) und jener an der Bewältigung politischer Aufgaben verwischen sich. Tüchtig ist, wer etwas aus der Situation herausholt — für sich, allenfalls für die Träger der von ihm vertretenen Interessen. Die für die Motivation entscheidende Frage lautet: Was bringt mir das?[31])

Eine solche Imprägnierung der politischen Sinnwelt durch ökonomische Kategorien stimmt wiederum mit der Nivellierung politischer Zielsetzungen und Sinngehalten zu „Werten" zusammen, insofern diese ja, wie gezeigt, prinzipiell vermarktbar sind. Zugleich wird hier auch deutlich, inwiefern „Politische Kultur" — dem vorwissenschaftlichen Sprachgebrauch entsprechend — tatsächlich mit „Politischer Moral" zu tun hat. Daß in der österreichischen Öffentlichkeit gerade in den letzten Jahren Mängelrügen, was die politische Moral, namentlich die Moral von Politikern, betrifft, häufiger und nachdrücklicher vorgetragen werden, verdient auch in der Perspektive der Politischen Kulturforschung Aufmerksamkeit. Aber es wäre zu wenig, sich dabei in larmoyanten Klagen ergehen zu wollen, ohne die strukturellen und die kulturellen Umstände zu untersuchen. Es könnte sein, daß unter diesen Umständen auch die spezifische Verflechtung von politischen Parteien (sowie Parlamentsfraktionen und Regierungsressorts) einerseits und Interessenvertretungen andererseits gehört, als Regulierungsagenturen einer „Bargaining Society", deren repräsentative Institutionen nicht mehr prägende Ideen verkörpern, als vielmehr Interessenaushandlung vermitteln, was ja wiederum den umschriebenen Wandlungen und Eigentümlichkeiten der politischen — kritisch gesprochen: entpolitisierten — Symbolwelt entspricht.[32])

Andererseits spricht manches für die Vermutung, daß gerade dieser Wandel der strukturellen und kulturellen Umstände von Politik Unbehagen und die Sehnsucht nach Alternativen, nach einem anderen Paradigma von Politik, ausgelöst hat — also Tendenzen, von denen bereits früher die Rede war. In der

Perspektive Politischer Kulturanalyse zu untersuchen, wie die etablierten politischen Kräfte darauf reagiert haben, wäre eine reizvolle Aufgabe.

- Schließlich wird man von diesen Vorgängen und Problemen noch auf ein für Österreich besonders bedeutsames Thema verwiesen, das sich allerdings auch schon die Begründer der traditionellen Politischen Kulturforschung gestellt haben. In einem bereits früher auszugsweise zitierten, nachgerade „klassischen" Text bezeichnet Lucian W. Pye als eine der Komponenten des Gesamtzusammenhangs der Politischen Kultur, neben den gesellschaftlichen Traditionen, dem „Geist" der politischen Institutionen, den emotionalen und rationalen Orientierungen der jeweiligen Bürgerschaft auch „the style and operating codes of its leaders".[33])

Politische Kulturforschung hat sich, nicht zuletzt, mit der Verhaltenskultur der politischen Elite und ihren Voraussetzungen zu befassen.

In Österreich ist es eine häufig zu hörende These, daß der maßgebliche Typus des Politikers im Laufe der geschichtlichen Entwicklung eine bemerkenswerte Veränderung mitgemacht hat — von Karl Renner, Theodor Körner, Leopold Figl über Josef Klaus und Bruno Pittermann, über Bruno Kreisky bis zu Franz Vranitzky und Josef Riegler, aber auch von Johann Böhm bis Fritz Verzetnitsch. Dabei wird man abermals den Zusammenhang struktureller und kultureller Umstände berücksichtigen müssen: Politik spielte sich in den Jahren nach 1945 in einem anderen Kontext ab als heute, und dies bedeutet auch einen Wandel der spezifischen Anforderungen an den politischen Akteur — es genügt, etwa an die unterschiedlichen Entscheidungsprozeduren vor dem Computerzeitalter und heute, an die unterschiedlichen Popularitätskriterien und an die unterschiedlichen Artikulations- und Interaktionsformen derjenigen Kräfte zu denken, mit denen man es zu tun und denen gegenüber man sich durchzusetzen hatte, von der Art der jeweils zu bewältigenden „inhaltlichen" Probleme und Herausforderungen zu schweigen. Aber in Verbindung damit haben sich eben auch die maßgebenden Politikverständnisse selbst verändert, in deren Horizont die spezifischen Aufgaben ihr Profil erhalten. Abgesehen davon wäre es dabei verfehlt, jeweils von einem Epochentyp „des" Politikers auszugehen — vielmehr sind die Rollenanforderungen jeweils differenziert (heute wahrscheinlich stärker als seinerzeit): Der unerschütterliche „Steher" und „Durchsetzer" wird in anderen Funktionen und Situationen benötigt als der schlagfertige Debattenredner, der geschickte Verhandler und Vermittler ist in einem modernen politischen System ebenso nötig wie der attraktive Popularitätsgarant oder der Verbindungsmann zu strategisch wichtigen Interessen- oder Wählergruppen (sei „er" jeweils männlich oder weiblich).

Eine gegenüber diesen funktionalen Anforderungen und Leistungskriterien nicht zu vernachlässigende Frage, die die zentralen Gehalte der Politischen Kultur berührt, betrifft jedoch die über diese Dimension hinausgehenden qualitativen Anforderungen an den „homo politicus": Ist er lediglich der Manager funktionaler Probleme der Interessenvermittlung und -Durchsetzung oder — wie das die klassische Theorie der Politik unterstellt hat — auch der Repräsentant derjenigen Sinngehalte, in denen ein Gemeinwesen seine Identität symbolisiert? Versteht eine Gesellschaft unter Politik nicht nur das Geschäft individueller oder kollektiver Vorteilsverfolgung, sondern auch den Prozeß der Selbstverständigung darüber, was man als die vom Schicksal gestellte Aufgabe betrachtet und worin man sich also, trotz aller mutmaßlich vorhandenen Interessen- und Überzeugungsgegensätze, einig wissen will, dann ist der politische Repräsentant des Gemeinwesens in aller Regel auch der Anforderung ausgesetzt, eben diese Sinngehalte vorzuleben, darzustellen, also in gewissem Sinne zu personifizieren. Dies ist der Grund dafür, daß in Ländern mit älterer politischer Tradition auch der regierende Vertrauensmann des Volkes strengeren moralischen Standards entsprechen muß als Hinz und Kunz.

In einem Zeitalter der Funktionalisierung der Politik mag diese Tradition dem Vergessen anheimfallen — aber dies wird dadurch konterkariert, daß in modernen Gesellschaften merkwürdigerweise wieder strukturelle Nötigungen zu einer Hochstilisierung der menschlichen Qualitäten politischer Amtsbewerber auftreten: Zwar ist die Politik nicht mehr die als maßgebend angesehene Lebensmacht[34]); aber eben deshalb müssen politische Gruppen, Parteien vor allem, sich nicht nur im Wettbewerb um Aufmerksamkeit gegenüber ihresgleichen behaupten, sondern auch in der Konkurrenz gegenüber zahlreichen anderen gesellschaftlichen Akteuren, die für irgendwelche Anliegen und Botschaften Aufgeschlossenheit zu erringen suchen, nicht zuletzt im Dienste kommerzieller Interessen. Dies nötigt die politischen Kommunikatoren nicht nur dazu, ihre jeweilige „Sache" hochzustilisieren, d. h. dem Publikum als lebenswichtig, glückverheißend und notwendig darzustellen, sondern verführt auch zur Hochstilisierung, womöglich zur Heroisierung der diese Sache präsentierenden oder repräsentierenden Personen (wobei es freilich auch die andere Strategie gibt, Kandidaten oder Exponenten als „Menschen wie du und ich" darzustellen, wobei allerdings das Du und das Ich auch wieder so ins Licht gestellt werden, daß wir beide uns gern und lustvoll damit identifizieren).[35]) Die Konstellation erinnert an jene, mit der sich Platon schon im „Gorgias" auseinandersetzt: Politik erfordert außergewöhnliche Qualitäten, es gibt sie aber entweder authentisch oder in einer Pseudo-Form, als bloßen Schein . . . Daß an Politiker, an Repräsentanten des Gemeinwesens, „überdurchschnittliche Erwartungen" gestellt werden[36]), liegt sozusagen in der

Natur der Sache und sollte niemanden überraschen, am wenigsten Amtsinhaber und Amtsbewerber selbst. In der zeitgenössischen Politikwissenschaft sind sich im übrigen Vertreter traditioneller und szientistischer Positionen darüber einig, daß die Vertrauenswürdigkeit, die moralische und intellektuelle Qualitat der Amtsinhaber, einer der grundlegenden Faktoren der Legitimität einer politischen Ordnung ist; wo sie den Verantwortlichen ganz abgeht, „wird Herrschaft verächtlich".[37])

Dies sind nur einige Stichworte und Probleme, die zu Projekten einer nicht vorschnell kategorial verkürzten Politischen Kulturforschung anregen könnten. Daß sie freilich auch zu einer Besinnung anregen, die über methodisch angeleitetes wissenschaftliches Arbeiten hinaus die politische Verantwortung der Funktionsträger, der Eliten und der Staatsbürger einfordert, kommt hinzu. Es zeigt sich, daß Politische Kultur als Gegenstand politikwissenschaftlicher Analyse und als Gegenstand mitbürgerlicher Sorge doch nicht zwei so ganz verschiedene Dinge sind, wie das manchmal dargestellt wird. Mindestens aber lohnt es sich, beide Betrachtungsweisen zu vergegenwärtigen und zu fragen, inwiefern sie einander dienlich sein können.

6

Schon mehrmals ist angedeutet worden, daß wichtige Elemente und Anliegen der Theorie und der Analyse der Politischen Kultur weit in die Geschichte des Erkenntnisstrebens über die Politik zurückreichen; im letzten Abschnitt geschah dies mit einem beiläufigen Hinweis auf Platon, weiter oben mit der Erinnerung daran, daß der Mensch als sprachfähiges und sinnorientiertes Lebewesen zugleich das zur politischen Existenz befähigte und bestimmte Lebewesen ist, nämlich zufolge der Lehre des Aristoteles. Nimmt man diese Hinweise ernst und konfrontiert die Möglichkeiten und Zielsetzungen Politischer Kulturforschung mit der klassischen Tradition des politischen Denkens, dann zeigt sich eine weitgehende, freilich den Kundigen keineswegs überraschende Korrespondenz.

- Schon in der klassischen philosophischen Theorie der Politik geht es um das Verhältnis von politischer Struktur und Singebung der Existenz; die Verfassung der Polis wird als Institutionalisierung eines bestimmten „bios", eines „way of life", einer durch spezifische Sinnbestimmungen charakterisierten Existenzweise begriffen.[1])
- Wenn man unter „Kultur" den Entwurf und die Realisierung einer menschlichen (normativ gesprochen: einer menschenwürdigen) Lebensweise versteht, dann muß sich jede politische Ordnung danach beurteilen lassen, ob und inwieweit sie die Möglichkeiten von Kultur — beziehungsweise der spezifisch

die Möglichkeiten der Humanität entfaltenden Kultur — fördert oder behindert, also den Menschen von seinen wahrhaft menschlichen Aufgaben und Chancen entfremdet.

- In eben dieser Hinsicht kann und muß man auch politische Ordnungstypen, da sie in ihrem institutionellen Kern eben auch „Mechanismen" der Förderung oder Behinderung spezifischer Kulturgehalte darstellen, analysieren und beurteilen.

Die Erneuerung dieser Sichtweisen ist unter modernen Verhältnissen schwieriger als im Blick auf die antike Polis. Damals war Politische Kultur soviel wie die konkrete Kultur eines Gemeinwesens überhaupt — die funktionale Ausdifferenzierung der Gesellschaft und damit die funktionale Partikularisierung der Politik gab es damals noch nicht. „Staat" und „Gesellschaft" waren einander ebensowenig gegenübergetreten wie „existentielle Religion" und „Zivilreligion".

Um so bedeutsamer ist es, daß gerade der Begründer der Sozialwissenschaft unseres Jahrhunderts, Max Weber, seine universalhistorischen und zivilisationstheoretischen Forschungen, ungeachtet seines Bekenntnisses zur „Werturteilsfreiheit" der Wissenschaft, in die Perspektive einer Leitfrage gestellt hat, die eben diese klassische Problemstellung erneuert: „Jede . . . Ordnung der gesellschaftlichen Beziehungen" ist seiner Auffassung nach letztlich „. . . daraufhin zu prüfen, welchem menschlichen Typus sie, im Wege äußerer oder innerer Motiv(auslese), die optimalen Chancen gibt, zum herrschenden zu werden."[2])

Damit wird eine Blickweite und eine Blickrichtung gewonnen, die vor fragwürdigen Kurzschlüssen und Engführungen der Fragestellung bewahrt und zugleich die Möglichkeit eröffnet, auch die Voraussetzungen und Chancen einer menschenwürdigen politischen Weltkultur zu bedenken.[3])

Für unseren Zivilisationsraum — für jenen, dem sich auch Österreich zurechnet — ergibt sich jedenfalls, daß erst die Wiedergewinnung der unverkürzten Frage nach der Politischen Kultur der Politikwissenschaft die Chance gibt, über die Theorie und die Analyse von Herrschaftsapparaten und Interessenvermittlungsagenturen hinausgelangend, den Anschluß an die lebenswichtige Orientierung an Kriterien der Humanität sicherzustellen. Dabei wird man dann auch auf die Notwendigkeit treffen, sich zu entscheiden: Ob „Politische Kultur" mit Kultur schlichtweg gleichgesetzt werden, zu deren Richtmaß erklärt werden kann — oder ob umgekehrt Politische Kultur ein Vermittlungsfeld zwischen metapolitischer Humanität und politischen System- und Ordnungserfordernissen ist. Landläufig gesprochen: Für die Theorie und die Analyse der Politischen Kultur ist es entscheidend, ob man von der Überzeu-

gung ausgeht, daß der Staat für den Menschen da ist, oder vom Gegenteil. Übrigens sollten in der Diskussion darüber auch die Christen ihre Stimme einbringen. Der Jubilar, dem diese Festschrift gewidmet ist, hat dies immer wieder getan.
Nicht zuletzt darin liegt sein Beitrag zur Politischen Kultur unseres Landes.

Anmerkungen zu Abschnitt 2

1) Christian FENNER, Politische Kultur, in: Dieter NOHLEN (Hrsg.), Wörterbuch zur Politik, Bd. 2: Westliche Industriegesellschaften (hg. v. Manfred G. SCHMIDT), München und Zürich 1983. S. 343.

2) Ein charakteristischer Fall, der zu kritischen Kommentaren sowohl in der einen wie der anderen Perspektive Anlaß gab, betraf die unter offenbarem Verstoß gegen gesetzliche Vorschriften durchgeführten Waffenexporte in Spannungsgebiete bzw. an kriegführende Staaten. Einerseits wurde entrüstet auf die Gesetzesbrüche verwiesen, andererseits wurde geradezu mit Empörung Klage darüber geführt, daß ein Verhalten von Rüstungsindustriemanagern, das doch nur dazu führen sollte, Arbeitsplätze zu erhalten, „skandalisiert" worden sei.
Vgl. Heinrich SCHNEIDER, „Schluß mit dem Theater um Waffen: Amnestie muß endlich her", in: „Die Furche" (Wien), Ausg. v. 15. 4. 1988, S. 5.

3) Zum „politischen Stil" vgl. Wilhelm HENNIS, Zum Begriff und Problem des „politischen Stils", in: Ders., Politik als praktische Wissenschaft, München 1968, S. 230ff.

4) Niklas LUHMANN, Legitimation durch Verfahren, Neuwied/Rh. und Berlin 1969, S. 123ff.; vgl. etwa S. 124: „Die Funktion des Verfahrensprinzips der Öffentlichkeit liegt in der Symbolbildung, in der Ausgestaltung des Verfahrens als eines Dramas, das richtige und gerechte Entscheidung symbolisiert . . ."
Siehe aus dem vorigen Jahrhundert die berühmte Gegenüberstellung von „dignified" und „efficient parts of the constitution" bei Walter BAGEHOT, The English Constitution (1867), dt. Ausg. „Die englische Verfassung", hrsg. v. Klaus STREIFTHAU, Neuwied und Berlin 1971. Dabei betrachtet BAGEHOT (im Unterschied zu Krone und Oberhaus) das Unterhaus als einen der „efficient parts" und bezeichnet dennoch seine Mitglieder als „die Schauspieler auf der Bühne" (dt. Ausg. S. 78).

5) Als klassisches Beispiel siehe etwa Alexis de TOCQUEVILLE; De la Démocratie en Amérique (1835/1840), dt. Ausg. „Über die Demokratie in Amerika", hrsg. v. Jean-Paul MAYER, Bd. I/II, Stuttgart 1959/1962.

6) Günther NENNING, Parteienunkultur, in: Österreichische Zeitschrift für Politikwissenschaft, 13. Jg. (1984), Heft 1, S. 34ff.

7) Hans-Georg HEINRICH, Alfred KLOSE, Eduard PLOIER (Hrsg.), Politische Kultur in Österreich, Linz 1989, S. 7 (Vorwort der Herausgeber).

8) Vgl. Otto Heinrich von der GABLENTZ, Politische Gesittung, Köln und Opladen 1959, ferner DOLF STERNBERGER, Macht und Sitte, in: Ders., Lebende Verfassung, Meisenheim/Gl. 1956, S. 11ff.

9) So erläutert Theodor ESCHENBERG das Anliegen seiner unter dem Titel „Institutionelle Sorgen in der Bundesrepublik" (Stuttgart 1961) zusammengefaßt publizierten Aufsätze zur Kritik des politischen Verhaltens, siehe das Vorwort, S. 7ff.

10) Ebd. S. 9.

11) Den Gedanken, daß Institutionen nicht ohne Rücksicht auf ihre jeweilige „idée directrice" begriffen werden können, hat u. a. Maurice HAURIOU betont, siehe Ders., Die Theorie der Institution und zwei andere Aufsätze, dt. Berlin 1965 (hrsg. v. Roman SCHNUR), sowie: Roman SCHNUR (Hrsg.), Institution und Recht, Darmstadt 1968. Daß ein derartig idealistisches Verständnis der Institutionen — das die Dimension der Machtregulierung ausblendet — einseitig ist, wird noch zur Sprache kommen.

12) Dies tut z. B. Alfred Johannes NOLL, Justiz und mediale Öffentlichkeit, in: Dialog/Beiträge zur Friedensforschung, Bd. 16, Heft 3 (1989), S. 112 und 123; dort /Anm. 1) beruft sich der Autor insbesondere auf Peter TURRINI, Mein Österreich, Darmstadt 1988; Josef HASLINGER, Politik der Gefühle, Darmstadt 1987; Michael SCHARANG, Das Wunder Österreich oder Wie es in einem Land immer besser und dabei immer schlechter wird, Wien und Zürich 1989.

Anmerkungen zu Abschnitt 3

1) Als Wörterbuchartikel vgl. beispielsweise Dirk BERG-SCHLOSSER, Politische Kultur (im folgenden: PK.), in: Dieter NOHLEN (Hrsg.), Pipers Wörterbuch zur Politik, I: Politikwissenschaft (hrsg. v. Dieter NOHLEN und Rainer-Olaf SCHULTZE), 1. Teilbd., 2. Auflage, München 1987, S. 746ff.; Christian FENNER, PK., in: Ebd. II: Westliche Industriegesellschaften (hrsg. v. Manfred G. SCHMIDT), München 1983, S. 343ff.; Dirk BERG-SCHLOSSER, PK., in: Wolfgang W. MICKEL (Hrsg.), Handlexikon zur Politikwissenschaft, Neuausg., München 1986, S. 385ff.; Heinz RAUSCH, PK., in: Staatslexikon (Görres-Gesellschaft), 7. Aufl., Bd. 4, Freiburg/Br. 1988, Sp. 462ff.
Zur Gewinnung eines allgemeinen Überblicks siehe v. a. Dirk BERG-SCHLOSSER, Politische Kultur — Eine neue Dimension politikwissenschaftlicher Analyse, München 1972; Patrick V. DIAS, Der Begriff „PK." in der Politikwissenschaft, in: Dieter OBERNDÖRFER (Hrsg.), Systemtheorie, Systemanalyse und Entwicklungsländerforschung, Berlin 1971, S. 409ff.; Wolf Michael IWAND, Paradigma Politische Kultur, Opladen 1985.
Zur Entwicklung in der Bundesrepublik vgl. v. a. Dirk BERG-SCHLOSSER und Jakob SCHISSLER (Hrsg.), Politische Kultur in Deutschland — Bilanz und Perspektiven der Forschung, Sonderheft 18 der Politischen Vierteljahresschrift, Opladen 1987.

2) Gabriel A. ALMOND, Comparative Political Systems, in: Journal of Politics, vol. XVIII (1956), S. 391ff.

3) Gabriel A. ALMOND, Politische Kultur-Forschung — Rückblick und Ausblick, in: Dirk BERG-SCHLOSSER und Jakob SCHISSLER (Hrsg.), aaO. 1987 (s. Anm. 1), s. 27ff.

4) Die herrschende Richtung der amerikanischen Sozialwissenschaft, repräsentiert insbesondere von Talcott PARSONS und seiner Schule, hatte sich eingehend mit Max WEBER befaßt, dessen zivilisationsvergleichende, vor allem religionssoziologisch konkretisierte Studien vor allem von der Frage bestimmt waren, welche Voraussetzungen für die spezifisch okzidentalen Kulturerscheinungen wie moderne Staatlichkeit, kapitalistische Wirtschaft und überhaupt die für die westliche Kultur charakteristische allgemeine Rationalisierung des Daseins maßgeblich waren. Dabei erwies sich die Art der Verknüpfung und Verschränkung von religiöser Existenzsinngebung einerseits und Weltbezug andererseits als bestimmend.

5) Vgl. Dirk BERG-SCHLOSSER aaO. 1987 (in: Dieter NOHLEN, Hrsg.), S. 385: „Die Mathematik hatte statistische Verfahren sowohl der Erhebung repräsentativer Stichproben als

auch der verfeinerten schließenden Analyse entwickelt, die es ermöglichten, quantitativer Bearbeitung zugängliche Aussagen über große Gesamtheiten bei Erfassung nur relativ weniger Einzelpersonen zu machen. Die Sozialpsychologie lieferte hierfür eine differenzierte, überprüfbare Befragungstechnik und Meßinstrumente (wie auch Frage-„Skalen" etc.) ‚subjektiver' Tatbestände. Die rapide Entwicklung der elektronischen Datenverarbeitung schließlich ließ solche breitangelegten Erhebungsmethoden und Analyseverfahren bei . . . vertretbarem Zeit- und Kostenaufwand realisierbar werden . . ."

6) Gabriel A. ALMOND aaO. 1987 (S. Anm. 3), S. 29.

7) Gabriel A. ALMOND aaO. (s. Anm. 2).

8) Es könnte naheliegen, von einem zugrundeliegenden „Paradigma" zu sprechen, im Sinne der bekannten Thesen von Thomas S. KUHN, Die Struktur wissenschaftlicher Revolutionen, Frankfurt/M.[2] 1976. Tatächlich wäre dies eine unzulässige Vereinfachung, da der auf der Basis von Talcott PARSONS' Theorien entwickelten sozialwissenschaftlichen Kulturbetrachtung einerseits, der „behavioralistischen" Analyse von Bestimmungsfaktoren der Politik (nämlich des politischen Verhaltens von Individuen und den „Verhaltensweisen" politischer Systeme) andererseits unterschiedliche Wissenschaftskonzeptionen zugrundeliegen.

9) Siehe etwa Lucian W. PYE, Introduction, in: Lucian W. PYE and Sidney VERBA (Hrsg.), Political Culture and Political Development, Princeton, N. J. 1965, S. 3ff., wo nachdrücklich die „essential behavioral form of analysis" betont wird.

10) Siehe etwa Gabriel A. ALMOND aaO. 1987 (s. Anm. 3) im Schlußabsatz, s. 38: „Ein systematischer Ansatz der Politischen Kultur-Forschung, wie er hier vorgestellt wurde, hat den Vorteil, daß dieser Ansatz fest in Struktur und Leistungen des politischen Systems verankert ist."

11) „Behaviouralistisch" heißt (im Unterschied zur strengeren „behaviouristischen") eine Konzeption von „Behavioural Science", die sich nicht auf die Registrierung manifesten Verhaltens und die Ermittlung von Wenn-Dann-Regelmäßigkeiten (womöglich in „physikalistischer" Ausrichtung) beschränkt, sondern „subjektive Daten" immerhin indirekt in ihr Realitätsverständnis einbezieht, nämlich eben in der beschriebenen Weise als Dispositionsvariablen für mögliches Verhalten.
Siehe dazu Mathias SCHMITZ, Politikwissenschaft zwischen Common sense (sic!) und Szientismus, in: Dieter OBERNDÖRFER (Hrsg.) aaO., 1971 (s. Anm. 1), s. 11ff., v. a. S. 31ff. („Die Wissenschaftstheorie der verhaltenswissenschaftlich orientierten Politikwissenschaft").

12) „The Study of Politics is the study of authoritative allocation of values for a society" (wobei „values" hier „wertvolle Objekte", materielle und andere Güter, Strebensziele bedeutet); der entsprechende Prozeß vollzieht sich in Interaktionen; „political interactions in a society constitute a system of behavior"; also: „a political system can be designated as those interactions trough which values are authoritatively allocated for a society": David EASTON, The Political System, New York 1953, 967; Ders., A Framework for Political Analysis, New York 1965; Ders., A Systems Analysis of Political Life, New York 1965.
Die EASTONsche Charakterisierung der politischen Funktion wird oft mit dem Hinweis auf MAX WEBER erläutert; näher liegt jedoch die Erinnerung an Harold D. LASSWELL, Politics: Who Gets What, When, How, New York 1936.
Zur Interpretation des Ansatzes vgl. außer dem von Dieter OBERNDÖRFER 1971 herausgegebenen Sammelband (siehe Anm. 1) noch: H. V. WISEMAN, Political Systems, London 1966; Oran R. YOUNG, Systems of Political Science, Englewood Cliffs, N. J. 1968; Morton R. DAVIES und Vaughan A. LEWIS, Models of Political Systems, London 1971.

[13]) Dazu vgl. insbesondere: Enno SCHWANENBERG, Soziales Handeln — Die Theorie und ihr Problem, Bern 1970; Jürgen HABERMAS, Theorie des kommunikativen Handelns, Frankfurt/M. 1981, Band 2, S. 295ff.; Richard MÜNCH, Theorie des Handelns, Frankfurt/M. 1982; Jeffrey C. ALEXANDER, The Modern Reconstruction of Classical Thought: Talcott Parsons (Theoretical Logic in Sociology, Vol. IV), Berkeley and Los Angeles, Ca., 1983.

[14]) Der Terminus „Sinnwelt" im Anschluß an Peter L. BERGER und Thomas LUCKMANN, Die gesellschaftliche Konstruktion der Wirklichkeit, dt. Frankfurt/M. 1969.

[15]) Für PARSONS ist der Symbolkosmos neben der „materiellen" Umwelt (und gewissermaßen in dialektischer Spannung zu ihr) die „kulturelle Umwelt" des Akteurs; vgl. Jeffrey C. ALEXANDER aaO. 1983 (s. Anm. 13), S. 31.

[16]) Erich ROTHACKER, Geschichtsphilosophie (Sonderdruck aus: Handbuch der Philosophie), München o. J. (1934), S. 98f. Vgl. auch: Ders., Probleme der Kulturanthropologie, Bonn 1948, S. 108: „Der Organismus wie der Mensch nimmt ausschließlich biologisch oder existentiell Bedeutsames wahr".

[17]) Max WEBER, Die „Objektivität" sozialwissenschaftlicher und sozialpolitischer Erkenntnis (1904), hier nach: Methodologische Schriften (Studienausgabe), Frankfurt/M. 1968, S. 1ff., hier S. 34.

[18]) Ebd. S. 28.

[19]) Vgl. Enno SCHWANENBERG aaO. 1970 (s. Anm. 13), S. 47f., S. 52.

[20]) Christoph HUBIG, Wert (I. Philosophie), in: Staatslexikon (Görres-Gesellschaft), 7. Aufl. Bd. 5, Freiburg/Br. 1989, Sp. 963ff., hier Sp. 964.

[21]) Siehe dazu etwa: Eric VOEGELIN, Die Neue Wissenschaft der Politik, München 1959, S. 33ff.; Jürgen HABERMAS, Theorie und Praxis, Neuwied/Rh. 1963, S. 242ff., S. 247.

[22]) Vgl. Enno SCHWANENBERG aaO. 1970 (s. Anm. 13), S. 42.

[23]) Ebd. S. 101.

[24]) Rudolf STICHWEH, Talcott Parsons, in: Staatslexikon Bd. 4, 1988 (s. Anm. 1), Sp. 309ff., hier Sp. 310 spricht von der „Eigenkausalität" (im Unterschied zu der in der Verhaltensregulierung des Organismus wirksamen „Durchgriffskausalität" von Konditionen), die bei PARSONS mit der „Subjektivität des Handelns" gemeint sei. — Allerdings gibt es Versuche, das, was bei Unterstellung von Subjektivität als zweckrationales Optimierungshandeln erscheint, in eine lern-, austausch- und balancetheoretische Konzeption von Verhaltenserklärung einzuholen: siehe Franz LEHNER, Politisches Verhalten als sozialer Tausch, Bern und Frankfurt/M. 1973.

[25]) PARSONS selbst definiert „Werte" dementsprechend als „die Verpflichtungen einzelner Personen, bestimmte Richtungen oder Handlungstypen für die Gesamtheit als System und folglich, abgeleitet, für ihre eigenen Rollen in der Gesamtheit zu verfolgen und zu unterstützen" Talcott PARSONS, Authority, Legitimation, and Political Action, in: Ders., Structure and Process in Modern Societies, 1960, hier übersetzt zit. nach Chalmers JOHNSON, Revolutionstheorie, Köln 1971, S. 37).

[26]) Die Erinnerung an Max WEBERS Konzeption von „Wertrationalität", die ebenfalls als Einschränkung der reinen Zweckrationalität vermöge der Mitwirkung „nichtrationaler" (wie PARSONS sagen würde) Bestimmungsgründe erscheint, liegt nahe. Für WEBER ist Wertrationalität lediglich „vom Standpunkt der Zweckrationalität aus", dann aber immer, mehr oder weniger irrational. „Der reinste Typus der wertrationalen Geltung" aber „wird durch das

'Naturrecht' dargestellt": Max WEBER, Soziologische Grundbegriffe (Wirtschaft und Gesellschaft, I. Teil, Kapitel 1), hier zit. nach der Studienausg. v. Johannes WINCKELMANN, Köln 1964).

27) Vgl. dazu aus der materialreichen Zusammenstellung von Rüdiger LAUTMANN, Wert und Norm, Köln und Opladen 1969, die folgenden Umschreibungen: „Ein Wert ist eine Auffassung vom Wünschenswerten, die explizit oder implizit sowie für ein Individuum oder für eine Gruppe kennzeichnend ist und welche die Auswahl der zugänglichen Weisen, Mittel und Ziele des Handelns beeinflußt" (Clyde KLUCKHOHN 1951); Wert ist „jeder Aspekt einer Situation, eines Ereignisses oder eines Gegenstandes, dem ein Präferenzinteresse zukommt" (Robin M. WILLIAMS, 1953); „Der Wertbegriff bezeichnet einen Gesichtspunkt der Bevorzugung von Handlungserfolgen und damit von Handlungen" (Niklas LUHMANN, 1965); „Wert ist die relative Position in einer Präferenzordnung" (Alfred KUHN, 1966). Alle diese Definitionen stehen in einem soziologischen (nicht etwa in einem ökonomischen) Klärungs- und Argumentationskontext. Als Beleg für eine frühe Einordnung des Wertbegriffs in einen empirisch-erklärungsorientierten Forschungszusammenhang vgl. schließlich noch die Charakterisierung des „sozialen Wertes" als „jedes Datum mit einem empirischen, den Mitgliedern einer sozialen Gruppe zugänglichen Inhalt und mit einer Bedeutung, in bezug auf die das Datum ein Objekt des Handelns ist oder sein kann" (William I. THOMAS und Florian ZNANIECKI, The Polish Peasant in Europe and America, New York 1918).

28) Christoph HUBIG aaO. 1989 (s. Anm. 20), Sp. 963-964.

29) Chalmers JOHNSON, Revolutionstheorie („Revolutionary Change", 1966), Köln und Berlin 1971, S. 36.

30) Jürgen HABERMAS aaO., 1963 (s. Anm. 21), S. 247. Siehe nochmals Anm. 27.

31) Siehe oben S. 160.

32) Sidney VERBA, Conclusion, in: Lucian W. PYE und Sidney VERBA (Hrsg.) aaO., 1955 (s. Anm. 9), S. 516.

33) Ebd. S. 517. Schon daraus geht übrigens hervor, daß „Politische Kultur" kein nur „idealistisch" abzuhandelndes Thema ist, weil stets auch eine Dimension der Machtregulierung in den Blick kommt.

34) Vgl. Gabriel A. ALMOND aaO., 1965 (siehe Anm. 9), S. 8, wo betont wird, daß die Politische Kultur äquivalent für die Politik fungiert wie Kultur schlechthin für das soziale Leben überhaupt, nämlich indem sie Zusammenhalt („coherence") und „Integration" sichert. (Diese Sicht dürfte einen Reflex der PARSONSschen Konzeption der von Wert- und Normsystemen geleisteten Integration der Gesellschaft darstellen. Sie ist von anderen Autoren angefochten worden, was weiter unten noch zur Sprache kommen wird.)

35) Vor allem die von Gabriel ALMOND und Sidney VERBA aufgestellte Typologie von „parochial", „subject" und „participant political culture" ist häufig verwendet worden: Die „parochiale", über das eigene Kirchspiel nicht hinausreichend orientierte Werthaltung bedeutet sozusagen Irrelevanz des zentralen politischen Systems oder, anders gesagt, „Fehlmeldung", was Einstellungen und Meinungen zu politischen Angelegenheiten betrifft, sofern es sich nicht um lokale Dinge handelt. Die „Untertanenkultur" bedeutet reine Orientierung an den „Outputs" (an den Entscheidungen, von denen man betroffen ist), die Beteiligungskultur schließt auch aktive politische Betätigung (d. h. Mitwirkung am Zustandekommen von Inputs und entsprechende Orientierungen) ein: Gabriel A. ALMOND und Sidney VERBA (Hrsg.), The Civic Culture, Princeton, N. J. 1963. Für die Realanalyse wichtig ist die

Annahme bzw. Feststellung von Mischformen. Vgl. dazu Dirk BERG-SCHLOSSER aaO. 1972 (s. Anm. 1), S. 50ff.

36) Milton ROKEACH, The Nature of Human Values, New York und London 1973; siehe dazu Ruth MEYER und Walter RÜEGG. Wertforschung im internationalen Vergleich, in: Helmut KLAGES und Peter KMIECIAK (Hrsg.), Wertwandel und gesellschaftlicher Wandel, Frankfurt und New York 1979, S. 41ff., hier S. 44ff.
„Terminal Values" sind z. B. Lebensglück (freilich unterschiedlich verstanden — etwa als „comfortable" bzw. „prosperous" oder als „exciting", „stimulating" life), eine friedvolle oder schöne Welt (ohne Krieg und Konflikt, ohne Widerwärtigkeiten), Gleichheit, familiäre Geborgenheit, Freiheit, Selbstachtung, Liebe und Freundschaft, Weisheit; „instrumental values" sind etwa Zielstrebigkeit, geistige Offenheit, Kompetenz, Reinlichkeit, Mut, Großmut, Verläßlichkeit, Höflichkeit, Selbstdisziplin u. a.
Ob bzw. inwieweit die Einschätzung von (cognitiven) „Meinungen" als relativ flüchtig, die von (nichtcognitiven) „Wertungen" als stabil einen Reflex spezifischer gesellschaftlich-kultureller Verhältnisse darstellt (etwa solcher, in denen aufgrund eines offenen, durch Überfluß bestimmten Marktes an Meinungsangeboten es eine geringere Stabilisierungschance cognitiver Bestände gibt), wäre u. U. erwägenswert.

37) Vgl. etwa Gabriel A. ALMOND und Sidney VERBA, The Civic Culture Revisted, Boston/Mass. 1980; Seymor Martin LIPSET und W. SCHNEIDER, The Confidence Gap, New York 1983; Gabriel A. ALMOND aaO. 1987 (s. Anm. 3), S. 31f.

38) Siehe die Hinweise ebd. Zur Politischen Kultur in kommunistisch regierten Ländern vgl. außer der „klassischen" Arbeit von Frederick C. BARGHOORN, Soviet Russia: Orthodoxy and Adaptiveness, in: Lucian W. PYE und Sidney VERBA aaO., 1965 (s. Anm. 9). S. 450ff. etwa Stephen WHITE, Political Culture and Soviet Politics, London 1979. Zur DDR vgl. die Beiträge von Werner ROSSADE und Ralf RYTLEWSKI, in: Dirk BERG-SCHLOSSER und Jakob SCHISSLER aaO. 1987 (s. Anm. 1), S. 229ff, und S. 238ff.

39) Entsprechend konzeptuellen Vorschlägen der PARSONS-Schule ist es üblich geworden, jeweils eine „cognitive" (Wissens-), eine „affektive" (Gefühls-) und eine „evaluative" (Werthaltungs-) Dimension — im engeren Sinne — zu unterscheiden. Dies dürfte insbesondere im Hinblick darauf gängig geworden sein, daß man zur Datenerhebung über politische Kulturgegebenheiten vor allem Befragungsmethoden verwendet und dabei „Antworten" auf Wissens-, Sympathie-/Antipathie- und Handlungsbereitschafts-Fragen erhalten kann. Angesichts der plausiblen Unterstellung, daß die Antworten der dritten Kategorie noch (relativ!) am ehesten Rückschlüsse auf tatsächliche Verhaltensdispositionen zulassen, wäre es naheliegend, hierbei eher an drei mehr oder weniger dem „Zentrum" Werthaltung vorgelagerte Sphären der Wertneigung (sozusagen „weicher" als Werthaltung) zu denken.

40) Die amerikanischen Autoren sprechen hier üblicherweise vom „Political System", aber es scheint, daß sie sich hier von ihrer eigenen grundlegenden Terminologie einfangen lassen, da das Politische System ja ein analytischer Begriff ist (d. h. als ein Insgesamt bestimmter Interaktionen definiert wird, denen gegenüber konkrete Individuen oder Gruppen eher zur „Umwelt" gehören).

41) Diese Unterscheidung geht auf einen frühen Entwurf eines Konzeptschemas für die Analyse politischer Systeme zurück, siehe David EASTON, An Approach to the Analysis of Political Systems, in: World Politics IX. Jg. (1956/57), S. 383ff.

42) Die Autoren sprechen von der „Prozeß"-Dimension im Unterschied zur „System"-Dimension.

[43]) Die „Policy"-Dimension bezieht sich ausdrücklich auf die „Outputs", so daß es naheliegt, die „Process"-Dimension den Inputs zuzuordnen, die „System"-Dimension aufs erste den Mechanismen der „Konversion" — aber das würde sich streng genommen nur auf das „Regime" und allenfalls noch auf die Entscheidungsträger-Rollen und ihre „performance" beziehen.

[44]) Die im folgenden genannten Variablen der Politischen Kultur waren überwiegend bereits maßgeblich für die in dem Sammelband von Lucien PYE und Sidney VERBA (1965, s. Anm. 9) vorgelegten Fallstudien über 10 Länder.

[45]) Hier ist es am Platze, auf den Bedeutungsunterschied zwischen dem angelsächsischen sozialwissenschaftlichen „nation"-Begriff und den den deutschen Sprachbereich beherrschenden Sinn des Begriffs „Nation" hinzuweisen. Siehe dazu Heinrich SCHNEIDER Nation Österreich — ein Thema der Wissenschaft?, in: Elisabeth KOVACS (Hrsg.). Reflexionen zur österreichischen Identität, Wien 1990.

[46]) Sidney VERBA verweist aaO., 1965 (s. Anm. 9), S. 522, auf die Polarität von Fatalismus vs. der Überzeugung von der Gestaltbarkeit der Verhältnisse. Der Zusammenhang mit den Einstellungen gegenüber der Frage „Does Politics Matter?" ist allerdings kompliziert.

[47]) Ronald INGLEHART, The Silent Revolution, Princeton, N. J. 1977. Siehe den zusammenfassenden Überblick bei: Ronald INGLEHART, Wertwandel in den westlichen Gesellschaften: Politische Konsequenzen von materialistischen und postmaterialistischen Prioritäten, in: Helmut KLAGES und Peter KMIECIAK (Hrsg.), aaO., 1979 (s. Anm. 36), S. 279ff.

[48]) Vgl. ebd. S. 311.

[49]) Daß Rollenmuster über Normenkonfigurationen an Wertgefüge gekoppelt sind, wurde schon angedeutet, siehe oben S. 165.

[50]) Hierzu siehe — statt vieler — etwa Joachim RASCHKE, Soziale Bewegungen, Frankfurt/M. und New York 1985, S. 411ff.
Eine Voraussetzung dafür, daß entsprechende Bedürfnisse politisch artikuliert, also zum Inhalt politischer Forderungen, z. B. zum Thema politischer Demonstrationen, gemacht werden, ist es, daß man überhaupt auf die Idee kommt, von der Politik die Befriedigung derartiger Bedürfnisse zu erwarten. So wie erst im Zeitalter der wohlfahrtsstaatlichen Politik beispielsweise wirtschaftlicher Notstand (Arbeitslosigkeit) nicht mehr als unbeeinflußbares „Schicksal", sondern sozusagen als eine einklagbare Schuld des politischen Systems betrachtet wird, was offenkundig eine beträchtliche Veränderung auch der „politischen Kultur" bedeutet (nämlich das Auftreten einer neuen Kategorie von Inputs, und zwar auf Grund neuer Outputerwartungen), stellt sich auch hier heraus, daß dem Wertwandel ein verändertes Verständnis möglicher Funktionen und Bedeutungen von Politik zugrunde liegt: „Wertwandel" verweist auf Veränderungen der „Sinnwelt"!

[51]) Vgl. außerdem (Anm. 50) etwa Karl-Werner BRAND (Hrsg.), Neue Soziale Bewegungen in Westeuropa und den USA, Frankfurt/M. und New York 1985; Roland ROTH und Dieter RUCHT (Hrsg.), Neue Soziale Bewegungen in der Bundesrepublik Deutschland, Frankfurt/M. und New York 1987.
Für Österreich vgl. Joachim GILLER, Soziale Bewegungen und Wertwandel in Österreich. Wien 1984; auch schon Fritz PLASSER und Peter ULRAM, Auf dem Weg in die postindustrielle Gesellschaft?, in: Andreas KHOL und Alfred STIRNEMANN (Hrsg.),. Österr. Jahrbuch für Politik 1980, Wien 1981, S. 263ff.

[52]) Siehe etwa Heinrich SCHNEIDER, Zum Verhältnis von Politik und Wissenschaft in Österreich, in: Stephan KOREN, Karl PISA, Kurt WALDHEIM (Hrsg.), Politik für die Zukunft, Wien-Köln-Graz 1984, S. 301ff., hier S. 319ff.

[53]) Siehe etwa: Bernd GUGGENBERGER, Wertwandel und gesellschaftliche Fundamentalpolitisierung, in: Thomas ELLWEIN (Hrsg.), Politikfeld-Analysen 1979, Opladen, S. 270ff.; Joachim RASCHKE, Politischer Paradigmenwandel in den westlichen Demokratien, ebd. S. 284ff.
Es charakterisiert die semantische Situation — und über diese die Dominanz des dem „traditionellen Paradigma" entsprechenden politikwissenschaftlichen Politikverständnisses —, daß beide Autoren zur Explikation des von ihnen Gemeinten nach wie vor Termini wie „Wertwandel" (RASCHKE aaO. S. 285), „Bedürfnisse" (GUGGENBERGER, S. 281), „Werthimmel" (ebd.) verwenden.

[54]) Gerda ZELLENTIN, Abschied vom Leviathan — Ökologische Aufklärung über politische Alternativen, Hamburg 1959, S. 72, unter Bezugnahme of Thomas HOBBES als den Begründer des bislang herrschenden Politikverständnisses.

[55]) Siehe Wilfried NELLES, Kollektive Identität und politisches Handeln in Neuen Sozialen Bewegungen, in: Politische Vierteljahresschrift, 25. Jg. (1984), S. 425ff., hier S. 429.

[56]) Vgl. ebd. S. 428f., sowie Bernd GUGGENBERGER aaO. 1980 (s. Anm. 53), S. 278. Dies wird von den Autoren so gesehen, obschon sich die Auseinandersetzung „in einer Vielzahl von Fällen um Art, Qualität und Reichweite von — vor allem — staatlichen Dienstleistungen" drehte.

[57]) S. Anm. 52. Dahinter — wie auch schon hinter der Gegenüberstellung von „System- und Verteilungsparadigma" einerseits, „Paradigma der Lebensweise" andererseits — konnte eine Art Kritische Theorie der Modernität stehen, wie sie etwa von Jürgen HABERMAS, Theorie des kommunikativen Handelns, Bd. I/II, Frankfurt/M. 1981, entwickelt wurde.

[58]) Vgl. Jürgen HABERMAS aaO. 1963 (s. Anm. 21), S. 247f., S. 249ff., mit dem Hinweis auf eine „ausschließlich technische Zivilisation", der „die Aufspaltung der Menschen in zwei Klassen" drohe — „in Sozialingenieure und Insassen geschlossener Anstalten" (ebd. S. 257). Das erinnert nicht nur an Max WEBERS Schreckbild der konsequent zu Ende gedachten bürokratisch gesteuerten Daseinsrationalität (Gesammelte Politische Schriften, München 1921, S. 151), wo von der Verbindung lebloser mit „lebenden" Maschinen, d. h. zweckrational organisierten Interaktionen, die Rede ist, die die „Gehäuse der Hörigkeit" herstellen, in die die Menschen sich werden fügen müssen. Vgl. auch den Hinweis in Bd. I der Gesammelten Aufsätze zur Religionssoziologie, Tübingen 1920, S. 203, daß der entsprechende „Lebensstil" hiervon „mit überwältigendem Zwange bestimmt" sein wird, „bis der letzte Zentner fossilen Brennstoffs verglüht ist"). Es weist auch voraus auf die Modernitätskritik der „Postmaterialisten".

Anmerkungen zu Abschnitt 4:

[1]) Vgl. etwa Heinrich SCHNEIDER, Klassische Theorie und moderne Politikwissenschaft, in: Österr. Zeitschrift für Politikwissenschaft, 4. Jg. 1975, S. 95ff., hier v. a. S. 110ff., sowie Ders., „Grundwerte" — eine Leerformel in Diskussion?, in: Actio catholica (Wien), Jg. 1978, Heft 3, S. 17ff., v. a. S. 20f.
Zusätzlich zu den dort gegebenen Hinweisen wäre hier noch daran zu erinnern, daß nach Carl Friedrich von WEIZSÄCKER (siehe etwa: Der Garten des Menschlichen, München 1977, S. 40f., 237ff.) das menschliche Zusammenleben der „Einsicht" bedarf, und der „gemeinsamen Wahrheit" (an anderer Stelle hat WEIZSÄCKER betont, die Ausrichtung von

Gesellschaften auf das Angenehme und Nützliche müsse zum Verderben führen, „nur eine wahrheitsorientierte Gesellschaft kann auf die Dauer gedeihen": Carl Friedrich von WEIZSÄCKER, in: Wachstum und Lebenssinn, Bergedorfer Gesprächskreis, Protokoll Nr. 61, Hamburg 1979; vgl. auch: Ders., Deutlichkeit, München 1978).

2) Karl ROHE, Politische Kultur und der kulturelle Aspekt von politischer Wirklichkeit, in: Dirk BERG-SCHLOSSER und Jakob SCHISSLER (Hrsg.), Politische Kultur in Deutschland, Sonderheft 18 der Politischen Vierteljahresschrift, Opladen 1987, S. 39ff., v. a. S. 40.

3) Das erste Zitat aus: Gabriel A. ALMOND, Comparative Political Systems, in: Journal of Politics, 18. Jg. 1956; das zweite aus: Sidney VERBA, Conclusion, in: Lucian W. PYE und Sidney VERBA (Hrsg.), Political Culture and Political Development, Princeton, N. J. 1965, S. 513.

4) Lucian W. PYE, Introduction, in: ebd., S. 7.

5) Friedrich H. TENBRUCK, Die unbewältigten Sozialwissenschaften, Graz 1984, S. 49.

6) Friedrich H. TENBRUCK, Die kulturellen Grundlagen der Gesellschaft, Opladen 1989, S. 180f.

7) Ders., aaO. 1984 (s. Anm. 5).

8) Ders., aaO. 1989 (s. Anm. 6), S. 181.

9) Ebd.

10) Matthias SCHMITZ, Politikwissenschaft zwischen Common sense (sic!) und Szientismus, in: Dieter OBERNDÖRFER (Hrsg.), Systemtheorie, Systemanalyse und Entwicklungsländerforschung, Berlin 1971, S. 1ff., hier S. 22ff.

11) Jürgen von KEMPSKI, Der Aufbau der Erfahrung und das Handeln (1956), in: Ders., Brechungen, Hamburg 1964, S. 295ff., hier S. 300. KEMPSKI geht davon aus, daß es ganz verschiedene Prägungen von „Wirklichkeitsbewußtsein" gibt, daß aber die Wirklichkeit „im Handeln" gelebt werde (S. 298f.) und vom Handeln konstituiert wird, wie denn auch „unsere Erfahrung . . . vom Handeln geprägt" sei (S. 307), weswegen die Argumentation auf den Pragmatismus von Charles S. PEIRCE hinausläuft (S. 308f.).

12) Nämlich, wenn man die Lerntheorie (sozialwissenschaftlich expliziert, z. B. von Georg Caspar HOMANS, Elementarformen sozialen Verhaltens, Opladen 1968); die Austauschtheorie (aufbauend auf einem Aufsatz von HOMANS, Social Behavior as Exchange, in: American Journal of Sociology, Bd. LXII, 1958, S. 597ff., ausgearbeitet von Peter M. BLAU, Exchange and Power in Social Life) und die sozialpsychologische Balance-Theorie (vgl. Fritz HEIDER, Psychologie der interpersonalen Beziehungen, Stuttgart 1973) miteinander verknüpft; vgl. dazu Franz LEHNER, Politisches Verhalten als sozialer Tausch, Bern und Frankfurt/M. 1973. (LEHNER bezieht sich nicht auf die von HEIDER bereits 1946 entwickelte Balance-Theorie, sondern auf eine bekanntere, wenn auch viel später entwickelte Spezialfassung, nämlich auf Leon FESTINGERs Theorie der kognitiven Dissonanz von 1957).

13) Jürgen HABERMAS, Zur Logik der Sozialwissenschaften — Materialien, Frankfurt/M. 1970, S. 139f.

14) Wenn Max WEBER die Notwendigkeit von „Wertinterpretationen" betonte, meinte er damit durchaus und gerade die Vergegenwärtigung von Bedeutungszusammenhängen. Aber auch Clyde KLUCKHOHN, der Hauptgewährsmann für die Wertforschung im PARSONS-Kreis, definierte: „Wertorientierungen sind Anordnungen von miteinander verbundenen Behauptungen (propositions), die sowohl Wert- als auch Existenzialurteile enthalten" (Clyde KLUCKHOHN, Systems of Value Orientation, in: Talcott PARSONS, Hrsg., Toward a General Theory of Action, New York 1951, S. 409).

[15]) Jürgen HABERMAS aaO. 1970 (s. Anm. 13), S. 161.

[16]) Siehe oben, die mit Anm. 2 belegten Hinweise.

[17]) Florence KLUCKHOHN und Fred STRODTBECK, Variations in Value Orientations, Evanston, Ill. 1961.

[18]) Unter dieser Überschrift wird die Arbeit von KLUCKHOHN und STRODTBECK referiert von Ruth MEYER und Walter RÜEGG, Wertforschung im systematischen internationalen Vergleich, in: Helmut KLAGES, Peter KMIECIAK (Hrsg.), Wertwandel und gesellschaftlicher Wandel, Frankfurt/M. und New York 1979 ([3] 1984), S. 41ff., hier S. 42f.

[19]) Jürgen GEBHARDT, Politische Kultur und Zivilreligion, in: Dirk BERG-SCHLOSSER und Jakob SCHISSLER (Hrsg.), aaO. 1987 (s. Anm. 2), S. 49ff., hier S. 55f.
Der Grundgedanke gehört zu den ältesten unserer Tradition: Der „Logos" (der vernunfthaltige Spruch, das sinnträchtige — sprachliche — Symbolgebilde) ist „xynon", verbindet, ist gemeinsam, stiftet Miteinander (Fragment 113).

[20]) Jürgen GEBHARDT aaO. (s. Anm. 19), S. 54f.

[21]) Alfred SCHÜTZ, Der sinnhafte Aufbau der sozialen Welt, Wien 1932; ferner: Ders., Gesammelte Aufsätze, Bd. I/II, Den Haag 1971; Ders., Das Problem der Relevanz, Frankfurt/M. 1971.
Inzwischen vgl. auch: Alfred SCHÜTZ und Thomas LUCKMANN, Strukturen der Lebenswelt, Bd. I/II, Frankfurt/M. 1979 und 1984.

[22]) Zur Wissenssoziologie vgl. etwa: Peter BERGER und Thomas LUCKMANN, Die gesellschaftliche Konstruktion der Wirklichkeit (1967), Frankfurt/M. 1969: Burkart HOLZNER, Reality Construction in Society, Cambridge, Mass. 1968, [2]1972; Burkart HOLZNER und John H. MARX, Knowledge Application — The Knowledge System in Society, Boston, Mass. 1979; Walter L. BÜHL, Die Ordnung des Wissens, Berlin 1984. Zur „Lebenswelt"-Konzeption vgl. Rüdiger WELTER, Der Begriff der Lebenswelt — Theorien vortheoretischer Erfahrungswelt, München 1986.

[23]) Bahnbrechend: Roland ROBERTSON und Burkart HOLZNER (Hrsg.), Identity and Authority, Oxford 1980.
Zur Vermittlung mit traditionellen Vorstellungen zur Theorie des Gemeinwesens und der Politik vgl. beispielsweise Dieter SUHR, Bewußtseinsverfassung und Gesellschaftsverfassung, Berlin 1975 (Bezugnahme zu HEGEL und MARX); Günter HESSE, Staatsaufgaben — Zur Theorie der Legitimation und Identifikation staatlicher Aufgaben, Baden-Baden 1979 (Bezugnahme auf Politische Ökonomie), sowie natürlich die Beiträge von Eric VOEGELIN, Die Neue Wissenschaft der Politik, München 1959; Ders., Anamnesis, München 1966; Ders., Ordnung, Bewußtsein, Geschichte (Späte Schriften, hrsg. v. Peter J. OPITZ), Stuttgart 1988.

[24]) Hierzu etwa: George Herbert MEAD, Geist, Identität und Gesellschaft (1934), Frankfurt/M. 1968; Herbert BLUMER, Symbolic Interactionism: Perspective and Method, Englewood Cliffs, N. J., 1969; Erving GOFFMAN, Wir alle spielen Theater — Die Selbstdarstellung im Alltag (1959), München 1969, [6]1988; Ders. Rahmen-Analyse (1974), Frankfurt/M. 1977, 1980; Harold GARFINKEL, Studies in Ethnomethodology, Englewood Cliffs, N. J., 1967; Stephan WOLF, Der rhetorische Charakter sozialer Ordnung, Berlin 1976;
* Arbeitsgruppe Bielefelder Soziologen (Hrsg.), Alltagswissen, Interaktion und gesellschaftliche Wirklichkeit, Opladen 1980.
Unter dem Gesichtspunkt der gesellschaftswissenschaftlichen Tragweite des symbolischen Interaktionismus vgl. etwa Tamutso SHIBUTANI, Social Processes, Berkeley und Los Ange-

les, Ca., 1986; unter dem Gesichtspunkt möglicher Vermittlung mit marxistisch und psychoanalytisch orientierter „Kritischer Theorie" siehe z. B. Henri LEFEBVRE, Kritik des Alltagsleben — Grundrisse einer Soziologie der Alltäglichkeit (1947, 1958, 1961), Bd. I/II/III, München 1974/1975, Neuausg. Frankfurt/M. 1987; Thomas LEITHÄUSER, Formen des Alltagsbewußtseins, Frankfurt und New York ²1979; Thomas LEITHÄUSER u. a., Entwurf zu einer Empirie des Alltagsbewußtseins, Frankfurt/M. 1977. Zum ganzen auch: Richard GRATHOFF und Bernhard WALDENFELS (Hrsg.), Sozialität und Intersubjektivität, München 1983, sowie Richard J. BERNSTEIN, Restrukturierung der Gesellschaftstheorie (1976), Frankfurt/M. 1979.

25) Siehe etwa Manfred WETTLER, Sprache, Gedächtnis, Verstehen, Berlin 1980; Howard GARDNER, Dem Denken auf der Spur, Stuttgart 1989.

26) Vgl. z. B. Umberto ECO, Einführung in die Semiotik (1968), München 1972.

27) Dazu: Günther GORSCHENEK (Hrsg.), Grundwerte in Staat und Gesellschaft, München 1977; Karl LEHMANN, Grundwerte, in: Staatslexikon (Görres-Gesellschaft), 7. Aufl. Bd. 2, Freiburg/Br. 1986, Sp. 1131ff., Niklas LUHMANN, Grundwerte als Zivilreligion, in: Ders., Soziologische Aufklärung 3, Opladen 1981, S. 293ff.; Heinrich SCHNEIDER, aaO. 1978 (s. Anm. 1).

28) Ernst FRAENKEL, Deutschland und die westlichen Demokratien, Stuttgart 1964, v. a. S. 142ff., 147ff.

29) Der Verf. dieses Beitrags hat dies in Vorlesungen zur Einführung in die Geschichte des politischen Denkens des öfteren dargestellt.

30) Jürgen GEBHARDT aaO. 1987 (s. Anm. 19); vgl. auch Rolf SCHIEDER, Civil Religion — Die religiöse Dimension der politischen Kultur, Gütersloh 1987.

31) Jürgen GEBHARDT ebd. S. 57f.; siehe auch: Ders., Die Krise des Amerikanismus, Stuttgart 1976.

32) Hermann LÜBBE, Staat und Zivilreligion, in: Norbert ACHTERBERG und Werner KRAWIETZ (Hrsg.), Legitimation des modernen Staates, Wiesbaden 1981, S. 40ff., hier S. 57.

33) Dazu Ernst KELSEN, Vom Wesen und Wert der Demokratie (1920), Neuausg. Aalen 1963.

34) Ernst-Wolfgang BÖCKENFÖRDE, Staat, Gesellschaft, Freiheit, Frankfurt/M. 1976; Ders., Der Staat als sittlicher Staat, Berlin 1978.
Zum Thema auch: Herbert SCHEIT, „Zivilreligion" — Liberalitätsgarant des Staates?, in: Politische Vierteljahresschrift XXV. Jg. (1984), S. 339ff.

35) Mit dem Begriff „Lebenswissen" hat namentlich der Wiener Pastoraltheologe Paul ZULEHNER die Sinnweltproblematik in seinem Fach thematisiert.

36) Siehe oben, bei Anm. 32.

37) Vgl. etwa: Alois DEMPF, Sacrum Imperium, München und Berlin 1929, S. 21ff. („Formen der Öffentlichkeit"); Eduard EICHMANN, Die Kaiserkrönung im Abendland, Bd. I/II, Würzburg 1942; Percy Ernst SCHRAMM, Herrschaftszeichen und Staatssymbolik, Bd. I/II/III, Stuttgart 1954—1956; Richard ALEWYN, Das große Welttheater, Hamburg 1959.

38) Vgl. etwa Alois DEMPF, Die unsichtbare Bilderwelt — Eine Geistesgeschichte der Kunst, Einsiedeln 1959; für ein „klassisches" Beispiel der Vergegenwärtigung politischer Sinnwelt in Anknüpfung an mythische Bedeutungskerne vgl. Gregor SEBBA, Die Tragödie, in: Peter WEBER-SCHÄFER, Das politische Denken der Griechen, München 1969; Christian MEIER, Die politische Kunst der griechischen Tragödie, München 1988.

39) Die unterschiedlichen Konzeptionen von parlamentarischen Regierungssystemen in Großbritannien einerseits, auf dem europäischen Kontinent andererseits lassen sich kaum besser

verständlich machen als durch die Gegenüberstellung von Grundrissen eines kontinentaleuropäischen Plenarsaales und des Tagungssaales des House of Commons in Westminster.

[40]) William I. THOMAS, The Definition of the Situation, in: Lewis A. COSER und B. ROSENBERG (Hrsg.), Soziological Theory, New York 1964, S. 233ff.; vgl.: Ders., Person und Sozialverhalten, Neuwied und Berlin 1965.

[41]) Alois DEMPF aaO. 1929 (s. Anm. 37), S. 31.

[42]) Carl SCHMITT hat seinerzeit den „Begriff des Politischen" auf „die Unterscheidung von Freund und Feind" zurückzuführen versucht; der „Feind" ist dabei „in einem besonders intensiven Sinn etwas Anderes und Fremdes . . . , so daß er im Konfliktfalle die Negation der eigenen Art von Existenz bedeutet und deshalb abgewehrt oder bekämpft wird . . ." (Carl SCHMITT, Der Begriff des Politischen, in: Probleme der Demokratie (Politische Wissenschaft, Heft 5), Berlin 1928, S. 1ff., hier S. 4.
In Anknüpfung an Jürgen HABERMAS, Theorie des kommunikativen Handelns, Bd. I/II, Frankfurt/M. 1981, könnte man meinen: „Feind" ist, wer als Partner verständigungsorientierter Interaktion nicht in Frage kommt, sondern nur als ein Gegenüber in erfolgsorientierter (v. a. strategischer) Interaktion.
Wenn zwischen Angehörigen einander fremder oder unvereinbarer „Sinnwelten" keine Verständigung möglich ist, wird man mit der Möglichkeit der Entwicklung von Feindschaften rechnen müssen; vgl. Heinrich SCHNEIDER, Politik als Konfliktarbeit, in: actio catholica (Wien), Jg. 1985, Heft 3, S. 3ff., v. a. S. 6f. und 9f.

[43]) Es gibt einerseits gesellschaftspolitische Programmkonzeptionen zur Vermittlung von Haus aus gegensätzlicher „Ideologien"; vgl. beispielsweise Alfred MÜLLER-ARMACK, Soziale Irenik, in: Ders., Religion und Wirtschaft, Stuttgart 1959, S. 559ff.; andererseits wäre es eine wissenschaftliche Aufgabe für sich, Prozesse der gegenseitigen Annäherung, der Gewinnung von Kompromiß- und ggf. sogar Verständigungsfähigkeit zwischen politischen „Weltanschauungen" und ihren Trägern zu untersuchen; dabei wird man sich selbstverständlich nicht auf die Ebene von Bewußtseinsinhalten beschränken dürfen (wie z. B. im Blick auf die Relativierung der ideologischen Gegnerschaften zwischen den österreichischen „politischen Lagern" deutlich wird). Mehrjährige Erfahrungen im KSZE-Prozeß (Konferenz der europäischen Staaten sowie der USA und Kanadas über Europäische Sicherheit und Zusammenarbeit) im Rahmen der Periode der Perestrojka möchte der Verfasser dieses Beitrags gern im Hinblick auf die Probleme einer Konfrontation und Interpenetration der politischen Sinnwelten des (zu Beginn des KSZE-Prozesses noch mit dieser Bezeichnung charakterisierbaren) Sowjet-Blocks und des Westens auswerten.
Zur produktiven Begegnung von politischen Vorstellungswelten im Rahmen des Prozesses der westeuropäischen Integration vgl. Heinrich SCHNEIDER, Rückblick für die Zukunft — Konzeptionelle Weichenstellungen für die Europäische Einigung, Bonn 1986, v. a. S. 74ff., 85ff.

[44]) Richard F. BEHRENDT, Politischer Aktivismus, Leipzig 1932, auszugsweise auch in: Ders., Zwischen Anarchie und neuen Ordnungen, Freiburg/Br. 1967, S. 177f., hier S. 120.

[45]) Karl MANNHEIM, Mensch und Gesellschaft im Zeitalter des Umbaus (1935), Darmstadt 1958, S. 52ff.

[46]) Siehe oben Anm. 35 zu Abschnitt 3.

[47]) Dies ist eine „totalitäre" Vorstellung, für die etwa die Auffassung des sowjetischen Ethikers A. F. SCHISCHKIN charakteristisch ist, daß es Freundschaft im vollen Sinn außerhalb der „umfassenden Aufgaben von gesellschaftlicher Bedeutung" gar nicht geben könne, sondern

eigentlich nur, wo der Kampf für den sozialen politischen Fortschritt der Gesellschaft Menschen vereint: A. SCHISCHKIN, Die Grundlagen der kommunistischen Moral, Berlin (DDR) 1958, S. 266f. Anderwärts würde man eine derartige Totalpolitisierung als „pathologisch" auffassen; vgl. z. B. Eric HOFFER, Der Fanatiker — Eine Pathologie des Parteigängers, Reinbek bei Hamburg 1965.

[48]) Zur "Fundamentalpolitisierung" vgl. Christian Graf von KROCKOW, Soziale Kontrolle und autoritäre Gewalt, München 1971, S. 65ff.

[49]) „Politisches Wissen" und „Wissen von Politik" wären hiernach zu unterscheiden, aber diese Unterscheidung wäre nur einer von vielen Hinweisen für eine Theorie des politischen Bewußtseins.
Ansätze hierzu gibt es u. a. in der Literatur über die Studentenbewegung von 1968 und die dabei beobachtbaren und erfahrbaren Geisteshaltungen.

[50]) Hierauf bezogen dürfte die in Anm. 39 zu Abschnitt 3 erwähnte Differenzierung in die cognitive und evaluative Dimension der Orientierung von Belang sein.

[51]) Die Münchner Habilitationsschrift von Theo STAMMEN über „Politik und Sprache" ist bislang leider unpubliziert geblieben.

[52]) Theo STAMMEN, Zur Geschichte der modernen demokratischen Institutionen, in: Leonhard REINISCH (Hrsg.), Politische Wissenschaft heute, München 1971, S. 53ff., hier S. 56 und S. 57.

[53]) Ebd. S. 57f.

[54]) Vgl. dazu Bruno LIEBRUCKS, Sprache und Bewußtsein, Frankfurt/M. 1964ff.; auch Karl Otto APEL, Die Idee der Sprache in der Tradition des Humanismus von Dante bis Vico, Bonn 1963.

[55]) Vgl. etwa Günter BIEN, Die Grundlegung der praktischen Philosophie bei Aristoteles, Freiburg/Br. 1973; Otfried HÖFFE, Ethik und Politik, Frankfurt/M. 1979.

[56]) Wegweisend dazu: Carl Jacob BURCKHARDT, Zur Geschichte der politischen Leitworte (1960); in: Ders., Gestalten und Mächte, 2. Aufl., Zürich 1961, S. 415ff.; vgl. ferner das seit 1972 erscheinende Monumentalwerk: Otto BRUNNER, Werner CONZE, Reinhart KOSELLECK (Hrsg.), Geschichtliche Grundbegriffe — Historisches Lexikon zur politisch-sozialen Spache in Deutschland, Stuttgart 1972ff. (Bisher 5 Bde . . .). Vgl. auch Horst GÜNTHER, Freiheit, Herrschaft und Geschichte — Semantik der historisch-politischen Welt, Frankfurt/M. 1979.
In Österreich ist es üblich, von „Freiheit", „Demokratie" usf. als von „Werten" zu sprechen. Wie fragwürdig diese Redeweise ist, wird nach allem Voranstehenden nicht mehr begründet werden müssen.

[57]) Wilhelm HENNIS, Amtsgedanke und Demokratiebegriff (1962), in: Ders., Politik als praktische Wissenschaft, München 1968, S. 48.

[58]) „Alle prägnanten Begriffe der modernen Staatslehre sind säkularisierte theologische Begriffe" — so Carl SCHMITT, Politische Theologie, 2. Aufl., München und Leipzig 1934, S. 49. Der Verf. hat das auch für einen anderen, in Österreich nicht unkontrovers verwendeten politischen Begriff zu zeigen und Konsequenzen abzuleiten versucht: Heinrich SCHNEIDER, Nation Österreich — ein Thema der Wissenschaft?, in: Elisabeth KOVACS (Hrsg.), Reflexionen zur österreichischen Identität, Wien 1990 (im Ersch.).

[59]) Hermann LÜBBE, Der Streit um Worte — Sprache und Politik, in: Ders., Bewußtsein in Geschichten, Freiburg/Br., 1972, S. 132ff., hier S. 140f. — Siehe dazu auch Dieter WUN-

DERLICH, Studien zur Sprechakttheorie, Frankfurt/M., 1976, sowie Jürgen HABERMAS aaO. 1981 (s. Anm. 41, Bd. 1), S. 388ff.

60) Vgl. etwa Helmut SCHELSKY, Die Arbeit tun die anderen, Opladen 1975, S. 241ff. sowie Gerd-Klaus KALTENBRUNNER (Hrsg.), Sprache und Herrschaft, Freiburg/Br. 1975.

61) Vgl. etwa Erich LATNIAK und Manfred OPP DE HIPT, Sprache statt Politik, in: Hans-Hermann HARTWICH, Macht und Ohnmacht politischer Institutionen, Opladen 1989, S. 476ff., sowie auch schon Murray EDELMANN, Politik als Ritual (1964, 1974), Frankfurt/M. 1976.

62) Otto SCHULMEISTER, Was wirklich gespielt wird, in: „Die Presse" (Wien), Ausg. v. 13. 1. 1973, S. 1.

63) Siehe Peter GERLICH, Die Kehrseite der politischen Kultur — Tabus in der österreichischen Gesellschaft, in: Hans-Georg HEINRICH, Alfred KLOSE, Eduard PLOIER (Hrsg.), Politische Kultur in Österreich, Linz 1989, S. 10ff.; vgl. auch schon Heinrich SCHNEIDER aaO., 1975 (s. Anm. 1), hier S. 110f., mit dem Hinweis darauf, „daß auch keine Politik eine Politik sein kann — d. h., . . . daß es auch von Belang ist, worüber und wozu eine Gesellschaft schweigt —, was also zum Beispiel ihre tabuierten Zonen oder Probleme sind".

64) Benjamin Lee WHORF, Sprache — Denken — Wirklichkeit (1956), Reinbek bei Hamburg 1963; vgl. auch Matthias HARTIG und Ursula KURZ, Sprache als soziale Kontrolle, Frankfurt/M. 1971.

65) Johann GALTUNG, Strukturelle Gewalt, Reinbek bei Hamburg 1975; zur Kritik vgl. den pointierten Beitrag von Konrad ADAM, Die Rückkehr der Sophisten, in: Frankfurter Allgemeine Zeitung, Ausg. v. 6. Dezember 1986 (Nr. 283).

66) Herkömmlich wird Macht — etwa im Sinne von Max WEBERs Begriffsbestimmung als „Chance, innerhalb einer sozialen Beziehung den eigenen Willen auch gegen Widerstreben durchzusetzen . . ." — Akteuren zugeschrieben; trotzdem ist es üblich geworden, zumindest metaphorisch, auch von der „Macht der Verhältnisse" zu sprechen, vgl. etwa: Niklas LUHMANN, Die „Macht der Verhältnisse" und die Macht der Politik, in: Heinrich SCHNEIDER (Hrsg.), Macht und Ohnmacht, Wien 1988, S. 43ff.

67) So Clemens Graf PODEWILS, in: Sprache und Wirklichkeit, Essays, hrsg. v. d. Akademie der Schönen Künste, München 1967, S. 258 (dort auch der Hinweis auf HEIDEGGER).

68) Helmut SCHELSKY aaO. 1975 (s. Anm. 59), S. 39ff.

69) Vgl. dazu etwa Anthony GIDDENS, Interpretative Soziologie — Eine kritische Einführung (1976), Frankfurt/M. 1984.
Auf die Dialektik zwischen den Teilhabern an einer Sinnwelt und deren objektiver Wirksamkeit — derart, daß die Menschen auch in dieser Dimension ihrer Existenz von den Verhältnissen ebenso bestimmt werden, wie auch diese bestimmen, haben bereits Peter BERGER und Thomas LUCKMANN aaO., 1969 (s. Anm. 22) nachdrücklich hingewiesen.

70) Vgl. Karl-Otto APEL u. a., Hermeneutik und Ideologiekritik, Frankfurt/M. 1971, aber auch Hans-Georg GADAMER und Gottfried BOEHM (Hrsg.), Seminar: Die Hermeneutik und die Wissenschaften, Frankfurt/M. 1978.

71) Jürgen GEBHARDT aaO. 1987 (s. Anm. 19), S. 57.

72) In der Geschichtswissenschaft hat dies vor allem Fernand BRAUDEL betont. Seine Zuordnung des Dauernden zu den Strukturen — im Gegensatz zu den Ereignissen — ist jedoch problematisch. „Ereignisgeschichte" kann von Strukturveränderungen „überrollt" werden; vgl. Karl-Georg FABER, Theorie der Geschichtswissenschaft, 2. Aufl., München 1972, S. 108. Im Hinblick auf die politischen Sinnwelten hat darauf u. a. Eric VOEGELIN (in sei-

nem mehrbändigen Werk „Order and History", Baton Rouge, La., USA, 1956ff.) aufmerksam gemacht und dafür den Ausdruck „Leap in Being" geprägt.

73) Was die Philosophie betrifft, so wäre insbesondere an HEGELs Geistphilosophie — derzufolge subjektiver wie objektiver Geist letztlich Momente des Absoluten sind — zu erinnern. In der Soziologie ist namentlich Talcott PARSONS' Vorstellung maßgeblich geworden (wenngleich keineswegs unangefochten geblieben), daß das Kultursystem die zugleich integrierende wie steuernde Instanz des Sozialsystems sei.

74) Vgl. dazu einerseits Eric VOEGELIN, Wissenschaft, Politik und Gnosis, München 1959, andererseits Horst Eberhard RICHTER, Der Gotteskomplex — Die Geburt und die Krise des Glaubens an die Allmacht des Menschen, Reinbek bei Hamburg 1979.

75) Vgl. dazu Cornelius CASTORIADIS, Gesellschaft als imaginäre Institution — Entwurf einer politischen Philosophie, Frankfurt/M. 1984.

76) Der Jubilar, dem dieser Beitrag gewidmet ist, hat anläßlich eines runden Geburtstages des Verfassers einen Band unter dem Titel „Politische Kultur in Österreich" herausgegeben. Anläßlich der Präsentation dieses Bandes hat der Verfasser einbekannt, daß er sich zwar über den Gegenstand kritische Gedanken gemacht, bislang aber noch nicht einmal eine Skizze seiner darauf bezogenen Überlegungen vorgelegt habe. Einer der Herausgeber dieser Festschrift ermunterte den Autor daraufhin, eben dies in Form des vorliegenden Beitrages zu tun.

Anmerkungen zu Abschnitt 5:

1) Knapp, aber instruktiv: Peter GERLICH, Politik in Österreich — Anmerkungen zur politischen Kultur, in: Hans-Georg WEHLING (Hrsg.), Österreich, Stuttgart 1988. Siehe auch eine Reihe von Beiträgen in: Hans-Georg HEINRICH, Alfred KLOSE, Eduard PLOIER (Hrsg.), Politische Kultur in Österreich, Linz 1989, sowie bereits das Themenheft „Politische Kultur" der österr. Zeitschrift für Politikwissenschaft, 13. Jg. 1984, Heft 1.

2) Dazu Gerhard LEHMBRUCH, Proporzdemokratie, Tübingen 1967; Karl-Heinz NASSMACHER, Das österreichische Regierungssystem, Köln und Opladen 1968; Margareta MOMMSEN-REINDL, Die Österreichische Proporzdemokratie und der Fall Habsburg, Wien 1976; Gerald SCHÖPFER (Hrsg.), Phänomen Sozialpartnerschaft, Wien 1980; Peter GERLICH, Edgar GRANDE, Wolfgang C. MÜLLER (Hrsg.), Sozialpartnerschaft in der Krise, Wien 1985; Gerald STOURZH und Margarete GRANDNER (Hrsg.), Historische Wurzeln der Sozialpartnerschaft, Wien 1986.

3) Siehe dazu Peter GERLICH aaO., 1988, s. Anm. 1.

4) Ein eindrucksvolles Beispiel war die im Jahr 1989 erhebliche Teile der Zeitungsspalten beschäftigende Auseinandersetzung um die Frage, ob die neuen Autokennzeichen Schwarz auf Weiß oder Weiß auf Schwarz ausgeführt werden sollten; dazu vgl. Michael DERNDARSKY, Epilog zur Tragikomödie, in: „Die Presse" (Wien), Ausg. v. 18. 12. 1989, S. 5.

5) Das Wort von der „Nation der Hofräte" stammt von Hermann BAHR, Wien, Stuttgart 1906, S. 39. Zum Begriff des Etatismus und seiner Alternative vgl. Heinrich SCHNEIDER, Rückblick für die Zukunft, Wien 1986, S. 74ff.

6) Man hat daher geradezu von einer österreichischen „Parteiengesellschaft" gesprochen; siehe Anton KOFLER, Parteiengesellschaft im Umbruch, Wien 1985. Zur staatsbeherrschenden Stellung der Parteien vgl. die pointierte These von Gustav E. KAFKA, Die verfassungsrechtliche Stellung der Parteien im modernen Staat, in: Veröff. der Vereinigung der Deutschen

Staatsrechtslehrer, Heft 17, Berlin, 1959, S. 53ff. — Zum Parteiensystem: Anton PELINKA und Fritz PLASSER (Hrsg.), Das österreichische Parteiensystem, Wien 1988. Zur Daseinschancenvermittlung vgl. Wolfgang C. MÜLLER, Patronage im österreichischen Parteiensystem, ebd. S. 457ff., sowie Hans-Georg HEINRICH, Politische Kultur in Wien, in: Hans-Georg HEINRICH, Alfred KLOSE, Eduard PLOIER aaO., 1989, S. 18ff.

7) Erst infolge der Einbeziehung der FPÖ in die Regierung (Kleine Koalition SINOWATZ/STEGER) verbesserten sich auch die Penetrationschancen des „dritten Lagers" in bezug auf die Ministerialbeamtenschaft.

8) Vgl. dazu etwa die Publikationen von Peter GERLICH, Edgar GRANDE und Wolfgang C. MÜLLER, aaO., 1985, s. Anm. 2; Anton KOFLER aaO., 1985 (s. Anm. 6); Anton PELINKA und Fritz PLASSER, aaO., 1988, s. Anm. 6.

9) S. Anm. 4 zu Abschnitt 2.

10) S. Anm. 61 zu Abschnitt 4.

11) Vgl. etwa: Otto SCHULMEISTER, Die Zukunft Österreichs, Wien 1967; William M. JOHNSTON, Österreichische Kultur- und Geistesgeschichte (1972), Wien 1974; Fritz PLASSER, Peter A. ULRAM, Manfried WELAN (Hrsg.), Demokratierituale, Wien 1985. Vgl. dort die These von Anton PELINKA, Politische Herrschaftsrituale — Sozialpartnerschaft und politische Kultur in Österreich, S. 171ff., hier S. 177: „Letztlich ist nicht wichtig, ob die Sozialpartnerschaft wirklich funktioniert; wichtig ist, daß man an ihr Funktionieren glaubt."

12) Hermann BROCH, zitiert nach Otto SCHULMEISTER aaO., 1967, S. 47.

13) Nach Otto SCHULMEISTER ebd.: S. 59 (zit. KASSNER).

14) Vgl. William M. JOHNSTON aaO., 1974, S. 71ff.

15) Ders., ebd., S. 399.

16) Arthur SCHNITZLER (1908), zit. nach ebd. S. 399.

17) Dazu Heinrich SCHNEIDER, Katholische Kirche und österreichische Politik, in: Andreas KHOL und Alfred STIRNEMANN (Hrsg.), Österr. Jahrbuch für Politik 1977, München und Wien 1978, S. 153ff.

18) Dazu und zu den Problemen, die der Pluralismus für die katholische Kirche selbst mit sich bringt, siehe Heinrich SCHNEIDER, Katholizismus, Pluralismus und kirchliche Politik in Österreich, in: Andreas KHOL und Alfred STIRNEMANN (Hrsg.), Österr. Jahrbuch für Politik 1984, München und Wien 1985, S. 437ff.

19) Vgl. hierzu Klaus M. KODALLE (Hsrg.), Gott und Politik in den USA, Königstein/Ts. 1988.

20) Dies betrifft beispielsweise die normativen Vorstellungen über das Verhältnis von Parlament und Regierung, die sich an die (oft auch noch in perspektivischer Verzerrung interpretierte) Doktrin von MONTESQUIEU anlehnen, obschon dessen Darlegungen schon seinerzeit dem britischen Parlamentarismus nur zum Teil gerecht wurden. Dazu und zu anderen Beispielen vgl. Heinrich SCHNEIDER, Das neue Unbehagen an der Demokratie, in: Gedanken zur Lage der Demokratie, hrsg. v. ÖCV, Wien 1981, S. 60ff.

21) Vgl. Martin GREIFFENHAGEN (Hrsg.), Demokratisierung in Staat und Gesellschaft, München 1973.

22) Daß „Demokratie" eigentlich eine bestimmte Art der Verteilung von Herrschaftsbestimmungschancen meint, bleibt außer Betracht.

23) Vgl. oben Anm. 27 zu Abschnitt 4 sowie die einschlägigen Ausführungen zur Bedeutung der Reduktion von Sinnweltgehalten zu „Werten" in Abschnitt 3 sowie v. a. Anm. 27 zu Abschnitt 3.

[24]) Von „wertorientierter" Politik sprach z. B. bei der Eröffnung der Politischen Akademie deren Präsident Alfred MALETA, aber es ließe sich eine Vielzahl von Belegen — nicht zuletzt übrigens aus dem katholischen Bereich — für diese Redeweise anführen. Eine umfassendere Inhaltsanalyse einschlägiger Dokumente aus den verschiedenen „Lagern" steht aus.

[25]) Vgl. Max MÜLLER und Alois HALDER, Art. „Wert", in: Staatslexikon (Hrsg. v. d. Görres. Gesellschaft), 6. Aufl., Bd. 8, Freiburg/Br. 1963, Sp. 596ff., hier Sp. 600f. Neuerdings dazu auch: Jürgen GEBHARDT, Die Werte — Zum Ursprung eines Schlüsselbegriffs der politisch-sozialen Sprache der Gegenwart in der deutschen Philosophie des späten 19. Jahrhunderts, in: Rupert HOFMANN, Jörg JANTZEN, Henning OTTMANN (Hrsg.), ANODOS — Festschrift für Helmut KUHN, Weinheim 1989, S. 35ff.

[26]) Hannah ARENDT, Elemente und Ursprünge totaler Herrschaft, Frankfurt/M. 1958, S. 219f.

[27]) Die vorstehenden Hinweise wurden z. T. übernommen aus: Heinrich SCHNEIDER, Grundwerte — Eine Leerformel in Diskussion?, in: actio catholica, Jg. 1978, Heft 3, S. 17ff., v. a. S. 20ff., sowie: Ders., Wertvorstellungen der politischen Parteien Österreichs, in: Marian HEITGER (Hrsg.), Innere Schulreform II: Norm- und Wertvorstellungen in Schule und Bildungspolitik, Wien 1982, S. 87ff., hier v. a. S. 107ff. Dort auch Belege weiterer Zeugen für die hier skizzierte Sicht, etwa von Jürgen HABERMAS, Helmut KUHN, Carl SCHMITT, Robert SPAEMANN, Eric VOEGELIN — zu schweigen von der auf Karl MARX zurückgehenden Analyse der Vermarktbarkeit der Dinge in der Warenwelt.

[28]) Zu den politischen „Lagern" vgl. die grundlegende Darstellung von Adam WANDRUSZKA, Österreichs politische Struktur, in: Heinrich BENEDIKT (Hrsg.), Geschichte der Republik Österreich, Wien 1954, S. 89ff.; zu den geistigen Lagertraditionen vgl. etwa Albert FUCHS, Geistige Strömungen in Östereich 1867—1918, Wien 1949.

[29]) Es handelt sich um die von Talcott PARSONS explizierten „generalisierten Medien"; vgl. etwa Richard MÜNCH, Theorie des Handelns, Frankfurt/M. 1982. S. 123ff., 142ff. u. ö.

[30]) Siehe etwa: Bruno S. FREY, Moderne Politische Ökonomie, München 1977; Franz LEHNER, Einführung in die Neue Politische Ökonomie, Königstein/Taunus 1981.

[31]) Höchst aufschlußreich, aber nichts weniger als unproblematisch ist in diesem Zusammenhang der Beitrag von Peter Michael LINGENS, Geld ist alles, in: „profil", Ausg. v. 23. Oktober 1989, S. 12.

[32]) Vgl. dazu Adalbert EVERS, Politische Institutionen in der Demokratie — Zur Aktualität des Unterschieds zwischen Ohnmacht und Grenzen politisch-institutionellen Handelns, in: Hans-Hermann HARTWICH (Hrsg.), Macht und Ohnmacht politischer Institutionen, Opladen 1989, S. 127ff. v. a. S. 128 f., 133f.

[33]) Lucian W. PYE aaO., 1965, s. Anm. 9 zu Abschnitt 3, S. 7.

[34]) Das gilt in mehrfacher Hinsicht. Einerseits sehen moderne Sozialwissenschaftler die Politik nur noch als eines von mehreren Subsystemen der Gesellschaft, dessen Problembewältigungskapazität heutzutage oft überschätzt werde (vgl. Niklas LUHMANN aaO., 1988, s. Anm. 66 zu Abschnitt 4). Andererseits ist für viele Zeitgenossen Politik subjektiv kein besonders wichtiges Gebiet im Lebenswissen.

[35]) Daß die politische Propaganda es in solchen Zusammenhängen für gut hält, umgekehrt die Vertreter gegnerischer Positionen als Dunkelmänner darzustellen, ist gang und gäbe; die Auswirkungen auf die Politische Kultur hat man aber vermutlich nicht sehr gründlich bedacht, unbeschadet des Umstandes, daß Regierungs- und Oppositionskräfte einander struktur- und funktionsgemäß kritisch gegenübertreten.

[36]) Vgl. „profil", Ausg. vom 23. Oktober 1989, S. 16, Sp. 1.

[37]) Wilhelm HENNIS, Legitimität, in: Peter Graf KIELMANNSEGG (Hrsg.), Legitimationsprobleme politischer Systeme, Opladen 1976, S. 9ff., hier S. 24 (Die beiden anderen Legitimationsfaktoren sind „Legitimierung kraft Aufgabe" — ohne sie wird Herrschaft „sinnlos" — und „Legitimierung durch Struktur" — ohne machtbegrenzende und konsenssichernde Strukturen wird Herrschaft „despotisch"). Vgl. andererseits David EASTON, A Systems Analysis of Political Life, 2nd ed., New York 1967, S. 287, wo als Legitimitätsquellen „Ideologie", „Struktur" und „Persönliche Qualitäten" angeführt werden.

Anmerkungen zu Abschnitt 6:

[1]) S. Heinrich SCHNEIDER aaO., 1975 (s. Anm. 1 zu Abschnitt 4).

[2]) Max WEBER, Der Sinn der Wertfreiheit der soziologischen und ökonomischen Wissenschaften (Gutachten 1913, veröff. 1917), hier zitiert nach Wilhelm HENNIS, Max WEBERs Fragestellung, Tübingen 1987, S. 176.

[3]) Dabei rückt der erstaunlich massive Durchbruch der Ideen der Menschenrechte und der konstitutionellen Demokratie — also grundlegende Sinngehalte der Zivilreligion der westlichen Zivilisationen — in das Zentrum der Aufmerksamkeit; vgl. dazu Klaus W. HEMPFER und Alexander SCHWAN (Hrsg.), Grundlagen der politischen Kultur des Westens, Berlin 1987.

Das Problem einer „kulturimperialistische" Tendenzen eindämmenden „Kultur interzivilisatorischer Kulturbegegnung" bleibt gestellt und kann hier nicht mehr thematisiert werden.

Kultur und Bildung

Erhard Busek

VISION „KULTURLAND ÖSTERREICH" — TRAUM ODER WIRKLICHKEIT?

If I had to remake Europe,
I'd start with culture.
Jean Monnet

Die Welt ist voll von Wirklichkeitsmenschen. Sie meinen, die Politik zu beherrschen, die Wirtschaft, die Medien und auch die Universitäten mit ihrem Leitsatz, nur das Sichtbare zu akzeptieren und das Machbare zu machen. Wir kennen sie in den unterschiedlichsten Verkleidungen und haben ihnen die entsprechenden Namen verpaßt. Technokraten der Politik, Manager der Wirtschaft, Medien-Rechercheure, Spezialisten und Empiristen der Wissenschaft. Die Welt ist aber auch voll von Träumern. Sie sollten die Politik beleben, die Wirtschaft, die Medien und vor allem die Universitäten mit ihrem Leitsatz, alles Wirkliche als Produkt vorangegangener Phantasie zu akzeptieren und aller Planung demgemäß Konzepte mit Phantasie zu unterlegen. Auch die Träumer kennen wir in den unterschiedlichsten Verkleidungen und haben ihnen die entsprechenden Namen verpaßt: Utopisten, weltfremde Romantiker, realitätsferne Visionäre. Ich möchte sie anders nennen. Suchende und Hoffende, Begabte und Engagierte, Gläubige und Junge.
Traum oder Wirklichkeit? Die Träumer laufen immer wieder Gefahr, an der Wirklichkeit abzuprallen, sich zurückzuziehen, der Politik und den Gemeinschaftseinrichtungen verlorenzugehen, während die Realisten dazu neigen, uns unsere Welt als die beste aller möglichen vorzurechnen, mit der sich doch auch die nächste Generation zufriedengeben möge. Das eine führt so weit wie das andere, nämlich nirgendwohin.

Die Welt des Wortes „oder"

Die unbestreitbaren Vorteile des Träumens haben wir kaum noch entdeckt, wie denn auch etwas wie Phantasie, Kreativität, Intuition kaum Werte in unseren wirklichkeitsgierigen Systemen darstellen. Und das, obwohl der Traum in Kunst, Geschichte, Politik so alt ist wie die Menschheit selbst und immer und überall seine Funktion hatte. Der Traum bei Tag vor allem. Er hat den Vorteil, daß wir uns mit der Wirklichkeit vergleichen können, daß wir die Traumbilder jederzeit an den Möglichkeiten und Grenzen des Realen messen.

Und es bleibt hell bei solchen Tagträumen, es geht ohne Nacht ab.
Wir aber haben aus dem Und ein Oder gemacht. Hier sind die Macher und dort die Träumer, hier die Rationalen und dort die Emotionalen, hier das Wirkliche und dort das (Un-)Mögliche. Auf solchen Bipolaritäten oder gar Zielkonfrontationen kleben dann verschiedene Wertmarken, je nach Anlaß und Genehmheit.
Hier haben wir Visionen, dort sanieren wir. In jedem Fall empfiehlt sich, das eine als vornehm, gut, phantasievoll gelten zu lassen und das andere als ordinär, schlecht, realistisch — oder umgekehrt. Das Trennen von Schmutzarbeit und Schönrednerei, von ebener Erd' und erstem Stock, von Hier und Dort, von Traum und Wirklichkeit führt aber in die immer gleiche Sackgasse, nämlich in die Stagnation. Fazit: öde Saniererei ohne Phantasie, kalte Realisten ohne Träume, verstörte Träumer ohne reelle Chancen.
Das Lebendige, das Wachsende und Keimende hat immer schon die Wechselwirkung gebraucht, also die junge Nachfolgerin der pensionsreifen Dame namens „linear-analytisch". Die Vorstellung von geradlinigen Verläufen gehört ebenso in die Geschichtsbücher wie der Glaube, mit dem Isolieren von Einzelteilen aus einem Ganzen samt ihrer Aufwertung zu einem neuen Ganzen bekämen wir die Welt in die Hand. Alle diese aufgeschäumten Einzelteile, diese scheinbaren Gegensätze tun uns nicht den Gefallen, sich anstandslos wieder zusammenfügen zu lassen, wenn und weil wir gerade fühlendes Denken oder denkendes Fühlen brauchen, Innovationen zum Sanieren, phantasievolle Konzepte, Traum und Wirklichkeit, Anregung und Tat. Und weil Vokabeln wie Gefühl, Visionen, Phantasie, Traum so überhaupt nicht in unser Macher-Latein passen, deshalb haben wir sie auch in die Welt der Kultur verschoben. Wobei „Kultur" gesagt und „Kunst" gemeint ist. Denn eine Kultur verrät sich in ihren Lebensformen, die einen großen Bogen spannen und — wie schon assoziative Vokabeln der Umgangssprache meinen — von Eßkultur oder Seelenkultur über Wohnkultur, Stadtkultur bis hin zu politischer Kultur, Sprach-, Bildungskultur und Kulturbildung reichen. Diesen Bogen unter Ausschluß von Visionen zu spannen, das würde ihn zum Brückenbogen verurteilen mitsamt dem Los von Brücken in Österreich. Man steht dort schlecht, weil es zieht, und manchmal kriegt man auch Sprünge unter die Beine, falls nicht überhaupt der Bogen darunter verschwindet.
Vielleicht darf ich das Wort „Kultur", das im folgenden ohnehin den Schwerpunkt bildet, mit dem weiten, aber pragmatischen Verständnis von Lebensqualität umschreiben. Eine solche Qualität ist wesentlich geprägt vom Ausmaß der Selbstbestimmung, von Kompetenzen aller Art, von Umgangskultur, Begegnung, Bildungsniveau, Geisteskultur — Rahmenbedingungen, unter

denen das kulturelle Kerngebiet, die Kunst, dem Leben unmittelbar innewohnen kann, statt als einer von vielen Überflußgegenständen irgendwo im obersten Regal zu verstauben.

Eine Welt ohne Innovationen?

Das gewisse negative Odium, das dem Wort „Innovation" anhaftet, läßt ein paar Verdrängungen und Verschiebungen zu, die nicht ganz ungefährlich sind. Da wäre zunächst einmal die aus mangelnder oder falscher Übersetzung stammende, wenn auch noch harmlose Verkennung der Tatsache, daß jeder Mensch in seinem täglichen Leben mehr oder weniger Innovationen sucht, die sich in Vorhaben, Absichten, Plänen äußern.

Unsere Mentalität des Geschehenlassens oder des Herumreparierens am Gehabten verstellt aber dann auch leicht den Blick für die Notwendigkeit, das kommende Geschick versuchsweise zu lenken, zum Positiven hin zu beeinflussen, und das ist schon weniger harmlos. Denn inzwischen läuft die Zukunft davon, oder sie fällt überraschend auf uns nieder, je nach Sichtweise — bewußt vorbereitet ist sie jedenfalls wenig bis gar nicht. Dafür haben wir unsere Innovationen in die Traum-Ecke verbannt.

Gewiß, es ist schwierig geworden, über die Zukunft nachzudenken, besser: sie vorauszudenken. Die großen Utopisten des 19. und bisherigen 20. Jahrhunderts haben gewußt (oder zumindest zu wissen vorgegeben), wie die Zukunft sein wird. Sie setzten auf eherne Entwicklungen, die sich von selbst durchsetzen und antagonistische Hemmnisse am Ende doch besiegen würden. Wir kennen die Selbstwiderlegung und schreiben damit Geschichte, die eben nie nach ehernen Gesetzen verläuft, weshalb sich auch keine Ergebnisse vorausberechnen lassen. Ebenso verstummt ist die rationalistisch-technokratische Futurologie, die vor zwanzig Jahren noch in Blüte und Ansehen stand. Denn das, worauf sie beruhte, nämlich Extrapolation und Hochrechnung sozialer und ökonomischer Entwicklungs-Trends, überholt sich durch die Einsicht in die Begrenztheit aller linearen Entwicklung und die mögliche fatale Umkehrung in ihr Gegenteil.

Vor etwa einem Vierteljahrhundert publizierten Herman Kahn und Norbert Wiener Prognosen unter dem Titel „The Year 2000". Den beiden Autoren ist herausragende Intelligenz nicht abzusprechen, und dennoch erlebt Stunden ungetrübter Heiterkeit, wer die Szenarien mit der Wirklichkeit vergleicht. Schon wenig später kam aus dem Feld der Informationstheorie eine Mahnung: Die Skala des möglichen Wissens ist im Prinzip unendlich, aber fiktiv. Wir verfügen über einen Ausschnitt aus dieser Skala, an dessen Vergrößerung die Wissenschaften ständig arbeiten — wie aber Zukunftsprognostik, wenn sich das verfügbare Wissen in einem Zeitraum von etwa zehn Jahren verdoppelt? Mit Rechnen und Voraus-Wissen kaum. Und während die Bedeutung des Wissens für das Gestalten unserer Lebenswelt fortgesetzt ansteigt, vermindert sich jede prinzipielle Vorhersehbarkeit der Zukunft unserer wissenschaftlich-technischen Lebenswelt.

Und die Akzeleration macht nirgends halt, auch nicht vor Erwartungshaltungen und Wertvorstellungen der Menschen. Kein Lebensbild darf als gegeben oder als unveränderlich angenommen sein, weil sich schlicht sagen läßt, daß noch nie in der Geschichte eine Gegenwart über die Zukunft, die ihr bevorsteht, weniger gewußt hat als unsere eigene.

Zukunftsmuseen

Der Zeitraum, über den niemand mehr prognostische Aussagen wagt, rückt näher. Ebenso rückt näher, was nicht mehr als Gegenwart, sondern deutlich schon als Vergangenheit empfunden wird. Museen im ganz konkreten Lebensvollzug müßten und könnten also Hilfen sein, die mehr und mehr in Verlust geratende Einheit wiederzufinden, das Tempo des Wandels zu verkraften, das rasch Vergehende mit dem rasch Kommenden zu einen. Dazu vielleicht ein Beispiel:

Im Zuge der Neuentdeckung des Themas „Die wilden fünfziger Jahre" gab es in Österreich eine Ausstellung dieses Titels. Wer sie besuchte und meiner Altersgruppe angehört, der muß sich selbst wie ein Museumsstück vorgekommen sein. Die Relikte der fünfziger Jahre sind heute nicht mehr altmodisch gewordene Gebrauchsgegenstände, mit denen wir noch umgehen, sie haben nicht mehr Gebrauchscharakter, sondern längst schon musealen. Auch die Schreibmaschine aus den Siebzigern hat ihn, das Auto vom Vorjahr und der Computer vom Vormonat.

Mit der Dynamisierung und der Spezialisierung einer Zivilisation nehmen also Tempo, Unprognostizierbarkeit und Musealisierung gleichermaßen zu. Damit verlagert sich die Bedeutung von Museen zuerst einmal quantitativ — kulturelle Aufbewahrungs- und Erinnerungsorte mehren sich mit den Zivilisationsrelikten, die wir uns ansehen, um uns die eigene Herkunft und das eigene Leben zu vergegenwärtigen. Eine Kulturgesellschaft müßte aber auch den qualitativen Bedeutungswandel verstehen: Je schneller die Abschnitte unseres eigenen Lebens als graue Vorzeit in die Vergangenheit ausgegrenzt werden, desto schneller sollte auch das Bedürfnis wachsen, die Dinge unseres seinerzeitigen Umgangs wenigstens als Museumsstücke wiederzufinden, als deklariert Vergangenes, ohne das kein Leben und Erleben als Einheit konstituierbar ist.

Entspricht es nicht einem sehr einfachen und normalen psycho-sozialen Bedürfnis, sich in Phasen markanter Beschleunigung und Dynamisierung der eigenen Herkunft, der Einheit der eigenen Erlebniswelt zu vergewissern?

Ganzheiten für morgen

Nostalgisches Verharren ist das nicht. Ohne präsentes Gestern gibt es keine runde, in sich stimmige, grundsätzliche Einstellung zum Wandel, zum Morgen.

Wenn ein heute 40-, 50jähriger auf alle kulturellen und sozialen Lebensweisen und Einstellungen zurückblickt, die er selbst gelebt hat, dann liegt nahe, aus all dem zwei grundlegende Erkenntnisse zu gewinnen. Erstens die triviale Einsicht, daß es zwar nicht egal, aber möglich ist, auf diese oder jene oder eine dritte Art zu leben — jeder Lebensweise läßt sich Qualität abgewinnen, auch wenn die Rollenspiele eine merkwürdige Art getrennter Gleichzeitigkeit verlangen. (Der Management-Nadelstreif bewegt sich heute ohne jede Schwierigkeit im „Saturday night fever" durch das Bermuda-Dreieck, um tags darauf in Latzhosen die Gartenarbeit zu verrichten.) Zweitens folgt daraus die Erkenntnis, daß grosso modo der Freiheitsgrad in der Lebensgestaltung, im Lebenszuschnitt, sowohl gesamtgesellschaftlich als auch individuell enorm gestiegen ist. Damit steigt aber auch die Notwendigkeit des permanenten Wählenmüssens, der sich auf immer mehr Dinge beziehenden Selbstbestimmung, der Selbstverantwortung. Wie aber? Wo war das zu lernen in einer Vergangenheit der Vorgaben, der gelegten Schienen, auf denen das Leben lief? Da gibt es also einen Nachholbedarf an Kompetenzen. Sie werden Marksteine sein auf dem Weg in eine Kulturgesellschaft, wenn wir zustande bringen, das Wort „Vernetzung" nicht bloß aufzuschreiben.

Trotzdem planen?

Wenn sich Zukunft mit den eingangs erwähnten Maximen der Wirklichkeitsmenschen nicht vorhersehen, geschweige denn beeinflussen läßt, dann entfällt schlicht und einfach jedes Planen. Statt dessen reparieren wir. Reaktion und Reparation anstelle von Aktion und Antizipation.

Solches Denken, ebenso gängig wie gefährlich, dürfen wir auf der Straße in die Kulturgesellschaft mit bestem Gewissen irgendwo verlieren und an seine Stelle ein Stück Kreativitätstraining setzen. Je antizipativer eine Gesellschaft handelt, desto weniger hat sie hinterher zu reparieren. Innovationen für ein besseres Österreich, für die Alternativen für morgen, im Detail wie im Ganzen, sie sind also nicht nur erlaubt, sondern dringend angesagt. Wer aber hat denn noch die Sensibilität, ohne Rechenmaschinen das Künftige zu erahnen,

wenn nicht die Künstler? Wem hat noch keine Generation vor uns die Fähigkeit abgesprochen, nach Art der jeweiligen Künste gesellschaftliche Entwicklungen sogar vorauszuahnen?
Gesellschaftliche Visionen sind überdies noch wesentlich schwerer zu entwerfen als individuelle, denn sie sollten — zumindest potentiell — mehrheitsfähig sein. Ich darf daher, plakativ und ohne Gewähr, ein paar Vorschläge riskieren, auf deren Grundlage sich vielleicht auch Wege dorthin diskutieren lassen:

1. Die Vision eines weltoffenen, europäischen und speziell mitteleuropäischen Österreich. Eines Landes also, das nicht mehr bloß gebannt nach München, Zürich oder Washington schaut, sondern sein Gesicht auch seinen Nachbarn rundum und dem Donauraum zuwendet. Es liegt an uns, die Zentrallage neuer und effektiver Beziehungsstrukturen, in der wir wieder leben, auch in unserer Mentalität zu verankern und der Bundeshymne gerecht zu werden, nämlich dem Erdteil inmitten zu liegen — „einem starken Herzen gleich".

2. Die Vision eines vitaleren, lebensfroheren, risikofreudigeren, lachenderen Österreich. Klischees wie etwa der legendäre Charme oder die Leichtlebigkeit sind längst einer gehörigen Portion Verdruß am eigenen Leben gewichen, entsprechend auch dem Verdruß an den Vitalitäten anderswo. Daraus entstehen Aggressivität, Neid, Mißgunst, vor allem aber die schreckliche Sehnsucht, daß aus dem anderen auch nichts werden möge. Wo ist ein lieber Augustin, wo ein Valentin unserer Tage?

3. Die Vision eines gebildeteren Österreich, einer Kulturgesellschaft in ihrer umfassenden Bedeutung. Es gibt genügend akademisch Ausgewiesene hierzulande, die keinen bedeutenderen Roman der letzten Jahre kennen, dafür aber ein italienisches Kochbuch nach dem anderen kaufen. Als Magister, Doktor oder Professor könnte man jenen Betrag, der monatlich ins Auto fließt, jährlich für Gegenwartsliteratur und Kunst ausgeben.

4. Man könnte auch dieselbe Zeit für Kultur aufbringen, die man in Tennis oder Surfen oder Schifahren investiert. Außerdem könnte man ein Bild an die Wand hängen, das in etwa so viel wert ist wie die Couch darunter.
Die Vision einer sprechenden Gesellschaft. Hinter der ständigen Geräuschkulisse von vorgehaltenen Händen und vertraulichen Mitteilungen sind wir derzeit eine Gesellschaft des Schweigens und des Verschweigens. Wo einer den Mund auftun sollte, da hält er sich lieber zurück; wo einer etwas zu sagen hätte, da bestraft er die anderen durch beleidigtes Schweigen, weil ihn keiner gefragt hat; wo es Geschichte zu erzählen gäbe, wo Geschichte weiterzugeben wäre, da verharrt man in Sprachlosigkeit aus Angst, nicht verstanden zu werden. Statt ein verständliches Wort zu sprechen, läßt man das Gerede gelten.

Von einem sprechenden, sich mitteilenden, sprach- und kommunikationsfreudigen Österreich lassen wir unterdessen träumen.

5. Die Vision von einem Österreich, das kompetitiver und gleichzeitig solidarischer ist. Wir leben in einem Klima der ständigen Konkurrenzvermeidung. Kein Schüler will besser sein als der andere, kein Beruf läßt die Leistung über dem Durchschnitt unsanktioniert. Solidarität herrscht vor allem in der Leistungsverweigerung, aber sie fehlt, wenn einer wirklich unter die Räder kommt. Ein gesunder Wettbewerbsgeist, Lernwiese für Solidarität und Fairneß, hebt die Kulturgesellschaft auf eine Stufe des Mobilseins und der Verantwortungsbereitschaft für jene, die auf den hinteren Plätzen landen.

6. Zuletzt eine äußerst ambivalente Vision, nämlich die von einem österreichischeren Österreich. Vielleicht trifft Selbstbewußtsein eher den Kern der gemeinten Sache. Wir haben die Tendenz, die Strickmuster anderer Kulturen nachzustricken (und dabei ein paar Maschen fallenzulassen), statt unsere eigene Identität zu schätzen und auch mitzuteilen. Daß der Tennisplatz nun „center court" heißen muß, ein Plan „design", daß „gestylt" und „gecheckt" wird, vom „body" bis zu den „news", abgesehen von Steaks, Cola und Jeans, die uns schon länger begleiten, das beweist einmal mehr das unbewältigte Verlierer-Image, das wir immer noch hegen. (Nach dem 30jährigen Krieg übernahmen wir den Friseur und das Trottoir, die Confiserie und das Costüm, sofern nicht überhaupt französisch gesprochen wurde.)
Das Muster schlägt Wellen, Frascati und Valpolicella beherrschen die Weinkarten der Wiener Innenstadt; Studentenzeitungen lesen sich, als wären sie in Hamburg verfaßt worden, nicht nur sprachlich, sondern manchmal auch thematisch; das Musikland Österreich importiert seine Meditationsmusik aus Indien und sein Euro-Song-Contest-Lied aus Deutschland.
Vergessen wird dabei, daß mit anderen nur der sein kann, der auch für sich selbst etwas ist. Wer soll das typisch Österreichische schätzen, wenn er statt des Originals nur Kopien findet? Wer soll Österreich als gleichwertigen, selbstbewußten Partner mit eigenen Traditionen achten, wenn diese Traditionen zugunsten von Imitationen hinter dem großen Gummibaum versteckt bleiben? Wer soll einer angeblichen Kulturmacht Respekt zollen, die sich darin gefällt, ihre wahrhaft bemerkenswerte Kultur bis zur Unkenntlichkeit mit inkompatiblen Nachahmungen zu durchsetzen? Wir neigen dazu, Internationalität mit Nachäffung zu verwechseln, Partnerschaft mit Anbiederung — von bemerkenswertem Rückgrat zeugt das nicht gerade. Doch werden wir uns wohl oder übel an die Politur unseres Selbstwertgefühls machen müssen, wenn wir im Konzert der Nationen auch nur den Notenständer tragen wollen.

Innovation konkret: Blick auf die Landkarte

Jedes Land hat seine Besonderheiten, deretwegen es andere Länder bemerken, besuchen, schätzen, stützen oder ignorieren. Überflüssig zu erwähnen, daß auf der Österreich-Marke „Kultur" steht. Seit Jahrhunderten hat Österreich jenes kulturelle Bild Europas mitgezeichnet, das wir heute kennen, und bis heute betrachtet uns das Ausland als die kulturelle Geschichts- und Gegenwartsmacht. Etwas banaler: Auf der Landkarte der Nationen fallen Blicke auf Österreich in erster Linie aus Gründen der Kultur.
Nur wir selbst behandeln dieses Kapital wie eine Nebensache.
Doch die Strahlkraft ins Ausland beginnt hier bei uns zu Hause. Ist Österreich einmal in allen seinen Lebensbereichen von Kultur durchflutet, so verstärkt sich auch die kulturelle Auslandspräsenz, weil jede offizielle und private Vertretung Österreichs im Ausland zur Botschaft unserer Kultur werden kann. Nur — dort sind wir längst noch nicht. Ähnlich wie der Staat in jede Ecke ein Stück Kultur schiebt wie ein wegzulegendes Kind, ähnlich wertet auch der Bürger. Von welcher Effizienz es sein soll, die Zuständigkeit für tote Künstler dem Wissenschaftsminister, die für lebende hingegen dem Unterrichtsminister anheimzustellen, während Künstler im Ausland und insgesamt alle kulturellen Auslandsagenden dem Außenminister unterstehen, ist mildestenfalls fraglich.
Ein fataler Kreislauf: Weil Kultur für den Bürger so leichtgewichtig ist, deshalb mißt ihr auch der Staat kaum Gewicht bei, und was ein Staat für untergewichtig hält, das steht auch in der Zeitung ganz hinten und im Fernsehen parallel zum Sport. Wenn wir diesen Kreislauf nicht sehr schnell durchbrechen, dann werden wir uninteressant und geraten ins Out.
Die erste meiner zuvor gewagten Visionen braucht also denselben Weg wie die letzte. Ein Stück dieses Weges läßt sich mit organisatorischen Verbesserungen ebnen, die ohne Zweifel den Staat angehen. Von Schlagkraft wäre eine kulturelle Instanz in diesem Land, die einheitliche Konzepte für die „Kulturmetropole Österreich", ein kulturelles Ausbau- und Exportmanagement auf den Tisch legt. Unbeschadet der österreichischen Usance, jedem formulierten Sachvorschlag umgehend ein Personalinteresse (des Formulierers natürlich) zu unterschieben, sage ich dennoch: Kulturnationen haben Kulturministerien.

Marketing

Ein erster Schritt auf dem Weg in eine Kulturgesellschaft ist, klarzumachen, was wir haben und was wir können. Klarzumachen freilich nach Art der Zeit, und wir leben nun einmal in einer Welt des Marketing.

Da wären zunächst einmal zwei Schienen, die der Kunstsektor braucht.
Erstens können Antworten auf die Relevanzfrage nicht laut und deutlich genug gegeben werden: Sinn und Aufgabenstellungen aller Kunst-Instanzen des Landes sind und waren immer schon, Österreich als Kernland der Kultur auf der Weltkarte zu halten. Das erfordert eine geistige Grundhaltung, die schon einmal da war und revitalisiert gehört. Beispielhaft: die Ausstellung „Wien um 1900", eine geistige Zeit, die weiterzuentwickeln wir die Verantwortung tragen — das Eingeständnis vorausgesetzt, daß wir mit unserer Geschichte nicht immer anständig umgegangen sind. Das läßt sich reparieren, vor allem zukunftsbezogen, wenn wir klarstellen, unter welchen (guten) Voraussetzungen wir künftig mehr leisten können, Qualitativ-Marketing gewissermaßen.
Zweitens hat der Steuerzahler jedes Recht, erklärt zu bekommen, warum seine Gelder auch dann in Kunst fließen, wenn er selbst an Opernhäusern oder Museen weder von innen noch von außen interessiert ist. Der einschlägige Erklärungsbedarf wächst mit der Ignoranz und Verzettelung politischer Kulturorganisation und den fehlenden Erfolgsbindungen gleichermaßen. Wenn niemand für das Insgesamt geradesteht, dann sieht auch niemand Veranlassung, etwas klarzustellen. Also steht eine Art Quantitativ-Marketing aus.
Die beiden Schienen lassen sich vielleicht am Beispiel Denkmalschutz konkretisieren. Vor unseren Augen verfallen Schlösser, Klöster, Burgen; Barockbauten haben nach 250 Jahren ihre Halbwertszeit erreicht, Ringstraßenbauten nach 100 Jahren, dazu kommt die ökologische Situation, der saure Regen, der alles frißt — und 120 Millionen für das Jahr 1990! Hoffnungslos, die fatale Situation per Budget einholen zu wollen. Was also tun?
Qualitativ heißt die Botschaft: Schätze verfallen lassen, das Österreich-Image als Schutthaufen, unser Profil entstellen? Was wollen wir denn herzeigen, wenn wir die Bestandteile unseres Kulturgedächtnisses verlieren? Antworten laufen über die quantitative Schiene: Das Problem muß nicht erst zur nationalen Angelegenheit gemacht werden — es ist eine nationale Angelegenheit. Nationalfonds, Marketing, Aktionen, lassen wir Lotto/Toto spielen, was immer auch, denken wir nach über Möglichkeiten der kommerziellen Nutzung, über steuerliche Maßnahmen, über Möglichkeiten, die Eigenschaften von Unternehmen per Kultur zu beschreiben, alles, was der Dringlichkeit unseres gemeinsamen Anliegens entspricht. Der Einsatz wird sich in jedem Fall indirekt wieder zurückzahlen.
Ein weiteres Beispiel: Museen. Rund 70 Jahre der Pflege fehlen, weil die Erste Republik andere Sorgen und die Zweite nach 1945 nicht das Geld hatte. Inzwischen sind sie wieder ins Gerede gekommen, nicht nur international, und ein

Stück des eben Gesagten gilt auch für Museen. Also sind wir einerseits zum Nachholen aufgerufen, andererseits liegt es an uns, den heutigen Kreativen des Landes Möglichkeiten zu verschaffen. Das ergibt einen Vierstufenplan, auf beiden Schienen zu erklären: erstens, die „museale Außenhaut", die bauliche und großteils abgeschlossene Phase ist. Zweitens, die innere Präsentation, nach der baulichen eine weitgehend unabgeschlossene Phase. Drittens, die Notwendigkeit neuer Organisationsformen, mehr Autonomie, mehr Selbstverwaltung. Viertens schließlich, das Setzen neuer Akzente — nach Planmuster Hofstallungen —, Museumsquartier etwa.

Zum Beispiel Schwerpunkte

Daß ein kreatives Land wie Österreich beständig neue Akzente hervorbringt und nicht nur vom künstlerischen Gedächtnis lebt, ist evident. Daß diese Akzente in Schwerpunktgruppen zusammenfallen und somit Zentren bilden, wäre klug. Das ist mehr als eine bloße organisatorische Überlegung.
Gibt es beispielsweise ein Zentrum irgendeiner Weltstadt, das man zum Universitätsviertel erklärt hat? Zum geistig-künstlerischen Zentrum? Ansätze haben sich in Wien auf Amateur-Ebene längst entwickelt in Form von „Kultur der Fußgängerzonen". Wo aber ein Universitätsviertel in der Altstadt besteht, dort begegnet auch der Gast dem Alten und dem Jungen, dem Barockbau und dem Geist von morgen an demselben Ort. Wer das Netz des „Quartier latin" in Paris einmal erlebt hat, das Netz aus Kunst, Wissenschaft, Buch, Café, Kirche, Fluß und Menschen, der weiß auch, warum Pensionisten dort ihr halbes Leben zubringen und nicht bloß Gäste oder Studenten.
Gebäude neben einer Pensionsversicherungsanstalt, zudem solche mit Innenhöfen, ergäben die nächsten Chancen: Sitzt nämlich die einsame Oma neben der studierenden Mama beim Kaffee, dann ergibt das Koppelungen im Sinn über die Alters- und Schichtgrenzen hinweg. Die einsame Oma bewacht das Baby, die studierende Mama schleppt im Gegenzug den Einkauf in Omas Wohnung — Jobvermittlung live und die psychologischen Komponenten gratis dazu. Daß derartige Höfe, Lokale, Zentren auch immer Stellflächen für Kunst aller Art sind und waren, erübrigt sich zu erwähnen.

Zum Beispiel Expo-Chancen

Ein breites, professionelles Kulturmarketing stützt und schützt also nicht nur die Kulturschätze, die Übernachtungsziffern in Österreich und die Kulturschaffenden unseres Landes. Darüber hinaus muß sich das renovierungsbedürftige Österreich-Profil in konkrete Formen gegossen haben, bis uns die Welt per Ausstellung ins Haus steht.

Handfestes, mit dem wir heute Wirtschaftsdaten schreiben, hat nicht selten im Bereich der Kultur Antizipationen erfahren, wenigstens Vorläufe, Ansätze. Ohne die Pariser Weltausstellung von 1889 gäbe es nicht nur keinen Eiffelturm. Es hätte beispielsweise auch keinen oder einen doch anders verlaufenen Jugendstil gegeben ohne die Begegnung japanischer Edo-Kunsttraditionen mit europäischen (latenten) Pendants zu eben diesem Zeitpunkt. Daß in der Folge Japans Architektur vom europäischen Eklektizismus beeinflußt, daß die Entwicklung des Jugendstils dort genau beobachtet wurde, daß schließlich Wright es war, der als erstes „west"-modernes Gebäude das Imperial-Hotel in Tokio aufstellte und 1920 gar eine „Sezession" in Japan entstand, all das fällt unter „Nachnutzung" im weiteren Sinn. Wer aber heute „Japan und der Westen" hört, der assoziiert umgehend Mikrochips, Soft-Management und gewaltige Wirtschaftsdaten.
Was alles unter dem Titel einer Weltausstellung geistig-schöpferisch begonnen hat und heute Weltgeschichte, Weltwirtschaft schreibt, Städte mitzeichnet oder Interkulturen macht, das aufzulisten ergäbe mehr als ein eigenes Buch. Ob nun Weltausstellung mit ohnehin deklarierter Brückenfunktion oder „nur" Millennium, wir können nie wissen, wohin die Straßen führen werden, die wir hier und jetzt bauen. Das ist die Strahlkraft von Begegnungen aller Art, ob Expos, Zentren oder Jahrestage, sofern ihr geistiger, künstlerischer, bis ins letzte kreativer Anspruch auch groß genug gesehen und somit geplant ist.
Und weil eben diese Weltausstellung mit der Nachnutzung steht und fällt, deshalb bietet sie auch die Chance, in unserem eigenen Zulassen und Ausschließen endlich konkret zu werden. Die weltpolitische Situation hat ein neues Wien geschaffen, ein Wien, das wieder interessant geworden, wieder in die Mitte gerückt ist, in dem wieder vertreten sein muß, wer auf sich hält. Wenn diese Entwicklung anhält und wir sie nützen, dann bedeutet sie einen gewaltigen Schritt nach vorn. Unter anderem deshalb, weil auch wir nicht wissen, an welchen Geburten wir teilhaben dürfen, welche Entwicklungen wir in Gang setzen, wann und auf welche Weise sie sich nachnutzen. Denn unser kleines Verständnis von Nachnutzung erscheint uns — mit vollem Recht, es geht um Geld — als die Essenz aufwendiger Expositionen schlechthin. Ebensogut kann aber sein, daß dieses kleine Verständnis zur Marginalie wird, daß die Strahlkraft ausreicht, daß die Zeit gut ist für einen weltweiten Nach-Nutzen kommender Generationen.
Die Weltausstellung ist aber nicht nur eine Sache der Bundeshauptstadt. Es wäre ein fataler Fehler, auf die Kraft der Bundesländer zu verzichten — besonders im Kulturellen. Die kulturelle Vielfalt und Qualität Österreichs konstituiert sich aus der Pluralität der Bundesländer. Auf eine gewisse Weise ist die

österreichische Gesellschaft immer schon „multikulturell" gewesen. In kleinräumigen Gebieten haben es die heutigen Bundesländer verstanden, eine eigene kulturelle Ausdruckskraft zu entwickeln. Die Völkermischungen des 19. Jahrhunderts haben noch dazu geführt, daß es aussagekräftige multikulturelle Formen gab. Die neuen Chancen der Nachbarschaft, die notwendige Osmose in der Mitte Europas, können einen kulturellen Modellfall entwickeln, nämlich die Fähigkeit, bei aller Unterschiedlichkeit gut zusammenzuleben. Die kulturelle Botschaft der Weltausstellung besteht eigentlich in dieser Aufforderung. Damit ist aber auch ein Modellfall für Europa gegeben. Europa hat es verstanden, im Westen Konflikte der Vergangenheit durch die Europäische Gemeinschaft abzubauen oder wenigstens ein System zu finden, daß sie nicht in gleicher Weise entstehen können. Es wird eine entscheidende Frage werden, ob uns das auch für die andere Hälfte Europas gelingt, eine Frage, die zuallererst Österreich gestellt ist.

Warum hat auch Jean Monnet, der Schöpfer des gemeinsamen Marktes, ausgerechnet das Wort Kultur zum Startwort gemacht, könnte er Europa neuerlich starten? Warum kommt das Thema aus Ecken, in denen es bisher nie ein deklariertes Thema war, beispielsweise aus dem Feld der Unternehmensführung? Warum steigen die kulturellen Ansprüche und Bedürfnisse parallel zur Technisierung und Automatisierung dieser Welt? Ohne viel Risiko läßt sich sagen, daß Investitionen in Kultur ziemlich sichere Zukunftswerte darstellen und daß Kultur schon heute die besten Chancen zur Nachnutzung hat.

Nur — ohne kreative Menschen ist noch nirgendwo Kultur gewachsen. Und immer schon waren Visionen, Träume, Phantasien essentiell fürs Innovative, Kreative, Künstlerische, woran die Österreicher noch nie arm waren. Vorausgesetzt, man läßt — und schätzt sie.

Kulturland Österreich: Erst Traum, dann Wirklichkeit?

Auch dieses „Mitteleuropa", dessen Geburt wir jetzt erleben, dieses Österreich in der Mitte seines ureigensten Kulturkreises, das war vor kurzem noch Vision. Das Thema des Jörg Mauthe, an dem er zeit seines Lebens unverbrüchlich festgehalten, für das er Pakete schon vor der Zeit geschnürt, das er im Bewußtsein der Zeitgenossen vorbereitet hat.

Das Resultat? Vielleicht der Versuch, Traum von Wirklichkeit nicht mehr zu trennen. Vielleicht die Erkenntnis, wie sehr das Wunschdenken in Realität umschlagen kann. Und ganz gewiß ein Riesenberg an Kleinarbeit, den wir auf dem Weg in die Kulturgesellschaft langsam übersteigen müssen.

Zum Schluß darf zur Innovation noch etwas zum Glauben gesagt werden. Er ist keine Innovation, sondern ein bestehendes Element der menschlichen Existenz, nämlich Auskunft über das Woher und Wohin geben zu können. In unserer Kultur, die von griechischen und jüdischen Wurzeln geprägt ist und sich im Christlichen entwickelt hat, ist sowohl in der Zustimmung wie auch in der Ablehnung eben diese Kultur durch den Glauben an den persönlichen Gott geprägt. Wir glauben, daß der Mensch von einem persönlichen Gott als Ebenbild dieses Gottes geschaffen wurde — oder wir lehnen es ab. Gemeinsam ist uns aber in den Menschenrechten, daß wir uns als Individuum und Person erkennen können, mit unverzichtbaren Rechten und Würden ausgestattet. Für mich heißt das weiter, daß wir, indem wir uns selbst transzendieren, den anderen als Du und als unseren Nächsten erkennen. Das heißt, daß wir uns zur Welt in Beziehung setzen und die Differenz von Objekt und Subjekt kennen — wie zweifelhaft und ambivalent diese Fähigkeit auch immer sein mag. Und das heißt weiter, daß wir meinen, daß über uns kein blindes Schicksal waltet, sondern daß wir selbst Geschichte machen; Geschichte, die sich nicht zyklisch wiederholt, sondern gerichtet ist auf ein Ende — auf ein Eschaton; ob wir uns dieses Eschaton nun innerweltlich oder transzendent vorstellen — gemeinsam ist dem gläubigen und dem ungläubigen Menschen, daß er der Täter seiner Taten und der menschliche Geist der Motor der Geschichte ist. Er ist nicht willenlos den Dämonen des Guten und des Bösen ausgesetzt, sondern er kann sich aus selbstverschuldeter Unmündigkeit befreien und muß dafür für seine Taten einstehen: mit Schuldbewußtsein und Verantwortungsbewußtsein. Darin liegt seine Freiheit.

Und diese Freiheit samt der darin begründeten Würde des Menschen und samt ihrer Schuldverstrickung, diese Freiheit begründet Kultur und die Aufgabe der Christen in Europa für die Zukunft. Nicht Zwangsbeglückung ist das Prinzip Europas, sondern die Wahrnehmung der eigenen Aufgaben und der eigenen Verantwortung für die Menschen: selbst das Beispiel einer freiheitsbewußten und gerechten sozialen Gesellschaft zu leben, die nicht nur im materiellen Konsum aufgeht, sondern auch die Würde des Menschen im Auge hat und sich mit geistigen Werten auseinandersetzt. Jene, die nicht frei sind, können politisch nicht befreit werden. Es kann ihnen auch nicht der materielle Wohlstand der anderen gegeben werden. Aber gerade die Menschen auf der anderen Seite Europas haben uns belehrt, daß geistiges Marschgepäck sehr lange hilfreich halten kann, während Lebensmittel und Industriegüter nur begrenzte Möglichkeiten eröffnen. Der Erfolg dieses Geistigen, der Erfolg des Glaubens wurde dramatisch in den letzten Wochen des Jahres 1989 bewiesen. Kultur kann auf Glauben nicht verzichten.

Josef Ratzenböck

PERSPEKTIVEN DER KULTURPOLITIK

Die Möglichkeiten der Realisierung von Kultur-Perspektiven und deren Inhalt hängen wesentlich vom Standpunkt ab, den man gegenüber der Vergangenheit und in der Gegenwart einnimmt. Bei der Formulierung von Perspektiven gilt es daher, vorerst einmal das bestehende Fundament zu bestimmen. Die bisherigen Erfahrungen der Kulturgeschichte zeigen, daß wirtschaftlicher und kultureller Fortschritt untrennbar miteinander verbunden sind. Vielfach hat die Technik überhaupt erst neue Kunstformen ermöglicht, zum Beispiel die Fotografie, den Film oder die Computermusik. Die enge Verknüpfung zwischen Technik, Wissenschaft und Kultur zeigt sich auch bei der Publizierung der Kunst. Durch die modernen Tonträger, wie die Schallplatte, das Fernsehen und die leistungsfähige Drucktechnik, wurde die kulturelle Entwicklung wesentlich mitgeformt.

Verantwortung und menschliches Maß

Auch wenn die Kultur immer ein Sensor für gesellschaftliche und politische Entwicklungen war, gewinnt diese Funktion nun verstärkt an Bedeutung. Der Grund liegt darin, daß die wissenschaftlich-technische Entwicklung ungeheure Chancen, gleichzeitig aber auch ungeheure Gefahren in sich birgt. Der verantwortungsbewußte Umgang mit unseren Möglichkeiten ist daher überlebensnotwendig. Gerade die Kultur erweist sich hier als Anwalt der Menschlichkeit. Denn eine menschenferne Kunst wäre ein Widerspruch in sich und kann es nicht geben. Als inniger Ausdruck des Menschseins endet ihre Grenze beim menschlichen Maß. Sie stellt damit auch eine Ergänzung zur Politik dar, deren Instrumente in letzter Konsequenz, ähnlich der Wissenschaft, meßbare und exakte Fakten sind. Denn praktisch alle politischen Entscheidungen werden in Gesetzen, Verordnungen und in Schilling-Beträgen festgelegt.

Die politische Dimension der Kultur läßt sich auch an ihrer pluralisierenden Wirkung erkennen. Die Menschen empfinden verschieden. Daher muß auch eine Gesellschaft mannigfaltig sein. Dies ist wohl der Grund, warum Diktaturen, die die Bürger gleichschalten wollen, immer Angst vor der Kunst und den Künstlern zeigen. Auch die Zeitgeschichte beweist deutlich den Freiheitsdrang von Kunst und Künstlern. Im gesamten Ostblock gehörten sie zur Avantgarde der Demokratisierung, der Dramatiker und nunmehrige CSR-Staatspräsident Havel ist dafür das bekannteste Beispiel.

Ganzheitlich

Damit spannt sich der Bogen der gesellschaftspolitischen Bedeutung der Kultur bereits in die Zukunft. Als letztlich eine Art darstellende Philosophie, als eine ganzheitliche Betrachtung, ist sie ein Bindeglied zwischen den Menschen und zwischen uns Menschen und der Natur. Viele Probleme können nämlich nicht mehr durch monokausales Denken allein gelöst werden, sondern erfordern vielmehr vernetztes Denken und wohl auch eine Portion Intuition. Eine solche Betrachtungsweise wird von der Kultur wesentlich unterstützt. Damit hilft sie schöpferisch mit, neue Wege bei der Gestaltung unserer Zukunft zu gehen.

Wertewandel

Bei der Bewertung der gesellschaftspolitischen Bedeutung der Kultur darf der Wertewandel nicht außer acht gelassen werden: Galt es in den Wiederaufbaujahren vor allem, die elementaren Bedürfnisse nach Nahrung, Kleidung und vernünftigen Wohnverhältnissen zu befriedigen, so steigt nun, marktwirtschaftlich betrachtet, die Nachfrage nach immateriellen Gütern stark an. Mit dem Schlagwort „Mehr Lebensqualität" verbinden die Menschen heute nicht mehr fast ausschließlich Geld und alles, was man sich damit kaufen kann, sondern vor allem auch eine gesunde Umwelt. Die Dominanz der Frage „Wovon leben wir?" wurde abgelöst von der Frage „Wofür leben wir?"

Enge Verknüpfung zwischen Politik und Kultur

Allein diese beispielhaften Überlegungen, die noch um viele weitere ergänzt werden können, zeigen eine enge Verknüpfung zwischen Kultur und Politik. Diese darf aber weder in die eine noch in die andere Richtung zu einer Abhängigkeit und zu einer Einengung des Freiheitsraumes führen, sondern sie muß ein gemeinsames schöpferisches Miteinander im Interesse der Bürger gewährleisten. Für die Kulturpolitik des Landes ergeben sich daraus eine Reihe von Konsequenzen:

Der Dialog mit den Künstlern und Kulturarbeitern muß ständig gepflegt werden. Nur so ist eine Förderungspolitik möglich, die die ganze Breite abdeckt, gleichzeitig aber auch Schwerpunkte setzt. Sehr bewährt hat sich hier bereits von Beginn an der Landeskulturbeirat, der nun die Kulturpolitik des Landes wesentlich mitgestaltet. Dieser Beirat stellt auch eine Weiterentwicklung der Demokratie dar. Der Landeskulturbeirat unterstützt unser Bestreben einer

pluralistischen Kulturförderung. Die Hochkultur hat darin ebenso ihren Platz wie die Breitenkultur, die zeitgenössische Kunst ebenso wie die Tradition. Eine ausgewogene Entwicklung streben wir auch für die einzelnen Sparten und Regionen unseres Landes an.
Eine zusätzliche kulturpolitische Perspektive ergibt sich aus dem Zusammenrücken der Völker Europas. Dies bringt nicht nur für die Wirtschaft große Chancen und Herausforderungen, sondern auch für die Kultur. Durch die Massenkommunikationsmittel und nunmehr den Abbau des Eisernen Vorhangs wird das grenzüberschreitende Kulturleben wesentlich erleichtert und befruchtet. Aber sie bergen gleichzeitig die Gefahr in sich, daß die eigene kulturelle Identität in Frage gestellt wird. Bei aller Toleranz und Offenheit wird die Kulturpolitik daher in Zukunft das Unverwechselbare unseres Landes besonders unterstützen müssen.

Wirtschaft und Kultur

Auch wenn die Kultur einen unbestrittenen Eigenwert besitzt, wird in Zukunft ihre wirtschaftliche Bedeutung weiter steigen. Schon heute können bei steigender Tendenz rund ein Zehntel des Bruttosozialprodukts dem Kulturbereich zugeordnet werden. Die Touristen erwarten sich neben ausgezeichneten Gastronomie- und Beherbergungsbetrieben sowie einer gesunden Umwelt immer mehr ein reichhaltiges kulturelles Angebot; ein Angebot, von dem die eigene Bevölkerung profitiert. Jeder Schilling, beispielsweise für die Denkmalpflege, ist damit auch eine Tourismusförderung. Ebenso erhält damit die Bauwirtschaft wichtige Aufträge.

Konkrete Perspektiven

Aus diesem vielfältigen Beziehungsgeflecht, in dem die Kultur steht, ergeben sich für die oberösterreichische Kulturpolitik eine Vielzahl von Perspektiven, von denen einige beispielhaft angeführt seien:
Musikpädagogik: Obwohl unser Landesmusikschulwerk bereits auf 100 Schulstandorte und 33.000 Schüler angewachsen ist, besteht noch immer großer Bedarf an zusätzlichen Schulen und Ausbildungsplätzen. Wir haben daher den Musikschulplan überarbeitet. Er sieht nunmehr 167 Standorte vor. Im Sinne einer integralen Musikerziehung wird in Zukunft die Koordination zwischen dem Landesmusikschulwerk und dem Brucknerkonservatorium verstärkt koordiniert. Mit der Schaffung der Landesmusikdirektion haben wir zu Jahresbeginn dafür bereits die organisatorischen Voraussetzungen geschaffen.

Theater: Trotz einer gewiß starken Konkurrenz durch das Fernsehen, erfreut sich das Theater durch die Authentizität der schauspielerischen Leistungen größter Beliebtheit. Daher wachsen vielerorts Theatergruppen, die zwar der Bezeichnung nach Amateurtheater sind, während die gebotenen Leistungen keinesfalls als amateurhaft bewertet werden können. Bekanntes Beispiel dafür ist das Phönix-Theater, das vom Land maßgeblich gefördert wird. Neben der Renaissance des Laientheaters beschäftigt uns sehr stark unser eigenes Landestheater. Nach der Standortfestlegung und der Erstellung einer ausgereiften Konzeption soll dieses Jahrhundertprojekt bald verwirklicht werden.
Museum: Hier ist eine in zweifacher Hinsicht erfreuliche Entwicklung festzustellen. Einerseits entstehen in immer mehr Gemeinden Heimat- und Fachmuseen, gleichzeitig explodieren die Besucherzahlen in den beiden Häusern des Landesmuseums, dem Francisco Carolinum und dem Schloßmuseum. Da die Regionalmuseen sowohl heimatkundlich als auch für den Tourismus von großer Bedeutung sind, unterstützen wir ihre Einrichtung und deren Ausbau. Der Bau eines neuen Landesmuseumsgebäudes für den Themenbereich „Umwelt — Mensch — Natur" wird zwar gegenüber dem neuen Landestheater nachgereiht, bildet aber weiterhin eine realistische Perspektive.
Auslandskontakte: Hier besteht insbesondere zu Südböhmen, das noch bis vor wenigen Monaten, zwar nicht geographisch, aber von den Beziehungen her weit entfernt war, ein großer Nachholbedarf. Erste Kontakte sind bereits geknüpft, eine gemeinsame Arbeitsgruppe erarbeitet Konzepte für einen weiteren Ausbau. Ebenfalls verstärkt werden die kulturellen Beziehungen, insbesondere in der Altersgruppe der Jugendlichen im Rahmen der ARGE Alpen-Adria.
Erwachsenenbildung: Die organisatorischen Voraussetzungen für die berufliche Weiterbildung sind bereits sehr weit gediehen. Bei der Erwachsenenbildung im weiteren Sinn gibt es noch große Entwicklungsmöglichkeiten. Daher werden nun im Rahmen des Volksbildungswerkes Bezirksbildungsreferenten eingesetzt. Konkrete Pläne gibt es bereits für eine Bildungsmesse und einen Bildungswegweiser, in dem das Angebot aller Erwachsenenbildungseinrichtungen verzeichnet ist. Vor allem im künstlerisch-handwerklichen Bereich und bei allem, was mit Lebensschule umschrieben werden kann, besteht große Nachfrage. Das Bildungshaus Puchberg hat hier bereits Pionierarbeit geleistet.

Kultur und Bildung schaffen Freiheit

Die erwerbsfreie Zeit ist immer mehr geworden. Eine Zeit, die die Menschen eigenverantwortlich gestalten können und wollen. Viele Bürger sind bereit, für sich und andere Verantwortung zu übernehmen und ihre überschaubare Lebensumwelt stärker selbst zu gestalten. Neben konsumorientierten und fest organisierten Freizeitangeboten suchen sie zunehmend nach neuen Möglichkeiten, ihre Freizeit sinnvoll zu nutzen. Hier liegt das große Entwicklungspotential der Kultur, zumal sie in einer unüberschaubarer gewordenen Welt Identität und Orientierung vermittelt. Dies hat gleichzeitig zu einer Besinnung auf den Wert überschaubarer Einheiten geführt. Die einzelnen Gemeinden, die Nachbarschaft und das Wohnumfeld gewinnen wieder zunehmend Bedeutung. Die Renaissance der Stadtteilkultur, das gestiegene Bewußtsein für die örtliche Geschichte und die Gründung lokaler Geschichtsinitiativen, die Blüte des Vereinslebens, haben hierin eine wichtige Wurzel. Die Kultur kommt diesem steigenden Bedürfnis der Menschen nach und hat daher eine entscheidende Funktion bei der Gestaltung unserer Zukunft, das Land ist ihr emsigster Förderer.

Otto Wutzel

DER STELLENWERT VON REGIONALKULTUREN AM BEISPIEL OBERÖSTERREICH

Ist eine Regionalkultur in der heutigen Zeit noch möglich?
Ist sie noch erwünscht? Und überhaupt: Wozu die Beschäftigung mit einem Lebensbereich außerhalb von Politik und Wirtschaft, jenseits der zeitgenössischen Heilslehre des Utilitarismus (Nützlichkeitsphilosophie)?
Diese Fragen sind nicht als Provokation und schon gar nicht als Hirngespinst eines Ewiggestrigen zu verstehen. Sie sind Ausdruck einer ernsthaften Sorge um den Fortbestand unseres „Kulturraumes", den es trotz rasanter Entwicklung der globalen Kommunikationen immer noch gibt. Dieses Sorgegefühl ist Folge langjähriger Beobachtungen von Menschen, die bewußt in ihrer Zeit leben und dennoch die Verehrung des Alten, des Bodenständigen nicht aufgeben wollen, die davon überzeugt sind, daß kulturelle Neuschöpfungen nur in einer Verbindung von alt und neu entstehen können.
Der Blick in ein Lateinisch-Deutsches Wörterbuch bestätigt diese Überzeugung: cultura = 1. Bearbeitung, Bebauung, Anbau; 2. Ausbildung, Veredelung; 3. Verehrung, Huldigung. Anbau und Ausbildung standen also für die Römer in einem sprachlichen Zusammenhang mit Verehrung. Wer „anbaute", sollte die Mutterkraft der Erde verehren. Wer kulturellen Boden bebaute, sollte zunächst den Laren und Manen seine Verehrung zollen: Dis Manibus, den Göttern geweiht . . . Keine Angst: Das hat nichts mit „Blut und Boden" zu tun.
In unserem Zeitalter sind zwei bedrohliche Einbrüche in diese Weltsicht erfolgt:
Diskriminierung des Heimat„begriffes";
Manipulation von Freiheit der Kunst zu einer neuen Form der Unfreiheit.

Der Heimat Sinn geben

Heimat! Was hat man Dir im 20. Jahrhundert nicht alles angetan? Ein natürliches, jedem Menschen von Kindheit an vertrautes Lebensgefühl wurde zu einem politischen Schlagwort umgemünzt. Heimatliebe wurde mit dem Gift des Nationalismus verätzt. Heimatpflege wurde von Diktaturen schamlos ausgenützt. Aus Heimat-Bewegungen wurden Heim-Wehren. Die Erkenntnis, daß völkerverbindende Menschenachtung nur im Schoß von Heimatliebe wachsen kann, wurde ins Gegenteil des Rassenhasses verzerrt. Das Wort

Friedrich Nietzsches: „Weh dem, der keine Heimat hat", wurde bewußt überhört, denn wenn Heimatverlust für mich eine bedrohende Gefahr darstellt, kann und darf ich einem Mitmenschen nicht dieselbe Pein zufügen — gleich welcher Rasse, welchen Herkommens er ist.

Vornehmste Aufgabe einer (verantwortungs)bewußten Regionalkultur muß es deshalb sein, den „Heimat"begriff zu entpolitisieren, ihm wieder den Sinngehalt zu geben, den der große Europäer Robert Schuman, einer der markantesten Verfechter eines geeinten Europas, schlicht und einfach so formulierte: „Der Mensch muß eine Heimat haben."

Geschadet hat dem Heimat„begriff" aber auch Provinzialisierung und Verschnulzung. Provinzielle Einengung ist im Grunde eine Nebenfahrbahn des Nationalismus. Wie ein ethisch gefestigtes Heimatgefühl zur Völkerverständigung beitragen sollte, müßte kulturelles Heimaterlebnis in Sprache, Musik, Brauchtum und Kunst den Boden zum Verständnis anderer, fremder Regionalkulturen aufbereiten. Aus einem Nebeneinander könnte dann ein Miteinander, dürfte niemals ein Gegeneinander werden.

Ebenso schädlich sind für eine Regionalkultur Rückständigkeit und Mittelmaß. Hier müssen wir fast täglich schlechte Erfahrungen machen. Zum Beispiel, wenn eine Blasmusikkapelle bei Wiedereröffnung einer renovierten Großgaststätte das Andreas-Hofer-Lied spielt. Und was soll man dazu sagen, wenn eine Volkstanzveranstaltung nach Abschluß des offiziellen Programms in lautstarken Bauernjazz ausartet? In diese kritische Auflistung sind auch viele „Heimatabende" in Fremdenverkehrsorten mit Ansagern einzuordnen, deren Repertoire hauptsächlich aus Zoten besteht, ebenso manche sogenannte Volkstumssendung im Fernsehen — nicht nur im österreichischen — nach dem Motto „Holodero". Auch Anbiederung von Städtern an das „bäuerliche Landleben" sind fehl am Platz. Ein Gamsbart macht noch lange keinen Jäger, ein Bauchgurt noch lange keinen Großbauern. Einer grellgeschminkten Städterin wird auch ein Dirndlkleid nicht helfen, glaubwürdig als „Landlerin" zu erscheinen. Die schlimmste Entgleisung war jedoch die „Blu-Bo-Theorie" (Blut und Boden), die als Schreckgespenst noch nicht völlig überwunden ist.

Eine selbstbewußte Regionalkultur muß energisch gegen diese Entartungen ankämpfen. Klare Abgrenzungen sind ein Gebot der Stunde.

Mundartdichtung ja! Heimat-Dichtung in Form von sentimentalen Heimatromanen und Versen in einem Sportplatzdialekt nein! Volkslied ja, aber ohne „Westerwälder"! Blasmusik ja, aber mit bemühter Entrümpelung der Programme! Brauchtum ja, aber ohne Vermarktung und Mumifizierung! Tracht ja, aber nicht als Kostümierung! Volkskunst ja, aber ohne Dilettantismus!

Dieser Wunschkatalog ist als eine persönliche Aussage zu verstehen. Befriedi-

gende Lösungen können nicht verordnet werden. Wie in allen kulturellen Bereichen ist eigenschöpferisches Wachstum der einzig richtige Weg.
In dieser Richtung sind nach Jahren des Rückschrittes wieder positive Ansätze festzustellen.

Wohlklang von „Mundarten"

In der Mundartdichtung nimmt Oberösterreich mit Namen wie Franz Stelzhamer, Norbert Hanrieder, Otto Jungmair und Hans Schatzdorfer, um nur die wichtigsten zu nennen, in der österreichischen Literaturgeschichte einen vorderen Rang ein. Der Ruf des Franz von Piesenham ist weit über unsere Landesgrenzen gedrungen und hat ihm sogar einen Platz in der mehrbändigen „Bayerischen Bibliothek" gesichert. In dem 1882 gegründeten Stelzhamerbund ist ein Fortwirken seines Beispiels bis zum heutigen Tag sichergestellt, wobei allerdings davor gewarnt werden muß, Stelzhamers Erbe in eine simple Reimschmiede abgleiten zu lassen. Neue Impulse gibt unserer Dialektdichtung der Innviertler Gottfried Glechner. Seinem Geschichtenbuch „Unser Dorf" hat er ein Wort an den „lieben Leser" mitgegeben, in dem vom „sauren Mundartapfel" die Rede ist: „Er ist nämlich auch süß und schmackhaft und herb und herzhaft. Und deshalb habe ich ihn Dir auch kredenzt — und nicht aus Bosheit." Im Freundeskreis erzählte er einmal, wie er dazu gekommen ist, sich neben seinem Lehramt als Philologe auch literarisch zu betätigen. Ihn ärgerte die Verfälschung der Mundart im täglichen Mediengebrauch. Als Antwort auf diesen Ärger setzte er sich hin und begann selbst zu schreiben. — Ein Lehrbeispiel, wie Heimatkultur erneuert werden kann!
Auch in Gesang und Instrumentalmusik gibt es den Wohlklang von „Mundarten". Die Sprache der Heimat (Muttersprache) drückt sich nicht nur im Wort, sondern ebenso in Tönen aus. Dabei gab es zu allen Zeiten durch Verfremdung und Überfremdung schrille Mißtöne. Auch unserer Generation blieben musikalische Irrfahrten nicht erspart, vor allem erkrankte unser Musikleben an einer lautstarken Anglisierung. Plötzlich gab es in jedem Dorf eine Band mit Schlagzeugern und Saxophonisten, die nie gelernt hatten, diese in einer anderen Weltgegend wurzelnden Instrumente richtig zu handhaben. Vorher gab es mit nicht weniger lautstarken „Schellenbäumen" eine Germanisierung, ein Krankheitskeim, der noch nicht ganz ausgeheilt erscheint.
Derzeit sind ermutigende Anzeichen einer Rückbesinnung festzustellen. Es wäre auch traurig, wenn wir Österreicher unsere angeborene Musikalität verloren hätten.
In Oberösterreich bilden mehr als 450 Blasmusikkapellen und eine Vielzahl von Gesangsvereinigungen und Musiziergruppen eine Musiklandschaft, die

wieder Ansehen genießt. Eine Gleitbewegung talab zur Folklore und „Gaudemusi", die bereits bedrohliche Ausmaße angenommen hatte, ist eingebremst. Im Blasmusikwesen sorgt der 1948 neu errichtete Oberösterreichische Blasmusikverband für ein gepflegtes musikalisches Niveau. Neuinstrumentierung, neue Musikheime, Kapellmeisterkurse und ähnliches haben im ganzen Land ein gutes Klima für alte und junge „Bläser" geschaffen. Das Blech klingt wieder sauber! Blasmusikkapellen sind aber auch wichtige gemeinschaftsbildende Faktoren. Ihre Impulse zur Festigung unserer Dorfgemeinschaften und Nachbarschaftsgruppierungen sind nicht hoch genug einzuschätzen.

Gleiches ist über die vielen Gesangs- und Musiziergruppen im Lande auszusagen. Sie pflegen das heimische Lied- und Musiziergut, halten die Musizierfreude wach und bilden ebenfalls wertvolle Gemeinschaftszellen. Rudolf Fochler, ein berufener Kenner der oberösterreichischen Volkskultur, beginnt seine Abhandlung „Volksmusikfeste — Volksmusikbräuche" (Zeitschrift „Oberösterreich", Heft 4/1984) mit folgenden Sätzen: „Vor rund zwei oder zweieinhalb Jahrzehnten setzte hierzulande ein sich merklich steigerndes Interesse für heimisches Lied- und Musiziergut ein. Eine Entwicklung, die sicherlich nicht allein aus der kurz zuvor aufgekommenen Nostalgiewelle zu erklären war. Viel eher mochte es wohl der Wunsch sein, auch in der Welt der Klänge und Gesänge so richtig daheim zu sein."

Als unermüdliche Motoren für diese musikalischen Basiskräfte wirken in Oberösterreich das Brucknerkonservatorium in Linz und das Oberösterreichische Landesmusikschulwerk, das über das ganze Land ein Netz von Musikschulen spannt.

Wie in der Sprachlandschaft ist also auch in der Musiklandschaft die „Heimat" wieder aufgerufen, Lebensqualität und Regionalkultur zu sichern.

Für Brauchtum, Tracht und Volkskunst gelten die gleichen Wünsche und Erfordernisse wie für Mundartdichtung und Volksmusik. Auch in diesen Bereichen zeigt sich eine Aufwärtsentwicklung weg vom Konsum, hin zu eigenschöpferischer Selbstdarstellung.

Als Leitmotive gelten: „Erneuertes Brauchtum" und „Neubelebte Brauchtumsformen".

Brauchtum und Tracht müssen zeitgemäßen Bedürfnissen entsprechen. Volkskunst sollte im „Dorf" bleiben und nicht den Ehrgeiz einer Berufskunst entwickeln.

Was in Worten und Tönen hörbar zum Ausdruck gebracht wird, sollte in gegenwartsverbundenen Bräuchen, in landschaftsverbundener Kleidung und in örtlichen Bildformen für jedermann sichtbar machen, was das Besondere, die Eigenart einer Regionalkultur darstellt.

Regionalkultur ist mehr als Volkskultur

Regionalkultur sollte jedoch nicht allein auf Volkskultur eingeengt werden. Sie besitzt ihren Stellenwert auch in der Hochkultur, wobei uns bewußt sein muß, daß diese Termini abstrakt, also fragwürdig sind. Wo liegen die Abgrenzungen? Worin unterscheiden sich die Inhalte?

In dieser Abhandlung beschränke ich mich auf die Bildende Kunst — die vergangene (historische) und die gegenwärtige.

Mit der historischen Kunst beschäftigt sich die Kunstgeschichte. Ihre Zielsetzung ist die Erforschung und Beschreibung vergangener Stilperioden mit den dazugehörigen Künstlerpersönlichkeiten. Dabei zeigt sich die Tendenz, den Höhepunkten = Glanzlichtern eine Vorrangstellung einzuräumen. Dazu eine persönliche Erinnerung: Als ich durch die erste oberösterreichische Landesausstellung „Die Kunst der Donauschule" (1965) einen prominenten bundesdeutschen Museumsdirektor führte, meinte er: „Ihr habt aber viele Wurzelseppen ausgestellt." Meine Antwort lautete: „Ja, aber diese Wurzelseppen interessieren uns ebenso wie Altdorfer und Wolf Huber."

Schützenhilfe in dieser Auffassung finde ich bei einem bedeutenden deutschsprachigen Kunstschriftsteller, Max. J. Friedlaender, der in seiner Broschüre „Von Kunst und Kennerschaft" (Ullstein Buch Nr. 68) schreibt: „Das Studium der Kleinen fördert die Kenntnis des Niveaus, des Zeitstils; wir lernen die Startlinie der Großen kennen und sehen sie sich leuchtend abheben von dem dunklen Ton des durchschnittlichen Tuns!"

Aber nicht nur „durchschnittliches Tun" wird von der akademischen Kunstgeschichte gerne in eine Abseitsstellung verwiesen. Auch hochwertige Erscheinungen und Phänomene werden stiefmütterlich behandelt, wenn sie nicht Eingang in den Kanon der Bevorzugten gefunden haben. Einige Beispiele aus dem oberösterreichischen Kunstraum seien angeführt.

Die Bildhauerfamilie der Schwanthaler wurde durch die oberösterreichische Landesausstellung 1974 im Chorherrenstift Reichersberg am Inn ins Rampenlicht gerückt. Nach Ende der Ausstellung ist das Interesse an diesem Thema rasch abgeflaut. Bis heute fehlt sogar eine Monografie über Thomas Schwanthaler, dem überregionale Bedeutung wohl nicht abzusprechen ist.

Franz Fuhrmann, Emeritus der Universität Salzburg, Lehrkanzel für Österreichische Kunstgeschichte, hat der Guggenbichler-Forschung mit einer Abhandlung in Heft 2/1989 der Zeitschrift „Oberösterreich", „Symbiose von Architektur und Skulptur — Zu den Altären von Meinrad Guggenbichler", neue Anregungen gegeben. Wer sich aber eingehender über diesen für den gesamten süddeutschen Raum bedeutenden Barockbildhauer informieren will, muß auf die 1949 in der Sammlung Schroll erschienene Guggenbichler-Monografie von Heinrich Decker zurückgreifen, soferne dieses Buch überhaupt noch in einer Bibliothek greifbar ist.

Der aus Steyr gebürtige Baumeister Johann Gotthard Hayberger, u. a. Nachfolger Jakob Prandtauers beim Barockneubau von St. Florian, Planer des reizvollen spätbarocken Rathauses in Steyr und der weltberühmten Stiftsbibliothek von Admont, hat bis heute keine monografische Würdigung erfahren. Dieses Schicksal teilt mit ihm der Passauer Jakob Pawanger, der mit seinen Kirchenbauten wesentlich die Innviertler Barocklandschaft mitgeprägt hat. Diese Liste ließe sich seitenlang fortsetzen. Dissertationsthemen und Forschungsaufträge aus der regionalen Kunstlandschaft wären somit für mehrere Generationen von österreichischen Studenten der Kunstgeschichte gegeben.

Entdeckerfreuden wecken

Wie bedeutungsvoll die regionale Kunsttradition ist, wird uns vor allem bei Kunstwanderungen in Oberösterreich bewußt. Worin liegt deren besonderer Reiz? Natürlich ist ein Besuch unserer Barockklöster als Repräsentanten überlokaler Hochkunst ein Pflichttip. Wie erlebnisreich, ja beglückend ist aber auch die Begegnung mit unseren gotischen und barocken Landkirchen! Wer kehrt nach einer Reise zu den Metropolen mittelalterlicher Städteromantik im Ausland nicht gerne heim nach Enns, Freistadt, Steyr? Was gibt es nicht alles daheim an Kunstschätzen zu entdecken? Diese Entdeckerfreude zu wecken, ist eine der wichtigsten Aufgaben eines regionalen Kulturbewußtseins. Hier liegen auch die Wurzeln der regionalen Denkmalpflege, die nach Jahren der Nicht-Beachtung, ja Anfeindung, heute die Zustimmung aller Bevölkerungskreise besitzt. Ganz im Gegenteil: Der Wunschkatalog von denkmalwürdigen Objekten wird immer umfangreicher.
Historismus und Gegenwartskunst! Alte und Neue Kunst! Auch hier gilt das Postulat nach einem Nebeneinander, nach einem Miteinander. Niemals sollte es ein Gegeneinander geben.

Eine darauf bezogene Problematik bestand zu allen Zeiten, wirkte sich oft zerstörend für Traditionswerte aus. Das zeitgenössische Kunstschaffen wird zusätzlich von einem neuen, bisher unbekannten Phänomen überschattet. Der einst beherrschende Kunstauftrag wurde vom Kunsthandel als neue Kunst-Doktrin abgelöst. Der Kunstmarkt bestimmt derzeit die internationale Kunstszene. Da Entfernungen keine Rolle mehr spielen, ist Information nur noch eine Frage von Stunden. Kontakte können auch über Kontinente hinweg in wenigen Tagen hergestellt werden. Was liegt näher, als eine globale Ästhetik

auszubilden? Die Frage der Qualität eines Kunstwerkes erfuhr eine Ausweitung durch das Erfordernis einer international formulierten Aktualität.
Nun ist wohl meine eingangs aufgestellte Behauptung einer Manipulation von Freiheit der Kunst zu einer neuen Form der Unfreiheit besser zu verstehen. Wer als Künstler nicht „in" ist, muß mit einer minderwertigen Benotung rechnen. Was in früheren Stilperioden möglich war, nämlich Hochkunst auch in „Dialekten" auszuformen, erscheint heute unmöglich.
Konsequente Folge wäre eine Austrocknung, Verarmung unserer Kunstlandschaft. Überlokaler Zeitstil ist wie eh und je ein Gerüst, in dem es weiterhin viele „Daheims" geben sollte. Aus Oberösterreich sei ein einziges Beispiel zitiert: die Kunst des Franz von Zülow. Ohne sein Haugsdorf, ohne sein Mühlviertel — was wäre aus seiner Malerei geworden?

Karl A. Eckmayr

EG-BEITRITT — EINE HERAUSFORDERUNG FÜR DAS ÖSTERREICHISCHE BILDUNGSWESEN

Europa sieht mit Optimismus und dem nötigen Schuß Selbstvertrauen in die Zukunft. Unser Kontinent rückt enger zusammen, er befindet sich in einem dynamischen Integrationsprozeß. Die derzeitigen zwölf Mitgliedsstaaten der Europäischen Gemeinschaft haben sich dabei ein großes Ziel gesetzt: Bis Ende 1992 wollen sie einen großen europäischen Binnenmarkt verwirklichen, in dem 320 Millionen EG-Bürger in einem „Europa ohne Grenzen" leben werden. Österreich kann diesem Entwicklungsprozeß nicht gleichgültig oder abwartend gegenüberstehen. Ungeachtet dessen, ob wir, wie angestrebt, Vollmitglied unter Wahrung unserer Neutralität werden oder auch nur eine weitestmögliche Annäherung letztendlich erreichen, ist dieser Prozeß der europäischen Integration von außerordentlicher Bedeutung für die Zukunft unseres Landes, für die Wettbewerbsfähigkeit unserer Wirtschaft und insbesondere für die Chancen unserer Jugend. Beide Varianten der österreichischen Zukunft bedürfen aber schon jetzt neben entsprechenden politischen, rechtlichen und wirtschaftlichen Maßnahmen vor allem auch einer intensiven Vorbereitung im Bereich des Bildungswesens.

EG-Beitritt heißt nicht Bildungs-Diktat aus Brüssel

Im Zuge der bevorstehenden Realisierung des EG-Binnenmarktes muß unbedingt darauf geachtet werden, in den einzelnen europäischen Staaten und Regionen die Vielfalt der Strukturen in Kultur und Bildung zu erhalten. Diese gewachsene Vielfalt ist ein Teil der Kultur der einzelnen Länder, sie bedeutet auch ein Element der freiheitsichernden Gewaltenteilung in einem zusammenwachsenden Europa. Bürokratische Vorgaben aus Brüssel würden nur zu einer Vereinheitlichung und damit Verarmung des jeweiligen kulturellen Lebens führen. Schon in den römischen Verträgen und in den einheitlichen europäischen Akten, auf denen die Gemeinschaft aufbaut, hat sie dem Rechnung getragen und den Schwerpunkt der Bildungs- und Kulturpolitik bei den Mitgliedsstaaten belassen. Die Europäische Gemeinschaft hat sicherlich nicht die Absicht, eine europäische Bildungsgemeinschaft — ein einheitliches europäisches Schulsystem — herbeizuführen. Österreich wird vielmehr in Zukunft die Chance erhalten, seine spezifische Tradition des Bildungswesens gerade in einem gemeinsamen Europa zur Wirkung bringen zu können. Denn die Forderung nach Freizügigkeit darf nicht über zentralistische Maßnahmen der Gemeinschaft die anerkannt hohe Qualität der Bildungssysteme und Bildungsabschlüsse in Österreich gefährden. Nicht im allgemeinen Mittelmaß liegt die Zukunft unseres Kontinents, sondern in der bestmöglichen Entfaltung der schöpferischen und geistigen Kräfte der Bürger der einzelnen Staaten. Die nationalen Bildungspolitiker werden in Zukunft verstärkt gefordert sein, der Jugend den europäischen Zusammenschluß bestmöglich zu vermitteln. Es wird zu einer unserer bildungspolitischen Hauptaufgaben zählen, junge Menschen für den mit dem europäischen Binnenmarkt schärfer werdenden beruflichen Wettstreit möglichst gut auszurüsten.

1974 — Entschließung des Europarates

Diese Überlegungen eines möglichst reich strukturierten, nationalen Bildungswesens in einem Europa ohne Schranken bestätigt auch ein Bericht von dem für Bildungsfragen zuständigen Mitglied der Kommission der Europäischen Gemeinschaften, Ralph Dahrendorf, aus dem Jahr 1973. Schon damals hielt er fest, daß eine allgemeine Angleichung des Aufbaues und des Inhaltes der nationalen Bildungssysteme als nicht zweckmäßig erachtet wird. Gleichzeitig hob er die Bestimmungen des Vertrages von Rom über die Freizügigkeit der Berufstätigen und die Förderung einer koordinierten Berufspolitik hervor. Ein Jahr später erfolgte dann eine Entschließung der im Rat vereinigten Minister für Bildungswesen über die weitere Zusammenarbeit in diesem Bereich. Sie kamen darin überein, daß das Bildungswesen unter keinen Umständen einfach als Bestandteil des Wirtschaftslebens angesehen werden kann. Vielmehr soll die Zusammenarbeit unter Berücksichtigung der Traditionen jedes Landes sowie der Vielfalt der Bildungspolitik und der Bildungssysteme erfolgen. Die Zusammenarbeit wurde für folgende Bereiche vereinbart:

- Bessere Möglichkeiten der Bildung und Ausbildung von Staatsangehörigen anderer Mitgliedsstaaten der Gemeinschaften und von Nicht-Mitgliedsländern sowie ihrer Kinder,
- Verbesserung der Korrespondenz der Bildungssysteme in Europa,
- Verstärkung der Zusammenarbeit zwischen den einzelnen Hochschulen,
- Verbesserte Anerkennung — Möglichkeiten der akademischen Diplome und der Studienzeiten,
- Förderung der Freizügigkeit und der Mobilität der Lehrkräfte, der Lernenden und der Forscher, insbesondere durch Beseitigung der verwaltungstechnischen und sozialen Hindernisse für die Freizügigkeit dieser Personen sowie durch Verbesserung des Fremdsprachenunterrichts,

• Schaffung von Chancengleichheit für einen uneingeschränkten Zugang zu allen Bildungsformen.

Sechs Milliarden Schilling — Bildungsoffensive im EG-Bereich

Die Europäische Gemeinschaft startet nunmehr im Bereich des Bildungswesens eine großangelegte Offensive. Mit Milliardenaufwand sollen in mehreren Bereichen durch vier gemeinschaftliche Programme die Wettbewerbsfähigkeiten der Schul- und Studienabgänger sukzessive verbessert werden. So wurde bereits 1986 das Aktionsprogramm Zusammenarbeit Hochschule — Wirtschaft zur Aus- und Weiterbildung im Technologiebereich (COMETT) gestartet, das 1988 auch für eine Teilnahme der EFTA-Länder geöffnet wurde. Dadurch soll in einem Zeitraum von sieben Jahren die Zusammenarbeit zwischen Hochschule und Wirtschaft im Bereich der fortgeschrittenen Ausbildung innerhalb der EG gefördert werden. Vorrangiges Ziel ist die weitere Unterstützung der europäischen Dimension in der Zusammenarbeit zwischen diesen beiden Institutionen, in bezug auf Innovation sowie die Entwicklung und Anwendung neuer Technologien. Gleichzeitig wurde auch die Förderung des Erfahrungsaustausches, der Zusammenfassung der Ressourcen und der Erzielung von Größenvorteilen durch die Entwicklung von Programmen für eine fortgeschrittene Ausbildung beschlossen. Dadurch wird es zu einer weiteren Stärkung und Diversifizierung des Angebotes auf lokaler und regionaler Ebene kommen. Schrittweise werden auch Lücken in Ausbildungspolitik und -angebot, die durch ergänzende Maßnahmen in den Mitgliedsstaaten und auf Gemeinschaftsebene geschlossen werden könnten, ermittelt.

Es ist dabei auch geplant, im Rahmen dieses Programms die Aus- und Weiterbildung auf dem Gebiet der Technologie, insbesondere der fortgeschrittenen Technologie, die Entwicklung eines hochqualifizierten Arbeitskräftepotentials und damit die Wettbewerbsfähigkeit der europäischen Industrie zu verbessern. Die im Rahmen der gemeinschaftlichen Forschungs- und Entwicklungspolitik erzielten Ergebnisse, ausgearbeiteten Methoden und entwickelten Instrumente der Technologie können somit besser verwendet und genutzt werden. Allein für diese angeführten Ziele und Maßnahmen werden im Rahmen der Programme COMETT I und COMETT II Mittel in Höhe von 4,1 Milliarden Schilling eingesetzt.

Mit Beschluß des Rates vom 15. Juni 1987 wurde darüber hinaus ein weiteres gemeinschaftliches Aktionsprogramm zur Förderung der Mobilität von Hochschulstudenten (ERASMUS) gestartet, wodurch die Mobilität der Studenten gefördert werden soll. Dies ist sicherlich das größte und wichtigste aller EG-Bildungsprogramme und sieht die Schaffung eines Netzes von

Universitätspartnerschaften mit gegenseitiger Anerkennung der Diplome und Studienzeiten vor. Es soll dadurch eine wesentlich größere Zahl von Studenten an Hochschulen einen integrierten Studienaufenthalt in einem anderen Mitgliedsstaat absolvieren, so daß die Gemeinschaft auf einen ausreichenden Bestand an Arbeitskräften zurückgreifen kann, die das wirtschaftliche und gesellschaftliche Leben anderer Mitgliedsstaaten unmittelbar kennengelernt haben. Dieses Programm wird mit weiteren 1,3 Milliarden Schilling in der Zeit von 1987—1990 von der Europäischen Gemeinschaft gefördert. Weitere Aktionsprogramme der EG betreffen die Förderung des Jugendaustausches in der Gemeinschaft (YES), und ab 1990 wird im Rahmen des Programms LINGUAR die Fremdsprachenausbildung in den Mitgliedsstaaten gefördert und intensiviert werden.

Diese kurz skizzierten Inhalte der vier Bildungsprogramme der Europäischen Gemeinschaft und die darin eingesetzten Mittel in Milliardenhöhe verdeutlichen einmal mehr, welch große bildungspolitische Herausforderung dieser europäische Integrationsprozeß auch für unser Bildungswesen darstellt. Sicherlich ist das österreichische Bildungswesen in vielen Bereichen durchaus als vorbildhaft zu bezeichnen, aber können wir es verantworten, wenn unsere Jugend und in weiterer Folge unsere Wirtschaft von diesen Programmen ausgeschlossen ist, auf ein Arbeitskräftepotential mit schlechten Wettbewerbsvoraussetzungen, ist gleich mangelnder Ausbildung, zurückgreifen muß? Noch dazu, wo es in einigen Sparten, wie zum Beispiel dem Fremdsprachenunterricht, der Lehreraus- und -weiterbildung oder der wissenschaftlichen Bildung, schon jetzt klar ist, daß es in Zukunft grundlegender Neustrukturierungen bedarf.

Mehr Praxisbezug in die Pädagogenausbildung

Im Bereich der Lehreraus- und -weiterbildung sind grundlegende Neustrukturierungen, aber auch Anpassungen an bereits europäische Regelungen notwendig. In die österreichische Lehrerausbildung muß mehr Praxisbezug Einzug halten, darüber hinaus muß sie eine gewisse Internationalisierung erfahren. Gleichzeitig wird es sicherlich auch notwendig sein, in Zeiten mit einem Lehrerüberschuß Pädagogen verstärkt in Berufen des pädagogischen Randbereiches einzusetzen.

In den Ländern der Bundesrepublik Deutschland besteht die Lehrerausbildung bereits aus zwei Abschnitten. Sie gliedert sich in ein wissenschaftliches oder künstlerisches Studium an einer Hochschule und in eine schulpraktische Ausbildung im Vorbereitungsdienst. Das wissenschaftliche Studium umfaßt dabei wieder für alle Lehrämter ein erziehungswissenschaftliches und ein

fachwissenschaftliches Studium von zwei oder mehreren Fächern, entsprechend den Bedürfnissen der Schulart oder Schulstufe. Das Zeugnis über die erste Staatsprüfung ist dabei Voraussetzung zum Eintritt in die zweite Phase der Lehrerausbildung, dem Vorbereitungsdienst, der überwiegend schulpraktisch orientiert ist. Diese Zeit dient der schulpraktischen Ausbildung für das jeweilige Lehramt und findet an Ausbildungsschulen statt, in denen der Lehramtsanwärter unter Anleitung unterrichtet, und in Seminaren, in denen die in der Praxis gewonnenen Erfahrungen aufgearbeitet und vertieft werden. Die Dauer des Vorbereitungsdienstes beträgt, unterschiedlich in den einzelnen Ländern, zwischen 18 und 24 Monaten.
Darüber hinaus sind in der Bundesrepublik Deutschland alle Lehrer zur Fortbildung verpflichtet. Es ist dadurch gewährleistet, daß der Pädagoge laufenden Kontakt mit dem Entwicklungsstand der Wissenschaften und Möglichkeiten des Erwerbs zusätzlicher Qualifikationen hat. Eine derartige verpflichtende, laufende Fortbildung wäre auch durchaus in Österreich denkbar, wo schon jetzt die freiwilligen Fortbildungsveranstaltungen der Pädagogischen Institute von den Lehrern, hauptsächlich in den Ferien, stark frequentiert werden. Allein in Oberösterreich haben 2.500 Pädagogen die vergangenen Sommerferien genutzt, um sich auf freiwilliger Basis und unentgeltlich fortzubilden.
In einigen EG-Mitgliedsländern besteht darüber hinaus für Lehrer bereits die Möglichkeit, in den lebenden Fremdsprachen Fortbildungsmöglichkeiten im Ausland durch Teilnahme an Sommerkursen an Universitäten, durch Hospitationen an ausländischen Schulen und durch Lehreraustausch zu absolvieren. Ähnliche Regelungen werden sicherlich auch in das österreichische System der Lehreraus- und -fortbildung Aufnahme finden müssen.

Zukunftschance — Duale Ausbildung

Das österreichische System der dualen Berufsausbildung in Lehrbetrieben und der Berufsschule ist besonders hervorzuheben. In verschiedensten europäischen Staaten, in denen es traditionell nicht vorhanden war, wird nun mit größten Mühen versucht, ähnliche Modelle zu entwickeln. Gleichzeitig wird es aber in Zukunft notwendig sein, den Weg, nach der Matura einen Lehrvertrag anzunehmen, im Zuge des dualen Ausbildungssystems im Betrieb und in der Berufsschule eine zusätzliche Qualifikation zu erwerben, noch weiter auszubauen. Wie wichtig derartige Initiativen sind, zeigen sowohl Meldungen der heimischen Wirtschaft, die in Zukunft jährlich rund 1.000 AHS-Maturanten benötigen wird, aber auch Vergleichszahlen aus den Nachbarländern. In Deutschland ist bereits jeder fünfte Berufstätige mit praktischer Berufsausbildung ein Maturant, in Österreich hält sich dieser Anteil bei rund zwei Prozent. Es wurde daher in Oberösterreich bereits über meine Initiative ein Modell der Zusammenarbeit zwischen Allgemeinbildenden Höheren Schulen und den Berufsschulen gestartet. Durch dieses österreichweit einzigartige Modell soll es jedem Jugendlichen ermöglicht werden, jeden Lehrberuf in einer verkürzten Lehrzeit nach der Matura ergreifen zu können. Erste Zahlen beweisen auch schon, daß dieser neue Ausbildungsweg von den Maturanten durchaus angenommen wird und diese in der Wirtschaft gesuchte Fachkräfte darstellen. Mittelfristiges Ziel muß es aber sein, diesen oberösterreichischen Pilotversuch der dualen Ausbildung noch weiter auszubauen. Blickt man wieder in die Bundesrepublik Deutschland, so existiert dort bereits in einigen Ländern eine Verknüpfung von allgemeiner und beruflicher Bildung in der Sekundärstufe II (Berlin, Baden-Württemberg, Hamburg, Essen, Nordrhein-Westfalen). In diesen Ländern wurden doppelqualifizierende Bildungsgänge geschaffen bzw. laufen noch als Schulversuch, die gleichzeitig eine Studienqualifikation und eine Berufsqualifikation zumeist in einem Assistentenberuf vermitteln. Diese Bildungsgänge dauern lediglich vier Jahre und schließen mit zwei getrennten Prüfungen — Abiturprüfung und berufliche Abschlußprüfung — ab.

Mehr Praxisbezug durch hautnahes Erleben

Grundsätzlich wird es notwendig sein, Betriebspraktika oder vermehrten Praxisbezug in allen Schulgattungen und -stufen einzubauen. Vergleichszahlen aus unserem Nachbarland zeigen den Vorsprung der Europäischen Gemeinschaft auf diesem Gebiet deutlich auf. Allein im Schuljahr 1986/87 haben in Berlin, um ein Beispiel zu nennen, 14.460 Schüler an Betriebspraktika teilgenommen. Diese Praktika, die dort den Schülern angeboten werden, sind in der Sekundärstufe I — vergleichbar mit unserer Grundschule im APS-Bereich — so beliebt, daß die Teilnehmerzahlen nach wie vor ansteigen: 97,5 Prozent der Hauptschüler, 93,5 Prozent der Realschüler, 83,5 Prozent der Schüler aus Gesamtschulen und 25 Prozent der Gymnasialschüler besuchen bereits derartige Praktika. Vor allem bei den Gymnasiasten hat das Interesse an einer Begegnung mit der Arbeitswelt in den vergangenen Jahren sehr stark zugenommen. Im Bundesland Nordrhein-Westfalen wird ein Forschungsprojekt durchgeführt, das die Möglichkeiten der Betriebe für die Durchführung von Praktika, speziell für Schüler der Gymnasien, untersucht, um exemplarische Betriebspraktika unter Berücksichtigung der Besonderheit des gymnasialen Bildungsganges zu entwickeln. Die Ergebnisse dieses Projekts könnten durchaus auch auf die österreichische Gymnasiallandschaft umgelegt werden.

Europareife für Berufsbildende Schulen

Die Berufsbildenden Höheren Schulen, insbesondere im technischen Bereich, beweisen schon jetzt ihre „Europareife“ durch die Erfolge ihrer Absolventen auf ausländischen Arbeitsmärkten. Als einziger Schultyp Österreichs können die Höheren Technischen Lehranstalten nach wie vor stark steigende Schülerzahlen verzeichnen, ja in Oberösterreich müssen jährlich sogar etwa 500 Bewerber abgewiesen werden. Es ist daher im Blickwinkel einer europäischen Integration dringend notwendig, den weiteren Ausbau, vor allem an Technischen Lehranstalten — zum Beispiel ein zusätzlicher HTL-Standort in Oberösterreich —, weiter massiv voranzutreiben, um der Wirtschaft bestens ausgebildetes Arbeitskräftepotential im nötigen Ausmaß zur Verfügung stellen zu können.

Zusätzlich weist das österreichische Schulwesen leider derzeit keinen Schultyp der sekundären technischen (Aus)bildung auf. Besonders hier wird aber am österreichischen und weiteren EG-Arbeitsmarkt eine verstärkte Nachfrage wirksam werden. Es wird daher dringend notwendig sein, einen Schulversuch zu einem „Bundestechnikum“ einzuführen, der im Anschluß an einen HTL-Abschluß zum „Europatechniker“ qualifiziert.

Drückendes Problem Fremdsprachen

Um die Wettbewerbsfähigkeit unserer Wirtschaft weiter anzuheben und sie an den europäischen Standard noch näher heranzuführen, wird es unbedingt erforderlich sein, vor allem eine Qualifikationsverbesserung für den Bereich der Fremdsprachen in allen Schulgattungen zu erreichen. Dabei muß vor allem die Didaktik des Fremdsprachenunterrichts verbessert werden. Österreich liegt nämlich, was das Zeitausmaß beim Fremdsprachenunterricht betrifft, durchaus im europäischen Mittelfeld, doch lassen Resultate im Vergleich zu anderen Ländern Europas mitunter zu wünschen übrig. Es gilt daher, den kommunikativen Ansatz zu verstärken und die Schülerzahlen auf diese Form des Fremdsprachenunterrichtes abzustimmen. Dazu ist vor allem auch eine verbesserte Lehrerausbildung notwendig. Alle Fremdsprachenlehrer sollten zumindest über eine mehrmonatige entsprechende Auslandserfahrung — ähnliche Modelle existieren bereits in der Europäischen Gemeinschaft — verfügen. Darüber hinaus sind für Lehrer Berufsbildender Schulen einschlägige Spezialisierungsmöglichkeiten bei der Aus- und Fortbildung sicherzustellen. Folgende Reformpunkte zur Qualifikationsverbesserung sind meiner Meinung nach unbedingt erforderlich:

- Jeder AHS-Maturant sollte mindestens in einer Fremdsprache mündlich maturieren.
- Der Schüleraustausch muß gesteigert und intensiviert werden.
- Schulsonderformen mit verstärktem Fremdsprachenunterricht müssen eingerichtet werden.
- Alle Schulabgänger sollten neben ihrer Muttersprache eine Fremdsprache sprechen und möglichst ein bis zwei weitere verstehen.

Wie wichtig und notwendig gerade Reformen auf dem Fremdsprachensektor im österreichischen Bildungswesen sind, zeigt wiederum ein Vergleich mit der Bundesrepublik Deutschland. Dort ist es bereits in einigen Ländern möglich, in der Grundschule Fremdsprachenunterricht (1. bis 4. Klasse) zu erhalten. Bei diesem Frühunterricht in einer Fremdsprache wird in erster Linie Englisch unterrichtet, in einigen Ländern aber auch Französisch im Primärbereich, der darüber hinaus in zwei Ländern (Bayern und Rheinland) auf eine vorausgehende französische Spracharbeit im Kindergarten aufbaut und auch daran gebunden ist.

Neben der fremdsprachlichen Qualifikation wird in Zukunft auch der naturwissenschaftlichen Qualifikation eine besondere Bedeutung zukommen. Dies gilt vor allem dann, wenn Österreich auch im Bildungsbereich die Standortfaktoren für industrielle Tätigkeit im schärfer werdenden europäischen Wettbewerb eines Europas ohne Grenzen konkurrenzfähig halten, ja noch konkurrenzfähiger machen will. Neben einer Bildungsberatung, die unter Berücksichtigung dieser Zielsetzung verstärkt auf die technischen Bildungswege hinweisen sollte, bietet sich eine besondere Werbung für individuelle Schwerpunktsetzungen — etwa im Wahlpflichtbereich der AHS-Oberstufe — an.

Starker Handlungszwang bei wissenschaftlicher Bildung

Im Bereich der universitären Ausbildungen besteht durch die einschlägigen Bemühungen der EG ein starker Handlungszwang für Österreich. In Studienrichtungen, in denen bereits europäische Normen vereinbart wurden oder noch werden, müssen die österreichischen Universitäten diese in Zukunft erfüllen, um auch heimischen Absolventen die gesamteuropäische Niederlassungsfreiheit offenzuhalten. Einige Studien entsprechen diesen Anforderungen bereits, es bestehen jedoch noch zahlreiche Mängel in der österreichischen universitären Bildung, die für den Absolventen in der verschärften Konkurrenzsituation des großen EG-Dienstleistungs- und Arbeitsmarktes zu schweren Handicaps werden könnten. Die österreichischen Studien müssen vor allem straffer und effizienter werden. Dies gilt insbesondere für die derzeit überlangen Studienzeiten, vor allem im technischen Bereich. Außerdem muß im universitären Bereich die Verwendung von Fremdsprachen selbstverständlich werden. Dem wurde auch teilweise bereits durch eine Novelle, die endlich fremdsprachige Lehrveranstaltungen ermöglicht, Rechnung getragen. Darüber hinaus ist die internationale Mobilität der österreichischen, aber auch der anderen europäischen Studenten gering. Gerade im Blickwinkel des in der Europäischen Gemeinschaft im Vorjahr gestarteten Programmes zum Studentenaustausch sollten, statt der etwa ein Prozent der Studenten, die einen Teil ihrer Studien im Ausland absolviert haben, es in Zukunft rund 10 Prozent werden. Bis zur Möglichkeit der vollen Teilnahme österreichischer Universitäten an den europäischen Studienkooperationen — ERASMUS und COMETT — sollten durch bilaterale Abkommen vergleichbare Kooperationsmöglichkeiten geschaffen werden.

Insgesamt müssen wir beginnen, durch entsprechende Aus- und Weiterbildungsmaßnahmen, vor allem im schulischen Bereich, den einzelnen Menschen umfassend auf das Europa ohne Grenzen vorzubereiten. Die Konkurrenz für Unternehmer, Freiberufler und Arbeitnehmer wird dadurch sicherlich größer werden. Erst mehr Bereitschaft und Fähigkeit zur Mobilität wird die Lebenschance des einzelnen in diesem großen Markt erhöhen. Vor allem die Kulturtechniken müssen gesicherter, unter Bedachtnahme der neuen Informationstechnologien vermittelt werden. Zudem muß ein erhöhter Wert auf die Vermittlung von Schlüsselqualifikationen gelegt werden, da diese entscheidend die Fähigkeit für Umsetzung von Wissen und Fertigkeiten bestimmen. Dabei ist vor allem auf Kommunikations- und Kooperationsfähigkeit, auf die Fähigkeit zur Problemanalyse und zur Entwicklung von Lösungsstrategien und ähnliches verstärkt Bedacht zu nehmen.

Johannes Riedl

MÜNDIGKEIT — EIN MEMORANDUM FÜR SCHULZUKUNFT

Jedermann, Jedefrau — ein Original

„Life is Xerox, you are just a copy", hat jemand an die Berliner Mauer gesprüht.
Stumm kollert die Sprühdose mit dem Marx-Aufkleber auf die Müllhalde der Geschichte. — Der ideologisierte „Mythos der Gleichheit" (Zimmer, 1980) hat seine Kraft verloren. — Der Dose entwich endgültig das begrenzte Treibgas. Die Mauer wandelte sich zum Denkmal für Unfreiheit, Verfolgung, Tötung; zum Andenken, zum Kunstwerk. — Die Parole entpuppt sich endgültig zur Karikatur eines überholten Menschenbildes. Der verführerische Geist beliebiger Machbarkeit, des marxistischen Machbarkeitswahnes, bleibt als ausgebleichte Etikette eines (bildungs)politischen Irrweges zurück. „Die ‚richtige' Erziehung war die falsche. Ideologie erzieht nicht." (Oelkers, 1990, N 3).

„Wären alle Menschen gleich, würde einer im Prinzip genügen", schreibt Werner Mitsch (1986) ätzend. Dies könnte eine Antiwidmung ins Stammbuch der Gleichmacher und Gleichwoller sein. — „Nichts (aber) ist ungerechter als die gleiche Behandlung von Ungleichen." (Mönks, 1986). Am Ende eines derartigen Prozesses stünden Bildungsbehinderte, Bildungsinvaliden.

Kein Blatt, kein Fingerabdruck, kein Kristall, kein Antlitz gleicht dem anderen. Der Kosmos prangt vor Verschiedenheit. Die Schöpfung, gewachsene Natur und geschaffene Kultur, will Besonderheit, Verschiedenheit. Menschliche Entwicklung zielt auf Individualität, auf Einmaligkeit, Unwiederholbarkeit.

Unideologisch betrachtet, widerspricht der „Mythos der Gleichheit" (Zimmer, 1980) der meßbaren organischen Verschiedenheit. Unverbesserliche „100%-Kulturisten" (Zimmer, 1989) erliegen ihm immer noch. Wider einen anderen Erkenntnisstand, wider besseres Wissen, also auch wider erzieherische Verantwortung überschätzen sie Lernprozesse gegenüber biologischer Verschiedenheit, die Begabungsgrenzen auspflockt, verführen sie wohlmeinende Eltern zu begabungsunangemessener Schulwahl und liefern Lehrerinnen und Lehrer einer ausweglosen pädagogischen Sisyphos-Situation aus. — Aus dem ideologischen Machbarkeitswahn folgt das pädagogische Vergeblichkeitssyndrom.

Demgegenüber gilt begründet — und nicht als morbider historischer Bodensatz des Abendlandes abqualifizierbar: Die Einmaligkeit einer jeden Person verlangt die Förderung zu maximaler, d. h. auch optimaler Verschiedenheit. „Sei das, was nur du sein kannst, und laß auch die anderen sein, was nur sie sein können" (Marquard, 1987). Jeder ist Original, das sei in das verwitterte Portal zu unserem Bildungssystem neu eingemeißelt.

Daraus ergeben sich u. a. folgende Konklusionen:

- Schule gebe allen gleiches und jedem, jeder das Seine, das Ihre.
- Schule halte für alle die unerläßliche geistige Grundnahrung bereit (Fundamentalziele) und biete ein reichhaltiges Lernbuffet an Additumzielen, an dem sich alle Individualitäten nach ihrem unverwechselbaren Interessensprofil bereichern können. Dies gelte ab der Sekundarstufe I zunehmend und nicht nur für Realien und musische Fächer, sondern auch für die sogenannten (!) Hauptfächer.
- Schule verzichte auf die ungeprüfte Selbstverständlichkeit, der beste Schüler sei jener, welcher in allen Unterrichtsgegenständen sehr gut sei. — Individualität muß sich in der jeweiligen Besonderheit eines Beurteilungsprofils darstellen.
- Schule biete in ausgewogener Wechselfolge von stabiler Klassengemeinschaft und flexibler Lerngruppe — nach Leistungsstand und Interesse — eine Lernorganisation an, die dem Lernbedarf der Einzelpersonen entspricht.
- Schule reichere sich an mit einem neuen Lernort, der offenen Bibliothek, dem eigentlichen Ort des Lernenlernens, das selbständige Informationsverarbeitung zuallererst bedeutet.
- Schule lasse Mitschüler gegenseitig als Tutoren wirken, so daß nicht länger Zusammenarbeit als Schwindel verworfen werde.

Nicht der Weg ist das Ziel!

„In diese Schüler wird nur der Staatsmüll hineingestopft, nicht anders, wie der Kukuruz in die Gänse, und der Staatsmüll wird so lange in die Köpfe hineingestopft, bis diese Köpfe erstickt sind", (Bernhard, 1985, S. 56).

Des ungehemmten und unkontrollierten Bildungsmaterialismus wird die Schule geziehen, radikale Entrümpelung ihrer Lehrpläne gefordert, als ob sie nicht reicher Schatz von Kostbarkeiten wären, und mit diesen Vorwürfen verfehlt, woran es der heutigen Schule da und dort, nicht überall, in manchem Typ mehr, in manchem weniger, nicht in allen, durch manche Lehrer/innen mehr oder auch weniger, keineswegs durch alle mangelt: an der Vergeßlichkeit ihrer primären Bestimmung, der Werterziehung an Sache und Person, am erziehenden Unterricht, der „die Sachen klärt und den Menschen stärkt". (Hentig, 1985 a)

Dieses übergeordnete Bildungsziel hebt ab auf das Gemeinsame, die Gattungseigenschaften, abstrahiert vom Einzelhaften auf Menschlichkeit. Kann es zureichend beschrieben werden, jedenfalls aspektivisch mit der Perspektive einer bleibenden Erkenntnisgrenze?

- Menschlichkeit, aus Wertüberzeugung gut zu sein, moralisch reflektiert zu handeln.
- Menschlichkeit, gebildet zu sein, zu wissen vom Menschen, seiner und der kosmischen Welt, ihn und sie zu achten und zu erhalten.
- Menschlichkeit, ständig von einer Situation zur anderen nach dem verlorenen Paradies zu suchen, das nicht vom Schmerz, vom Häßlichen, vom Unwahrhaftigen, von Kitsch und Schein, von Not und Tod bedroht ist. Menschlichkeit, das Nützliche, das alltäglich Notwendige zu überschreiten zum Luxuriösen, zum Schönen.

Kultur ist die ästhetische Form von Freiheit und damit Emanzipation. Sie setzt auf Dauer, auf Unsterblichkeit. Bildung, seltsamerweise Ziel und Weg benennend, meint den Weg aus der Unmündigkeit zur Mündigkeit, aus überwiegender Fremd- zu überwiegender Selbstbestimmung.

Öffnet sich damit nicht die Falle der Aufklärung, die auf das Zauberwort Emanzipation reduziert werden kann? — „Das Prinzip der Aufklärung kann (jedoch) selber keine Lebensnormen hervorbringen und schon gar nicht einen Lebenssinn." (Hentig, 1988, S. 328). Nach einem Vierteljahrtausend der Aufklärung sei das Bedürfnis nach Sinn dreifach unbefriedigt: Die Sinnstiftung des Glaubens gelte als überholt; die Aufklärung könne Religion nicht ersetzen; die Ratio selbst habe neue Lebensschwierigkeiten hervorgerufen.

„Nun greift man zu den Werten. Man benutzt sie — in der Regel, ohne es zu wissen — als säkularen Ersatz für die sinngebende Religion . . . Werte, die weder durch die geoffenbarte Bestimmung des Lebens, noch durch eine metaphysische Ordnung begründet sind, bleiben Konvention." (Hentig, 1988, S. 328). Eben deswegen fügt Hentig seiner nachfolgend wiedergegebenen Werteliste zwei Werte hinzu, „die ihrerseits auf keinen höheren Wert mehr zu beziehen sind und den unter den anderen möglichen Wertkonflikt überwölben: Das (weltliche) Glück und die (religiöse) Gottgefälligkeit" (Hentig, 1988, S. 326f.)

1. Das Leben
2. Freiheit/Selbstentfaltung/Selbstbestimmung/Autonomie
3. Frieden/Freundlichkeit/Gewaltlosigkeit
4. Seelenruhe — z. B. aufgrund der erfüllten Pflicht oder aus Übereinstimmung mit dem eigenen Gewissen/also auch Schuldlosigkeit.

5. Gerechtigkeit
6. Solidarität/Brüderlichkeit/Gemeinsamkeit . . . (= Gemeinwohl)
7. Wahrheit
8. Bildung/Wissen/Einsicht/Weisheit
9. Lieben-können/Geliebt-werden
10. Körperliches Wohl/Gesundheit/Freiheit von Schmerz/Kraft
11. Ehre/Achtung der Menschen/Ruhm
12. Schönheit.

Bildung vermittelt, dem eigenen Leben begründeten Sinn zu geben und nach ihm wie nach einer Maxime zu leben. Sinnstiftung erfolgt am Leitfaden von Werten. Mündigkeit ist daher wertbezogen zu denken. „Der gebildete Mensch kennt an den Gegenständen die verschiedenen Seiten . . ." (G. W. F. Hegel). Für diese Kenntnis braucht er die Maßstäbe von Wissen und Gewissen.

Dieser Zusammenhang liefert eine logisch-methodische Begründung für eine integrierte Werterziehung, die auf Selbst-, Sach- und Sozialkompetenz abzielt. Wie schmeckte ein Gugelhupf, dem der Zucker nur als Überdrüber aufgesetzt wurde!

Daraus ergeben sich unter anderem folgende Konklusionen:

- Integrierte Werterziehung vollziehe sich im moralischen Urteil, am Vorbild und an deren Legierung.
- Erziehender Unterricht lasse als Voraussetzung die menschliche Bindung gelten.
- Werterziehung ermögliche Rollenübernahme und Empathie, die zu moralischer Reflexion befreien und aus dem Handlungsdruck lösen (Oser, 1988, S. 72): Überlegen, wie der andere in dieser Situation denken, fühlen oder entscheiden möchte. Überlegen, wie es wäre, wenn jedermann in einer Gesellschaft in dieser Weise entscheiden und handeln würde. — Beide Regeln werden unmittelbar erfahren, wenn im Rollentausch die Position gewechselt werden kann.
- Erzieher unterstellen den Kindern Ethoseigenschaften (z. B. Verantwortung, Wahrhaftigkeit). Dies ist Voraussetzung für die Entstehung autonomer Verantwortung am Leitfaden von Werten.
- Erzieher ermöglichen, sich selbst bewußt für jemanden, der einem anvertraut ist, verantwortlich fühlen zu können (z. B. als Tutor). So lernen Schüler/innen, sich selbst moralische Autorität zuzugestehen.
- Schule leiste ständige „Subversion des Wissens" (Foucault, 1987), in dem z. B. an die Erkenntnisse, die Zivilisationsgewinn verheißen, das moralische Urteil, die Wertung angelegt werden, damit Zivilisationsrisken offenbar werden.

Schule sei durch überschaubare Gemeinschaft ein positives Lebensereignis, welches über bedeutungsvolles und ganzheitliches Lernen zum Sinn ermutigt. Die anonyme Massenschule läßt kalt und erkältet, weil in ihr ein Klima der Bindungen nicht wachsen kann.

Wege aus der Reformfalle

„Wem die Sache, die er lehrt, nicht wichtig ist, und wer nicht Freude am täglichen Leben mit Kindern hat, für den ist der Lehrberuf nicht auszuhalten. Umgekehrt: Wer die Sachen dieser Welt überzeugend zu lehren versteht und gleichzeitig Kinder mag, dem wird das widerfahren, was wir . . . das Glück des Lehrers genannt haben." (Hentig, 1985 b, 592). Diese Bindungstiefe an Sache und Person orientierte pädagogische Beziehung verlangt, Lehrer/innen mit mehr beruflicher Selbstbestimmung auszustatten, als sie einem ängstigenden Labyrinth von Einzelbestimmungen für ihr erzieherisches Wirken auszusetzen. Es geht dabei nicht nur um die Lehr- und Methodenfreiheit, es geht um das Prinzip, daß ein Blinder nicht einen Blinden führen kann, ein in Unmündigkeit Gehaltener nicht zur Mündigkeit leiten kann. Der Lehrer darf „kein Informationsbürokrat in einer anonymen Lernbehörde" sein. (Rumpf, 1981, S. 33). Vielmehr soll er dem Bild des „freien Berufes" gleichen können, dem hohe Verantwortung nicht nur zukommt, sondern auch zugetraut wird.
„Das Selbst als Verwirklichtes ist ein durch das Du Vermitteltes." (V. E. v. Gebsattel). Dieser dialogische Prozeß gedeiht nur im Klima der verantworteten Freiheit. In ihm wird jeder und jede zu dem, was bestimmt ist, zum Original. Eine Schule, die den mündigen Bürger will, muß den mündigen Lehrer einräumen, der im Schüler Mündigkeit provoziert.
Aus der Vielfalt der Begabungen folgt die Vielfalt des Schulsystems. Im Sinne von Organisationsentwicklung wird es sich ausbilden durch standortbezogene Entwicklung. Die Begabungskraft der Lehrer/innen formt ein je verschiedenes Schulprofil.
Die gesetzlichen Rahmenbedingungen müssen daher in einem demokratischen Staat minimiert werden. „Das kommende Jahrhundert wird eine völlige Umgestaltung der Schule erleben, weil es nirgends mehr ein Kommandosystem geben wird", prophezeit J. Oelkers (1990, N 3).
Wenn Schule Individualität, eigenes Persönlichkeitsprofil, Mündigkeit, Kulturperson will, die sich selbst überschreitet, auf aktuelles Wohlbefinden und Lebenszukunft abstellt, also Glückserfahrung und Lebensbewältigung anstrebt, wenn sie zur Verantwortung erziehen will, darf sie nicht ihre erkennbaren Behinderungen aus dem 19. Jahrhundert weitertransportieren. Sie sind

zusammenzufassen mit Obrigkeitsstaatlichkeit und Zentralismus, welchen Merkmalen der gehorsame Untertan entspricht.
Unüberhörbar ist der Ruf nach Entschulung der Schule: Sie erfolgt auf dem Wege vom enzyklopädischen zum genetischen und vom befohlenen zum selbständigen Lernen.
Dies deswegen, weil diese Ziele durch eine Verwaltungsstruktur nicht erreicht werden können, die an hierarchischer Organisation orientiert ist und dem Prinzip der Ausrüstung gehorcht. Eine paramilitärisch durchdachte Logistik hat bestimmte Ziele zu erreichen. Dabei herrscht die Stringenz der Organisation, die jedoch nicht einfach von der Schulpflicht als solcher hergeleitet werden kann, paradoxerweise über die Entwicklung von Unmündigkeit zu Mündigkeit.
Standortbezogene Entwicklung von Schulprofilen, die von minimalen Rahmenbedingungen und der Schulpartnerschaft getragen sind, setzen die Einzelschulen mehr als bisher dem Wettbewerb mit sich selbst aus. Das individuelle Schulprofil darf daher nicht mit der Ausnahme etikettiert, sondern muß zum Regelfall legalisiert werden.

Daraus ergeben sich u. a. folgende Konklusionen:

- Schule werde zum eigenen Profil befreit, in dem schrittweise die weitreichenden Regulationen zurückgenommen werden: durch Verlagerung der Kompetenzen zu den Ländern, den Bezirken und den Einzelschulen.

- Schulische Rahmenbedingungen beschränkten sich auf: Schulpflicht, typenbezogene Schuldauer, Sprengelumschreibung für die Pflichtschule, Rahmenlehrplan für das Fundamentum, Qualifikationen und Berechtigungen, Sicherstellung der Durchlässigkeit, Bestimmung des Mindestlohnes der Lehrenden und ihrer Mindestlehrverpflichtung, vergleichbaren Budgetrahmen.

- Schule entwickelte sich zu einer subsidiär gestalteten Einheit mit inhaltlich-organisatorischer, personeller und finanzieller Autonomie. Sie bestimme über verpflichtende Fundamentalziele hinaus selbst, welche Ziele sie anbietet, wie sie Unterricht organisiert und Erziehung und Beratung gestaltet; sie entscheide verantwortlich über die bereitgestellten Mittel; sie verfüge im Rahmen schulbezogener Kenn- und Grenzwerte selbst über ein leistungsbezogenes Personalsystem.

- Schule stelle konsequent auf ein Subjektförderungsprinzip (z. B. über Schul- oder Bildungsscheck) um, das Chancengerechtigkeit ebenso sichert wie die freie Schulwahl.

Damit schließt sich der Kreis einer Umschreibung, die vom anthropologi-

schen Grundsatz der Einzigartigkeit der Person ausging und mit der Forderung der Subjektförderung zu ihm zurückkehrte.
„Es war einmal ein Reformer, der wollte nicht bloß verändern, sondern sogar verbessern." (Schulmann, 1975). Wer das Bessere als Feind des Guten erkennt (z. B. im österreichischen Schulsystem) und mögliche Bedingungen für einen Weg der Reform benennt, stellt sich, angewendet auf Schulentwicklung, in die Reihe derer, die erkannt haben, daß alle Erziehung auf Mündigkeit des einzelnen zielt und für die Gesellschaft die Zukunftsvision schlechthin bedeutet. „Wir müssen das Unmögliche denken, damit das Mögliche entstehen kann", (Hermann Hesse).

Literatur:

Bernhard, Th. (1985), Alte Meister. Komödie. Frankfurt: Suhrkamp. 310 S.
Foucault, M. (1987), Von der Subversion des Wissens. Frankfurt: Fischer. 148 S.
Hentig, H. v. (1985a), Die Menschen stärken, die Sachen klären. Stuttgart: Reclam. 190 S.
Hentig, H. v. (1985b), Phänomene klären und Verhältnisse ändern. Ein Gespräch mit dem Bielefelder Pädagogen Hartmut von Hentig mit Rainer Winkel. Westermanns Pädagogische Beiträge, 12, 590—594.
Hentig, H. v. (1988), Werte und Erziehung. Neue Sammlung, 28, 321—342.
Marquard, O. (1987), Verspätete Moralisten. FAZ, Nr. 65, 34.
Mitsch, W. (1986), Hin- und Widersprüche, Rosenheim: Förg. 128 S.
Oelkers, J. (1990), Ideologie erzieht nicht. Lehren aus dem Bankrott der sozialistischen Erziehung. FAZ, Nr. 62, S.N 3.
Oser, F. (1988), Die gerechte Gemeinschaft und die Demokratisierung der Schulwelt: Der Kohlbergansatz, eine Herausforderung für die Erziehung. Wissenschaftliche Pädagogik, 64, H. 1, 59—79.
Rumpf, H. (1981), „Ich versteh's und versteh's nicht . . ." Ein Lehrer ist kein Informationsbürokrat in einer anonymen Lernbehörde. Die Zeit, Nr. 22, 33.
Schulmann, H. (1975), Grimmige Märchen. 2. Band der Fibel für Lehrer. Hitzkirch: Comenius.
Zimmer, J. (1980), Der Mythos der Gleichheit. München: Piper. 98 S.
Zimmer, J. (1989), Gene im Kopf. Die Zeit, Nr. 27, 40.

Gerhard Riemer

BILDUNGSPOLITIK IM WANDEL

„Eine Zukunftsdiskussion findet in Österreich nicht statt", war eine der zentralen Aussagen bei der Veranstaltung „Bildung und Qualifikation 2001" der Vereinigung Österreichischer Industrieller Anfang Dezember 1989. Es war dies der Start einer neuen Veranstaltungsreihe, „Bildungsperspektiven", mit der über nationale und internationale Bildungstrends informiert und eine umfassende Bildungsdiskussion unter Berücksichtigung internationaler Entwicklungen eingeleitet werden sollte.

Kleinliche Auseinandersetzungen um die Maturareform, die Finanzierung der Fachbereichsarbeit prägten gerade in der letzten Zeit die bildungspolitische Szene. Fragen der internationalen Ausrichtung des österreichischen Bildungswesens, die Chancen unserer Jugend in einem integrierten Europa, werden kaum behandelt, eine kritische Auseinandersetzung darüber, ob Bildung, Ausbildung an unseren Schulen und Universitäten den neuen Anforderungen entspricht; über die Wettbewerbsfähigkeit unserer Universitäten und auch über die Qualität und die Zahl unserer Maturanten findet nicht statt und wird schon im Keim vom Schlagabtausch des politischen Alltags abgelöst. Zukunftsfragen können mit der Tagespolitik, auch wenn sie weniger dramatisch verläuft als die Entwicklungen im Osten, offensichtlich nicht konkurrieren, dabei sollten gerade Bildungs- und Qualifikationsfragen zur „nationalen Herausforderung" werden.

Bildungsthemen gewinnen an Bedeutung

Immerhin bestimmen Investitionen in das „menschliche Potential", in den technisch-wissenschaftlichen Fortschritt einen Großteil des Wirtschaftswachstums (rund 40 %), gewinnen Bildung, Weiterbildungs- und Qualifikationsfragen international immer mehr an Bedeutung und sind aus der Sicht der Wirtschaft eine entscheidende Voraussetzung für notwendige Strukturanpassungen und den Wandel in Wirtschaft und Gesellschaft.

Seit Jahren beschäftigen sich Wirtschaftsgremien der OECD intensiv mit der Qualifikationsentwicklung. In der Bundesrepublik Deutschland befaßt sich seit kurzem eine Enquetekommission des Deutschen Bundestages mit einer „Zukünftigen Bildungspolitik Bildung 2000", und die Schweiz hat vor wenigen Wochen eine Weiterbildungsoffensive des Bundes gestartet. Auch die franzö-

sischen Reformer bemühen sich um eine Anhebung des allgemeinen Bildungs- und Ausbildungsniveaus. Der amerikanische Präsident Bush ist als „education president" angetreten, um die klaffende amerikanische Bildungslücke zu beseitigen, der Bruce Nußbaum in „Business Week" (9/88) eine umfangreiche Titelgeschichte widmete: „The nation's ability to compete is threatened by inadequate investment in our most important resource: people. But simply, too many workers lack the skills to perform more demanding jobs. And as the economy comes to depend more and more on women and minorities, we face a massive job of education and training — starting before kindergarten. Can we afford it? We have no choice."
Erstmals wurde eine europaweite Bildungsstudie von der Industrie in Auftrag gegeben. Der ERT — European Round Table of Industrialists —, eine Gruppe von 40 Spitzenmanagern der westeuropäischen Industrie, die sich zum Ziel gesetzt hat, die Konkurrenzfähigkeit der europäischen Industrie international zu stärken, hat eine der umfangreichsten europäischen Bildungsstudien durchgeführt („Education and European Competence"). Anlaß dafür waren, daß die Wissensintensität der Industrie und ihrer Produkte rapide zunimmt, Bildung und Qualifikation von strategischer Bedeutung für die Konkurrenzfähigkeit europäischer Unternehmen sind und die Aktivitäten von EG und EFTA im Bereich der Bildungs- und Mobilitätsprogramme nach wie vor nicht ausreichen, um ein zusammenwachsendes Europa konkurrenzfähig zu machen, weil nationale Eigeninteressen europäisches Denken behindern.
Gerade die VÖI hat sich nie gescheut, Probleme der Bildungspolitik offen und mit klarer gesellschaftspolitischer Intention aufzuzeigen: ob es nun die mangelnde Wirtschaftskompetenz der Maturanten oder die unzulängliche Einbindung der modernen Informationstechniken in den Schulen waren. In beiden Bereichen wurde mittlerweile vieles nachgeholt.

Das reiche Land — auch im internationalen Bildungsvergleich

Angesichts internationaler Vergleiche ist es jedoch erfreulich, feststellen zu können, daß unser Bildungswesen, nimmt man alles in allem, ein international anerkanntes, tragfähiges Fundament an Berufs- und Allgemeinbildung bietet. Nach wie vor verfügen wir im internationalen Wettbewerb über einen beachtlichen „Wettbewerbsvorteil Qualifikation", den es auch für die Zukunft zu sichern gilt, und wir sollten alles daransetzen, das „Qualified in Austria" als Markenzeichen in die Europäische Gemeinschaft einzubringen.
Nicht von ungefähr faßt ein neues Buch unter dem Titel „Das reiche Land" (Hrsg. Prof. H. Krejci, Signum-Verlag) die historischen, politischen, wirtschaftlichen und vor allem die kulturellen Leistungen Österreichs für Europa

zusammen: vom Rohstoff Kultur über den Industriestandort Österreich, die Sozialpartnerschaft, den Stellenwert von Naturwissenschaften und Technik bis zu den Leistungen im österreichischen Bildungssystem.
Wir hätten sehr viel in die europäische Integration einzubringen: neben einer funktionierenden, international erfolgreichen Wirtschaft auch und vor allem hervorragende Leistungen in der Bildungs- und Kulturpolitik.
Diese einleitenden Gedanken waren mir wichtig, um einem weitverbreiteten Vorurteil, die Bildungspolitik der Industrie gehe nur von den Verwertungsinteressen aus, entgegenzutreten und die folgenden kritischen Aussagen ins rechte Licht zu rücken.
Festschriften sind immer auch ein Anlaß, Bilanz zu ziehen, den Blick auf Entwicklungen der vergangenen Jahre und Jahrzehnte zu richten, aber auch, und dies erscheint angesichts der vielfältigen Entwicklungen besonders notwendig, den Blick in die Zukunft zu werfen.

Ein Blick in die Vergangenheit

Auch in der Bildungspolitik gibt es Umbrüche. Der letzte, große Umbruch begann Mitte der sechziger Jahre, damals schon Bildungsreform genannt. Die Initialzündung ging von einer OECD-Konferenz 1961 in Washington zum Thema „Bildung und Wirtschaftswachstum" unter dem Leitmotto „Mehr und bessere Bildung für mehr Menschen" aus. Man errechnete erstmals den Zusammenhang zwischen Wirtschaftswachstum und Bildung und Qualifikation, entwickelte die These „Je mehr Abiturienten und Hochschulabsolventen, desto höher das Wirtschaftswachstum". Wirtschaft und Wissenschaft wiesen mit teils eindringlichen Worten auf die Gefahr zu geringer Maturantenzahlen hin, wobei die Industrie primär die Absolventen Berufsbildender Höherer Schulen meinte. In der Bundesrepublik Deutschland schreckte der Pädagoge und Religionsphilosoph Picht unter dem Schlagwort der Bildungkatastrophe (1964) die eigene Nation und die Bildungspolitiker im Ausland auf. Er forderte eine Verdoppelung der Abiturientenzahlen und errechnete: „Um die Pädagogenlücke zu schließen, müßten fast alle Hochschulabsolventen Lehrer werden". Somit wurde das Thema „Bildungsnotstand" zum Lieblingsthema der öffentlichen Diskussion, Bildung machte erstmals Schlagzeilen.
Es begann eine Phase des ungebrochenen Bildungsoptimismus, mit neuen Begriffen wie Bildungsökonomie, Bildungsexperten, Bildungs- und Hochschulberichten, und auch der Beruf des „Bildungspolitikers" entstand in dieser Zeit. Die Vereinigung Österreichischer Industrieller hat sich schon damals, als erster Sozialpartner, intensiv mit bildungspolitischen Fragen befaßt und 1976 eine eigene Abteilung Bildungspolitik eingerichtet. Nicht nur um die Interes-

sen der Wirtschaft in die Bildungsdiskussion einzubringen, sondern auch um an der Gestaltung der Bildungslandschaft verantwortlich mitzuwirken.
Dahrendorfs These „Bürgerrecht auf Bildung", die Forderung, „allen gleiche Bildungschancen" zu gewähren, brachte Leben in die Bildungsdiskussion. Die Politiker stürzten sich mit Freude in die „Bildungsexplosion", wischten Einwände, daß auch das „Lernen in der Praxis", das „learning by doing" Qualifikationen vermittelt, daß Bildungsinvestitionen doch überlegt geplant werden sollten, vom Tisch (Butschek, 1982).
Die Bemühungen waren politisch von einem breiten Konsens getragen, führten zweifellos zu einem notwendigen Ausbau des österreichischen Bildungswesens, zu einer verstärkten Motivation für bildungsfernere Bevölkerungsgruppen, zu einem leichteren Zugang zu besseren Bildungsmöglichkeiten, zur Überwindung regionaler Bildungsschranken und zu einer besseren Ausschöpfung des Begabungspotentials unserer Jugend. Letztlich war dieser Ausbau des Bildungswesens eine wesentliche Voraussetzung für den beachtlichen wirtschaftlichen Aufschwung unseres Landes.
In weiterer Folge trat allerdings das Argument „Wirtschaftswachstum" immer mehr in den Hintergrund, Bildungsangebote sollten sich mehr an den „sozialen Bedürfnissen" orientieren. Auch die Ideologen entdeckten die Bildungs- und Schulpolitik, bedienten sich des Bildungswesens als Exerzierfeld für Gesellschaftsveränderung. Den Menschen wurde „unendliche Lernfähigkeit" und „unendliche Erziehbarkeit" (Heinrich Roth) zugeschrieben, und mit den Idealen der Gesamtschule, der Ganztagsschule, mit Formen der emanzipatorischen Erziehung sollten Leistungsdefizite ausgeglichen, Zielvorstellungen wie „Chancengleichheit für alle", „wir begaben jeden", umgesetzt werden.
In Österreich verlief diese Entwicklung im überschaubaren Rahmen, große bildungspolitische Revolutionen fanden nicht statt. Die Schulreform 1962 legte eine Zweidrittelmehrheit des Nationalrates für alle Schulgesetze fest, die die Organisationsform des österreichischen Schulwesens betreffen. Somit konnten und können die beiden großen Parteien nur gemeinsam Reformen der Schulstrukturen beschließen, wodurch Österreich auch die im Ausland weitverbreitete Gesamtschule bisher erspart geblieben ist.
Und dennoch kam es zu einschneidenden Veränderungen, zu einem Abbau von Leistungs- und Bewährungshürden (z. B. Abschaffung der Aufnahmsprüfung an Gymnasien, Veränderung der Übertrittsbestimmungen zwischen Fachschulen und Höheren Technischen Lehranstalten etc.), zu einer Aufweichung der Leistungsbeurteilung (z. B. Aufsteigen mit „Nicht genügend"). Gesellschaftspolitische Inhalte, inklusive einer Wirtschafts- und Unternehmerkritik — sofern man Wirtschaftsthemen überhaupt behandelte — in

einem bisher nicht gekannten Ausmaß, wurden über das Unterrichtsprinzip „Politische Bildung" in die Schule hineingetragen.
Eine intensive, vielfach überzogene Schulversuchsarbeit mit Investitionen von vielen hundert Millionen Schilling wurde teilweise in den Dienst ideologischer Vorstellungen gestellt.

Viele Bildungspolitiker konzentrierten sich auf Reformbemühungen, den „Verkauf" der quantitativen Bildungsexpansion, auf die fortschreitende Verwissenschaftlichung der Bildung — etwa im Bereich der Curricula-Forschung. All dies führte zu einer spürbaren Distanz gegenüber der Welt der Arbeit, der Berufswelt, der Wirtschaft. Die Fragen von Berufschancen, des Bedarfes des Beschäftigungssystems, wurden weitgehend ignoriert, Bildungs- und Beschäftigungssystem entkoppelt, die Bildungsfunktion des Berufes, der praktischen Tätigkeit, gerieten ins Abseits. Die Orientierung an Höheren Schulen, an Matura und Hochschulstudium — vielfach unabhängig von persönlichen Interessen, Fähigkeiten und Begabungen — standen im Vordergrund.

Bildungsexpansion — im Spannungsfeld von Qualität und Quantität

Die Bildungspolitik der vergangenen Jahrzehnte hat zweifellos zu einem nicht vorhersehbaren Bildungsboom geführt. Theoretisch-wissenschaftliche, weiterführende Bildungsgänge wurden jedoch überbewertet, vielfach unabhängig von Interessen, Fähigkeiten und echten Begabungen, praktisch-handwerkliche Bildungsgänge abgewertet, was bis heute spürbar ist. Warnungen in den achtziger Jahren — wie etwa in der Studie von Clement „Bildungsexpansion und Beschäftigung" — wurden als Angriffe auf die Öffnung und Demokratisierung des Bildungswesens beiseite geschoben. Alles in allem hat der Ausbau unseres Bildungswesens, besonders auch die von der Wirtschaft forcierte Erweiterung des Berufsbildenden Höheren Schulwesens und wirtschaftsnaher Studienrichtungen zu einem höheren Bildungsstand der Bevölkerung und der Berufstätigen geführt, aber auch dazu beigetragen, daß sich in Jahren starker Geburtenzahlen die Beschäftigungsprobleme in Grenzen hielten.

So etwa ist der Anteil der Beschäftigten, die nur über einen Pflichtschulabschluß verfügen, von 1971: 51,2 % auf 1981: 40,6 % und letztlich auf 1987: 26,5 % zurückgegangen (vgl. Grafik 1+2).

Das höhere Bildungs- und Qualifikationsniveau der Berufstätigen hat somit zweifellos einen wesentlichen Anteil an den wirtschaftlichen Erfolgen der vergangenen Jahre.

Berufstätige in Österreich nach höchster abgeschlossener Bildung:

Grafik 1:

Bildungsniveau der Beschäftigten in Österreich

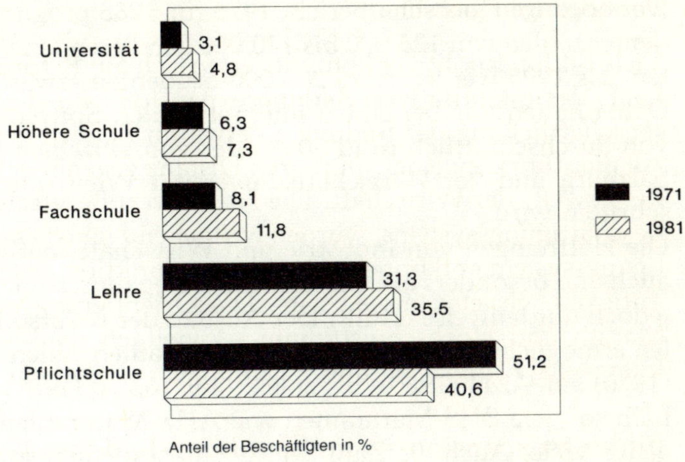

ibw-Graphik, Nr. 4

Grafik 2:

Bildungsstruktur der Berufstätigen

(Mikrozensus 1987/1988)

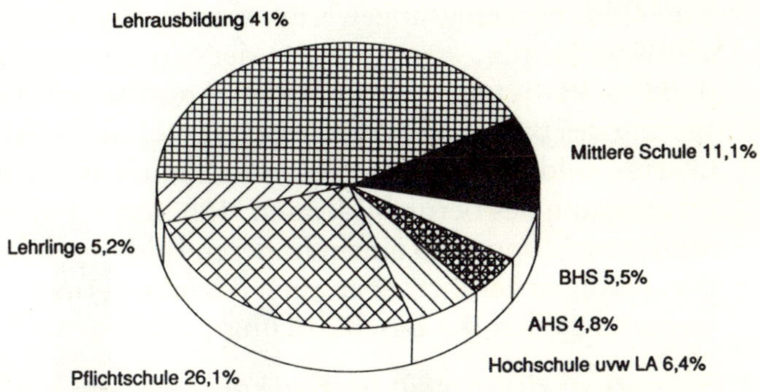

Quelle: ÖSTZ; ibw-Berechnungen

Die quantitative Bildungsexpansion war beachtlich: Die Maturantenzahlen stiegen stetig an (1960: 11.700, 1970: 15.000, 1986: rund 32.000), und während 1961 der Prozentsatz von Maturanten an den Jugendlichen noch 10,7 betragen hatte, waren es 1971 bereits 16,8 % und zuletzt mehr als 27 % eines Altersjahrganges. Rund 70 % der Maturanten beginnen heute ein Studium.

Doch nicht nur in Österreich sind die Studentenzahlen „explodiert“, die „Massenuniversität“ ist auch in anderen Staaten zur Gewohnheit geworden. Während 1970 noch rund 43.000 Studenten gezählt worden sind, waren es 1980 bereits 110.000 und im Studienjahr 1989/90 rund 180.000 ordentliche Hörer. Der noch im Hochschulbericht 1978 für 1988 prognostizierte Gipfel der Studentenzahlen von 125.000 bis 140.000 Studierenden wurde bereits überschritten, bis 1995 werden rund 200.000 Studenten erwartet.
Dabei halten wir bei einem internationalen Spitzenwert der Drop-out-Rate von durchschnittlich rund 50 %, der von einzelnen Universitäten, wie z. B. Salzburg und der Wirtschaftsuniversität Wien, mit 60—70 % noch überschritten wird.
Die Hoffnungen von Industrie und Wirtschaft, daß der Bildungsboom sich auch und besonders auf das technische Begabungspotential auswirkt, wurden jedoch nur teilweise erfüllt: Der Ausbau der Berufsbildenden Höheren Schulen ermöglichte einen Anstieg der Maturantenzahlen von 3.560 (1960), 3.685 (1970) auf 9.244 (1980), bis zuletzt auf 16.770 (1989). Gab es 1960 nur rund halb so viele BHS-Maturanten wie AHS-Maturanten, waren es 1989 bereits gleich viele. Auch die Zahl der Technikstudenten stieg in den letzten Jahren deutlich an (zuletzt 1987: 27.000). Während aber in den siebziger Jahren noch jeder fünfte inländische Hörer Technik studierte, ist es heute nur noch jeder siebente, und klassische Ingenieurbereiche verzeichnen sogar unterdurchschnittliche Zuwachsraten. Betrachtet man die Absolventenzahlen, ist die Situation völlig unbefriedigend (vgl. Grafik 3).

Grafik 3:

Immer mehr Hochschulabsolventen, aber zu wenige Diplomingenieure

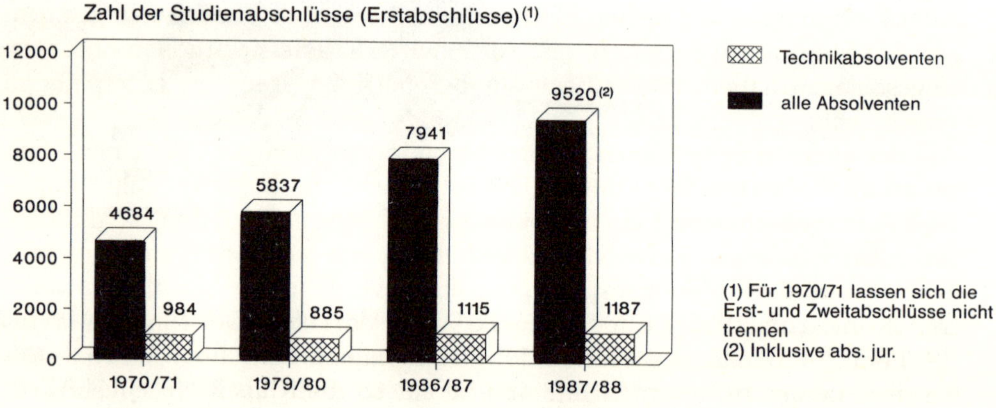

Quelle: A. Schneeberger: Daten: BMWF, ÖSTZ, ibw-Berechnungen

Der erfreuliche Zuwachs an Studienanfängern wird von der Tatsache getrübt, daß auch bei den Technikern an einzelnen Universitäten die Ausfallsquote bei über 70 % liegt. Während die Absolventenzahlen bei den Geisteswissenschaften 1970—1986 um 123 % zunahmen, betrug der Zuwachs bei den Technikern nur 13 %, wovon ein großer Teil auf die Informatik entfällt.

Bildungsexpansion und Arbeitsmarkt

Von besonderer Bedeutung ist auch, daß die Richtung der Bildungsexpansion schon frühzeitig den Trend in bestimmte Berufsbereiche prägt.
Der nach wie vor starke Zuzug zu Allgemeinbildenden Höheren Schulen (Anteil der AHS-Schüler an den 10—14jährigen 1970/71: 17 %; 1986/87: 24 %, in Wien: 46 %) verstärkt den an sich starken Trend zu Erziehungs-, Kultur-, Sozial-, Büro- und Verwaltungsberufen. Zunehmende Beschäftigungsprobleme führen jedoch zu zusätzlichem politischem Druck, die Beschäftigungsmöglichkeiten im öffentlichen Sektor auszuweiten (der heute bereits jeden fünften Erwerbstätigen beschäftigt). Letztlich bedeutet diese Entwicklung auch, daß die Probleme eines qualifizierten Nachwuchses in technisch-gewerblichen Bereichen, an Technikern, zunehmen werden.
Die Bildungsexpansion einerseits, verschärft um die demographische Entwicklung, steigende Qualifikationsanforderungen andererseits haben auch die Beschäftigungssituation der Absolventen verändert. Für Unqualifizierte wird es immer schwieriger, eine adäquate Beschäftigung zu finden (Ende November 1989 verfügt die Hälfte aller Arbeitslosen nur über einen Pflichtschulabschluß). Aber auch die Situation bei der Maturanten- und Akademikerbeschäftigung wird zunehmend problematisch: Zur Zeit sind fast 10.000 Maturanten und knapp 3.500 Akademiker ohne Beschäftigung, die Dunkelziffern liegen noch viel höher. Und vor allem sind viele Maturanten gezwungen, ein Studium zu ergreifen, um, so sie wirtschaftsferne Studienrichtungen eingeschlagen haben, in der Regel ihr Beschäftigungsproblem auf später zu verschieben.
Auf der anderen Seite klagen Unternehmen immer häufiger über einen Mangel an qualifizierten Fachkräften. Die österreichische Industrie zum Beispiel wird es immer schwerer haben, den Bedarf an hochqualifizierten Fachkräften, Technikern, Informatikern, Maschinenbauern, erst recht mit Fremdsprachenkenntnissen, decken zu können.
Der „Konkurrenzkampf um die Jugend" zeigt Wirkung: Der Kampf um den Schüler ist voll im Gange, Höhere Schulen bemühen sich, ihre Klassen zu füllen, ihre Lehrer zu beschäftigen, sind bereit, so die Klagen vieler Lehrer, es „auch billiger zu geben". Für Bildungsberater an AHS ist es undenkbar, über

andere Bildungswege als das Gymnasium zu informieren, und Unternehmen, die eine qualifizierte Berufsausbildung anbieten können, spüren den Wettbewerb um qualifizierte junge Menschen, wenn sie Lehrlinge suchen.
Diese Entwicklung drückt zweifellos die Qualität unserer Absolventen. Doch sowohl die Wirtschaft als auch die Politiker sind müde geworden, Mißstände aufzuzeigen. Natürlich, nach wie vor verlassen viele ausgezeichnete Absolventen unsere Schulen und Hochschulen.
Die auf dem Land hochgeschätzte Hauptschule ist im großstädtischen Bereich nur mehr eine „Restschule". Manche Unternehmen — wie etwa in Wien — halten Pflichtschulabsolventen für eine hochqualifizierte Facharbeiterausbildung für ungeeignet. Hinweise aus Unternehmerkreisen über Maturanten, aber auch Jungakademiker mit gravierenden Lücken in den Kulturtechniken, in Mathematik und Rechtschreiben, sind Mahnmale für Versäumnisse der Bildungspolitik der Vergangenheit.

Bildungspolitik in der europäischen Integration

Das Wort H. Gierschs — „Die Suche nach der Zukunft ist wichtiger als die Wahrheit über die Vergangenheit" — gilt gerade in diesen Monaten, angesichts der dramatischen und historischen Entwicklungen in Osteuropa. Es gilt auch für Bildungsfragen.
Nur langsam setzt sich in der österreichischen Bildungslandschaft die Erkenntnis durch, daß die europäische Integration, die Realisierung des Binnenmarktkonzeptes '92 der Europäischen Gemeinschaft nicht nur eine ökonomische, sondern zutiefst auch eine bildungs- und kulturpolitische Frage darstellt.
Vor unserer Tür geht eine „stille Revolution" (Jaques Delors) vor sich, die Verwirklichung eines Binnenmarktes bis 1992, des größten Wirtschaftsraumes der westlichen Welt mit zur Zeit 70 Millionen Schülern, sechs Millionen Studenten, 3.600 Hochschuleinrichtungen und rund einer Million Wissenschaftlern. Ein Markt, mit dem wir zwei Drittel unserer Ex- und Importe abwickeln.
Vor der anderen Tür im Osten nehmen Utopien von gestern Gestalt an, bricht ein Gesellschaftssystem zusammen, eröffnen sich völlig neue Möglichkeiten. Und dennoch ist das „gemeinsame europäische Haus" eine Vision für die Zeit nach der Zweitausendwende.
Die europäische Integration berührt uns alle, besonders die Jugend, um deren Zukunft es geht, die heute ihre Entscheidung über die Berufswahl zu treffen hat und ihren Beruf unabhängig vom Zeitpunkt eines Beitritts zur EG in einem integrierten Europa ausüben wird.
Mit dem Beitrittsantrag vom 17. Juli 1989 steht auch unser Bildungswesen am

Beginn der Intensivphase einer Vorbereitungsarbeit, im Rahmen derer Schulen, Lehrer, die Universitäten bis hin zur Erwachsenenbildung und der betrieblichen Bildungsarbeit herausgefordert sind, die Jugend, aber auch die Erwachsenen auf diese europäische Integration vorzubereiten.
Die Beitrittsbemühungen Österreichs bedeuten vor allem die Herausforderung eines „größeren Ganzen" (Norbert Leser), erfordern auch im Bildungsbereich eine Besinnung auf unsere beachtlichen und vielfach unterschätzten Kräfte, das Erkennen und Aufzeigen von Schwächen, ein Vertrautwerden mit Neuem und ein Reagieren auf bekannte Anforderungen.
Unsere Stärken liegen zweifellos in einem funktionierenden dualen Berufsausbildungssystem, der praktischen Ausbildung im Betrieb, ergänzt um die Berufsschule. Ein System, das im Ausland anerkannt und nachgeahmt wird. Rund 47 % der Jugendlichen wählen diesen Weg der Ausbildung.
Weiters werden die österreichischen Technikerleistungen ebenso wie unsere Berufsbildenden Höheren Schulen weit über die Grenzen hinaus anerkannt.
An Schwächen müssen wohl die geringe Internationalisierung unseres Bildungswesens, die Zunahme einer gewissen „Beamtenmentalität" sowie ein unübersehbarer „Trend zur Mittelmäßigkeit" angeführt werden.
Auch wenn Bildungs-, Qualifikations- und Kulturfragen in den Gründungsverträgen der EWG nur am Rande vorkommen, erkannte man in der EG schon frühzeitig, daß ein „Europa der Bürger" nur dann voll wirksam werden kann, wenn auch die Bereiche Bildung und Kultur, die für das Verstehen der Menschen so wichtig sind, miteinbezogen werden, wenn es gelingt, die Menschen zu überzeugen, daß die Integration dem einzelnen und der Gemeinschaft Vorteile bringt.
Schließlich bedeutet der europäische Binnenmarkt früher oder später auch einen „einheitlichen europäischen Arbeitsmarkt", auf dem Ausbildungs- und Bildungsabschlüsse EG-weit anerkannt werden sollen, einen „Europamarkt akademischer Berufe", auf dem die Unternehmen um die besten Akademiker und Techniker konkurrieren, die guten Universitäten sich um die besten Studenten bemühen werden.
Die europäische Integration bietet und verlangt aber auch eine „neue Qualität", eine „neue europäische Dimension" von Bildung, Qualifikation und Wissenschaft.
Die EG bietet Jugendlichen, Studenten, Lehrern, Wissenschaftlern die Möglichkeit, im Rahmen spezieller Mobilitäts- und Bildungsprogramme wie ERASMUS, COMETT, YES, SPES, LINGUA etc. an gemeinsamen Ausbildungsprojekten, Sprachkursen, Studien mitzuwirken, Wissen zu erwerben, Leben und Kultur ihrer EG-Freunde kennenzulernen.

Herausforderungen für die Bildungspolitik

Eine Fülle an Herausforderungen, denen sich das österreichische Bildungswesen nicht nur, aber auch im Lichte der EG zu stellen hat. Daraus ergeben sich eine Reihe von Konsequenzen, die in der Folge nur stichwortartig angerissen werden sollen. (Vgl. Grundsatzaussagen der VÖI, z. B. „Bildungsoffensive 2000", 10/88.)

1. Vor allem ist es wichtig, die Euro-Orientierung unserer Jugend durch Information, Motivation über das, was hier im Rahmen der europäischen Integration geschieht, zu verbessern: in den Schulen, an Universitäten, in der Erwachsenenbildung, in den Medien; hier ist noch viel Arbeit zu leisten.

2. Die Internationalisierung und Europareife unseres Bildungswesens muß auf breiter Basis forciert werden. Das heißt, unsere Jugend ist auf ein Leben vorzubereiten, das immer mehr von internationalen Verflechtungen geprägt sein wird. Der Jugend ein Mehr an Verständnis für fremde Kulturen zu vermitteln und das Interesse am persönlichen Kontakt mit Menschen anderer Kulturbereiche zu wecken, ist eine wichtige Bildungsaufgabe. Maßnahmen sind gefordert, die von einer Verbesserung der Fremdsprachenausbildung (auch in unseren Berufsbildenden Technischen Schulen — 2 Fremdsprachen — oder im Rahmen der technischen Studien) über die Forcierung der Mobilität von Jugendlichen und Lehrern (Ausbau von Partnerschaften, Intensivierung des Lehrer- und Schüleraustausches, Gestaltung spezieller Förderungsprogramme) bis zu einer Überprüfung von Bildungsreformen im Lichte der EG-Entwicklung reichen. Es gilt sicherzustellen, daß österreichische Bildungsabschlüsse auch in der EG formal anerkannt bleiben bzw. werden. Die ab 1. 1. 1990 mögliche Mitwirkung am COMETT II-Programm — Ausbildungsprogramm in Zusammenarbeit von Industrie und Universitäten — bietet neue Möglichkeiten, an Bildungspartnerschaften, am grenzüberschreitenden Studenten- und Wissenschaftleraustausch mitzuwirken. Eine weitere Chance für unsere Wissenschaft, sich dem europäischen Wettbewerb zu stellen.
Bei aller Freude über die Entwicklungen im Osten darf nicht vergessen werden, daß die „Meßlatte" für Bildung, Wissenschaft und Forschung von den industrialisierten westlichen Ländern vorgegeben wird.

3. Die Qualität im Bildungswesen ist besonders zu beachten. Jede Qualitätsverbesserung im Bildungsbereich auf breiter Basis ist zweifellos die beste Vorbereitung auf die EG. Statt ideologisch immer wiederkehrender Nivellierungsversuche muß das Fördern von Hochqualifizierten zu einem nationalen Anliegen werden. Im Regierungsprogramm der Bundesregierung ist auch von einer Erweiterung der Begabungsförderung die Rede, in der schulischen Reali-

tät ist davon nichts zu spüren. Vor allem gilt es aber auch, die Grundlagen im Schulwesen wieder zu festigen und Schlüsselqualifikationen (wie Verantwortungsbereitschaft, Entscheidungsfähigkeit, Umgehen mit Informationen, etc.) frühzeitig zu vermitteln.

4. Deregulierung und Wettbewerb im Bildungsbereich ermöglichen. Ein sukzessiver Abbau überzogener rechtlicher Regelungen, einer übertriebenen Bürokratisierung und das Schaffen von Freiräumen für einen neuen „Wind des Wettbewerbs" sollten letztlich zu größerer Motivation, zu besonderen Anstrengungen und damit auch zu besseren Ergebnissen in Schulen bzw. Universitäten führen. An Maßnahmen wären erforderlich: die Stärkung der Autonomie der Universitäten und Schulen, das Schaffen von Anreizsystemen, das Gewähren zusätzlicher Freiräume bei der Unterrichts- bzw. Studiengestaltung.

5. Vorrang für Investitionen in Bildung, Wissenschaft und Forschung.
Die Qualität des menschlichen Potentials in unserem Lande bestimmt in hohem Maße die Wettbewerbsfähigkeit unserer Gesellschaft und Wirtschaft. Investitionen in Bildung, Wissenschaft und Forschung sollten daher auch zu einer politischen Priorität werden, denn Bildungsoffensiven brauchen auch Geld. Eine Analyse des Bundeshaushaltes 1988 durch eine „Arbeitsgruppe Budget" der VÖI stellt die Gesamtansätze von Erziehung, Unterricht, Forschung und Wissenschaft mit knapp 56 Milliarden Schilling als zukunftsorientierte Ausgaben den 90 Milliarden Schilling vergangenheitsbezogener Ausgaben für Tilgungen und den Staatsschuldendienst gegenüber. Eine Budgetkonsolidierung und das Setzen neuer Prioritäten sind somit auch aus der Sicht der „Investitionen in die Zukunft" von besonderer Bedeutung.
Auch bei den Ausgaben für Forschung und Entwicklung (in Prozent des Bruttoinlandsproduktes) liegt Österreich mit 1,34 % weit abgeschlagen hinter anderen vergleichbaren Ländern (z. B. Schweiz: 2,6 %, BRD: 2,8 %). Geld ist jedoch nicht alles, die Effizienz des Mitteleinsatzes im Bildungsbereich wird mittels klarer Prioritätensetzung und durch die Überprüfung von Ergebnissen zu verbessern sein. Eine Reihe von Ansätzen gehen hier in die richtige Richtung, wie die Vorschläge zur Evaluation der österreichischen Physikforschung oder auch Ansätze zur Leistungsbewertung der Universitäten, wie sie die neue Novelle zum Universitätsorganisationsgesetz vorsieht.

6. Der Stellenwert naturwissenschaftlich-technischer Bildungswege entspricht in Österreich noch nicht der Bedeutung der technischen Entwicklung. Die oben erwähnte ERT-Studie zeigt, daß in Europa rund 39 new students, die ein Technikstudium beginnen, auf 100.000 Einwohner entfallen, während es in den USA und Japan 77 bzw. 76 sind. Österreich liegt bei ca. 54, allerdings, mit

einer durchschnittlichen Drop-out-Rate von rund 50 %: ein beachtlicher Nachholbedarf. Dazu kommt, daß in den nächsten Jahren 50% der Universitätsprofessoren technischer Richtungen in Pension gehen werden. Auf europäischer Ebene ist ein Wettbewerb um höchstqualifizierte Wissenschaftler und Forscher zwischen Industrie und Wissenschaft zu erwarten. Eine verbesserte Information der Jugend über die Möglichkeiten in diesen Bereichen sollte das Interesse an technischen Studien und Berufen verstärken.

7. Die Sicherung des qualifizierten Fachkräftenachwuchses wird ebenso eine wichtige bildungspolitische Aufgabe. Einerseits, um praktisch begabten Jugendlichen die sich bietenden Chancen zu eröffnen, andererseits aber auch, um den Unternehmen den qualifizierten Nachwuchs zu sichern. Die breite Palette an Aufgaben reicht von einer Imageverbesserung handwerklicher Bildungswege und Berufe über eine wirksame Bildungs-, Berufs- und Studieninformation bis zur Hebung der Attraktivität der Lehrlingsausbildung (Flexibilität, Fremdsprachen, internationaler Bezug, Begabtenförderung).

Darüber hinaus werden neue Möglichkeiten für Maturanten geboten werden müssen. Fachakademien, wie sie auch die Studie der Sozialpartner „Qualifikation 2000" vorschlägt, sollen besonders tüchtigen Absolventen der Lehrlingsausbildung weitere Bildungs- und Qualifikationsmöglichkeiten und ein berufsbezogenes Studium ermöglichen.

Die Vielfalt und die Intensität der Herausforderungen, die an das Geistpotential unseres Landes gestellt werden, stehen am Beginn eines neuen, vielleicht noch einschneidenderen Umbruches der Bildungslandschaft.

Internationalisierung des Lebens und Wirtschaftens, gesellschaftspolitisch einschneidende Veränderungen im Osten, eine damit vielleicht verbundene Verschiebung Österreichs von einer Randlage in den Zentralraum Europas, der Vormarsch der neuen Techniken in fast allen Bereichen unseres Lebens, ein Wertewandel, der vor allem unsere Jugend erfaßt hat, neue, höhere Ansprüche an fachliche, aber auch an menschliche Qualifikationen sind nur die Eckpfeiler einer Entwicklung, die nur gemeinsam, im Zusammenspiel aller gesellschaftspolitisch relevanten Kräfte, besonders auch mit der Wirtschaft, verarbeitet und umgesetzt werden können.

Im Rahmen einer umfassenden „Bildungsoffensive 2000" werden die Weichen für die Zukunft gestellt werden müssen.

Eva Petrik

BILDUNG GESCHIEHT DURCH BEGEGNUNG

Gedanken zum Begriff und zur Aufgabe (christlichorientierter) Erwachsenenbildung in der Gesellschaft heute.

1. Wesen und Ziel der Erwachsenenbildung

1.1. Bildung als Prozeß

Im herkömmlichen allgemeinen Verständnis gilt Bildung weitgehend als erwerbbares Gut: Man „hat sie oder hat sie nicht", wie eine Wohnung, ein Haus, wie Kleidung und Schmuck; wie jedes Kapital ist sie Existenzgrundlage und dient zugleich dem Prestige. Eltern lassen sie ihren Kindern zukommen: „solide Ausbildung" als Mitgift.

Eine solche Sicht von Bildung ist durchaus realistisch, und doch geht sie in ihrer Einseitigkeit am Wesentlichen vorbei: denn sie manifestiert einen *statischen* Bildungsbegriff. Wesensgerechter ist die *dynamische* Definition von *Bildung* als *Prozeß.*

Der Mensch selbst — und nur auf ihn hin kann Bildung definiert werden — ist ein „Wesen im Prozeß des Werdens — als unvollendetes, unfertiges Wesen in und mit einer gleicherweise unfertigen Wirklichkeit. In der Tat wissen die Menschen sich im Gegensatz zu anderen Lebewesen, die unfertig sind, aber nicht historisch, als unvollendet — sie sind ihrer Unfertigkeit gewahr. In dieser Unfertigkeit und in diesem Gewahrsein liegen die eigentlichen Wurzeln der Erziehung als ausschließlich menschlicher Ausdrucksform. Der unvollendete Charakter des Menschen und der Übergangscharakter der Wirklichkeit nötigen dazu, daß Erziehung und Bildung ein fortlaufender Vorgang ist. Bildung wird so fortwährend in der Praxis neu gemacht. Um zu sein, muß sie werden."[1])

Erwachsenenbildung versteht sich so — schulische, vor- und außerschulische Kinder- und Jugendbildung voraus- und fortsetzend — als lebenslanger Vorgang, der den Menschen erweckt, damit er seine Bildung mit zunehmendem Alter und zunehmender Reife mehr und mehr selbst steuern kann. Menschenerweckende Erwachsenenbildung (im Sinne *Ignaz Zangerles*) begleitet den Menschen vom „physisch-psychisch Erwachsenen zum geistig-charakterlich

Erwachsenen". Sie führt über die gebildete zur verantworteten Gesellschaft, über die Daseinserhellung zur Lebensbewältigung: „Wodurch wird aber der Mensch ein Erwachsener im Vollsinn des Wortes? Dadurch, daß er bestimmte, unausweichlich existenzielle Erfahrungen in seine Reflexion aufnimmt und die aus ihnen aufsteigenden Sinnfragen zu beantworten sucht. . . . Die Wesensgefordertheit einer spezifischen Erwachsenenbildung bestünde danach in einer besonderen Denkhilfe für den Erwachsenen, in einer Daseinserhellung, welche ihn instand setzt, stufenweise sein eigenes Dasein zu bewältigen, durch vertieftes Daseinswissen zu vermehrter Lebenskönnerschaft aufzusteigen."[2])
Da Sein und Werden des einzelnen nicht losgelöst gesehen werden können von der Gesellschaft, in der er lebt, mehr noch, die er mitbestimmt, dient Erwachsenenbildung nicht nur dazu, den einzelnen instand zu setzen, sein eigenes Leben sinnvoll zu gestalten, sondern auch „von seinem Standort in Familie, Beruf, Gesellschaft, Politik, Kirche und von den wesentlichen Erfahrungen des Menschseins aus die Welt zu verstehen, seinen Weg in dieser unbeständigen, wandlungsreichen Zeit zu finden und seine ihm zukommenden Verantwortungen wahrnehmen zu können."[3])

1.2. Bildung, die den ganzen Menschen erfaßt

Gleichermaßen einseitig wie der oben beschriebene statische Bildungsbegriff wäre — auf anderer Ebene — ein rein intellektualistischer. Ein solcher erfaßt nur den kognitiven Bereich, nicht aber den ganzen Menschen, der Leib und Seele ist, den Menschen mit Hirn, Herz und Hand, mit Verstand und Gemüt, Emotion und Kreativität, mit theoretischem Wissen und praktischem Können. Das alles sind menschliche Bereiche, die im Bildungsprozeß nicht nebeneinander herlaufen dürfen, sondern gemeinsam berücksichtigt werden müssen. (Darauf wird bei Fragen nach Inhalten und Methoden noch näher einzugehen sein.)
Bildung, die nur den Intellekt erfaßt, läuft zudem Gefahr, elitär zu bleiben und daher nicht jenen zu nützen, die der Bildung am meisten bedürfen. Ein menschengerechtes Bildungskonzept muß davon ausgehen, daß jeder *bildungsfähig* ist. Je nach eigener Geschichte, Anlage und Talenten sind die Grenzen in verschiedenen Bereichen des Personalen verschieden abgesteckt und sicher durch entsprechende Motivation zu erweitern. Ebenso ist jeder Mensch *bildungsbedürftig*, um sich entfalten zu können. Wenn allerdings solche Bedürfnisse unbewußt bleiben, sind möglicherweise gerade jene, die am bildungsbedürftigsten sind, am wenigsten *bildungswillig*. In gewissen Gruppen scheinen sich Widerstände, ja geradezu Angst vor Bildung aufzubauen. Daher ist nicht nur eine Aufwertung des emotionalen Bildungsbereichs anzu-

streben, sondern es ist auch zu überlegen, wie man Bedürfnisse weckt (nicht schafft, das wäre Manipulation) und bewußt macht.
Außerdem erhebt sich die Frage, ob die Vermittlung von Bildung nur eine Holschuld (für den von vornherein Bildungswilligen) oder nicht auch eine Bringschuld sei. (Wie der Erwachsenenbildner dieser Anforderung genügen kann, wird im folgenden noch zu überlegen sein.)

2. Bildungsinhalte

Bildungsinhalte sind unter zwei Aspekten zu formulieren: unter dem Aspekt des Bildungsziels und unter dem der Bildungsbedürfnisse. Weder für die vom Ziel noch für die von den Bedürfnissen her bestimmten Bildungsinhalte kann und soll hier ein Katalog, der nie Anspruch auf Vollständigkeit erheben könnte, aufgestellt werden. Wohl aber sind Bildungsinhalte aufzuzeigen, die aufgrund der gesellschaftlichen Gegebenheiten oder des immer deutlicher werdenden Paradigmenwechsels neu oder zumindest aus neuer Fragestellung resultieren.

2. 1. Inhalte aus dem Aspekt des Bildungsziels

Bildungsziel ist nach unserem dynamischen Bildungsbegriff der Mensch, der, physisch, psychisch, geistig und charakterlich erwachsen geworden, die Fähigkeit zum Weiterwachsen und -werden nicht verloren hat; ja, der Reiz daran mit zunehmender Reife noch größer wird.

Erwachsenwerden und -sein mißt Liégé an folgenden Kriterien[4]):
- eine gewisse Einheit der Persönlichkeit erreichen,
- sein Leben auf Überzeugungen gründen,
- wissen, daß man für sein ganzes Leben selbst verantwortlich ist,
- sich als Mensch der Gemeinschaft, der Gesellschaft erleben,
- sein Leben aus der Erfahrungswirklichkeit gestalten können.

Hilfestellung für so verstandenes Erwachsenwerden gibt die Erwachsenenbildung mittels einer breiten Palette von Bildungsinhalten, die
- den Menschen in all seinen Bereichen betreffen und ihm ermöglichen, diese in Harmonie zu bringen (ganzheitliche Bildung),
- ihm ermöglichen, sich seiner persönlichen Erfahrung nicht nur zu stellen, sondern sie zu objektivieren und in einen historischen und gesellschaftlichen Kontext zu bringen,
- ihn befähigen, durch Einordnung der eigenen Erfahrung in ein größeres Beziehungsfeld zu einem Weltbild und zu Überzeugungen zu gelangen, aus denen heraus er in Verantwortung für sich und die Gesellschaft handeln kann.

2. 2. Einheit von Bildung — Einheit von Bildungszielen

Traditionsgemäß wird Erwachsenenbildung in zwei Sparten betrieben: berufsbildende Erwachsenenbildung, die die berufliche Fort- und Weiterbildung sowie Berufsumstiegs- und Wiedereinstiegshilfe zum Inhalt hat, und allgemeinbildende Erwachsenenbildung, die den Menschen in seiner „Freizeit" betrifft.

Aus der Sicht der Diskussion um einen neuentstehenden Arbeits- und Zeitbegriff und um ein dementsprechendes ganzheitliches Bildungsziel scheint zumindest die konsequent durchgezogene Differenzierung der Erwachsenenbildung in zwei „Bildungswelten" auf die Dauer problematisch. Denn sie ist das Ergebnis einer Entwicklungstendenz, die heute schon wieder rückläufig zu werden scheint.

Infolge der industriellen Revolution wurde die Gesellschaft in Produzenten und Konsumenten gespalten. Die Produktion für den Eigenverbrauch trat in ihrer Bedeutung gegenüber der Produktion für den Markt stark zurück. Das hatte zur Folge, daß die Qualität der „Lebenseinheit" weitgehend verlorenging:

- Im Berufsleben werden Güter oder Dienstleistungen „für den Markt" produziert und sind mit Gelderwerb verbunden, der wiederum Konsum ermöglicht (Wertschöpfung im Sinne von Kapitalvermehrung).
- In der Freizeit werden Produktionsgüter konsumiert; im besten Fall ist in diesem Bereich (ideelle und materielle) Wertschöpfung für den Eigenbedarf möglich.

Daraus entstand die verheerend verächtliche Abqualifikation jeder unbezahlten Tätigkeit, ob im familiären (Hausarbeit, Kindererziehung), sozialen (Betreuung von Kranken und Alten) oder kreativen Bereich (Umweltgestaltung . . .) als „nicht produktiv" — und das, obwohl das so entstandene ökonomische System ohne jene unbezahlte Arbeit zusammengebrochen wäre.
Erwachsenenbildung hat sich auf diese Situation eingestellt, indem sie im berufsbildenden Sektor Qualifikationsverbesserungen ermöglicht und damit die Erwerbschancen vergrößert und im allgemeinbildenden Sektor durch Persönlichkeitsbildung das Selbstbewußtsein stärkt. Damit hebt sie das Ansehen und die Wertschätzung der unbezahlten Arbeit.

Es stellt sich allerdings die Frage, ob die Erwachsenenbildung, obwohl unbezweifelt in beiden Sektoren unersetzlich, nicht gerade durch die strikte Abgrenzung der Bildungsbereiche die Teilung der Welt in Arbeits- und Freizeitwelt auch mit ihren negativen Folgen zusätzlich manifestiert.
Seit den siebziger Jahren ist weltweit eine sich rasch ausweitende Gegenbewegung im Gange, die, wie es scheint, in der Sehnsucht nach personaler Einheit

ihre Wurzeln hat und diese Einheit auch fördert. Der amerikanische Futurologe Alvin Toffler nennt sie die „Prosumenten-Welle". (Prosument ist der für Eigenkonsum Produzierende.)[5])
Die „Do-it-yourself"-Bewegung ist ein Phänomen, das weit über Hobby-Doing hinausgeht, weil „Dilettanten" sich mit fachlicher Kompetenz ausstatten und aus persönlicher Kompetenz Entscheidungen treffen und Tätigkeiten ausüben: Das betrifft Bereiche der Ökologie wie der Medizin, der Gestaltung der Natur wie der Wohnumwelt ebenso wie angewandte Kenntnisse in Technik und EDV und führt zu selbstverantworteter Lebens- und Beziehungsgestaltung auch dort, wo man sich früher unkritisch dem „Experten" überantwortete. (Die Gefahr der Übertreibung besteht im falschen Verzicht auf den Experten überhaupt.)
„Die Aktivitätsverlagerung vom Produktions- zum Prosumsektor sorgt auch in anderen Lebensbereichen für besseres Gleichgewicht. Eine wachsende Anzahl von Beschäftigten in der Produktion für den Markt hat nur noch mit Abstrakta zu tun — mit Worten, Zahlen, Modellen — und kaum noch mit Menschen. „Kopfarbeit" dieser Art mag für viele faszinierend und lohnend sein. Aber sie geht nicht selten mit dem Gefühl einher, allen profanen Ansichten, Geräuschen, Strukturen und Emotionen des Alltags entrückt zu sein. Tatsächlich ist vermutlich ein Großteil der gegenwärtigen Glorifizierung von Handwerk, Gartenarbeit, Bauern- und Arbeitermoden und dem, was man „Lastwagenfahrer-Chic" nennen könnte, nichts weiter als eine Kompensation für die anschwellende Flut des Abstrakten im Produktionssektor.
Im Prosum haben wir es dagegen mit einer konkreten, unmittelbaren Realität zu tun. Wir stehen mit Menschen und Dingen in direktem Kontakt. Teilzeit-Arbeit in Verbindung mit Teilzeit-Prosum wird immer mehr Menschen die Möglichkeit verschaffen, sowohl die Freuden der Handarbeit wie der Kopfarbeit, Konkretes wie Abstraktes zu genießen. In der Prosumentenethik kommt die Handarbeit, auf die man 300 Jahre lang herabsah, wieder zu Ehren. Und dieses neue Gleichgewicht wird höchstwahrscheinlich die Persönlichkeitsbildung beeinflussen."[6])
Arbeit wird so viel umfassender verstanden als Gelderwerb. Sie kann in zwischenmenschliche Beziehungen investiert werden oder in kreative, in höherem Sinne wertschaffende Tätigkeit, in der der Mensch seine Identität findet. Die Entkoppelung von Arbeit und Verdienst führt auch zu einem anderen Erleben von Zeit: nicht mehr streng geteilt, in Arbeitszeit (zur Erwerbstätigkeit) und Freizeit (für Konsumzwecke und zur Erholung), sondern beliebiger verfügbar. Dies um so mehr, als durch Verminderung der Arbeitszeit, in welcher Form auch immer: als Teilzeitarbeit oder als Kurzarbeit, viel mehr Zeit zur Verfü-

gung sein wird. Größere Quantität führt aber nicht automatisch zu größerer Qualität der Freizeit. „Die Befreiung von ökonomischen Kriterien bedarf in der Folge einer nicht-ökonomischen Sinngebung der Zeit; denn ohne Sinnangebot wird sie zur leeren, zur falsch privatisierten Zeit", stellt der Tübinger Ethiker Dietmar Mieth fest. Er plädiert für Freizeit, die von der frei verfügbaren zur frei gestaltbaren werden muß: „Die neue Sinngebung der Zeit, die aus der Dialektik von Arbeitszeit und Freizeit hinausführt, könnte man ‚Sozialzeit' nennen. Wir bedürfen der Sozialzeit in einem vierfachen Sinne: als Zeit, die rechte Balance zwischen Identität und Beziehung zu finden, als Zeit, den nicht ausschließlich ökonomischen Sinn der Arbeit zu entdecken und auszubauen . . .; als Zeit, gesellschaftliche Verantwortung praktisch zu lernen . . .; als Zeit schließlich, Formen der Vergemeinschaftung wieder zu erproben, die über Isolation und Überforderung der Kleingruppe hinausgehen und die nicht zuletzt auch zur religiösen Sinnstiftung erforderlich sind."7)

Der Gegentrend gegen die Zweiteilung der Welt (in Arbeits- und Freizeitwelt) und damit die Zweiteilung des Menschen — durch eine radikale Umwertung des Begriffs Arbeit und die begonnene Suche nach Sinngebung der Zeit entstanden — entwickelt sich „von unten nach oben", von der Erfahrung der Praxis her zur philosophisch-ethischen Begründung hin.

Diesen Trend zu unterstützen ist eine der aktuellsten und unersetzbaren Aufgaben der Erwachsenenbildung. Gerade eine Trendumkehr, wie sie sich hier vollzieht, muß durch Bildung begleitet sein. Sonst führt sie zu Verunsicherung und Einschränkung statt zu Entfaltung.

Allerdings wird Erwachsenenbildung diese Aufgabe in einer Situation, in der erwerbsmäßige und erwerbsfreie Wertschöpfungsarbeit, in der Arbeitszeit und Freizeit die zwischenliegenden Grenzen zu sprengen scheinen, nur erfüllen können, wenn Berufsbildende und Allgemeine Erwachsenenbildung nicht streng getrennt gesehen werden. Sicher werden aus praktisch-methodisch-didaktischen Gründen die zwei Bereiche erhalten bleiben müssen, aber nicht nebeneinander, sondern stark ineinander greifend:

- berufsbildende Erwachsenenbildung wird stärker interdisziplinär werden und die Bereiche der Persönlichkeitsbildung mehr berücksichtigen müssen, und

- allgemeine Erwachsenenbildung wird alltagsbezogener werden müssen und mit mehr Fachkompetenz auf die (erwerbliche und nichterwerbliche) Arbeitssituation einzugehen haben.

Monopolcharakter auf „Identitätsfindung und Beziehungsknüpfung" hat jedenfalls keine der Teilwelten mehr und daher auch keine der beiden Sparten der Erwachsenenbildung. Hier und weit darüber hinaus werden sich Felder der Zusammenarbeit auftun und entsprechend zu berücksichtigen sein.

2. 3. Bildungsinhalte, die den Bedürfnissen der Menschen und den Notwendigkeiten der Gesellschaft entsprechen

Der Weg, den Erwachsenenbildung geht, muß *vom Ziel bestimmt* sein, zu dem er führen soll. Daher ist eine dauernde Auseinandersetzung mit den Zielen und deren Überprüfung Voraussetzung dafür, überhaupt einen Weg einschlagen zu können. Auf der Suche nach dem Ausgangspunkt des Weges muß man bei den Bedürfnissen nachfragen: Das sind die Sehnsüchte, Wünsche und Nöte von Menschen und die Defizite der Gesellschaft. Wo heute Menschen — und nicht nur junge — ihre Nöte artikulieren, stößt man auf die neu und immer dringlicher gestellte Sinnfrage: Die Wende der euphorischen Fortschrittsgläubigkeit in der ersten Hälfte unseres Jahrhunderts, die sich auf Naturwissenschaft und Technik gegründet hat, tritt mit der Erfahrung ein, daß das Lebensgefühl weit hinter dem möglichen Erkenntnisstand zurückblieb und der technische Fortschritt die natürlichen Grundlagen, auf denen er beruht, zu zerstören im Begriff ist. Damit werden Lebensmöglichkeiten eingeschränkt statt erweitert. Die Erfahrung, daß die Sinnfrage naturwissenschaftlich nicht lösbar ist und daß die tradierten Werte allein nicht mehr genügen, fordert zur Suche nach neuen Werten heraus.

Wie Helmut Klages für die BRD beschreibt[8]) und wie durch Befragungen von Wiener Studenten bestätigt wird[9]), stehen zwei Wertkomplexe in Konkurrenz. Einerseits Werte der Konformität und Kontrolle über sich und die allgemeine Situation, kurz Konwerte (Anpassung, Pflichterfüllung, Daseinssicherung . . .), andererseits Werte des Nonkonformismus, kurz Nonwerte (Selbstverwirklichung, Mitbestimmung, Wunsch nach Veränderung). Die Spannung zwischen diesen beiden Wertfeldern ergibt sich nach Klages nicht nur zwischen Vertretern der einen oder anderen Richtung, sondern findet sich durchaus auch im einzelnen selbst. Insgesamt stellt Klages ein Abnehmen der Konwerte zugunsten der Nonwerte fest, ähnlich wie Wessely in Österreich. Das ist nicht unproblematisch und recht ambivalent, je nachdem, zu welchen Verhaltensnormen die jeweilige Wertakzeptanz führt. Übrigens war bei keinem der befragten Studenten Akzeptanz für den bevorzugten Wertkomplex in seiner Gesamtheit gegeben, sondern immer nur für einzelne Positionen.

Dies entspricht einem gesellschaftlichen Gesamttrend weg von einem einheitlichen Wertgebäude hin zum Wertepluralismus. Das Leben im Wertepluralismus braucht Hilfen. Erwachsenenbildung, die dabei effizient sein will, muß durch Information und Auseinandersetzung Entscheidung ermöglichen und

den Menschen ermutigen, diese Entscheidung selbst immer wieder neu zu treffen. Nur so kann er die Verantwortung für das eigene Tun und damit auch für die Mitwelt, mit der er in Beziehung steht, selbst übernehmen.
Vom ehemaligen Wissenschaftsminister Tuppy stammt der Satz: „Bildung bedeutet Übernahme von Sorge und Verantwortung für Zukünftiges." Im Hinblick auf die Gesellschaftsrelevanz von Bildung in einer Zeit rascher Wandlungen scheint mir die Frage nach Werthaltungen, die für das Bestehen in einer eher ungewissen Zukunft wesentlich sein werden, von großer Wichtigkeit. Einige solcher Werthaltungen reflektiert der Philosoph Hans Jonas in einem Beitrag „Werte von gestern und die Welt von morgen":

• Vorsicht im Sinn von Voraussicht:

„Wer wagt, gewinnt." Diese Maxime, die sich das Fortschrittsdenken mehrerer Generationen zu eigen machte, kann angesichts dessen, was heute auf dem Spiel steht und wofür Generationen nach uns büßen müßten, zur Verantwortungslosigkeit werden. Vorsicht hingegen, Erschrecken vor dem Furchtbaren, das, unbedacht ausgelöst, Eigendynamik entwickeln und nicht mehr eindämmbar sein könnte, ist nicht mehr Schwäche, sondern ein Akt der Moral und Verantwortung.

• Mäßigung und Selbstbeschränkung:

Angesichts der nahen Erschöpfung unserer Ressourcen und der Verschmutzung unseres Planeten ist eine neue Bescheidenheit der Zielsetzungen, der Erwartungen und unserer Lebensführung höchst dringlich. Selbstbeschränkung solcher Art ist nicht mehr nur eine Frage der persönlichen Moral, sondern eine Facette der Ethik der Zukunftsverantwortung.
Maßhalten im Konsum und Zügelung von Genußsucht sind durchaus traditionelle Tugenden. Heute ist eine ganz neue Art von Mäßigung notwendig geworden: Die *Zügelung des Könnens, des Leistens, des Forschungstriebs selbst.* War es früher eine unbestrittene Werthaltung, menschlichen Geist forschend einzusetzen und Können zu perfektionieren, so ist es heute mehr als fraglich geworden, ob wir in Zukunft auf allen Gebieten zu weiteren Höchstleistungen fortschreiten sollen, ja dürfen (Lebensverlängerung, Verhaltenslenkung, genetische Veränderung . . .). Grenzen zu setzen dort, wo man noch mehr erreichen könnte, und bewußt darauf zu verzichten, kann eine neue kritische Werthaltung von morgen sein: ein Fortschritt vom *Maßhalten im Gebrauch der Macht zum Maßhalten im Erwerb von Macht*[10]).
An diesen von Jonas aufgezeigten Werthaltungen wird klar, daß solche nicht mehr, wie dies Jahrhunderte hindurch der Fall war, von Generation zu Generation tradiert und durch das Hineingeborenwerden in Traditionen angeeignet werden können. Im Gegenteil: Es handelt sich um neue oder zumindest

in neuem Licht gesehene Werte, zu denen der Mensch nur durch Einsicht, Überlegung und persönliche Erarbeitung gelangen kann.
Solche Einsichten durch Information und Argumentation zu vermitteln und Überlegungshilfen zu bieten, ist unbestreitbare Aufgabe jeder ethisch fundierten Erwachsenenbildung.

3. Die adäquate Methode

An dieser Stelle soll weder eine Methodologie noch eine Didaktik der Erwachsenenbildung dargelegt werden. Es geht vielmehr um die Frage, durch welche Art der Vermittlung oder besser des Umgangs miteinander und mit den genannten Inhalten das gesteckte Ziel auf dem beschriebenen Weg am besten erreicht werden kann.
Drei Forderungen an die „Methode" scheinen mir wesentlich:

- Sie muß den Menschen zu persönlicher Reife, d. h. Entscheidungsfähigkeit und Selbstverantwortung, führen und darf ihn daher nicht abhängig halten.
- Bildung und Leben, Theorie und Praxis müssen eine sich gegenseitig befruchtende Einheit bilden.
- Bildung muß den *ganzen* Menschen betreffen und sie muß *alle* Menschen erreichen und berühren können. (Sie darf daher nicht elitär sein.)

3. 1. Entfaltung zu persönlicher Reife

Sollen Menschen fähig werden, bewußt die Sinnfrage zu stellen, mehr noch: sich ihr zu stellen und sich eigenständig auf die Suche nach Antworten zu machen, dann müssen in der Bildungsarbeit vornehmlich *Fragen aufgeworfen* werden. So wird zum Ergründen von Antworten — zum Forschen nach dem Grund — ermutigt.
Ein Erwachsenenbildner, der an ihn gerichtete Fragen ständig und eher vorschnell selbst beantwortet, verhindert den Denkprozeß, den er initiieren sollte. (Im heutigen Bildungsgeschehen kann man sich manchmal des Eindrucks nicht erwehren, daß sogar Antworten auf Fragen gegeben werden, die gar nie gestellt wurden!)
Paulo Freire, der als bedeutendster Volkspädagoge der Gegenwart gilt, nennt die oben geforderte Vorgangsweise „problemformulierende Bildung". In der gemeinsamen Arbeit am Problem tritt anstelle der „vermittelnden" die „dialogische" Methode. „Sie ist eine Lernsituation, in der das erkennbare Objekt die erkennenden Akteure vermittelt — den Lehrer einerseits und den Schüler andererseits. Dementsprechend bringt es die Praxis einer problemformulierenden Bildungsarbeit mit sich, daß der Lehrer-Schüler-Widerspruch aufgelöst wird."[11]) Denn der Erwachsenenbildner ist dann nicht allein Subjekt und

der Auszubildende nicht Objekt der Bildung — sondern beide sind Subjekt im Lernen am Objekt der Problemstellung. Beide machen sich gemeinsam auf die Suche nach Antworten. „Der Lehrer ist nicht länger der, der bloß lehrt, sondern einer, der selbst im Dialog mit den Schülern belehrt wird, die ihrerseits, während sie belehrt werden, auch lehren. So werden sie miteinander für einen Prozeß verantwortlich, in dem alle wachsen."[12])

Was Freire in der brasilianischen Volksbildungsarbeit als „Praxis der Freiheit" unumgänglich sieht, hat dieselbe Relevanz für die Befreiung des „charakterlich Erwachsenwerdenden" aus inneren und äußeren Denk- und Handlungszwängen unserer Gesellschaft der Ersten Welt: „In der problemformulierenden Bildung entwickeln die Menschen die Kraft, kritisch die Weise zu begreifen, in der sie in der Welt existieren, mit der und in der sie sich selbst vorfinden."[13])

3. 2. Einheit von Bildung und Leben, Theorie und Praxis

Die Schüler Freires *lernen an und in ihrer Lebenssituation:* So kann sich Einheit von Denken und Handeln entwickeln; ebenfalls eine Methode, die weit über das Wirkungsfeld Freires hinaus Allgemeingültigkeit hat.

Für Freire ergibt sich auch der notwendige Zusammenhang zwischen Theorie und Praxis aus dem dialogischen Prinzip: „Was das Wesen des Dialogs ausmacht, ist das Wort. Das Wort ist aber mehr als bloß ein Instrument, das den Dialog ermöglicht. Darum müssen wir seine konstruktiven Elemente ausfindig machen. Im Wort begegnen wir zwei Dimensionen: der ‚*Reflexion*' und der ‚*Aktion*' in so radikaler Interaktion, daß, wenn eines auch nur teilweise geopfert wird, das andere unmittelbar leidet. Es gibt kein wirkliches Wort, das nicht gleichzeitig Praxis wäre. Ein wirkliches Wort sagen, heißt daher, die Welt verändern. . . . Wenn ein Wort seiner Aktionsdimension beraubt wird, leidet automatisch auch die Reflexion. Da wird das Wort in leeres Geschwätz verkehrt, in Verbalismus. . . . Andererseits wird, wo einseitig die Aktion auf Kosten der Reflexion betont wird, das Wort in Aktionismus verkehrt. Letzterer — als Aktion um der Aktion willen — leugnet die wahre Praxis und macht Dialog unmöglich."[14]) Aktion und Reflexion bedingen einander. Anders formuliert: Jede gute Praxis muß sich theoretisch begründen lassen, und die beste Theorie bestätigt sich in einer lebbaren Praxis.

Um beide in Beziehung zu setzen, sind grundsätzlich zwei Wege möglich:

- der *deduktive*, der von der Theorie ausgeht und zur Praxis führt, um daran die Theorie wieder zu überprüfen,
- und der *induktive*, der von der Praxis ausgeht, um eine Theorie aufzubauen, die wiederum die Praxis begründen kann.

Welcher Weg zu wählen ist, wird meist am zu bearbeitenden Inhalt entschie-

den; das ist auch als andragogisch richtig argumentierbar. Trotzdem meine ich, daß Erwachsenenbildung zu oft den deduktiven Weg geht: Möglicherweise ist der schon erwähnte Widerstand gegen Bildung in manchen Schichten auch eine Abneigung gegen Theorie, der man den Lebensbezug von vorneherein abspricht.
Durch den induktiven Ansatz hingegen nimmt Bildung ihren Ausgang von der jeweils eigenen praktischen Lebenserfahrung und wird als brauchbar für die Alltagssituation empfunden.
In diesem Sinn ist der Mensch das Maß nicht nur für Ziel und Inhalte der Erwachsenenbildung, sondern auch für Weg und Methode.

3. 3. Der ganze Mensch und alle Menschen

Ob Erwachsenenbildung den ganzen Menschen und alle Menschen berühren kann, hängt direkt mit obigen Überlegungen zusammen. Ich möchte das an zwei Beispielen erläutern:

- der *ganze* Mensch:

Eine Bildungswerkstatt in NÖ, die das ganzheitliche Bildungsprinzip zu verwirklichen sucht, geht davon aus, daß „echte Werte nur in der Alltagswirklichkeit entstehen und gepflegt werden" können. — „Themen für die Arbeit ergeben sich aus unmittelbarer Betroffenheit . . ." Pfeiler der Arbeit sind: miteinander leben; geistig und körperlich arbeiten (z. B. in der Landwirtschaft); sich gemeinsam engagieren (z. B. für Umweltfragen); Verbindung zum eigenen Körper (Gesundheitsgymnastik) und zu den eigenen schöpferischen Quellen finden (Kreativwerkstätten) . . .[15])
Wiewohl mir hier einige Dimensionen des Menschlichen zu fehlen scheinen (z. B. die religiös-transzendentale) und ein solcher Versuch sicher nicht allgemein übertragbar ist, ist er doch vom Ansatz her bemerkenswert.

- *alle* Menschen:

Der Dominikaner Frei Betto aus Sao Paulo erzählt aus seiner Bildungsarbeit in einer Basisgemeinde:
Als er einmal Zweifel an der Verständlichkeit eines Arztes hegte, der in sehr abstrakter Sprache Müttern die Wichtigkeit des Stillens erläutert hatte, und deshalb eine der Mütter fragte, warum nun Muttermilch gut für Kinder sei, bekam er zur Antwort: „Das weiß ich nicht. Ich habe nicht studiert wie Dr. Raul." Darauf Betto: „Dona Maria, können Sie kochen?" — „Dr. Raul, können Sie kochen?" — Die Antwort im ersten Fall selbstsichere Bejahung, im zweiten verunsichert: „Nicht einmal Kaffee . . ." Auf Bettos Bitte erklärt Dona Maria anschaulich, wie ein Huhn in Soße zubereitet wird; was Betto zu der Bemerkung veranlaßt: „Sehen Sie, Dona Maria, wenn Sie und Dr. Raul sich im Wald

verirrt hätten und es gäbe nur ein Huhn: Er würde trotz all seiner Kultur verhungern. Sie dagegen nicht!" Und er fügt hinzu: „An diesem Tag entdeckte sie, daß parallele Kulturen existieren, aber keine übergeordneten oder minderwertigen. Das war sehr wichtig. Möglicherweise können wir eine Ausdrucksweise der Volkskultur gar nicht ‚lesen'. Aber das ist dann unser Problem. Wir müssen diese Leseweise aber lernen, auf eine andere Weise hat die Volksbildung keine Chance."[16])

4. Der Erwachsenenbildner — zwischen Lehrauftrag und Streetwork

So verschieden Erwachsenenbildner nach Ausbildung, Talent und Charakter auch sein mögen, zwei Voraussetzungen sind unabdingbar: sich *einlassen* und andere *freilassen* können.

4. 1. Einlassen

Sich einlassen heißt, sich identifizieren

- mit dem, *was* man vermitteln will: Den Lehr-„Auftrag" aus eigener Verantwortung erfüllen, heißt bei sich selbst die Einheit von Lehre und Leben wagen wollen;
- und mit dem, *dem* man vermitteln will — um geben und nehmen zu können. Dazu Freire: „Dialog kann freilich nicht existieren, wenn es an der tiefen Liebe für Welt und Menschen fehlt. . . . Liebe ist zugleich Begründung des Dialogs und der Dialog selbst." (Freire 1973, S. 72, 73)[17])

Vom Grad des Einlassens wird es auch abhängen, wieweit in eher unteren sozialen Schichten Bildungsängste abgebaut und elementare Bildungsbedürfnisse bewußt gemacht und befriedigt werden können.

Hier erhebt sich nochmals die schon gestellte Frage: Ist Bildung Hol- oder Bringschuld? Ich glaube, sie ist beides.

Wo Barrieren und wesentliche Defizite bestehen (eines bedingt ja meist das andere!), ist sie sicher Bringschuld. Wir können nicht warten, bis „Bildungshungrige" kommen. Um Hunger und Not zu wenden, muß man zu den Hungernden gehen (und das nicht nur bei den Alphabetisierungskampagnen in den lateinamerikanischen Slums!). Im Extremfall kann der Erwachsenenbildner zwar nicht Wanderprediger, aber doch Streetworker sein: einfach (physisch und psychisch) anwesend, wo Not ist; mitlebend und bereit, sich fragen zu lassen; wissend, daß er nicht immer Antworten parat hat; aber durch das Gemeinsam-Leben verstehen lernend und Vertrauen weckend und Halt gebend.

Auch und gerade das ist menschenerweckende Erwachsenenbildung.

4. 2. Freilassen

Auch in dialogischen Prozessen, die keine Oben-Unten-Strukturen erzeugen, können sehr starke Bindungen, wenn nicht Abhängigkeiten entstehen.
Der Erwachsenenbildner muß aus Bindung freilassen können, nur so kann er zu Mündigkeit und Reife helfen. Der Bildungsprozeß ist damit nicht zu Ende, aber es wurde Hilfe zur Selbsthilfe geleistet.
Selbsthilfe: das betrifft nicht nur die Auswahl aus dem Bildungsangebot oder die etwaige Wahl einer Selbstbildungsgruppe, sondern auch die Fähigkeit zur Selbstbildung, zum „learning by doing" oder anders gesagt: zum *Lernen aus der eigenen Welterfahrung.*

5. Christlich orientierte Erwachsenenbildung

5. 1. Zur Begriffsbestimmung

„Das Apostolat im sozialen Milieu, nämlich das Bemühen, die Mentalität und die Sitten, die Gesetze und die Strukturen der Gemeinschaft, in der einer lebt, im Geiste Christi zu gestalten, ist so sehr Aufgabe und Pflicht der Laien, daß sie von anderen niemals entsprechend erfüllt werden kann. In diesem Bereich können die Laien ein Apostolat unter ihresgleichen ausüben. Hier ergänzen sie das Zeugnis des Lebens durch das Zeugnis des Wortes." (Dekret über das Apostolat der Laien 3/13, Zweites Vatikanisches Konzil).
Diesem Auftrag des Zweiten Vatikanums an den Laien, „das Zeugnis des Lebens durch das Zeugnis des Wortes zu ergänzen", zu erfüllen und dadurch Christen immer mehr dazu zu befähigen, ist Sinn und Ziel der Erwachsenenbildung in kirchlicher Trägerschaft.
Jeder Christ in der Gesellschaft von heute muß zugleich „verkündigungsreif und weltmündig" sein (Zangerle). Daher braucht die Kirche eine Erwachsenenbildung, „die sich nicht als ein Vorwerk der Festung Kirche versteht, sondern als eine breite Brücke, auf der ein lebhaftes Kommen und Gehen, ein heftiger Austausch von Kirche und Welt stattfindet."[18])
Brückenfunktion ausüben heißt, Spannungen ausgesetzt sein: Spannungen zwischen „Frömmigkeit und Mündigkeit, zwischen einer bis ins Mystische reichenden Glaubenserfahrung und einem fast an Selbstaufgabe grenzenden Weltdienst", heißt auch sich davon „nicht mutlos machen lassen, sondern im Gegenteil, sie lebt von diesen Spannungen, sie erneuert sich ständig an ihnen. Vielleicht würde es sich daher in dieser Perspektive empfehlen, künftig nicht mehr von kirchlicher Erwachsenenbildung zu sprechen, auch nicht mehr von katholischer . . . sondern . . . von christlich orientierter Erwachsenenbil-

dung, d. h. von einer Erwachsenenbildung christlicher Erwachsenenbildner, welche gemeinsam versuchen, aus ihrem Glauben heraus Menschen so zu Christen zu erwecken, daß ihre höchsten menschlichen Fähigkeiten Charismen werden können."[19])

Im Sinne dieser Überlegungen von Ignaz Zangerle, dem Nestor der Erwachsenenbildung der katholischen Kirche in Österreich, sollte man sich für die erwachsenenbildnerischen Initiativen der katholischen Kirche dieses Terminus bedienen, der mehr aussagt und weniger einengend ist als die tradierten.

5. 2. Inhalte und Wesen christlich orientierter Erwachsenenbildung

„So wie der Christ nicht aus dem Leben dieser Welt herausgehoben ist, sondern gerade in bezug zu dieser Welt und der damit verbundenen Spannung seinen christlichen Glauben zu leben suchen muß, so ist es auch der Erwachsenenbildung im kirchlichen Raum aufgetragen, . . . dem Menschen heute in der Verwirklichung seines Lebens und bei der Bewältigung der damit verbundenen Fragen und Probleme . . . beizustehen, ihn zu unterstützen und ihn lehrend zu befähigen, selbst seine Lebensverwirklichung zu lernen. . . . Denn gerade in der Erwachsenenbildung kann es gelingen, im Lernprozeß heutiger Probleme auch die von christlicher Grundhaltung getragene Perspektive einzubringen und in die Lösungserarbeitung einfließen zu lassen.

Thematisch ist damit kein sachlicher Bereich ausgeschlossen; ja, es wäre verhängnisvoll, im Blick auf die Gesamtbestimmung des Menschen hier irgendeine Einschränkung vorzunehmen. . . . Was die kirchliche Erwachsenenbildung dem Menschen heute anzubieten hat, ist eben diese christlich geprägte Perspektive heutiger Weltprobleme."[20])

Ebenso verhängnisvoll wäre eine Einschränkung in bezug auf Wege und Methoden der Erwachsenenbildung in kirchlicher Verantwortung. Daher gilt alles bisher allgemein über die Erwachsenenbildung Gesagte selbstverständlich auch für die christlich orientierte, manches sogar in zwingenderer Konsequenz (zum Beispiel, was die Person des Erwachsenenbildners betrifft).

Zu fragen ist vielmehr nach dem Spezifikum, nach dem darüber Hinausführenden, nach dem, was die „christliche Grundhaltung" und Orientierung eigentlich ausmacht.

5. 3. Das spezifisch Christliche

• Der Mensch als Abbild Gottes

„Wenn Erwachsenenbildung heute grundsätzlich vom Teilnehmer ausgeht und dies deshalb tut, weil sie ihn als Menschen, als personales Wesen akzeptiert und ernst nimmt, setzt dies aus christlicher Sicht zunächst eine Reflexion über das *zugrundegelegte Menschenbild* . . .voraus. . . . Nach Genesis 1,26—27 zeichnet sich der Mensch vor allen anderen Geschöpfen darin aus, daß er ‚als Abbild Gottes' geschaffen wird."[21]) Der Mensch ist der, der von Gott persönlich beim Namen gerufen wird.

• Orientierung an Jesus

Die „Gottebenbildlichkeit des Menschen" wird durch das Christusgeschehen, durch den Glauben an den auferstandenen Herrn freilich auf eine neue Ebene gestellt: „Wenn jemand in Christus ist, dann ist er eine neue Schöpfung. Das Alte ist vergangen. Neues ist geworden" (2 Kor 5,17).

Die Entwicklung und Bewußtmachung eines aus den zentralen Aussagen des Evangeliums geformten Menschenbildes und eines aus diesem Blickwinkel reflektierten Selbstverständnisses muß ein wesentliches Grundanliegen katholischer Erwachsenenbildung sein.

Die Orientierung an der Person Jesu von Nazareth ist auch für den Erwachsenenbildner in seiner Tätigkeit selbst richtungweisend: Jesus, der seine Botschaft den erwachsenen Menschen seiner Zeit verkündete, machte selbst im Hineinwachsen in seine Sendung einen Lernprozeß durch, der erst mit seinem Tod zur Erfüllung kam: „Ein Lernen also aus der Verwirklichung seiner Sendung in seinem Leben! Besinnung und Ausrichtung auf die Person Jesu müßte also einen gleichsam theoretisch-methodischen Schwerpunkt ebenso aufweisen wie einen persönlich-spirituellen."[22])

5. 4. Was kann die Gesellschaft von der christlich orientierten Erwachsenenbildung erwarten?

Kirchschläger beschreibt die Erwartungen der Gesellschaft aus seiner Sicht als Wissenschaftler ebenso wie aus der Erfahrung als Familienvater. „Gerade die heute sehr pluralistisch strukturierte Gesellschaft fordert die Offenheit auch und gerade des Christen für alle Bereiche und Probleme des Lebens. Diese vielfach suchende Gesellschaft erwartet demnach von erwachsenenbildnerischen Vorgängen unter dem spezifisch artikulierten Träger „Kirche" die Bereitschaft, auf der Basis von sachlichem Wissen, methodisch-didaktischem Können und Einsatz der entsprechend motivierten und geprägten Persönlichkeiten mitzusuchen nach einer Antwort und nach Lösungsmöglichkeiten zu allen vielfältig drängenden Fragen, Sorgen und Nöten unserer Zeit. . . . Christliche Werte und Inhalte werden in sehr vielen Fällen . . . dadurch zum Tragen kommen, daß der sachkundige Leiter, Referent, Mitarbeiter oder Teilnehmer seinen Beitrag zu einer Problemlösung aus seinem christlich motivierten und fundierten Verantwortungsbewußtsein formuliert und als Mensch, der ein Glaubender sein will, den anderen begegnet."[23])

Bildung geschieht, wie gezeigt wurde, *in der Begegnung:* zwischen Menschen, die im Bildungsprozeß geben und nehmen, zwischen Menschen und Bildungsinhalten, schließlich zwischen Gott und Mensch.
Orte der Begegnung sind in unseren beziehungsfeindlichen Gesellschaftsstrukturen für die menschliche Entfaltung von entscheidender Bedeutung. Kirche muß Ort der Begegnung sein — zwischen Gott und Mensch und zwischen den Menschen.
Wo Bildung in kirchlicher Trägerschaft und christlicher Orientierung stattfindet, kann sie diese Plattform für Begegnung sein und der Kirche ermöglichen, ihrer Bestimmung gerecht zu werden.

Anmerkungen

[1]) Freire, Paulo, Pädagogik der Unterdrückten — Bildung als Praxis der Freiheit, Reinbek bei Hamburg 1973, S 68.

[2]) Zangerle, Ignaz, Unterwegs zu einer christlichen Erwachsenenbildung, Salzburg 1987, S. 12 f.

[3]) Zitat Messerschmidt, bei Zangerle, s. Anm. 2, S. 17.

[4]) Liégé, A., Mündig in Christus — Psychologische und theologische Grundlagen der religiösen Erwachsenenbildung, Freiburg 2 1961.

[5]) Toffler, Alvin, Die dritte Welle — Zukunftschance, München 1980.

[6]) Toffler, a. a. O. S. 387.

[7]) Jonas, Hans/Mieth, Dietmar, Was für morgen lebenswichtig ist — Unentdeckte Zukunftswerte, Freiburg 1983, S. 70.

[8]) Bretschneider, Rudolf, Wertewandel aus der Sicht des Meinungsforschers, Referat bei der Sommerakademie in Bad Leonfelden Juli 1987.

[9]) Wessely, Klaus, Wertwandel und Paradigmenwechsel in der Wachstumskrise der Industriegesellschaft, Referat Wien 1985.

[10]) Jonas/Mieth, a. a. O.

[11]) Freire, a. a. O. S. 64.

[12]) Freire, a. a. O. S. 65.

[13]) Freire, a. a. O. S. 67.

[14]) Freire, a. a. O. S. 71.

[15]) Mössler, Eva, Lernen mit Hirn, Herz und Hand, in: Guth Helmut/Stirnemann Alfred, Politische Bildung — Zeitschrift für Erwachsenenbildung, Mattersburg 2/1987.

[16]) Freire, Paulo/Betto, Frei, Schule, die das Leben heißt, München 1986, S. 67.

[17]) Freire/Betto, a. a. O., S. 72, 73.

[18]) Zangerle, a. a. O. S. 109.

[19]) Zangerle, a. a. O. S. 109f.

[20]) Kirchschläger, Walter, Erwachsenenbildung in katholischer Trägerschaft — Überlegungen zum christlichen Spezifikum, in: BAKEB, (Hrsg.): Menschenerweckende Erwachsenenbildung — Festschrift für Ignaz Zangerle, Wien 1983, S 126.

[21]) Kirchschläger, a. a. O. S. 124.

[22]) Kirchschläger, a. a. O. S. 123.

[23]) Kirchschläger, a. a. O. S. 127.

Entwicklungshilfe als soziale Verantwortung

Dolores M. Bauer

VERPFLICHTUNG ZUM FRIEDEN

Es ist an sich nicht meine Art, gesetzte Fristen zu überschreiten. Aber diesmal habe ich den Weg an die Schreibmaschine immer wieder hinausgeschoben und das keineswegs, weil mich das mir gestellte Thema nicht interessiert hätte, ganz im Gegenteil. Aber in einer Zeit, in der sich die politische Umgestaltung Osteuropas im Eilzugtempo vollzieht, verändern sich auch die Dimensionen des Begriffes Frieden. Wenn ich tatsächlich, wie versprochen, im Herbst das Manuskript geschrieben hätte, würde einfach sehr vieles nicht mehr stimmen. Man kann über Frieden und die Verpflichtung des Christen zum Frieden nicht von der historischen Realität losgelöst schreiben, da der Begriff Frieden nun einmal eine wesentlich politische Komponente hat.
Freilich deutete sich auch im September schon einiges an, aber die wirklichen, dramatischen Veränderungen der weltpolitischen Situation, die kamen erst in den vergangenen Wochen, Tagen, Stunden. Und auch wenn ich heute, in diesen letzten Tagen des ereignisreichen Jahres 1989, am Vorabend eines neuen Jahrzehnts, über Frieden nachzudenken versuche, weiß ich nicht, was von dem, was ich schreiben werde, bei Erscheinen des Buches für *Eduard Ploier* noch zutreffen wird.
Nach den blutigen Tagen in Rumänien, dem gewaltsamen Tod des Tyrannenpaares Elena und Nicolai Ceausescu, ist auch — von Albanien nun einmal abgesehen — die letzte Bastion des kommunistischen Systems in Osteuropa gefallen. Unsere näheren und ferneren ost- und nordeuropäischen Nachbarstaaten befinden sich — so dürfen wir hoffen — auf dem Weg zu einer neuen, demokratischen Gesellschaft. Freilich ist das ein von vielen Faktoren bedrohter Weg, ist die Entwicklung noch keineswegs gesichert, aber umkehrbar ist der Prozeß nicht mehr, und auch die Frage nach der künftigen Sinnhaftigkeit und Notwendigkeit der beiden Militärblöcke wird bereits gestellt.
Das vergangene Jahrzehnt war geprägt vom sogenannten „Gleichgewicht des Schreckens", von einer Taktik der gegenseitigen Abschreckung, von einer sich immer schneller drehenden Rüstungsspirale und explodierenden Militärbudgets. Wir durchlebten eine Zeit des Kalten Krieges, und das „no future"-Denken der jungen Generation hatte in der Angst vor dem atomaren Holocaust, der täglich drohenden Auslöschung der Menschheit, ja des Lebens an sich, seine Wurzeln. Aus dieser Entwicklung wurde dann auch das wohl verrückte-

ste Verteidigungsprogramm der Weltgeschichte, Reagans SDI, geboren, das die „Fenster der Verwundbarkeit" des Westens schließen sollte. Es bedurfte erst eines Mannes wie Michail Gorbatschow, der das Eis der verhärteten Fronten zwischen den großen Militärblöcken angetaut und dann tatsächlich, wie es jetzt ausschaut, zum Schmelzen gebracht hat und der dem alternden Hollywood-Schauspieler auf dem amerikanischen Präsidentenstuhl die Angst vor dem „Reich des Bösen" genommen hat.

Freilich geben die bisher geschlossenen Abrüstungsverträge der Welt noch keine Sicherheit. Das Vernichtungspotential lagert immer noch in den Silos des Todes, atombewehrte Raketenköpfe werden immer noch in Flugzeugen und U-Booten „spazierengeführt", und irgendein Zwischenfall kann immer noch Unsägliches auslösen. Freilich ist die politische Situation in der Supermacht UdSSR noch lange nicht gefestigt. Wirtschaftliche Not, Kälte und Hunger, politische Kurzschlußhandlungen, nationalistische Irrationalismen — das alles kann noch zu Schlimmem führen —, aber die Weichen für das letzte Jahrzehnt des 20. Jahrhunderts scheinen langfristig in Richtung Frieden gestellt.

Die biblische Vision vom „Umschmieden der Schwerter in Pflugscharen" hat jetzt und hier, sozusagen am Rande des Abgrundes, vorstellbare Konturen bekommen. — Da müßte allerdings der Geist des Friedens, der den kommunistischen Monolithen aufgebrochen hat, erst einmal kräftig durch die Köpfe der Rüstungslobbies wehen und die Hochburgen des Mammon leerfegen. Diese Leute brauchen die Feindbilder, je irrationaler, desto besser, sie brauchen die Angst und das Mißtrauen, sie brauchen den Krieg, um ihre Milliardenprofite abschöpfen zu können. Aber da in diesem Jahr so viel Unmögliches möglich geworden ist, ist doch ein Schimmer von Hoffnung angesagt.

Es könnte also sein, daß es der Menschheit doch noch gestattet ist, lebend aus einem Alptraum zu erwachen, allerdings nur, wenn sie bereit ist, sich der brennenden Probleme dieser Welt tatkräftig und innovativ anzunehmen.

Um einen dauerhaften Frieden

Einen dauerhaften Frieden, so etwas, was wirklich den Namen Weltfrieden verdient, wird es nur dann geben können, wenn es uns gelingt, nicht nur in Osteuropa, sondern weltweit Gerechtigkeit zu schaffen: durch eine neue Weltwirtschaftsordnung, durch eine bessere Verteilung der materiellen Güter, die, wie Johannes Paul II. in seiner Enzyklika „Sollicitudo rei socialis" schreibt, „im Grunde allen Menschen gehören".

Es wird und muß darum gehen, daß wir jetzt nicht hämisch in den Osten schauen und mit klammheimlicher Freude den Zusammenbruch des kommunistischen, also des „anderen" Systems, beobachten. Es wird und muß darum gehen, daß wir mit klaren Blicken den Süden der Welt betrachten, wo *unsere* Opfer, die Opfer des westlichen Wirtschaftssystems zu Millionen leiden und sterben. Es wird in diesen Wochen sehr oft von den 40 Millionen Menschen gesprochen, die in der Sowjetunion an und unter der Armutsgrenze leben. Wer aber spricht von den 110 Millionen Menschen, die in dem ach so demokratischen, feudalkapitalistischen „Schwellenland" Brasilien von der Armut ins Elend abrutschen, nur weil eine winzige Minderheit von Superreichen und eine ganze Armada multinationaler Konzerne das Land und die Menschen ausbeuten.

Einen dauerhaften Frieden kann und wird es nicht geben, wenn wir darin fortfahren, unsere Mitwelt, die Lebensgrundlagen kommender Generationen zu zerstören, die Böden bei uns und anderswo auslaugen, die Flüsse und Meere vergiften, die Luft verseuchen und es zulassen, daß immer mehr Gift in die Nahrungskette kommt, an deren Ende wir selbst, wir Menschen, stehen. Wenn es nicht glückt, die Schöpfung zu bewahren, Mensch und Natur wieder zu versöhnen, zu befrieden, wird es nicht möglich sein, Gerechtigkeit zu schaffen, und wenn uns das nicht glückt, wird der Friede eine Chimäre bleiben und sich das, was wir jetzt zu sehen glauben, als Luftschloß, als Trugbild erweisen. Das Pflänzchen „Friede", das dem neuen Jahrzehnt entgegenzukeimen scheint, ist noch sehr schwach und verletzlich, weil der Boden, auf dem es wachsen möchte, eine mit Blut geschriebene Geschichte ist.

Die Verpflichtung — vor allem für uns Christen —, für den Frieden zu kämpfen, Frieden möglich zu machen, bleibt also — unvermindert und ungeteilt. Gerade in diesem erregenden Augenblick der Geschichte geht es darum, sich sehr klare und auch durchaus unangenehme Fragen zu stellen, wenn wir den von Haß und Neid, Gewalt und Krieg verseuchten Boden der Geschichte entgiften und dadurch Frieden möglich, dauerhaft möglich machen möchten. Einer der großen Hirten unserer Tage, der brasilianische Alt-Erzbischof Dom Helder Camara, erzählt in einem seiner Meditationsbücher eine kleine Geschichte von großer Bedeutung: „Ich erinnere mich, daß ich eines Tages, als ich einen Franziskaner vor meinem Fenster vorbeigehen sah, zu mir sagte: ‚Wie mutig ist es, den Namen des Franz von Assisi zu tragen'. — Und wir haben den Mut und die Kühnheit, den Namen Christi zu tragen, wir, die wir uns Christen nennen. Welche Verantwortung liegt da auf uns?!"

Was ist da eigentlich passiert, daß wir uns dieser Verantwortung für das Kommen des Friedensreiches so selten und so rudimentär bewußt sind? — Was ist uns denn da auf dem Weg zwischen dem Ostermorgen in Jerusalem und heute verlorengegangen? — Wie konnte es geschehen, daß wir uns durch die Jahrhunderte bis heute immer wieder die Hände mit dem Blut unserer Schwestern und Brüder besudelt haben, obwohl wir auf Tod und Auferstehung dessen getauft sind, der da sagte: „Meinen Frieden gebe ich Euch, meinen Frieden hinterlasse ich Euch!"

Die Bergpredigt als Konzept

Dabei hätten wir ja die Rezeptur des Bergpredigers, die uns zeigt, was zu tun wäre, würden wir ihm tatsächlich nachfolgen und uns des Weltwurzelhaften des Reiches Gottes bewußt werden. Steht da nicht im Zentrum dieser Lehrensammlung des Evangelisten Matthäus die „Goldene Regel" mit den einleuchtenden und klaren Worten: „Alles, was ihr wollt, daß euch die Menschen tun, das sollt auch ihr ihnen tun." — Und dann werden die Liebenden selig gepriesen, die Sanftmütigen, die Gerechten, die Barmherzigen, die Wahrhaftigen und jene, die den Frieden tun und keine Gewalt anwenden.
Das wäre ein Programm, das uns viel erspart hätte und immer noch ersparen würde. Von heute aus erscheint das trotz der neuen Entwicklungen natürlich schwierig zu sein, weil schon so vieles schiefgelaufen ist und wir auf den Schienen falscher Traditionen festgefahren sind. Aber gerade in einer Zeit wie der jetzigen, die uns wieder einmal bewiesen hat und beweist, daß Utopien doch realer sind als die Sachzwänge in den Hirnen der Mächtigen, daß Undenkbares schneller denkbar und wirklich werden kann, als wir alle uns das hätten auch nur träumen lassen. Vielleicht hätte heute die Realutopie des Mannes aus Nazareth eine neue, vielleicht sogar eine bessere Chance als damals, da man diese Grundwerte jesuanischer und damit biblischer Ethik ziemlich schnell unter den Teppich gekehrt, das heißt, ins stille Kämmerlein privater Frömmigkeit verbannt hat.
Es waren nur die ersten christlichen Gemeinden, in denen im Gedenken an das Gloria der Heiligen Nacht noch Gewaltlosigkeit und Feindesliebe gelebt wurden. Ihre Ältesten und Theologen waren nicht müde geworden zu fordern, daß man niemanden, auch den Fremden, den anderen nicht hassen dürfe und daß man eher sein eigenes Blut vergießen sollte, als Hände und Gewissen mit fremdem Blut zu beflecken.
Doch bei der rasch wachsenden Mitgliederzahl der jungen Kirche war dann schon ziemlich früh die Ansicht aufgetaucht, daß die radikalen Forderungen der Bergpredigt nur für Auserwählte, für Asketen und Mönche Geltung hätten. Vielleicht hat diese Auffassung einer gewissen pastoralen Realität Rechnung getragen, das mag durchaus sein, aber die Kehrseite der Medaille ist, daß durch die Aufteilung die Realisierung der Bergpredigt mehr oder weniger der privaten Frömmigkeit einiger heiliger Männer und Frauen überlassen blieb,

während auf die Verchristlichung der Welt weitgehend verzichtet worden ist. Damit konnte also der Zug in Richtung einer Fortsetzung, ja Eskalierung der Gewalt schon ziemlich früh abfahren, der Verrat an der Botschaft des Gekreuzigten beginnen.
Als man sich dann unter Kaiser Konstantin als Staatskirche etablierte und auch in weltliche Machtpositionen einrückte, wurden aus den radikalen christlichen Wehrdienstverweigerern bald tapfere Soldaten des römischen Weltreiches und in der Folge so vieler sogenannter christlicher Reiche. Die Botschaft vom Frieden, das Gebot der Nächsten- und Feindesliebe wurden zu frommen Worthülsen verdünnt.
„Kann man denn die lieben, die uns hassen und uns Böses tun? Ist das nicht nur eine sittliche Utopie?" — fragt mit vielen der bekannte jüdische Theologe Pinchas Lapide. Ungewöhnlich ist seine Antwort, die aber erst bei der Rückübersetzung ins Hebräische zutage tritt, indem sie deutlich macht: „Hier wird weder Sympathie noch Gefühlsduselei, Rührseligkeit und Selbstaufgabe gefordert, sondern einzig und allein das *Tun*, übrigens eine der häufigsten Vokabeln im Sprachschatz Jesu Christi. Im Gebot der Nächstenliebe steht nämlich auch nicht, wie wir gemeinhin meinen: ‚Liebe deinen Nächsten' im Akkusativ, sondern im sogenannten dativus ethicus, und das heißt dann: Wende dich deinem Nächsten liebevoll zu — oder: Erweise ihm Liebestaten — oder: Tu ihm Liebe an. Mit einem Wort: Lebe ihm zuliebe und nicht zuleide. Und Feindesliebe so, also jesuanisch verstanden, heißt dann eben auch viel mehr, als gute Miene zum bösen Spiel zu machen, indem man den Gegner erträgt oder ihn sich mit glatter Höflichkeit vom Leibe hält, sondern es geht um ein redliches Bemühen, ein Werben und Ringen um den anderen, damit er sich ändere, seinen Haß aufgebe und zum Bruder werde. Kurzum, es geht um eine Theo-Politik der kleinen Liebesschritte, die darauf abzielt, daß der Gegner aufhört, ein Gegner, der Feind aufhört, ein Feind zu sein."
Diese Bergpredigt ist eine sogenannte Reden-Komposition, eine Sammlung kleinerer Einzeltexte, eine pädagogisch brillant aufgebaute Zusammenschau der ethischen Weisungen des Nazareners. Sie ist gleichsam als eine Art Grundschule, als elementare Einübung ins Christentum gedacht gewesen. Matthäus, sicherlich eine der großen Lehrergestalten der Urkirche, geht es dabei ganz offensichtlich um ein praktisches Christentum der Tat.
Ein Glaube, der sich nicht im Tun äußert und bewährt, ist für Matthäus, wie für Jesus Christus selbst, ein unzureichender Glaube. Es geht um die Praxis Jesu, und diese Praxis Jesu war keineswegs eine der Anbetung im stillen Kämmerlein. So wäre er sicherlich in Ruhe alt geworden und irgendwann im Bett gestorben und nicht am Kreuz. Jesu Praxis spielte sich bei den Menschen ab,

auf den Straßen und Plätzen, in den Hütten der Armen, vor den Augen der Mächtigen, aber auf der Seite der Leidenden und Unterdrückten.
Es ist manchmal wirklich merkwürdig, wenn da in der Kirche immer noch darüber diskutiert wird, ob eine „vorrangige Option" für die Armen gerechtfertigt sei oder nicht. Christus hat durch sein Leben und Leiden diese Frage längst eindeutig beantwortet. Er hat sich nie neutral oder gar neutralistisch verhalten, sondern eindeutig für Gott in den Armen und Leidenden Partei ergriffen, also durch sein Tun die göttliche Gerechtigkeit wiederhergestellt. Ebenso hat er sich nie damit aufgehalten, darüber zu diskutieren, ob es einen gerechten Krieg geben könne oder nicht, und welche Kriterien gegeben sein müssen, damit man von Frieden reden kann. Er sagte: „Wer das Schwert zieht, wird durch das Schwert umkommen", und forderte seine Jünger und Zuhörer auf, auch noch die „andere Wange hinzuhalten", und wenn er vom Frieden sprach, meinte er sicherlich nicht die Abwesenheit von Krieg, sondern den Schalom, den tiefen Einklang, die Harmonie der Schöpfung, das Leben in Fülle.

Gerechtigkeit — eine wirkliche Chance

In einem in diesem Sinne jeden Tag Tat werdenden Glauben sind das Hungern und Dürsten nach Gerechtigkeit ebenso inbegriffen wie die tiefe Verpflichtung, einander den Frieden zu geben und zu Liebenden zu werden. Würden wir wirklich heute anfangen, das zu leben gegen den Strom der Zerstörung, der Lüge, des Machtmißbrauches, der offenen und wieder modern gewordenen versteckten Verleumdungen, würden wir uns wirklich bemühen, gegen die Negativkräfte die Kraft des Lebens zu setzen, dann könnten wir vielleicht doch noch das werden, wozu wir berufen sind, nämlich zum Salz der Erde, zum Licht der Welt. Und wenn wir so einer um den anderen, zum Leben verwandelt, hinauswüchsen in die Milliarde, könnten wir nicht nur wie unsere gewaltfrei um Freiheit und Demokratie kämpfenden Brüder und Schwestern in den Staaten Osteuropas politische Systeme, sondern tatsächlich das „Antlitz der Erde" verändern und zum Leuchten bringen. Dies würde allerdings etwas mehr Mut erfordern, als eine Bombe auszuklinken und mit politischer Macht falsche Entscheidungen „durchzuziehen" oder die „normative Kraft des Faktischen" zu beschwören.
Man hat es ja in diesen Monaten und Wochen gesehen, wie wenig eigentlich jene sind, die tatsächlich die Fäden der Macht in Händen haben, und wie schnell all die Mitläufer und Handlanger „umfallen", wenn ihnen der Wind eines solidarischen Volkes ins Gesicht schlägt.
Mit diesem Wissen sollten wir darangehen, auch unsere Gesellschaften zu

einer neuen Lebensqualität hin zu befreien. Der Solidarität von wirklich „Bekehrten" würde auch hier Erfolg beschieden sein, da bin ich ganz sicher. Ich glaube einfach nicht mehr, daß wir das Recht haben, uns in vermeintlicher Ohnmacht zu suhlen, uns in die politische Abstinenz, in Apathie und den scheinbaren Frieden privater Häuslichkeit zu flüchten. Wir haben heute mehr denn je die Pflicht uns einzumischen, aktiv gestaltend oder passiv uns falschen Ansprüchen verweigernd. Wir haben die Verpflichtung, Verantwortung zu übernehmen auch dort, wo es n o c h aussichtslos erscheint, unseren Glauben glaubwürdig in die Tat umzusetzen, aktiv in Kirche und Gesellschaft einzugreifen und den Mund auch dort aufzumachen, wo wir nicht gefragt sind, und notfalls auch tauben Ohren zu predigen.

So müßte es möglich sein, den immer noch starken Militarismus zurückzudrängen, der Macht wieder jene Akzente zu verleihen, die dem Wohl des Ganzen dienen und gegen den Machtmißbrauch zum je eigenen Nutzen, zum Nutzen einer Partei oder einer Clique aufzutreten.

Es müßte möglich sein, der Ungerechtigkeit heutiger Wirtschaftsstrukturen Modelle, funktionierende Modelle einer Versöhnung von Ökonomie und Ökologie entgegenzusetzen und die Zerstörung der Schöpfung zu verhindern.

Es müßte auch möglich sein, im Bereich der Wissenschaften jene Gedanken zu stärken, die da meinen, daß es heute nicht mehr angeht, daß man alles tut, was man kann — das gilt vor allem für die Bereiche Rüstung, Kernforschung und Gentechnik.

Und schließlich müßte es möglich sein, zu einer neuen mitmenschlichen Kultur zu finden, im privaten wie im öffentlichen Bereich — eben jenes Gebot durchzusetzen, daß es gilt, dem Nächsten zuliebe und nicht zuleide zu leben. — Das wäre überhaupt der Schlüssel.

Diese Welt, die Seine und nur durch Ihn unsere ist, braucht heute vielleicht mehr denn je Menschen des Glaubens, der Hoffnung und der Liebe, Menschen, die bereit sind, den Horizont ihrer Mitverantwortung global zu weiten und den Horizont ihrer eigenen Ansprüche enger zu ziehen. Es geht um Menschen der Solidarität mit der Schöpfung, um Menschen, die sich einlassen auf das Schicksal der je anderen, der Armen, der Unterdrückten, derer, die draußen, die am Rand stehen, um Menschen schließlich, die bereit sind, Hand und Herz anzulegen, die aber auch wissen, daß der Quell der Kraft in der Mitte ist, dort, wo das Gebet still und zum Gespräch mit dem Schöpfer wird.

Der ehemalige evangelische Bischof von Berlin, Kurt Scharf, hat vor einigen Jahren in einer Rede vor den Vereinten Nationen gesagt:

„Umkehr ist notwendig. Jeder Mensch auf dieser Erde kann mithelfen, daß Umkehr vollzogen wird. Der einzelne ist dem bösen Geschehen gegenüber nicht ohnmächtig. In dem Land, aus dem ich komme (BRD), erkennen die Bürger in zunehmendem Maße, wie gefährdet der Friede, das Leben an sich ist, durch eine Politik, die von gegenseitigem Mißtrauen bestimmt ist. Gott, der Herr der Schöpfung und der Geschichte, hat uns in Jesus Christus den Frieden auf Erden zugesprochen. Selig zu preisen sind nach seinen Worten jene, die Frieden schaffen. Solche Zusage ist der Ursprung unseres Exodus aus den auf Waffen starrenden Denksystemen. Nur so können wir unterwegs sein als wanderndes Volk Gottes. Wir begreifen in den Großkirchen erst heute langsam, wie treffend und zukunftsweisend die Ethik Jesu ist. Jeder beginne bei sich, in seiner Familie, in seiner Gemeinde, in seiner Kirche, in seinem Land, seinem Volk, seinem Kontinent, sie endlich auch zu leben! — Schon wenn es Minderheiten tun, bedeutet dies den Anfang einer neuen politischen Wirklichkeit, nach der es die Menschen hungert und dürstet." Die Menschen in Polen, in der DDR, in der Tschechoslowakei, in Ungarn und schließlich auch in der blutigen Personaldiktatur eines Ceausescu haben uns bewiesen, was möglich ist, wenn die Sehnsucht nach Freiheit Gestalt annimmt. Was wäre erst, wenn jene sich mutig auf den Weg machten, die sich der Verwirklichung des Friedens Christi für diese Welt verpflichtet wissen? — Es könnte dahin kommen, daß wahr würde, was Christus uns verheißen hat: „Seht, ich mache alles neu."

Peter Jankowitsch

ÖSTERREICH UND DIE INTERNATIONALE SOZIALE VERANTWORTUNG

Jedes Jahrhundert hat ihm eigene große Probleme, deren Lösung eine besondere Herausforderung darstellt. War es im 19. Jahrhundert vorerst in der Industriegesellschaft die „Soziale Frage", die zur größten Herausforderung an alle sozialen Kräfte wurde, war es zu Anfang dieses Jahrhunderts der Vormarsch von Demokratie und Menschenrechten, der große Reiche zerbrechen ließ und schließlich zum hoffnungsvollen Aufbruch von 1945 führte, so heißen in der zweiten Hälfte des Jahrhunderts die großen politischen Herausforderungen Abrüstung, Umweltzerstörung und unvorstellbare Diskrepanz von Wohlstand in den Industrieländern und bitterster Armut in den Entwicklungsländern.

Probleme und Hindernisse

Stärker als frühere Perioden der Geschichte hat das 20. Jahrhundert alte, überkommene Strukturen und Institutionen hinweggefegt. Die wahrscheinlich wichtigste wirtschaftliche Veränderung, die sich in den letzten Jahren im Inneren der westlichen Industriewelt vollzogen hat, ist der anfänglich fast unbemerkte Übergang zu einer neuen industriellen Revolution. Diese „dritte" industrielle Revolution steht im Zeichen der stürmischen Entwicklung neuer Technologien wie der Elektronik oder der Biotechnik, in deren Zeichen neue Industriezweige, neue Produktionen, aber auch neue Wachstumsmöglichkeiten entstanden sind. Die Besonderheit an diesem neuen Strukturwandel liegt jedoch in der weit höher gelegenen Eintrittsschwelle, wo die komplizierte Natur dieser Technologien eine bereits hochentwickelte Infrastruktur etwa auf dem Gebiet des Bildungswesens und der Forschung voraussetzt.

Technische Neuerungen dieser Art verlangen darüber hinaus wesentlich höhere Investitionen und setzen auch längere Anlaufzeiten voraus, als dies bei den — technologisch einfacheren — früheren Perioden notwendig gewesen ist. Die dadurch entstehenden Hemmnisse bei der Reproduktion neuer Technologien erschweren ihre Verbreitung nicht nur innerhalb der industrialisierten Welt, sondern koppelt auch in einem noch viel stärkeren Maße als bisher weite Teile der „Dritten Welt" vom wirtschaftlichen Fortschritt der nördlichen Hemisphäre sowie einer kleinen Zahl vor allem im pazifischen Raum liegender „neu-industrialisierter" Länder ab. Diese Situation ist dadurch charakterisiert, daß einerseits allein in Europa jährlich rund 20 Millionen Menschen nach Beschäftigung suchen, während andererseits im Süden eine bis mehrere Dekaden einer anfänglich kontinuierlichen Aufwärtsentwicklung wieder verlorengegangen sind. Die soziale Kluft innerhalb und zwischen dem reichen Norden und dem armen Süden hat dadurch teilweise erschreckende Dimensionen angenommen, deren Überbrückung heute das größte, die gesamte Menschheit konfrontierende Problem darstellt.

Diese Veränderungen spiegeln sich aber auch im politischen Bewußtsein und in der Interpretation von objektiven Vorgängen wider. Während im Nordosten eine mit atemberaubender Geschwindigkeit vor sich gehende Umgestaltung zu beobachten war, haben sich im Nordwesten auch zentrifugale politische Tendenzen bemerkbar gemacht, welche, manchmal als „postmaterieller" Wertewandel ausgegeben, darauf hinauslaufen, den Gedanken sozialer Verantwortung durch die angeblich wundersamen Kräfte des wiederentdeckten Marktes und/oder die völlige Eigenverantwortlichkeit einzelner Gesellschaften bzw. des Individuums zu ersetzen. Andererseits erweckt aber die Loslösung des einzelnen, oft auch ganzer gesellschaftlicher Gruppen, aus gewohnter Lebenswelt oder gewohntem „Lager" ein starkes Bedürfnis nach der Geborgenheit einer Einbindung in für sie überschaubare gesellschaftliche und politische Strukturen, um so der wachsenden Komplexität sozioökonomischer Entwicklungen begegnen zu können.

Hier liegt eine Chance für eine stärkere Verankerung sozialen Bewußtseins — und damit auch des Gedankens einer internationalen sozialen Verantwortung für die Geschicke der Menschen in der südlichen Hemisphäre. Andererseits kann aber Furcht vor zunehmender gesellschaftlicher Komplexität oft auch die Sehnsucht nach vereinfachten und vereinfachenden Erklärungsmodellen laut werden lassen. Die auch in Österreich und Westeuropa erneut stärker werdende Xenophobie spiegelt sich in der politischen Wiederkehr von längst überwunden geglaubten Weltanschauungen wider.

Österreichs Beziehungen mit der „Dritten Welt"

Heute muß also deutlicher denn je — vor allem jenen, die noch nicht vom Bestehen einer stärkeren internationalen sozialen Verantwortung überzeugt sind — unsere Abhängigkeit von Entwicklungen in anderen Welten klargemacht werden. Ich glaube nicht, daß hiezu alleine die Bezugnahme auf altruistische Motive ausreichend ist, gleichgültig ob diese jetzt mit Hinweisen auf die Notwendigkeit solidarischer Aktionen oder die christliche Soziallehre versehen sind. Wir müssen heute in einem immer stärkeren Maße die Untrennbarkeit von Nord und Süd herausstreichen, die Einbettung dieser zwei so ver-

schiedenen und doch in vielen Dimensionen so gleichen Welten in eine gemeinsame Schicksalsgemeinschaft. Gleichgültig nun, ob es sich um globale Klimaveränderungen, die wahren Ursachen für Flüchtlingsströme aus dem Süden, die mögliche Ausuferung regionaler Konflikte oder den Anstieg von Arbeitslosigkeit im Norden aufgrund der geringeren Importkapazität des Südens handelt — diese und ähnliche Beispiele müssen tief in dem kollektiven Bewußtsein verankert werden, oder es wird uns nicht gelingen, die Lethargie gegenüber der Verantwortung für den „anderen" zu überwinden.
Wenn wir hier jedoch von der Interdependenz zwischen Nord und Süd sprechen, so wäre es unrealistisch, die zwischen den beiden Teilen herrschende Asymmetrie zu übersehen. Denn nach wie vor verfügen die marktwirtschaftlichen Industrieländer, mit nur rund einem Fünftel der Bevölkerung der Entwicklungsländer, über ein Bruttosozialprodukt, das etwa dreieinhalb Mal so groß ist wie jenes der sogenannten Dritten Welt. Nach wie vor liegen die Lebenserwartungen der Menschen im Norden mit etwa 75 Jahren um 50 Prozent über jenen der Menschen in den Entwicklungsländern. Nach wie vor sterben 250.000 Kinder pro Woche in der Dritten Welt an den Folgen von Mangel- und Fehlernährung. Und nach wie vor sind es die wirtschaftlichen, politischen, sozialen und kulturellen Strukturen des reichen Nordens, welche oft die Geschicke des armen Südens bestimmen oder zumindest nachhaltig beeinflussen und so zu Klagen über eine „neo-koloniale" Politik des Nordens — oft gar nicht so unbegründeten — Anlaß geben.
Wie aber kann ein kleines Industrieland wie Österreich, ohne historisch gewachsene Bindungen zu den Ländern des Südens, seinen Anteil an einer stärkeren internationalen sozialen Verantwortung steigern? Dazu ist es vorerst einmal notwendig, sich kurz auf die Entwicklung der Beziehungen Österreichs zu der Dritten Welt zu besinnen. Diese haben eine relativ kurze Geschichte. Erst die Wiederherstellung der Unabhängigkeit und Souveränität Österreichs durch den Staatsvertrag und die Erklärung der immerwährenden Neutralität haben es nämlich Österreich — erstmals seit der Katastrophe von 1938 — ermöglicht, eine Außenpolitik auf universaler Basis zu betreiben. Der besondere Status, die qualifizierte Unabhängigkeit, die das Jahr 1955 unserem Land beschert hatte, ließ aber verhältnismäßig rasch die gebieterische Notwendigkeit erkennen, den Verzicht auf engere Bindung an eines der weltpolitischen Bezugssysteme durch ein Maximum an Beziehungen zu allen Staaten der Welt, durch Teilnahme an Weltorganisationen wie den Vereinten Nationen auszugleichen. Für die österreichische Außenpolitik mußten daher neue Horizonte jenseits ihrer traditionellen Interessensschwerpunkte, die vor allem im Westen und Osten Europas gelegen sind, eröffnet werden.

Die österreichische Außenpolitik war damit sehr rasch vor nicht leicht zu bewältigende neue Aufgaben gestellt, denn wenngleich Staatsvertrag und Neutralität auch in den Beziehungen Österreichs zu Ost und West einen entscheidenden Wendepunkt darstellen, so bietet die österreichische Geschichte dennoch eine ganze Reihe von Erfahrungswerten, die auch unter den geänderten Voraussetzungen von 1955 für die Gestaltung der Beziehungen zu den Staaten in der unmittelbaren politischen Nachbarschaft Österreichs nutzbar gemacht werden konnten.

Nur wenige solcher Daten finden sich aber in der österreichischen Geschichte, was das Verhältnis zu Staaten und Regionen der Dritten Welt anbelangt. Eine Analyse der Beziehungen Österreichs zur Dritten Welt wird daher sehr rasch die Erkenntnis vermitteln, daß Österreich durch seine ganze Geschichte hindurch eine europäische Kontinentalmacht geblieben ist, daß die elementaren Interessen Österreichs darauf gerichtet waren, seine Stellung in Europa und unter den europäischen Mächten zu definieren. Das galt schon für die Jahrhunderte, in denen Österreich eine europäische Großmacht gewesen ist, mehr noch aber für die schwierigen Jahre der Ersten Republik, in denen die Außenpolitik schließlich zu einem Überlebenskampf gegen die Österreich umringenden und rivalisierenden Mächte wurde.

Wenngleich somit ab 1955 erstmals alle Voraussetzungen für die Entwicklung neuer Beziehungen zwischen Österreich und den Staaten der Dritten Welt vorhanden waren, konnte sich diese neue Dimension der österreichischen Außenpolitik nur langsam entwickeln. Dafür war ohne Zweifel der Umstand maßgebend, daß auch das in Unabhängigkeit und Souveränität wiederhergestellte Österreich vorerst seinen Platz in Europa, das heißt in seiner unmittelbaren politischen Umgebung, zu schaffen hatte. Dennoch blieben auch in diesen ersten Jahren die großen politischen Veränderungen in weiten Teilen der Dritten Welt in Österreich nicht unbemerkt, wurden erste Versuche angestellt, die Außenpolitik Österreichs zu diesen Veränderungen in Beziehung zu setzen. Diese Veränderungen wurden Anfang der sechziger Jahre plastisch erkennbar, als mit wenigen Ausnahmen praktisch die Gesamtheit Afrikas innerhalb weniger Jahre zumeist unblutig den Weg in die Unabhängigkeit fand.

Nicht nur die österreichisch-afrikanischen Beziehungen waren aufgebaut auf einer Prämisse, der eine gewisse Berechtigung nicht abgesprochen werden kann, deren Anwendung aber dennoch gewissen Grenzen unterliegt: Gemeint ist die auch heute noch weitverbreitete Annahme, es könne einem Staat ohne koloniale Vergangenheit leichter als anderen gelingen, mit den neuen Staaten Afrikas und Asiens rasch enge und vertrauensvolle Beziehungen herzustellen. Diese Prämisse muß einerseits sofort um den Satz erweitert werden, daß zu den wesentlichen Wettbewerbsvorteilen nicht nur das Fehlen kolonialer Belastung, sondern auch Mangel an bedeutenden politischen und wirtschaftlichen Interessen in der Gegenwart gehört. Andererseits erweist sich das Fehlen kolonialer Erfahrung oft aber als grober Nachteil im Umgang mit außereuropäischen Völkern. So hat eine gemeinsame koloniale, d. h. aber auch oft kulturelle Vergangenheit, Bande gemeinsamer Sprache und Zivilisation begründet, auf die Staaten wie Österreich heute nicht zurückgreifen können.

Solche Bindungen führen dazu, daß trotz aller schmerzhaften Geschehnisse der Vergangenheit viele Intellektuelle ihre geistige Heimstatt immer noch in Paris, London, Madrid oder Lissabon sehen. Dagegen ist ihnen — nicht nur aus sprachlichen Gründen — der Zugang zu Österreich, seiner Kultur und Geschichte oft erschwert. Das Fehlen kolonialer Vergangenheit wirkt sich aber auch nachteilig aus auf die Bewußtseinsbildung eigener politischer Entscheidungsträger, für die sich ein Interesse Österreichs an einer Verbindung mit überseeischen Staaten nicht logisch aus der Geschichte ergibt. Dennoch kann gar kein Zweifel bestehen, daß das Erscheinungsbild Österreichs in den Staaten der Dritten Welt von allem Anfang an ein günstiges war. Vielen Staaten, vielen ihrer Vertreter, erschien Österreich von allem Anfang an ein unverdächtiger politischer und wirtschaftlicher Partner zu sein.

In den vergangenen Dekaden hat Österreich unbezweifelbare Erfolge in der Gestaltung seiner politischen Beziehungen zu den Staaten der Dritten Welt verzeichnen können. Daß Österreich dabei seine außenpolitischen Prinzipien, die dem Inhalt nach auf einer festen geistigen Zugehörigkeit zum Wertesystem des freien Europas und des Westens überhaupt aufbauen, auch gegenüber der Dritten Welt verteidigt hat, sei ebenfalls außer Zweifel gestellt.

Wenngleich also Österreich seiner internationalen sozialen Verantwortung gegenüber den Ländern der Dritten Welt auf politischer Ebene gerecht werden konnte, so muß man doch eingestehen, daß seine quantitativen und qualitativen Beiträge zur sozialen, wirtschaftlichen und kulturellen Entwicklung der Menschen in der südlichen Hemisphäre dem Vergleich mit anderen westeuropäischen Staaten kaum standhalten. Hier sind wir wahrlich noch sehr weit von einer Europareife entfernt! Daß Österreich in seiner Entwicklungspolitik von anderen Voraussetzungen auszugehen hatte als Staaten, mit denen es auch in diesen Beziehungen verglichen wird, sei hier außer Streit gestellt. Es unterliegt keinem Zweifel, daß etwa Staaten mit besonderen wirtschaftlichen und politischen Interessen in der Dritten Welt von sich aus größere Antriebskräfte entwickeln werden, um diesen Forderungen zu genügen. Das gilt selbst für einige der kleineren Kolonialmächte früherer Zeit, die heute zu den am meisten Achtung gebietenden Gebern von Entwicklungshilfe zählen, wie etwa die Niederlande. Auch für Österreich ist aber eine zeitgemäße, großzügige Entwicklungspolitik nicht nur ein Gebot internationaler Solidarität, internationaler Caritas oder ganz schlicht und einfach der internationalen Moral. So wenig die humanitäre Dimension in der Entwicklungspolitik übersehen werden darf, so sehr bildet sie nur einen Teil der eisernen Logik, die heute alle westlichen Industriestaaten zwingt oder jedenfalls zwingen sollte, in ihrer Entwicklungspolitik voranzukommen.

Die grundsätzliche Notwendigkeit einer Entwicklungspolitik und -hilfe hat Österreich bereits seit langem anerkannt. Es hat trotz eines unverkennbaren Rückstandes an eigener wirtschaftlicher Entwicklung nicht gezögert, schon relativ früh erste Schritte in dieser Richtung zu setzen. Dennoch haben aber diese Schritte niemals den erwünschten Rahmen von 0,7 Prozent des BNP auch nur annähernd erreicht. Mit Ausgaben von rund 3,7 Mrd. Schilling oder 0,24 Prozent des BNP lag die offizielle österreichische Entwicklungshilfe auch 1988 wieder im Schlußfeld der Mitgliedsstaaten des OECD-Entwicklungshilfekomitees (DAC). Im Vergleich dazu hatten bereits 1985 sieben der 18 DAC-Geberländer das auch von allen im österreichischen Parlament vertretenen politischen Parteien anerkannte 0,7-Prozent-Ziel überschritten. Dazu kommt noch, daß das DAC auch immer wieder inhaltliche Kritik an den von Österreich gemeldeten Entwicklungshilfeleistungen geäußert (Exportkredite!) hat. Es ist nicht leicht, einer solchen Kritik der österreichischen Entwicklungshilfe zu begegnen, besonders dann, wenn sie von Staaten kommt, die in einer wirtschaftlich weniger günstigen Lage als Österreich sind, etwa gleich hohe oder noch höhere Budgetdefizite aufzuweisen haben und auch in ihrer Außenpolitik und ihrer außenpolitischen Ausrichtung mit Österreich verglichen werden können.

Es muß gewiß als ein Ergebnis der geglückten Selbstdarstellung Österreichs gegenüber den Entwicklungsländern angesehen werden, daß diese Kritik in der Regel seitens westlicher Industriestaaten, nicht aber seitens der Entwicklungsländer ausgesprochen wird. Es kann aber gar keinen Zweifel darüber geben, daß auf die Dauer ein Zurückbleiben der Entwicklungshilfeleistung Österreichs gegenüber anderen kleineren und mittleren europäischen Staaten auch bei manchen Entwicklungsländern eine vergleichbare Kritik auslösen wird. Während also im besonderen die katholischen Organisationen in Österreich durch ihre großzügigen Entwicklungshilfeleistungen Vorbildliches geleistet haben bzw. leisten, ist das offizielle Österreich seiner internationalen sozialen Verantwortung in nur ungenügendem Maße nachgekommen.

Aufruf für ein verstärktes gemeinsames Engagement

Aus dieser kurzen Analyse der österreichischen Beziehungen mit der Dritten Welt ließe sich vordergründig der Schluß ziehen, daß eine der Hauptwurzeln für die ungenügende öffentliche Hilfe in einem Mangel an öffentlichem Interesse — und hier möchte ich das politische System als ganzes durchaus nicht ausnehmen — für die Sache der Entwicklungspolitik und -hilfe geortet werden kann. Wie bereits angeschnitten, war es praktisch seit Beginn der großen Dekolonialisierungswelle Anfang der sechziger Jahre eine Standardformel der österreichischen Außenpolitik, daß uns das Fehlen einer kolonialen Vergangenheit den Zutritt zu den Ländern der Dritten Welt im besonderen Maße erleichtert. Bis zu einem gewissen Grad ist dies sicher auch zutreffend, nicht jedoch in allen Dimensionen. Eines der sicherlich ungewollten, zumindest aber unbewußten Nebenprodukte einer kolonialen Vergangenheit ist nämlich ein gewisses Maß an Weltoffenheit für die Anliegen der ehemaligen Kolonialvölker, ein Maß, das in Österreich mit seiner immer wieder beschworenen „insularen Mentalität" anscheinend nur wenig ausgeprägt ist. Demgegenüber ist aber festzuhalten, daß Meinungsumfragen unter der österreichischen Öffentlichkeit immer wieder eine weit mehrheitliche positive Einstellung zur Entwicklungshilfe und zur Zusammenarbeit mit den Ländern der Dritten Welt ergeben haben.

Es erhebt sich hier also die Frage, innerhalb welcher Gruppen diese sogenannte „insulare Mentalität" eigentlich angesiedelt ist, die einem verstärkten Engagement Österreichs in der Dritten Welt entgegenwirkt. Ohne mich hier im Fingerzeigen üben zu wollen, möchte ich zu dieser Problematik nur soviel sagen, daß ein passives Interesse der Öffentlichkeit an einem verstärkten Engagement offensichtlich nicht ausreichend ist, um positive Auswirkungen zu zeitigen. Es wird daher nicht zuletzt an all jenen liegen, die im besonderen Maße dem Schicksal der Menschen in den heutigen Entwicklungsländern nicht gleichgültig gegenüberstehen, hier pädagogisch aufklärend und mobilisierend zu wirken. Ich möchte hier sogar die Behauptung wagen, daß es uns ohne eine solche Mobilisierung dieser bereits latent sensibilisierten öffentlichen Meinung wohl niemals gelingen wird, der Entwicklungspolitik jenen Stellenwert zu verschaffen, der ihr in den vergleichbaren DAC-Geberländern bereits heute zukommt.

Gerade aus diesen Überlegungen heraus erscheint es mir daher notwendig, bestehende Tendenzen zu bekämpfen, die dieses Problem der österreichischen Entwicklungspolitik als Vorwand benützen, um untätig zu verharren und darauf zu warten, daß sich vielleicht einmal die öffentliche Meinung in dieser

Frage manifestieren wird. Im Gegenteil, es muß *gerade* Aufgabe und Funktion von Politik und Politikern sein, bereits bestehende gesellschaftliche Willensabsichten zu erkennen und Strategien für deren Umsetzung zu formulieren. Wenn ich hier von „Politik“ und „Politikern“ spreche, so möchte ich diese Begriffe in einem weiteren Sinn verstanden wissen, möchte ich damit jene gesellschaftlichen Kräfte und Personen ansprechen, die sich der auch uns stellenden internationalen sozialen Verantwortung bereits bewußt sind. Diese Protagonisten der Entwicklungspolitik und -hilfe haben sich im wesentlichen aus drei ideologisch recht unterschiedlichen Gruppen zusammengesetzt. Die einen, mit der christlichen Soziallehre verbunden, stützten sich auf moralische Argumente, daß es angesichts des Reichtums der Industrieländer nicht möglich wäre, den Umstand zu akzeptieren, daß viele Milliarden Menschen knapp über oder sogar oft deutlich unter der Hungergrenze leben und uns dies verpflichtet, der Idee der Caritas eine internationale Dimension zu geben.
Andere wieder vertreten eine Art Katastrophenthese, wonach die westlichen Industrieländer ihres Reichtums à la longue nicht froh werden können. Milliarden Massen der hungernden Völker werden durch ihre Unrast und ununterbrochenen Konflikte unseren Globus in einen Zustand versetzen, der ihn nicht zur Ruhe kommen lassen wird. Sie vertreten die Meinung, daß in guter Zeit eine ökonomische Zusammenarbeit mit entsprechender Opferbereitschaft der westlichen Industriestaaten bewiesen werden müsse.
Und eine dritte Gruppe ist schließlich jene, zu der in erster Linie die demokratischen Sozialisten und Sozialdemokraten zu rechnen sind, die sich einem ihrer Grundprinzipien, dem der internationalen Solidarität, verpflichtet fühlen.
Es muß uns gelingen, die immer noch viel zu starken Berührungsängste zwischen diesen drei Gruppen abzubauen und sie zu einer effizienten und schlagkräftigen Lobby zusammenzuführen. Nur dann werden wir imstande sein, später wieder hocherhobenen Hauptes in den entwicklungspolitisch relevanten Fora der internationalen Gemeinschaft aufzutreten.

Helmut G. Ornauer

DER EUROPÄISCHE BINNENMARKT UND DIE DRITTE WELT

Assoziationen mit den Jahreszahlen 1492 und 1992

Als Christoph Kolumbus im Oktober 1492 auf der Suche nach einem Seeweg nach Indien vom Westen her die Karibikinseln Kuba und Hispaniola entdeckte, war der erste Schritt zu einer europäischen Expansion gesetzt, die die weitere Entwicklung der „Neuen Welt", aber auch Europas selbst nachhaltig beeinflussen sollte. Wenngleich der weitere wirtschaftliche, militärische und kulturelle Aufstieg Europas sicher nicht allein auf die rücksichtslose Ausbeutung Südamerikas zurückgeführt werden kann, war doch die letztere ein wesentlicher Beitrag zum ersteren. Der von den Europäern forcierte Aufbau einer ihren Interessen dienenden Wirtschaft in Lateinamerika und deren Eingliederung in den wachsenden Welthandel haben den Völkern der Neuen Welt zweifellos weniger Vorteile gebracht als den Europäern. Wohl entstand ein System gegenseitiger Abhängigkeiten, in dem aber die Abhängigkeit Lateinamerikas von Europa (und später von den USA) fast immer größer und die Lebenschancen seiner Bevölkerungsmehrheit bestimmender war als umgekehrt. Es ist müßig, darüber zu spekulieren, was gewesen wäre, wenn die Völker des amerikanischen Doppelkontinents von der „Entdeckung" und ihren Folgen noch ein oder zwei Jahrhunderte länger verschont geblieben wären und ihren eigenen Entwicklungsprozeß hätten autonom fortsetzen können. Tatsache ist, daß die „Entwicklung" der Neuen Welt zu einem Teil der sogenannten Dritten Welt ganz wesentlich und unübersehbar mit der dominierenden Rolle Europas und der USA zu tun hatte und noch immer hat.

Mit dem Jahresende 1992, 500 Jahre nach der Entdeckung und nachfolgenden kriegerischen „Inbesitznahme" Lateinamerikas durch europäische Mächte, setzt Europa wieder einen entscheidenden Schritt zur Festigung und Erweiterung seiner wirtschaftlichen Macht. Die Mitglieder der Europäischen Gemeinschaft (EG) haben es sich im Februar 1986 in der Einheitlichen Europäischen Akte zum Ziel gesetzt, bis zum Jahresende 1992 einen gemeinsamen Binnenmarkt zu verwirklichen, der ein konkurrenzfähiges Gegenstück zum nordamerikanischen und japanischen Markt bilden soll. Es ist anzunehmen, daß die USA und Japan einem so vereinten und gestärkten EG-Europa nicht ohne schwierige Verhandlungen Zugang zu ihren Märkten ermöglichen werden. Ein

wesentlicher Teil der geballten Wirtschaftskraft wird sich daher auf die Länder der Dritten Welt richten. Welche Folgen wird die verstärkte Position EG-Europas in der Weltwirtschaft auf die Wirtschaften und damit auf die Entwicklung der Dritten Welt haben? Stehen wir vor dem Beginn einer neuen wirtschaftlichen Expansion Europas, das seinen eigenen Wirtschaftsgroßraum in der „Festung Europa" verteidigt, oder treten wir in eine neue Phase der Zusammenarbeit mit den Entwicklungsländern ein, in der aus der gewachsenen eigenen Stärke heraus auch größere Zugeständnisse gemacht werden?
Es ist verständlich und notwendig, daß sich gerade auch Christen solche Fragen im Hinblick auf 1992 stellen, signalisiert diese Jahreszahl doch nicht nur die Vollendung des EG-Binnenmarktes, sondern eben auch die Erinnerung an die fünfhundertjährige Geschichte Lateinamerikas, in deren Verlauf die Vertreter der katholischen Kirche ihre Stimme nicht oft genug zugunsten der unterdrückten und benachteiligten Völker dieses Kontinents erhoben haben.
Im Zusammenhang mit dem österreichischen Beitrittsansuchen gilt das öffentliche Interesse vor allem jenen Politikbereichen der EG, mit denen auf die wirtschaftliche Entwicklung Österreichs direkt Einfluß genommen werden wird, also etwa der EG-Agrarpolitik. Der folgende Beitrag beschäftigt sich dagegen mit der Entwicklungspolitik der EG, die in der breiten Öffentlichkeit mehr Aufmerksamkeit als bisher verdient.

EG und Dritte Welt am Vorabend des europäischen Binnenmarktes

Die EG ist der größte Handelsblock der Welt mit einem internen Markt von 323 Millionen Menschen. Ihr Anteil am Welthandel beträgt etwa 20% gegenüber 14% der USA. Wenn die EG im Namen ihrer zwölf Mitglieder spricht, hat sie in internationalen Verhandlungen eine unüberhörbare Stimme. Der Handel mit der Dritten Welt beträgt rund ein Drittel der Exporte und Importe der EG.
In der Gemeinschaft selbst hat die Perspektive 1992 eine neue Aufbruchsstimmung eingeleitet. Und in der Tat sind die Prognosen über den wirtschaftlichen Nutzen der Vollendung des Binnenmarktes für die EG erfreulich. Nach dem von der Kommission der EG in Auftrag gegebenen Cecchini-Bericht kann die Gemeinschaft mit einem Zuwachs des Bruttosozialprodukts um 200 Milliarden ECU (europäische Währungseinheit, entspricht etwa 2500 Milliarden Schilling) rechnen, das ist eine Steigerung um 5 %. Zwei Millionen neue Arbeitsplätze, bei flankierenden Maßnahmen sogar fünf Millionen, könnten geschaffen werden. Die Verbraucherpreise werden um durchschnittlich 6 % sinken. Die Importe werden um 7 %, die Exporte um 10 % ansteigen.
Die nicht an der Verwirklichung des europäischen Binnenmarktes beteiligten,

aber sehr wohl von ihr betroffenen Staaten sehen dem Jahr 1993 mit Beunruhigung entgegen. Die Hauptbefürchtung besteht darin, daß die Staaten, die „draußen vor der Tür" bleiben, in ihren eigenen Wirtschaftsentscheidungen durch die sich festigende Wirtschaftsmacht EG fremdbestimmt werden. Andere Industriestaaten, wie die USA und Japan, argwöhnen, daß es in der EG zu neuen protektionistischen Tendenzen kommen könnte, die den Zugang konkurrierender Erzeugnisse aus Drittländern erschweren könnten.
Für die meisten Entwicklungsländer ist die Jahreswende 1992/93 Anlaß zu großer Sorge, die noch durch das Schweigen aus Brüssel genährt wird. Die Vorteile gerade der am wenigsten entwickelten Länder (LLDCs) aus dem steigenden Welthandelsvolumen sind gesunken. Eine große Zahl von Entwicklungsländern ist weiter vom Export weniger Grundstoffe abhängig, deren Preise auf dem Weltmarkt im allgemeinen sowohl absolut als auch relativ zu den Preisen für ihre Importgüter gefallen sind.
Dies gilt sogar für jene afrikanischen, karibischen und pazifischen Länder, denen von der EG in den Lomé-Verträgen Handelspräferenzen eingeräumt wurden. Die Exportwerte der wichtigsten Handelsgüter dieser AKP-Länder (einschließlich drei Viertel der LLDCs) fielen zwischen 1980 und 1987 um 37 %. 81 % der Gesamteinnahmen dieser Länder beruhen auf dem Export von nur neun Produkten. Nach UNO-Statistiken sind die Rohstoffpreise in den achtziger Jahren auf ihr niedrigstes Niveau seit den dreißiger Jahren gefallen. Die AKP-Staaten schätzen, daß sie im laufenden Jahrzehnt 100 Milliarden Dollar an Exporteinnahmen zugunsten der Industrieländer verloren haben, die um diese Summe weniger für ihre Rohstoffimporte gezahlt haben.
Während einige Schwellenländer aus der Verlagerung von arbeitsintensiven Produktionsschritten aus Europa profitiert haben, konnten die meisten Entwicklungsländer nur die Exporte von cash crops (agrarische Rohstoffe) fördern. Der Effekt bleibt aber gering, weil die steigenden Exporte durch sinkende Preise kompensiert werden. Die Verschuldungskrise hat die Notwendigkeit noch verstärkt, um jeden Preis zu exportieren.
Die EG praktiziert schon heute eine Reihe von restriktiven Maßnahmen, die den armen Ländern Schwierigkeiten bereiten, wenn sie Devisen durch Handel verdienen wollen. So sind die Zölle auch für Importe aus Entwicklungsländern um so höher, je mehr verarbeitet ein Produkt ist. Frische Ananas sind z. B. mit 9 % Zoll belegt, Dosenananas mit 32 % und Ananasjuice mit 42 %. Selbst für Produkte aus AKP-Staaten, die grundsätzlich zollfrei in die EG importiert werden können, gibt es Beschränkungen, z. B. für Produkte, die unter der gemeinsamen Agrarpolitik der EG produziert werden, oder für Früchte und Gemüse zu bestimmten Jahreszeiten. Als Beispiel für eine zusätz-

liche Barriere neben den Zollschranken kann das Multi-Faser-Abkommen genannt werden, nach dem Textilimporte in die EG zwar aus den Entwicklungsländern, aber nicht aus anderen Industrieländern eingeschränkt sind (siehe unten). Abgesehen von diesen Hindernissen an den Grenzen der EG, haben die LLDCs auch kaum Kontrolle über die Transportsysteme in Europa und wenig Zugang zu jenen Marktinformationen, die sie brauchen würden, wenn sie ihre Angebote, entsprechend den Anforderungen der EG, unterbreiten wollten.
Angesichts der Tatsache, daß drei Jahre vor der Vollendung des Binnenmarktes bereits gravierende Handelshindernisse für viele Entwicklungsländer bestehen, ist die Furcht der Dritten Welt vor weiteren Mauern um die „Festung Europa" verständlich. Ganz allgemein besteht die nicht unbegründete Angst, die LLDCs als die Schwächsten würden die Verlierer in einem sich verschärfenden Konkurrenzkampf sein.
Der Generaldirektor für Entwicklung in der EG-Kommission, Dieter Frisch, hat in einem Vortrag im Mai 1989 in Köln zugegeben, daß sich die Gemeinschaft bisher mit diesen Befürchtungen nur sehr global auseinandergesetzt und wenig präzise Antworten gegeben hat. Dazu gehört offensichtlich die verkündete Weisheit, „die steigende Flut werde alle Boote flottmachen". Diese Annahme beruht aber nicht auf veröffentlichten Analysen der Kommission. Im Gegensatz dazu hat die EG lange und detaillierte Verhandlungen und Diskussionen mit den reichen Ländern dieser Erde geführt.

Die Vollendung des Binnenmarktes und die Dritte Welt

Aufgrund des oben zitierten Cecchini-Berichtes wird die Vollendung des einheitlichen Binnenmarktes das Wirtschaftswachstum vorantreiben. Daraus folgert Dieter Frisch, daß die allgemeine Steigerung des Wohlstandes in der EG zu einer Steigerung der Importe von Konsumgütern und Rohstoffen aus Drittstaaten führen werde, was bei Rohstoffen außerdem einen stabilisierenden Einfluß auf die Weltmarktpreise ausüben werde. Das scheint eine logische Überlegung, die aber die möglichen Auswirkungen auf die ärmsten Länder nur zum Teil widerspiegelt. Es kann wohl nicht angenommen werden, daß ein neuerliches Wirtschaftswachstum in den reichen Ländern automatisch zu Wachstum — und noch viel weniger zur Verminderung der Armut — in den Entwicklungsländern führen wird. Die Ergebnisse der bisherigen „Entwicklungsdekaden" sollten uns inzwischen eines Besseren belehrt haben.
Ein wesentlicher Vorteil des großen Binnenmarktes wird für die EG-Länder nicht so sehr die Zunahme des Binnenhandels an sich, sondern seine Diversifizierung (Auffächerung) sein. Durch den Wegfall der internen Zölle wird der

interne Handel auch Güter einbeziehen, die bisher zu niedrigeren Kosten aus Drittländern importiert wurden. Das wird EG-Produkte auch gegenüber einigen Produkten aus der Dritten Welt attraktiver machen. In Großbritannien z. B. ist seit dem EG-Beitritt der Anteil der Entwicklungsländer am Import von 35 % auf 30 % gefallen, während die Importe aus der EG von 36 % auf 54 % zugenommen haben. Die EG ist im allgemeinen zwar kein Konkurrent mit Produkten, die auch in Entwicklungsländern erzeugt werden. Sie ist aber genau in jenen Bereichen ein Konkurrent, in die auch arme Länder gerne diversifizieren würden. So ist die EG z. B. der weltgrößte Kaffeeimporteur, aber praktisch finden alle gewinnbringenden Stufen der Kaffee-Verarbeitung und -Vermarktung in der EG statt.

Wenn die EG-Exporte steigen, wird sich dies dank des größeren Wettbewerbs vorteilhaft zugunsten der Importeure von Waren aus der EG auswirken. Andererseits werden einige arme Länder auf Drittmärkten unter größeren Konkurrenzdruck kommen, insbesondere wenn die EG ein einheitliches Exportkredit-System einführt.

Zweifellos wird der große Binnenmarkt Vorteile für Handelspartner bieten, die ab 1993 nicht mehr mit einer Vielfalt von Dokumentations- und Standard-Anforderungen innerhalb EG-Europas konfrontiert sein werden und eine Marktgröße vorfinden werden, die zu Massenproduktion geradezu einlädt. Dieter Frisch räumt beispielhaft ein, daß Japan diese Möglichkeiten besser wird nützen können als Senegal, und Südkorea besser als Burkina Faso.

Die Aufhebung von nationalen Einfuhrquoten für bestimmte Güter aus der Dritten Welt werden Vorteile für einen Teil der Entwicklungsländer und Nachteile für einen anderen Teil bringen. Die EG hat im Rahmen der Uruguay-Runde (Gespräche der Mitglieder des Allgemeinen Zoll- und Handels-Abkommens GATT) die schrittweise Abschaffung aller mengenmäßigen Beschränkungen für tropische Erzeugnisse — mit Ausnahme der Bananen — in Aussicht gestellt. Allerdings kann man annehmen, daß einheitliche EG-Quoten und -Klauseln eingeführt werden, um ein plötzliches Ansteigen der Importe zu verhindern.

Ein weiteres Ergebnis des großen Binnenmarktes wird die wachsende Größe und vermutlich auch sinkende Zahl multinationaler Unternehmen sein. Solche Aussichten werden auf den Teeplantagen in Bangladesch oder auf den Bananenplantagen in Kolumbien, wo die Gewinne der Multis häufig auf der Ausbeutung der Arbeiter und der monopolistischen Kontrolle des Marktes beruhen, kaum auf Begeisterung stoßen. Den Kritikern geht es um eine größere Kontrolle der weltweiten Aktivitäten der bestehenden Großunterneh-

men. Bis jetzt hat die EG jedenfalls keine Bestimmungen zur Regelung der Tätigkeit von multinationalen Unternehmen erlassen.
Zum Abschluß dieses allgemeinen Teiles sei noch auf die Beseitigung der fiskalischen Handelshemmnisse, also auf die Steuerharmonisierung, eingegangen. Die konkreten Auswirkungen der Harmonisierung, insbesondere der Mehrwertsteuer, auf die Einfuhr von Waren aus Drittländern ist gegenwärtig nur schwer zu erfassen, und eingehende Untersuchungen fehlen. Bei den Verbrauchssteuern ist das Bild bereits etwas deutlicher. Es besteht die Absicht, Verbrauchssteuern in Zukunft auf Alkohol, Tabak und Mineralöle zu beschränken. Alle übrigen Verbrauchssteuern wären demnach abzuschaffen. Im Rahmen der Uruguay-Runde hat die EG-Kommission in Aussicht gestellt, die Verbrauchssteuern auf Kaffee, Kakao und Tee schrittweise abzuschaffen oder zumindest zu verringern. Frisch rechnet in der Folge mit einer größeren Nachfrage nach tropischen Erzeugnissen auf dem Gemeinschaftsmarkt. Die Preiselastizität für Produkte aus den Entwicklungsländern ist aber geringer als für andere Produkte, so daß nicht automatisch mit einer größeren Nachfrage gerechnet werden kann.

Auswirkungen des Binnenmarktes auf ausgewählte Sektoren

Spielzeug ist ein gutes Beispiel für Fertigwaren, die Entwicklungsländer produzieren und auf europäischen Märkten verkaufen wollen. Am erfolgreichsten in dieser Produktionssparte waren südostasiatische Länder wie Südkorea, Hongkong und Taiwan. Aber als ihr Erfolg wuchs, haben die Spielwarenerzeuger in der EG interveniert, um einen größeren Schutz für die eigene Industrie zu erreichen. Frankreich verhängte Importbeschränkungen für Spielzeug aus China, die britischen Spielwarenerzeuger mauerten gegen die „unsicheren" Konkurrenzprodukte aus der Dritten Welt.
Die in Aussicht genommenen Maßnahmen des großen EG-Binnenmarktes schließen solche gegen die Gesundheitsgefährdung und für die Sicherheit der Produkte ein. Es ist bereits voraussehbar, daß ein ausgeklügeltes Maßnahmenpaket zur sofortigen Importbeschränkung von Erzeugnissen führen wird, die als „unsicher" angesehen werden. Es besteht die Befürchtung, daß mit dem berechtigten Hinweis auf die erforderliche Produktsicherheit unliebsame Konkurrenten ausgeschaltet werden könnten. Die Umstellung auf solche neuen Standards hat sich für die Entwicklungsländer schon bisher als sehr schwierig herausgestellt. Bis jetzt gab es von seiten der EG weder entsprechende Vorwarnungen noch eine Hilfestellung, um die notwendigen Änderungen rechtzeitig bewerkstelligen zu können.
Wenig ermutigende Schlußfolgerungen für die Aussichten für Fertigwaren aus

der Dritten Welt im EG-Binnenmarkt können auch aus dem Beispiel des *Textil- und Bekleidungssektors* gezogen werden. Auf diesem Sektor gibt es schon heute innerhalb der EG offene Grenzen, aber gegenüber den Entwicklungsländern schützt die Mauer des Multi-Faser-Abkommens (MFA) die „Festung Europa". Während Länder mit einem hohen Lebensstandard, wie die USA und Japan, ohne Hindernisse in EG-Staaten exportieren können, wird dies armen Ländern verweigert, deren Bevölkerung verzweifelt Arbeitsplätze in der Textilindustrie sucht. Als Ergebnis sind die Textilimporte der EG-Staaten aus der Dritten Welt gesunken. In Großbritannien z. B. ging der Anteil dieser Importe aus den 50 ärmsten Ländern zwischen 1976 und 1987 um 7 % zurück. Diese Entwicklung ist um so bedauerlicher, als Textilien zu jenen Industrieprodukten gehören, die relativ leicht hergestellt werden können und daher gerade für die ärmsten Länder, wie z. B. Bangladesch, von (über)lebenswichtiger Bedeutung sind. Die UNO schätzt, daß den Entwicklungsländern durch das MFA Einnahmen in der Höhe von mehr als 20 Milliarden Schilling pro Jahr entgehen.

Das 4. MFA läuft 1991 aus. Zu diesem Zeitpunkt wird das MFA, das als „Atempause" für die Europäer gedacht war, 17 Jahre bestanden haben. Wenn als Ergebnis von 1992 alle nationalen Importquoten in EG-Ländern beseitigt werden würden, wäre dies zweifellos auch ein Vorteil für textilienexportierende Entwicklungsländer. Allerdings ist die Gefahr noch nicht gebannt, daß die EG durch die Aushandlung eines neuen MFA mit gemeinschaftsweiten Quoten die Diskriminierung der Dritten Welt fortsetzt. Immerhin hat die Uruguay-Runde im April 1989 beschlossen, daß Textilien und Bekleidung wieder den normalen Freihandelsbestimmungen des GATT unterworfen werden sollten.

Im *landwirtschaftlichen Bereich* hat die EG seit langem eine gemeinsame Politik und einen gemeinsamen Markt. Die Erfahrungen mit der Gemeinsamen Agrarpolitik (GAP) lassen bei Außenstehenden wenig Begeisterung aufkommen. Afrika wird in einem Agrarhandelskrieg mit den USA als Niemandsland behandelt, in das EG-Nahrungsmittelüberschüsse in riesigen Mengen zu Dumpingpreisen exportiert werden. Dadurch werden die Preise lokaler Bauern unterboten, den potentiellen afrikanischen Nahrungsmittelexporteuren Märkte weggenommen und fremde Eßgewohnheiten (z. B. Weizenbrot) gefördert, die traditionelle lokale Nahrungsmittel verdrängen. Umgekehrt hat die GAP die Importe einer großen Zahl landwirtschaftlicher Produkte aus der Dritten Welt eingeschränkt.

Die Pläne für den gemeinsamen Binnenmarkt fielen mit Bemühungen um die Reform der GAP aufgrund des externen Drucks im GATT und des internen

Drucks auf das EG-Budget zusammen. Unterdurchschnittliche Ernten in Europa und den USA haben diesen Druck vermindert, und die GATT-Vereinbarungen vom April 1989 erlauben der EG, bis 1991 keine weiteren wesentlichen Schritte zu setzen. Dabei waren von den ursprünglich 300 Maßnahmen zur Erreichung des großen Binnenmarktes ein Drittel dem Landwirtschaftsbereich zuzurechnen.

Bis jetzt gibt es nur wenige Anzeichen, daß mit dem Herannahen von 1992 die GAP für die Dritte Welt vorteilhafter wird. Im vergangenen Jahr versuchte die EG, durch eine vorgeschlagene Steuer auf Öle und Fette die Importe aus Entwicklungsländern einzuschränken. Seit Jahren versucht die EG, Bauern durch besondere Anreize dazu zu bringen, landwirtschaftliche Produkte auf den Markt zu bringen, die zu weit niedrigeren Kosten aus der Dritten Welt importiert werden könnten.

Innerhalb der GAP ist der *Zucker* seit langem ein Sorgenkind der Dritten Welt. Seit 15 Jahren ist Zucker das deutlichste Beispiel für EG-Handelspraktiken, die für konkurrierende Entwicklungsländer Nachteile gebracht haben. Unter der GAP ist die Produktion von Rübenzucker vehement gefördert worden. Dies hat zu einer massiven Überproduktion geführt und die EG zum größten Zuckerexporteur auf dem freien Markt gemacht. Der gestützte EG-Zuckerexport trägt zum Fallen der Weltmarktpreise bei. Was das bedeuten kann, zeigt das Beispiel der Philippinen, deren Exporte von Rohrzucker in die USA zu garantierten Preisen aufgrund der gefallenen Weltmarktpreise empfindlich zurückgingen. Rund eine Viertelmillion Zuckerarbeiter verloren die Arbeit, und auf der fruchtbaren Zuckerinsel Negros wuchs die Unterernährung.

Gleichzeitig garantiert das Zucker-Protokoll des Lomé-Abkommens den EG-Import von jährlich 1,3 Millionen Tonnen Rohrzucker zu ähnlichen Preisen, wie sie die Rübenbauern in der EG erhalten. Die Hauptnutznießer sind Mauritius, Fiji, Guayana, Jamaica und Swaziland. Aber dieses Zugeständnis wiegt den Nachteil aus den insgesamt fallenden Weltmarktpreisen nicht auf.

Der gemeinsame Binnenmarkt wird die Konkurrenz zwischen dem Rübenzucker aus der EG und dem Rohrzucker aus der Dritten Welt noch erhöhen. Der Zugang von Rohrzucker aus den armen Ländern in die EG hängt von der weiteren Existenz einer Rohrzuckerraffinerie ab, deren Zentrum sich in Großbritannien befindet. Wenn 1992 die EG-internen Grenzen fallen werden, wird es auch leichter sein, raffinierten Zucker innerhalb der EG zu transferieren. Der Rübenzuckerüberschuß aus Nordfrankreich wird dann auch auf den englischen Markt drängen und dem in Großbritannien raffinierten Rohrzucker Konkurrenz machen. Die EG setzt aber die Preise für Rüben- und Rohrzucker

in einer solchen Weise fest, daß die Raffinerie von Rübenzucker gewinnbringender ist als die von Rohrzucker. Wenn aufgrund dieser Aussichten die Rohrzuckerraffinerie in Großbritannien eingestellt werden würde, würde dies nicht nur Arbeitslosigkeit für 2.700 britische Raffineriearbeiter bedeuten. Für 50.000 Zuckerarbeiter in Mauritius und weitere Hunderttausende in 16 anderen Entwicklungsländern würde eine solche Entscheidung eine Katastrophe herbeiführen.
Außerhalb der GAP sind es vor allem die *Bananen*, für deren Vermarktung in der EG der Binnenmarkt Probleme bringen wird. Die EG ist der zweitgrößte Bananenimporteur der Welt nach den USA. 1987 wurden 2,5 Millionen Tonnen Bananen konsumiert. Aus AKP-Ländern kommen 20 % der EG-Bananen (z. B. von den Windward Islands, der Elfenbeinküste und Jamaica), 30 % liefern Territorien, die mit EG-Staaten verbunden sind (z. B. Martinique, Kanarische Inseln, Kreta), und die restlichen 50% — bekannt als „Dollar-Bananen" — stammen aus Ländern wie Honduras, Costa Rica und Kolumbien. Die Bananenimporte aus den beiden erstgenannten Ländergruppen sind gegenüber den „Dollar-Bananen" durch Einfuhrbeschränkungen für letztere oder durch Zollermäßigungen für erstere begünstigt.
Sobald Ende 1992 die nationalen Einfuhrbeschränkungen fallen werden, wird für die AKP- und EG-Bananenproduzenten das Problem der Konkurrenz der „Dollar-Bananen" auftauchen, der sie aus Kostengründen nicht gewachsen sein werden. Der Kostenvorteil der „Dollar-Bananen" beruht einerseits auf der Größe und günstigen Lage der Plantagen, auf dem hohen Grad der Mechanisierung bei Pflege und Ernte und auf den niedrigen Löhnen, die durch repressive Arbeitsbedingungen aufrechterhalten werden. Mit Ausnahme von Nicaragua werden die Plantagen in dieser Region indirekt durch drei multinationale Unternehmen aus den USA (United Brands, Standard Fruit und Del Monte) kontrolliert, die mindestens zwei Drittel des Welthandels mit Bananen beherrschen. Wie sich dies auf die ihre Rechte fordernden Bananenarbeiter auswirken kann, ist in den Berichten von Amnesty International nachzulesen. Die Bananenproduzenten auf den Windward Islands sind vom Export in die EG abhängig und haben wenig Chancen, in andere Produktionszweige zu diversifizieren. Die EG und insbesondere Großbritannien haben die Bananenproduktion und damit die Abhängigkeit durch Entwicklungshilfe gefördert, wobei die Produzenten annahmen, daß die Exporte nach Europa fortgesetzt werden können. Auch auf den Windward Islands ist der Bananenhandel in der Hand eines „Multis" (der britischen Firma Geest), aber die Bananen wachsen auf schwer zu bearbeitendem Land von Kleinbauern, die dafür einen garantierten, wenn auch niedrigen Preis für ihre Arbeit erhalten. Das führt zu

dem Ergebnis, daß die Bananen von den Windward Islands 30 % bis 50 % teurer sind als die „Dollar-Bananen". Wie diese widersprüchlichen Interessen unter den Hut des gemeinsamen Binnenmarktes gebracht werden können, ist noch völlig offen.
Die angeführten Beispiele sollten nur einen Einblick in die vielfältige entwicklungspolitische Problematik der Vollendung des EG-Binnenmarktes geben. Andere Probleme, wie z. B. die möglichen Auswirkungen der Vereinheitlichung auf dem EG-Dienstleistungssektor (Bankenwesen, Tourismus etc.) oder auf dem Rüstungssektor (mit der Gefahr eines massiven, gestützten Exportbooms in die Dritte Welt), können hier nicht weiter ausgeführt werden. Abschließend soll als Einzelproblem nur noch jenes der *Einwanderer* und *Flüchtlinge* erwähnt werden. In Zusammenhang mit dem gemeinsamen Binnenmarkt sollen auch Beschränkungen der Freizügigkeit innerhalb der EG aufgehoben und die Harmonisierung der Einwanderungs- und Asylpolitik herbeigeführt werden. Die Asylfrage wurde stillschweigend der TREVI-Gruppe von EG-Mitgliedern überlassen, deren Mandat ursprünglich auf Fragen des Terrorismus, des Extremismus und der internationalen Gewalt beschränkt war. Im Mai 1989 beschlossen die EG-Mitgliedsstaaten, die EG als einheitliches Asylgebiet zu betrachten: Asylwerber, die von einem Land abgelehnt werden, werden von der gesamten Gemeinschaft zurückgewiesen. Die Arbeitsgruppe zu Asyl- und Flüchtlingsfragen der europäischen Kirchen fürchtet, Staaten mit liberaleren Anerkennungskriterien für Flüchtlinge könnten einen strengeren Standard einführen, um nicht zu viele Asylwerber anzuziehen. Falls dies alle Staaten tun, würde die Qualität des Flüchtlingsschutzes auf den kleinsten gemeinsamen EG-Nenner sinken.

1492—1992: Erinnerungen für die Zukunft

1992 werden die westeuropäischen Staaten zwei Ereignisse feierlich begehen, zwischen denen 500 Jahre Geschichte liegen und die auf den ersten Blick nicht direkt miteinander zu tun haben. Und doch gibt es ein Band, das die Entdeckung Amerikas 1492 und die Vollendung des EG-Binnenmarktes — gewollt oder ungewollt — verbindet: Es ist die Verantwortung der Mächtigen und Reichen gegenüber den Völkern Lateinamerikas und der Dritten Welt insgesamt. Einerseits können sich Europa (und insbesondere einige EG-Länder) nicht aus ihrer Mitverantwortung für Jahrhunderte der Entwicklung und Unterentwicklung in Mittelamerika, in der Karibik und in Südamerika wegstehlen. Andererseits kommt einer gestärkten EG auch eine größere Mitverantwortung für eine Auffüllung des Grabens zwischen dem Norden und dem Süden zu. 1992 sollte daher kein Anlaß zu triumphalistischen Großveranstaltungen und zu eurozentrischer Selbstzufriedenheit sein, sondern Auftakt zu jenem „Politik-Dialog" zwischen der EG und den Staaten der Dritten Welt, den der ehemalige EG-Kommissar Pisani in seinem Memorandum zur Entwicklungspolitik der EG schon 1982 vorgeschlagen hatte, der aber bis jetzt überwiegend Papier geblieben ist. In einem solchen Dialog müßte Geschichte kritisch aufgearbeitet werden, und die Weichen für eine gemeinsame Zukunft müßten gestellt werden, in der in Nord und Süd für die Bewohner aller Staaten ein Leben in Würde und ohne Hunger gewährleistet ist.

Wenn man von seltenen Ausnahmen, wie dem Falklandkrieg, absieht, unterscheiden sich die Formen der europäischen Expansion am Ende des 20. Jahrhunderts deutlich von jenen am Beginn des 16. Jahrhunderts. Heute geht es nicht mehr um kriegerische Unterwerfung, sondern um wirtschaftliche Beherrschung, die vor allem durch die größere Kapitalkraft und die technologische Überlegenheit ermöglicht wird. Unter Hinweis auf die Abholzung der chilenischen Wälder durch multinationale Unternehmen hat der Bischof von Valdivia, Jimenez, bei seinem Österreichbesuch im Oktober 1989 festgestellt, daß in der neokolonialen Epoche jene „Multis" die Rolle der Konquistadoren übernommen haben, die ohne Rücksicht auf die Bedürfnisse und Interessen der einheimischen Bevölkerung die Ressourcen der Entwicklungsländer fast ausschließlich zum eigenen Vorteil ausbeuten. Es wäre falsch, den Schwarzen Peter den US-Multis zuschieben zu wollen, denn japanische und europäische Unternehmen mischen kräftig mit.

Im Juli 1989 hat Außenminister Mock das Beitrittsansuchen Österreichs zur EG formell in Brüssel übergeben. In der Euphorie dieses Schritts sollte Österreich nicht vergessen, daß die EG nach 1992 nicht nur im Innenverhältnis ihrer Mitglieder weitreichende Auswirkungen haben wird, sondern daß es auch im Außenverhältnis gerade für die ärmsten und daher auch politisch schwächsten Länder zu Folgen kommen könnte, die in ihrer Reichweite heute noch gar nicht absehbar sind. Ein österreichischer EG-Beitritt könnte daher auch eine Mitverantwortung für eine verstärkte Ausbeutung der Dritten Welt bedeuten, wenn dem nicht von längerfristig denkenden Politikern in und außerhalb der EG gegengesteuert wird. Es ist zu hoffen, daß die österreichischen Politiker zu den letzteren gehören werden. Die Wahrscheinlichkeit dafür wird um so größer sein, je früher sich Österreich auch ernsthaft mit diesem Aspekt der EG-Politik auseinandersetzt.

Insbesondere die einschlägigen Einrichtungen der katholischen Kirche in Österreich werden sich im Sinne ihrer Grundsätze der „Anwaltschaft" für die Völker der Dritten Welt und der vorrangigen Option für die Armen aufmerksam mit der Weiterentwicklung des entwicklungspolitischen Engagements der

EG (oder dem Fehlen eines solchen) beschäftigen müssen. Gerade die Hilfswerke der Kirchen für die Dritte Welt, die durch ihre langjährige Praxis in der Missions- und Entwicklungsarbeit über enge Beziehungen zu ihren überseeischen Partnern verfügen, müssen den ihnen möglichen Beitrag leisten, damit der große europäische Binnenmarkt nicht die Probleme der Dritten Welt noch vermehrt, sondern ihre Chancen auf einen gerechteren Anteil am Reichtum dieser Welt erhöht. Dieser Beitrag wird vor allem darin bestehen, die Probleme aufzuzeigen und die gesellschaftliche Diskussion von Lösungsmöglichkeiten auch in Österreich anzuregen. Die Erinnerung an die entwicklungspolitischen Fehler der Vergangenheit soll dabei nicht dem Wühlen in alten Wunden, sondern der Gewährleistung einer besseren Zukunft auch für den Süden dienen. Ohne die Erinnerung an die Vergangenheit und ohne das Lernen aus der Geschichte wird sich die Zukunft höchstwahrscheinlich nicht wesentlich von der Vergangenheit unterscheiden.

Postscriptum

Die Umbrüche in Mittel- und Osteuropa haben eine neue Situation geschaffen, die vor sechs Monaten, als der obige Beitrag konzipiert wurde, nicht voraussehbar war und daher auch nicht berücksichtigt werden konnte.
Insgesamt gesehen, werden sich die Entwicklungschancen des Südens angesichts einer massiven Hinwendung der westlichen europäischen Industrieländer zum Osten zumindest mittelfristig noch weiter verschlechtern. Einige Gründe dafür können hier nur angedeutet werden:

- Wenn die Auslandshilfe des Westens nicht wesentlich erhöht wird, kann die in Aussicht genommene Hilfe für den Osten nur zu Lasten der Dritten Welt gehen. Dies könnte dadurch verschleiert werden, daß die OECD neben Jugoslawien auch andere osteuropäische Länder als Empfängerländer von Entwicklungshilfe akzeptiert.
- Durch die in den internationalen Organisationen bereits praktizierte, weitgehende Gleichschaltung von West und Ost wird der politische Spielraum des Südens in der internationalen Politik noch kleiner.
- Angesichts der katastrophalen wirtschaftlichen Situation im Osten ist wahrscheinlich, daß auch dessen bisher geleistete, geringe Entwicklungshilfe für „kommunistische Bruderländer" in der Dritten Welt eingestellt wird.
- Die geografische Nähe, das höhere Ausbildungsniveau der Bevölkerung, das veraltete, aber durchaus interessante Industriepotential und das niedrige Lohnniveau der bisherigen Staaten des „realen Sozialismus" werden viele Investoren dazu bewegen, nicht in der Dritten Welt, sondern in Osteuropa Knowhow und Kapital anzulegen.

Die EG hat in Hinsicht auf die politischen Veränderungen im Osten noch keine konsistente Strategie entwickelt. Es ist aber sehr wahrscheinlich, daß einseitig viele Kräfte und finanzielle Mittel auf die Entwicklung der Märkte im Osten konzentriert werden. Dies ist eine gefährliche und kurzsichtige Vorgangsweise angesichts der Tatsache, daß die Massenarmut im Osten nicht jene Ausmaße erreicht hat, die im Süden das nackte Überleben großer Bevölkerungsgruppen gefährden. Wenn aber in der Folge die sozialen Konflikte in der Dritten Welt explodieren, würden die EG und die anderen Staaten des Nordens davon nicht unberührt bleiben.
Die Alternative kann daher nicht heißen: Hilfe für den Osten *oder* Hilfe für den Süden. Unsere Welt kann nur gemeinsam überleben. Die Solidarität mit Osteuropa darf nicht auf eine Entsolidarisierung mit zwei Drittel der Menschheit hinauslaufen!

Hans Bürstmayr

KIRCHLICHE ENTWICKLUNGSPOLITIK IM KONTEXT DER INTERNATIONALEN (FEHL-)ENTWICKLUNG

Die kirchliche Entwicklungspolitik in Österreich — darunter werden sowohl die Grundsätze als auch die wichtigsten Instrumente und Maßnahmen der Entwicklungsarbeit verstanden — ist seit den fünfziger Jahren im Aufbau, aber auch in ständiger Veränderung begriffen. Woher die Anstöße dazu kamen, in welche Richtung diese Veränderung ging und in welchem Zusammenhang zu den geistigen Strömungen in der Kirche und den allgemeinen entwicklungspolitischen Überlegungen sie standen, das in aller Kürze darzustellen wird durch nachstehenden Beitrag versucht. Der beobachtete Zeitraum umfaßt im wesentlichen die drei Entwicklungsdekaden 1960—1990 mit einer kurzen „Vorgeschichte". Innerhalb dieser Zeitabschnitte wird zunächst eine allgemeine entwicklungspolitische Übersicht gegeben und im Anschluß daran werden die für diesen Zeitabschnitt zutreffenden Ereignisse aus dem kirchlichen (katholischen) Bereich dargelegt. Den Abschluß dieser synoptischen Darstellung bilden Überlegungen zur kirchlichen Entwicklungspolitik für die neunziger Jahre.

Die fünfziger Jahre: Entdeckung des Hungers in der Welt

Die fünfziger Jahre waren entwicklungspolitisch noch bescheiden. Es gab noch keine „Entwicklungsdekade", keine festgeschriebenen Wachstumsziele des Bruttonationalproduktes (BNP), ja kaum genauere Erhebungen über die sich damals schon anbahnende Katastrophe des Welthungers. Erst 1952 veröffentlichte der damalige Generaldirektor der FAO eine „Geographie des Hungers" und machte erstmals weltweit auf den Umstand aufmerksam, daß die Lebensgrundlagen für einen Teil der Weltbevölkerung unzureichend und dringend verbesserungswürdig sind.

Im April 1955 trafen einander 29 Staaten Afrikas und Asiens zur Bandung-Konferenz, um gemeinsame Ziele für ihren Kampf gegen die „Ausbeutung durch Kolonialismus" festzulegen. Die Dritte Welt — ein Begriff, der erst später für die Gruppe der blockfreien Staaten eingeführt und schließlich als gemeinsame Bezeichnung für alle Entwicklungsländer verwendet wurde — begann sich zu formieren.

Bei den kirchlichen Organisationen hatte die Orientierung auf „Übersee" durch die Mission bereits eine lange Tradition. Die Beziehungen zu den Missionaren waren für Österreich, das Binnenland ohne Kolonien, die wichtigsten Übersee-Kontakte. Sie waren verständlicherweise auch die ersten Ansatzpunkte für die Entwicklungshilfe — die anfangs auch noch Missionshilfe genannt wurde. 1955 gingen erstmals die „Sternsinger" der Katholischen Jungschar für die Mission sammeln, 1958 wurde der erste Familienfasttag durch die Katholische Frauenbewegung organisiert, 1960 erstmals die Aktion „Bruder in Not" von der Katholischen Männerbewegung. Von 1958 an befaßte sich die Katholische Landjugend (KLJ) intensiv mit dem Thema „Der Hunger in der Welt". In Zusammenhang mit einem Weltkongreß der Katholischen Landjugendbewegungen 1960 in Lourdes hat die KLJ-Österreich die ersten Personaleinsätze — damals noch Laienhelfer genannt — vorbereitet und durchgeführt, aus denen innerhalb weniger Jahre ein umfangreiches Entwicklungshelferprogramm geworden ist.

Die sechziger Jahre: Entwicklung durch Wachstum

Die sechziger Jahre gingen als die Dekade des unerschütterlichen Glaubens an die Machbarkeit der Entwicklung, an die Überwindung von Hunger und Unterentwicklung durch Wirtschaftswachstum nach dem Modell der Industrieländer in die Geschichte der Entwicklungspolitik ein. Die UNO verkündete die erste Entwicklungsdekade. Und in der Tat: Die Wachstumsstrategie schien Erfolg zu haben. Das BNP der Dritten Welt wuchs durchschnittlich um 4,6 % pro Jahr, geringer war schon das Prokopfwachstum mit 2,5 %, in Afrika waren es nur 1,5 %. In den UN-Organisationen wurden die Industrieländer moralisch verpflichtet, 0,7 % ihres BNP den Entwicklungsländern zur Verfügung zu stellen. Eine Verpflichtung, die im Durchschnitt bis heute nur zur Hälfte erreicht wurde, von Österreich gar nur zu einem knappen Drittel. Politisch waren die sechziger Jahre die Zeit der großen Entkolonialisierung. Die jungen Staaten, die nur sehr wenig Beziehung untereinander hatten, versuchten, wenigstens auf der Ebene der Vereinten Nationen, ihre Anliegen gemeinsam zur Sprache zu bringen. Die ersten UN-Welthandelskonferenzen in Genf (1964) und in New Delhi (1968) produzierten lange Forderungskataloge, die dem Motto „Handel statt Hilfe" entsprachen. Bessere Austauschbedingungen für die vorwiegend Rohstoffe liefernden Entwicklungsländer und eine stärkere Einbindung derselben in den Welthandel waren das Ziel. In den Entwicklungsländern selbst wurde der Abbau der Rohstoffe und der Anbau von Agrarprodukten für den Export forciert.

Die erste kalte Dusche bekam die euphorische Entwicklungshilfe bereits am Ende der Dekade durch den Pearson-Bericht. Die hochrangige Expertenkommission mit Friedensnobelpreisträger Lester Pearson an der Spitze stellte den Industriestaaten kein gutes Zeugnis aus. Eigennutz der Industrieländer und falscher Einsatz der Mittel waren wesentliche Kritikpunkte. Das Konzept der bisherigen Entwicklungspolitik wurde aber grundsätzlich nicht in Frage gestellt.

Entwicklung muß umfassend sein

Die allgemeine Aufbruchsstimmung in der Kirche durch das Zweite Vatikanische Konzil (1962—1965) übertrug sich auch auf die kirchliche Entwicklungsarbeit. Das weltkirchliche Bewußtsein und die Verantwortung füreinander wurden gestärkt. Einen großen Einfluß übte die Enzyklika Papst Pauls VI., „Populorum Progressio" — „Über den Fortschritt der Völker" (PP) —, aus. Dieses Rundschreiben vom März 1967 brachte für die damalige Zeit revolutionäre Überlegungen und Forderungen in die Entwicklungsdiskussion ein. Am bekanntesten daraus und in der Auswirkung vielleicht auch am nachhaltigsten ist die schlichte Aussage: „Entwicklung ist nicht einfach gleichbedeutend mit wirtschaftlichem Wachstum. Wahre Entwicklung muß umfassend sein, sie muß den ganzen Menschen im Auge haben und die gesamte Menschheit . . . ", (PP 14). Diese Absage an die einseitige Wachstumsideologie und den Glauben, daß mit Wirtschaftswachstum das Problem der Entwicklungsländer rasch zu lösen wäre, beeinflußte nachhaltig nicht nur die theoretische Auseinandersetzung, sondern auch die Praxis der Entwicklungsarbeit. Die Verurteilung des liberalen Kapitalismus (PP 26) oder das bedingte Ja zu Gewaltanwendung und revolutionärer Veränderung (PP 31) lösten heftige Diskussionen aus, machten aber auch Mut zur Suche nach neuen Lösungen. In Österreich organisierte sich die wachsende Gruppe von kirchlichen Entwicklungshilfeeinrichtungen. 1963 wurde die „Koordinierungsstelle für Entwicklungshilfe des Sekretariates der Österreichischen Bischofskonferenz" eingerichtet, die noch zweimal ihren Namen änderte und seit 1982, nach Erweiterung der Aufgaben und Ziele, „Koordinierungsstelle der Österreichischen Bischofskonferenz für Internationale Entwicklung und Mission" heißt. Die Mittelaufbringung der kirchlichen Organisationen steigerte sich von Jahr zu Jahr und summierte sich bis einschließlich 1969 auf etwa eine halbe Milliarde Schilling. Neben den schon genannten Sammelaktionen der Katholischen Frauenbewegung, Katholischen Jungschar und Katholischen Männerbewegung gehörten die Caritas und die Päpstlichen Missionswerke zu den erfolgreichsten „Sammlern".

Das Entwicklungshelferprogramm der Katholischen Landjugend Österreichs hatte Ende der sechziger Jahre schon über 100 Mitarbeiter in Einsatz. Das Pionierwerk des damaligen Landjugendseelsorgers und heutigen Kurienbischofs Alois Wagner suchte eine breitere Trägerschaft, die der damalige KMBÖ-Vorsitzende Eduard Ploier schuf. Er brachte die drei wichtigsten KA-Organisationen im Bereich der Entwicklungshilfe, die Katholische Männerbewegung Österreichs (KMBÖ), die Katholische Frauenbewegung Österreichs (KFBÖ) und die Katholische Jungschar Österreichs (KJSÖ) mit der Katholischen Landjugend zusammen, die einen neuen Trägerverein bildeten und damit eine solide Eigenfinanzierung für das bis heute größte Personalprogramm der Entwicklungszusammenarbeit garantierten. Ploier übernahm den Vorsitz des „neuen" Österreichischen Entwicklungsdienstes (ÖED), den er bis heute innehat.

Die siebziger Jahre: Suche nach Alternativen

Wenn man Entwicklung mit Wachstum gleichsetzt, war die erste Dekade ein Erfolg. Kein Wunder also, daß für die zweite Entwicklungsdekade das gleiche Rezept vorgeschrieben wurde: Steigerung des Wirtschaftswachstums und verstärkte Einbindung der Entwicklungsländer in den Welthandel. Die Industrieländer erklärten sich aber nach wie vor nicht bereit, spürbare Konzessionen bei den Austauschbedingungen zugunsten der Entwicklungsländer zu machen. Die Warnungen des *Pearson*-Berichtes in bezug auf die drohende Verschuldung der Dritten Welt waren bald vergessen. Der Schuldenberg wuchs weiter an: Betrug die Summe der Auslandsverschuldung aller Entwicklungsländer 1960 ganze 18 Milliarden Dollar und 1970 bereits 74 Milliarden, erhöhte sie sich bis zum Ende der Dekade auf fast 500 Milliarden.
Während in den UNO-Organisationen, wo die Entwicklungsländer — besser gesagt, deren Eliten — durchwegs die Mehrheit haben, unverändert auf steigendes Wirtschaftswachstum und stärkere Einbindung in den Welthandel gebaut wurde, entspann sich auf akademischer Ebene, aber auch in verschiedenen politischen Lagern und unter den Entwicklungshilfeorganisationen eine heftige Grundsatzdiskussion, die das Wachstumsmodell in Frage und alternative Konzepte in den Mittelpunkt stellte. Nahrung bekam diese Kontroverse auch von anderer Seite: 1974 erregte der erster Bericht an den Club of Rome „Über die Grenzen des Wachstums" großes Aufsehen. Wenn es stimmt, daß Wachstum begrenzt ist, kann Entwicklung nicht bedeuten, die Industrieländer nachzuahmen und deren Stand einzuholen. Was aber dann?
Die Erklärung von Cocoyoc (1974), wo sich eine Gruppe von Wissenschaft-

lern mit den Fragen einer „anderen Entwicklung" befaßte, und der Dag Hammersköld-Bericht (1975), um nur zwei bedeutende Beispiele für einen alternativen Entwicklungsweg zu nennen, gaben eine Antwort: Entwicklung heißt zuallererst Befriedigung der Grundbedürfnisse. Diese anfangs auch von vielen Entwicklungsländern heftig bekämpfte Strategie wurde zunächst von den Nicht-Regierungs-Organisationen freudig aufgenommen, später auch von progressiveren staatlichen Entwicklungshilfe-Verwaltungen. Schließlich fand sie auch Eingang in die UNO- und Weltbankbürokratien, die sogar ausgesprochene Armuts-Bekämpfungs-Strategien entwickelten. In der Praxis allerdings merkten die Armen in der Dritten Welt nicht viel davon. Die großangelegten Hilfsprogramme erreichten die Basis nicht.

Nicht nur über die Wege zur Entwicklung, sondern auch über die Ursachen der Unterentwicklung wurden neue Erklärungsmodelle geschaffen. Am hervorstechendsten davon war Dieter Senghaas' Dependenztheorie, die als fast ausschließliche Ursache für die Rückständigkeit der Dritten Welt deren Abhängigkeit von den Industriestaaten feststellte und als Rezept für Entwicklung nicht die stärkere Einbindung der Dritten Welt in den Welthandel, sondern das Gegenteil, deren Dissoziation, also Abkoppelung, vorschlug. Wenn auch die meisten Dritte-Welt-Politiker sich mit der Schuldzuschreibung auf die Kolonialvergangenheit identifizieren konnten, von einer Abkoppelung vom Weltmarkt und — für die Führungseliten wäre das die konsequente Folge gewesen — von den europäischen und US-amerikanischen Finanztöpfen wollten sie nichts wissen.

Eine neue Zauberformel eroberte die „Szene": Self-Reliance. Begriff und Inhalt waren allerdings gar nicht so neu, da schon die Arusha-Deklaration Nyereres 1967 Self-Reliance zur nationalen Entwicklungsstrategie (Ujamaa-Sozialismus) erklärt hatte. Self-Reliance verlangt Selbstvertrauen und Selbstbewußtsein, baut auf Selbstbestimmung und Selbstverantwortung auf und stützt sich auf die Kraft der eigenen Ideen und Mittel.

Dieter Senghaas nennt dies „autozentrierte", also nach innen gerichtete Entwicklung, im Gegensatz zur Dependenz und „Entwicklung nach außen". Der Zusammenschluß einer Reihe von Entwicklungsländern für eine solche nach innen gerichtete Entwicklung, in der Fachsprache „Collective Self-Reliance" genannt, blieb aus vielerlei Gründen allerdings glatte Theorie, während Self-Reliance für einzelne Entwicklungsländer zumindest in Teilbereichen eine sinnvolle Alternative zu den unbefriedigenden Ergebnissen der bisherigen Strategien wurde. Eine nach innen gerichtete Entwicklung, die einfacher, kleiner, bescheidener ist und von unten kommt, ausgerichtet auf die Befriedigung der Grundbedürfnisse und Förderung kleinräumiger Wirtschaftskreisläufe, setzt, um wirklich wirksam zu werden, allerdings auch eine Verbesserung des außenwirtschaftlichen Rahmens voraus. Die Entwicklungsländer waren aber zu schwach, diese Verbesserungen auf dem Weltmarkt zu erzwingen.

Kirchliche Entwicklungspolitik formiert sich

Die Auseinandersetzungen über die Ursachen der Unterentwicklung und über neue Wege der Entwicklung spiegelten sich auch in den kirchlichen Organisationen in Österreich wider. Entwicklungspolitik wurde ein Thema, dem nicht nur durch vermehrte Spenden, sondern auch durch Grundsatzdiskussionen in vielerlei Gremien mehr Geltung verschafft wurde.

1971 wurde in einer von allen Nicht-Regierungs-Organisationen abgehaltenen „Enquete Entwicklungshilfe" unter starker Mitwirkung kirchlicher Organisationen ein Grundsatzpapier für österreichische Entwicklungshilfepolitik verfaßt, das später auch ein wichtiges Element für die Gestaltung der staatlichen Entwicklungshilfe geworden ist.

1974 hat sich die Kirche im „Österreichischen Synodalen Vorgang" die Selbstverpflichtung zur Leistung von je 1 % aller kirchlichen Einkommen für Mission und Entwicklungshilfe auferlegt, eine Verpflichtung, der es ähnlich ergangen ist wie dem berühmten 0,7%-Ziel der Industriestaaten: Sie wurde nur von einigen Diözesen zum Teil eingelöst und ist heute schlicht in Vergessenheit geraten.

Einen entscheidenden Impuls für die kirchliche Grundsatzdiskussion brachte die im Dezember 1975 von Paul VI. veröffentlichte Enzyklika „Evangelii Nuntiandi" (EN), („Über die Evangelisierung in der Welt von heute"). Ein Grundgedanke dieser Enzyklika, der wesentlich von den Bischöfen Lateinamerikas mitgeprägt wurde, ist die Zusammenfassung der gesamten Tätigkeit der Kirche unter dem Begriff Evangelisierung. Darunter wird nicht nur die Verkündigung des Wortes im engeren Sinn verstanden, sondern auch die Gestaltung der Welt für ein menschengerechtes Dasein. Das Reich Gottes soll schon auf dieser Welt beginnen, um im Jenseits vollendet zu werden. Beides, die „Mission" und die „Entwicklungshilfe", sind unabdingbare Ausdrucksweisen der Kirche. Dies bestärkte die kirchlichen Organisationen, die bislang strenge Trennung zwischen den Missions- und Entwicklungseinrichtungen zugunsten einer verstärkten Zusammenarbeit aufzugeben. Ein sichtbarer Schritt dieser Entwicklung war, daß die Päpstlichen Missionswerke und die Missionsorden Mitglieder der Koordinierungsstelle wurden.

Ende der siebziger Jahre wurde auf Initiative des Österreichischen Entwicklungsdienstes (ÖED) und der Koordinierungsstelle die Grundsatzdiskussion über entwicklungspolitische Fragen innerhalb der kirchlichen Organisation intensiviert, woraus sich schließlich ein gemeinsames Grundsatzpapier herauskristallisierte. Die „Entwicklungspolitik der katholischen Kirche in Österreich", die von der Österreichischen Bischofskonferenz bei ihrer Herbsttagung 1979 zustimmend zur Kenntnis genommen wurde, „soll der gemeinsame rote Faden sein, sowohl als Leitschnur als auch als Verbindung für die vielfältigen Aktivitäten der Kirche . . ." und „den Dialog und die Zusammenarbeit mit den anderen Kirchen, den gesellschaftlichen Gruppen, den Parteien und dem Staat fördern und zu einer Verbesserung des gemeinsamen politischen Handelns beitragen", schreibt Weihbischof Dr. Alois Wagner, der damalige Vorsitzende der Koordinierungsstelle, im Vorwort.

In diesem Positionspapier bezieht die Kirche einen klaren entwicklungspolitischen Standpunkt. Bei der Analyse der Situation und der Ursachen der Fehlentwicklung — Überentwicklung auf der einen Seite, Unterentwicklung auf der anderen — folgt sie weitgehend der Dependenztheorie und sieht folglich die Lösung des Problems nicht nur in Veränderungen in den Entwicklungsländern, sondern vorwiegend durch Veränderungen bei uns, in den Industrieländern. Das kirchliche Engagement in der Entwicklungsarbeit wird daher weit aufgefaßt: Bewußtseinsbildung und Anwaltschaft stehen an erster Stelle, Änderungen bei uns an zweiter, und erst an dritter Stelle wird die Entwicklungsförderung, also die unmittelbare Mitarbeit bei der Lösung von Problemen der Dritten Welt, genannt.

Diese Rangordnung wurde zwar in der Praxis der kirchlichen Entwicklungsarbeit nie nachvollzogen. Nach wie vor stellt die „Entwicklungshilfe" den größten Aktionsbereich dar. Dessenungeachtet ging von der Grundsatzerklärung aber eine steuernde Wirkung auf die Arbeit der kirchlichen Entwicklungseinrichtungen in den achtziger Jahren aus. Darüber hinaus konnten sich kirchliche Organisationen oder Vertreter darauf berufen, wenn die eine oder andere Maßnahme ins Schußfeld der Kritik von Kirchenoberen kam. Das Engagement im Bereich der Anwaltschaft und Informations- und Bildungsarbeit wurde verstärkt, für die Projektarbeit wurden in Folge dieser Grundsatzerklärung konkrete Richtlinien ausgearbeitet, was zu einer qualitativen Verbesserung beigetragen hat. Die Zusammenarbeit der kirchlichen Organisationen innerhalb der Koordinierungsstelle verbesserte sich im letzten Jahrzehnt wesentlich.

Die Sammelergebnisse der kirchlichen Einrichtungen für Mission und Entwicklungsförderung in den Jahren 1970—1979 summierten sich auf 1,34 Milliarden Schilling.

Die achtziger Jahre: Das verlorene Jahrzehnt

Die weltweit am Beginn der Dekade einsetzende Rezession — zunächst in den Industrieländern — schlug schon 1982/83 endgültig auf die Entwicklungsländer durch. Die Weltwirtschaftskrise beendete die Resolutionskriege der siebziger Jahre. Zwar gab es noch gutgemeinte Absichtserklärungen der Industrieländer im Nord-Süd-Dialog (Gipfeltreffen in Cancun, Mexiko, 1981) und die Entwicklungsländer drängten im Rahmen der UNCTAD (Belgrad 1983) auf Globalverhandlungen. Aber ihre unrealistischen Forderungen, die von den Industrieländern als nicht durchsetzbar eingestuft wurden, frustrierten beide Seiten. Die sündteuren Mammutkonferenzen schadeten der Dritten Welt eher — auch in einer gutmeinenden Öffentlichkeit —, als daß sie die so dringend notwendigen strukturellen Veränderungen bewirkt hätten.

Die kritische Öffentlichkeit stellt — zum Teil völlig zu Recht — jene Probleme in den Vordergrund, für die die Entwicklungsländer selbst verantwortlich sind: die zunehmende Kapitalflucht der Eliten und deren Luxuskonsum; eine Steuerpolitik, die nur die Kleinen schröpft, weil sie an die Reichen nicht herankommt. Die Politiker der Dritten Welt müssen sich vorwerfen lassen, daß es nicht nur der Kapitalmangel ist, der die Entwicklung bremst, sondern der unproduktive Einsatz der vorhandenen Ressourcen und die Mängel bei der Verteilung, insbesondere des produktiven Landes. Auch die enormen Rüstungsausgaben und die vielen Kriege — fast 150 waren es seit dem Zweiten Weltkrieg —, die vorwiegend unter Entwicklungsländern ausgetragen wurden, polieren deren Image nicht gerade auf.
Zwei Problembereiche waren es aber, die zunehmend die entwicklungspolitische Diskussion beherrschten: die Verschuldungskrise und die Umweltzerstörung.

Als die zwei größten Schuldnerländer ihre Rück- und Zinszahlungen einstellten, Mexiko 1982 und Brasilien 1983, wurden auch die Banken in den Industrieländern hellhöriger. Seit 1981 hat der Schuldendienst aller Entwicklungsländer zusammen die 50-Milliarden-Dollar-Grenze überschritten, d. h. daß dieser Betrag jährlich von den Entwicklungs- in die Industrieländer fließt und damit ein negativer „Bluttransfer" eingeleitet wurde. Dennoch dauerte es fast bis zum Ende der Dekade, bis wenigstens einige Banken und Industrieländer zur Überzeugung kamen, daß dieses Ausbluten der Dritten Welt auch wirtschaftlich nichts bringt und es besser wäre, über einen Schuldenerlaß nachzudenken und nicht immer neue Umschuldungen vorzunehmen, die die Bürden für die Dritte Welt nur noch erhöhen. Die Anwendung eines Ausgleichsrechts, wie es in allen Industrieländern gang und gäbe ist, wohlgemerkt auch zum Wohl der Gläubiger, wird heute von Spitzen-Bankern ernsthaft zur Diskussion gestellt. Immerhin hat die Schuldenlast der Dritten Welt bis 1989 die unvorstellbare Größe von 1.300 Milliarden Dollar erreicht, ein Betrag, von dem niemand ernsthaft annimmt, daß er jemals rückzahlbar ist. Kritiker werfen daher den Gläubigerländern, der Weltbank sowie dem Internationalen Währungsfonds vor, durch ihre beharrliche Rückzahlungs- und Umschuldungspolitik nichts anderes zu bezwecken, als die Entwicklungsländer weiterhin in Abhängigkeit zu halten.

Daß das Ökologieproblem auch mit der Entwicklungsfrage zu tun hat, wurde von den Industrieländern viel eher aufgegriffen und ernst genommen, als von den Entwicklungsländern selbst. Nur zu verständlich, denn die Verhinderung der Abholzung des brasilianischen Tropenwaldes etwa bedeutet für dieses Land zunächst nur den Verlust von Exporterlösen. Und was kümmert das Übermorgen, wenn es heute ums Überleben geht? Spürbarer wurde das Ökologieproblem schon für die afrikanischen Länder, in denen durch die zunehmende Brennholzkrise und Überweidung die Wüstenbildung rasant zunimmt. Noch sehr wenig im Bewußtsein der Öffentlichkeit ist das Problem der Bodenversalzung und einer kommenden Süßwasserkrise, zum Teil Spätfolgen der vielgepriesenen „Grünen Revolution".

Der einzige Hoffnungsschimmer für die Dritte Welt in dieser Dekade kam aus dem Osten. Gorbatschows Vorleistungen für die Entspannungspolitik, die durch die Perestrojka eingeleiteten Reformen, hatten schlagartig auch konkrete Auswirkungen auf die Dritte Welt. Kriege wurden beendet, Soldaten und Geld können wieder produktiv eingesetzt werden, gar nicht zu reden von den Riesensummen, die bei einigen Industrieländern durch die Aufrechterhaltung der Ost-West-Spannung gebunden waren und die jetzt für eine aktive Entspannungspolitik, sprich Entwicklung, eingesetzt werden könnten.

Vielleicht hilft dieser neue Aufschwung auch den Entwicklungsländern, die Lähmung ihrer eigenen Kräfte zu überwinden, die durch das vergebliche Warten auf Erfolge der unzähligen Verhandlungen in den Weltkonferenzen entstanden ist. Die weltpolitische Entspannung könnte für viele Länder einen selbstbestimmten Entwicklungsweg begünstigen, indem sie ihre eigenen Kräfte zum Einsatz bringen können.

Willy Brandt, der schon 1980 und 1982 im Auftrag der Weltbank kritische Zwischenbilanzen zur internationalen Entwicklungspolitik gezogen hatte, bezeichnete am Ende dieser Dekade die achtziger Jahre als das verlorene Jahrzehnt, aus dem es Lehren zu ziehen gelte. Eine davon ist die, daß es die Dritte Welt schlechthin nicht mehr gibt. Zu unterschiedlich sind die Probleme und

Entwicklungschancen der einzelnen Länder. Entwicklungspolitik müßte viel differenzierter eingesetzt werden. Regionale Lösungen sind anzustreben, die arbeitsfähige Gremien entstehen lassen, da sich die großen internationalen Organisationen bisher wenig bewährt haben.

Befreiung heißt Entwicklung

Die Theologie der Befreiung spielt schon seit ihrer Entstehung Anfang der sechziger Jahre eine wichtige Rolle in der Entwicklung, insbesondere der lateinamerikanischen Länder, später aber auch im asiatischen Raum und in Afrika. In der schon zitierten Enzyklika „Evangelii Nuntiandi" wird sie von Papst Paul VI. erstmals offiziell gewürdigt. In der Praxis kirchlicher Entwicklungsarbeit spielen die Basisgemeinden in vielen Entwicklungsländern eine wesentliche Rolle, sind sie doch ein hervorragendes Zeichen einer eigenständigen und selbstbestimmten Entwicklung. Der Gedanke, daß Entwicklung zunächst Befreiung ist und Befreiung Entwicklung, durchzieht zunehmend die kirchlichen Entwicklungsstrategien. Die Verkündigung der Frohen Botschaft, einer befreienden Botschaft, löste politische Erdbeben aus. Für Millionen Menschen ist die Kirche zum Bannerträger einer neuen Hoffnung geworden. Das provozierte Widerspruch, nicht nur auf seiten lateinamerikanischer Diktatoren, sondern auch im Vatikan. Im August 1984 sagte Kardinal Dr. Joseph Ratzinger mittels „Instruktionen" der seiner Meinung nach marxistischen Theologie den Kampf an, was vielen Basisgemeinden, Priestern und Bischöfen das Leben schwer machte. Zwei Jahre später wurden in einem neuen römischen Dokument („Über Gewissen und Freiheit") diese Attacken teilweise wieder zurückgenommen und auch positive Aspekte der Befreiungstheologie herausgestrichen. Die Auseinandersetzung beschränkte sich nicht auf die Dritte Welt. Auch die Hilfswerke in den Industrieländern waren daran beteiligt, die österreichischen unter der Federführung der Päpstlichen Missionswerke, worauf deren Leitung einen scharfen römischen Verweis erhielt. Bei diesen Auseinandersetzungen ging es nicht um einen akademischen Streit, sondern um die Grundfrage über den Standort der Kirche: Steht sie auf seiten der Armen und Unterdrückten, oder versucht sie nach wie vor, irgendwo zwischen den Fronten ihren sicheren Platz zu finden? Die lateinamerikanischen Bischöfe hatten sich schon lange davor entschieden: durch ihre eindeutige Option für die Armen.

Diese Option nahm in einigen Ländern extreme Formen an, bis hin zur aktiven Beteiligung an revolutionären Prozessen. Der sandinistische Volksaufstand in Nicaragua, der 1979 zum Sturz der Somoza-Diktatur führte, und die „Rosenkranz-Revolution" auf den Philippinen sind zwei Beispiele dafür. In beiden Fällen haben auch österreichische Christen durch ihren persönlichen Einsatz und durch finanzielle Unterstützung an der gesellschaftlichen Neugestaltung mitgewirkt. Ungezählt sind die „kleinen Revolutionen", in denen Bauerngewerkschaften oder Basisgemeinden um ihre Rechte kämpfen. Die Unterstützung derartiger Projekte durch österreichische kirchliche Hilfswerke wird zwar nicht immer an die große Glocke gehängt und in den Rechenschaftsberichten vorsichtig umschrieben, bekommt aber einen zunehmend höheren Stellenwert. Dazu gehören auch Maßnahmen zum Schutz bedrängter Minderheiten, wie etwa die Aktionen der Katholischen Jungschar zum Schutz der brasilianischen Indianervölker.

Die Verschuldungskrise wurde in den achtziger Jahren ein zunehmend wichtiges Thema auch für die kirchlichen Organisationen. Bei Informationsveranstaltungen, verschiedenen Veröffentlichungen und Bildungsveranstaltungen wurde dazu Stellung bezogen. 1987 gab dazu auch die römische Kommission „Justitia et Pax" ein eigenes Positionspapier heraus.

Ein starkes kirchliches Engagement ist auch für den Bereich der Anwaltschaft zu vermerken, wobei die Stellungnahmen zu Südafrika besondere Resonanz fanden. Da es dabei auch um konkrete österreichische Wirtschaftsinteressen ging, kamen sowohl die Koordinierungsstelle als auch die österreichische Kommission „Justitia et Pax" und deren gemeinsamer Vorsitzender, Weihbischof Florian Kuntner, ins Schußfeld scharfer Attacken aus dem konservativen politischen Lager. Was vielleicht als Einschüchterung gedacht war, wurde zu einer Ermunterung und Verstärkung des entwicklungspolitischen Engagements der kirchlichen Organisationen.

Langsam, aber stetig wurde in den achtziger Jahren auch die kirchliche Informations- und Bildungsarbeit ausgebaut. Die die Sammlungen begleitenden Informationen wurden erweitert und verbessert, das Angebot an entwicklungspolitisch geschulten Referenten erhöht, und in manchen Entscheidungsgremien setzte sich die Überzeugung durch, daß Aufwendungen für Informations- und Bildungsarbeit genauso wichtig sind wie die Projektförderung in den Entwicklungsländern selbst.

Kräftigen Zuwachs gab es in der letzten Dekade bei den Spenden. Die Koordinierungsstelle weist für die erste Hälfte der achtziger Jahre insgesamt 1,8 Milliarden Schilling aus. Seit 1985 betragen die jährlichen Sammelergebnisse der kirchlichen Organisationen für Entwicklungshilfe und Mission etwa eine halbe Milliarde Schilling, so daß bis zum Ende der achtziger Jahre mit insgesamt vier Milliarden zu rechnen ist. Es muß aber hinzugefügt werden, daß dieser gewaltige Anstieg gegenüber den siebziger Jahren nicht nur auf die Zunahme der Spendenfreudigkeit zurückzuführen ist, sondern auch auf eine bessere und umfassendere Erhebung der Sammelergebnisse, insbesondere durch Einbeziehung der Missionsorden, deren Leistungen in den früheren Berichten nicht enthalten waren.

Die neunziger Jahre: Der Mensch im Mittelpunkt

Das Komitee für Entwicklungsplanung der Vereinten Nationen hat für die im Frühjahr 1990 stattfindende UNO-Sondergeneralversammlung einen Bericht ausgearbeitet, der die Entwicklungsstrategie für die vierte Dekade beinhaltet. Darin werden folgende vier Schwerpunkte genannt:

1. Steigerung des Wirtschaftswachstums
2. Entwicklung der menschlichen Ressourcen
3. Abbau der absoluten Armut und
4. Beendigung der Umweltzerstörung.

Vom Standpunkt kirchlicher Entwicklungspolitik aus kann man sich über diese Zielsetzung nur freuen. Ein kritischer Beobachter könnte anmerken, daß es lange, zu lange, gedauert hat, bis der Mensch und die Förderung seiner Fähigkeiten in den Mittelpunkt auch der internationalen Entwicklungsstrategien gestellt wurde. Neu und ebenso erfreulich ist die ausdrückliche Einbeziehung des Schutzes der Umwelt, während die Steigung des Wirtschaftswachstums und der Abbau der absoluten Armut schon zu den Zielsetzungen der letzten Dekade gehörten.

Kirchliche Entwicklungsarbeit war nie und ist auch heute nicht an offizielle staatliche Entwicklungsstrategien gebunden. Zumeist hat die kirchliche Entwicklungspolitik wie auch die anderer Nicht-Regierungs-Organisationen eine Vorreiterrolle übernommen. Wenn es nun zu einer weitgehenden Übereinstimmung mit staatlichen oder internationalen Zielvorstellungen kommt, kann dies für die kirchliche Arbeit nur Bestätigung und Ermutigung bedeuten.

Im Zentrum der kirchlichen Entwicklungsarbeit der neunziger Jahre sollte nach wie vor der Abbau der absoluten Armut stehen. Daß dies nicht durch Almosen und Einrichtungen von Dauerausspeisungen geschehen kann, versteht sich von selbst. Auch bei der Bekämpfung der absoluten Armut steht die Förderung des Menschen und seiner Fähigkeiten im Zentrum. Dieses Ziel sollte aber eine gesellschaftspolitische Dimension bekommen. Es geht nicht nur um die Förderung des einzelnen, sondern um die Entwicklung und Stärkung der Gemeinschaft in ihren unterschiedlichsten Ausformungen. Selbstbestimmte und selbsttragende Entwicklung sowohl im kleinen als auch im großen wird es in der Dritten Welt nur dann geben, wenn möglichst viele

Menschen, angefangen in kleinen Gemeinschaften, lernen, daß sie miteinander mehr erreichen können und stärker sind als die Summe aller Individuen. Die Überprüfung, wieweit jede einzelne Maßnahme und wieweit jeder eingesetzte Schilling das Selbstbewußtsein und die Selbstbestimmung der betroffenen Menschen fördern, könnte ein neues Auswahl- oder Vorrangkriterium für kirchliche Projektarbeit werden.
Zur Verbesserung der Entwicklungszusammenarbeit ist auch eine verstärkte Einbeziehung unserer Partner in der Dritten Welt in die Planung und Entscheidungsprozesse erforderlich, auch wenn die kirchliche Struktur im Verhältnis zur staatlichen eine wesentlich größere Basisnähe aufweist. Echte Zusammenarbeit entsteht nur dann, wenn sich ein ständiger Dialog, ein Austausch an Erfahrungen, Vorstellungen und Wünschen entwickelt. Die Einrichtung sogenannter Koordinatorstellen in bestimmten Schwerpunktländern, wie es der ÖED seit einiger Zeit praktiziert, hat sich auch in dieser Hinsicht bewährt und könnte in Zukunft ausgebaut werden.
Überall dort, wo es Gemeinsamkeiten bei den Zielen und Mitteln gibt, sind die kirchlichen Organisationen aber auch aufgefordert, ihre Zusammenarbeit mit den staatlichen Trägern zu verstärken. Das gilt auch umgekehrt: Die staatliche Entwicklungshilfeverwaltung — und jetzt ist konkret Österreich angesprochen — sollte sich viel mehr des großen kirchlichen Potentials bedienen. Das große Manko staatlicher Entwicklungshilfe besteht ja gerade darin, daß es für sie auch bei bestem Willen schwer ist, ihre Maßnahmen direkt und ohne Umwegverluste „an die Basis" zu bringen. Die kirchlichen Organisationen haben bewiesen, daß sie dazu sehr wohl in der Lage sind. In der Bundesrepublik Deutschland beispielsweise gibt es seit Jahrzehnten eine intensive Zusammenarbeit bei der Projektdurchführung. Der Staat überträgt jährlich je 150 Millionen DM den Hilfswerken der katholischen und evangelischen Kirche zur Unterstützung von Entwicklungsprojekten, ohne daß die kirchlichen Organisationen dabei ihre Eigenständigkeit aufgeben. Warum sollte das in Österreich nicht möglich sein?

Durchsetzung entwicklungspolitischer Ziele

Wie bisher darf sich die Kirche in ihrer Entwicklungsarbeit jedoch nicht auf die *Hilfe* beschränken, sondern muß ihren Anspruch auf Durchsetzung entwicklungs-*politischer* Ziele aufrechterhalten. So selbstverständlich dies im allgemeinen klingt, so schwierig ist es aber, wenn es konkret wird. Eine intensive Auseinandersetzung mit entwicklungspolitischen Fragen, miteingeschlossen auch komplizierte ökonomische Zusammenhänge und Umweltprobleme, ist Voraussetzung dafür. Anwalt der Dritten Welt zu sein und für sie bei den politischen und wirtschaftlichen Entscheidungsträgern Lobby zu bilden, verlangt Befassung auch mit Detailfragen. Um dieses Know-how müssen sich die kirchlichen Einrichtungen und ihre Vertreter bemühen.

Das gleiche gilt im Prinzip auch für die Verbesserung der entwicklungspolitischen Informations- und Bildungsarbeit. Diese schafft, qualifiziert durchgeführt, erst den Boden für das Bewußtsein, das nicht nur zu einem *Umdenken*, sondern auch zu einem *Umhandeln* führt. Verstärkte Zusammenarbeit innerhalb der kirchlichen Organisationen, aber auch darüber hinausgehend, und der Mut, auch einmal größere Projekte der Öffentlichkeitsarbeit anzugehen, werden notwendig sein. Daß Öffentlichkeits- und Bildungsarbeit auch Geld kostet, ist allen klar, es im notwendigen Maß auch bereitzustellen, allerdings nicht mehr.

Die Öffentlichkeit verstärkt über die Probleme der Dritten Welt zu informieren, wird in Zukunft durch einen speziellen Grund noch dringender sein denn je. Der ungeheure Aufbruch in unseren östlichen Nachbarländern, die positiven Veränderungen in der „Zweiten Welt", haben schlagartig das ohnehin sehr spärliche außenpolitische Interesse der Österreicher auf sich gezogen. Was in einigen europäischen Ländern schon offen ausgesprochen wurde, wird auch in Österreich andiskutiert: die erforderlichen Mittel für die Hilfsmaßnahmen für den Osten von den ohnedies sehr mager dotierten Entwicklungshilfekonten abzubuchen. So wichtig und dringend diese Hilfe ist, auf diese Weise darf sie nicht finanziert werden. Das gilt auch für Handelserleichterungen, Schuldenerlaß, Technologietransfer, das ganze Instrumentarium der wirtschaftlichen und gesellschaftspolitischen Zusammenarbeit. Hier darf keine Substitution der Dritten Welt durch die Zweite stattfinden. Dies überzeugend in der Öffentlichkeit zu vertreten, müssen sich auch die kirchlichen Dritte-Welt-Organisationen zur Aufgabe machen.

In den vergangenen drei Entwicklungsdekaden hat sich nichts daran geändert, daß sich der größte Skandal unserer Geschichte fortsetzt, ja noch verstärkt: die Auseinanderentwicklung unserer Erde in reiche und arme Länder, wobei die Armen immer noch ärmer werden. Die Versuchung zur Resignation ist groß. Wir dürfen ihr nicht erliegen.

Kurienbischof Alois Wagner

COR UNUM — WELTWEITE SOLIDARITÄT

Der Päpstliche Rat COR UNUM ist das Päpstliche Sozial- und Entwicklungshilfeministerium. Das Wort COR UNUM ist biblisch und von Papst Paul VI. bewußt gewählt worden: „Die Gemeinde der Gläubigen war ein Herz und eine Seele. Keiner nannte etwas von dem, was er hatte, sein Eigentum, sondern sie hatten alles gemeinsam" (Apg 4,32).

Papst Paul VI. wollte im Sinne des Zweiten Vatikanischen Konzils bewußt ein eigenes Ministerium für die Frage der Menschenrechte (Päpstlicher Rat für Gerechtigkeit und Frieden) und einen Päpstlichen Rat für die Animation und Koordinierung aller christlichen sozialen Werke der sozialen Hilfe, der Caritas und der Entwicklungshilfe schaffen. Kein anderes Wort war für ihn einprägender als diese Geistigkeit der jungen Christengemeinden, die sich in Gebet und Taten der Liebe auszeichneten und damit auch Zeugnis Christi ablegten. Diese oberste kirchliche Einrichtung für alle sozialen Tätigkeiten und Werke der Entwicklungsförderung ist eine Dienststelle, ist ein Dienst für alle und will anregen, daß in allen Diözesen der Welt die Christen die uralte christliche Verpflichtung der Nächstenliebe wahrnehmen, Anwalt der Armen, Helfer der Notleidenden und Entfalter der menschlichen Entwicklung seien.

So hat dieser Päpstliche Rat COR UNUM einen sehr bedeutenden Untertitel: „Zur menschlichen und christlichen Entfaltung". In allen sozialen Tätigkeiten geht es nicht allein um eine materielle Hilfe, sondern ebenso um die Entfaltung des Menschen, damit er selbst fähig wird, seine menschlichen Fähigkeiten zu entwickeln, und daß er, rechtmäßig anerkannt, seine gesellschaftliche Stellung einnehmen kann. Seit den ersten Tagen der Predigt Jesu Christi wird die besondere Bedeutung des Gebetes, des Fastens, der Umkehr und der konkreten Tat der Liebe als Zeichen der wirklich Glaubenden herausgestellt. Im Geiste Jesu haben die Apostel gesammelt und ihre Gaben zum Apostelkonzil gebracht. Die Predigt der Liebe Gottes und zum Nächsten muß eine Konkretisierung erfahren. Daher die offizielle Einladung zu sozialen Taten aus dem Geist der Liebe.

Papst Paul VI. wies darauf hin, daß die Kirche in ihrer Geschichte konkrete Taten der Liebe und Förderung setzte, aber heute an der Spitze der Kirchenleitung eine Koordinationsstelle eingesetzt werden soll, die alle Christen aller

Diözesen der Welt anleitet, Caritas, sozialen Dienst und Entwicklungshilfe zu leisten.
So wurde am 15. Juli 1971 der Päpstliche Rat COR UNUM gegründet in Beziehung zu allen Bischofskonferenzen und mit allen katholischen Hilfsorganisationen der Welt. Der Päpstliche Rat sollte „ein Platz des Treffens, des Dialogs und der weltweiten Animation zur sozialen Tat sowie der Koordination sein im Dienste von Liebe, Gerechtigkeit und Solidarität."

Die Pflicht der Liebe

Es geht um mehr als nur um „Geldsammeln". Es geht um die Weckung der Christen zur gelebten Liebe. Papst Paul VI. sagt im Gründungspapier: „Es erscheint Uns, daß diese Verantwortung zur Liebe vorerst und besonders auch im Aufgabenbereich des Heiligen Stuhles liegt und zur apostolischen Sendung Gottes an uns gehört, daß ich als Bischof und Hirte der Kirche von Rom und der ganzen Kirche vorstehe im Geiste der Liebe", wie es der hl. Ignatius von Antiochien ausdrückte: „Wir haben gleichsam eine Verpflichtung, alle Nationen zu erinnern, daß sie dieselbe Verpflichtung für die gegenseitige Solidarität haben . . . Und wie Wir in der Enzyklika Populorum progressio (49) ausgedrückt haben, soll der überflüssige Reichtum der reichen Länder in den Dienst der armen Nationen gestellt werden." „Dies ergibt sich nicht nur als eine Forderung der sozialen Gerechtigkeit und gegenseitigen Solidarität zwischen den Völkern, sondern ist eine universelle Pflicht der Liebe, damit in der ganzen Welt für alle Menschen mehr Menschlichkeit werde, wo eben alle fähig werden, zu geben und zu empfangen." (44)

Eine christliche und soziale Liebe

Die christliche und soziale Solidarität kann nicht von der Liebe getrennt werden. Die „Pflicht zur Liebe ruft uns auf, die ganze Menschheitsfamilie auf den wahren Weg der echten und gegenseitigen Solidarität zu führen". Die Kirche dient allen Menschen: „Die Kirche sieht es als ihre Pflicht, auch in unserer Zeit, den Menschen zu dienen mit offenem Herzen und mit gutem Willen . . . mit einer kirchlichen Sensitivität, die sich ausdrückt, allen zu dienen und vor allem den Ärmsten beizustehen." (Oct. adv. 42)
Die Kirche sieht die wachsenden Nöte! Papst Paul VI. sagt: „Die Errichtung eines eigenen Rates ist erfordert wegen der wachsenden Nöte, die Wir im letzten Schreiben Octogesima Adveniens beschrieben haben." Es ist Aufgabe gerade im Unterrichten, Lehren und Informieren der Welt, die großen Nöte und unsere Verantwortung klarzumachen.
Die Einladung Jesu zu christlichen Taten kennt keine Grenzen.

Die Kirche soll miteinander und alle miteinander sollen mit dem Papst die Aufgaben wahrnehmen! Es geht um einen gemeinsamen Auftrag, um eine universelle Mission der Kirche, daß das Evangelium umgesetzt wird durch die aktuelle und wirksame Förderung der menschlichen Würde, vor allem bei den Notleidenden. So sind katholische Organisationen, die sich der assistentiellen Hilfe und Entwicklung verschreiben, die sichtbare Antwort auf das Gebot der Liebe, um im Geiste der Gerechtigkeit die Welt zu ändern.
Die Kirche will eine „Katechese der Liebe“ entfalten. Es geht um die Bildung der Christen zu einer wahrhaften „Geistigkeit der Liebe“, wodurch die menschliche und christliche Förderung erst ein geistiges Fundament bekommt und nicht nur eine äußere materielle Tat bleibt. Die Päpste weisen hin auf das Apostelwort: „Caritas Christi urget nos!“ — „Die Liebe Christi drängt uns!“
Es geht um die systematische Verkündigung des Gebotes der *Liebe* und die Entfaltung einer „Theologie der Liebe“ als Grundlage für alle kirchlichen sozialen Aktivitäten, damit auf dieser gemeinsamen Grundlage die Christen den Weg der Verwirklichung des Gebotes der Liebe *konkret* finden. Die Tat der Liebe heißt nicht „Versorgung“, sondern Anerkennung des Nächsten in seiner Würde und seinem Können und die Assistenz für die Verwirklichung menschlicher Existenz in Gerechtigkeit und Solidarität. Hier wird die Einladung an alle apostolischen Bewegungen sichtbar, da jedes missionarische Apostolat Glaubensverkündigung und soziale Tat verbindet. Viele apostolische Laienbewegungen, in Organisationen der Sozialarbeit und Entwicklungshilfe, in Caritas, Fastenaktion, Adventaktion tätig, geben Zeugnis von der christlichen sozialen Liebe.

Sendung von COR UNUM: Förderung menschlicher und christlicher Entwicklung

Wenn man vom Päpstlichen Rat COR UNUM spricht, muß man immer den vollen Namen mitnennen: „Zur Förderung der menschlichen und christlichen Entwicklung“. Dies ist die Angabe einer sehr wichtigen Intention. Es geht um den „Menschen“, und zwar um die Förderung aller Menschen in allen Teilen der Welt. Wer sich um den Menschen sorgt, der ist ein wirklicher Humanist, und unser Humanismus ist auf der christlichen Botschaft als absolute Forderung der Sorge um den Menschen zu verstehen; das Gebot der Liebe Christi ist radikal und kennt keinen Abstrich und keine Ausnahme: Alle Menschen sind in die Liebe Gottes eingebettet, und somit sind alle Menschen auch der Sorge der Christen anvertraut.
Kirche ist somit gerufen, der „Anwalt der Menschen“ zu sein, wie Papst Paul VI. dies ideenmäßig in Populorum progressio eindeutig dargelegt hat.

Gerechtigkeit auf der Basis der Liebe

Es gibt keine wahre Gerechtigkeit ohne die Geistigkeit der Dimension der Liebe. Liebe „geht der Gerechtigkeit voraus und integriert sie", und „sie wird somit zum Ferment aller sozio-ökonomischen Systeme" (Papst Paul VI: 13. 1. 1972). Heute ist diese „Anwaltschaft" sehr wichtig; denn viele haben keine Stimme, wie Erzbischof Dom Helder Camara es ausdrückte: „Stimme der Stimmlosen" zu sein. Kirche soll sachlich die wahre Lage aufweisen und darlegen, wie in der Welt viele Menschen zu viel und noch viel mehr Menschen zu wenig haben. Eine Milliarde Menschen hat nie in ihrem Leben genug zu essen: Sie haben immer Hunger! Es gibt aber ebenso mehr als eine Milliarde Menschen, die immer (vom Kleinkind an) zu viel zu essen haben, und diese Menschen wagen es, die überschüssigen Nahrungsmittel zu vernichten; wir Europäer gehören zu diesen Übersatten! Das Aufzeigen dieser Realität wird durch den Päpstlichen Rat für Gerechtigkeit und Frieden (Justitia et Pax) wahrgenommen, der immer wieder einzelne Probleme bewußt aufgreift, studiert und darlegt. Papst Johannes Paul II. hat allerdings auch darauf hingewiesen, daß die Tugend der Liebe auch die Grundlage für jede Gerechtigkeit ist (vgl. Dives in misericordia nr 12).

Förderung einer echten „Theologie der Liebe"

Auf der Grundlage der Einladung zur Liebe im biblischen Sinn geht es darum, die Grundlage theologischer Aussagen auf dem Gebot der *Liebe* zu fundieren. Das Gebot der Liebe entfaltet sich in den Menschenrechten, die ebenso eine Fülle gegenseitiger „Menschenpflichten" ergeben. Liebe ist der Lebensausdruck Gottes, und aus Liebe hat er die Welt und den Menschen geschaffen. Von da aus wird die Sorge um *alle* Menschen ganz neu beleuchtet. Wer die Liebe zu den Menschen voll lebt, wird auch den Menschen in den Armen, Entrechteten, Hungernden erkennen und ihm Achtung schenken. Das Grundgebot der *Liebe* entfaltet aus der „Liebe zu Gott" auch die Liebe zu sich selbst, also die rechte Eigenliebe und die „Liebe zum Nächsten", der letzter Urgrund für alle sozialen Taten sein kann.

Papst Johannes Paul II. sagte (19. 11. 1983): „Die heutige Welt hat eine große Not, wieder zur Liebe bekehrt zu werden." Es tut eine „Kultur und Zivilisation der Liebe not!"

„*Liebe*" als menschliche Grundforderung ist auch der Ausgangspunkt für eine „gelebte Solidarität". Aufgabe des Päpstlichen Rates ist es somit, diese neue geistige Orientierung zur *Solidarität* wirklich zu fördern und zu bilden. Es geht um die Grunderkenntnis, daß „Liebe die Grundlage für die Solidarität" ist.

Papst Paul VI. sagte (5. 11. 1975), daß wahre Menschlichkeit und Freiheit nur durch geistige Erneuerung aus dem Geiste des Evangeliums gelingen können. Der Sinn für Liebe muß, wie die Öffnung zur Verantwortung in Gemeinschaft und zur vollen Haltung der Solidarität, geweckt werden. Dies gilt auch für das Leben innerhalb der Kirche: „In der ganzen katholischen Kirche, in den Lokalkirchen, muß es ein Anwachsen der Solidarität mit den Brüdern und Schwestern im Glauben geben." Er betonte dann, daß „auf dem sozialen Gebiet gerade die reiche und freie Kirche ungeheuer große Schuldverpflichtung gegenüber der armen und bedrückten Kirche hat".
Solidarität als Ausdruck „gelebter Liebe" heißt vorerst die Weckung zum gegenseitigen Verstehen und dann zur Aktivität, damit die Würde in allen Menschen gesehen und gelebt werde.
Die „Theologie der Liebe" trennt nichts und ist für alle, die im sozialen Bereich tätig sind, die geistige Grundlage für die christlichen Aktivitäten der sozialen Arbeit, der Caritas und der Entwicklungshilfe.

Entwicklung und Evangelisierung

Die bekannte Enzyklika Papst Pauls VI., „Evangelii Nuntiandi" („Evangelisierung der Welt"), vom 8. Dezember 1975 ist eine eindeutige Wegweisung, die über ihre Zeit hinaus darlegt, daß Evangelisierung und Entwicklung ihre je eigene Bedeutung, aber einen inneren Zusammenhang haben. Die christliche Botschaft ist ein Grundkonzept für eine wahre, für alle Menschen fruchtbare Entfaltung: „Die Verkündigung des Evangeliums an die Menschen unserer Zeit, die von Hoffnung erfüllt, aber gleichzeitig oft von Furcht und Angst niedergedrückt sind, ist ohne Zweifel ein Dienst, der nicht nur der Gemeinschaft der Christen, sondern der ganzen Menschheit erwiesen wird" (nr 1).
„Von der Befreiung, die die Evangelisierung verkündet und zu verwirklichen sucht, muß vielmehr folgendes gesagt werden: sie kann sich nicht einfach auf die begrenzte wirtschaftliche, politische, soziale und kulturelle Dimension beschränken, sondern muß den ganzen Menschen in allen Dimensionen sehen, einschließlich seiner Öffnung auf das Absolute, das ist Gott; sie ist deshalb an ein bestimmtes Menschenbild gebunden, an eine Lehre vom Menschen, die sie niemals den Erfordernissen irgendeiner Strategie, einer Praxis oder eines kurzfristigen Erfolges wegen opfern kann" (nr 33).
Allen Päpsten, besonders seit Papst Leo XIII. mit seiner ersten großen und bis heute auch bedeutsamen Sozialenzyklika, geht es um die gesamte Entfaltung des Menschen. Christliche Botschaft als Botschaft der Erlösung für das ewige Heil des Menschen ist immer zugleich eine Botschaft für die Befreiung und neue Wegweisung für ein menschliches Leben, da die Forderungen nach Näch-

stenliebe, Gerechtigkeit und Teilen der Botschaft Jesu wohl die radikalste Form einer sozialen Forderung ist, die immer alle angeht und die Gleichwertigkeit und Würde aller Menschen festhält.

Animation zur Selbstverantwortung

Jede wahre Entwicklung beginnt mit der Weckung des menschlichen Könnens, selbst die Verantwortung wahrzunehmen, die er als Geschöpf Gottes erhalten hat. Voraussetzung für jede fruchtbare Hilfe ist die Anregung und die Förderung der Erkenntnis, daß der Mensch durch sein eigenes Können grundsätzliche Schritte unternehmen kann. Damit will sich unsere christliche Förderung von vorneherein gegen die zentralistischen „Versorgungsideologien" stellen, die alles vom Zentralstaat oder von außen erwarten. Jede rechte Evangelisierung muß mit der Weckung des Glaubensverständnisses im Menschen beginnen. Jede Entwicklungshilfe muß sich des Menschen vorerst annehmen und ihn wecken, seine Lage zu sehen, zu beurteilen und seine eigenen Kräfte und Mittel einzusetzen. Dieses Prinzip ist weltweit für alle Bereiche gültig und betrifft die Geberländer im gleichen Ausmaß, da auch in Europa und Amerika die „Versorgungsideologien" sich breitmachen und fast alle sozialistischen Systeme dieser Ideologie verfallen sind oder waren; am eindeutigsten ist dies in den kommunistischen Zentralwirtschaften sichtbar, in Europa und in allen anderen von diesem System beherrschten Staaten.
Versorgung allein macht aber den Menschen abhängig und unselbständig, treibt ihn in den Neo-Kolonialismus, der sichtbar wird in den Satellitenstaaten in aller Welt. Versorgungsideologie, die von kapitalistischen Systemen mittels der Wirtschaft gemacht wird, ist falsch und menschenunwürdig.

Koordination ist unabdingbar

Fruchtbare Entwicklung ist im Sinne kirchlicher Grundsätze nur möglich, wenn auf allen Ebenen, angefangen von Pfarre und Gemeinde, die Koordination vollzogen wird.
Es geht uns heute darum, daß man sich durchringt, daß alle Projekte überlegt werden mit allen, die mittragen können. Koordination ist bis zur Ebene der Bischofskonferenz notwendig, und keine Organisation darf ohne diese koordinierte Richtung Projekte annehmen. Wer nicht bereit ist, mit anderen die Projekte zu besprechen und gemeinsam zu überlegen, wer also in eigenbrötlerischer Weise nur in seinem Bereich Planungen macht und in Übersee Werke fördert, der zerstört oft mehr, als er aufbaut.
Vielfach werden Projekte nicht am rechten Platz gebaut oder nicht zum Nutzen aller im gesamten Bereich des Lebens und des Landes. Die Kirche fordert

daher alle ihre Organisationen auf — und sie tun dies sehr wohl —, immer im Sinne der Koordination zu überlegen, wo Projekte notwendig sind. Patenschaften können nur dann fruchtbar werden, wenn sie eine entsprechende eingeplante Form in das Gesamtkonzept haben. Sonst bleiben sie Beihilfen für einige wenige, während die anderen daneben ohne Mittel sind — so schafft man neue ungerechte Situationen: Die einen haben durch ihre „Patenonkel" viel und die anderen zu wenig. *Koordination* ist auch der gelebte Ausdruck der Kirche als „communio", als einer Gemeinschaft von Christen, die sich für alle interessiert und allen beistehen will. Papst Paul VI. hat den Päpstlichen Rat „COR UNUM" genannt und mit den Worten aus Apg 4,32 auch die Geistigkeit angegeben: „Ein Herz und eine Seele" sein, und alles, was man hat, soll mit allen geteilt werden.

Der Päpstliche Rat COR UNUM lädt alle ein, auf Pfarrebene, Diözesan- und nationaler Ebene zur Koordination und Kooperation. Keine Organisation, keine Ordensgemeinschaft, niemand soll nur für sich und nur allein planen, sondern immer die Projekte der Sozialarbeit im „Miteinander" mit allen anderen überlegen und gemeinsam planen, beschließen und durchführen. Dadurch wird jede Form der Doppelprojekte vermieden und sinnvoll auch in bestimmten Regionen für *alle* Hilfe gebracht.

Es wurde allen Bischofskonferenzen empfohlen, eigene Koordinierungsstellen für Mission und Entwicklungshilfe zu gründen, diese Form auch auf diözesaner Ebene zu verwirklichen und in voller Übereinstimmung mit dem Bischof und der Bischofskonferenz die Formen der koordinierten Missions- und Entwicklungshilfe zu leisten. Alle Spenden müssen offengelegt und alle Projekte kontrollierbar durchgeführt werden, denn es geht um die Festigung des Vertrauens, daß alle Sammelgelder auch wahrheitsgetreu und intentionsmäßig richtig verwendet werden. Koordination ist ein Weg der treuen Planung und Verwaltung.

Kirche als Anwalt der Armen

Schon Papst Paul VI. hat im Rundschreiben „Fortschritt der Völker" dies eindeutig betont, und Papst Johannes Paul II. hat Medellin und Puebla als Treffen des Appells zur Liebe, Gerechtigkeit und Solidarität bezeichnet. „Wenn ein Bruder oder eine Schwester keine Kleidung besitzen oder der täglichen Nahrung entbehren, es sagt aber einer von euch zu ihnen: Geht hin in Frieden, erwärmt und sättigt euch; ihr gebt ihnen aber nicht, was sie für ihren Körper brauchen, was nützt das? Heute gibt es — da ist niemand, der es nicht wüßte — auf ganzen Kontinenten unzählige Männer und Frauen, die von Hunger gequält werden; unzählige Kinder, die unterernährt sind, so daß viele noch im zarten Alter sterben; daß die körperliche und geistige Entwicklung der übrigen in Gefahr ist; daß ganze Landstriche zu düsterster Hoffnungslosigkeit verurteilt sind" (PP nr 45).

Papst Paul VI. weist auf das Zweite Vatikanische Konzil hin: „Gott hat die Erde mit allem, was sie enthält, zur Nutzung für alle Menschen und Völker bestimmt, so daß die geschaffenen Güter allen in einer billigen Art und Weise zufließen müssen, wobei Gerechtigkeit der Leitstern und die Liebe ihre Begleiterin sei" (PP nr 22).

Gerade durch den Päpstlichen Rat für Gerechtigkeit und Frieden (gegründet 1967) wird diese Aufgabe der Kirche als Anwalt der Gerechtigkeit, der solidarischen und friedlichen Gesellschaft klar erklärt. In allen päpstlichen Rundschreiben seit Papst Leo XIII. scheint diese Aufgabe, daß die Kirche für Liebe, Gerechtigkeit und Frieden einzutreten hat, klar auf. Nie zuvor ist aber so eindeutig wie heute von der Kirche dieses hohe Amt der „Anwaltschaft der Liebe, Gerechtigkeit und Solidarität zum Wohl des Friedens" wahrgenommen worden wie heute.

Kirche legt heute in ihren Mitgliedern, ihren Bischöfen, Priestern, Ordensleuten und Laienchristen ein Bekenntnis dafür ab „bis in den Tod", denn in vielen Ländern aller Kontinente werden Christen getötet, weil sie sich für die Gerechtigkeit, für den Nächsten einsetzen und Jesu Nachfolge leisten in der „Anwaltschaft der Armen und Entrechteten"!

Die konkrete Tat der Liebe ist notwendig

Rund um die Welt ist seit den letzten Jahrzehnten unsere Kirche aufgebrochen, das wirksame „Zeugnis der Liebe" durch die konkreten Taten der Hilfe zu leisten. Der Päpstliche Rat COR UNUM lädt heute aber alle Christen aller Länder ein, diesen Weg zu gehen: Keine Gemeinde und keine Familie ist zu arm, als daß sie nicht durch ihren Beitrag etwas für den anderen tun könnte.

Die christliche Tat der Liebe darf nie ein Versorgungsvorgang werden, sondern muß der gelebte Ausdruck einer missionarischen und einer solidarischen Haltung sein. Allen ist zu helfen, gleich welcher Farbe, Rasse, Sprache und welchen Standes. Kirche steht gegen alle Formen des Rassismus, Nationalismus und ideologischen Egoismus.

Die Kirche muß immer mehr jene Gesellschaft sein, die sich vom *Haben* zum *Sein* wandelt, zum *Sein* in Christus, der sich voll geteilt hat mit seinen Worten und Werken bis zum Kreuzestod. Diese radikale Öffnung, die Jesus vorlebt, ist die „neue Grundlage jeder brauchbaren Sozialreform". Wer sich nicht so einsetzt, kann sich letztlich nicht Christ nennen. Wer sich dem Kapital allein verschreibt, gleich ob er viel oder wenig hat, wird Materialist und damit ein

asozialer Gottesleugner und zu einem Menschen, der den Menschen ausbeutet und unterdrückt.
„Der Mensch muß dem Menschen begegnen. Die Völker müssen sich als Brüder und Schwestern begegnen, als Kinder Gottes. In diesem gegenseitigen Verstehen und in dieser Freundschaft, in dieser heiligen Gemeinschaft müssen wir mit dem gemeinsamen Werk und der gemeinsamen Zukunft der Menschheit beginnen" (PP nr 43). „Diese Pflicht betrifft an erster Stelle die Begüterten. Sie wurzelt in der natürlichen und übernatürlichen Bruderschaft der Menschen; in dreifacher Hinsicht: in der Pflicht zur Solidarität: die Hilfe, welche die reichen Völker den Entwicklungsländern leisten müssen; in der Pflicht zur sozialen Gerechtigkeit: die Abstellung dessen, was an den Wirtschaftsbeziehungen zwischen den mächtigen und schwachen Völkern ungesund ist; in der Pflicht zur Liebe zu allen: die Schaffung einer menschlicheren Welt für alle, wo alle geben und empfangen können, ohne daß der Fortschritt der einen ein Hindernis für die Entwicklung der anderen ist. Die Frage ist von Bedeutung. Von ihr hängt die Zukunft der Zivilisation ab" (PP 44).

Der Päpstliche Rat COR UNUM als Dienst

Papst Paul VI. wollte mit diesem neuen Päpstlichen „Ministerium für Sozial- und Entwicklungshilfe" die seit dem Beginn der Kirche vollzogene Form der tätigen Nächstenliebe vor aller Welt sichtbar machen. Dem ganzen Volk Gottes sollte die Möglichkeit neu bewußt werden, daß man die Aufgabe der Liebe durch Werke der Gerechtigkeit im Geiste der Solidarität überall zu setzen hat, und auf diese Weise die Grundsätze des Evangeliums umgesetzt werden sollen.
COR UNUM solle als Welt-Koordinationsstelle subsidiär alle Lokalkirchen der Erde anregen, überall soziale Werke zu stärken oder neu zu gründen, so daß Caritas, Missionswerke, Advent- und Fastenaktionen in jeder Hinsicht den Menschen für ihre christliche und menschliche Entfaltung fruchtbar werden.
COR UNUM als eine Einrichtung des Dienstes hat folgende Ziele: Harmonisierung und Zusammenarbeit zwischen den Organisationen aller Länder zum Zwecke der Förderung des menschlichen Fortschrittes mit entsprechenden Mitteln. Verstärkung der Zusammenarbeit zwischen den Organisationen, durch Informationsaustausch, Förderung des Kennenlernens und durch Anregungen zu einer besseren Koordination und Kooperation zu kommen.
COR UNUM steht sowohl den Bischöfen als auch verantwortlichen Laien zur Verfügung, die mit den katholischen Hilfsorganisationen Kontakte wünschen.
COR UNUM will eine bessere Verteilung der Mittel und Aktionen fördern.

COR UNUM will die Beziehungen zu den nationalen und internationalen Organisationen fördern, die sich mit Entwicklungshilfe beschäftigen.
COR UNUM empfiehlt, daß die Wirksamkeit der Organisationen durch rasche Erledigung von Aktionen gestärkt wird.
Die ökumenische Zusammenarbeit soll in den Hilfsaktionen einen besonderen Ausdruck finden.
COR UNUM steht dem Papst als Durchführungsinstrument zur Verfügung, wo der Papst Initiativen oder besondere Aktivitäten für notwendig hält.
COR UNUM empfiehlt, daß alle Formen der Zusammenarbeit im Geiste der Solidarität und Subsidiarität geschehen, und so wird die Verantwortung in die Hände der Bischöfe, der Bischofskonferenzen und Diözesen gelegt, so daß alle sozialen Werke eigentlich „bischöfliche Hilfswerke" sind. Das Prinzip der Subsidiarität erfordert, daß Geber und Empfänger volle Mitsprache haben, aber auch alle, auch die ärmeren Länder und Diözesen ihre eigenen sozialen Initiativen leisten sollen. Mitarbeit, Mitplanung und Mitsprache, eigene Leistungen sollen im Lande und im internationalen Bereich beachtet werden und nur dort, wo der andere nicht mehr allein leben und wirken kann, sollen die „Beiträge" als Projekte gegeben werden. Das Prinzip der Subsidiarität ist das stärkste Motiv gegen die einseitigen Versorgungstendenzen und gegen jede Form eines offenen oder heimlichen Kolonialismus, der die Abhängigkeit bringt.
COR UNUM ist als eine Welt-Animations- und Koordinationsstelle bewußt keine operative Einrichtung, sondern sieht das Ziel als „Sozialministerium des Papstes" in der Anregung, Orientierung, Anwalt für Werke der Liebe und Gerechtigkeit zu sein. So ist COR UNUM weder Empfänger noch Verwalter von Finanzen, sondern eben bewußt eine Weltkoordinierungsstelle im geistigen Bereich. Sie ruft auf, auf der Grundlage der „Theologie der Liebe" neue Wege der Welt-Solidarität zu finden. COR UNUM empfiehlt eine intensive Bildungsarbeit. Das Konzept der „Katechese der Liebe" ist ein Aufruf zur Aufschließungs- und Bildungsförderung im Blick auf internationale Verantwortung, auf ein treues Handeln nach christlichen Prinzipien der Liebe, der Gerechtigkeit, der Gewaltfreiheit und der Selbstlosigkeit.
COR UNUM ist als Koordinierungseinrichtung auch Anwalt all jener, die die Ungerechtigkeit und den Hunger, die Krankheit, die Zurücksetzung und die Rechtlosigkeit an ihrem Leib erfahren.
COR UNUM fördert das jährliche Wort des Papstes zur Fastenzeit, wodurch besondere Schwerpunkte herausgestellt werden: Hunger in der Welt geht uns alle an; der Flüchtling, der Mensch ohne Heimat, soll bei uns Heimat finden und ähnliche Themen.
COR UNUM legt gemeinsam abgeklärte Grundsätze vor und will, daß in allen

Menschen der Welt durch die Aktivität kirchlicher Einrichtungen das Bewußtsein der Verantwortung füreinander geweckt und gefördert werde. Besonderen Wert haben die personellen Einsätze aus einzelnen Ländern, da dadurch die menschliche Begegnung neu gefördert und neue internationale Brücken der Mitmenschlichkeit geschlagen werden.
COR UNUM hat den direkten und ständigen Kontakt im Geiste der Ökumene mit dem Weltkirchenrat und seinen Abteilungen, die das christliche Programm der evangelischen Kirchen koordinieren.
COR UNUM hat seit Beginn den ständigen Kontakt zu vielen internationalen Organisationen der Vereinten Nationen und lädt die leitenden Persönlichkeiten zu Gesprächen und Vorträgen ein. Besondere Abklärung schwieriger Aufgaben wird in guter Zusammenarbeit vollzogen.

„Ein Herz und eine Seele"

Papst Paul VI. hat erklärt, daß er in der Kirche den „Vorsitz der Liebe" habe. So ist das biblische Wort aus der Apostelgeschichte, die ein Bild der ersten Kirche zeichnet, genommen: Sie waren „ein Herz und eine Seele" und „teilten alles miteinander" (Apg 4,32). Mag das lateinische Wort COR UNUM manchen Menschen nicht verständlich sein, so ist es, übersetzt: „ein Herz", doch einer der schönsten Ausdrucksformen christlicher Geistigkeit.
In einer Welt, wo mehr als eine Milliarde Menschen ein ganzes Leben lang nie genug zu essen haben und oft am Rande des Sterbens stehen und wir Europäer zur anderen Gruppe gehören, steht der radikale Appell des Papstes, alles zu tun, daß wir konkret und wirksam mit allen Menschen der Erde „ein Herz" werden, neue Strukturen finden, neue Werke schaffen, und als Anwalt der Liebe glaubwürdig sind. Viele Millionen Christen, auch in Österreich und Europa, haben in den letzten 25 Jahren segensreiche Werke der Solidarität begonnen und damit für die Welt das „Licht der Liebe und Gerechtigkeit" aufgesteckt.

Medien: Ethik und Ökonomie

Hubert Feichtlbauer

MÜSSEN JOURNALISTEN ETHISCH HANDELN?

Moral ist „in". Von Politikern und Wirtschaftstreibenden, von Lehrern und Konsumenten, nicht zuletzt von Journalisten fordert man mehr davon. Nimmt's wunder?
Da schleicht sich einer unter falschem Namen bei einer Zeitung ein, um deren Innenleben zu erforschen, dann auch noch mit falschem Bart und der Angabe, er sei Türke, in eine Fabrik. Nach Erscheinen seiner Sensationsberichte läßt er sich als heldenhafter Anwalt des kleinen Mannes feiern, ehe ihn Mitwisser als geldwütigen Plagiator entlarven. Das hindert eine junge Journalistin nicht, unter Verfälschung ihrer Berufsangabe einen künftigen Erzbischof in ein „Pastoralgespräch" zu verwickeln, ein verstecktes Tonband mitlaufen zu lassen und hinterher stolz über ein „Beicht"-Gespräch zu schreiben. Namhafte Nachrichtenmagazine sitzen Fälschern auf und veröffentlichen Hitler-„Tagebücher" und Waldheim-„Dokumente", die von A bis Z gefälscht sind. Bei einem Geiseldrama machen Journalisten sich zu Handlangern und Regieassistenten verbrecherischer Terroristen. Kein Wunder, daß das Unbehagen der Bürger wächst, wenn diese erleben, wie Informierer zu Inszenierern werden und in der Mittelwahl immer weniger zimperlich sind.
Gewiß: Enthüllungsjournalismus tut not. Nur wo Übles passiert ist, kann enthüllt werden. Die Erfahrung beweist (und eine Dissertation von Irmgard Staudacher am Institut für Publizistik und Kommunikationswissenschaft der Universität Wien hat es 1989 nachgezeichnet), „daß ein investigativ arbeitendes Nachrichtenmagazin maßgeblich am politischen Kontrollprozeß beteiligt sei, daß es der Wahrheit zum Durchbruch verhelfen kann, indem es Mißstände öffentlich macht und anprangert."
Daher erwartet auch die Öffentlichkeit von den Medien, daß diese zur Sauberkeit im öffentlichen Leben beitragen: 55 Prozent der vom Meinungsforschungsinstitut IMAS befragten Österreicher(innen) bekannten sich 1988 zu einer solchen Medienfunktion. Wenn aber gleichzeitig das Ansehen der Journalisten seit vielen Jahren schon ganz weit hinten in der Rangskala der Berufe rangiert, dann darf man wohl Zweifel auch an der moralischen Integrität von Medienleuten annehmen: „Wir brauchen sie zwar, aber sie verrichten Schmutzarbeit und machen sich selbst auch dreckig dabei," denken offenbar viele.

Muß es so sein? Könnte der gleiche oder doch ein annähernd ähnlicher Erfolg auch mit korrekten Mitteln erzielt werden? Wäre ein Journalismus mit mehr Moral ein Journalismus mit weniger Wirksamkeit? Oder ginge es nicht doch auch mit mehr Ethos in der Berufsarbeit?

Jede Gesellschaft ist eine Informationsgesellschaft

Bevor der Versuch einer Argumentation zugunsten eines ethisch einwandfreien Journalismus unternommen wird, ein paar Vorbemerkungen grundsätzlicher Natur. Wir leben, so heißt es, in einer „Informationsgesellschaft", den Massenkommunikationsmitteln komme zentrale Bedeutung für das Überleben der Menschheit zu, sie seien daher neben Gesetzgebung, Verwaltung und Rechtssprechung eine „vierte Gewalt" im Staat und bedürften einer besonderen Standesmoral.

Nichts von alledem trifft in dieser Primitivaussage zu, und der Sache ist nur gedient, wenn man mit solchen Übertreibungen aufräumt. Jede Gesellschaft ist eine Informationsgesellschaft. Seit der homo sapiens die Erde bevölkert, kann er nur durch Kommunikation leben und überleben. Rauchzeichen, Trommelsignale, Keilschrift in Stein, Hieroglyphen auf Pergament, Buchdruck, Funk, Telefon und Telegrafie, Zeitung, Radio und Fernsehen sind Entwicklungsstufen auf dem Weg zu immer größerer Kommunikationsdichte — aber alles Äpfel vom selben Baum und kein Grund, von etwas grundsätzlich Neuem zu reden. Massenmedien begleiten den Menschen seit seiner Menschwerdung. Ihr sittlich einwandfreier Gebrauch war immer ein Auftrag — aber niemals galt für Medien eine andere Moral, als sie für jeden Menschen gilt.

Wenn von einem bestimmten Berufsethos, also etwa dem journalistischen Berufs- oder Standesethos, die Rede ist, dann muß man an spezifische Ausprägungsformen des einen und einzigen gültigen Moralgesetzes denken, wohl auch an besondere Problemfelder, an spezielle Versuchungen des betreffenden Berufs — aber nicht an moralische Extrawürste, die da zu braten wären. Die Zehn Gebote gelten für die gesamte Menschheit. Kein Journalist ist davon ausgenommen. Freilich: Der Hinweis auf die Moralpflichtigkeit des einzelnen bringt einen subjektiven Zug in die Argumentation. Was ein Journalist, eine Journalistin, für richtig, moralisch, ethisch einwandfrei hält, kann im konkreten Einzelfall eine andere Verhaltensweise auslösen als die des Kollegen, der Kollegin.

Deshalb kann es auch nur Generalanweisungen, Richtlinien für ein moralisch einwandfreies Verhalten von Journalisten geben und nicht etwa ein kasuistisches Moralhandbuch mit tausend Einzeldirektiven. Einen solchen Richtlinienkodex hat die Katholische Weltunion der Presse (UCIP) zusammengestellt und bei der Ratsversammlung in Boston am 1. Juni 1988 verabschiedet. Ihm soll diese Darstellung nun folgen — erstens, weil er auch unter katholischen Publizisten viel zuwenig bekannt ist, und zum anderen, weil ihn ein stark internationaler Zug gegenüber allen kleinkarierten Kodifizierungsversuchen auf nationaler oder gar lokaler Ebene auszeichnet.

1. Das Recht auf Information und auf Kommunikation ist ein Grundrecht jeder Person, jeder Gemeinschaft und jeden Volkes. Dieses Recht umfaßt den Erhalt objektiver, genauer, vollständiger und transparenter Information über die Wirklichkeit sowie die Möglichkeit, sich mittels verschiedener Kommunikationsinstrumente frei zu äußern.

Dieser Beginn ist wichtig: Das Volk hat Anspruch auf Information, und die Journalisten dienen ihm—nicht umgekehrt! Und „objektiv" soll die Information sein—ein gewaltiger Problemfall. Auch das Bundesverfassungsgesetz über den Österreichischen Rundfunk (ORF) vom 10. Juli 1974 verlangt „Objektivität und Überparteilichkeit der Berichterstattung, Berücksichtigung der Meinungsvielfalt, Ausgewogenheit der Programme sowie Unabhängigkeit der Personen und Organe". Im ausführenden Rundfunkgesetz 1984/1985 wird in § 2(1) eine „objektive Auswahl und Ermittlung von Nachrichten und Reportagen" gefordert.

Was aber heißt „objektiv"? Doch wohl tatsachengetreu, nachweisbar, wertfrei. Jedes Kind sieht ein, daß diese Zielsetzung nur annäherungsweise erreichbar ist. Vorspiegelung totaler Objektivität ist Irreführung. Deshalb darf man den Versuch aber nicht aufgeben und nicht jeder Subjektivität der Darstellung — vielleicht mit dem Argument größerer „Ehrlichkeit" — die Tür öffnen. Der katholische Moraltheologe Günter Virt hat in seinen „Bausteinen einer Ethik für Journalisten" (Theologisch-praktische Quartalschrift, Heft 1/1980) „Vorzugsregeln" für Konfliktfälle der Massenkommunikation aufgestellt und in diesem Fall verlangt: „Die gewissenhafte Handhabung der eingestandenen Subjektivität hat Vorrang vor dem Versuch, ‚reine' Objektivität vorzuspiegeln."

Trotzdem bleibt die Verpflichtung des Journalisten bestehen, um Objektivität gewissenhaft bemüht zu sein. Dabei muß man wissen, daß zur korrekten Darstellung eines Sachverhalts eine große Zahl von Fakten, Daten und Zusammenhängen gehört. Nie wird es möglich sein, in einem noch so bemühten Bericht alles anzuführen. Es kommt also auf die richtige Auswahl an. Wenn ein Sachverhalt, sagen wir einmal schematisch, 100 Einzelbestandteile enthält und nur zehn in die Mediendarstellung einfließen können, muß der Journalist diese zehn so auswählen, daß sie noch immer repräsentativ für den Gesamtsachverhalt sind. Man kann zehn falsche auswählen und ein völlig falsches Bild vermitteln. Deshalb ist die Auswahl eine der schwierigsten und verantwortungsvollsten Aufgaben journalistischer Arbeit.

2. Vordringliche Aufgabe von Journalisten ist es, das Recht jeder Person und jeden Volkes auf objektive Information zu wahren und zu fördern. Damit dies geschehen kann, müssen nach Maßgabe des Möglichen unterschiedliche Informationsquellen verwendet und gesicherte Tatsachen innerhalb des Umfeldes beschrieben werden.

In dieser Forderung wird die Rolle des Journalisten als des hauptberuflichen Mittlers von gesellschaftlicher Wirklichkeit angesprochen. Das wirft die Frage nach dessen Legitimierung auf: Was muß er denn überhaupt können, um Journalist zu sein? Journalistisches Expertentum besteht in der Fähigkeit, aus einem komplizierten Sachverhalt das Wesentliche herauszuschälen und in einer allgemeinverständlichen Sprache wiederzugeben. Der Politikwissenschaftler Anton Pelinka hat dafür die treffende Kurzformel geprägt: „Der Journalist ist ein Fachmann für aktuelle Vereinfachung."
In keiner Weise rechtfertigt der Zwang zur Vereinfachung das Weglassen wesentlicher Details (auch durch Verschweigen kann man lügen) oder das Verkürzen wörtlicher Zitate: Was in Anführungszeichen gesetzt ist, muß genau so gesprochen worden sein. (Allein dagegen verstoßen Journalisten 99mal am Tag. Und oft nur, weil sie nicht stenografieren können.)
Viel schwieriger noch als die Befolgung dieses Grundsatzes ist die Erfüllung der UCIP-Forderung nach Vollständigkeit der Information. Immer wieder kommt es vor, daß für eine wirklich seriöse Meldung noch die eine oder andere Ergänzung oder Bestätigung aussteht und der Journalist damit rechnen muß, daß die Konkurrenz die Meldung bringen wird. In einem solchen Fall kann nicht immer ein Zuwarten, wohl aber ein Deutlichmachen der Unvollständigkeit erwartet werden.

3. Information ist ein gesellschaftlicher Wert und nicht ein schlichtes Produkt. Journalist(inn)en sind an ihrem jeweiligen Platz für die von ihnen vermittelte Information verantwortlich — sowohl dem Herausgeber wie auch dem Leser gegenüber.

Ähnlich hat es der Österreichische Presserat, eine Einrichtung der freiwilligen Selbstkontrolle der Medien in Österreich, in Punkt 1 seiner „Grundsätze für die publizistische Arbeit" formuliert: „Journalismus heißt Verantwortung tragen, und zwar gegenüber der Öffentlichkeit, dem betreffenden Medium und

dem eigenen Gewissen." Das verpflichtet zu Korrektheit in Recherche und Wiedergabe, gilt für die Texte ebenso wie für die Bildbeschaffung.
(Die konkreten Schlußfolgerungen muß jede und jeder für sich ziehen. Aber es sollte eigentlich kein Zweifel erlaubt sein: Einschleichjournalismus mit Tarnkappe und verstecktem Mikro ist damit nicht gedeckt. Indem ein Medium zu mehr als einer „schlichten Ware" erklärt wird, wird ihm nicht die Notwendigkeit, sich zu verkaufen, abgesprochen. Aber der immer höhere Verkaufserfolg allein darf nicht Ziel eines Medienbetriebs sein, wenn dieses Ziel nur noch mit unlauteren Methoden erreichbar erscheint.
Schließlich steckt auch in dieser ethischen Forderung die Verpflichtung des Journalisten, in seiner Arbeit der Tatsache Rechnung zu tragen, daß Medien Wirklichkeit schaffen und sich damit ihres Einflusses auf die öffentliche Meinung bewußt sein müssen. Dieser Einfluß wird vielfach überschätzt, aber daß er bedeutend ist, kann nicht geleugnet werden. Und so macht die Notwendigkeit, aus der Fülle des Nachrichtenangebotes auszuwählen, jeden Journalisten zum Schiedsrichter darüber, was seine Mitbürgerinnen und Mitbürger für wichtig halten sollen.
Hier liegt auch das Kriterium einer guten Zeitung. Je mehr sich diese an breite Leserschichten unterschiedlicher Bildungsgrade wendet, um so leserfreundlicher muß die Aufmachung sein. Zeitungen, die auf der Straße („auf dem Boulevard") verkauft werden, müssen sich eher marktschreierisch anbieten. Darin liegt noch keineswegs ein Grund zum Stirnrunzeln. Auch die Boulevardpresse hat in einer demokratischen Gesellschaft eine wichtige Funktion. Gut ist sie dann, wenn sie bei allem Bemühen, sich durch grelle Aufmachung gut zu verkaufen, das Große groß und das Kleine klein sein läßt. Ich muß auch als Leser einer Boulevardzeitung erkennen können, daß die Frage der Rüstungskontrolle wichtiger als ein verlaufener Dackel ist. Wenn mir täglich suggeriert wird, daß die Welt nur aus Bankräubern, Waffenschmugglern und Bettgeflüster besteht, Hunger im Sudan nur in der Sonntagsspalte des Boulevardkaplans vorkommt und die Klatschspalte zur Edelkolumne aufgemotzt wird, gehen für mich als Leser die Proportionen langsam, aber sicher verloren.
Deshalb kommt der sorgfältigen Auswahl des in eine Zeitung verpackten Informationsmaterials und der faktengemäßen, konsumentenfreundlichen Aufbereitung der Nachrichten so große Bedeutung zu. Daß dabei Gesetzmäßigkeiten der Massenkommunikation Rechnung getragen werden muß, ist klar. Dazu gehört, daß der Leser, Hörer und Seher das Außergewöhnliche, Unerwartete („Briefträger beißt Hund") und nicht das Routinemäßige, Übliche („Gestern alle Flugzeuge ohne Zwischenfall gelandet") zu lesen, zu hören und zu sehen erwartet. Falsch ist freilich die gängige Kurzformel „Only bad news

are good news", obwohl manche Journalisten ihr selbst zum Opfer fallen. Es kann sein, daß die schlechten Nachrichten die erwarteten sind („Alle Politiker in der Dritten Welt sind korrupt" oder „Die Menschen werden immer schlechter"). In diesem Fall besitzt die gute Nachricht gegenteiligen Inhalts den wahren Nachrichtenwert, und jene Journalisten, die sie unterdrücken, verstoßen gegen die Regeln ihrer Zunft gleich doppelt: professionell und ethisch.

4. Die gesellschaftliche Rolle des Journalisten verlangt ein hohes Maß an Integrität. Journalist(inn)en müssen in voller Wahrhaftigkeit und Freiheit und in Übereinstimmung mit einem empfindsamen Gewissen handeln. Sie dürfen weder gegen ihre Überzeugung handeln noch ihre Informationsquellen preisgeben. Sie müssen jede Form unerlaubter Zahlung direkter oder indirekter Natur sowie die Förderung von dem Gemeinwohl hinderlichen Interessen zurückweisen. Sie müssen jeglichem Machtmißbrauch, von welcher Seite er auch komme, widerstehen.

Ähnlich verbietet auch der Österreichische Presserat in seiner Grundsatzerklärung „Geschenke sowie die Zuwendung persönlicher Vorteile, die über den Bereich der unmittelbaren beruflichen Tätigkeit hinausgehen." Das heißt: Einladung zum Essen: ja. Einladung zum kostenlosen Urlaub: nein. Der Hinweis auf die gebotene „Wahrhaftigkeit" trägt der Tatsache Rechnung, daß „Wahrheit" (die an dieser Stelle von vielen erwartet wird) ein zu hoher Anspruch wäre. Schon 1963 hat bei einem Kongreß katholischer Publizisten in Berlin Kardinal Franz König bewußt den etwas subjektiv getönten Ausdruck „Wahrhaftigkeit" benutzt — im Sinne von „Wahrheit, soweit diese nach bestem Wissen und Gewissen erkennbar ist". Diese Demut steht gerade auch Katholiken gut an, die sich zwar im Hinblick auf das, was zum Heil der Menschen notwendig ist, mit der nötigen Wahrheit versehen wissen, im übrigen aber täglich aufs neue die Mühsal des Weges zur Wahrheit und die Selbstverständlichkeit der Irrtumsanfälligkeit auch in Glaubensdingen erfahren müssen. Die ganze Kirchengeschichte ist voll solcher Irrtümer. Wer ständig „die Wahrheit" zu besitzen vorgibt, ist ein Scharlatan, wer die Möglichkeit ihrer Erkennbarkeit überhaupt leugnet, ein Heide.

Der Schutz der Informationsquellen der Journalisten ist in modernen Gesetzen demokratischer Staaten eine Selbstverständlichkeit. Im § 31 gewährleistet ihn auch das österreichische Mediengesetz. In vielen Ländern der Dritten Welt wie überhaupt in totalitären Staaten werden Journalisten verfolgt, unter Druck gesetzt und bisweilen auch gefoltert, wenn sie sich an diese moralische Verpflichtung halten.

Daß Journalisten nicht gegen ihre Überzeugung zu handeln gezwungen werden dürfen, schreiben in den meisten Medienredaktionen Österreichs auch Redakteursstatute vor. Die Hinweise auf ein „empfindsames Gewissen" als Letztinstanz für eine Formulierungsentscheidung und auf die Pflicht zur Zurückweisung von „Machtmißbrauch" jeglicher Art dürfen von katholischen Journalist(inn)en gewiß auch im Hinblick auf kirchliche Amtsträger verstanden werden — ein Hinweis, an den noch vor wenigen Jahren kaum jemand gedacht hätte, der durch jüngste Entwicklungen aber eine gewisse Aktualisierung nicht verleugnen kann.

5. Die Journalist(inn)en müssen den Zugang der Öffentlichkeit zur Information und ihre Teilnahme an den Medien fördern. Dazu gehört auch die Pflicht zur Berichtigung und das Recht auf Gegendarstellung. Die Teilnahme der Öffentlichkeit muß zu einer tatsächlichen Kommunikation und zum Aufbau eines Dialogs führen.

Gemeint ist hier: Massenkommunikation darf kein Einbahnverkehr sein — hier die Gebenden, dort die Empfangenden. Journalisten sind nicht die Lehrmeister, Leser, Hörer und Fernseher nicht die Schüler der Nation. Die Medien bieten den Menschen eine Dienstleistung an, indem sie Informationen über das Geschehen in Gemeinde, Land und Welt vermitteln, die für alle Menschen wichtig sind. Aber die Journalisten müssen immer wieder auf das hören, was als Echo zurückkommt. An welcher Stelle einer Zeitung die Leserbriefe placiert sind, verrät viel darüber, wie ernst es dieses Medium mit dem Dialog meint. Grobe Entstellungen oder nicht als solche gekennzeichnete Kürzungen von Leserzuschriften verstoßen gegen dieses Dialoggebot.

Das Entgegnungsrecht österreichischer Zeitungsleser ist in den §§ 9 bis 21 des Mediengesetzes 1981 geregelt. Dort wird auch die „nachträgliche Mitteilung über den Ausgang eines Strafverfahrens über Freispruch oder Verfahrenseinstellung" geregelt. Dazu sollten im übrigen Medien auch in anderen als nur in Strafprozeßfällen bereit sein: Wer eine Meldung bringt, die sich später als unrichtig herausstellt, hat die moralische Pflicht, die Richtigstellung in annähernd gleich großer Aufmachung wie die Erstmeldung zu veröffentlichen. In amerikanischen Zeitungen ist die „correction box" vielfach eine tägliche Selbstverständlichkeit. Österreichische Zeitungen sind mit Berichtigungen eigener Irrtümer noch sehr zurückhaltend — auch sogenannte seriöse. Erste Ansätze sind da. Sie verdienen Ermutigung.

Ebenso Ermutigung verdient jedes Bemühen einer Aktivierung der Leser. Deshalb gebührt jedem Medium Anerkennung, das Gastautoren von außerhalb der Redaktion zu Wort kommen oder wichtige Themen der Tagespolitik kontroversiell durch mehrere Autoren abhandeln läßt. Mit Sympathie hat man auch Versuche des „Bürgerfernsehens“ verfolgt, deren Ziel es war, einfache Bürger einer Gemeinde eigene TV-Sendungen gestalten zu lassen. Hier hat die Erfahrung international freilich gelehrt, daß damit meist wenig Staat zu machen ist: Das Publikum ist eben Profiperfektion gewöhnt.

6. Die Wahrung des Rechts der Person auf ihre Privatsphäre und auf ihre Würde verlangt von den Journalist(inn)en den Schutz der Rechte und des guten Namens der Mitmenschen sowie Verzicht auf unwürdige Herabsetzung, Beschimpfung, Beleidigung und üble Nachrede.

Auch das österreichische Mediengesetz 1981 wurde nicht zuletzt wegen der vom Gesetzgeber beabsichtigten besseren Regelung des sogenannten Persönlichkeitsschutzes verabschiedet. Die Ehre und der „wirtschaftliche Ruf“ eines Menschen sollen geschützt werden, wobei der Richter von der Verfassung dazu verpflichtet wird, eine Interessen- und Güterabwägung zwischen dem Recht der Öffentlichkeit auf notwendige Information und dem Recht der Person auf Schutz der Intimsphäre vorzunehmen. Eine ähnliche Interessenabwägung erlegt auch der Presserat den Journalisten auf. Noch einen Schritt tiefer in der Begründung geht Günter Virt: Der Mensch hat ein Recht auf Wahrung von Geheimnissen. Seine „Vorzugsregel“ lautet demgemäß: „Der Schutz der Privatsphäre des Bürgers hat Vorrang vor dem Informationsbedürfnis.“
Keine Frage: Gegen kaum ein anderes Gebot der journalistischen Ethik wird häufiger verstoßen als gegen dieses. Verdächtige werden nach einer Straftat als Beschuldigte, Beschuldigte als Angeklagte, Angeklagte als überführte Täter, Zeugen und womöglich auch noch Opfer als Quasi-Mitschuldige behandelt. Hier geht es keineswegs nur oder auch nur in erster Linie um sogenannte Prominente, sondern um einfache Menschen, die sich gegen eine solche Verletzung ihrer Persönlichkeitsrechte oft nicht zu wehren wissen oder getrauen.
Zur möglichen Personenzerstörung gehören auch bildliche Darstellungen. „Ein Bild lügt nicht,“ wird manchmal zur Rechtfertigung des Abdrucks von Meuchelfotos argumentiert. Nichts ist so falsch wie eine solche Behauptung. Ein Mensch besteht aus tausend Erscheinungsformen, weil er sich ja ununterbrochen bewegt. Offene oder geschlossene Augen, ein lachender Mund oder ein weinendes Gesicht, eine winkende oder eine nasenbohrende Hand, ein besinnlicher, trauriger oder fröhlicher Blick verändern das Erscheinungsbild vollkommen. Ein Foto hält jeweils nur den Bruchteil einer Sekunde fest. Es kann die goldrichtige oder die völlig falsche Sekunde zur Illustration des in einem Artikel beschriebenen Sachverhalts sein. Sogenannte Symbolbilder können mehr als tausend Worte sagen — aber auch die falschen. Nicht zuletzt die Bildauswahl verrät den Charakter der Auswählenden.

Auch eine Rezension, eine Kunst-, Theater-, Buch- oder Ausstellungskritik tut das nicht selten. Allgemein ist die Auffassung verbreitet, daß politische Redakteure sehr hart in ihren Ausdrücken sein können, Kunstkritiker aber mit Höherem, Besserem als Politik zu tun haben und daher auch irgendwie feiner, besser sind: eine Täuschung! „Kritik ist eine gutbürgerliche, sublimierte Variante der Aggression, jedenfalls des Zugriffs in nicht immer konstruktiver Absicht", konstatierte Franz Schuh in seiner Rede zur Verleihung des österreichischen Staatspreises für Kulturpublizistik an Benjamin Henrichs (wiedergegeben im „Standard" vom 3. April 1989). Stimmt: Kunstrezensenten können genauso Menschen vernichten wie politische Kommentatoren oder Klatschkolumnisten. Ich kenne eine junge Schauspielerin, die nach einem karrierevernichtenden Satz eines arroganten Theaterkritikers einen Selbstmordversuch unternahm. Auch hier ist journalistisches Ethos verlangt.

7. Journalist(inn)en müssen die Rechte der nationalen Gemeinschaft und ihrer Institutionen achten, wie es das Gemeinwohl erfordert. Die Behörden ihrerseits müssen das Recht auf Kommunikation und auf Informationsbeschaffung als Grundlage einer ausgebildeten öffentlichen Meinung und tatsächlichen Demokratie garantieren.

Diese vor allem wieder auch auf Zustände in der Dritten Welt gemünzte Formulierung der Katholischen Weltunion der Presse (UCIP) spiegelt sich auf nationaler Ebene in der jahrelang diskutierten und schließlich ins Mediengesetz 1981 nur indirekt aufgenommenen Anerkennung einer „öffentlichen Aufgabe" der Medien wider—indem das Gesetz davon ausgeht, daß die Bundesverfassung die für eine demokratische Ordnung unverzichtbare Rolle der Presse außer Streit stellt. Im Rundfunkverfassungsgesetz 1974 wird die öffentliche Aufgabe des ORF in Artikel I (3) auch beim Namen genannt.
Der Artikel 7 der UCIP-Ethikregeln heißt im Klartext im besonderen: Journalisten müssen anerkennen, daß es im Staatsinteresse Grenzen für die Informationsfreiheit gibt. Die Staaten aber müssen ihrerseits das Prinzip der Informations- und Kommunikationsfreiheit anerkennen. Das verlangt ja auch Artikel 10 der Europäischen Menschenrechtskonvention, die in Österreich seit 1964 als Gesetz im Verfassungsrang gilt und die unter den möglichen gesetzlichen Einschränkungen dieses Rechts u. a. auch nationale Sicherheit nennt. In Österreich hat schon das 1867 in Kraft getretene und bis heute geltende Staatsgrundgesetz über die allgemeinen Rechte der Staatsbürger im Artikel 13 das Recht jedermanns garantiert, „durch Wort, Schrift, Druck oder durch bildliche Darstellung seine Meinung innerhalb der gesetzlichen Schranken frei zu äußern." Das gleichfalls in diesem Artikel verfügte Zensurverbot

wurde in einem Beschluß der Provisorischen Nationalversammlung 1918 neuerlich bestätigt.
Über die gesetzlichen Verpflichtungen hinaus wird man von Journalist(inn)en aber wohl erwarten können, daß sie in jedem Fall auf die zu erwartende Wirkung einer Veröffentlichung Bedacht nehmen und sich bei jeder Formulierung fragen: Verletze ich mit diesem Wortspiel jemanden ohne Not? Schaffe ich Verdacht, den ich nicht hinlänglich begründen kann? Rufe ich Angst hervor, statt zu helfen? Bewirke ich ein größeres Übel als jenes, das ich bekämpfe (etwa Hamsterkäufe durch den Hinweis auf die Knappheit einer Ware)? Dazu die „Vorzugsregel" von Günter Virt: „Je größer die voraussehbare negative Wirkung, desto gewichtiger muß der Grund dafür sein, eine Meldung dennoch zu bringen."

8. Journalist(inn)en verteidigen die Würde der menschlichen Person, die Menschenrechte und die Religionsfreiheit. Sie achten den besonderen Charakter, den Wert und die Würde jeder Kultur sowie das Recht jeden Volkes, über sich selbst zu bestimmen. Sie schweigen nicht, wenn es um das Recht auf Leben, die Rechte völkischer Minderheiten und das Überleben menschlicher Gruppen geht. Sie tragen bei zum Dialog über Frieden, Gerechtigkeit, Entspannung, Abrüstung und positive internationale Beziehungen.

Das ist, ganz allgemein gesprochen, zunächst einmal ein konkreter und vor allem auch ein positiver Aufgabenkatalog — um so bedeutsamer angesichts des bekannten Vorwurfs, in den Medien wären im Regelfall nur negative Nachrichten zu lesen. Die Verpflichtung zur Achtung aller Kulturen und Völker ist wieder vor allem aus der Sicht von Entwicklungsländern zu verstehen, die sich nicht ohne Grund in ihrem inneren Wert mißverstanden, nur nach Pro-Kopf-Einkommen und Exportleistung beurteilt und letztlich nicht ernstgenommen fühlen.
Der Auftrag zum Minderheitenschutz kommt, sofern er beachtet wird, so gut wie allen Ländern der Erde zugute. Es gibt kaum einen Staat, der nicht ein Minderheitenproblem hätte. Natürlich sind auch Österreichs Slowenen, Kroaten und Ungarn damit gemeint, die alle die österreichische Staatsnation durch ihre kulturelle Besonderheit bereichern. Aber auch alle übrigen Minderheiten der Erde, die in jüngster Zeit zunehmend ins Scheinwerferlicht geraten sind, werden damit den Journalisten zur Wahrnehmung ihrer Rechte anvertraut: Südtiroler und Basken, Armenier und Usbeken, Kirgisen und Turkmenier, Tadschiken und Abchasier, Tamilen wie Tibeter, um nur ein paar aus Dutzenden von Völkerschaften aufzuzählen. Die kommende Einheit in Vielfalt, einzige Hoffnung einer zusammenwachsenden Welt, wird in ihrer

Existenz- und Überlebensfähigkeit davon abhängen, ob ehrgeizige Herrscher auf ethnische Einebnung durch Unterdrückung verzichten werden. Journalisten müssen für solche Lösungen den Weg bereiten helfen.
Schließlich sei noch auf die Verpflichtung der Medienmacher eingegangen, Anwälte des Lebens zu sein. Mut zur Logik gebietet diese Aufgliederung: Achtung vor dem Recht gesunden und kranken, alten und jungen, vollentfalteten und behinderten, geborenen und ungeborenen Lebens. Wer könnte da ehrlich eine Grenze irgendwo zwischen dem einen und dem anderen ziehen?

9. Auf Grund ihrer Verpflichtung, die universellen Werte und Menschenrechte zu wahren, weisen Journalist(inn)en jeglichen Kompromiß zugunsten von Gewalt, Haß oder Diskriminierung zurück. Sie nehmen, soweit es nur irgendwie möglich ist, am Kampf gegen Armut, Hunger, Krankheit, Rassismus, Apartheid und Analphabetentum, gegen Aggressionskriege, Wettrüsten und Unterdrückung durch totalitäre und autoritäre Regierungen teil. Sie achten jede Person und jedes Volk, ohne nach Rasse, Geschlecht, Sprache, Nationalität, Religion oder philosophischer Überzeugung zu unterscheiden.

Aus dieser Aufzählung, die keiner besonderen Kommentierung bedarf, seien nur zwei Stichwörter herausgegriffen: „Gewalt" und „Geschlecht". Über die Darstellung von Gewalt vor allem im Medium Fernsehen gibt es Tausende Untersuchungen — 3.500 davon allein in den USA. Diese kommen zu unterschiedlichen Ergebnissen. Insbesondere ist die Frage, ob Gewalt auf dem Bildschirm Gewalt im Alltag nach sich zieht oder, indem sie eine Ventilfunktion für aufgestaute Aggressionen bietet, eher verringert, im Detail umstritten. Aber kaum bestritten wird, daß unter gewissen Voraussetzungen TV-Gewaltakte zur Nachahmung verleiten können — besonders Kinder und vor allem dann, wenn Gewaltanwendung als gerechtfertigt dargestellt wird.
Die den Publizisten aufgetragene Achtung des Rechtes jeder Person ungeachtet ihres Geschlechtes soll auch kirchlich orientierten Journalist(inn)nen in Erinnerung rufen, daß die Verwirklichung der Gleichberechtigung und Gleichwertigkeit von Frauen und Männern in Beruf und Alltag nicht den „Emanzen" und Feministinnen einer bestimmten Machart überlassen werden darf. Diese Gleichwertigkeit ist in der Bibel grundgelegt, ist Erbgut der judäochristlichen Kultur, und es ist beschämend, daß wir uns von vorwiegend nichtreligiösen Emanzipationsanwälten und -anwältinnen daran erinnern lassen müssen. Wen die oft übertriebenen, mit Männerhaß verbundenen Auswüchse der Emanzipationsdebatte irritieren, der muß um so mehr durch sinnvolle eigene Initiativen dazu beitragen, daß in Gesellschaft, Staat und Kirche die ungerechtfertigte Zurücksetzung von Frauen überwunden wird. Auch hier

dürfen Journalist(inn)en sich von ihrer Pionieraufgabe nicht davonstehlen. Das Bischofswort „Die Frauenfrage in der Kirche ist ein Männerproblem" (Erzbischof *Franz Jachym* in Wels-Puchberg 1983) ist nicht nur als Denk-, sondern auch als Handlungsanstoß zu verstehen.

10. Förderung einer neuen Weltinformations- und -kommunikationsordnung (NWIKO).

Diesbezüglich wird auf eine Stellungnahme der UCIP verwiesen, die vom Rat der Katholischen Weltunion der Presse am 15. März 1986 in Madrid einstimmig gebilligt worden ist. Es ist hier nicht der Platz, auf diese Thematik im Detail einzugehen. Worüber sich die Bewohner der Dritten Welt mit Recht beschweren, ist eine oft sehr einseitige Betrachtung ihrer Probleme durch die meisten Industrieländer, was sicher auch damit zusammenhängt, daß einige wenige große Nachrichtenagenturen die Weltberichterstattung oligopolartig beherrschen. Nach jahrelangen Debatten hat sich aber auch die Erkenntnis weitgehend durchgesetzt, daß mit staatlicher Zwangsreglementierung diesem Übel ebensowenig abzuhelfen ist wie dem Mangel an echtem Interesse für viele Vorkommnisse in diesen Ländern. Dieses Interesse muß wachsen, muß durch Schulbildung und Medienstrategien zielstrebig, aber in richtiger Dosierung gefördert werden; eine häufigere Entsendung von Korrespondenten in solche Länder könnte das Ihre dazu beitragen.
Denn das Schicksal der Erde ist für alle Menschen zur Lebens- und Überlebensfrage geworden. Unsere Nachbarn wohnen nicht nur in Ungarn und Deutschland, sondern auch in Simbabwe, Hongkong und Peru. Der heutige Stand der Technik der Massenkommunikation versetzt uns erstmals in der Geschichte in die Lage, davon mit Augen und Ohren Notiz zu nehmen. Die Notwendigkeit, daraus die richtigen Konsequenzen zu ziehen, stellt eine hohe moralische Anforderung an alle Menschen dar. Publizisten müssen die Dolmetscher dieses Anspruchs sein. Den Konsumenten der Massenmedien aber muß eine verantwortungsbewußte Medienpädagogik in Schulen und Erwachsenenbildungseinrichtungen beibringen, daß sie diese Medien richtig, das heißt kritisch gebrauchen müssen. Aufgeräumt gehört mit der peinlichen These, Tugend liege im Nichtgebrauch von Zeitung, Radio oder Television. Nicht, wer einen Fernseher besitzt, sondern wer ihn pausenlos laufen läßt, ist ein Narr. Nicht, wer hinschaut und hinhört, sondern wer unkritisch in sich aufsaugt, handelt unreif. Nicht im Verzicht auf Massenmedien, sondern in deren richtigem Gebrauch erweist sich die Tugend des reifen, selbständigen, mündigen Bürgers.

Gerd Bacher

KULTURVERDRUSS FERNSEHEN

Auf den Bestsellerlisten des deutschen Buchhandels stand monatelang ein Buch mit dem Titel: „Wir amüsieren uns zu Tode". Der Autor des Buches, der amerikanische Medienprofessor Neil Postman, beklagt darin den (angeblichen) Niedergang des Buchzeitalters, der durch den Beginn des Fernsehzeitalters ausgelöst worden sei. Im 18. und 19. Jahrhundert, so Postman, habe das Buch die öffentliche Denk- und Argumentationsweise bestimmt: Unter der Souveränität der Druckpresse habe die Öffentlichkeit die Fähigkeit zum rationalen und ernsthaften Diskurs, zum folgerichtigen und distanzierten Denken, zur Wertschätzung von Vernunft und Ordnung entwickelt. Mit der Ausarbeitung des Fernsehens sei dieses „Zeitalter der Erörterung", wie er es nennt, zu Ende gegangen. Das Fernsehen sei der eigentliche Verschmutzer unserer Geisteslandschaft, weil es das gesamte öffentliche Leben trivialisiere und alle ernsthaften öffentlichen Belange in Entertainment, sprich: Unterhaltungsschund, verwandle. Damit zeichne sich ein systematischer Kulturverfall ab; die Fernsehzuschauer, Opfer des Amüsierbetriebes Fernsehen, würden sukzessive verdummt und geistig entmündigt, und das Heimtückische daran sei, daß sie es nicht merkten, weil es ihnen auch noch Spaß mache.
Zwar bezieht sich Postman, was gelegentlich übersehen wird, in seiner apokalyptischen Kulturkritik nicht auf das europäische Fernsehen, sondern auf das amerikanische System des Kommerzfernsehens. Aber auch in Europa, besonders im deutschsprachigen Raum, ist es heute in Intellektuellen-Kreisen Mode geworden, das Fernsehen als Bedrohung der abendländischen Kultur anzuprangern, und bei manchen Party-Gesprächen gehört es sozusagen zum guten Ton, die „Bild-Zeitung" zu lesen, aber das Fernsehprogramm zu belächeln.

Neue Entfaltungsmöglichkeiten

Fernsehen und Kultur: Viele Intellektuelle, linke wie rechte, pflegen in diesen beiden Begriffen einen puren Antagonismus zu sehen; die Tatsache, daß man zu Hause keinen Fernseher stehen hat, wird auch heute noch gerne als ein Beleg für „Niveau" angeführt. Neu ist dieser verschmockte Kulturpessimismus freilich nicht, ebenso wie es die irrationale Sehnsucht nach einem vergangenen „Goldenen Zeitalter" bereits seit der Antike gibt. Hier kann ich nur den

Trost anbieten, daß wir heute schon in der guten alten Zeit von morgen leben. Fundamentalkritik an den Errungenschaften der technischen Zivilisation ist so alt wie die Zivilisation selbst, und die Schwanengesänge sind immer von einer gebildeten Minderheit, vor allem von den Dichtern und den Künstlern, angestimmt worden. Auch das mit Schauern erahnte Feindbild war immer das gleiche, nämlich die triviale, alle geistige Brillanz hinwegnivellierende Massenkultur, die Gesellschaft der vielen, in der die Besten untergehen. (Originell ist heutzutage bestenfalls, daß die Erzeuger und die Bejammerer der Massenkultur aus ein und derselben ideologischen Ecke kommen.)
Ich habe für elitäre Bedürfnisse stets Verständnis, bloß hat das alles nichts mit dem Fernsehen zu tun. Neue Techniken haben nicht nur den vielen, sondern gerade den Besten, den Begabten, den Tüchtigen und Leistungsbereiten, neue Entfaltungsmöglichkeiten eröffnet. Die Leistungseliten von heute werden ja auch nicht durch das Fernsehen beeinträchtigt, sondern durch jene Apostel des Bildungs- und Sozialbetriebes, die seit den sechziger Jahren eine ganze Generation anagitieren, daß beruflicher und wirtschaftlicher Erfolg durch schlechtes Gewissen und höhere Steuersätze zu bestrafen sei. Aber Tatsachen spielen in der Argumentation der Verdrossenheitsrhetoriker seit jeher eine untergeordnete Rolle, und so hat man es meistens auch für unnötig befunden, sich eingehender mit den kritisierten Teufelswerkzeugen zu befassen. Marie von Ebner-Eschenbach hat dafür für alle Zeiten den passenden Ablaß ausgegeben: „Wenn man ein Seher ist, braucht man kein Beobachter zu sein."
Vergleichen wir einige einschlägige Visionen mit der dann eingetretenen Realität.

Visionen und Realität

Als die ersten Eisenbahnschienen verlegt wurden, begründete König Ernst August von Hannover seine Ablehnung mit dem Bekenntnis: „Ich will keine Eisenbahn im Lande! Ich will nicht, daß jeder Schuster und Schneider so rasch reisen kann wie ich!" Die Eisenbahn, so die allgemeine Befürchtung der Kulturpessimisten (die freilich auch damals nur eine kleine Minderheit waren) würde die Welt homogenisieren, ihr die Farbigkeit und die Vielfalt nehmen, Monotonie und Entseelung des Lebens mit sich bringen. Grillparzer formulierte: „Eisenbahnen, Anleihen und Jesuiten sind unbestritten die Wege, die wahren, die zum Teufel fahren."
Mit ähnlichem Zivilisationsverdruß sahen sich die jeweils neuen Kommunikationsmedien konfrontiert. In der Kulturgeschichte können wir nachlesen, daß der kulturelle Niedergang verläßlich jedesmal beim Eintritt eines neuen

Mediums bevorstand. In Platons „Phaidros" wird die Erfindung der Schrift beklagt, weil sie zur Vernachlässigung der Erinnerung und zur oberflächlichen Beschäftigung mit den Sachen verleite. Die Gutenberg-Bibel verteufelte die führenden Kulturschaffenden jener Zeit, die klösterlichen Buchmaler, als verderbliche und im übrigen höchst überflüssige Erfindung, da ja der weitaus größte Teil der Bevölkerung ohnehin des Lesens nicht kundig sei. Etwa 450 Jahre später (1913) hat es der Deutsche Bühnenverein seinen Mitgliedern bei Strafe verboten, bei einem neuen schrecklichen Medium, nämlich dem Film, mitzuarbeiten. Als in den zwanziger Jahren das Radio eingeführt wurde, jammerte Egon Friedell: „. . . es werden durch Rundfunk bereits Nachtigallen-Konzerte und Papstreden übertragen. Das ist der Untergang des Abendlandes." Und Wiens Hauszyniker Karl Kraus, Urgroßvater aller Feinde des Musikantenstadls, schmiedete den bissigen Reim: „Großes Heil ist der Welt erflossen — der Hausmeister an den Kosmos angeschlossen." Natürlich durften die Kommentare der zivilisationsmüden Propheten auch bei der Einführung des Fernsehens nicht fehlen, dieses „verdummenden und familienzerstörerischen" Instrumentes, in dessen Schatten außerdem das Radio hoffnungslos dahinsiechen werde. (Es siecht nicht.)

Nach den prognostischen Flops der Vergangenheit können wir den modernen Fernseh-Apokalyptikern mit Gelassenheit gegenübertreten. Tatsache ist, daß die Buch- und Zeitungsauflagen nie höher waren als im sogenannten Fernsehzeitalter, und daß Theater, Museen und Ausstellungen Besucherrekorde verzeichnen. Selbst in den Vereinigten Staaten, wo die Menschen mehr als doppelt soviel Zeit vor dem Fernseher verbringen als im europäischen Durchschnitt, ist das Buchgeschäft (sowohl was die Anzahl der Titel als auch die verkauften Bücher angeht) seit der Einführung des Fernsehens beständig gewachsen. (Ich verstehe die pubertäre Eifersucht zwischen Print und Elektronik überhaupt nicht.)

Wenn es heute in der Medienfachwelt eine breite Übereinstimmung gibt, dann zu dieser These: Medienkannibalismus hat es nie gegeben, und es wird ihn auch in Zukunft nicht geben. Das Fernsehen ist kein Feind Gutenbergs. Elektronische und gedruckte Medien sind keine Gegensätze, vielmehr ergänzen sie einander, und das wird sich auch im Zeitalter des Kabel- und Satellitenfernsehens nicht wesentlich ändern.

Fernsehen — Ein Bild der Wirklichkeit

Wir können das Fernsehen und seine Wirkungen nur verstehen, wenn wir es als Teil unserer Wirklichkeit begreifen, als eine zivilisatorische Ausstattung, mit der wir leben müssen — aber auch dürfen — wie mit anderen Zivilisationserscheinungen auch, seien es nun Uhr, Eisenbahn, Telefon oder Auto. Fernsehen entwickelt sich, wie die anderen Medien auch, aus der jeweiligen Wirklichkeit heraus. Wenn sich die Wirklichkeit verändert, dann verändern sich auch die Medien und ihre Inhalte. Es ist daher irrational, im forschen Kurzschlußverfahren so zu tun, als ob das Fernsehen quasi an allem schuld wäre. Die moderne Massengesellschaft und ihre Probleme sind keine Erfindung der Massenmedien, vielmehr verhält es sich umgekehrt. Vernünftige Menschen sollten der Versuchung widerstehen, statt dem eigenen Gesicht dem Spiegel zu zürnen. Die Medien, insbesondere das Fernsehen, dienen oft als bequeme Ausrede, wenn in Wirklichkeit der Mensch versagt hat. Gewalt, Menschenverachtung, Ignoranz und Dummheit hat es immer schon, also auch ohne das Fernsehen, gegeben. Auch für die Masssenmedien gilt die schlüssige Überlegung von Leszek Kolakowski, der mit einem Satz erklärte, warum alle den Begriff „Gesellschaft" so lieben: Die Gesellschaft ist an allem schuld, und weil niemand die Gesellschaft ist, ist niemand schuld!

Der richtige Gebrauch der Massenmedien ist ein Teil der Selbstverantwortung und der persönlichen Reife jedes einzelnen. Der Mensch, der mit sich selbst fertig wird, wird gewiß auch mit dem Fernsehen fertig. Die Kinder, die vor dem Fernsehschirm aufwachsen, sind kein Fernseh-, sondern ein Elternproblem. Für die Einsamkeit der Alten ist nicht das Fernsehen verantwortlich, sondern die Jungen, die sie im Stich lassen. Ein neuer Analphabetismus ist nicht Folge des Fernsehens, sondern die taube Frucht eines lallenden Zeitgeistes, der jede geistige Anstrengung als Streß denunziert. Man kann sich auch beim Lesen genauso „zu Tode amüsieren" wie beim Fernsehen; was man liest und was man sieht, ist entscheidend. Nicht nur der Macher, auch das Publikum trägt Kulturverantwortung.

Die Unterhaltung hat im Fernsehen eine dominierende Funktion. Häufig wird übersehen, daß Unterhaltung zu jeder Zeit ein wesentlicher Teil der Medieninhalte war. Unterhaltung ist ein elementares, seit jeher bestehendes Menschenbedürfnis; was sich über die Zeiten hinweg geändert hat, sind nur ihre Ausdrucks- und Verbreitungsmittel.

Beispielsweise verkauften die ersten, für ein breiteres Publikum bestimmten Druckschriften des 16. Jahrhunderts zuhauf Geschichten, wie sie heute, nur professioneller aufbereitet, eine ganze Illustrierten-Industrie ernähren. Im vielgerühmten Weimar der Goethe-Zeit, dem Ort der Klassik selbst, wurden die schmalzigen Rührstücke des August von Kotzebue, die alle Ingredienzien der populären TV-Serien von heute enthalten, vier- bis fünfmal öfter gespielt als die Werke des Hausherrn. Und der Spielplan des Berliner Nationaltheaters weist für die Jahre 1804—1819 1.018mal Kotzebue und 82mal Goethe auf. In unseren Kategorien ausgedrückt: 90 % Dallas, 10 % Kultur. Auch im Sortiment einer mittleren Buchhandlung ist der Anteil des Unterhaltenden und Populären erheblich. Und die pauschal dem Fernsehen angelastete Volksverdummung betreiben Printmedien — je höher die Auflage, desto erfolgreicher — schon seit Jahrzehnten, nicht wenige davon mit einer Dosis, gegen die jede Dallas-Minute wie eine intellektuelle Frischzellenkur anmutet. Gerade Medien, die eigentlich das Wort hätten, überfluten uns mit gehaltlosen Wörtern, mit Bildhaftigkeit und Oberflächlichkeit.

Kultur als „Lebensmittel"

Noch ein Wort zu den idealisierten und deshalb so falschen Vergleichen mit angeblich „Goldenen Epochen" der Vergangenheit: Ich behaupte, daß es noch nie so viele Menschen gegeben hat, die so viel wissen wie im Zeitalter der vielgeschmähten Massenkultur. Natürlich geht der Vergleich schief aus, wenn man den durchschnittlichen Fernsehzuschauer von heute mit dem Bildungsstand jener paar Prozent der Privilegierten früherer Jahrhunderte konfrontiert, die zeit ihres Lebens nichts anderes zu tun hatten, als sich ihrer „cultura animi" zu widmen. Ich brauche aber nicht näher ausführen, wie dieser Vergleich ausgeht, wenn man die übrigen 90 Prozent der Bevölkerung heranzieht, die Kleinbauern, Tagelöhner, Handwerker, Industriearbeiter, die beispielsweise in der von Postman so glorifizierten Epoche des 18. und 19. Jahrhunderts eine Lebensrealität vorfanden (12—16stündige Arbeitstage, hohe Analphabetenquoten, Kinderarbeit, Armut, erbärmliche Wohnverhältnisse usw.), die ihnen den Zutritt selbst zur einfachen Lesekultur weitgehend verwehrte, ganz zu schweigen von einer Teilhabe am höheren Kulturschaffen ihrer Zeit. Die Intellektuellen neigen in der ihnen eigenen Arroganz dazu, den Stand ihrer Diskurse als alleinigen Maßstab für das allgemeine Kulturniveau einer Epoche auszugeben. Im übrigen ist Kultur ja wesentlich mehr als nur die schöngeistige Beschäftigung mit Literatur, Musik, Kunst; es gibt auch eine Wohnkultur, eine Baukultur, eine Bekleidungs- und Eßkultur; die Art, miteinander umzugehen, die Befähigung und Ausbildung zu rationalem Denken, zu Phantasie und Kreativität gehören zur Kultur; ebenso die Bedingungen einer funktionierenden Demokratie, die Formen und Inhalte der politischen Auseinandersetzungen (eben: „politische Kultur"), Technik, Wissenschaft und selbstverständlich auch die Medien. Max Reinhardt hat seinerzeit weitsichtig die Kultur als „Lebensmittel" definiert.

Bei aller notwendigen Kritik an den Massenmedien: Wann in der Geschichte haben so viele Menschen so viel über die Aktivitäten der Regierenden, über das Geschehen in der Welt, über Wirtschaft, Technik, Wissenschaft und Kunst gewußt oder zumindest erfahren wie heute? Wann stand der Zugang zu kulturellen Ereignissen so offen wie heutzutage, wann gab es eine derartige Vielgestaltigkeit des öffentlichen Lebens? Und das findet nicht trotz des Fernsehens, sondern auch dank des Fernsehens statt.

Willibald Girkinger

GRUNDFRAGEN DER INFORMATIONS- UND MEDIENÖKONOMIE

Information ist nicht alles,
aber ohne Information
ist alles nichts.
Rolf Hasenclever

Wir ertrinken in Informationen,
aber hungern nach Wissen.
John Naisbitt

Informations- und medienspezifische Fragestellungen werden zumeist aus informationstechnologischer, kommunikationswissenschaftlicher oder gesellschaftlicher Perspektive analysiert.
Mit fortschreitender Informationisierung unserer Gesellschaft gewinnen jedoch ökonomische Aspekte der Kommunikation immer mehr an Bedeutung, und der gesamte Komplex einer Informations-, Kommunikations- und Medienökonomie wird den vor sich gehenden strukturellen Wandel von der Industrie- zur Informationsgesellschaft immer deutlicher bestimmen. Damit wird das ökonomische Gut „Information" für Kommunikations- und Wirtschaftswissenschaftler neue Aufgabenstellungen und für Praktiker im Kommunikations- und Mediengeschäft neue Herausforderungen und Chancen im sich wandelnden Medien-Szenario mit sich bringen.
Die zunehmende Ökonomisierung dieser Bereiche und deren Bedeutung für die Struktur und Funktion des gesamten Informations- und Kommunikationssystems in der Gesellschaft induziert eine Reihe von Grundüberlegungen makro- und mikroökonomischer sowie betriebswirtschaftlicher Relevanz, die im folgenden ansatzweise dargestellt werden sollen, wobei themenspezifisch auf die österreichische Situation besonders eingegangen wird.

1. Von der Industrie- zur Informationsgesellschaft

So wie das ausgehende letzte Jahrhundert durch die epochalen Veränderungen der industriellen Revolution gekennzeichnet war, so wird das zu Ende gehende

20. Jahrhundert durch die Informationsgesellschaft in fast allen Bereichen revolutioniert.
Die Raumfahrt lieferte bereits in den sechziger Jahren das beste Beispiel für mögliche Anwendungsbereiche der elektronischen Kommunikation. 20 Jahre nachdem ein Mensch das erste Mal den Mond betrat, stehen wir noch immer erst am Anfang der elektronischen Revolution. Es gibt Wissenschaftler, die von einer zweiten Kopernikanischen Wende sprechen. Maschinen geben anderen Maschinen Informationen und Anweisungen, ohne daß ein Mensch dazwischengeschaltet ist; Systeme einer „künstlichen Intelligenz" werden im Vergleich zum menschlichen Gehirn auch im kreativen Bereich immer wettbewerbsfähiger. Die Computer werden drastisch schneller, wenn es ein System alleine nicht schafft, dann werden zwei oder mehrere Systeme parallel geschaltet, um Rechnerzeiten zu ermöglichen, die an die Lichtgeschwindigkeit herankommen. Neue, immer punktgenauere Methoden der gezielten Gewinnung und Verarbeitung von Informationen — wie z. B. „Databank Publishing" für quasi jedermann — werden möglich.
In der Datenübertragung setzt sich das Glasfaserkabel durch. Derzeit wird in Österreich das gesamte Telefonsystem schrittweise digitalisiert und in den nächsten Jahren wird ein Großteil der österreichischen Haushalte mit Glasfaserkabeln versorgt. Die ersten digitalen Wählämter sind bereits in Betrieb. Das herkömmliche Telefon wird in absehbarer Zeit nostalgischen Wert haben und integrierten Kommunikationsdiensten für Sprache, Daten, Text und Bildern Platz machen.
Die wissenschaftlichen Erkenntnisse aus der Raumfahrt haben nach Naisbitt viel mehr Bedeutung für die Informationswirtschaft, als sie — zumindest zu unseren Lebzeiten — für die Erforschung des Weltraums zu tun haben werden.[1])
In den sechziger Jahren waren die Fachleute durchwegs der Meinung, daß auf die industrielle Gesellschaft die sogenannte „Dienstleistungsgesellschaft" folgen wird, sie bezeichneten die kommende Phase als „postindustrielles Zeitalter." Heute wissen wir, daß die Zukunft der Informationsgesellschaft gehört, insbesondere auch dann, wenn wir die Dienstleistungen genauer analysieren. Zwangsläufig erscheint es für ein ökonomisches Produktionssystem logisch, daß jeder, der keine Güter mehr produziert, Dienste leistet.
Aber was sind Dienstleistungen nun? Die überwältigende Mehrheit aller im sogenannten Dienstleistungsbereich Tätigen ist in Wirklichkeit mit der Erstellung, Verarbeitung und Weiterleitung von Informationen befaßt. Der klassische Bereich der manuellen Dienstleistung hat sich in den letzten Jahrzehnten kaum verändert und blieb gemäß einer amerikanischen Studie bei etwa 10 %

der Erwerbstätigen in den letzten Jahren konstant. Die großen Veränderungen fanden aber in den Informationsberufen statt. Heute arbeiten mehr als 50 % der Amerikaner, und man kann diese Zahl wahrscheinlich annähernd auf die westeuropäischen Industriestaaten umlegen, in irgendeiner Form mit Informationen, etwa als Manager, Rechtsanwälte, Werbefachleute, Versicherungsangestellte, Buchhalter, Lehrer, Medienberater, Redakteure, Bankangestellte, Programmierer und Forscher.

In der Industriegesellschaft war der wichtigste Produktionsfaktor das Kapital. In unserer neuen Gesellschaft ist nicht mehr Geld oder „Masse" die wichtigste strategische Voraussetzung, sondern die Information und das Wissen.[2]) Dementsprechend steigt auch die Nachfrage nach rasch verfügbarer und gut aufbereiteter Information permanent, und man kann heute schon von einer Massenproduktion der Information sprechen.

Wissen hat den Vorteil, daß es synthetischer Natur ist und permanente Synergieeffekte ermöglicht, womit seine Produktivität der Schlüssel zur Wettbewerbsstärke und Leistungsfähigkeit nicht nur von Unternehmen, sondern auch einer Volkswirtschaft geworden ist, d. h. Wissen ist bereits zu einer Primär-Industrie geworden, die der Wirtschaft essentielle und zentrale Produktionsquellen liefert.[3]) Der ökonomische Fortschritt wird also bedingt durch den fortgesetzten Austausch von Wissen über den Transport von Informationen.

Die Information als Produktionsfaktor hat ganz bestimmte Eigenschaften. Sie ist nicht nur ständig ersetzbar und erneuerbar, sondern vervollkommnet sich quasi ständig von selbst. Informationen sind äußerst schnell übertragbar und überwinden riesige Distanzen mit extrem niedrigem Energieverbrauch. Der elektronische Transport von Information ist sehr umweltfreundlich und kostet nur einen Bruchteil im Vergleich zu physischen Bewegungen. In diesem Sinne ist es auch wesentlich umwelt- und ressourcenfreundlicher, Informationen, die man in Zeitungen liest, nicht mehr drucktechnisch und physisch zu distributieren, sondern elektronisch. Diese strategischen Rahmenbedingungen könnten verstärkt individuelle „Home-Publishing"-Systeme für Endverbraucher entstehen lassen. Eine Vision, die in den Forschungslabors des „Massachusetts Institute of Technology" (MIT) in Boston bereits Gestalt annimmt. Die Informationstechnologie ermöglicht es, Ordnung in das Chaos der Informationsüberflutung zu bringen und eröffnet damit Zugang zu Daten, die sonst wertlos sein würden, weil niemand sie in vertretbarer Zeit aus dem Informationswust herausfiltern könnte. In einer Informationswirtschaft kommt es also nicht nur darauf an, ob die Information, die man benötigt, vor-

handen und verfügbar ist, sondern ebenso darauf, daß man schnell, exakt und ökonomisch an sie herankommt.
Wurde durch den Buchdruck der Austausch von Information und Wissen erstmals auf breiter Basis möglich, so kann dieser Prozeß durch die elektronischen Medien völlig neu strukturiert werden. Dieser strukturelle Wandel wird durch die Globalisierung der Informationsströme mittels Satelliten-Technik (Sende- und Empfangsanlagen) dramatisch beschleunigt.

2. Grundlegende Aspekte der Informations- und Medienökonomie

Wie erwähnt, muß man die Bedeutung der Medienökonomie im gesamten Informations- und Kommunikationssystem näher betrachten. Neben dem kommunikationswissenschaftlichen Grundmodell „Sender — Kanal — Empfänger" kann man dabei grundsätzlich davon ausgehen, daß sich das Kommunikationssystem auf drei Ebenen vollzieht. Auf der ersten Ebene erfolgt die Informationsproduktion. Hier geht es um die Erstellung des Inhaltes und die Gestaltung der Botschaften. In dieser Ebene sind z. B. Autoren, Redakteure, Komponisten, Forscher oder Wissenschaftler tätig. Die Informationsproduktion löst das zentrale Kundenproblem, nämlich das Grundbedürfnis des Menschen nach Information, Bildung und Unterhaltung. In dieser Ebene wird die zentrale kreative Leistung im Sinne der „Software" erbracht.
Betrachtet man die Wertschöpfungskette von Medienproduktionen wie z. B. Filme, Bücher oder Musikproduktionen, so wird im Normalfall in dieser ersten Ebene die höchste Wertschöpfung (definiert als Verkaufswert bzw. Umsatz, abzüglich bezogener Vorleistungen und Materialien) erzielt. Auf dieser Ebene kann es praktisch zu keiner Substitution kommen, da die Vermittlung von Kreativ-Prozessen immer bestimmend sein wird, solange über Medien kommuniziert wird. Dieser Produktionsbedarf ist also nachfrageseitig langfristig vorhanden, weil Kommunikation und Wissensvermittlung Grundbedürfnisse des Menschen sind und bleiben werden.
Die zweite Ebene des Informationssystems ist die Hardware-Ebene. Hier geht es um die Produktion des Mediums, das die Botschaften transportieren soll. Die Wahl des Mediums ist bereits die Lösung für ein abgeleitetes Problem, es kann ein und dieselbe Botschaft über mehrere alternative Medien transportiert werden. In den Hardware-Bereich fallen die Druckindustrien, Filmstudios bzw. techn. Produktionseinrichtungen der Rundfunk- und Fernsehanstalten. Dieser sehr kapitalintensive Bereich ist bereits, je nach Medium unterschiedlich, einer gewissen Substitutionsgefahr ausgesetzt. Dabei kann sich nicht nur die Substitution zwischen einzelnen Medien gravierend auswir-

ken, sondern auch innerhalb der Medien durch kostengünstigere Produktionsstandorte. So ist gerade die Printindustrie von solchen Produktionsverlagerungen in sog. „Billiglohnländer" zunehmend gekennzeichnet, während die Verlagsaktivitäten als originäre, kreative und schwer substituierbare Leistung im Ursprungsland bleiben.

Klassische Medien verlieren Marktanteile an neue, technologisch weiterentwickelte und leistungsfähigere Kommunikationsmedien. Dieser Prozeß zeigte sich deutlich bei der Substitution des Films durch die verschiedenen Videosysteme. Die Inhalte bzw. Botschaften blieben die gleichen, nur das Medium selbst hat sich vollkommen geändert.

Die dritte Ebene des Informationssystems ist der Bereich der Informationslogistik. Hier geht es um die Wahl des Kommunikationskanals in Verbindung mit der Verbreitung bzw. dem Transport der Botschaften. Dies kann einerseits der Vertrieb von Printmedien sein, wie z. B. Handel oder Versand. Andererseits handelt es sich um elektronische Sendeanlagen für Rundfunk und Fernsehen oder um Kabelnetze für das Kabelfernsehen und solche für ISDN. Großteils bestimmt das Medium bereits den Kommunikationskanal. Printmedien werden über den Handel, die Postverwaltung oder private Distributionsfirmen physisch verteilt. Eine Filmproduktion kann einerseits über einen Sender, andererseits als Video oder Bildplatte über den Handel vertrieben werden. Der Distributionskanal ist nicht von vornherein festgelegt. Die Informationslogistik entspricht demnach der sekundären oder tertiären Problemlösung, und es ist mindestens eine Substitutionsebene vorgelagert. Unternehmen, die in diesem Bereich angesiedelt sind, werden von Substitutionen auf der Hardware-Ebene voll betroffen. Es besteht hier ein zusätzliches Substitutionsrisiko.

Medienökonomie befaßt sich nun mit den volkswirtschaftlichen und betriebswirtschaftlichen Aspekten jener Unternehmen, die auf diesen drei Ebenen des Informationssystems angesiedelt sind. Ihre zukünftig steigende Bedeutung als Teilbereich der Kommunikationswissenschaften geht auf mehrere Gründe zurück. Insbesondere wird die Entwicklung jedoch gefördert durch den Markteintritt und die Marktdurchdringung sog. „Neuer Medien" und die international forcierte Zulassung privater Anbieter im Rundfunk und TV-Bereich, die gewinnorientierte Überlegungen anstellen müssen, um das ökonomische Gut „Information" wettbewerbsorientiert zu produzieren und abzusetzen.[4]) Weiters haben sich die Marktdeterminanten, wie Marktstruktur, Marktverhalten und Marktergebnisse, auch bei den Printmedien wesentlich verändert. Die Wettbewerbsintensität auf den Werbe- und Lesermärkten nimmt zu, und die Management- und Organisationsstrukturen müssen sich an die veränderten Rahmenbedingungen anpassen. Es gewinnen betriebswirtschaftliche Methoden und Erkenntnisse im Medienbereich zusätzliche Bedeutung, und neue Finanzierungsinstrumente werden erprobt.

In den bisherigen Untersuchungen war der Forschungsschwerpunkt meistens auf Fragen der Pressekonzentration gerichtet, während andere Aspekte des Bereiches Informationswirtschaft im Rahmen der volkswirtschaftlichen Gesamtrechnung (Wertschöpfung, Beschäftigte, wohlfahrtsökonomische Komponenten etc.) oder etwa des betriebswirtschaftlichen Investitionskalküls weitgehend vernachlässigt wurden.

2.1. Volkswirtschaftliche Aspekte der Medienökonomie

In diesem Bereich liegen — wie erwähnt — praktisch kaum aussagefähige Untersuchungsergebnisse vor.
Wohl hat sich die makroökonomische Analyse der Informationsgesellschaft vor allem in den USA und in Japan zu einer eigenen Forschungsrichtung entwickelt, in der der Versuch unternommen wird, das Ausmaß der gesellschaftlichen Informatisierung mit Hilfe ökonomischer Methoden quantitativ zu beschreiben.[5]) Diese empirischen Analysen belegen, daß sich die westlichen Industrieländer tatsächlich zu sogenannten Informationsgesellschaften entwickelt haben, da in diesen Ländern der relativ größte Teil des Bruttosozialproduktes im Informationssektor erwirtschaftet wird. Für die USA wird dieser Indikator deutlich höher als 50 % geschätzt! Von diesen Analysen abgesehen, wurden andere klassische makroökonomische Untersuchungsbereiche, wie etwa Fragen der Verteilungs- oder Außenwirtschaftstheorie, bisher kaum abgedeckt.

Die mikroökonomische Medienforschung hat sich demgegenüber bereits seit längerem deutlicher etabliert, insbesondere seit dem systematischen Vordringen der elektronischen und sog. „Neuen Medien" auf dem Publikums- und Werbemarkt. Diese Fragestellungen betreffen vor allem Aspekte der Preis- und Programmgestaltung, der Marktabgrenzungen und Wettbewerbspolitik bzw. -beschränkungen.[6]) Ohne Zweifel sind wir national wie international mit einem zunehmenden horizontalen und vertikalen Konzentrationsprozeß konfrontiert, dessen ordnungspolitische Konsequenzen allerdings weit über die Wettbewerbs- und Finanzpolitik hinausgehen. Der Euro-Binnenmarkt mit rund 330 Millionen Menschen an Zielgruppen-Potential der Medien-Industrie wird Realität, was diesen Prozeß dramatisch verschärft. Die Umgestaltung der osteuropäischen Volkswirtschaften nach markt- und wettbewerbswirtschaftlichen Kriterien wird völlig neue Perspektiven eröffnen.

2.2. Die betriebswirtschaftlichen Aspekte der Medienökonomie

Neben volkswirtschaftlichen Aspekten sind in der Medienökonomie vor allem auch betriebswirtschaftliche Aspekte zu untersuchen. Es geht hier einerseits um die Untersuchung der Rentabilität von Medienunternehmen sowie um die Frage der Leistungserstellung und Leistungsverwertung. Die technologische Entwicklung und die damit verbundenen Rationalisierungspotentiale sind derzeit noch kaum absehbar. Es gibt zwar diverse Untersuchungen über die Rentabilität und Finanzierung von Presseunternehmungen sowie in letzter Zeit auch von privaten Fernseh- und Rundfunkunternehmen, dennoch bietet sich für kommunikationswissenschaftlich interessierte Betriebswirte ein weites Betätigungsfeld.

Obwohl das Pressewesen bereits seit den Anfängen privatwirtschaftlich organisiert ist, existieren für die Printmedien nur wenig qualifizierte Studien zu Angebots- und Nachfragestrategien, deren Determinanten und Auswirkungen an den wettbewerblich orientierten Märkten.[7]) Seit Einführung elektronischer Satz- und Redaktionssysteme werden neue Forschungsschwerpunkte im Bereich der betriebswirtschaftlichen Ablaufanalyse, Personalplanung, Kostenrechnung und Kalkulation gesetzt.

Im Bereich der elektronischen Medien bzw. der „Neuen Medien" stehen insbesondere seit den Privatisierungstendenzen und verstärkten Investitionsbestrebungen aussagefähige Studien zu Wirtschaftlichkeitsrechnungen sowie Kosten-Nutzen-Analysen solcher Medien zur Verfügung.[8])

Im Vergleich zu anderen Branchen oder Markenartikel-Industrien muß generell jedoch von einem Forschungsdefizit bei betriebswirtschaftlichen Betrachtungsweisen und Funktionen gesprochen werden. Dieses Forschungsdefizit spiegelt auch die allgemeine Situation der Anwendung betriebswirtschaftlicher Erkenntnisse in Medienunternehmen wider. Die Print-Medienbranche befindet sich in vielen Regionen und Ländern an der Schwelle von Gewerbebetrieben zu Industriebetrieben. Die Unternehmenssteuerung durch betriebswirtschaftliche Instrumente und Methoden ist in vielen Unternehmen dieser Branche noch lange keine Selbstverständlichkeit. Demgegenüber haben sich international gigantische Medienkonzerne entwickelt, welche die bestehenden Markt- und Machtstrukturen dramatisch verändern.[9])

3. Der ökonomische Wert von Informationen

Die Information muß heute bereits neben Boden, Kapital, Arbeit und Energie als gleichwertiger fünfter Produktionsfaktor gesehen werden. Wenn man nun die Information als den Inhalt jeglicher Kommunikation definiert, so hat sie seit jeher in der Menschheitsgeschichte ihre besondere Bedeutung. In den letzten Jahrzehnten ist jedoch die ökonomische Bedeutung gewaltig gestiegen, so daß Information für viele Prozesse zum wichtigsten Produktionsfaktor geworden ist. Es gibt viele Unternehmen, deren strategischer Engpaß nicht das Kapital, sondern das Know-how bzw. das Wissen ist. In Zukunft fehlt ihnen also nicht Geld, sondern es fehlen ihnen Informationen für Entwicklungen und Entscheidungen.

Die neuen Technologien ermöglichen es, Informationen auch auf andere Arten als in Bibliotheken zu speichern. Weltweit vernetzte Computersysteme ermöglichen den direkten Zugriff in Tausende von Datenbanken und Expertensysteme. Dies ermöglicht einerseits den extrem schnellen Zugriff auf eine Riesenmenge von bereits vorhandenen Informationen und andererseits die Vermeidung von Parallelforschung. Ein Aspekt, der insbesondere im weltweiten Patent- und Linzenzwesen relevant ist. Dieser Prozeß beschleunigt sich weiterhin gewaltig und führt permanent zu Synergieeffekten.

Generell kann man den Informationsbereich in zwei Sektoren gliedern: Der primäre Informationssektor umfaßt alle Informationsunternehmen, die Informationsgüter und -dienste erzeugen, verarbeiten oder verteilen (wie beispielsweise die Nachrichtenagenturen); der sekundäre Informationssektor umfaßt alle Bereiche und Funktionen, die im Informationsbereich von Nichtinformationsunternehmen Leistungen erbringen, d. h. ihre Angestellten produzieren Informationsgüter und -dienste für den internen und externen Gebrauch innerhalb güterproduzierender oder anderer Firmen. Diese beiden Sektoren werden ökonomisch immer wichtiger und entwickeln einen Sog von Arbeitskräften, an die teilweise völlig neue und höchste Anforderungen gestellt werden. Der General-Manager von AAP-Reuters Communications Ptc. Ltd. Australien, Barney Blundell, konnte deshalb beim Euromedia-Symposium in Wien auch mutig behaupten: „Despite the gloom of the shrinking newspaper market, the general information communications industry is arguably the fastest growing business area in the world."[10])

Um den ökonomischen Wert von Informationen bzw. von Informationsdienstleistungen genauer einzuschätzen, sei neben den eigentlichen Medienunternehmen auf die folgenden Hauptgruppen dieser Dienstleistungsbereiche hingewiesen:

- Informationsservicebereich (primärer Informationssektor, wie Nachrichtenagenturen, Beratungsunternehmen im weiteren Sinne, Informationsanbieter, Werbe- und Marktforschungsunternehmen, EDV-Unternehmen etc.),
- Management-Leistungen,
- die ökonomische Dimension der Kunst im/als Informationsbereich,

- die ökonomische Bedeutung der Information im Unterhaltungs- und Freizeitbereich,
- der ökonomische Wert der Information im Bildungsbereich.

Prinzipiell hängt der ökonomische Wert von Informationen wie bei allen anderen Produkten vom Zusammenspiel von Angebot und Nachfrage ab. Der Markt, und damit der Endverbraucher, bestimmt den Nutzen, den die jeweiligen Informationen bieten, und bewertet diesen durch den speziellen Preis. In allen fünf oben genannten Informationsbereichen sind die Marktcharakteristika völlig unterschiedlich.

3.1. Der ökonomische Wert von Informationen im Info-Servicebereich

Der Bereich der Informationsdienstleistungen ist einer der stärksten Wachstumsbereiche in der Wirtschaft. Die Unternehmen tendieren dazu, im Zuge der strategischen Profilierung und Marktorientierung die Verwaltungsapparate abzubauen und Informationsdienstleistungen von externen Spezialisten zuzukaufen. Die Bewertung der Informationsdienstleistungen folgt in der Regel über CPU-Zeiten, Stunden- oder Tagsätzen, Erfolgshonorare oder Pauschalpreise. Bei Informationsverkäufern wie z. B. Datenbanken, Auskunfteien, Pressediensten und Nachrichtenagenturen wird entweder je Information oder nach Zugriffszeiten verrechnet.
Generell ist festzustellen, daß sich bei diesen Dienstleistungen langfristig nur jene Unternehmen durchsetzen werden, die es verstehen, aus der angebotenen Informationsflut eine möglichst starke Differenzierung des Produktes „Information" im Sinne einer kundenorientierten „Veredelung" und damit Nutzensteigerung vorzunehmen. Das bedeutet eine selektive Informationsversorgung durch diversifizierte, hochtechnisierte Informationsunternehmen, zu welchem sich insbesondere „Reuters" mit seinen weltweiten „Monitordiensten" entwickelt hat.
Aufbauend auf diesen strategischen Grundgedanken hat auch die „Austria Presse Agentur" (APA) ein zukunftsweisendes elektronisches Informations- und Telekommunikationssystem entwickelt und zur Marktreife gebracht.[11])
Der Trend zum Fremdbezug von oft relativ teuren Informationsdienstleistungen wird auch durch die zunehmende Komplexität der Marktanforderungen und die sich immer rascher wandelnden Markt-Szenarios gefördert. Diesen Anforderungen sind teilweise nur mehr Spezialisten und Berater gewachsen, die einerseits Erfahrungen und Wissen aus vielen Branchen mitbringen und andererseits sich auf einzelne Fachgebiete spezialisiert haben. Der wichtigste Teil der Marktkommunikation von Unternehmen, nämlich Werbung und Public Relations, ist die wichtigste Finanzierungsquelle für Medienunterneh-

men, und der ökonomische Wert wird gemessen am Kontaktpreis (1000er Preise), d. h. was es einem Unternehmen kostet, eine bestimmte Anzahl von aktuellen und potentiellen Kunden mit einer Information zu erreichen.

3.2. Die ökonomische Bedeutung der Information im Management

Im Managementbereich werden permanent Informationen gesammelt, gespeichert, bearbeitet, produziert und transportiert. Um das strategische Ziel einer Erhöhung der eigenen Wertschöpfung zu erreichen, werden die Unternehmen nicht produktions-, sondern informationsintensiver. Einerseits werden die Produkte und Produktionsverfahren immer intelligenter, die Innovationszeiträume und Lebenskurven von Produkten und Verfahren immer kürzer, andererseits wird die Problemlösungskapazität des Managements vor immer größere Herausforderungen gestellt. Dies u. a. auch deshalb, weil seine Effizienz insbesondere mit der richtigen und ausreichenden Verarbeitung von Informationen zusammenhängt. Die Informationsstrategie im Rahmen eines „Information Resource Management" dokumentiert in einem Unternehmen die grundsätzliche Einstellung, die Produktivität durch bessere und schnellere Informationen zu erhöhen, und Information damit als entscheidenden Wettbewerbsfaktor zu begreifen.[12]) Informationen dienen in diesem Verständnis dazu, strategische Erfolgspotentiale aufzubauen und aufrechtzuerhalten, indem man u. a. Wettbewerbsverhältnisse zutreffender erkennt, Trends im Markt frühzeitig aufspürt und Veränderungen in der Technologie (Substitution!) rechtzeitig wahrnimmt.

Die Leistungsfähigkeit von Unternehmen im Markt und damit auch von der Volkswirtschaft hängt mit der Gestaltung dieses komplexen Informationsflusses und seiner zielorientierten Bewältigung unmittelbar zusammen.

3.3. Die ökonomische Bedeutung der Information im Bildungs-, Unterhaltungs- und Kulturbereich

Im kommerziellen Bereich werden Informationen von Unternehmen nachgefragt, im Bildungs-, Unterhaltungs- und Kulturbereich ist es in der Regel die Privatperson, die aus der jeweils vermittelten Information einen Nutzen ziehen möchte. Der Endverbraucher ist also normalerweise der direkte Informationskonsument bzw. Rezipient und bezahlt die Informationen auch gemäß dem Nutzen, den er sich von ihr erwartet. Dieser riesige, hauptsächlich im emotionalen Bereich des menschlichen Geistes angesiedelte Markt ist durch relativ klare und ausgereifte Angebots- und Nachfragestrukturen mit entsprechenden Marktpreisen gekennzeichnet. Der ökonomische Wert der Bildung als öffentliches Gut ist durch verschiedene Besonderheiten gekennzeichnet. In Österreich sind wir in der glücklichen Lage, daß ein Großteil der Bildungs-

und Ausbildungsmöglichkeiten nicht vom Nutznießer selbst zu bezahlen ist. Das Schul- und Universitätssystem wird von öffentlicher Hand finanziert, und die Kosten für die berufliche Weiterbildung tragen weitgehend die Unternehmen.
Die ökonomische Dimension der Bildung wird hauptsächlich durch die Kosten bestimmt, und die sind erfahrungsgemäß sehr hoch.
Der Wert der kulturellen Information wird einerseits durch die Nachfrage des Theaterbesuchers, Buchlesers oder Kinogängers, andererseits durch den Kommunikationskanal für Unternehmen bestimmt. Das Kunstsponsoring entwickelt sich zunehmend zu einem wesentlichen ökonomischen Faktor für die Kunstszene. Künstlerische Informationen bekommen somit einen zweifachen Marktpreis, einmal ist es der Wert, den die Privatperson für den Kunstgenuß bezahlt, und zusätzlich hat die künstlerische Funktion Kontaktwert für ein Unternehmen. Dieser kommerzielle Kontaktwert ist abhängig davon, wie ein Unternehmen die Zielgruppe der jeweiligen Kunstinteressierten bewertet. Die kulturelle Veranstaltung wird sozusagen nur als Informationskanal für Public Relations benutzt.
Bei der Tagespresse muß man sich primär die Frage stellen, für welche Zielgruppe sie welchen Nutzen bietet. Primär hat die Tagespresse drei verschiedene Funktionen. Erstens bietet sie dem Leser Information (Nachrichten, Servicefunktionen, etc.), zweitens bietet sie dem Leser Unterhaltung, und drittens bietet sie dem werbetreibenden Unternehmen Kundenkontakte oder Reichweiten. Aus der Sicht des Lesers sind für ihn die ersten beiden Funktionen interessant, aus der Sicht der werbetreibenden Unternehmen natürlich die dritte. Betrachtet man das ganze aus der Sicht des Medienunternehmens, so ist für eine Zeitung die dritte Funktion mindestens gleich wichtig wie die anderen beiden, da in der Regel zwei Drittel der Erlöse aus der Anzeigenwerbung kommen. Da die durch eine Zeitung angesprochene Zielgruppe für werbende Firmen einen wesentlich höheren Nutzen hat, als es Information und Unterhaltung für den Leser bedeuten, werden immer mehr Zeitungen gratis verteilt und ausschließlich über Anzeigen finanziert. Der auf diese Art verwöhnte Zeitungsleser wird immer weniger bereit, für Informationen aus Tages- oder Wochenzeitungen etwas zu bezahlen. Der Informationswert des Redaktionsbereiches einer Zeitung verliert daher seinen Marktwert und kann nur mehr daran gemessen werden, ob die einzelnen Artikel bzw. die ganze Zeitung gelesen werden oder nicht.
In der Unterhaltung werden die Medienprodukte wie Bücher, Zeitschriften, Schallplatten, Compact-Discs, Videos etc. fast ausschließlich vom breiten Publikum finanziert.

4. Die ökonomische Bedeutung einzelner Medienbereiche in Österreich

Prinzipiell kann man davon ausgehen, daß jene Medien, die für bestimmte Zielgruppen den besten Nutzen bieten, auch ökonomisch am Bedeutsamsten sind. In der Folge wird schwerpunktmäßig auf die Funktion und den Nutzen der einzelnen Medien in Österreich eingegangen.[13])
Grundsätzlich unterscheidet man zwischen Printmedien und elektronischen Medien. Alle transportieren Informationen, die beim Medienkonsumenten die Grundbedürfnisse nach Information und Unterhaltung befriedigen und Firmen die Möglichkeit zu Werbung und Marktkommunikation bieten. Die meisten Medien erfüllen daher eine Doppelfunktion als Informationsproduzent und als Informationsübermittler(-kanal). In der Folge soll auf verschiedene ökonomisch relevante Probleme der einzelnen Medien kurz eingegangen werden.

4.1. Tageszeitungen

Bis 1987 war der Anbietermarkt bei Tageszeitungen relativ stabil. Seit diesem Jahr entwickelte sich eine überraschend starke Dynamik, und es blieb fast „kein Stein auf dem anderen", wie es Hans Dichand einmal formuliert hat. Es kam zu massiven Aufkäufen durch Unternehmen aus der BRD sowie einer interessanten Neugründung im anspruchsvollsten Marktsegment. Die ökonomische Situation der Parteizeitungen verschlechterte sich dramatisch (was zur Umwandlung der „NZ" und der „AZ" in unabhängige Zeitungen und zur Einstellung der „Neuen Volkszeitung" und der „Neuen Tiroler Zeitung" führte), während sich diejenige der unabhängigen Zeitungen generell verbesserte.
Der Umsatz der Tagespresse liegt bei ca. 5,8 Milliarden Schilling und ist aus volkswirtschaftlicher Sicht eher eine bescheidene Größenordnung. Zur Ertragssituation kann generell angemerkt werden, daß jene Zeitungen, die regional oder überregional Marktführerschaft haben, durchwegs eine zufriedenstellende Rentabilität aufweisen.

4.2. Wochenzeitungen

Das Problem der Wochenzeitungen liegt darin, sich gegenüber den Tageszeitungen sinnvoll zu profilieren. Meistens ist die Wochenzeitung eine nachrangige Zeitung. In Oberösterreich ist es der „OÖ. Rundschau" gelungen, in punkto Reichweite und Leserzahl die Marktführerschaft auch gegenüber konkurrenzierenden Tageszeitungen zu erreichen und auszubauen. Ähnlich gut positioniert ist in Niederösterreich die „NÖN".

Die strategischen Stärken der Wochenzeitungen liegen in der Regionalisierung und Lokalisierung. Durch verschiedene Mutationen können sie auf dem Anzeigenmarkt Wettbewerbsvorteile durch bessere Zielgruppengenauigkeit und damit geringere Streuverluste erzielen. Die meisten Wochenzeitungen bieten dem Anzeigenkunden geografisch sehr genau abgegrenzte Zielgruppen an. Die strategischen Schwächen der Wochenzeitungen liegen in den hohen Kosten im redaktionellen Bereich und in der Produktion. Gerade im Bereich der Wochenzeitungen entwickelten sich in den letzten Jahren sehr viele Gratiszeitungen. Es läßt die Annahme zu, daß die nachrangigen Wochenzeitungen zunehmend Ertragsprobleme bekommen und sich durch verstärkte Umstellung auf Gratisblätter und damit verbundene drastische Erhöhung der Reichweite von den Tageszeitungen abheben müssen. Aus einer Untersuchung von Witte geht hervor, daß die nachrangig angebotenen Zeitungen zu den stark gefährdeten Zeitungsbetrieben gehören.[14])

4.3. Zeitschriften

Der Gesamtumsatz auf dem Zeitschriftensektor beträgt ca. 3,6 Milliarden Schilling. Der Anbietermarkt hat in den letzten Jahren ebenfalls eine enorme Dynamik entwickelt, und es kam zu einer Gründungswelle in Österreich. Die Lebenszyklen der einzelnen Zeitschriften werden kürzer, und die Auflagen sinken. Illustrierte verloren in der letzten Zeit sehr stark, während „Special interest"-Zeitschriften stark zulegen konnten. Die angebotenen Zeitschriften entwickeln sich immer mehr zu Markenartikeln und werden am Markt professionell positioniert, am erfolgreichsten sind zielgruppenspezifische Produkte. Die Positionierung macht sie für Unternehmen interessant, die bestimmte Zielgruppen exakt ansprechen wollen. Sie können spezielle demografisch, psychografisch oder branchenmäßig abgegrenzte Zielgruppen erreichen, die entweder fachlich oder weltanschaulich homogen sind.
Das starke Wachstum der Zeitschriften ist aber auch auf den Wertewandel und das damit verbundene Leseverhalten sowie auf das forcierte Zielgruppenmarketing der Unternehmen zurückzuführen.

4.4. Das Buch

Das Buch ist im Unterschied zu anderen Printmedien kein Werbeträger. Es dient ausschließlich der Information und der Unterhaltung des Lesers. Wie bei den Zeitschriften steigt die Anzahl der Neuerscheinungen jährlich, während die durchschnittlichen Auflagen zurückgehen. Die Lebenszyklen der einzelnen Titel verkürzen sich laufend und liegen oft nur mehr zwischen ein und drei Jahren. Der Gesamtumsatz mit Büchern in Österreich beträgt ca. 3,5 Milliarden Schilling, davon ist der Importanteil beinahe 80 %. Dagegen beträgt der Export österreichischer Verlage ca. eine Milliarde Schilling. Das Problem der österreichischen Verlage ist die übermäßige Konkurrenz aus Deutschland und die teilweise geringe strategische Profilierung. Die Verlage haben großteils das Problem der eindeutigen Positionierung, womit sie im jährlich erscheinenden riesigen Angebot fast völlig untergehen. Zusätzlich bringt der relativ kleine Markt Österreich Absatzprobleme. Verlage müssen bei jeder Produktion den gesamten deutschsprachigen Raum in die Produkt- und Vertriebsüberlegungen miteinbeziehen, was sich insbesondere auf die Vertriebskosten gravierend auswirkt. Die wirtschaftliche Situation der einzelnen Verlage in Österreich ist sehr unterschiedlich. Wie im internationalen Verlagsgeschäft sind auch in Österreich deutliche Konzentrationstendenzen erkennbar.

4.5. Rundfunk und Fernsehen

Der ORF besitzt in Österreich das Rundfunk- und Fernsehmonopol. Sieht man sich dieses Monopol jedoch genauer an, so handelt es sich lediglich um das Monopol für die terrestrische Ausstrahlung von Rundfunk- und Fernsehsendungen in Österreich. Es besteht kein Monopol bei Film- und Hörfunkproduktionen, die in den verschiedensten privaten Studios in Österreich entstehen. Weiters besteht auch kein Monopol im Bereich des Angebots von Fernsehprogrammen. In Österreich kann man derzeit mindestens zwölf Fernsehprogramme empfangen, davon sind nur zwei österreichische.

Die Funktion der Rundfunk- und Fernsehanstalt liegt einerseits darin, den Zukauf bzw. die Produktion von Unterhaltungs- und Informationssendungen durchzuführen (der Eigenproduktionsanteil bei den ORF-Programmen liegt derzeit bei ca. 10 %), andererseits in ihrer Rolle als Informationskanal bzw. Sender. So wie die anderen Medien lebt auch der ORF in hohem Maße von den Werbeeinnahmen (neben den Teilnehmergebühren, die das Rundfunkgesetz dem ORF zugesteht).

Der ORF erhält zunehmende Konkurrenz durch ausländische Privatsender, in die verstärkt Werbebudgets von internationalen Markenartikelunternehmen fließen. Diese Privatsender finanzieren sich ausschließlich durch Werbeeinnahmen.

Dem Trend zur Regionalisierung wird auch vom ORF Rechnung getragen. Vergleicht man die Fernsehstationen allerdings international, so stellt sich der ORF mit seiner Reichweite von ca. 6 Mio. Menschen ohnehin nur als Regionalmedium dar. In der BRD spricht man von Regionalisierung, wenn in Bayern für 13 Mio. Menschen eine eigene Fernsehstation errichtet werden soll. In Österreich läßt der kleine Markt weitere Regionalisierungen im Fernsehbe-

reich ökonomisch kaum mehr zu, eine Ausnahme bilden Kabelnetze, die mit zugekauften Programmen gespeist werden.
Aufgrund der wesentlich geringeren Produktionskosten für Hörfunkprogramme ist in Österreich bei diesem Marktsegment jedoch noch einiges an Potential vorhanden. Private Hörfunkstationen können für kleinste Ausstrahlungsgebiete und Zielgruppen wirtschaftlich — wie am Beispiel der BRD ersichtlich — betrieben werden. Eine „Einkreisung" Österreichs mit solchen Privatsendern an unseren Grenzen ist derzeit voll im Gange.
Das Problem der elektronischen Medien liegt darin, daß keine scharf abgegrenzte Zielgruppe, außer nach geografischen Kriterien, selektiert werden kann. Die sehr teure Fernsehwerbung kann daher nur von überregionalen Anbietern sinnvoll eingesetzt werden. Der Höfunk ermöglicht eine Segmentierung nach Bundesländern, wobei jedoch die Qualität der einzelnen Zielgruppen nicht besonders hoch ist. Eine Ausnahme bildet vielleicht die Zielgruppe der Jugendlichen, bei denen bestimmte Hörfunkprogramme auf hohe Nachfrage stoßen.

4.6. Tonträger

Die Funktion der Tonträger (wie CD, MC, Bildplatte, etc.) liegt schwerpunktmäßig im Unterhaltungsbereich. Die Branche wird ausschließlich von privaten Konsumenten finanziert. Es gibt keine Werbeeinnahmen. Unter den Tonträgern herrscht laufende Substitutionskonkurrenz, die Langspielplatte wird derzeit bereits von der CD abgelöst, und die nächste technologische Substitution steht mit der „Digital Audio Tape" bereits ins Haus. Bereits jetzt ist der Markt der herkömmlichen Tonträger (LP, MC, Singles) insgesamt rückläufig, während die CDs sehr starke Zuwächse zu verzeichnen haben. Die „Digital Audio Tape", wahrscheinlich die Technologie der Zukunft, setzt sich erst langsam durch.
Die Produktion in Österreich ist eher unbedeutend. Die privaten Film- und Tonstudios leben von Aufträgen aus der Werbewirtschaft und vom ORF. Insgesamt ist der österreichische Markt bei ca. 800 Millionen Schilling für oben genannte Tonträger angelangt. Darin eingerechnet ist jedoch nicht die „Hardware-Produktion" (z. B. CDs, Tonstudio-Anlagen, etc.).

5. Die ökonomische Symbiose zwischen Massenmedien und Werbung

Die Kernfrage für die Lebensfähigkeit der wichtigsten Massenmedien ist, wieweit sie jeweils kompakte Zielgruppen erreichen und somit für die Werbewirtschaft interessant sind. Der ökonomische Erfolg eines Mediums hängt davon ab, wie interessant die angesprochene Zielgruppe für Firmen ist, denn die Medien verkaufen einerseits die Informationen und andererseits Reichweiten. Man könnte sogar sagen, ein Medium ist nur so viel wert wie seine Zielgruppe.

Aus ökonomischer Sicht ist die Werbung das Wichtigste, aus der Sicht des Lesers ist es die Unterhaltung bzw. die Qualität der Information und Bildung. Werbung kann ohne Massenmedien nicht effizient betrieben werden. Die Direktwerbung ist nur für bestimmte Arten der Werbung sinnvoll. Direktwerbung ist eher geeignet für die Verkaufsförderung, während Anzeigen, Rundfunk- und Fernsehwerbung tendenziell eher für Marktkommunikation geeignet sind. Für eine durchdachte Werbestrategie ist jedoch ein Medienmix am sinnvollsten.

Die Werbeeinnahmen werden weiterhin die wichtigste Finanzquelle für Massenmedien bleiben, und das Werbevolumen steigt aufgrund der guten Konjunkturlage ständig. International steigen durchwegs die Werbeumsätze seit Jahren deutlich schneller als das jeweilige Bruttosozialprodukt. Diese Entwicklung gilt auch insbesondere für Österreich, das in bezug auf Werbeumsätze per capita oder auch in Prozent des Bruttosozialprodukts unter den Industriestaaten zwar noch nachhinkt, aufgrund der laufenden realen Wachstumsraten des Werbevolumens jedoch ständig aufholt. 1986 wurde für Österreich ein gesamtes Werbevolumen von rund 35 Milliarden Schilling geschätzt (Werbung in Printmedien, Außenwerbung, Werbung in elektronischen Medien, Direktwerbung, Wertwerbung, Schauwerbung, Werbeveranstaltungen), was ca. 2,5 % des österr. Bruttoinlandsproduktes für 1986 entspricht. Das Gesamtvolumen lag dabei um das 4,6fache höher als das Werbeträgervolumen der klassischen Medien.[15]) Bei einem inzwischen auf rund 50 Milliarden Schilling gestiegenen Gesamtwerbevolumen haben sich die Verhältniszahlen nicht wesentlich geändert. Die Entwicklung des Werbebudgets ist meistens konjunkturabhängig.

In Phasen schwächerer Konjunktur wird in diesem Bereich ein zyklisches Verhalten spürbar, das bedeutet, daß Medien als erste einen Konjunkturabschwung relativ deutlich spüren. Aus jetziger Sicht kann man nicht sagen, wie sich in Zukunft die Versuche einer antizyklischen Werbepolitik auf die ökonomische Situation der Medien in einer Abschwungphase auswirken werden.

6. Medienökonomische Zukunftsaspekte

Bei der Betrachtung der Zukunftsaspekte stellt sich in erster Linie die Frage, welche Faktoren die ökonomische Zukunft der Medien nachhaltig beeinflus-

sen werden. Nachfolgend seien die wichtigsten Schlüsselfaktoren ohne Prioritätenreihung angeführt:
6.1. Die Entwicklung und Verteilung der Werbebudgets
6.2. Der Wertewandel, die Änderung des Freizeitverhaltens, die zukünftige Medienkonsumation
6.3. Die technologische Entwicklung und, daraus abgeleitet, die Entwicklung der Medien
6.4. Die Entwicklung der Rahmenbedingungen (Gesetzgebung, Liberalisierung, Konjunktur, Konzentrationstendenzen etc.)

6.1. Die Entwicklung und Verteilung der Werbebudgets

Die Lebensfähigkeit der wichtigsten Medien wird zukünftig sehr wesentlich davon abhängig sein, welchen Nutzen sie der Werbewirtschaft bieten können. Die wichtigsten Anforderungen der Werbung an die Medien werden folgende sein:[16])

- Die Medien müssen in Zukunft die Werbewirkung belegen können, es geht nicht mehr nur um Quantität, sondern vielmehr um Qualität. Durch Resonanztests müssen die Medien die Kontaktqualität nachweisen können.

- Die Medienunternehmen werden sich in Zukunft primär die Interessen der Leser und sekundär die der Unternehmer zu eigen machen müssen, um mit professioneller Kommerzialität am Markt aufzutreten.

- Die Medien — hier vorzugsweise die Printmedien — müssen lernen, sich in eigener Sache werblich besser darzustellen. Idealerweise sollten sie ihre Produkte als Markenartikel positionieren.

- Mit den Werbeagenturen muß eine Partnerschaft eingegangen werden. Die Agenturen wollen für ihre Kreativität nicht nur hohe Honorare sehen, sondern verrechnen auch hohe Provisionen für ihre Mittlerrolle. Die Macht der Agenturen steigt, weil sie einerseits die kreative Problemlösung bieten und andererseits großteils selbst die Medienbelegungen einkaufen.

Am magischen Dreieck: Werbetreibende — Agenturen — Werbeträger wird sich in Zukunft noch mehr verändern. Die großen Agenturen beginnen sich bei den Medien einzukaufen, um selber als Verleger in Aktion zu treten. Die Medienunternehmen wiederum interessieren sich für Agenturbeteiligungen oder gründen eigene Werbetöchter, um ihre Medien bei der Vergabe der Werbemillionen bevorzugen zu können. Die größten Auftraggeber, wie z. B. internationale Konzerne, zeigen ebenfalls Interesse für kapitalmäßige Engagements bei Agenturen.[17])

6.2. *Wertewandel — Freizeitverhalten — Medienkonsumation*

Die Mediengesellschaft der achtziger und neunziger Jahre ist durch zwei höchst widersprüchliche Phänomene charakterisiert, durch die Gleichförmigkeit und die Individualisierung. Die mediale Ausstattung hat ein hohes Maß an Gemeinsamkeit erreicht. Der Medienverbund ermöglicht kommunikative Chancengleichheit, das Angebot ist fast jedem zugänglich. Die Individualisierung ist bei der unterschiedlichen Nutzung der Medien erkennbar. Hier zeigen sich höchst unterschiedliche Interessen. Während Bücher die Individualität fördern, da sie kein zentrales einheitliches Programm ausstrahlen, bietet beispielsweise die Tageszeitung oder das Fernsehen nur ein Kollektivprogramm. Aus einer deutschen Studie geht hervor, daß die Printmedien und die elektronischen Medien den Weg zum Buch bahnen. Es entwickelt sich aufgrund des Medienverbundes eine neue Lesekultur.[18])

Das Leben der Menschen wird sich wahrscheinlich dadurch verändern, daß sechs Lebensbereiche und Themen stark wachsende Bedeutung gewinnen.[19])

- Die persönliche Kommunikation wird immer wichtiger, gerade die Entwicklung der Informationstechnologie fördert ein Zusammenrücken der Menschen.
- Die Entwicklung der technologischen Kommunikation wird sich besonders im Bereich der Unterhaltungsindustrie auswirken.
- Durch steigende Freizeit wird die Freizeitarbeit zunehmen. Darunter fällt der Do-it-yourself-Bereich und die Fortbildung.
- Die Freizeitkultur, wie Erholung, Sport und Lesen, gewinnt einen neuen Stellenwert.
- Gesundheit und Sicherheit treten in den Mittelpunkt.
- Der Hedonismus gewinnt zunehmend an Bedeutung. Menschen möchten durch Kauf und Konsum sich selbst definieren.

Die Medienkonsumenten werden von einer gigantischen Informationslawine überrollt werden. Es könnte zu einer Krise der Leser, Hörer und Zuseher kommen, die synchron mit einer Krise der Medienmacher stattfindet. Es entsteht das Problem, daß man von den Massenmedien immer mehr über immer weniger erfährt. Die totale Fernsehgesellschaft, die Neil Postman beschreibt, will sich nicht mehr fadisieren, sondern unablässig amüsieren.[20]) Kommerziell orientierte Medien geraten daher in Gefahr, zu gigantischen Animierbetrieben zu verkommen. Die durchschnittlichen Zeiten der Mediennutzung entwickeln sich sehr unterschiedlich. Die Verbreiterung der Vielfalt der angebotenen Medien hat bisher kaum zu einer Erweiterung des Zeitbudgets geführt, es ergeben sich hauptsächlich Verschiebungen bei den Medien untereinander.

Der bisherige Trend, daß bei steigender Freizeit auch der Medienkonsum zunimmt, kann für die Zukunft nicht mit Sicherheit prognostiziert werden, da derzeit der Trend zur aktiven Freizeitgestaltung anhält.
Fazit: Dem explodierenden Medien- und Programmangebot stehen eine rückläufige Bevölkerungsentwicklung sowie Medienkonsumenten gegenüber, die jetzt schon in einer gigantischen Informationsflut ersticken und nicht bereit sind, wesentlich mehr Zeit zur Mediennutzung zu investieren. Aufgrund des Trends zur Visualisierung ist zu befürchten, daß die Verbalisierungsfähigkeit der Menschen zurückgeht und weniger gelesen wird.[21])

6.3. Die Entwicklung der Medien

Die Zukunft der Medien wird von einer starken Kommerzialisierung bestimmt. Als vorrangige Ziele rangieren Rentabilität, Produktivität und kaufmännische Professionalität, weit vor dem Anspruch auf journalistische Qualität. Die Orientierung geht eindeutig weg von idealistischen und künstlerischen Zielen zu mehr rein kommerzieller Ausrichtung. Dabei entsteht zweifelsohne die Gefahr, daß die Medienmacher Konzessionen an die Werbebranche machen und kommerziell orientierte Medien um so mehr zwangsweise voll ins Entertainment einsteigen. Ob bei dieser Entwicklung allerdings die Medienkonsumenten langfristig mitspielen, sei dahingestellt. Wie nun die Entwicklung der einzelnen Medien in Zukunft verlaufen könnte, sei in der Folge kurz skizziert.[22]) Die Tageszeitungen dürften in Zukunft ihre Position unter der Bedingung halten können, daß sich die Farbe durchsetzt und das Layout entspricht. Die Gründung neuer Blätter wird in Zukunft eher selten sein, weil die Markteintrittskosten drastisch hoch und die Überlebenschancen minimal sind.
Die Wochenzeitungen scheinen in Zukunft eher Probleme zu bekommen, weil sie nunmehr von drei Seiten in die Zange genommen werden. Einerseits von der Tagespresse, die aktueller sein kann als sie, andererseits von den Gratisblättern, die zumindest kostenlos sind, und schließlich von den Massen- und „Special interest"-Zeitschriften, die graphisch ansprechender und noch dazu vielseitiger orientiert sind. Die Chancen auf regionaler bzw. lokaler Ebene sind daher begrenzt.
Die Publikumszeitschriften werden auch in Zukunft eine sehr dynamische Entwicklung haben, im Positiven wie im Negativen. Die Aussichten sind recht unterschiedlich. Bei arrivierten Nachrichten- und Wirtschaftsmagazinen kann nicht viel passieren, schlechter gemachte werden Probleme bekommen. „Special interest"-Zeitschriften bieten noch gute Chancen, schlechter sieht es für die klassischen Illustrierten aus, die bereits jetzt größere Einbrüche auf

sich nehmen müssen. Ziemlich chancenlos dürften schließlich Kunst-, Kultur-, Theater- oder Ökologiezeitschriften sein, da die Werbebranche an ihnen kaum Interesse zeigt. Den Gratiszeitungen steht eine positive Zukunft bevor, sie werden zwar attraktiver, aber deswegen nicht journalistisch besser. Sie können sich aufgrund ihrer hohen Reichweite sehr gut auf dem Werbemarkt gegenüber Tages- und Wochenzeitungen durchsetzen. Die Fachzeitschriften sind zwar meistens durch eine homogene Zielgruppe, aber durch eine schwache journalistische Leistung geprägt. Meistens fehlt es ihnen an Reichweite, um als Werbemedium zu reüssieren. Jene Informationen, die man über die eigene Branche unbedingt benötigt, wird man schon bald am Computer abrufen können.

Die Zukunft des Hörfunks ist sehr schwer abzuschätzen. Viele private Hörfunkstationen in der BRD sind entweder schon wieder vom Markt verschwunden oder haben große finanzielle Probleme. Konzentrationsprozesse werden für eine ökonomische Auslese sorgen. Die sich behauptenden Privatradios können eine respektable Rentabilität erzielen. Voraussichtlich werden sich in Österreich nicht viele Sender ökonomisch erfolgreich etablieren können, da der ORF bereits einen Großteil des Marktes abdeckt.

Das Fernsehen wird für die Freizeitgesellschaft des 21. Jahrhunderts das beliebteste Medium sein und in erster Linie für die Unterhaltung, aber weniger für Information zuständig sein. Private TV-Anstalten sind in absehbarer Zeit auf dem österreichischen Markt nicht zu erwarten, da die Eintrittsbarrieren mit extrem hohen Kosten verbunden sind. Ein privates Programm ist in Österreich nur dann denkbar, wenn über die Sendeanlagen des ORF ausgestrahlt werden kann.

6.4. Die Entwicklung der Rahmenbedingungen

Im Gegensatz zu anderen europäischen Ländern ist das gesetzlich verordnete Rundfunkmonopol in Österreich noch ein Diskussionsthema, voraussichtlich aber nicht mehr lange. Was eine Liberalisierung für die Medien bedeutet, wurde bereits ansatzweise diskutiert. Meist folgt einer Gründungswelle die große Ernüchterung, da weder der Medienkonsument noch die Unternehmen eine derartige Ausweitung des Angebots verkraften können. Andererseits tut Wettbewerb gut, und der ORF wird sich einer weiteren Liberalisierung anpassen müssen.

Auch in Österreich sind die Medienkonzentrationstendenzen deutlich spürbar. Im Zuge des EG-Anschlusses wird der österreichische Medienmarkt noch interessanter für ausländische Unternehmen, und mit weiteren Aufkäufen ist durchaus zu rechnen. Nach Expertenprognosen wird insbesondere dem

Kabelfernsehen und dem Satellitenfernsehen eine bedeutsame Entwicklung als Werbeträger zugesprochen. Dem österreichischen Fernsehen, dem Hörfunk und den Tageszeitungen wird eine eher konstante Entwicklung vorausgesagt, während Publikumszeitschriften voraussichtlich Einbußen hinnehmen werden müssen. Fachzeitschriften und allen Arten der Direktwerbung steht nach Meinung dieser Experten eine positive Zukunft bevor.
Die Entwicklung der Konjunktur ist für die Medien von besonderer Bedeutung. Lange Zeit entwickelte sich das Wachstum der Werbevolumina zumindest proportional zum Wachstum des Bruttonationalproduktes. Diese Korrelation hat mit einigen kurzen Unterbrechungen bis heute Gültigkeit.
In Österreich entwickelt sich der Werbemarkt — wie erwähnt, aufgrund des Nachholbedarfs im Vergleich zu anderen Industrieländern (Werbeausgaben pro Kopf oder als Anteil des BNP) — noch dynamischer. Diesem Marktwachstum werden auch die Medienmärkte und ihre Strukturen folgen.
Die Medienökonomie ist deshalb niemals unabhängig von den gesamtökonomischen Entwicklungen zu sehen.

Anmerkungen und Literaturverzeichnis

[1]) Naisbitt, John: Megatrends, Hestia, Bayreuth, 1985, S. 25ff.

[2]) Gerken, Gerd: Die Trends für das Jahr 2000, Econ Verlag, Düsseldorf—Wien—New York, 1989, S. 132ff.

[3]) Drucker, Peter: Managing in Turbulent Times, Harper & Row, New York, 1980.

[4]) Schenk, Michael und Hänsel, Mathias: Medienwirtschaft, Nomos Verlagsgesellschaft, Baden-Baden, S. 9f.

[5]) Insbesondere sei in diesem Zusammenhang auf die Beiträge von Machlup und Porat verwiesen. Vgl. J. Van Cuilenberg: The Information Society: Some Trends and Implications, in: European Journal of Communication 2, 1987, Nr. 1, S. 105ff; sowie Porat, Marc: Information Economy: Definition and Measurement, veröffentlicht vom U.S. Department of Commerce/Office of Telecommunications, Mai, 1977, in OT Special Publication 77-12 (I).

[6]) Schenk, Michael: Einführung in die Medienökonomie, in: Medienökonomie, (hrsg. von Michael Schenk und Joachim Donnerstag, Verlag Reinhard Fischer, München, 1989, S. 5f) sowie die dort angegebene Literatur.

[7]) Als Beispiel solcher notwendiger Studien vgl. Witte, Eberhard (unter Mitarbeit von Joachim Senn): Zeitungen im Medienmarkt der Zukunft, C. E. Poeschl Verlag, Stuttgart, 1984.

[8]) Vgl. die Beiträge in Schenk: Medienökonomie, a. a. O., S. 209ff sowie Witte, Eberhard: Neue Fernsehnetze im Medienmarkt, R. V. Decken's Verlag, G. Schenk, Heidelberg, 1984; und Hafner, Kay: Kosten-Nutzen-Analysen bei neuen Medien, Service Fachverlag an der Universität Wien, 1988.

[9]) Siehe Muzik, Peter: Die Medienmultis, Orac, Wien 1989.

[10]) APA: Challenges of the Information Age. News Agencies in the 1990's. Proceedings of the European Media Symposium, Vienna, 1989, S. 87.

[11]) Vgl. Vyslozil, Wolfgang: Beyond the Crisis to the Future, in: APA, a. a. O., S. 72ff.

[12]) Biel, Alfred: „Informatisierung" der Unternehmen, in: controller magazin 6/89, S 311f.

[13]) Institut für Publizistik und Kommunikationstheorie der Universität Salzburg (Hrsg.): Massenmedien in Österreich — Medienbericht III, Salzburg und Wien, 1986, S. 27f.

[14]) Witte, Eberhard: a. a. O., S. 71ff.

[15]) Girisch, Felicitas und Prochazka, Wolfgang: Schätzung des Gesamtwerbevolumens in Österreich für 1986 — 35 Mrd. Schilling, in: Werbeforschung & Praxis, Folge 4, 1987, S. 109ff.

[16]) Ströbel, Jürgen: Die Zeitung aus der Sicht der Werbung, in: Zeitungen für den Markt von morgen, Econ, Düsseldorf, 1987, S. 97ff.

[17]) Vgl. Muzik: a. a. O., S. 188ff.

[18]) Langenbucher, W. R., und Saxer, Ulrich: Kommunikationsverhalten und Medien: Lesen in der modernen Gesellschaft, in: Media Perspektiven 8/89, S. 500ff.

[19]) Haselhoff, O. W.: Lebensstile zwischen Massenkultur und Individualisierung, GDI-Impuls 4/87, S. 3f.

[20]) Postman, Neil: Wir amüsieren uns zu Tode, S. Fischer, Frankfurt/Main, 1985; Steinbuch, Karl: Die desinformierte Gesellschaft. Für eine zweite Aufklärung, Verlag Busse & Seewald, Herford 1989.

[21]) Medientrends: Congressdokumente vom Inter Media Congress, Hamburg, 1985, S. 14.

[22]) Vgl. Muzik: a. a. O., S. 190ff.

Hubert Lehner

MEILENSTEINE UND WENDEPUNKTE IM LEBENSLAUF EINER ZEITUNG

„Volksblatt" — Volksverein — Preßverein

Als eine Handvoll katholisch-konservativ gesinnter Männer 1868 beschloß, eine Tageszeitung zu gründen, gab es für dieses Vorhaben weder langfristige wirtschaftliche Überlegungen noch ein Startkapital. Die Gründer hatten ausschließlich ideelle Motive: Das am 2. 1. 1869 erstmals erschienene „Linzer Volksblatt" sollte in den damaligen heftigen Auseinandersetzungen mit den Liberalen ein publizistisches Werkzeug sein, das den katholischen Standpunkt zur Tagespolitik und zu den geistigen Strömungen der Zeit vertritt. Diese Erwartung erfüllte sich sehr rasch: Als ein Jahr später der Katholische Volksverein als politische Organisation der Katholiken gegründet worden war, bildeten „Volksblatt" und Volksverein die Zugpferde für den Aufstieg der Katholisch-Konservativen und ab 1907 der Christlich-Sozialen zur führenden politischen Kraft des Landes.

Sehr rasch erkannten die Initiatoren der neuen Zeitung die Notwendigkeit solider wirtschaftlicher Grundlagen. Mit der Gründung des „Katholischen Preßvereins der Diözese Linz" Anfang 1870 schufen sie einen Rechtsträger, der durch Mitgliedsbeiträge, Beschaffung von Spenden, Aufnahme von Darlehen und Führung einer eigenen Druckerei den offensichtlich unvermeidlichen Verlust der Zeitung abdecken sollte. Finanzielle Opferbereitschaft weiter Kreise, Idealismus der Vereinsfunktionäre, Tüchtigkeit und Fleiß der Arbeiter und Angestellten in den Preßvereinsbetrieben bewirkten in den Jahrzehnten bis zum Ersten Weltkrieg eine ständige wirtschaftliche Aufwärtsentwicklung des Preßvereins, der zu seinem Hauptbetrieb in Linz Zweigbetriebe in Wels, Ried, Grieskirchen und Rohrbach gründete und dessen Betriebszweige — Tageszeitung, Druckereien, Wochenzeitungen, Zeitschriften, Buchverlag, Buch- und Papierhandlungen — einander sinnvoll ergänzten. Bis zum Ersten Weltkrieg erreichte die Auflage des „Linzer Volksblattes" rund 10.000 Stück; hingegen verfügten die Wochenzeitungen des Preßvereines über ein Mehrfaches dieser Auflage. Hier spiegelte sich die soziologische Struktur der Oberösterreicher: Der Großteil der Anhänger der politischen Richtung des „Volksblattes" lebte als Bauern, Landarbeiter und kleine Selbständige in den Dörfern und Märkten, verfügte vielfach über keine tägliche Postzustellung, hatte kaum Zeit und

Lust zur täglichen Zeitungslektüre. Daher war die Wochenzeitung mit ihren politischen Zusammenfassungen, den Lokalberichten und dem unterhaltenden Lesestoff die bevorzugte Lektüre dieser Schichten und dominierte auch in den Städten Wels und Ried. Das „Volksblatt" übte aber trotz seiner relativ kleinen Auflage eine wichtige Funktion durch politische Information und Meinungsbildung seiner Leser aus. In wirtschaftlicher Hinsicht war die Zeitung wegen ihres ständigen Defizits das Sorgenkind des Unternehmens; es gelang jedoch immer wieder, den Verlust aus Überschüssen der anderen Betriebssparten abzudecken und darüber hinaus die finanziellen Mittel für Investitionen zu beschaffen.

Drei schwere Jahrzehnte

Auch während und nach dem Ersten Weltkrieg blieben diese Umstände im wesentlichen erhalten. In den zwanziger Jahren sank die Auflage auf rund 7.500 Stück, Inflation und Wirtschaftskrise bildeten große Probleme für die Betriebsführung, der es aber bis 1930 gelang, das Unternehmen wirtschaftlich zu konsolidieren und die Auflage des „Volksblattes" wieder auf rund 10.000 Stück zu steigern. Die fünf Wochenzeitungen erzielten allerdings eine Auflage von fast 50.000 Stück. Während der vier Jahre des autoritären „Ständestaates" unterstützte das „Volksblatt" den Regierungskurs und bekämpfte mit besonderer Heftigkeit den Nationalsozialismus, der innerhalb und außerhalb Österreichs zur größten Gefahr für die Selbständigkeit des Staates wurde. Daher besetzten schon in der Nacht vom 12. auf den 13. März 1938 die neuen Machthaber die Betriebe des Preßvereins, ersetzten die leitenden Angestellten durch ihre Vertrauensleute und nahmen dem Preßverein jede Möglichkeit der Einflußnahme auf seinen Betrieb. Das „Volksblatt" wurde wie alle anderen Zeitungen zu einem Rädchen in der Propagandamaschine zur Vorbereitung des Zweiten Weltkrieges. (Über die damaligen Ereignisse berichtete im Frühjahr 1988 ein Sonderdruck der Firmenzeitschrift „Wir über uns".) Sieben Jahre später begann der Wiederaufbau des Unternehmens, dessen Gebäude in Linz und Wels schwer beschädigt waren, dessen Zeitungen nicht mehr existierten und dem Menschen, Maschinen und Material fehlten.

Neubeginn als Parteiorgan

Die amerikanischen Besatzungsbehörden gaben in Oberösterreich schon ab Mai 1945 ihre eigene Tageszeitung, die „Oberösterreichischen Nachrichten" heraus und erteilten erst mit Wirkung vom 8. 10. 1945 den damaligen drei politischen Parteien das sogenannte „Permit" zur Herausgabe von Tageszeitungen, die anfangs nur dreimal wöchentlich mit je zwei Seiten Umfang und mit einer auf 35.000 Stück beschränkten Auflage erscheinen durften. Diese Beschränkungen galten jedoch nicht für das Organ der Besatzungsmacht. Die führenden Persönlichkeiten der ÖVP entschlossen sich, ihre Tageszeitung unter dem Titel „Linzer Volksblatt" erscheinen zu lassen und damit die Tradition weiterzuführen, derzufolge die Tageszeitung dieses Namens seit 75 Jahren jene politische Kraft unterstützte, die sich — unter wechselnden Namen und Organisationsformen — zu christlichen Grundsätzen bekannte. Dieser Zeitungstitel stand rechtlich dem Preßverein zu. Dieser konnte jedoch nicht darüber verfügen, weil sein Unternehmen noch als „Deutsches Eigentum" galt und der Verein erst um die Jahreswende 1945/46 reaktiviert werden konnte. Da außerdem zwei Mitglieder der provisorischen Preßvereinsleitung gleichzeitig auch Mitglieder der Landesparteileitung der ÖVP waren, sah man in der Verwendung des Zeitungstitels für die neue Parteizeitung der ÖVP kein großes Problem und vereinbarte mündlich (und erst drei Jahre später auch schriftlich), daß die ÖVP den Zeitungstitel vom Preßverein pachte.

Die ab Herbst 1945 erscheinenden Tageszeitungen der Parteien wurden den Verkäufern buchstäblich aus der Hand gerissen, und es war kein Problem, die durch Papierzuteilung limitierten Auflagen abzusetzen. Ab Mitte 1947 konnte jedoch die bisherige Druckauflage nicht mehr verkauft werden: Die verkaufte Auflage sank von rund 35.000 Stück bis Ende 1950 auf 16.000 Stück an Wochentagen und 18.000 Stück an Wochenenden ab. Dadurch entstanden für die Partei auch immer größere finanzielle Probleme, und sie war daher gewiß froh, im Herbst 1950 den Pachtvertrag beenden und die Zeitung dem Preßverein zurückgeben zu können, der kurz vorher nach Abschluß eines langwierigen Rückstellungsverfahrens Eigentümer des OÖ. Landesverlages und damit auch formalrechtlich des Zeitungstitels geworden war. Die Talfahrt der Verkaufsauflage setzte sich fort und erreichte Ende 1955 rund 9.000 Stück an Wochentagen und rund 10.500 Stück an Wochenenden, also etwa den Stand der besten Jahre vor 1938. Diese Entwicklung hatte wahrscheinlich folgende Ursachen:

1. Der Zeitungsmarkt normalisierte sich, d. h. die Menschen begnügten sich — oft auch aus finanziellen Gründen — mit einer Tageszeitung, und dabei konnten die schon vor den Parteizeitungen und ohne Beschränkung von Umfang, Auflage und Erscheinungsweise auf den Markt getretenen „OÖ. Nachrichten" die stärkste Position beibehalten. Dazu trug auch die Abneigung weiter Kreise gegen Parteizeitungen aller Richtungen bei; die Menschen hatten die Propaganda der NS-Zeit noch in schlechter Erinnerung, sie wollten sich nun objektiv, unabhängig, überparteilich informieren, und die unabhängigen Zeitungen nahmen diese Eigenschaften für ihre Schreibweise in Anspruch.

2. Nach und nach konnten die Wochenzeitungen wieder erscheinen, deren Erscheinungsrhythmus und lokaler Inhalt vor allem in den ländlichen Gebieten, in denen es keine tägliche Postzustellung gab, den Bedürfnissen viel besser entsprach als eine stark politisch ausgerichtete Tageszeitung. Manche Leser „entschuldigten" sich bei der Abbestellung des „Volksblattes" damit, daß sie ja eine Wochenzeitung behielten, welche dieselbe politische Richtung wie das „Volksblatt" vertrete und demselben Verlag gehöre.
3. Weder die Partei noch der Verlag sorgte für eine gute Vertriebsorganisation und Werbung. Man nahm den rapiden Auflagenrückgang wie ein Naturereignis zur Kenntnis und behob vielfach nicht einmal offenkundige Mängel der Verwaltung. Als von Herbst 1953 bis Ende 1954 die Landesverlags-Druckerei Linz auch den Druckauftrag der „OÖ. Nachrichten" durchführte, mußte das „Volksblatt" Nachteile wie Vorverlegung von Redaktionsschluß und Drucktermin, Verminderung von Satzkapazitäten usw. zu Lasten seiner Aktualität in Kauf nehmen. Leitende Angestellte des Landesverlages hätten dieses „ungeliebte Kind" wegen seines Defizites gerne ganz beseitigt, es wurde weder in technischer noch in organisatorischer Hinsicht gefördert, die personelle und materielle Ausstattung der Redaktion war unzulänglich und wirkte sich auf die Qualität des Inhaltes und damit auf die Auflage aus.

Suche nach einer neuen Orientierung

Als die Preßvereinsleitung durch die Kündigung des Pachtvertrages im Frühjahr 1950 das „Volksblatt" ab 1. 10. 1950 wieder selbst in die Hand nehmen mußte, wurde sie mit schwierigen Fragen konfrontiert. Einerseits ging nun der von der Besatzungsmacht dem Verein aufgezwungene und der ganzen Vereinstradition widersprechende Zustand einer Verpachtung der Zeitung zu Ende, andererseits mußte in Hinkunft das Defizit der Zeitung vom Preßvereinsunternehmen selbst getragen werden, und darüber hinaus wurde nun plötzlich die Frage nach der künftigen inhaltlichen Linie der Zeitung aufgeworfen. Man konnte ja nicht einfach zu der bis 1934 oder 1938 gültigen Regel zurückkehren, denn inzwischen hatte sich das Verhältnis von Kirche und Parteien grundlegend geändert. Auch die ÖVP hatte ein anderes Selbstverständnis als die bis 1934 vom Katholischen Volksverein gelenkten christlichen Parteien. Und anstelle des Katholischen Volksvereins und der anderen katholischen Organisationen beherrschte die Katholische Aktion mit ihren Gliederungen das Feld und bekundete ständig, daß sie auf ihre Unabhängigkeit von den politischen Parteien und natürlich auch von der ÖVP großen Wert lege. Konnte angesichts dieser völlig gewandelten gesellschaftlichen Landschaft die Tageszeitung des Preßvereins im Herbst 1950 dieselbe Position einnehmen wie früher?

Es ist bemerkenswert, daß diese Fragestellung zunächst nicht im Preßverein auftrat, sondern vom kirchlichen Bereich — aus der Sicht des Preßvereins also „von außen" — aufgeworfen wurde. Der Generalsekretär des Seelsorgeamtes, Franz Vieböck, erhob im Sommer 1950 in einem Brief Bedenken gegen die Absicht, daß die Zeitung auch künftig inhaltlich der Partei zur Verfügung stehen, die wirtschaftliche Belastung aber vom Preßverein getragen werden solle. Außerdem wäre es mit dem Selbstverständnis der Kirche nicht vereinbar, daß die Zeitung eines katholischen, mit der Kirche verbundenen Vereines praktisch als Parteiblatt fungiere. Daher wäre es nach seiner Auffassung am besten, daß die Partei auch künftig die Zeitung pachte und damit inhaltlich und wirtschaftlich die Verantwortung trage. Er schloß seine Stellungnahme mit dem — aus heutiger Sicht prophetischen — Satz: „Eine Fehllösung kann unabsehbaren Schaden anrichten, ein Versäumnis in der Wahrung einer klaren Linie vielleicht nie wieder gutgemacht werden." Bald darauf griff die Diözesanleitung der Katholischen Aktion Vieböcks Gedanken in einer Stellungnahme an den Diözesanbischof auf und kam zu dem Schluß, daß es „die vom kirchlichen Standpunkt aus tragbarste Lösung" wäre, die Zeitung auch künftig an die ÖVP zu verpachten. Auch die Preßvereinsleitung neigte zunächst zu dieser Lösung, mußte aber zur Kenntnis nehmen, daß die Partei aus finanziellen Gründen dafür nicht zu gewinnen war. Für diesen Fall, so beschloß das Preßvereinskomitee am 12. 8. 1950, wolle der Preßverein wie vor 1938 die Zeitung selbst führen. Die Zeitung könne aber keine „betont katholische Tageszeitung" sein, dürfe weder „kirchlich offiziellen Charakter" haben noch ein ausgesprochenes Parteiblatt der ÖVP sein. Wenn sie „im christlichen Sinn" redigiert werde, so trage sie „katholisches Gedankengut auch in nicht bewußt katholische Kreise", auch wenn dabei „die religiösen Wahrheiten nicht immer in der notwendigen Ausführlichkeit und Schärfe vertreten werden können". Diese Gedankengänge wurden in die Formel „weder ÖVP noch KA" zusammengefaßt, und der Preßverein meinte, der Zeitung damit „eine klare Richtlinie" gegeben zu haben. Dazu sagte der Obmann in seinem Rechenschaftsbericht am 22. Mai 1951:

„Grundsatzpolitisch stehen wir der ÖVP sehr nahe, öffnen ihr unsere Spalten und kündigen derzeit ohne Entgelt ihre Versammlungen an. Aber Parteiorgan sind wir nicht, wollen und sollen es nicht sein. Wir stehen auch der KA nahe, sind aber kein Teil derselben. Das Prinzip der derzeitigen Führung lautet klar und bündig: Weder ÖVP noch KA. Dies ist auch, ich möchte sagen, mein Testament an den Preßverein. Denn ich bin auf Grund der gemachten Erfahrungen und der doch ziemlich vielseitigen Einsicht in die Gesamtlage der felsenfesten Überzeugung, daß nur so und niemals anders das Linzer Volksblatt sich durchsetzen, einen bedeutenden Aufstieg erleben und weite Kreise unseres Volkes in Stadt und Land wird erfassen können, die uns sonst nicht nur verlorengehen, sondern auch dem antichristlichen Geiste verfallen werden und müssen! In dieser Grundlage und Auffassung sehe ich die Aufgabe der Tageszeitung, die der Katholische Preßverein herausgibt, ja herausgeben muß."

(Auf die mit dieser Frage eng verbundenen damaligen Auseinandersetzungen zwischen dem Preßvereinskomitee und der Diözesanleitung der KA über eine von der KA gewünschte Einflußnahme auf den Preßverein kann hier aus Gründen des Umfanges nicht eingegangen werden.)

Als am 1. 10. 1950 nicht mehr die Partei, sondern wieder der Preßverein Herausgeber und Verleger des „Volksblattes" wurde, hielt es der Preßverein für ein „Gebot der Klugheit", die Leser nur durch eine kurze Meldung darüber zu informieren, „um nicht neue Schwierigkeiten heraufzubeschwören". Für den Leser war keine Änderung erkennbar: Die Zeitung berichtete und kommentierte weiterhin das politische Geschehen wie eine Parteizeitung der ÖVP.

In den Augen der Leser und der ganzen Bevölkerung, die zum Großteil zwischen de jure und de facto nicht unterscheiden konnten, galt das „Volksblatt" weiterhin als Organ der ÖVP, und auch die Funktionäre der Partei förderten die Zeitung oder kritisierten sie, wenn sie in einzelnen Fällen meinten, die Zeitung hätte in ihrer Schreibweise die Partei nicht genügend unterstützt.

Die Leser wollten aber keine Zeitung dieses Stils, und die Auflage sank, aus den Gründen, die schon dargestellt wurden, von rund 16.000 bei der Übergabe an den Preßverein auf unter 9.000 Ende 1955. Es blieb dem „Volksblatt" nur ein Teil des schmalen Marktsegmentes der katholisch gesinnten und gleichzeitig politisch der ÖVP verbundenen Kreise, die zum Großteil auch vor 1938 Leser des „Volksblattes" gewesen waren. Ein Großteil der ÖVP-Mitglieder und -Wähler sowie auch jene Kirchengänger, die der ÖVP eher distanziert gegenüberstanden, lasen die „OÖ. Nachrichten" oder begnügten sich mit ihrer regionalen Wochenzeitung. Das ständige Absinken der Auflage und der hohe Verlust bereiteten dem Preßvereinskomitee schwere Sorgen. Leitende Angestellte des Landesverlages vertraten die Ansicht, das „Volksblatt" sei nicht zu halten und sollte nur mehr als Wochenzeitung erscheinen. Konkrete Vorstellungen über Inhalt und Markt für eine solche Wochenzeitung hatten sie aber nicht, man erhoffte sich lediglich eine Reduzierung des Verlustes vor allem durch den Entfall der teuren kollektivvertraglichen Bestimmungen für Produktion, Redaktion und Verwaltung einer Tageszeitung. Der Preßvereinsobmann, Prälat Binder, war ein entschiedener Gegner solcher Ansichten, die er als Angriff auf die wesentliche Aufgabe des Preßvereins ansah, und vertrat die

Auffassung, man müsse durch intensive Werbung die Auflage wieder erhöhen und könne damit den Verlust auf ein tragbares Maß reduzieren.

Erfolge bei der Auflagenentwicklung

Erst Ende 1955 fand er in Heinz Träris den Mann, der zuerst als Abonnentenwerber, dann als Werbe- und Vertriebsleiter den Rückgang der Auflage in eine Aufwärtsentwicklung wendete. Eine der wichtigsten Voraussetzungen dafür war die Verbesserung der Zustellung durch den Aufbau eines Netzes von Zeitungsausträgern, so daß das „Volksblatt" schon am frühen Morgen und nicht erst im Laufe des Tages mit dem Briefträger oder gar erst am nächsten Tag — bei nur dreimaliger Postzustellung in der Woche — beim Leser war. Träris gelang es auch, in vielen Gemeinden die ÖVP-Funktionäre für eine kräftige Unterstützung der Abonnentenwerbung bei den Parteimitgliedern zu gewinnen. Im Herbst 1959 wurde ein zugkräftiges Werbepreisausschreiben und eine Werbeaktion der Katholischen Männerbewegung für das „Volksblatt" gestartet. Der Preßvereinssekretär Dipl.-Ing. Hubert Lehner, dem Obmann Binder von Anfang an die Sorge um das „Volksblatt" ans Herz gelegt hatte und der im Frühjahr 1959 Verlagsleiter der Zeitung geworden war, übte damals gleichzeitig auch ehrenamtlich die Funktion des Diözesansekretärs der KA aus und konnte deren Funktionäre von der Sinnhaftigkeit einer zwar der KA nicht unterstehenden, aber in katholischer Hand befindlichen Tageszeitung überzeugen. Vor allem engagierte sich der damalige Diözesansekretär der Katholischen Männerbewegung (KMB) *Eduard Ploier* für die Aufgabe, unter den KMB-Mitgliedern neue Bezieher der Zeitung zu gewinnen und damit die stärkere Verbreitung christlicher Grundsätze in der Öffentlichkeit zu fördern. Die vom Preßverein 1950 geprägte Formel „Weder ÖVP noch KA" wurde zwar nicht offiziell widerrufen, aber in der inhaltlichen Gestaltung und bei der Werbung behutsam durch eine Linie ersetzt, die man am ehesten mit der Formel „Sowohl ÖVP als auch KA" hätte umschreiben können. Nachdem es 1955—1958 gelungen war, die Auflage wenigstens zu stabilisieren, lag im Herbst 1959 die Bezieherzahl um rund 300 über dem Tiefstand von 1955.

Der neue Verlagsleiter hielt neben der Vertriebsorganisation und Werbung die Verbesserung des inhaltlichen Angebotes der Zeitung für die Voraussetzung einer weiteren Auflagensteigerung. Man hatte in den vergangenen Jahren aus verständlichen Gründen an allen Ecken und Enden gespart, so daß die Zeitung hinsichtlich der Anzahl der redaktionellen Seiten, der Zahl der Redakteure und der sonstigen Ausstattung spürbar hinter der Konkurrenz lag. Bei der Werbung konnte man nicht mit einer der Konkurrenz ebenbürtigen oder überlegenen Produktqualität argumentieren, sondern mußte an die christliche

Gesinnung und politische Einstellung der Angesprochenen appellieren. Die Redaktion war durch den Rückgang der Auflage, das jahrelange Jammern über den hohen Verlust und durch ständige Kritik an zuwenig oder zuviel Parteitreue im Inhalt nicht motiviert. Erst die Wende in der Auflagenentwicklung hatte in der Redaktion Optimismus aufkeimen lassen. Äußeres Zeichen dafür war der Entschluß, nicht auf das 100jährige Jubiläum zu warten, sondern schon 1959 eine Jubiläumsbeilage „90 Jahre Volksblatt" herauszubringen, in der Autoren von Rang und Namen über Geschichte und Gegenwart schrieben und die als Zeichen des Lebenswillens der Zeitung verstanden wurde. Aus dem Überschuß des Anzeigenertrages über die Produktionskosten der Beilage konnte die Redaktion endlich mit neuen Möbeln ausgestattet werden, denn das Mobiliar bestand z. T. aus bombenbeschädigten Vorkriegsgegenständen. Die aus nur sieben Journalisten bestehende Redaktion wurde um eine Redakteurin für die Außenpolitik aufgestockt, durch die Anschaffung eines Klischographen konnte die Bebilderung aktualisiert und vermehrt werden.
In den sechziger Jahren wurde diese Linie konsequent fortgesetzt: Verbesserung des inhaltlichen Angebotes durch Vergrößerung der Redaktion auf 14 Redakteure und Erhöhung der Zahl der redaktionellen Seiten, Verbesserung der Vertriebsorganisation, Intensivierung der Bezieherwerbung durch eine Fülle verschiedenster Maßnahmen; in Kleruskonferenzen, bei Tagungen der Gliederungen der KA, bei Schulungen der ÖVP-Gemeindemandatare wurde über die Wichtigkeit der Zeitung gesprochen und um Unterstützung der Werbemaßnahmen gebeten. Der 1961 neu gewählte Preßvereinsobmann, Direktor der Raiffeisenzentralkassa, Dr. Karl Schaller, stand voll und ganz hinter diesen Aktionen.
In inhaltlicher Hinsicht war man bestrebt, das in der Vergangenheit entstandene negative Image einer politisch einseitig ausgerichteten, mehr Parteipropaganda als Information bietenden Zeitung abzubauen und als eine an christlichen Grundsätzen orientierte, parteipolitisch nicht gebundene Zeitung aufzutreten, die objektiv und umfassend über das politische Leben berichtet und in den nichtpolitischen Ressorts eine der Konkurrenz ebenbürtige Qualität bietet. Da sich das Programm und die führenden Persönlichkeiten der ÖVP ebenfalls zu christlichen Grundsätzen bekannten, ergab sich für die Zeitung ein Naheverhältnis zur ÖVP, das vor allem in der Gewichtung der Meldungen und in der Kommentierung zum Ausdruck kommen sollte. Es war manchmal nicht leicht, Funktionäre der ÖVP zu überzeugen, daß das „Volksblatt" auch über Tätigkeiten und Stellungnahmen der anderen Parteien objektiv berichten müsse und nicht jede Polemik des sozialistischen Parteiblattes mit gleicher Münze zurückzahlen wolle.

Wirtschaftliche Probleme

Auf diese Weise gelang es, eine ständige Steigerung der Abonnentenzahl herbeizuführen, die 1961 erstmals 10.000 Stück an Wochentagen überschritt und dann jährlich um 5 bis 10 Prozent stieg. Weniger erfreulich gestaltete sich die wirtschaftliche Seite: Nach Einführung eines betriebswirtschaftlich vertretbaren Verrechnungssystems zwischen Druckerei und Zeitung betrug der Verlust (ohne anteilige zentrale Kosten des Gesamtunternehmens) 1961 fast 3,3 Millionen Schilling und betrug bis 1965 rund 3,5 Millionen Schilling pro Jahr, was rund 25 Prozent der Kosten ausmachte. Die Mehreinnahmen bei Beziehern und Anzeigen reichten also gerade zur Deckung der durch Produktverbesserung und Inflation verursachten Kostensteigerungen aus. 1966 stieg der Verlust jedoch auf 4,5 Millionen Schilling und bildete eine gewaltige Belastung des gesamten Unternehmens. Radikale Kürzungen im Aufwandsbereich hätten ohne Zweifel die in den vorhergehenden Jahren mühsam erreichte Auflagensteigerung gefährdet. So suchte die Verlagsleitung um die Jahreswende 1966/67 punktuelle Einsparungen in allen Aufwandsbereichen zu erzielen, ohne damit die Produktqualität und die Werbung spürbar zu beeinträchtigen. In einer umfangreichen Analyse der Situation mit Darstellung der kurzfristigen und langfristigen Maßnahmen vom 2. 2. 1967 wurde erstmals auch die Möglichkeit der „Fusionierung mit einem größeren Partner" nicht ausgeschlossen. Als im ersten Quartal 1967 der Verlust der Zeitung gestiegen, die Abonnentenzahl etwa gleichgeblieben und die Gewinne der aktiven Betriebszweige des Gesamtunternehmens gesunken waren, wurden drei Alternativen konzipiert: Fusionierung mit den „OÖ. Nachrichten", Weiterführung als „Wochenendzeitung" mit Schwerpunkt für den Großraum Linz, Schaffung einer Oberösterreich-Ausgabe der „Kleinen Zeitung" des Verlages Styria.

Diese Überlegungen lösten natürlich heftige Reaktionen aus: Die Redaktion war zutiefst betroffen, daß „ihre Zeitung" auf diese oder jene Weise verschwinden sollte, der Betriebsrat kämpfte für die Erhaltung der Arbeitsplätze in Druckerei, Redaktion und Verwaltung, und das Preßvereinskomitee schwankte zwischen der Einsicht, das Gesamtunternehmen wirtschaftlich entlasten zu müssen, und der moralischen Verpflichtung, das „Kernstück" des Vereinszweckes am Leben zu erhalten. Dazu kamen vor allem aus dem politischen, aber auch kirchlichen Bereich besorgte Stimmen, ja geradezu beschwörende Appelle, daß das „Volksblatt" nicht aufgegeben werden dürfe. Aber weder die Partei noch die Kirche war bereit, einen finanziellen Zuschuß zur Abdeckung wenigstens eines Teiles der Verluste zu leisten. Erst als der Verlust 1967 auf rund 4,8 Millionen Schilling gestiegen war, befaßte sich das Preßvereinskomitee im Juni 1968 mit den schon vor einem Jahr konzipierten Alternativen und beschloß, mit Wirkung vom 1. 10. 1968 eine Änderung in Kraft zu setzen: Entweder sollte das Projekt „Kleine Zeitung" mit der Styria vereinbart oder die Idee der „Wochenendzeitung" realisiert werden. Redaktion und Betriebsrat boten daraufhin ein Einsparungsprogramm in Höhe von 1,5 bis 2 Millionen Schilling pro Jahr an (das auch jene Maßnahmen einschloß, die von der Verlagsleitung bereits vorgesehen waren); aus diesem Grund verschob die Preßvereinsleitung den Termin einer Änderung auf 1. 1. 1969, brachte aber Zweifel zum Ausdruck, daß mit dem Einsparungsprogramm die Zeitung auf Dauer gehalten werden könne. In dieser Phase gab es im Betrieb zwischen den betroffenen Mitarbeitergruppen und deren Vertretungen heftige Meinungsverschiedenheiten über die Ursachen des Verlustes und die Möglichkeiten einer Sanierung.

Während 1966 die Zahl der Abonnenten noch um über 600 gesteigert werden konnte, hatten die Einsparungsmaßnahmen 1967 erstmals einen geringen Auflagenrückgang zur Folge. 1968 konnten die Zugänge nur noch knapp die Abgänge ausgleichen. Der Verlust des „Volksblattes" hatte für das gesamte Unternehmen nun eine bedrohliche Höhe erreicht: Während 1967 die Überschüsse der aktiven Betriebszweige noch den „Volksblatt"-Verlust abdecken konnten, waren 1968 die Gewinne der aktiven Betriebszweige um rund 2 Millionen Schilling niedriger als der Verlust des „Volksblattes".

Das Projekt „Kleine Zeitung Oberösterreich"

Schon im Februar 1965 schlug Dipl.-Ing. Lehner bei einer Besprechung der Katholischen Preßvereine Österreichs in Graz Generaldirektor Stepan von der Styria vor, die Frage einer Oberösterreich-Ausgabe der „Kleinen Zeitung" für den Fall zu prüfen, daß in den kommenden Jahren das „Volksblatt" aus wirtschaftlichen Gründen nicht mehr weitergeführt werden könne. Daraufhin fanden einige Gespräche über die Grundzüge eines solchen Konzeptes statt, für das sich auch der Salzburger Landeshauptmann und Obmann des Salzburger Preßvereins, Dr. Lechner, im Hinblick auf die hoch defizitäre „Salzburger Volkszeitung" interessierte. Diese Überlegungen wurden Mitte 1968 vom Preßvereinskomitee wieder aufgegriffen, Styria und Landesverlag erarbeiteten nähere Einzelheiten, die Styria schlug aber im Herbst 1968 eine Verschiebung auf Frühjahr 1969 vor, weil sie durch andere Projekte stark in Anspruch genommen war. Aus diesem Grund verschob das Preßvereinskomitee den Termin für eine Änderung beim „Volksblatt" auf unbestimmte Zeit.

Von Juni bis Oktober 1969 erarbeiteten die zuständigen Fachleute der Styria alle drucktechnischen, wirtschaftlichen und organisatorischen Aspekte des

Projektes, erstellten Kalkulationen und Marketingkonzepte und verhandelten mit dem Landesverlag über die rechtlichen Fragen. Ursprünglich schwebte dem Landesverlag eine gemeinsame Gesellschaft mit der Styria vor, in welcher der Landesverlag als Gesellschafter Mitspracherechte am gemeinsamen Projekt gehabt hätte. Die Styria hingegen stellte zur Bedingung, daß sie alleiniger Eigentümer, Herausgeber und Verleger sein müsse, um die uneingeschränkte Geschäftsführung dieses für sie mit hohem wirtschaftlichem Einsatz verbundenen Vorhabens zu gewährleisten. Der Landesverlag müsse daher weder die hohen Startkosten noch einen eventuellen Verlust in den kommenden Jahren mittragen, sondern lediglich beim Druckpreis in den ersten Jahren eine quantitativ und zeitlich begrenzte „Starthilfe" gewähren und bekäme dafür einen zeitlich unbegrenzten Druckauftrag. Inhaltlich werde die Oberösterreich-Ausgabe mit der Grundhaltung der „Kleinen Zeitung" als parteiunabhängige, christlich orientierte Tageszeitung übereinstimmen, die Styria wolle aber die politische Haltung der bisherigen Volksblattleser, die durchwegs ÖVP-Anhänger seien, berücksichtigen.
Unter den gegebenen Umständen nahm das Preßvereinskomitee diese Grundsätze zur Kenntnis. Die Verhandlungen über die Vielzahl der rechtlichen, wirtschaftlichen, technischen und personellen Probleme führten erst im Februar 1970 zu einem genauen Vertragstext, der im Frühjahr 1970 dem Preßvereinskomitee und anderen wichtigen Persönlichkeiten des politischen und kirchlichen Lebens in Oberösterreich vorgelegt und im Mai vom zuständigen Organ der Styria genehmigt wurde. Es war vorgesehen, daß unmittelbar danach auch die Preßvereinsleitung den Vertrag genehmigen sollte.

Das „Volksblatt" wird wieder ÖVP-Zeitung

Zur größten Überraschung aller Beteiligten wurde in jenen Tagen bekannt, daß die oberösterreichische ÖVP interessiert sei, das „Volksblatt" zu übernehmen und als offizielle Parteizeitung weiterzuführen. Bei der Preßvereins-Komiteesitzung am 10. 6. 1970 schlug Landeshauptmann-Stellvertreter Dr. Erwin Wenzl vor, den vorliegenden Vertragstext mit der Styria nicht zu beschließen, sondern das „Volksblatt" zu ähnlichen Bedingungen an die oberösterreichische ÖVP zu übergeben. Bei einem Teil der Komiteemitglieder stieß dieser Vorschlag auf Ablehnung: Denn in kirchlichen Kreisen hatte das Projekt einer unabhängigen christlichen „Kleinen Zeitung" viel Sympathie gefunden; mehrere Komiteemitglieder bezweifelten, daß die ÖVP auf Dauer den Verlust der Zeitung tragen könne, während man der Styria mit dem Projekt „Kleine Zeitung" viel eher zutraute, sich auf dem Markt durchzusetzen, so daß der Landesverlag langfristig mit diesem Druckauftrag rechnen könne. Landeshauptmann-Stellvertreter Dr. Wenzl hingegen maß der Weiterführung des „Volksblattes" durch die organisatorische und finanzielle Kraft seiner Partei mehr Zukunftschancen bei als der Einführung einer in Oberösterreich unbekannten Grazer Zeitung, die sich gegen die starke Marktposition der schon vorhandenen „OÖ. Nachrichten" einsetzen müßte. Außerdem würde die redaktionelle Linie der „Kleinen Zeitung" viele ÖVP-Anhänger unter den Lesern vor den Kopf stoßen. Er sicherte auch zu, im Inhalt der Zeitung christliche Grundsätze zu beachten und über kirchliche Ereignisse angemessen zu berichten. Er ersuchte um vier Wochen Zeit für die Ausarbeitung eines entsprechenden Vertrages. Am 11. Juli 1970 legte er seinen Vertragsentwurf vor, der die Übergabe der Eigentums-, Herausgeber- und Verlagsrechte an eine im Eigentum der oberösterreichischen ÖVP stehende Gesellschaft sowie einen unbefristeten Druckauftrag an den Landesverlag mit der für die Styria vorgesehenen „Starthilfe" vorsah. Das Komitee entschied sich nach langer Diskussion für diesen Vertrag und erteilte dem Projekt „Kleine Zeitung Oberösterreich" eine Absage. In den folgenden Monaten wurden noch Einzelheiten und Ergänzungen des Vertrages vereinbart, der mit 1. 1. 1971 in Kraft trat.

Reformen des Preßvereins und der Wochenzeitungen

Diese Entscheidung wurde mit einer grundsätzlichen Änderung verknüpft, die der damalige Leiter des Seelsorgeamtes, Prälat Vieböck, als Sprecher der „kirchlichen Fraktion" im Preßverein vertrat: Wenn die bisherige Tageszeitung des Preßvereins aus dem kirchlichen Einfluß in den ausschließlichen Kompetenzbereich der ÖVP übergehe, müsse die bisherige ÖVP-nahe redaktionelle Linie der Wochenzeitungen des Preßvereins eine stärker parteiunabhängige Note erhalten, mit der sich die Kirche identifizieren könne. Außerdem sei die Struktur des Preßvereins, der sich rund zur Hälfte aus Politikern der ÖVP zusammensetze, ein reformbedürftiger „Anachronismus" aus der Zwischenkriegszeit; vor allem müßten mehr Laien mit kirchlichen Funktionen und wirtschaftliche Fachleute in den Verein und in das Vereinskomitee aufgenommen werden. Beide Forderungen Vieböcks wurden erfüllt. Die Übergabe des „Volksblattes" an die ÖVP führte auch zu einer Aufwertung der Wochenzeitungen, die vorher im Landesverlag etwas stiefmütterlich behandelt worden waren. Man erkannte ihre Entwicklungsmöglichkeiten und baute diesen Unternehmenssektor in den folgenden Jahren kräftig aus.
Natürlich ist es reizvoll, rund 20 Jahre später diese Weichenstellung zu kommentieren. Wäre die „Kleine Zeitung" in Oberösterreich erfolgreich gewesen? Hätte sie in den folgenden Jahren die starke Verbreitung der „Kronen Zeitung"

in Oberösterreich einschränken können? Wäre die „Kleine Zeitung", mit Ausgaben für Steiermark, Kärnten und Oberösterreich, vielleicht auch für das westliche Niederösterreich und die westlichen Bundesländer, die zweitgrößte Tageszeitung Österreichs geworden? Es ist müßig, heute darüber nachzudenken, ob es sich hier um Illusionen oder um versäumte Chancen handelt.
20 Jahre nach der mutigen Initiative des damaligen Landeshauptmann-Stellvertreters Dr. Wenzl, der das Preßvereinskomitee nur widerstrebend zustimmte (und der auch der Autor dieser Zeilen ablehnend gegenüberstand), ist das „Neue Volksblatt" eine erfreuliche Realität. Herausgeber und Redaktion ist es gelungen, eine inhaltliche Linie zu finden, die auch vom Preßverein in den sechziger Jahren angestrebt wurde: Klare Haltung in innenpolitischen und weltanschaulichen Grundsatzfragen, Objektivität der Berichterstattung über die Aussagen aller Parteien, und Qualität in den Ressorts, die der umfassenden Information des Lesers dienen. Die Zusage an den Preßverein, christliche Grundsätze zu beachten und der Berichterstattung über das kirchliche Leben angemessen Raum zu geben, wird erfüllt. Aus dieser Sicht waren die Sorgen und Anstrengungen der leitenden Persönlichkeiten des Preßvereins, Fleiß und Sachkenntnis aller Mitarbeiter in Redaktion, Verwaltung und Druckerei im Laufe der wechselvollen, hundertjährigen Geschichte der Zeitung nicht vergebens.

Friedrich Wolfram

DAS ORF-STUDIENPROGRAMM „WOZU GLAUBEN?" — RÜCK- UND VORBLICK

„Wie wenig könnte es befriedigen, nur und ausschließlich der Typ von heute zu sein. Die Leidenschaft, das Leben selbst braucht Rückgriffe (mehr noch als Antizipationen) und sammelt Kräfte aus Reichen, die vergangen sind, aus geschichtlichem Gedächtnis. Doch woher nehmen . . .? Dazugehörig sein in der Fläche der Vernetzung ist an die Stelle der zerschnittenen Wurzeln getreten; das Diachrone, der Vertikalaufbau hängt in der Luft." (Botho Strauß)[1])

Eine Aktion — und sieben Fragen

In der Zeit vom 10. Jänner bis 11. April 1974 wurde vom ORF ein religiöses Bildungsprogramm mit dem Titel „Wozu glauben?" ausgestrahlt. Da es sich dabei um das erste systematische Programm kirchlicher Erwachsenenbildung — von der Katholischen Aktion Österreichs und der Bundesarbeitsgemeinschaft für Katholische Erwachsenenbildung gemeinsam getragen — handelte, das in Österreich über den Rundfunk angeboten wurde, fand es nicht nur publizistische, sondern auch wissenschaftliche Beachtung. Die unerwartet hohe Teilnehmerzahl von 94.000 war darüber hinaus ein international bestauntes Faktum.

Nach 15 Jahren über das Zustandekommen und den Inhalt dieses Studienprogramms nachzudenken, ist nicht so selbstverständlich wie unmittelbar danach, als es galt, aus der Sicht des Beteiligten Richtpunkte für die Weiterarbeit zu gewinnen. „Wozu glauben?" ist bereits ein Stück österreichische Kirchengeschichte.

Geschichtliche Distanz hat ihr Gutes: Sie hilft, unwesentliches Beiwerk vom Wesentlichen zu trennen. Vieles wird zu Recht vergessen. Nicht alles.

Was ist von der Aktion „ORF-Studienprogramm" geblieben? — Erfahrungen in jenen allgemeinen Dimensionen menschlichen Tuns, nach denen mit den Fragen: Wer? Was? Wo? Mit welchen Mitteln? Warum? Wie? Wann? gefragt wird. Im prüfend-reflektierenden Durchgehen dieser Dimensionen kann sich vielleicht auch längst Vergangenes als lernenswertes Paradigma erweisen. Wir können aber auch nicht absehen von vielem, was wir in der Zwischenzeit erfahren haben und was unser Erinnern teils trübt, teils schärft; und wir können nicht absehen von unseren heutigen Überlegungen, Sorgen, Hoffnungen, und unserem Erkenntnis-Interesse. Nur in dieser doppelten Perspektive des Rück- und Vorblicks (wie einer aus den bereits passierten Begrenzungssteinen den weiteren Verlauf der Straße abschätzt) lohnt es sich, darüber zu reden. („. . . für die richtige Einsicht ist gründlicher Zweifel förderlich . . . weil man . . . ohne vorausgegangenen Zweifel den Wanderern gleicht, welche nicht wissen, wohin sie zu gehen haben, und deshalb dann nicht einmal erkennen, ob sie das gesuchte Ziel erreicht haben oder nicht. Denn das Ziel ist ihnen ja nicht bekannt, wohl aber ist es dem bekannt, der vorher gezweifelt hat.")[2])

„Wer?"

Die Frage „Wer?" scheint leicht zu beantworten, wenn man sie als Frage nach den Namen der handelnden Personen versteht. — Die Initiative zur Durchführung eines Modells religiöser Erwachsenenbildung lag bei der Konferenz der Katholischen Männerbewegung Österreichs in deren Frühjahrskonferenz 1970. (Allerdings existierten bereits Erfahrungen mit verschiedenen Bildungsveranstaltungen via Massenmedium sowie mit Glaubenskursen auf der Grundlage eines Buches. Die Katholische Männerbewegung wollte daher zunächst keine neue inhaltliche Sache, sondern nur die Durchführung eines schon vorhandenen Glaubenskurses, womöglich mit Hörfunk- oder Fernsehbegleitung. Dafür boten sich unter anderem die in der Diözese Rottenburg entwickelten Seminare für Glaubensfragen, das vom Katholischen Akademikerverband Linz erstellte „Linzer Gespräch" und der „Glaubenskurs 70" der Theologischen Kurse für Laien/Wien an. Erfahrungen mit der im Bistum Essen durchgeführten TV-Reihe „Fragen nach Gott", der BBC-Reihe „The Question Why", dem Holländischen Katechismus u. a. wurden gesammelt und diskutiert. Als eine Reihe von in der Erwachsenenbildung stehenden Theologen darangingen, das Vorhaben auf seine Umsetzbarkeit für den Rundfunk zu sichten, zeigte sich jedoch, wie schwer die Forderung nach Lebensnähe, nach echter Hinführung zu den Aussagen der kirchlichen Tradition zu verwirklichen war. (Die Dinge gerieten ins Stocken, gerade weil man dieses Vorhaben sehr ernst nahm.)

Protagonisten waren am Beginn: Msgr. Karl Wild (er gab mit einem Referat vor der Konferenz der KMBÖ den Anstoß), Vorsitzender Eduard Ploier und Generalsekretär Walter Schaffelhofer (sie führten die Verhandlungen mit dem ORF, dem Zentrum für Massenkommunikation, der Bundesarbeitsgemeinschaft für Katholische Erwachsenenbildung u. a.). Ab 1972 wurde Prälat Karl Strobl beigezogen, dessen „gesammelte, wenn auch ungeordnete Gedanken" als theologisches Konzept mit weitreichenden praktischen Konsequenzen angenommen wurden. Dazu kamen dann die Mitarbeiter am Arbeitsbuch:

Prof. P. Heinrich Ferenczy OSB, Prof. Dietmar Kaindlstorfer, Msgr. Egon Kapellari, P. Alois Kraxner CSsR, P. Drs. Joop Roeland OSA, Adam Seigfried, Prof. Franz Sidl, Friedrich Wolfram und Wilhelm Zauner mit dem Hauptautor Strobl, sowie die Gestalter der Sendungen: Ernst Reitermeier, Prof. Hannes Taubald, Alois Vergeiner, P. Leo Wallner SJ. Die Gesamtredaktion des Studienprogramms lag bei Karl Strobl (assistiert von Friedrich Wolfram). Nicht verschwiegen werden darf, daß eine Reihe von Förderern, Ratgebern, Gesprächspartnern für das Gelingen der Aktion mitverantwortlich waren; insbesondere Franz Stauber (Kurator im ORF und Vorsitzender des Katholischen Zentrums für Massenkommunikation, zugleich Leiter des Katholischen Bildungswerkes der Diözese Linz), Prof. Ignaz Zangerle (Präsident der Bundesarbeitsgemeinschaft für Katholische Erwachsenenbildung), Walter Karlberger (Leiter der Abteilung Religion im Hörfunk), Anton Fellner (Leiter der Abteilung Religion im Fernsehen), Prof. Margarete Schmid (Leiterin der Theologischen Kurse), Kardinal Franz König, Prälat Leopold Wolf (Leiter des Erzbischöflichen Amtes für Unterricht und Erziehung), Univ.-Prof. Marian Heitger und Gottfried Hantschk (Institut für Pädagogik der Universität Wien). Dazu kommen die vielen Multiplikatoren in den Diözesen, Dekanaten, Pfarren und laienapostolischen Bewegungen, die Gruppentagsleiter und die engagierten Teilnehmer am Programm selbst.

Die Frage „Wer?" ist damit aber noch nicht wirklich beantwortet. Das ist sie erst dann, wenn die Handelnden sich selbst die Frage: „Wer bin ich?" beantwortet haben. Ob sie sich dieser Frage aussetzen — gar mit dem schonungslosen Spiegel Paul Celans:

„Ein Nichts
waren wir, sind wir, werden
wir bleiben, blühend:
die Nichts-, die
Niemandsrose."

— das trägt immens viel zur Sache bei. Authentisches Handeln von Christen setzt eine, wenn auch noch so bescheidene christliche Identität voraus; auch wenn wir Romano Guardini recht geben müssen: „Niemand weiß, aus welchen — vielleicht räumlich entfernten oder zeitlich vergangenen — gläubigen Existenzen heraus sein eigener Glaube gespeist wird, sein Tun Kraft bekommt — ebenso wenig wie er weiß, welche Menschen er selbst mitträgt."[3])

Im gegenständlichen Fall steht zunächst das Selbstverständnis einer Gemeinschaft in Frage, die der Katholischen Aktion angehört. Mit den Worten einer Programmschrift der KMBÖ aus den siebziger Jahren: „Die KMB ist Katholische Aktion und als solche eine Bewegung, welche die Aufgaben und Ziele der Katholischen Aktion im Sinne des Zweiten Vatikanischen Konzils wahrnimmt. Katholische Männerbewegung ist ein Dienst von Laien in Zusammenarbeit mit Priestern. Sie setzt sich die Erneuerung und Verlebendigung der christlichen Gemeinden und die Hinordnung der verschiedenen Bereiche des Lebens auf Christus zum Ziel . . ." Die Bezugnahme auf die Katholische Aktion wird also präzisiert durch den Verweis auf das Vatikanum II, das im Rahmen des Dekrets über das Apostolat der Laien folgendes als erstes Hauptmerkmal von Katholischer Aktion festgelegt hatte: „Das unmittelbare Ziel dieser Organisation ist das apostolische Ziel der Kirche, nämlich die Hinordnung auf die Evangelisierung und Heiligung der Menschen sowie auf die christliche Bildung ihres Gewissens, daß sie die verschiedenen Gemeinschaften und Milieus mit dem Geist des Evangeliums durchdringen können."[4]) Papst Paul VI. hat diese Zielsetzung mit der Enzyklika „Evangelii nuntiandi" unterstrichen und in einer Ansprache an die Katholische Aktion Italiens gefordert: „Die Katholische Aktion muß wieder die leidenschaftliche Begeisterung für die Verkündigung das Evangeliums entdecken, die einzige Rettung für eine Welt, die sonst verzweifeln müßte." Wilhelm Zauner hat darin eine wichtige Verschiebung in der Identität der Katholischen Aktion gesehen: „Die Katholische Aktion ist aus einem Bedürfnis der Verteidigung des Glaubens und der Kirche entstanden. Das Konzil hat sie von dieser Defensive befreit und ihr eine missionarische Aufgabe gestellt."[5]) Eine solche Identität hat heute nicht an Aktualität verloren, sie scheint vielmehr von Johannes Paul II. noch vehementer verlangt zu werden, indem er von der „missionarischen Dynamik" der Kirche und von der notwendigen „Neu-Evangelisierung" spricht. Sie hat auch, wie Papst Paul VI. betonte, „nicht einen historisch zufälligen, sondern theologisch begründeten Platz in der Kirche". Dennoch ist sie nicht unumstritten, wie der manchmal erhobene und latent stets vorhandene Vorwurf einer „Häresie der Aktion" ebenso wie die Umbenennung der Katholischen Aktion Frankreichs in „Vivre ensemble l'evangile aujourdhui" („Das Evangelium heute gemeinsam leben") andeutet.

P. Alois Kraxner, Geistlicher Assistent der Katholischen Aktion Österreichs von 1976—1985, plädierte für Zurückhaltung hinsichtlich einer spezifischen Spiritualität der Katholischen Aktion. Die Mitglieder der Katholischen Aktion verbinde nicht in erster Linie eine gemeinsame spirituelle Ausrichtung, sondern gemeinsame Anliegen und Aufgaben. Christen aus sehr unterschiedlichen Gruppen arbeiten in der KA mit. Deshalb sei für die Identität der KA die klare Umschreibung der Aufgaben wichtiger als eine gemeinsame spirituelle Ausrichtung. („Die Katholische Aktion hat eine offene Spiritualität. Ohne Spiritualität ist die Katholische Aktion unmöglich. Glaube, Hoffnung,

Liebe sind unumgängliche Voraussetzungen für christliches Wirken. Auch das Leben aus der Bibel und Liturgie war für die Katholische Aktion eine wichtige Quelle ihres Wirkens. Trotzdem ist das Verbindende der Katholischen Aktion nicht eine ganz bestimmt definierte Spiritualität; das Verbindende sind vielmehr gemeinsame Anliegen und Aufgaben. In der Katholischen Aktion wirken Christen verschiedener spiritueller Prägung. Diese Offenheit ist zeitweise eine Schwierigkeit, aber auch ein Reichtum.")[6]) Offenheit der Spiritualität der KA kann aber nicht bedeuten, daß in der KA Spiritualität kein Thema sei oder daß sie in die private Sphäre abgeschoben werden könnte.

Hinter der Schwierigkeit mit einer Spiritualität der Katholischen Aktion steckt heute mehr als die ur-christliche Scheu vor Werkgerechtigkeit, nämlich die allgemeine Erfahrung der Brüchigkeit der Moderne und der veränderten Zukunftsperspektiven: Nicht die Verwirklichung höchster Güter scheint auf der Tagesordnung der Geschichte zu stehen, sondern im Gegenteil die Verhinderung des äußersten Übels, des Übels der Selbstvernichtung der menschlichen Gattung. Hans Jonas mahnt uns, es sei nicht länger erlaubt, die Zukunft an Utopien auszurichten, der Entwurf der Geschichte auf das Erreichen endzeitlicher Zustände, einer innerweltlichen Eschatologie sei lebensgefährlich geworden. Nun seien die Tugenden der Entsagung, des Maßes, der Zügelung gar unseres Leistungs- und Vollbringungstriebes angezeigt, weil überlebensdienlich.[7]) Die Katholische Aktion wird zu diesem Argument Stellung beziehen müssen.

In der Frage „Wer?" ist auch die Frage nach der Stärke und Effizienz einer Gemeinschaft eingeschlossen. In seiner manchmal verblüffend schlichten und die Dinge auf den „Punkt" bringenden Art hat Kardinal Franz König mich einmal gefragt: „Wieviel seid's denn?" Für die richtige Antwort — ca. eine halbe Million — braucht sich die Katholische Aktion auch heute nicht zu schämen; wohl aber für die merkwürdige Abgehobenheit ihrer Leitungsgremien vom einfachen Mitglied (auch wenn die Führungskräfte als Personen sich in ihrer jeweiligen Pfarrgemeinde legitimieren und keinesfalls praxisferne Theoretiker sind). Die Katholische Aktion ist ein schlafender Riese. Das einfache Mitglied kennt bestenfalls den Präsidenten aus dem Fernsehen; das wäre an sich nicht wichtig, ist aber Indiz für die mangelnde Erfolgskontrolle. Die verschiedenen Organisationsebenen verlassen sich wechselseitig aufeinander, sind stolz auf das, was die anderen — vermutlich — leisten. Ausnahmen zeigen, daß ein Mehr an Verbindlichkeit und damit an „Wir-Gefühl" und Schwung möglich ist. Im Falle einer großen Aktion, z. B. eines ORF-Studienprogramms, kommt die Wahrheit an den Tag.

Mit „Wer?" ist auch das Zusammenwirken von Priestern und Laien mitgedacht. Der „Laie" hat in der Neuzeit durch die „Säkularisierung des Wissens" eine veränderte Stellung in der Kirche. Kardinal Newman ist bereits im vorigen Jahrhundert für eine Aktivierung der Laien in der Kirche eingetreten und hat von Papst und Bischöfen nicht weniger als eine Befragung, genauer: eine „Konsultierung" der Laien auch bei ihrer Aufgabe der Wahrung des kirchlichen Glaubens verlangt (1859 erschien sein Zeitschriftenaufsatz „Über das Zeugnis der Laien in Fragen der Glaubenslehre").

Das Vatikanum II hat Newman recht gegeben. Auch eine Bischofssynode 20 Jahre danach. Aber wir stehen immer noch in dem Zwischenbereich zwischen grundsätzlicher Bejahung und voller Konsequenz.

Auch über die „Kirche von Österreich" könnte man im Zusammenhang unserer Frage „Wer?" nachdenken. Mit „Wozu glauben?" hat sie deutlich „Flagge gezeigt". Ist sie nicht zu zurückhaltend mit solchen konzentrierten Lebensäußerungen? Pflegen wir nicht alle lieber unsere abgegrenzten Gärtchen, statt uns um das Gesamtwohl zu kümmern?

Letztlich zielt die Frage „Wer?" auf die Verwirklichung des Christlichen, auf die Inkarnation und Inkulturation, auf die Präsenz des auferstandenen Herrn in unserer Mitte. Es ist nach meiner Christus-Beziehung gefragt — bin ich „Freund" oder „Knecht"?

„Was?"

Die Frage nach dem „Was?" möchte ich vorweg in zwei Fragen teilen: „Was hat man gewollt?" und „Was hat man erreicht?". Was man gewollt hat, läßt sich mit drei Begriffen festmachen: Erwachsenenbildung, Massenkommunikation, Glaubensgespräch.

1. Erwachsenenbildung

Am Beginn der siebziger Jahre stellte man sich eine umfassende und dauernde Weiterbildung (education totale et permanente) für Kirche und Gesellschaft vor; dementsprechend maß man der Weiterbildung der Erwachsenen die gleiche Wichtigkeit bei wie der schulischen, vor- und außerschulischen Bildung der jungen Menschen. Katholische Erwachsenenbildung sollte die volle Thematik menschlicher Bildung umfassen, wobei weltanschaulich und ethisch bedeutsamen Themen und Perspektiven, v. a. Fragen der religiös-theologischen Bildung, besonderes Gewicht zukamen.

Offenkundig war, daß Bildungsbedürfnis und Bildungswille zu dieser hehren Zielsetzung nur allzusehr kontrastierten, weshalb nach Mitteln der Information und Werbung Ausschau gehalten wurde, sie allererst zu wecken. Vorausgesetzt wurde, daß katholische Erwachsenenbildung öffentlich sein und prinzipiell Katholiken wie Nichtkatholiken offenstehen solle. Um möglichst vielen Menschen den Zugang zu Bildungsvorgängen zu öffnen, wurden die Schaffung regionaler kirchlicher Bildungszentren, die fachliche Aus- und Weiterbildung der Erwachsenenbildner und die Einrichtung diözesaner „Bildungsräte" forciert, und es wurde beteuert, daß zwischen Erwachsenenbildung und Massenmedien ein enger Kontakt herzustellen und Zusammenarbeit anzustreben sei.[8])

2. Massenkommunikation

Groß war damals die Begeisterung für den Einsatz der Massenmedien im Bildungsprozeß. Die konziliare Communio-Theologie wurde konkret angewendet: „Weil Gott selbst sich den Menschen mitgeteilt und sie dadurch in Gemeinschaft mit sich gebracht hat, fühlt sich die Kirche allem verbunden, was Kommunikation schafft."[9]) Ein Leitsatz der Wiener Diözesansynode gibt die Stimmung von damals besonders gut wieder: „Die Kirche kann und will sich der Intensität der gesellschaftlichen Kommunikation nicht entziehen. Sie unterliegt den Gesetzen der öffentlichen Meinung, weil und insofern sie in der Welt wirkt, hat aber deshalb auch das Recht und die Pflicht, sich der Methoden und Mittel der Öffentlichkeitsarbeit zu bedienen. Dabei ist eine wirksame und möglichst störungsfreie innerkirchliche Kommunikation Voraussetzung für die Glaubwürdigkeit der Kirche nach außen. In einem Klima des geistigen Pluralismus braucht die Kirche — im Vertrauen auf die Überzeugungskraft der Botschaft Jesu — den Widerstreit der Meinungen und die offene Information weder in der Öffentlichkeit noch in ihrem eigenen Wirkungsbereich zu scheuen."[10])

In diesem Zusammenhang wurde die Verantwortung der Konsumenten ebenso ernstgenommen wie die der Produzenten. Das beginnt mit der Pflicht, sich zu informieren. „Die Kommunikation ist unzureichend, wenn der Informationsfluß nur in einer Richtung verläuft. Durch sein von Verantwortung getragenes Verhalten nimmt der Konsument selbst bestimmenden Einfluß auf die Bildung der öffentlichen Meinung. Ebenso erfordert eine Kirche mündiger Christen die wechselseitige Kommunikation. Es müssen daher alle Möglichkeiten ausgenützt werden, den Informationsfluß von ‚unten' nach ‚oben' auf allen Ebenen zu intensivieren."[11])

3. Glaubensgespräch

Das ORF-Studienprogramm „Wozu glauben?" stellte einen neuartigen Versuch dar, in Form eines im Medienverbund durchgeführten Lehrgangs Fragen des Glaubens zu behandeln. Ausgangspunkt bei der Ausführung der Themen war die Lebensproblematik, waren die Fragen des Menschen. Es wurde versucht, den Menschen als fragendes Wesen ernst zu nehmen. Die Zielgruppe des Studienprogramms sollten die fragenden Menschen schlechthin sein, denen der

Glaube zum Problem geworden ist; Menschen auch, die in Schwierigkeiten leben müssen, die ihre berufliche Arbeit vor ernste Entscheidungen stellt, die ihren Beruf aber aus dem Glauben heraus verstehen und gestalten wollen; auch jenen, die als Erzieher, als Lehrer, als Eltern den Glauben zu vermitteln haben, sollte gedient werden.

Es wurde also der Versuch unternommen, nach der Darlegung der Situation aufzuzeigen, welche Antworten möglich sind, welche Antworten von außerchristlichen Quellen gegeben werden, welche Antworten die Heilige Schrift und die christliche Botschaft insgesamt geben. Es wurde auf Hilfen, Ansätze für das Finden der eigenen Antwort hingewiesen; die angebotenen Antworten wollten nicht umfassend sein, keine Rezepte, sondern ein Angebot zu eigenem Weiterdenken. Aus diesem Grund schloß jeder Abschnitt des Buches mit einem Frageteil. Im Vorwort des Arbeitsbuches zum Studienprogramm wird festgestellt: Niemandem soll mit diesem Studienprogramm eine Meinung aufgezwungen werden; es ist vielmehr angestrebt, ein Gespräch, das vielfältig ins Stocken geraten ist, als unmodern empfunden wird, aber doch lebensnotwendig ist, wieder in Gang zu bringen.[12]) Es entspricht dieser Zielsetzung, daß es für eine Beurteilung des Studienprogramms „Wozu glauben?" nicht ausreicht, das Arbeitsbuch zu lesen und die Tonbänder der Hörfunksendungen abzuhören.

Mit diesem Studienprogramm ist von einem Vorgang zu sprechen, der sich über mehrere Jahre hingezogen hat und der weite Kreise des katholischen Österreich erfaßt hat. In diesem Sinn müßte vor einer Beurteilung der Kirchlichkeit, der Schrifttreue, der Stellung zur zeitgenössischen Theologie eine Quelle der Erkenntnis gewürdigt werden, die diesem Studienprogramm ihren besonderen Stempel aufgedrückt hat — die Erhebung dessen, was im Volk lebt: die Erhebung dessen, was schon an Frage da ist und was im Fragen immer schon als Antwort enthalten ist.

Was ist gelungen? Zur Beantwortung dieser Frage wird man zunächst auf die wissenschaftlichen Begleituntersuchungen verweisen.[13]) Deren Ergebnisse in allgemeinster Form: Dem Studienprogramm ist es wie noch keinem anderen Kurs gelungen, viele Menschen in Österreich, ja bis ins benachbarte Ausland, anzusprechen. Die hypothetische Begründung dafür: Das Interesse an religiösen Fragen ist trotz aller gegenteiligen Meinungen nicht verlorengegangen; und das institutionelle und organisatorische Potential der Kirche war bei der Werbung und Organisation außerordentlich hilfreich. Es ist hier wohl erstmals gelungen, alle Bevölkerungsschichten anzusprechen. Vor allem die ländliche Bevölkerung, Frauen, Volksschulabsolventen, konnten zur Teilnahme

gewonnen werden. Mediendidaktisch hat sich gezeigt, daß mit dem Medienverbund Bildungsschranken durchbrochen werden konnten.
Organisationsprobleme, die sich durch die große Zahl der Teilnehmer ergaben, konnten nur durch engagierten persönlichen Einsatz vieler gelöst werden.
Zu den Trägern im Medienverbund: Die Kooperation zwischen Sendung und Buch war nicht befriedigend gelungen. Bei den Gruppentagen konnten bisherige Bildungsschranken durchbrochen werden.
Hinzu kommen eine Menge interessanter Detailergebnisse der Begleituntersuchungen; etwa die Feststellung, daß der Bekanntheitsgrad des Studienprogramms den vieler anderer (regelmäßiger) kirchlicher Sendungen im Hörfunk übertraf. Auch der Anteil der Hörer lag mit 10 % (geringfügig) über dem Hörerkreis aller anderen kirchlichen Hörfunk-Sendungen. Unter den Hörern dieses Studienprogramms befanden sich auch 27 % (mindestens eine Sendung gehört) bzw. 15 % (drei oder mehr Sendungen gehört) „Fernstehende" (d. s. Personen, die nur an hohen Feiertagen oder [fast] nie am Gottesdienst teilnehmen). Es war also erwiesen, daß auch Personen, die über die „normalen Wege" kirchlicher Information und Verkündigung nicht erreichbar sind, über die Medien für inhaltlich anspruchsvolle Programme über Fragen der Religion interessierbar sind.
Signifikant ist auch die Erhebung der großen Intensitätsunterschiede der Teilnahme. (Nur) ca. ein Drittel der Hörer hat die Sendungen mit konzentrierter Aufmerksamkeit verfolgt (was nicht als Spezifikum dieses Programms zu verstehen ist) bzw. haben (nur) 11 % Zugang zum Arbeitsbuch. 5 % der Hörer (= ca. 27.100 Personen) haben in kirchlichen Gruppen (Gruppentagen) über den Inhalt der Sendungen gesprochen. Es wäre also eine interessante Aufgabe, zu prüfen, mit welchen Verfahrensweisen eine intensivere Partizipation der erreichten Hörer bewerkstelligt werden könnte. Unter denjenigen Hörern, die in kirchlichen Gruppen über die Sendungsinhalte diskutierten, dominierten die Mitglieder kirchlicher Organisationen bzw. Gremien im Verhältnis 2:1.
Eine Zielsetzung des Programms bestand darin, ein Gespräch über grundlegende, den Menschen betreffende Fragen wieder in Gang zu bringen. Bei ca. einem Drittel der Hörer (38 % = 218.000 Personen) scheint dieses Ziel erreicht worden zu sein.
Das schwierigste Kapitel in der Evaluierung des Studienprogramms ist das der Wirkungsanalyse. Erwartungsgemäß zeigten sich keinerlei Wirkungen im Bereich der religiösen Normen. In den Bereichen Kirche und Bibel gelang es dem Kurs, eine positive Wirkung zu erzielen, d. h., daß diese Bereiche positiver gesehen wurden. Beim Faktor Sozialbezug konnte festgestellt werden, daß

eine Notwendigkeit der Ausrichtung des christlichen Lebens auf die Gemeinschaft und das gesellschaftliche Leben in größerem Ausmaß eingesehen wurde. Bestätigt hat sich die Hypothese, daß der Kurs nur Auswirkungen im Sinn einer Verstärkung der vorhandenen Einstellungen zeitigen werde. Das Ergebnis widersprach aber der Vermutung, daß die „Religiosität" im Vikariat Wien-Nord stärker sei als in Wien-Stadt, und daß bei einer stärkeren „Religiosität" die Wirkung geringer sein werde.

15 Jahre später ist die Frage unabweislich: Wo stehen wir heute? Was ist aus den Ansätzen von damals geworden? Dazu einige — zugegeben subjektiv gefärbte — Anmerkungen ohne den Anspruch, ausgewogen, geschweige denn erschöpfend zum Stellenwert kirchlicher Erwachsenenbildung Stellung nehmen zu wollen.

Die nachkonziliare Aufbruchsstimmung, zu der auch eine optimistische Einschätzung der Erwachsenenbildung gehörte, ist verflogen. Die das Erwachsenenleben begleitende Bildung vollzieht sich nach wie vor mehr ungeplant und im Alltag als in institutioneller Form. (Und ehrlich gesagt braucht man einer lebenslangen Verschulung, wie sie seinerzeit prophezeit wurde, auch gar nicht nachzutrauern.) Der institutionelle Ausbau der Erwachsenenbildung scheint ins Stocken geraten zu sein, was nicht nur finanzielle Gründe haben dürfte, sondern ebenso mit einer gewissen Ernüchterung zu tun haben wird. — Es wird wieder stärker als Aufgabe des einzelnen angesehen, sich ein Leben lang zu bilden. Und es ist sicher nicht jedermann für ein Angebot von Lerntätigkeiten, Denken, Kenntniserwerb erreichbar. Dennoch fällt es schwer, zu glauben, daß mit den ORF-Kollegs der siebziger Jahre der „Plafond" erreicht worden sei. Wäre es nicht ein wenig bequem, die derzeitige Situation mit dem neuausgegrabenen „Elite-Gedanken" zu bemänteln? Hat man wirklich alles getan, um über den vorhandenen Teilnehmerkreis hinauszugelangen?

Die intensive Zusammenarbeit von Institutionen der Erwachsenenbildung, der kirchlichen Medienarbeit und katholischen Mitgliederorganisationen (v. a. der Katholischen Aktion) ist zunächst im ORF-Studienprogramm „Wem glauben?" (1977) fortgeschrieben, dann zurückgeschraubt, eigentlich ad acta gelegt worden. Warum? Dabei liegen die Vorteile des konzertierten Vorgehens auf der Hand. Wenn beklagt wird, daß der Anteil der Mehrabendveranstaltungen zurückgeht und Einabendveranstaltungen zunehmen und damit der Bildungscharakter der Erwachsenenbildung schrumpft, wäre es doch naheliegend, daß bestehende (und zu vitalisierende!) Gruppen laienapostolischer Vereinigungen das Element der „stabilitas temporis", das für Bildungsvorgänge vermutlich noch wichtiger ist als das der „stabilitas loci", stärken. Es sei auch an den Ausspruch des Altmeisters Katholischer Erwachsenenbildung, Ignaz

Zangerle, erinnert: „Das Katholische Bildungswerk haben wir gegründet, damit die Erwachsenen der Katholischen Aktion eine vernünftige Beschäftigung haben." Ähnliches hätte vielleicht über das Verhältnis von Katholischer Aktion und Zentrum für Massenkommunikation gesagt werden können.

Die Einbeziehung breiter Kreise in den Entstehungsprozeß eines Bildungsprogramms ist ebenfalls eine Errungenschaft, die wieder aufgegeben wurde. Die Faszination durch das Fernsehen hat dazu geführt, daß Programme im Ausland eingekauft wurden, weil das billiger ist als Eigenproduktionen (allenfalls sind einige österreichische Experten in den Erstellungsvorgang involviert). Viel Mühe, aber auch Herausforderung und Chance ist damit abgeschoben. In einem anderen Bereich wurde neuerdings die alte Methode wiederentdeckt, nämlich im Zusammenhang mit dem Sozialhirtenbrief der österreichischen Bischöfe.

In einem Interview mit der Herder-Korrespondenz hat Ernst Prokop es als „merkwürdiges Phänomen" bezeichnet, „daß es Strukturen kirchlicher Erwachsenenbildung gibt, daß diese sogar zu einer gewissen Konsolidierung gelangt sind, daß aber dennoch in der Erwachsenenbildung nicht jenes Forum entstanden ist, das in der Kirche als ein Markt der öffentlichen Meinung neben der Seelsorge angesiedelt sein könnte."[14]) In diesem Sinn ist das „Was?" eines religiösen Bildungskollegs auch heute noch ein Projekt, das auf seine Realisierung wartet.

Christliches Glaubenszeugnis — warum genießt es (von einzelnen, allseits beachteten Charismatikern abgesehen) so wenig Achtung in der Öffentlichkeit? Fangen wir vor der eigenen Tür zu kehren an, so wird wohl einerseits ein Mangel an kritischer Schärfe, andererseits ein Mangel an der ursprünglichen christlichen Zuversicht, daß alles Gute und Richtige, wo immer es von Menschen hervorgebracht wurde, auch „unser" ist, auffallen. Das spezifische Glaubenszeugnis des Exportkaufmanns, der Rechtsanwältin, des Agraringenieurs, der Ärztin ist es, was der Kirche abgeht. An bläßlichem, allgemeinem Allerweltschristentum hat sie übergenug, fällt sie vielen zur Last. Überzeugend ist nur die Verbindung von Sachkompetenz und Glauben. Sie setzt aber Mündigkeit voraus, d. h. einen Glauben, der noch dort standhält, wohin die kirchlichen Autoritätsträger nicht nachfolgen und nicht helfen können. Gesellschaftliche Geringschätzung, ja Verachtung ist der Preis für Unmündigkeit.

„Wo?"

„Wozu glauben?" war ein österreichisches Programm mit Ansätzen zur Überwindung der österreichischen Provinzialität. Unübersehbar sind die Spuren der Rezeption aus dem französischen, dem holländischen Katechismus, von John Henry Kardinal Newman, von russischen Religiösen. Umgekehrt beweisen die Übersetzungen des Arbeitsbuches „Wozu glauben?" ins Italienische und Holländische das ausländische Interesse an diesem österreichischen Vorgang. Die geistige Landschaft Österreichs wurde zweifellos bereichert. Wurde sie im Studienprogramm selbst auch kritisch ins Auge gefaßt? Kam sie überhaupt vor? — Wohl nur in literarisch-sublimierter Form; das Programm wollte nicht mehr sein als „eine Einladung, selbst nach einer Deutung der Situation des einzelnen, der Gesellschaft, der Menschheit und der Kirche zu suchen".[15]) In dem Maß, wie das ORF-Kolleg in seinen schriftlichen Vorgaben von der „Geographie" abstrahierte, gilt von ihm das Verdikt Theodor W. Adornos: „Je leidenschaftlicher der Gedanke gegen sein Bedingtsein sich abdichtet um des Unbedingten willen, um so bewußtloser, und damit verhängnisvoller, fällt er der Welt zu."[16]) Daher: „Perspektiven müßten hergestellt werden, in denen die Welt ähnlich sich versetzt, verfremdet, ihre Risse und Schründe offenbart, wie sie einmal bedürftig und entstellt im Messianischen Lichte daliegen wird . . ."[17]) Solche Risse und Schründe sind, was unser Land betrifft, zum Beispiel:

• Die Narben der gewaltsamen Rekatholisierung; mit der Folgeerscheinung, daß alle konfessionellen Kontroversthemen illegitimerweise, aber deshalb nicht weniger virulent, als innerkatholische Themen im Schwang sind. Der Notwendigkeit einer „innerkatholischen Ökumene" haben wir uns bisher nicht gestellt.

• Das eigenartig zwiespältige Verhältnis zur Hierarchie (hängt auch dieses mit der Gegenreformation zusammen?): das Schwanken zwischen peinlich-überflüssiger Devotheit und offenkundiger Mißachtung, was mit Peter Sloterdijks Analyse des Zynismus leider nur allzusehr übereinstimmt. „Im Zwielicht der Demut", hat Günter Bachl in einem Vortrag diese Situation genannt.[18])

• Nicht aufgearbeitete Geschichte der verfeindeten „Lager" bestimmt die religiös-politische Gedankenwelt und damit die gesellschaftliche Realität unserer Heimat. Ignaz Zangerle hat bereits 1933 vor einer Theorie gewarnt, „die wie gebannt auf das Staatlich-Juristische an der Kirche starrt und damit an der übernatürlichen Wirklichkeit des Corpus Christi mysticum vorbeisieht, eine Theorie, der die konkrete Kirche zu einer gewiß großartig gesehenen innerweltlichen complexio oppositorum wird und damit unter der Hand zu einem abstrakten Prinzip, zum ‚Katholizismus' schlechthin".[19]) Dies wurde im Hinblick auf Carl Schmitt und dessen Buch „Römischer Katholizismus und politische Form" so gesagt und ist nach einem halben Jahrhundert noch ebenso aktuell. Heinrich Schneider hat die „quasistrukturellen Erwartungszwänge", die bis heute den „Beziehungs- und Rollenwandel der Kirche im politischen System abgebremst" haben, analysiert.[20]) „Nach wie vor ist eine ‚Lagerorientierung' wirksam . . ."[21])

• „Warum gibt es kein Geistesleben in Deutschland?" fragte Friedrich Heer 1978. Heute gibt es auch in Österreich keinen Friedrich Heer. Aber seine Diagnose sollte wenigstens nachgelesen werden: „Zu wenig Gegnerschaften, zu viele Feindschaften."[22]) Das gilt für die Gesellschaft. Nicht auch für die Kirche? Eine „Hollandisierung Österreichs", die Zangerle in seinem letzten Aufsatz angesprochen hat, scheint allerdings wenig wahrscheinlich. Die Gefahr wurde früh erkannt. Es mutet heute fast prophetisch an, daß parallel zum Studienprogramm „Wozu glauben?" die Vorbereitungen zum Österreichischen Katholikentag 1974 unter dem Motto „Versöhnung" liefen.

Die Außenbeziehungen der katholischen Kirche in Österreich — zu den hiesigen christlichen Mitkirchen einerseits, zu den Kirchen in den Nachbarländern und zu den Mitchristen in der ganzen Welt andererseits — sind wesentliche Bedingungen ihrer eigenen Glaubwürdigkeit. Ob sie das weiß? Im Fall von „Wozu glauben?" ging man den Weg des geringsten Widerstands (zugegeben: es war so schon schwierig genug) und machte ein katholisches Programm mit der Begründung, die Verwendbarkeit im schulischen Religionsunterricht wäre sonst nicht gegeben. Gewiß sind auch Grenzen des Miteinanders zur Kenntnis zu nehmen, aber: „Die Überlebensprobleme der Welt schreien nach einer handlungsfähigen geeinten Christenheit."[23])

Aber es gibt ja nicht einmal allgemein-kulturelle Beziehungen in befriedigendem Maß; was wissen wir zum Beispiel von der zeitgenössischen tschechischen oder ungarischen Literatur? Es hat den Anschein, daß uns Österreichern die Frage „Wo?" gegen Ende des Jahrhunderts wieder interessant wird — ob es uns angenehm ist oder nicht.

Die Frage „Wo?" kann man auch theologisch stellen und beantworten: „In der Welt, nicht von der Welt." In der Katholischen Aktion wurde versuchsweise das Wort „Weltliebe" ins Spiel gebracht. Dahinter steht die im Vatikanum II gebrauchte Formulierung, daß dem Laien der „Weltcharakter"[24]) in besonderer Weise zukomme. Im Rundschreiben „Christifideles Laici" unterstreicht Papst Johannes Paul II., daß die Lebensverhältnisse der Laien nicht nur als äußerliches und milieubedingtes Moment, sondern als eine Wirklichkeit, die in Jesus Christus die Fülle ihrer Bedeutung finden muß, zu sehen sind.[25]) „So wird ‚die Welt' zum Bereich und zum Mittel der Erfüllung der christlichen Berufung der Laien . . ."[26]) Auch ganz praktisch ist zu fragen: Wo sind die Gelegenheiten, ein Glaubensgespräch anzubahnen und zu führen? Wo trifft man sich? Wo sind die Menschen „abzuholen", wo ist ihr Areopag?

„Mit welchen Mitteln?"

Zum Besonderen des ORF-Studienprogramms „Wozu glauben?" gehörte, daß verschiedene Hilfsmittel (Medien) zusammenspielten in einem „Medienverbund". Der Medienverbund des ersten religiösen ORF-Studienprogramms umfaßte vier Elemente:

1. Das Arbeitsbuch, zugleich ein Nachschlage- und Lesebuch von bleibendem Wert. Seine Auflage betrug 50.000 Exemplare.

2. Die Ausstrahlung von 14 Sendungen im Hörfunk des ORF. (Die Sendungen begannen am 10. 1. 1974 und wurden jeweils am selben Tag und am darauffolgenden Dienstag wiederholt. Die letzte Sendung fand am 11. 4. 1974 statt.) Bei den Sendungen wurden die Themen des Arbeitsbuches in mediengerechter Form aufgearbeitet und damit neue Denkanstöße gegeben. Das Studienprogramm stellte so für die Kirche eine Möglichkeit dar, einen weiten Kreis von Hörern über wichtige Fragen des christlichen Glaubens zu informieren und am gemeinsamen Auffinden von Antworten mitzuwirken.

3. Die Einladung zum Gruppentag, bei dem die Hörer die Chance erhielten, im Gespräch mit Referenten die Thematik weiterzuentwickeln; solche Gruppentage wurden während der Dauer des Hörfunkkollegs je nach Bedarf veranstaltet. (2000 Gruppen waren es insgesamt.)

4. Testfragen, mit deren Hilfe die Teilnehmer ihr Verständnis überprüfen konnten. Ob die behandelten Fragen dem einzelnen Leser und Hörer als ein Impuls, weiterzusuchen, dienten, blieb letztlich ihm selbst überlassen. Nahm er das Angebot der formulierten Fragen an und versuchte er, eine Antwort zu finden, dann waren ihm die einzelnen Abhandlungen, die ausgewählten Schriftworte und die Texte aus der Literatur eine Hilfe.

Unter dem Stichwort der „Mittel" ließe sich sehr viel an technischem Detail erörtern oder auch ganz grundsätzliche Fragen, die Sprachlichkeit des Menschen betreffend und seinen „Versuch über Gott zu reden"[27]), oder die Frage nach der Lebbarkeit der „communio" in einer durch Massenkommunikation bestimmten Zivilisation. Statt dessen seien hier nur einige wenige Gedanken zur „Methodik" eines Glaubenskollegs vorgebracht.

Das dargelegte Konzept von „Wozu glauben?" setzte — nicht im Inhaltlichen, aber im Methodischen — vielleicht allzusehr einen Typus des „braven", willigen Mitarbeiters aus dem sogenannten Intensivsegment der Kirche voraus. Wenn Bildung Hilfe, Lebenshilfe, sein soll, so erfordert dies auch Überlegungen, wie diese Hilfe angeboten werden kann, ohne daß jemand Schwellenängste haben muß, sich auf eine Pfarrgemeinde einzulassen oder in eine Organisation zu gehen. In dem Maß, in dem die Kirche die enge Zugehörigkeit zu einer Gemeinde oder einer kirchlichen Gemeinschaft nicht zum Kriterium für ihre Bemühungen um ein adäquates Bildungsangebot macht, tut sie sich auch leichter, breitere Kreise für ihre Angebote zu interessieren. Damit soll keineswegs einer inhaltlichen Unverbindlichkeit das Wort geredet werden, sondern nur einem Ernstnehmen des Angebotscharakters. Das bringt uns wieder auf den Gedanken eines Forums zurück: Seit jenem altrömischen Senator, der auf dem Forum Romanum, dem Marktplatz von Rom, als erster nicht bloß zu seinen Kollegen sprach, sondern ostentativ sich umwandte und auf das Marktvolk einredete, ist „Forum" ein Synonym für den Willen zum allgemeinen, öffentlichen Angebot, zum Sich-der-Öffentlichkeit-Stellen. Seit der Areopag-Rede des heiligen Paulus (Apg 17, 16—34) ist der Forum-Charakter auch christlich legitimiert. Ein Forum kann den Effekt einer losen Beheimatung haben, ohne daß sich jemand gebunden fühlen muß. Also kein Ausweichen vor der Glaubensentscheidung, sondern allererst ihre Ermöglichung als eine freie Entscheidung, d. h. das unterscheidet echten Glauben von aller Indoktrination und aller Uneigentlichkeit des „comme il faut". Spinozas Warnung vor der politischen Mißbrauchbarkeit der fremdbestimmten, nicht personal verantworteten „superstitio" (Aberglauben) dürfte nach dem Versagen der Kirchen in den politischen Versuchungen dieses Jahrhunderts nicht weiter verdrängt werden.

Wie steht es um die „kommunikative Kompetenz" (Habermas) der österreichischen Katholiken? Gruppentagsleiter von damals (1974) und heute wissen davon ein Lied zu singen. Der Befund scheint ernst genug, um ein kombiniertes Konzept religiöser Bildung und Schulung der Kommunikationsfähigkeit zu erwägen; nicht zuletzt auch deswegen, weil das „Weitersagen" der Frohen Botschaft ja selbstverständlicher Effekt des Gesagtbekommens sein müßte — wäre es nicht lächerlich, wenn Christen ein Leben lang nur Zuhörer der immer gleichen, ritualisierten Botschaft sein sollten, ohne den Drang zum Mitteilen dessen, was einen selbst froh gemacht hat?

(Ein zu wenig bewußtes Motiv des christlichen Glaubens ist, daß er um des geliebten Mitmenschen willen lebt, auch er — wie Liebe und Hoffnung — ein Aspekt der Pro-Existenz.)

Müßte ein kirchliches Angebot der Glaubensbildung nicht diese Konsequenz von vornherein in die Planung mit einbeziehen? Und spräche das nicht sehr für ein gemeinsames Arbeitskonzept von Mitgliederorganisationen und Institutionen der Erwachsenenbildung? Das ORF-Studienprogramm „Wozu glauben?" war ein — leider nur punktueller — Versuch in diesem Sinn.

Die erste und grundsätzliche Methode des Apostolats ist nach Otto Mauer das „Hingehen". Schriftliche „Aussendungen", „Nachrichten aus der christlichen Welt" sind absolute Minimalform des Möglichen. Experimente, die etwa im Bereich der Erzdiözese Wien in den achtziger Jahren gemacht wurden, wie z. B. die Weinviertelbefragung, die Aktion „Weitergabe des Glaubens" oder Passagen-Diskussionen, haben dies voll bestätigt. Allzuoft herrscht noch das Prinzip „Sprechstunde von . . . bis . . .", also das präzise Gegenteil von „Hingehen". Warum nicht einmal ein Lernprogramm, in das ein Schritt in die Praxis des „Hingehens" einbezogen ist? Das wäre ein weiteres Element des Medienverbunds: Der Teilnehmer selbst als Medium, nach dem Motto: „Unser Brief seid ihr" (2 Kor 3,2).

Ein neuer Begriff ist dabei, sich einzubürgern: „Konziliar(ität)". „Konzil" wird nicht mehr nur für gelegentliche Versammlungen der Hirten der Kirche verwendet, sondern als „eine Grundstruktur kirchlichen Lebens", als ein „Prozeß kommunikativer Wahrheitsfindung", als ein „Weg zur Herstellung verbindlicher Gemeinsamkeit" verstanden.[28]) Das heißt, es ist nicht notwendig, für lebenswichtige Fragen eine Veranstaltung kirchenleitender Gremien abzuwarten, sondern man kann heute auf der Ebene der Gruppen, der Gemeinden und regionalen Zusammenschlüsse in einen „Konziliaren Prozeß" eintreten und damit Bewegung in die Kirche bringen. Der gegenwärtige „Konziliare Prozeß für Gerechtigkeit, Frieden und die Bewahrung der Schöpfung" bestätigt nicht nur die bisherigen Versuche in Österreich zur Promotion einer Antwort aus dem Glauben auf brennende Probleme unserer Zeit, wie z. B. die „Aktion Leben" oder die Schwerpunktthemen der Katholischen Aktion, sondern bringt durch die Internationalität und den ökumenischen Ansatz einen ungeheuren Qualitätssprung mit sich.

Das Zweite Vatikanum hat im Ökumenismus-Dekret Nr. 12 festgestellt, daß aus der praktischen Zusammenarbeit „leicht" sich auch die Wege ergeben, die zur Einheit führen. Bei der Europäischen Ökumenischen Versammlung in Basel 1989 war es mit Händen zu greifen, daß die Kirche auf dem Weg ist, als Sakrament der Einheit für die ganze Welt verstanden zu werden. Hier wurden Maßstäbe gesetzt, die auch in der künftigen Bildungsarbeit nicht mehr außer acht gelassen werden dürften. Ökumenische Zusammenarbeit in der Erwachsenenbildung bringt nachdrücklich in Erinnerung: Es geht nicht um die Feststellung einer bereits fertigen, nur noch rationale Zustimmung heischenden Wahrheit, sondern um die gegenseitige Begleitung auf einem Weg, der die Wahrheit erst erschließt und immer tiefer in sie einführt. Denn „wer die Wahrheit tut, kommt ans Licht" (Joh 3, 21) .

„Warum?"

Ja, warum wirklich? Eine Kleinschrift, „Katholische Aktion für die achtziger Jahre", die zugleich Werbeprospekt und Selbstverständnis-Papier war, beantwortete diese Frage: „Weil ein Beitrag beim Aufbau von Kirche und Gemeinde heute von jedem Christen erwartet werden darf. . . . Weil es notwendig ist, ein zeitgemäßes Christentum zu realisieren. Wir wollen heute gemeinsam das Evangelium leben. Weil so wie Gott ‚die Welt geliebt' hat, auch die Menschen die Welt lieben sollen. Katholische Aktion zieht sich nicht ängstlich aus einer ‚säkularisierten' Welt zurück, sondern sie ist weltzugewandt, eine Form von *Weltliebe*, die von der Gottesliebe nicht zu trennen ist." Im Anschluß an diese Kurzformel wurde versucht, den Fundierungszusammenhang zwischen *Hoffnung* und „anders leben" (gegen den Strom schwimmen), *Glaube* und Bereitschaft, sich für Veränderungen zum Besseren einzusetzen, *Liebe* und Spontanität aufzuzeigen. Der genannte Prospekt war Ergebnis vieler Gespräche in allen Diözesen und dürfte ziemlich authentisch die Motivation auch für die Aktivitäten der Katholischen Aktion in den siebziger Jahren wiedergeben. Einmal im Jahrzehnt scheint ein derartiger Versuch der Positionsbestimmung nicht unwichtig; so wäre auch am Beginn der neunziger Jahre zu fragen: Was hat sich seither geändert? Sollten Akzente anders gesetzt werden?

Wie steht es um die Diagnose Romano Guardinis, die zugleich als Deutung der Zeitzeichen und als Appell verstanden werden kann: „Ein religiöser Vorgang von unabsehbarer Tragweite hat eingesetzt: die Kirche erwacht in den Seelen"?[29])

Eugen Biser knüpft an Guardini an und trifft bedenkenswerte Aussagen zum „Warum" des hier in Frage stehenden Tuns.[30]) Eine wichtige These Bisers lautet, „daß durch das Potential dessen, was während der Jahrhundertmitte durch die Menschen verübt, Menschen angetan und von Menschen erlitten worden ist, die Frage nach dem Menschen auf eine neue Weise aufgeworfen wurde und demgemäß auch neu, vor allem aus religiöser Sicht und Einsicht, beantwortet werden muß".[31]) Die zentrale These Bisers ist die von der „glaubensgeschichtlichen Wende", die als solche wahrgenommen, gedeutet und ebenso als Grundorientierung der Theologie wie der christlichen Verkündigung und Lebenspraxis anerkannt werden müsse. Sie gehe mit dem „Geschichtsbruch der letzten Jahrzehnte" einher und bezeichne den komplexen Übergang „vom Wissens- zum Erfahrungsglauben", „vom Satz- zum Vertrauensglauben" und „vom Gehorsams- zum Verstehensglauben".

Auch die „Zielbilder christlicher Selbstdarstellung", die Biser zeichnet, sind wichtige Orientierungen für eine zeitgemäße Wiederholung des Experiments ORF-Studienprogramm: „Um ihm als Anruf aus der Geheimnistiefe göttlicher Selbstmitteilung glaubhaft zu sein, wird sich das Christentum dem heutigen Menschen in seinen von Ungewißheit, Überforderung und Frustration eingeflößten Ängsten unter drei Aspekten verdeutlichen müssen:

1. als die Religion der Angstüberwindung und Hoffnung, die ihm in der Bedrängnis des Augenblicks Halt und Geborgenheit gewährt und ihm gleichzeitig eine Zukunft, selbst jenseits der Todesgrenze, in Aussicht stellt;

2. als die Religion der Freiheit, die inmitten einer von offenen und geheimen Zwängen durchsetzten Welt einen Raum des Aufatmens, der gegenseitigen Bestätigung und — im Blick auf das evokative Freiheitsmoment — der Selbstentfaltung eröffnet, während es sich gleichzeitig dem verbreiteten Verlust der Maßstäbe, Werte und Ideale, gestützt auf die Orientierungskraft des Glaubens, widersetzt;

3. vor allem aber als die Religion des Friedens, die als einzige Instanz dem negativen, auf bloße Kriegsvermeidung bedachten Friedensbegriff von Politik und politischer Theorie ein positives, auf die friedensstiftende Selbstübereignung Jesu gegründetes Friedensverständnis entgegenzustellen vermag (Comblin)."[32])

Die Frage „Warum?" oder „Wozu?" ist letztlich die allen Menschen sich stellende Frage nach der Quelle unseres sittlichen Verhaltens. Eine überzeugende Antwort darauf ist das Psalmwort: „Alle meine Quellen sind in dir." Aber die alte augustinische Weisung: „Geh nicht hinaus, im Inneren des Menschen wohnt die Wahrheit", von Mystikern vertieft („Suche dich, Seele, nur in mir, mich aber suche tief in dir"), verlangt nach Konfrontation mit heutigem Erfahrungspotential. — „In dem Maße, wie im modernen Zeitalter das Gefühl schwindet, in eine kosmische Ordnung von Ideen hineingestellt zu sein, und die theologische Perspektive aufhört, unmittelbar zugänglich zu sein oder den anerkannten Hintergrund unseres Lebens zu bilden, wächst das Gefühl, daß die Aufgabe, das Leben zu bejahen und eine Quelle inneren Wertes zu finden, uns selbst zufällt. Diese Bejahung hängt entscheidend von der Anerkennung durch den Menschen ab. Es liegt an uns, zu sehen, daß das Dasein gut ist."[33])

„Wie?"

Die Intentionen des Hauptautors von „Wozu glauben?", Karl Strobl, waren (nach meinen seinerzeitigen Gesprächsnotizen) etwa folgende: Neben der bereits erwähnten „Erhebung dessen, was im Volk lebt" und damit einem

induktiven Ansatz, der das Deduktive vorbereitete, war ein starker Optimismus am Werk, daß das Christliche, wenn schon nicht „erlebbar", so doch wenigstens „lebbar" sei. Wichtig war auch die Vermeidung von Indoktrination bei eindeutigem Festhalten an den überlieferten Formen; weiters die Zurückhaltung im Emotionellen, dennoch eine Theologie des Herzens; Pluralität, kein Pluralismus; Enzyklopädie des Glaubenszugangs zu Humanitas, Christianitas, Ekklesia, Katholizität; die Vermeidung des Anstoßes, ein Sprechen ohne Autorität, reines Angebot zur Stellungnahme; das Kommunikative des gemeinsamen Suchens, Sprechens, Fragens, Antwortens; die perspektivische Betrachtungsweise — von Frage zu Antwort, von Antwort zum Weiterfragen.
Würden wir es heute anders sagen? Wir haben ein weniges dazugelernt: Von Frauen, die mehr und mehr artikulieren, daß vieles in der herkömmlichen Theologie „Männersprache" ist und den Eigenwert weiblicher Existenz unterschlägt. Von der Jugend, daß Ästhetik mehr als eine nette „Zuwaage" ist (Goethe hat mit Recht gefragt: „Das Wesen, wär' es, wenn es nicht erschiene?"). Von Dichtern, wie groß die Not ist: „Es ist lachhaft, ohne Glaube zu leben. Daher sind wir voreinander die lachhaftesten Kreaturen geworden und unser höchstes Wissen hat nicht verhindert, daß wir uns selbst für den Auswurf eines schallenden Gottesgelächters halten. Gott ist von allem, was wir sind, wir ewig Anfangende, der verletzte Schluß, das offene Ende, durch das wir denken und atmen können."(Botho Strauß)[34])

„Hören, hören! — O du mein Gott —
nur Taube wissen, wie Hören tut,
und warten im Eisblock des Schweigens
auf dein lebendiges Wort . . ."
(Christine Lavant)[35])

Wir haben die Mystiker besser zu verstehen gelernt, daß nämlich Mystik nicht mit Irrationalem, der „Mißgeburt des nicht gedachten Rationalen" zu tun hat, sondern mit Wahrhaftigkeit, „nichts zu wissen als Christus, und ihn als Gekreuzigten"; als Ineinsfall von Erfahrung, Nichtaussagbarkeit und Anbetung (Karl Rahner).
Wir haben — vielleicht — ein wenig gelernt von Betern und aus eigenem Beten. Wir wachsen, nach Peter Wust, in dem Maß immer tiefer in den Raum der Humanität hinein, als wir zu beten imstande sind. „Man muß beten. Auch wenn man es nicht kann" (Reinhold Schneider)[36]).
Hat unsere Dialogfähigkeit und damit die Fähigkeit zu Koordination und Kooperation Fortschritte gemacht? Papst Johannes Paul II. hat bereits beim Konzil das „Prinzip des Dialogs, als ein Konstitutivum des Laienapostolats" erläutert und insbesondere darauf verwiesen, daß aus dem dauernden Dialog

der Generationen sich immer wieder neu die Notwendigkeit einer angemessenen Erneuerung ergibt. Wo der Dialog am dringendsten gebraucht würde, ist er leider oft am schwierigsten.
Neu ist die hohe Wertschätzung von „Alternativen"; das Bewußtsein, daß „es auch anders geht", also ein optimistischer Ansatz, der allerdings nicht selten mit sauertöpfischem Gehabe und Weltuntergangsstimmung vermengt wird. Die Katholische Aktion hat sich relativ frühzeitig diesem Zeichen der Zeit gestellt; die Schwerpunktthemen und gleichnamigen Arbeitshilfen „Chancen und Gefährdungen des Menschen heute" (1977), „Wie heute leben? / Auf der Suche nach christlicher Lebensweise" (1979), „Christlich leben / Wer ist ein Christ? Wie lebt ein Christ? Wie engagiert sich ein Christ?" (1983), weisen darauf hin.
Derlei Gedanken drängen sich vor, wenn nach der „Didaktik" eines religiösen Studienprogramms gefragt wird. Die Frage „Wie?" hat, wenn nicht alles trügt, außerordentlich an Gewicht gewonnen. An jungen Menschen fällt auf, daß es sie häufig weniger bewegt, was einer sagt, als vielmehr, wie er es sagt, und wie der ist, der das sagt.[37]) D. h. aber, wir werden unerbittlich auf die Frage „Wer?" zurückverwiesen.
Daraus sind wohl Konsequenzen auch für Bildungsprogramme zu ziehen: hinsichtlich der Qualifikation von Autoren, Sprechern, Tutoren. Und dabei wird wohl auch über die Frage der „Qualität" des Glaubens, über die „fides, qua creditur" zu reden sein. — Ein guter Hinweis scheint mir in diesem Zusammenhang zu sein: Nicht nur an Christus glauben, sondern auch mit Christus, so wie er glauben. Sein Glaube ist z. B. ein kritischer, d. h. unterscheidender: Unterscheiden als genaues Wahrnehmen; Wahrnehmen des Unrechts, des Falschen auch dort, wo es in Frömmigkeit eingehüllt ist; Wahrnehmung des Guten, Schönen noch im Verachtetsten. Förderung solcher Wahrnehmungsfähigkeit („Unterscheidung der Geister") — eine wunderbare Aufgabe. (Schluß mit dem ideologischen — linken wie rechten! — Mißbrauch des Kritikbegriffs!)

„Wann?"

„Wozu glauben?" war zeitlich günstig plaziert: in die Vorbereitungsphase des Österreichischen Katholikentags 1974, zugleich die Schlußphase des Österreichischen Synodalen Vorgangs. Interesse und Aufnahmebereitschaft waren erhöht. Daraus kann man lernen, wenn wieder außerordentliche Ereignisse der österreichischen Kirche anstehen. (Anläßlich „1000 Jahre Österreich" sollte allerdings nicht nur ein „Katholikentag", sondern ein „Christentag" begangen werden. Und statt eines „Kampfs gegen das Vergessen", der nichts kostet, wäre ein realer Beitrag zum „Schuld-Nachlassen", wie es die Schweizer tun, und zum Abtragen eigener Schuld zu wünschen.)

In den sechziger Jahren hat uns der Gedanke belustigt, daß am Ende dieses Jahrtausends es ähnlich wie am Ende des ersten zu Weltuntergangsstimmung mit Unheilspropheten und Flagellanten kommen werde. Heute reden wir nicht mehr davon, es wäre auch zu makaber; die Vernichtung der Menschheit ist technisch zu leicht möglich geworden. Sensibilität gegenüber apokalyptischen Ängsten ist geboten.

„Il faut d'etre absolument moderne" (Rimbaud). Für die Kirche geht es nicht darum, die Fenster aufzumachen und ein wenig frische Luft hereinzulassen, sondern darum, hinauszutreten in den hellen Tag, Sonne und Regen mit allen Menschen zu teilen. „Ihr Leute von hier. Ihr seid die Zuständigen. Ihr seid weder unheimlich noch ungeheuer, sondern unfaßbar und unerschöpflich. Laßt euch nicht mehr einreden, wir wären die Lebensunfähigen und Fruchtlosen einer End- und Spätzeit. Weist mit Entrüstung zurück das Geleier von den Nachgeborenen. Wir sind die Ebenbürtigen. Wir hier sind so nah am Ursprung wie je, und jeder von uns ist bestimmt zum Welteroberer . . ." (Peter Handke)[38])

Augustinus hat die Einnahme Roms durch die Barbaren als Christ reflektiert und eine Theologie der Geschichte entworfen. Hans Urs von Balthasar hat diese Geschichtstheologie u. a. unter dem Titel „Das Ganze im Fragment" dargestellt. Das Ganze im Fragment zu erkennen — sei es im Gelingen, sei es im Scheitern (im „Hosianna" oder im „Crucifige", die laut Julius Raab gerade im öffentlichen Leben so nahe beieinander liegen) —, ein wichtiges Bildungsziel. Es ist auch mein Geburtstagswunsch für Eduard Ploier.

Anmerkungen

[1]) Strauß Botho: Paare, Passanten. München 1984. S. 26
[2]) Aristoteles: Metaphysik B1, 995a24-b4
[3]) Guardini Romano: Die Existenz des Christen. Paderborn 1976. S. 409
[4]) Apostolicam actuositatem, Kap. 4, Art. 20
[5]) Zauner Wilhelm: Die Katholische Aktion. Ursprünge, Entwicklungen und Chancen des als Katholische Aktion organisierten Laienapostolats. In: Theologisch-praktische Quartalschrift 1/1977
[6]) Kraxner Alois: Apostolat der Laien unter spezieller Berücksichtigung der Katholischen Aktion und ihrer Gliederungen. Manuskript, Wien 1983.
[7]) Jonas Hans: Prinzip Verantwortung. Versuch einer Ethik für die technologische Zivilisation. Frankfurt 1979.
[8]) Vgl. Leben und Wirken der Kirche von Wien. Handbuch der Synode 1969-1971. S. 381-395
[9]) Op. cit. 725

[10]) Op. cit. 727

[11]) Op. cit. 735

[12]) Arbeitsbuch: Wozu glauben? Wien 1983. S. 8

[13]) 1. Wissenschaftliche Begleituntersuchung, durchgeführt an der Lehrkanzel für Theoretische Pädagogik im Institut für Pädagogik der Universität Wien, im Auftrag des Bundesministeriums für Unterricht und Kunst, Wien, April 1975.
2. Institut für kirchliche Sozialforschung: ORF-Studienprogramm „Wozu glauben?". Ergebnisse einer begleitenden Hörerbefragung. Wien, Dez. 1974 (Arbeitsnummer 101).
3. Medialer Einfluß und Rezeptionsbereitschaft. Eine Panelstudie zum ORF-Studienprogramm „Wozu glauben?" Diss. Wien 1975 von Rudolf Richter.

[14]) Herder Korrespondenz 1988, S. 284

[15]) Arbeitsbuch: „Wozu glauben?", Einleitung, S. 12

[16]) Adorno W. Theodor: Minima Moralia, S. 334

[17]) L. cit.

[18]) Bachl Günter: Versuch, in der Wahrheit zu leben. Herder Korrespondenz 1989/8

[19]) Zangerle Ignaz: Zur Situation der Kirche. Aufsätze 1933-1963. Salzburg 1963. S. 16. Ursprünglich in der 14. Folge des „Brenner", hrsg. v. Ludwig von Ficker, Innsbruck 1933

[20]) Schneider Heinrich: Katholische Kirche und österreichische Politik. In: Österr. Jahrbuch f. Politik '77, hrsg. v. Andreas Khol u. Alfred Stirnemann. München-Wien 1978. S. 153. Zit.: S. 192

[21]) Op. cit. 199

[22]) Heer Friedrich: Warum gibt es kein Geistesleben in Deutschland? München 1978. S. 178

[23]) Falcke Heino: Vom Gebot Christi, daß die Kirche uns die Waffen aus der Hand nimmt und den Krieg verbietet. Zum konziliaren Weg des Friedens. Ein Beitrag aus der DDR. Stuttgart 1986. S. 14

[24]) „indoles saecularis" — Lumen gentium 31

[25]) Lumen gentium 48

[26]) Christifideles laici, 1,15

[27]) Bogensberger Hugo und Zauner Wilhelm (Hrsg.): Versuch über Gott zu reden. (Forum St. Stephan. Gespräche zwischen Wissenschaft, Kultur und Kirche, 4) St. Pölten-Wien 1987

[28]) Falcke Heino, op. cit. 15

[29]) Guardini Romano: Berichte über mein Leben. Autobiographische Aufzeichnungen. Düsseldorf 1984. S. 162

[30]) Biser Eugen: Die glaubensgeschichtliche Wende. Eine theologische Positionsbestimmung. Graz-Wien-Köln 1986.

[31]) Op. cit. 302

[32]) Op. cit. 303

[33]) Taylor Charles: Humanismus und moderne Identität. In: Der Mensch in den modernen Wissenschaften. Castelgandolfo-Gespräche 1983. Hrsg.v. Krzysztof Michalski. Stuttgart 1985. S. 117. Zit.: S. 162

[34]) Strauß Botho: Paare, Passanten. München 1984. S. 177

[35]) Lavant Christine: Die Bettlerschale, Gedichte. Salzburg 1956. S. 140

[36]) Schneider Reinhold: Winter in Wien. Freiburg i. Br. 1958. S. 119

[37]) Vgl. die „existentielle Glaubwürdigkeit" bei Dietmar Mieth, Die christliche Spiritualität der Weltverantwortung. Diakonia 4/1981.

[38]) Handke Peter: Über die Dörfer. Dramatisches Gedicht. Frankfurt a. M. 1981. S. 102.

Andreas Gruber

DIE SPRACHE LEBENDIGER BILDER

Betrachtungen über das Schauen und den Film

Aus Freude am Schauen

Am Anfang war das Wort. Punkt. Geht es nicht immer wieder darum, wer das Sagen hat? Ob die, die das Sagen haben, auch tatsächlich etwas zu sagen haben, ist nicht von Belang. Die anderen auf jeden Fall haben das Nachsehen. Die das Nachsehen haben, sind ja doch irgendwie Schauer. Ein Schauer sein, nicht rasch genug mit allen eintrainierten Reflexen reagieren/funktionieren, das ist ja das letzte, ein Schimpfwort, zumindest in Oberösterreich.
Der alte Mesner sagte so zu mir. Ich hatte beim Ministrieren wieder einmal alles übersehen vor lauter Schauen. Da mußte er eingreifen, die Handklingel selbst läuten zur Präfation. Er war ein ganz pragmatischer Mensch, er legte selbst Hand an. Und dabei zischte er heftig in mein Ohr: „Du Schauer." Das war unüberhörbar, jetzt war ich wieder ganz da, ich war wieder ganz Ohr. So sagt man doch, wenn man höchste Aufmerksamkeit signalisieren will. Und was hörte ich: „Am Anfang war das Wort", sagte der Pfarrer auf der Kanzel. Da haben wir's schon wieder. Hieß das nicht, reden, schreiben, argumentieren, disputieren, predigen, verkünden? Was blieb da für einen Schauer?
Aber es war ja, Gott sei Dank, nur die halbe Geschichte. Mich interessierte der zweite Teil der Geschichte immer viel mehr: „Und das Wort ist Fleisch geworden." Da gibt es auf jeden Fall etwas zum Schauen. Ich bin ein Schauer geblieben. Ich studierte (aus Freude am Schauen), was hier in der Provinz bestenfalls als Hobby, aber nicht als Beruf anerkannt wird. (Das wäre ja noch schöner, wenn einer sein Geld mit Schauen = Nichtstun verdient!) Gefilmt wird im Urlaub — wenn man selbst nicht will, nimmt man sich Peter Kubelka nach Afrika mit —, gefilmt wird bei Geburtstagsfeiern, bei der Hochzeit und wenn's Baby zum ersten Mal in der Badewanne sitzt. Das Motto dabei ist immer *Festhalten.* Aufs Schauen und das Bild, das man dabei entwirft, wird weniger Wert gelegt.
Beruf auf jeden Fall war das nie und nimmer für die Menschen hier in der Provinz, die so pragmatisch und handfest denken an Lebensunterhalt und Pensionsversicherung. Ganz intuitiv mußte ich schon gewußt haben, worauf ich mich da einließ: Die erste Übung auf der Filmakademie war, sich 15 Minuten hinzusetzen und möglichst genau zu beobachten. Das war was für einen

Schauer. Film beginnt immer mit der Freude am Schauen. Und die erste Übung für den Film ist das Schauen auf die Welt.

Schauen auf die Welt

Ich möchte über das Schauen (und den Film) schreiben, weil es in unserer Zivilisation so irrelevant geworden ist, weil das Schauen so gar nichts mehr gilt, weil es so auf verlorenem Posten steht. (Die Folge ist logischerweise, daß auch der Film im österreichischen Kulturbetrieb so auf verlorenem Posten steht und sich immer wieder erst als Kunst rechtfertigen und beweisen muß.) Mit welcher Verächtlichkeit wird von der Zuschauerrolle gesprochen. Ist es überhaupt noch gestattet, nur zu betrachten, nur zuzuschauen und aufzunehmen, ohne gleich als passiver Konsument denunziert zu werden? Alleine das schon zeigt, wie wenig wir uns aufs Schauen verstehen, denn sonst wüßten wir, daß Schauen so gar nichts gemein hat mit Konsumieren. Da gibt es nichts zum Einverleiben. Ich wage die Behauptung, unsere Zivilisation hat das Schauen ganz gründlich verlernt, weil alles, was Zeit braucht, durch Verkürzungen ersetzt wird. Besondere Meisterschaft darin hat das Fernsehen entwickelt.

Aufgewachsen in der Mentalität der Selbstbedienung und des Schnellimbisses ist Schauen und der Schauer für uns nur mehr eine Störung im Ablauf des Funktionierens. Das Schauen ist etwas Passives, auch wenn es da und dort Aktivitätsaktivisten gibt, die alles ins Aktive uminterpretieren wollen. Diese Art von Bilanzfälschung passiert ja ununterbrochen. Wir wollen alles nur auf der (aktiven) Habenseite haben, nichts im Soll. Aktivität(swahnsinn) ist alles, Passivität ist offensichtlich das Schrecklichste, möglicherweise weil es nicht nur zum Nichtstun verurteilt, sondern auch Leidensfähigkeit voraussetzt. Das Ziel heißt doch ununterbrochener Spaß und Erfolg gleichzeitig, wer will da untätig dasitzen und leiden? Da reden wir schon lieber, schreiben oder tun etwas, damit unsere (natürliche?) Unruhe ein Ventil hat.
Schauen ist die einfachste und schwierigste Form, sich zu öffnen. Die Augen auf als Fenster zur Welt. Offen und empfänglich bleiben, um die Vielfalt und Widersprüchlichkeit der Welt wahrzunehmen.

Heißt das nicht vorerst einmal, alles ein- und zuzulassen, was die Welt an uns heranträgt? Das Schöne wie das Häßliche, das Gute wie das Böse. In der Welt wie auch im Kino können wir es uns eben nicht aussuchen wie im Fernsehen und umschalten oder abdrehen, wenn es uns nicht mehr gefällt, wenn wir nichts mehr damit zu tun haben wollen.

Schauen ist, wie gesagt, etwas Passives, da muß man auch bereit sein, zu erdulden und zu leiden bei all den Dingen, die uns erschrecken, ängstigen oder verwirren.
Das Schauen, das genaue Schauen und Beobachten ist nicht nur erste Grundlage unserer Wahrnehmung, sondern auch eine besondere Schule des Lebens, gerade wenn oder weil wir daraus nicht lernen, einen Nutzen zu ziehen.
Auch Film beginnt immer mit Schauen, das genaue Beobachten ist seine erste Übung und in seiner Vollendung ist der Film — diese Sprache lebendiger Bilder — die Verdichtung und Kunst des Schauens. Was wir von diesen lebendigen Bildern — ob im Kinosaal, oder wenn wir wirklich auf die Welt schauen — erfahren, ist das: Jeder Augenblick, jede Situation, ist unverwechselbar in seiner Einmaligkeit, alles ist immer wieder neu, das Mögliche ist unerschöpflich und überrascht uns jedes Mal aufs neue. Auch der wahrhaftig festgehaltene Augenblick — der Film — läßt uns diese Einmaligkeit erfahren.
Wir schauen diese Einmaligkeit, und das nötigt uns Respekt ab, Respekt und Achtung vor den Dingen dieser Welt, besonders aber vor jedem Menschen, weil er ein einzelner ist und daher unersetzlich. Unaufmerksam wie wir und schlechte Filme sind, machen wir uns der Einfachheit halber ein Bild. Das ist das Lieblose, meint Max Frisch.
Aufmerksamkeit und Respekt könnte also vorerst einmal heißen, sich eben kein Bild mehr zu machen. Das gilt, auch wenn es paradox klingt, im besonderen für den Film. Auch er kann sich kein Bild machen, in dem die Darstellung in höchstem Maße darstellend bleibt und eben nicht erklärend, analysierend, moralisierend etc. wird.
Das zeigt Respekt einerseits vor den Zuschauern, denen man durchaus zutrauen kann, daß sie Zusammenhänge selbst herstellen können, und es ist andererseits so etwas wie ein Vertrauensvorschuß, daß es diese Zusammenhänge gibt, auch wenn wir sie nicht erklären.
Einmaligkeit heißt ja gleichzeitig immer auch unendliche Vielfalt. Die Vielfalt, die wir sehen, zwingt uns zur Differenzierung, was nichts anderes heißt, als genau zu sein.
Genauigkeit ist — wenn wir auf die Welt schauen — zunächst eine moralische Kategorie. Wenn wir mit dem Film diese lebendigen Bilder festzuhalten versuchen, wird Genauigkeit zu einer ästhetischen Kategorie, einer ganz wichtigen zudem. Rilke schrieb einmal: Er war Dichter und haßte das Ungefähre.
Genaues Schauen macht uns sensibel für die falschen Gesten, die Inszenierung des Auftritts, das aufgesetzte Lächeln und die durchschaubaren Blicke. Und diese Unterscheidung treffen wir doch, weil wir uns umschauen nach dem Unverfälschten, weil wir auf der Suche sind nach Wahrhaftigkeit. Aber gerade

weil wir diese Verpflichtung fühlen, sehen wir doch, wie komplex und kompliziert die Dinge sind. Die Unterscheidung wird schwieriger, auch wenn sie nicht unterbleiben soll, die Urteile werden, wenn überhaupt, zögernder, je länger wir schauen (vielleicht sind deshalb heutzutage die Männer mit der ganz schnellen Entschlußkraft so gefragt).

Vielleicht weil es dann gar nicht mehr um Urteile geht, weil sie gar nicht unsere Sache sind.

Als die ersten Filme aus der östlichen Hemisphäre zu uns kamen, war die Irritation groß. Nichts, was man im christlichen Abendland gemeinhin „moralisch erbaulich" zu nennen pflegte. Keine Moral in der Geschichte. Ob Moral- oder Lehrstück, die Anforderung an alles in unserer westlichen Zivilisation muß natürlich auch für Kultur und Kunst gelten: Es muß einen Zweck haben und einen Nutzen bringen. Drum sagen wir ja auch: Was bringt mir das, oder das gibt mir nichts.

Wir wollen doch immer gleich einen Erfolg sehen, daß eben genau das folgt, was beabsichtigt war zu folgen. Ich glaube nicht an diese Art von Kausalität. Deshalb mag ich das Schauen so, weil ich mir denke, ich werde auch sehen, daß etwas kommen wird, was gar nicht erfolgen sollte.

Vielleicht kann auch das ganz und gar unnützliche Schauen, das Tagträumen, das Nicht-ganz-da-Sein, das Ins-Narrnkastl-Schauen den Erfolg in Mißkredit bringen. Hoffentlich. Wir müssen wieder mehr auf die Welt schauen, sonst gerät sie vor lauter Erfolg (und seinen Folgen) und Tüchtigkeit noch aus allen Fugen.

Der russische Filmer Andrej Tarkowskij schrieb, man müsse der vom Geschwür eines allgegenwärtigen Pragmatismus befallenen Welt die Stimme einer überzeugten Spiritualität entgegensetzen.

Diese Spiritualität muß sich zuallererst einmal für uns selbst offenbaren mitten in dieser Welt. Dazu empfänglich und offen bleiben, horchen und schauen, denn es gibt auch Dinge, die auf uns zukommen, es muß nicht alles von uns ausgehen.

Wir müssen wieder mehr auf die Welt schauen. Und das auch im übertragenen Sinn. Nicht von ungefähr hat „schauen auf" . . . auch eine zweite Bedeutung. Es bedeutet Verantwortlichkeit.

Das ist ganz in der Logik des Fuchses im „Kleinen Prinzen": Man zähmt jemanden, indem man sich neben ihn setzt und ihn anschaut, und für alles, was man solcherart angeschaut hat, was einem vertraut geworden ist, was man gezähmt hat, ist man auch verantwortlich.

Wir haben nicht auf die Welt geschaut.

Klingt sehr naiv, etwas für Kinder, kindisch auch. Wir haben doch nun wirklich genug gesehen. Wir haben unsere Erfahrungen gemacht, mit der Welt, dem lieben Gott, mit den Frauen und mit den Männern. Uns braucht niemand mehr etwas erzählen, niemand mehr etwas vormachen (außer wir uns gerade selbst), uns kann nichts mehr überraschen. Wir sind schon zwei Schritte weiter. Uns genügen scheinbar geringste Signale, Reizworte, und wir haben die entsprechende Erfahrung dazu parat. Wenn uns etwas beschäftigt, dann die Erklärung dafür, eine plausible Interpretation dafür. Das Phänomen an sich ist nicht mehr von Belang. (Hochinteressant erscheint dazu eine Parallele aus der Psychopathologie: Ein geradezu klassisches Krankheitsbild ist, daß gewisse Situationen überhaupt nicht mehr real wahrgenommen werden [können], weil sie von einem ersten [traumatischen] Erlebnis in einer solchen Situation überlagert sind.)

Es ist auch für „Gesunde" jeden Tag eine Anstrengung (wert), ihre Erfahrungen hinter sich zu lassen, um wieder wie neu zu sehen.

Es ist nicht wie vorgestern, es ist nicht wie mit Manuela,„es ist, wie es ist, sagt die Liebe", schreibt Erich Fried.

Wir haben nicht auf die Welt geschaut. Nur so konnten wir übersehen, wie sehr das Unrecht ins Auge springt. Nur so konnten wir übersehen, daß die Natur zugrunde geht.

Auf die Welt zu schauen, auf die Menschen zu achten und sie so zu achten, heißt das nicht auch Verantwortlichkeit anzunehmen, zu antworten auf das, was uns tagtäglich anspricht und anschaut? Herr, wann haben wir dich hungrig gesehen?

Natürlich konnten wir ihn nicht sehen, wir waren noch immer am Anfang. Am Anfang war das Wort, und darüber sind wir nicht hinausgekommen vor lauter Buchstaben und Gesetzen, daß uns die Welt noch ganz fremd ist. Man kann Schauern alles vorwerfen, aber weltfremd sind sie nicht.

Zwei Mentalitäten

Am Anfang war das Wort, das ist die eine Seite, die andere aber gehört auch dazu: Das Wort ist Fleisch geworden. Und nur zusammen macht das Ganze Sinn.

Und schon sind wir wieder beim Schauen, denn es ist die Frage des Blickwinkels und des Standpunktes, wenn wir das Ganze und die Zusammenhänge und den Sinn verlieren, wenn einzelne Aspekte unproportional groß und zum Ganzen werden.

Einfachste optische Gesetze könnten uns weiterhelfen, auch wenn sie unzeitgemäß klingen. Wir müssen zurück statt ran an die Sachen. Wir brauchen wieder mehr Distanz (auch zueinander) statt ständig Hautnähe. Und wir müssen auch die andere Seite sehen, die ganze Bandbreite erkennen. Die simpelste Filmgrammatik beginnt mit Schuß und Gegenschuß, es ist das Hin und Her, der Dialog zwischen zwei Seiten.

Diese zwei Seiten gibt es auch in der Wahrnehmung und folgernd in einer Art von Geistigkeit, zwei grundverschiedene Mentalitäten. Hier die Welt des Wortes, dort die Welt des Bildes (Schauens). Die Welt des Wortes ist die Rede, die Schreibe, das Argumentieren und Erklären. Am Anfang war das Wort. Horchen und also Gehorsam gehören auch dazu.

Auf der anderen Seite die Welt des Bildes, des Schauens, Innewerdens.

Das Wort ist der Logik und Kausalität verpflichtet, in seiner Begrifflichkeit immer abstrakt, intellektuell. Worte benennen. Das Bild dagegen ist immer konkret, hat Ort, Zeit und Gestalt, es kann gar nicht anders. Sein Eindruck ist unmerklich unmittelbar.

Es kann natürlich nicht darum gehen, diese beiden Welten gegeneinander auszuspielen. Aber in Abwägung beider nebeneinander und in Hinblick auf den Stellenwert und die Bedeutung dieser beiden Mentalitäten in unserer Zivilisation ergreife ich doch ganz vehement Partei für das Schauen, weil es so ganz auf verlorenem Posten steht gegen die vielen Worte.

Dabei täte uns das Schauen mit seinen ganz anderen Qualitäten wirklich gut, könnte weiterhelfen, wenn Worte nichts mehr nützen.

Wenn wir sprachlos sind, ist es noch lange nicht aus. Dann wird unmißverständlich sichtbar, was unsagbar und unaussprechlich ist. Lebendige Bilder sind Licht am Ende der Sprache. Vertrauen, daß Augen den Augen genügen.

Gegenschuß, oder: Warum ich nicht über den Film als künstlerisches Medium schreibe

Der Gegenschuß, das ist im Film immer die andere Seite, die Antwort, die Reaktion, die Perspektive 180 Grad gedreht. Da kann man dann auch das ganze als künstlerisches Medium sehen. Und damit das Medium in den Vordergrund stellen. Das ist nicht unbedingt mein Standpunkt. Mit dem Medium hatte ich nie viel im Sinn. Ich will es gebrauchen und ausnutzen, eben als Mittel zum Zweck, damit es dem dienlich ist, was zu zeigen ist. Seitdem das Medium aber selbst die Message ist, interessiert es mich noch weniger. Denn jeder unmittelbaren Erfahrung steht ein Medium im Weg. Secondhand-Erfahrungen aller Art werden dafür ersatzweise medial — also mittelbar — serviert als Erfahrungsprothesen. Das Medium hat zu lange seinen Nabel betrachtet, sich in sich selbst verliebt und sich selbst zur Botschaft ausgerufen.

Ist es nur diese reine Selbstanmaßung oder doch die Verwirrung der Begriffe? Eine gefährliche Sache auf jeden Fall auch für das Medium, denn es wäre nicht das erste Mal in der Geschichte, daß ein Botschafter wegen seiner (schlechten) Botschaften liquidiert wird.

Doch Selbstgefälligkeit ignoriert auch die Gefahren: Geheiligt werde das Mittel parat für beliebige Allzweckbenützung. Wen wundert's aber wirklich, daß bei dieser Lust nach undifferenzierter Vereinfachung und Beschränktheit die Unterscheidung von Botschaft und Botschafter der Verkürzung eines gängigen Slogans zum Opfer fällt.

Seit Marshall McLaughn ist „schauen" (und auch filmen) ein rückbezügliches Verb. Es muß also heißen: sich schauen. Objekt und Subjektivität sind eins, oder? Meine Subjektivität ist alles, zumindest die ganze Welt. Basta, der Betrachter ist neuerdings die Welt. Ich und sonst gar nichts.

Der Horizont ist die eigene Nasenspitze, die Selbstbespiegelung macht stolz. Das entsprechende Neudeutsch dazu hört sich etwa so an: „Ich für mich erlebe das so." Da kann niemand widersprechen. „Ich empfinde das im Moment so." Kann es da noch anders sein?

Literarisches

Käthe Recheis

NANNI UND VERONIKA

Über zwei Cousinen Eduard Ploiers, literarisch verewigt im Buch „Lena", erschienen im Verlag Herder, Wien.

Giovanni und der Tiefflieger

Durch unser Dorf zogen jetzt immer wieder Kolonnen von Flüchtlingen. Sie kamen aus der Bukowina, von der Wolga, aus Galizien — von überall her, wo Volksdeutsche gesiedelt hatten. Ihre Pferdewagen, auf denen alte Leute, Frauen und Kinder saßen, waren beladen mit Bündeln und Hausrat. Die Frauen trugen weite, dunkle Röcke, fast alle hatten schwarze Kopftücher um. Die mageren Pferde trotteten müde dahin, sie hatten einen langen Weg hinter sich. Diese Menschen waren schon seit vielen Wochen auf der Flucht, und wohin sie fuhren, zu welchem Ziel, das wußten sie nicht.

Manchmal blieben ein paar Wagen vor unserem Haus stehen, weil die erschöpften Pferde eine Rast brauchten. Manchmal hatte die Kolonne die Dorfstraße verstopft, dann warteten die Flüchtlinge geduldig, bis der Weg wieder frei war.

Meine Mutter lief jedesmal in die Speisekammer, holte Brot und Milch und was es sonst an Eßbarem gab. Sie schickte Berni und mich in den Stall um Heu und Hafer, die Pferde taten ihr ebenso leid wie die Menschen. Blieben sehr viele Wagen vor unserem Haus stehen, räumte sie bedenkenlos die Speisekammer aus. „Wer gibt, der bekommt!" sagte sie, wenn Tante Steffi ein besorgtes Gesicht machte. Mit ihrem Spruch behielt meine Mutter auch immer recht. Hatten wir nichts mehr zu essen im Haus, brachte mein Vater von seinen Krankenvisiten bestimmt eine Kanne Milch heim, ein Stück Fleisch, einen Brotlaib. „Der liebe Gott läßt einen nicht im Stich", meinte dann Tante Steffi beruhigt. Daß der liebe Gott sich höchstpersönlich um unsere Speisekammer kümmern sollte, schien mir zu viel von ihm verlangt zu sein. Die wunderbare Tatsache, daß sie nie leer wurde, ließ sich ganz einfach erklären. Unsere Bauern kannten meine Mutter und wollten meinen Vater nicht hungern lassen. Schließlich muß ein Arzt bei Kräften sein, wenn man haben will, daß er Tag und Nacht bereit ist, kranke Leute zu betreuen.

Die Flüchtlingskolonnen verfolgten mich bis in den Schlaf hinein. Abends, wenn ich im Bett lag, sah ich sie noch immer vor mir. Ich sah die endlosen

Wagenreihen, wie sie auf den verschlammten Straßen dahinzogen. Ich sah die müden Frauen mit ihren schwarzen Kopftüchern, die müden Pferde, die kaum noch die Wagen ziehen konnten. Ich hatte die Sorge meiner Mutter um unsere Großmuttermatratzen nie begriffen, aber jetzt begann ich sie zu verstehen. Wieviel konnte man auf einen Wagen packen? Was hatten diese Menschen alles zurücklassen müssen? Wie viele vertraute, liebgewordene Dinge?
Ich stellte mir vor, daß auch wir fliehen müßten. Dann würde ich unser Haus nie wiedersehen, würde nie wieder in unseren Garten gehen können. Nie wieder im Wohnzimmer gemeinsam mit den anderen sitzen. Nie wieder mit Berni zur Höhle am Tümpel hinaufsteigen. Und was würde mit unseren Tieren geschehen? Konnte man einen Hund auf die Flucht mitnehmen? Donar würde gehorsam mitgehen und nicht davonlaufen. Katzen ließen sich aber nicht einsperren, nicht an eine Leine hängen. Wären auch wir auf der Flucht, hätten wir Minni und Strolch zurücklassen müssen.

Jedesmal, wenn Flüchtlinge um die Mittagszeit in unser Dorf kamen, versorgten die Frauen sie mit Essen. Die Flüchtlinge setzten sich auf die Bänke im Schulgarten, und wir wärmten in der Schulküche die Suppe auf.

An einem schönen, warmen Märztag hatte sich in unserem Schulgarten wieder eine Schar Flüchtlinge versammelt. Auf der Dorfstraße stand ein Gespann hinter dem anderen. Giovanni tränkte und fütterte die Pferde und war sich seiner Wichtigkeit voll bewußt. Er stapfte mit den Heuballen herum, klopfte den Pferden auf die Kruppe, bürstete ihre Mähnen und schüttete Hafer in die Futtersäcke, die sie um den Hals gehängt trugen. Er schöpfte beim Schulbrunnen Wasser und füllte die Eimer zum Überschwappen an. Zwischendurch winkte er den Flüchtlingen zu und rief irgend etwas auf italienisch, das niemand verstand. Nach seinem Gesicht zu schließen, mußte es wohl heißen: „Macht euch keine Sorgen! Giovanni bringt alles in Ordnung."
Als wir die Suppe zu verteilen anfingen, begann die Flak zu schießen. Ich ließ den Schöpflöffel in den Kessel platschen, daß es nur so spritzte, und rannte wie die anderen. Wir rannten zum Schulhaus und wollten alle gleichzeitig bei der Tür hinein.

Aus dem blauen Märzhimmel kam ein Tiefflieger auf uns herabgestoßen. Ich erkämpfte mir einen Platz an der Tür und wurde wieder fortgeboxt. Der Tiefflieger zog über unsere Köpfe hinweg, ein großer, schwarzer Schatten. Wir hörten das Zischen und Sausen, der Luftzug wirbelte die weiten Röcke der Flüchtlingsfrauen auf. Die Pferde wieherten und rissen an ihren Geschirren. „Um Himmels willen, geht doch in die Klassenzimmer", schrie jemand. Aber niemand war mehr imstande, die Türen der Klassenzimmer zu öffnen, sie

führten auf den Gang, der vollgestopft mit Menschen war. Wir drängten uns an der Schultür und konnten nicht hinein.
Der Flieger stieg steil in die Höhe, zog eine Schleife und kam zurück.
Mit flatternden Röcken, Kinder an sich gedrückt, liefen die Flüchtlingsfrauen in Deckung, suchten Schutz unter den Büschen und Bäumen des Schulgartens. Der Suppenkessel wurde umgestoßen. In ihrer Angst bäumten die Pferde sich auf und wollten zu rennen anfangen. Wagen und Pferde verkeilten sich hoffnungslos ineinander. Giovanni jammerte auf italienisch.
Dann war der große, schwarze Schatten wieder über uns. Ich hörte das Motorengedröhn. Das Sausen der Luft. Das Wiehern und Schnauben der Pferde. Das Weinen der Kinder. Ich hörte Schreie.
Der Flieger stieg auf, um erneut herabzustoßen. Giovanni rannte in den Schulgarten. Er blieb mitten auf dem Rasen stehen, hob die Arme hoch und drohte mit den Fäusten.
Vielleicht hielt der Mann im Flugzeug Giovanni für einen deutschen Soldaten. Vielleicht merkte er nicht, daß Giovanni ein Kriegsgefangener war, in einer alten Lumpenuniform. Als der Tiefflieger diesmal über uns hinweg zog, feuerte er eine Salve auf Giovanni und auf das Schulhaus.
Giovanni fiel wie ein Stein zu Boden.
Der Tiefflieger stieg in den Himmel hinauf und verschwand.

Wie Nanni und Veronika Krapfen machten

Giovanni war nicht tot, er hatte nur einen Streifschuß abbekommen. Wie durch ein Wunder war niemand schwer verletzt worden. Nur eines der Pferde mußte notgeschlachtet werden, es hatte sich die Deichsel in den Leib gerannt. Giovanni sagte zu meinem Vater, es sei schrecklich gewesen, wie das Pferd aufgeschrien habe — wie ein Mensch in Todesnot. Da habe er nicht anders können, er habe in den Schulgarten rennen müssen, er habe geglaubt, er müsse den Flieger mit den bloßen Händen aufhalten.
Die Tiefflieger — es waren Amerikaner gewesen — hatten auch die Flakstellungen angegriffen, und eine der feindlichen Maschinen war über den Flußauen abgestürzt. Die Fischerdörfler erzählten, sie hätten das Flugzeug heruntertrudeln sehen und beobachten können, wie der Pilot mit dem Fallschirm abgesprungen sei. Sie waren sofort in die Au gerannt, hatten das Wrack gefunden, den Fallschirmspringer aber nicht. Nanni und Veronika, die mit ihrem Wagen in der Au gewesen waren, um Reisig heimzuführen, hatten den Amerikaner auch nicht gesehen, obwohl er ganz in ihrer Nähe niedergegangen sein mußte.
Die Aufregung im Dorf war groß. Gendarmen und Suchtrupps der Soldaten

durchkämmten die Au. An der Gemeindeamtstafel hing ein Anschlag, auf dem uns mitgeteilt wurde, daß ein Volksgenosse, der einen Feind aufnahm, ihm Unterkunft gewährte oder zu essen gab, ein Volksverräter sei. Wir wurden aufgefordert, jeden Unbekannten sofort zu melden, auch wenn er Zivilkleidung trug. Mein Vater erhielt die Weisung, an keine verdächtige Person Verbandsmaterial abzugeben.

Am Tag nach dem Tieffliegerangriff ging ich mit Martin und Lotti in die Au. Lotti wollte unbedingt das abgestürzte Flugzeug sehen. Martin war schon am Vortag in der Au gewesen und wußte, wo das Wrack lag.

Lotti hüpfte uns mit wippenden, kurzen Zöpfen voran, kam zurück, faßte mich an der Hand, um gleich wieder fortzulaufen. Bei jedem Spaziergang legte sie den Hinweg drei- bis viermal zurück. Auf dem Heimweg war sie dann so müde, daß wir sie tragen mußten.

Wir kamen zum Mühlbach und gingen über die kleine Steinbrücke. Das Mühlrad stand still. Grüne Algen hatten die schwarz-verwitterten Radschaufeln überzogen und hingen wie Bärte herab. Wasser stand in den tiefen Furchen des Karrenweges, auf dem Nanni und Veronika mit dem Reisigwagen zu ihrem Hof gefahren waren.

Fast alle Wiesen der Au waren noch überflutet. Meine Gummistiefel, die eigentlich meiner Mutter gehörten, waren durch den langen Gebrauch brüchig geworden, und ich hatte bald klatschnasse Füße. Bienen und Hummeln umsummten die Palmkätzchen. Die Brücke über den Aubach stand unter Wasser, ich mußte Lotti hinübertragen. Binsen und Schilf schwankten ganz leicht in der sanft dahinflutenden Strömung. Irgendwo schrie ein Kuckuck. Tauben gurrten, von den Feldern kam das Krächzen der Krähen.

In der Au hätte man vergessen können, daß Krieg war, aber das Flugzeugwrack erinnerte uns wieder daran. Ein Soldat hielt Wache und verbot uns näherzukommen. Wir blieben stehen. Das Wrack sah aus wie ein flügellahmes, riesiges Insekt, das auf die Erde gefallen und beim Aufprall in viele Stücke zerbrochen war. Lotti begann sich zu fürchten und beruhigte sich erst, als wir weit genug weg waren und das Wrack nicht mehr sahen.

Wir gingen bis ans Ufer der Traun. Der Fluß war angeschwollen, strömte mächtig und grau in seinem Bett, hatte Ranken und kleines Buschwerk überspült, brach sich gurgelnd, schäumte und blinkte im Sonnenlicht. Trichterförmige Strudel zogen alles in die Tiefe, was dahergeschwommen kam — Äste, Grasbüschel und ausgerissene Wasserpflanzen.

„Vielleicht ist er in die Traun gefallen und ertrunken", sagte Martin.

„Bestimmt nicht!" antwortete ich. „Sonst hätten sie den Fallschirm gefunden. Ein Fallschirm geht nicht unter."

Wir schauten um uns und sahen nur das Gitterwerk der blattlosen Büsche. Solange die Zweige kein Laub trugen, war jedes Dickicht durchschaubar. In der ganzen Au gab es keinen Platz zum Verstecken. Ich fragte mich, ob jener Flieger abgestürzt war, der uns angegriffen hatte. Er konnte es aber nicht gewesen sein. Als er fortgeflogen war, hatte die Flak schon zu schießen aufgehört.

Auf dem Heimweg, es war schon spät am Nachmittag, besuchten wir Nanni und Veronika. Sie hatten Mist ausgefahren, und wir kamen gerade zurecht, als sie das Pferd im Hof ausspannen wollten. Martin erbot sich, es zu tun.

„Wir haben in der Küche was Gutes für euch", sagte Nanni.

Schon im Flur duftete es nach Schmalzgebackenem, und auf dem Küchentisch stand eine große Schüssel Krapfen. Ich wunderte mich. Krapfen waren eine Feiertagsspeise und wurden nur zu besonderen Anlässen gebacken.

„Laßt es euch schmecken!" forderte uns Veronika auf.

Lotti ließ sich das nicht zweimal sagen, sie stopfte sich den Mund voll und war bald im ganzen Gesicht mit Fett verschmiert. Jeder Krapfen war rund wie ein kleines Rad, innen flaumig und außen knusprig braun und hatte ein dünnes, gelblichweißes Häutchen in der Mitte. Bauernkrapfenbacken war eine Kunst, nicht jede Bäuerin konnte es so gut wie Nanni und Veronika. Aber warum hatten sie es heute getan? An einem ganz gewöhnlichen Wochentag?

Martin brauchte lange, bis er aus dem Stall kam. „Ich hab' das Pferd gleich gefüttert", sagte er. Dann setzte er sich an den Tisch, schien nicht erstaunt über die Krapfen zu sein und aß schweigend. Daß er kein Wort sagte, fiel nur mir auf und nicht Nanni und Veronika, weil Lotti die ganze Zeit mit vollem Mund plapperte.

Als sie kein Stück mehr hinunterbrachte, wollte sie in der Scheune Eier suchen. „Nein, nein", sagte Nanni. „Das haben wir schon selber getan. Es ist spät, Lotti. Ihr müßt heimgehen."

Die Tage waren noch kurz. Als wir den Hof verließen, war die Sonne im Untergehen, eine große rote Scheibe, die langsam im grauen Himmel versank. Ein paar Wolken wurden von unten rot angestrahlt. Lotti schlief auf meinem Arm ein.

„Willst du wissen, warum wir die Eier nicht haben suchen dürfen?" wisperte mir Martin zu. „Willst du wissen, warum sie Krapfen gebacken haben?"

Ich nickte. Ich ahnte, was er mir antworten würde.

„Die Krapfen, die haben sie wegen dem Flieger gebacken! Er ist oben im Heu. Ich bin ganz leise hinaufgestiegen, und da hab' ich ihn gesehen. Ganz hinten ist er gelegen. Er hat geschlafen. Er hat mich nicht gehört. Er schaut auch nicht anders aus als wir. Bloß eine andere Uniform hat er."

„Martin", wisperte ich, um Lotti nicht zu wecken, „wenn du das jemandem sagst, bringen sie Nanni und Veronika um!"
„Weiß ich doch! Ich sag's keinem. Nicht einmal dem Vater."
Ich blieb stehen. Die schlafende Lotti hing schwer in meinem Arm. Es war kühl geworden. Abendnebel stiegen aus den Wiesen auf. Der Hof hinter uns war nur noch ein graues Viereck im verdämmernden Licht.
„Warum bist du auf den Heuboden gestiegen?" fragte ich.
„Weil sie in der Au waren — mit dem Reisigwagen! Na ja — und die Krapfen und das Eiersuchen! Hast dir da gar nichts gedacht, Leni?"
„Freilich hab' ich mir was gedacht! Aber ich hab' gehofft, es wird nicht wahr sein. Martin, renn heim! Wart' nicht auf mich! Ich kann nicht rennen wegen der Lotti. Du mußt es deinem Vater sagen! Und meinem Vater. Und dem Pfarrer auch."
Martin schüttelte den Kopf. Er bohrte die Hände in die Hosentaschen. „Ich verrat's nicht. Ich hab's nur dir gesagt. Weil der Willi das auch getan hätte."
„Martin, verstehst du denn nicht? Wenn du dir was gedacht hast, weil sie mit dem Reisigwagen in der Au waren, dann denken sich das auch andere im Dorf. Die wissen doch alle, daß sie jedem armen Teufel helfen, der ihnen über den Weg läuft. Und der Kandler Karl weiß das auch!"
Martin stand da, schaute mich an und gab keine Antwort.
„Mein Vater und dein Vater und der Pfarrer, die verraten Nanni und Veronika nie im Leben!"
„Und den Flieger?" fragte er.
„Den verraten sie auch nicht. Dem helfen sie. Es wird ihnen schon was einfallen. Ein besseres Versteck. Willst du schuld sein, wenn die Gestapo Nanni und Veronika holt?"
„Nein", sagte er.
„Dann renn, Martin!"
Er nickte und fing an zu laufen.
Ich ging mit Lotti im Arm weiter. Nur Nanni und Veronika konnte es einfallen, Krapfen zu backen für einen abgestürzten Flieger, der von allen gesucht wurde. Nur ihnen konnte es in den Sinn kommen, arglos wie sie waren, uns diese Krapfen anzubieten und sich nichts dabei zu denken. Als ich zur Landstraße kam, schaute ich zurück. Im Fischerdörfl war kein Haus mehr auszunehmen, nur noch dunkle Schatten.

Trauer und Freude

Mein Vater, der Pfarrer und Willis Vater konnten Nanni und Veronika nicht mehr helfen. Sie kamen zu spät. Noch am selben Abend, bald nachdem Martin und ich fortgegangen waren, hatten Soldaten und Gestapomänner den Hof durchsucht und den Flieger im Heu gefunden. Nanni und Veronika wurden verhaftet und nach Linz gebracht, ins Haus der Gestapo in der Mozartstraße. Schon nach ein paar Tagen wurden sie nach Wien überführt und dort wegen Volksverrat angeklagt. Was mit dem amerikanischen Soldaten geschehen war, wußten wir nicht. Meine Mutter meinte, er sei jetzt ein Kriegsgefangener und habe nichts zu befürchten. Wir hätten es gern geglaubt, waren aber nicht sicher. Sie behaupteten ja immer, jeder Fallschirmspringer sei ein Spion. Ich kannte den Flieger nicht, wußte nicht, wie er hieß. Ich versuchte, ihn mir vorzustellen, und fragte Martin aus. Aber Martin sagte nur, daß er blonde Haare gehabt habe wie Willi und nicht anders ausgesehen habe wie einer von uns. Der Flieger mußte noch sehr jung gewesen sein. Martin wunderte sich, daß so einer schon ein Pilot sein durfte.

Im Dorf waren alle überzeugt, daß es der Kandler Karl gewesen war, der Nanni und Veronika angezeigt hatte, aber auch Gustav Perwanger und dem Inspektor trauten sie es zu. Die Köchin erzählte uns, Luise Perwanger sitze wieder stundenlang in der Küche und jammere vor sich hin.

Auf Volksverrat stand die Todesstrafe. Daß Nanni und Veronika eines abgesprungenen Tieffliegers wegen verhaftet worden waren, erbitterte die Leute im Dorf. Viele meinten, wie könne man nur so verrückt sein und einen Flieger verstecken und dabei sein eigenes Leben riskieren. Das sei heller Wahnsinn! Jetzt, wo alles bald aus sein würde, müsse man klug sein und nur ja nichts tun, um aufzufallen, man müsse sich ducken und still sein. Nur so könne man überleben.

Es gab aber auch andere, meine Eltern und Willis Eltern zum Beispiel, die Nanni und Veronika verteidigten und sagten, die beiden hätten gar nicht anders handeln können. Am Sonntag predigte der Pfarrer über den Bibeltext: „Wer einen in meinem Namen aufnimmt, der nimmt mich auf."

Gertrud Fussenegger

EINIGE NOTIZEN ZUM THEMA GESPRÄCH

Was ist ein Gespräch?
Zuerst einmal, so scheint es,
ein Austausch von Signalen:
Ich bin hier, du bist dort. Wir wollen einander wahrnehmen.
Unzählige Male bleibt es beim Gruß.
Schon eine Bemerkung: „Schönes Wetter — " ist mehr.
Eine Fadenschlinge. Wird sie ergriffen?
Dann und wann. „Wie geht's, wie steht's?"
„Wie war der Urlaub?" Schon ist mir freigestellt,
ein Stückchen Leben zu enthüllen,
ein kleines. Doch aus ihm
kann wieder eine Fadenschlinge wachsen.
Noch ist kein Netz in Sicht.
Doch kann es sich allmählich ineinander weben.
Meist ist das Muster reizlos, und es löst
sich schnell. Manchmal aber
hat sich die Fadenschlinge einem Punkt genähert,
der Mittelpunkt ist vieler Fadenschlingen.
Nun horch' ich auf. In meinen Rastern
beginnt ein Spiel von Funken.
Ich fühle mich gefordert, aufgeschreckt vielleicht,
vielleicht auch aufgefangen und bestätigt,
ich sage Ja und Nein, Halb-Ja, Halb-Nein,
zu Unterscheidung fühl' ich mich gedrängt,
ein neues Muster schießt in mir zusammen.
Es will sich offenbaren. Aber wie? Das Wort,
das eben erst so leicht und willig
Signale tauschte, Formeln, abgenützte,
stockt, stolpert, tastet, schwer und ungefüg
nimmt es den Weg, der oft ein Umweg ist —
versandet gar, entmutigt.

Wohl dem, dem sich das Wort
ganz leicht bewegt, dem sich die Sätze
schnell und genau und ohne Zögern
und ohne Umweg fügen,
als wüchsen von selbst auf seiner Zunge,
als wären sie schon lange vorgeformt,
in seinem Inneren bereitgelegen.
Als drängte sich kein Wenn und Aber,
kein Trotzdem und Obwohl und Nur-Solange
in das Getriebe seines Denkens.
Wohl ihm. Er hat es gut.
Er darf die dichtgewobne Haube seiner Meinung
dem Partner über Kopf und Augen ziehen.
Und ehe der die Haube lockert,
hat sich der Redner aus dem Staub gemacht.

Ist das Gespräch? Ich zweifle.
Da ist ein Drittes doch im Spiel.
Gespräch. Was ist's? Was kann, was darf es sein?
In einer Runde geht's rundum,
nach keiner festen Regel, jedes anders,
springt hin und her, wird hitzig und flacht ab —
und gipfelt wieder auf, streut Witze aus,
schweift ab und schweift zurück
und weiß kein Ende:
ein Riesenspinnennetz, in dem sich nur mit Glück
ein Mückchen Sinn hat fangen lassen.

Doch sitzt dann einer da (nicht immer sitzt er oben)
und hält die Fäden, zwar nicht straff, doch sicher,
und ohne viel zu reden,
bringt er das Reden auf den Punkt,
den er im Auge hat und haben muß.
Er dämpft den Kampfhahn, lockt den Schweiger,
hervorzutreten aus verstockter Stille,
er schlichtet, was verknäult,
er rückt zurecht, was sich verschob

und abzustürzen droht.
Und schließlich mahnt er die Uhrzeit an
als Hausherr.

Die Diskutanten stehen auf, erhitzt
die einen und ermattet andre.
Ein jeder weiß nur, was er selbst gesagt,
ein jeder denkt nur seine eignen Sätze
und, was zu sagen er nicht mehr vermocht.

Erst später, wenn die Runde längst zerstreut,
ein jeder bei sich selber ist,
in stiller Stunde nachdenkt und das Sieb
der eigenen Erinnerung schüttelt,
wie einer, der nach Gold wäscht —
da mag's sein, daß er im Schotter plötzlich
ein Helles blinken sieht — Ist's, was er längst gesucht?
Was er schon stets gemeint, doch nicht gewußt . . .?

Jetzt *weiß* er's. ZU-GESPROCHEN war's ihm,
weil er selbst sprach,
am rechten Ort, zu guter Stunde.

Alois Brandstetter

ABECEDARIUM DER MODERNEN WELT

Gereimte Sinnsprüche über die Ungereimtheiten und den Nonsens der Menschen sowie die Unordnung in der Natur, alphabetisch geordnet und E. P. gewidmet.

Auto und Benzin

Es frißt das Auto nur Benzin,
Mit Heu hat's nämlich nichts im Sinn.
Das Auto gibt auch keine Milch,
Denn ein Äuter hat es nicht.

Chemie

Denn die Chemie
Frißt Mensch und Vieh (Bauernregel)

Drogen

Drogen sind nicht geheuer
(Und ungeheuer teuer).
Wer sie sich einverleibt und gibt,
Nicht mehr lange leibt und liebt.

Emission

Nach der Missionierung Europas in der Völkerwanderungszeit
Nun seine Emissionierung in der Reisezeit.

Fische, oder Exxons Humor

Man muß die Fische dahin trimmen,
Zu lernen auch im Öl zu schwimmen.
Die Ente Duck schwimmt sogar in Geld,
Was sicher auch nicht leichter fällt.

Grundwasser und Gene

Das Grundwasser wird rar,
Und bald könnt's sein gar.
Die Gefahren aus der Technik mit den Genen
Muß ich auch noch erwenen.

Holz

Wenn dem Walde nichts mehr nützt,
Xylamon das Holz beschützt.
Fehlt's dem Forste dann an Flor,
Hilft Xyladecor.
Denn Nadelbäume ohne Nadeln
Sind wie Madelbeine ohne Wadeln.

Irrläufer

Der Mensch ist der Irrläufer der Evolution,
Denn lange fehln die Bremsen schon.

Jagd

Elefanten werden sein
Schnitzwerke aus Elfenbein.
(Oder prosaisch gesagt:
Elefanten gibt es bald nur noch als Elfenbeinschnitzerei.)

KAT

Hilft's nicht (dem Wald),
So schadet's nicht (der Autoindustrie).

Luxusauto

Adam Opel macht im Liegesitze
Auf Eva-Mercedes Liegestütze.

Müll

Die Menschen sind Giftzwerge
Und bauen Müllberge.

Nikotin

Austria Tabak sponsert
Künstler und Lungenärzte.

Ozon

Wächst das Loch in der Ozonschicht,
Gibt's bald kein Zoon politikon nicht.
Dann erzeugt auch keiner mehr Spray.
Juhay!

Pandabär

Stirbt nun aus der Pandabär,
Muß ein anderes Tierchen her!
Ist eine Art erst ausgestorben,
Hat sich die nächste schon beworben.

Regen

Ist der Regen dann erst sauer,
Reget sich doch manchmal Trauer.
Denn der Säureregen,
Der bringt keinen Segen.

Supergau

Ist der Mensch erst überschlau,
Baut er bald den Supergau.

Tschernobyl

Über Tschernobyl
Spricht man noch vyl.
Explodiert aber Temelin,
Ist jenes Thema hin.
Oder ist Krško
Das nächste Fjško?

Umwelt

Die heutige Umweltverschmutzung
Bekämpft ein Misterium für Umweltschutzung.
Doch den reinsten Reim auf Umweltschutz
Bildet nach wie vor der Umweltschmutz.
Auf jeden Umweltschützer
kommen zwei Umweltschmützer.

Verkehr

Wer Straßen baut für morgen,
Muß sich um den Verkehr nicht sorgen.
Die Autos werden noch heute kommen,
Haben sie davon vernommen.

Waldsterben

Wer hat dich du schöner Wald
Abgebaut so tief da unten?
(Ein Gedicht über den Warndt,
Frei nach Eichendorff, nicht Arndt).

Zylinder

Viele PS aus vielen Zylindern . . .
Den Stau können sie nicht verhyndern.

VERZEICHNIS DER AUTOREN

Maximilian Aichern, Bischof der Diözese Linz

Gerd Bacher, ehem. ORF-Generalintendant, Medienfachmann

Dolores M. Bauer, Redakteurin beim ORF-Hörfunk, Abteilung Religion

Alois Brandstetter, Univ.-Prof. Dr., Ordinarius für Sprachwissenschaften an der Universität Klagenfurt

Ernst Bräuer, KsR., Rektor des Bildungshauses Puchberg bei Wels

Hans Bürstmayr, Dkfm., Geschäftsführer des Österreichischen Entwicklungsdienstes (ÖED)

Erhard Busek, Dr., Bundesminister für Wissenschaft und Forschung

Fritz Csoklich, Dr., Chefredakteur „Kleine Zeitung", Graz

Karl A. Eckmayr, Dr., Landeshauptmannstellvertreter in Oberösterreich, Bildungspolitiker

Hubert Feichtlbauer, Dr., Leiter der Presseabteilung der Bundeswirtschaftskammer, Publizist

Gertrud Fussenegger, Prof., Schriftstellerin

Willibald Girkinger, DDr., Vorstandsdirektor der LANDESVERLAGs-Holding GesmbH

Andreas Gruber, Filmemacher

Peter Jankowitsch, Dr., Abgeordneter zum Nationalrat, außenpolitischer Sprecher der SPÖ

Alfred Klose, DDDr., Univ.-Prof., Autor

Franz König, Dr., Kardinal, Alterzbischof der Erzdiözese Wien

Alois Kraxner, Pater, Dr., Provinzial der Redemptoristen, Geistlicher Assistent des Kath. Akademikerverbandes, Wien

Hubert Lehner, Dipl.-Ing., Sekretär des Preßvereines der Diözese Linz

Norbert Leser, Dr., Univ.-Prof. für Philosophie in Wien

Alois Mock, Dr., Bundesminister für auswärtige Angelegenheiten

Heinrich Neisser, Dr., Abgeordneter zum Nationalrat

Helmut Ornauer, Direktor Dr., Generalsekretär der Koordinierungsstelle für internationale Entwicklung und Mission der Österreichischen Bischofskonferenz

Eva Petrik, Prof., Landtagsabgeordnete in Wien, Präsidentin der Bundesarbeitsgemeinschaft für katholische Erwachsenenbildung

Josef Pühringer, Dr., Landesrat der oö. Landesregierung

Josef Ratzenböck, Dr., Landeshauptmann des Landes Oberösterreich

Käthe Recheis, Schriftstellerin

Ferdinand Reisinger, Dr., Univ.-Prof. für Gesellschaftslehre an der Kath.-Theol. Hochschule in Linz;
Stiftsdechant des Chorherrenstiftes St. Florian

Johannes Riedl, Hofrat Dr., Landesschulratspräsident des Landes Oberösterreich

Josef Riegler, Dipl.-Ing., Dr., Vizekanzler, ÖVP-Bundesparteiobmann

Gerhard Riemer, Dr., Vereinigung österr. Industrieller

Walter Schaffelhofer, Dr., Verlagsleiter „Die Furche", Wien

Heinrich Schneider, Univ.-Prof. Dr., Ordinarius für Politikwissenschaften in Wien

Alois Wagner, Dr., Kurienbischof, Vizepräsident des päpstlichen Rates COR UNUM

Karl Wild, Prälat, ehem. Rektor des Bildungshauses Puchberg, Mitglied des Leitungsgremiums des Bildungshauses Puchberg

Friedrich Wolfram, Dr., Sekretär des Katholischen Akademikerverbandes der Erzdiözese Wien

Otto Wutzel, Hofrat Dr., ehem. Leiter des Amtes für Presse der oö. Landesregierung, Schriftleiter der Kulturzeitschrift „Blickpunkt"

Wilhelm Zauner, Univ.-Prof. Dr., Ordinarius für Pastoraltheologie an der Kath.-Theologischen Hochschule in Linz